政治秩序的起源（下卷）

POLITICAL ORDER AND POLITICAL DECAY

法蘭西斯・福山
FRANCIS FUKUYAMA

林麗雪 譯

FROM THE INDUSTRIAL REVOLUTION TO THE GLOBALIZATION OF DEMOCRACY

佳評如潮

「《政治秩序的起源》展現高度的抱負與可讀性。」

——《紐約客》（*The New Yorker*）雜誌

「本書胸懷大志、旁徵博引、具有強烈說服力，無疑的，是我們這個時代的重大成就，福山更是領先群倫的公共知識分子。」

——《紐約時報》（*The New York Times*）

「本書全面審視人類的行為，及產生的政治現象，是一本具有權威性的作品，呈現作者的博學與非常自信的意圖。」

——《華爾街日報》（*The Wall Street Journal*）

「福山的學識淵博，他旅行中國、印度、伊斯蘭世界與歐洲各個地區，尋找優質的政治秩序，分析如何與為何有些國家能出現優質政治秩序，其他國家卻失敗了……曾經提出『歷史的終結』的福山，具有大視野的格局，但對於能啟迪人心的細節也能精準掌握。很少有談政治理論的書能讓人愛不釋卷，但《政治秩序的起源》做到了。」

——《經濟學人》（*The Economist*）

「福山這本新作的重要成就等同於盧梭、洛克等極具影響力思想家的作品，本書在道德哲學與經濟學的地位，與羅爾斯的《正義論》、諾貝爾經濟學獎得主沈恩的作品相較，亦不遑多讓……在弊端連連的政治環境裡，我們可以透過本書得到鼓舞。」

——《克里夫蘭誠報》（*Clevel and Plain Dealer*）

「福山以通俗的語言，透過讀者熟知的歷史、哲學與社會理論，講述複雜、專業的政治制度。他以散文的筆調，佐以深刻的觀察與發人省思的比喻。更重要的，福山這本書可以幫助我們認清：為什麼如此多國家無法形成強權體制，而法治與責任政治才是和平、富裕國家的保障。」

——《舊金山紀事報》（*San Francisco Chronicle*）

「福山證明自己是當代最暢銷的政治學家作者。他這本登上暢銷排行榜的新書：《政治秩序的起源》，試圖解釋人類如何超越宗族政治的緊密關係，進入組織化的政治社會……他的新作論述不僅涵蓋政治與哲學，還包括生物科技和充滿火藥味的概念：人性。」

——《新聞週刊》（*Newsweek*）

「誓言重振失去的傳統的福山，是屬於維多利亞時代的人。在本書，他以全球政治為題，從黑猩猩講起，解釋五萬年前開始發展的社會組織型態。這是一部主題龐大的作品，試圖解釋二十一世紀第二個十年混亂的世界政治……這也是一部具有勇氣的著作，或許因為主題過於大膽、富有想像，許多專家學者都避免碰觸，但是福山不迴避，也不擔心出錯。這部上下卷的巨作，其地位不亞於史學家馮．蘭克、G．M．特里維廉與唐納。」

——《華盛頓郵報》（*The Washington Post*）

「福山行文融入了人類學、考古學、生物學、進化心理學，以及經濟學。當然，他還是以政治學與國際關係的領域，建立一套可理解的政治制度遞變的框架。福山在第一卷點出一個根本的問題：為什麼有些國家勝出，而其他國家卻崩潰瓦解？」

——《高等教育紀事報》（*The Chronicle of Higher Education*）

「在人類歷史上，國家的權威與私人領域之間，一直處於不斷變化與緊張的關係……福山的散文式作品對此關係做出精闢的專業分析，尤其在此時，阿富汗等國紛爭不斷的國際局勢之下，此書更顯難得可貴。」

——《出版人週刊》（*Publishers Weekly*）

謹以此書紀念撒繆爾・杭亭頓（Samual P. Huntington）

目次

第二部 外國制度

導讀

為何有些國家政治好，有些則否？

陳思賢
臺大政治學系教授

福山近年寫了上下兩卷關於政治秩序的巨著，上卷《政治秩序的起源》中譯本已由時報文化出版公司在去年推出，現在下卷也已譯出（編注：兩卷分別於二〇一四年、二〇一五年出版，二〇二〇年新版）。其實福山所謂的政治秩序即是具良好政治建制與良好治理之意，也可說就是他心目中的理想國，而這樣的理想國，就可以現代歐美的自由民主制（liberal democracy）為代表。這兩卷的關聯是，前者敘述世界各民族所打造的政治建制從史前到近代（法國大革命）的演變，後者則是其後迄於今，各國政治建制發展狀況的評論。

所以簡要說來，本書作為這一系列的下卷，宗旨在於解釋為何今天有些國家政治好，有些則否。所謂好就是符合自由民主制的理想狀態；政府行政能力強，有法治人權，施政者需受問責。福山把這樣的狀態（或趨向它）稱為政治秩序，反向而行者則是政治衰敗。本書共四部分，第一部分討論歐美實例，第二部分講述亞非拉丁美洲等國實例，第三部分綜合檢討成功發展政治秩序的因素，第四部分則析論為何導致政治衰敗。讀者若想從詳細完整的數百頁論述中直取其理論精要，則先讀最後兩章即可。

福山承其師杭亭頓教授之博學，喜好上下歷史，縱覽寰宇，而發為結論。故讀者從他們的著作中可學到大量知識，但最精采的是他們在理論結晶的造詣上也很強，輒能推出令人深省之結論。政治學界思維多元，派別林立，未必人人都同意這些結論（他與他老師的），但卻都需嚴肅面對，因為這些顯然出自第一流的社會研究。我們現在試著把本書一些與通常觀念不同處任舉數例羅列出來。

第一就是民主政治中久被詬病的政治菁英以資源賄賂民眾的情形，也就是恩庇—侍從與酬庸分贓制度，福山認為是動員弱勢與邊緣群體的有效方式，為民主的早期形式而非腐化。他看見的是美國早期歷史中，來到大都市討生活的外國移民、少數族裔及鄉村農民，他們本來是因為忙於餬口維生而根本不會涉入政治的一群人，但卻因為恩庇—侍從主義而被動員到選舉中，福山認為這是民主早期必經之路，讓下層大眾有誘因參與政治過程。這看法頗為特別。但我們須知恩庇—侍從主義也有不同類型及脈絡，例如臺灣的地方派系政治，我們很難說它是民主的真精神所在啊。

其次就是視天下為私有，以國庫通家庫的古代傳統家產制政治的本質在當代正死灰復燃，而它乃以利益團體、遊說集團的型態出現！旨哉斯言，福山正一針見血地指出現代金權政治及利益團體政治的邪惡本質。二〇〇八年的金融海嘯豈不是最佳例證？最後美國財閥銀行集團之呆帳或捅出之大紕漏竟由全民買單，肥貓毫髮無傷。我們回頭想想臺灣的政商勾結，損害民眾利益之事不也是層出不窮？

第三是福山有關各國社會安全制度與年金保險瀕於破產的看法。這多半是由於人口老化所致，再加上所得差距擴大，年輕一代已無法支撐社會保險制度。福山的特別觀點來了；他認為死亡與世代交替對個人而言是壞事，但對整個社會卻是好事。換句話說，他認為人活太長壽並不好，最後會拖累社會。比較不是怪制度設計或是政府財政規畫，而是先質問人活那麼長何益？這福山也真是敢言。

此外，福山還有兩點觀察特別值得在臺灣的我們深思。第一，就是討論各民族對於構成良好政治秩序之三種建制的貢獻中，歐美政治發展的歷史最終是鎔鑄出法治與問責，而古代中國及東亞卻是早早就有了高效能的政府（否則無以丈量土地，廣為收稅及主持灌溉工程等等）。社會菁英被吸納進官僚體制中，因此政府行政能力強；相較之下，其他許多民主國家是政策方向能被確定，卻由沒有具效能的國家機器來執行。但是臺灣現有不少高素質的公務員，政務及政策卻經常搖擺不定，瞻前顧後進退失據，真枉費了我們有較其他文化早熟且有經驗的國家機器傳統。

此外，福山於書中再三強調的是中產階級的出現與其規模跟民主之進展高度相關。他甚至認為這是構成政治秩序之三種建制背後共同的元素與主要的推手。這點並非新論，但福山給予的高度比重頗令人吃驚。臺灣現在所得差距快速惡化，M型社會特質在年輕世代更明顯。也許由於教育水準普遍提升，我們的新世代中產階級可以被重新定義，變成了生產力高、知識豐富卻因所得太低而口袋空空，憤怒的青中年人。這樣下去，對我們民主的衝擊究竟如何是個好課題。

總結之，福山這本書是給一般大眾最好的政治通識閱讀材料，看完之後，馬上可對國際上各國家民族的政治發展基本上進入狀況，對人類數百年來摸索民主的真實情況，了然於心。而它同時也是這領域專家展開熱烈辯論的起點，因為拋出了太多有趣的問題及觀點。

緒論
到法國大革命為止政治建制的發展

我們一起來看看，二十一世紀第二個十年初始之際，同時展開的幾個特殊場景。

二〇一三年，利比亞一支擁有重型武器的民兵短暫綁架總理柴丹（Ali Zeidan），並向政府要求發放積欠的工資。另一支民兵也關閉多項採油設施，事實上這是該國唯一的出口收入來源。其他民兵稍早也在班加西（Benghazi）殺害美國大使史蒂文斯（Christopher Stevens），而在首都的黎波里（Tripoli）抗議民兵持續占領的示威民眾，也有數十位被槍殺。

這些武裝民兵其實是在二〇一一年，也就是阿拉伯之春（Arab Spring）的第一年，為了反抗利比亞長期的獨裁者格達費（Muammar Qaddafi）在各地組成，並在北約（NATO）大力協助下趕走格達費。當年爆發抗議威權政府示威活動的國家，不只利比亞，還包括突尼西亞、埃及、葉門、敘利亞，其他阿拉伯國家也經常面臨要求更民主的呼聲。但是兩年後，像歐洲與北美洲實施的那種民主制度，對這些國家來說，似乎仍是一場遙遠的幻夢。利比亞從那時起曾經組成修憲會議，希望寫出新憲法。但在同時，利比亞最根本的問題其實是缺乏一個政府（state）[1]的形式。也就是說，一個可以在領土內完全獨占並行使合法武力，以維持和平與執行法律的中央權威。

至於其他非洲國家，政府儘管宣稱擁有獨占的武力，但其實還在紙上談兵階段。雖然沒有利比亞混亂，仍然很脆弱。另外，激進伊斯蘭團體已經推進到南亞與中東，在很多只有弱勢政府的國家，例如馬利、尼日、奈及利亞與索馬利亞，開始發揮影響力。這些地區的國家在收入、健康醫療、教育上，遠不如繁榮的東亞地區，原因都可以直接追溯到缺乏強有力的政府制度。

就在同一段時間，美國金融業發生的事卻非常不一樣。從很多方面來看，美國與格達費統治下的利比亞，是位在政治光譜兩個相反極端的國家。美國擁有龐大且建制良好的政府，歷史已經超過兩百年，也有極為深刻的民主正當性（legitimacy）[2]。但美國並非運作完善，問題也可能和太制度化有關。

二〇〇八年金融危機之前，聯邦政府主管金融制度的機構將近十幾個，另外，五十個州每一個州還有相關的銀行與保險管理單位。由於有這麼多的管理機構，美國政府反而無法察覺次級房貸危機，竟然允許銀行業過度操作財務槓桿，結果在複雜到無法正確評估價值的衍生性金融商品周邊，形成一整個影子銀行體系。[3]有些時事評論員把危機完全歸咎於房利美（Fannie Mae）與房地美（Freddie Mac）提供的政府保證貸款，這兩個機構的確對金融崩潰責無旁貸，[4]但民間企業也是助長房貸狂熱的快樂從犯，因此過度承擔風險。另外，大型銀行業者似乎都知道，如果遇到麻煩，最後都能得到政府紓困奧援。這正是二〇〇八年九月雷曼兄弟（Lehman Brothers）破產之後緊接著發生的事，幾乎導致全球支付系統全面崩潰，以及大蕭條以來美國最嚴重的經濟衰退。

然而，最令人震驚的事是自危機以來的後續發展。儘管大多數人都意識到「大到不能倒」的銀行業者所造成的龐大風險，但美國銀行業在危機之後，卻變得比二〇〇八年更集中。二〇一〇年，國會通過的《多德—法蘭克法案》（Dodd-Frank Act），原來是要解決這個問題，但三年過去了，很多細部法規到今天仍然還沒制定，即使法規已經完備，可能也無法解決根本的「大到不能倒」的問題。另外，在法案討論過程中，立法部門完全不考慮採用比較簡單的補救措施，例如明確增加銀行的資本要求，或是嚴格限制金融機構的規模，卻支持高度複雜的新法規，實在令人遺憾。

這個後續發展有兩個根本原因，第一個是思想僵化（intellectual rigidity）。銀行基於自身利益強烈主張，強大的新法規將削減銀行的貸款能力，這會影響經濟成長，並連帶產生非預期的有害後果。這種論點放在非金融機構如製造產業時非常有說服力，也會吸引很多不信任「大政府」的保守選票。但就像阿迪馬堤（Anat Admati）與海威格（Martin Hellwig）等學者已經提出的，大型銀行業者迥異於非金融業公司，因為金融業對其他行業造成的傷害，製造業根本不可能辦到。[5] 第二個原因是，有錢有勢的銀行業，可以雇用大批高薪的遊說專業人士，為銀行利益進行運作。遊說團體無視於大眾對銀行以及用納稅人的錢紓困的憤怒，已經順利防堵能解決大到不能倒問題核心的法規。有些國會議員基於意識形態，可能認為銀行業反對新法規的論點很有說服力；其他國會議員則認為，這個論點可以有效掩護來自銀行業者的政治獻金。[6]

第三個場景則是連結阿拉伯之春，二〇一三年在土耳其與巴西的示威事件。這兩個國家是「新興市場」經濟體中表現較佳的，在這之前的十年，被公認經濟成長快速。這兩個國家也不像阿拉伯獨裁專制政體，都是有競選活動的民主政體。土耳其一直由伊斯蘭正義發展黨（Islamist Justice and Development Party）統治，該黨黨魁也就是總理埃爾多安（Recep Tayyip Erdoan），一開始是以伊斯坦堡市長打響名號。至於巴西，雖然在一九六四到一九八五年期間受軍事獨裁統治，但後來選出工人黨總統羅賽芙（Dilma Rousseff），她年輕時還曾在軍事獨裁統治期間坐過牢。

儘管擁有不錯的經濟與政治成就，這兩個國家都因大規模的群眾示威而動盪。在土耳其，抗爭的議題竟是政府想把伊斯坦堡的一座公園改建成購物商場。很多年輕示威者認為，埃爾多安雖然是由民主程序選出來，但有威權傾向，而且和土耳其年輕世代嚴重脫節。在巴西，問題則是腐化與無能，即使已經投入數十億美元主辦世界盃足球賽與夏季奧運，政府仍無法提供可靠而基本的行政。

這兩起示威事件與兩年前發生的阿拉伯之春，共同的連結點是主要都由中產階級發動。由於前一代的經濟發展，這兩個國家都出現新興的中產階級，他們的期待比他們父母那一代提高很多。突尼西亞與埃及的經濟成長率雖然比土耳其或巴西低，但也有很多大學畢業生，他們認為獨裁專制政體傾向任用親信，這會嚴重阻礙他們工作與職業生涯的前途。其實土耳其與巴西光是舉辦民主選舉，還無法滿足示威者。既然這兩個政府都被認為擁有正當性，就必須提出更好的施政成果，也必須更彈性、更敏銳地回應變化中的公眾需求。另一個經濟成功故事的主角則是中國，現在的中產階級已經有數億人口，也開始面臨中產階級崛起的類似問題。雖然他們是上一個世代經濟快速成長的受益者，但和其他國家一樣，他們對政府也有不同且更高的期許。這些國家的政治制度是否能維持下去，取決於政府是否能妥善適應因經濟成長而改變的全新社會風貌。

政府的問題

這三個差異很大的例子，問題似乎來自個別的特定政策、領導人性格與歷史環境，但其實這三個例子可以用一個共同的思路來串連，也就是所有政治生活的背景條件：制度（institution）。所謂的制度，就是在個別領導人任期之外仍持續存在的「穩定、受重視，並一再進行的行為模式」。[7]在本質上，政治制度就是持續規範、限制與引導大眾行為的規則。利比亞後格達費時代最大的問題就是缺少基本的制度，最明顯的就是政府。這個國家必須等到擁有一個單一的中央權威以行使合法的獨占武力，公民才會有保障，大家才有可以追求自我實現、活得精采的條件。

在政治光譜的另一端，美國雖然擁有長期存在且強大的制度，卻面臨政治衰敗的問題。原本應該以服務大眾為目的的政府機構，卻被強大的民間利益把持，民主的大多數反而很難宣稱自己擁有政府的掌控權。美國的問題不只是金錢與權勢，也和規則本身的僵固以及其背後的觀念有關。

總之，像土耳其與巴西這種新興市場國家，問題出在社會的變化已經超過既有政治制度所能滿足的範圍。在定義上，制度意味著持續的行為模式，且是因應特定歷史需求而產生。但是，社會並非一成不變，尤其是這些歷經快速經濟成長的社會，它們會產生新的社會階級，也會教育自己的公民，並運用足以讓社會階層重新洗牌的新科技。既有的制度通常無法與這些新的參與者相容，因此面臨改革的壓力。

因此關於「發展」的研究，也就是人類社會隨著時間的改變，不能只是記錄沒完沒了的人物性格、事件、衝突與政策；它必須以過程為核心，也就是研究政治制度的興起、演變，以及最終的衰敗。

想了解當代快速變化的政治與經濟發展，把它放在根本的社會制度結構的長期脈絡是很重要的。本書是《政治秩序的起源（上卷）：從史前到法國大革命》的姊妹作，本系列一開始是想要補充修正杭亭頓一九六八年的經典之作《變動社會的政治秩序》（*Political Orders in Changing Societies*），並提供最新的訊息。本書書名引用杭亭頓書中的第一章標題，他的書一開始是來自刊登於《世界政治》（*World Politics*）期刊中的一篇文章。杭亭頓的書讓大家理解，政治發展和經濟成長與社會變遷是分開的過程，以及在形成民主的政體之前，必須先有基本的政治秩序。儘管在形式上與實質內容上，杭亭頓的書與我的書有很多差異，但我最後卻得出和他相同的基本結論。上卷說明三套關鍵政治制度的起源：政府（state）、法治（rule of law），以及民主問責（democratic accountability）的出現，並解釋這些制度在中國、印度、中東與歐洲，為什麼會個別或聯合出現，或根本無法出現的理由。以下為沒讀過上卷的讀者，重點整理上卷的重要內容。

社會性動物

上卷一開始談的不是原始的人類社會，而是人類的靈長目祖先，因為政治秩序其實根植於人類的生物性規律。和哲學家盧梭（Jean-Jacques Rousseau）等人與現代新古典經濟學家的理論相反，現在的科學已經顯示，人類一開始並不是由各自獨立的個人，歷經漫長的歷史過程而逐漸形成社群。事實上，五萬年前在非洲出現的現代人從一開始就有社會組織，就如同他們的靈長目祖先。

自然的人類社交關係（sociability）建立於兩種形式：親屬選擇與（kin selection）互利互惠行為（reciprocal altruism）。第一種是有性繁殖動物常見的模式，他們會基於彼此共享的基因數量比例而互相照顧，也就是說，他們會用人唯親並偏袒有基因關係的親屬。但互利互惠行為則意味著，在同種族內和沒有親屬關係的個人交換恩惠或資源，但有時候也可能是不同種族成員之間的交換行為。這兩種行為都不是經由後天學習，而是來自基因編碼，都是個人互動時的自發行為。

換句話說，人類天生就是社會性動物，只是其自然的社交關係有特定的形式，只和家人（基因上的親屬）與朋友（可以交換利益的個人）互利。在不同的文化與歷史時期，普遍存在這種人類社交關係。這種自然社交關係會因為鼓勵其他行為的新制度而改變，比如支持一位合格的陌生人而不是基因上的親屬，但是當這類替代制度崩潰時，人類就會回復到原來的社交關係形式。

人類也是天生創造規範並遵守規範的生物。人類為自己創造規則以規範社會的互動，才能形成團體的集體行動。雖然這些規則可能來自理性的設計或協商，但遵守規範的行為通常不是基於理性，而是基於情緒，例如驕傲、內疚、憤怒或羞恥心，因此規範通常會被賦予內在價值，並被大家奉為圭臬，如同很多不同社會中的宗教法規一樣。由於制度不過就是延續下來的規則，但因為被人賦予內在價值，人會變得極端保守且拒絕改變，最後會有把行為制度化的自然傾向。

現代人類大約出現在四萬年前左右，生活在人類學家所謂的游團級（band-level）社會組織中，游團是若干人組成的小團體，所有人幾乎都是基因上的親屬，並依賴打獵與採集為生。第一次重要的制度轉型可能發生在一萬年前，游團級社會變成部落級（tribal-level）社會，這種組織相信過世的祖先與未出世子孫的力量。我們一般把它稱為部落，人類學家有時候則用「環節性家系」（segmentary lineages），來描述一群可能好幾代之前有共同祖先的人。這些部落級社會出現在古老的中國、印度、希臘、羅馬、中東與美洲的前哥倫布時期，以及現代歐洲人日耳曼民族祖先的時代。

部落級社會沒有中央的權威。在游團級社會，大家非常平等，也沒有執行法律的第三方。部落級社會勝過游團級社會的主因是，他們藉著回溯共同的祖先，就能組成非常大的部落規模。游團級與部落級社會的基礎都是親屬關係，也就是人類的生物性。但轉型成部落組織時，還需要一種非常宗教性的觀念，也就是相信過世的祖先與未出世的子孫，有能力影響活著的人一生的健康與幸福。這是觀念在社會發展中起關鍵且獨立作用的早期例子。

國家的出現

下一個重要的政治轉型是從部落級到國家級（state-level）社會，國家和游團與部落不同，國家在固定領土內擁有及行使獨占的合法武力。由於國家是中央集權且有階層制度，比起更早的親屬形式組織，會產生更大程度的社會不平等。

國家有兩大類。社會學家馬克斯・韋伯（Max Weber）描述的「家產制」（patrimonial）國家中，政權被視為統治者的私人財產，國家的行政部門本質上是統治者住所的延伸。依賴親人與朋友的自然社交關係，依然在家產制國家中起作用。另一方面，現代國家則是公平的，公民與統治者的關係不是依賴私人關係，而是單純的公民身分。行政部門也不是由統治者的親朋好友所組成，這些職務招募的條件是根據公平的標準，例如能力、教育程度或技術知識。

初發性（pristine）國家，也就是直接從部落社群形成的國家，其形成原因相關的理論很多。其中有很多相互作用的因素，例如糧食過剩以及導致於此的農業技術改良，還有相當程度的人口密度。另外，可能還有人類無法通過的高山、沙漠或河流形成的領土邊界。這種實體上的限制又稱為

「裝籠」（caging），讓統治者可以對這群人行使強制力，並防止征服或臣屬的人逃逸。大約在八千年前，家產制國家開始出現，主要是在埃及、美索不達米亞、中國與墨西哥谷地等肥沃的沖積谷地。

然而，現代國家的發展則需要特定的策略，才能把以親友關係為基礎的政治組織，轉型成公平的政治組織。中國是第一個建立非家產制現代國家的世界文明，比歐洲出現類似的政治組織大約早了十八個世紀。中國形成國家的背景條件與現代歐洲相同，都是為了因應長期而頻繁的軍事競爭。由於戰爭，國家就有誘因對人民課稅，並成立負責行政的文官體系以供應部隊需求，而且必須以軍功與能力，而不是私人關係作為招募與升遷的基礎。就像社會學家查爾斯・堤利（Charles Tilly）所言：「戰爭造就國家，國家造就戰爭。」

現代國家的政府必須超越親友關係以招募公職人員。中國在西元前三世紀就發明公職考試，雖然直到後來才成為例行制度。阿拉伯與土耳其人則用新奇方式解決同樣的問題，他們成立被稱為「馬木魯克」（Mamluk）的奴兵（military slavery）[8]制度，到處或抓或買非穆斯林男孩，讓他們遠離家人，並把他們養成效忠於統治者且與周遭社會沒有關聯的軍人與執法人員。但在埃及，這個問題則是在社會而不是政治層次解決。早在中世紀時，天主教教會就修改繼承規定，讓大家族更難把資源傳承給遠親。結果，改信基督教後有很多親屬關係的日耳曼蠻族之大家族，在一或二代的時間內就分裂並消失。親屬關係最後被更現代、基於法律契約的社會關係取代，也就是為人熟知的封建制度。

法治

法治的意義是，在一個社會中最有政治權力的人也要受到法律約束，這種約束力一開始源自宗教。只有宗教權威才有能力制定戰士必須尊重的規則。在很多文化中，宗教機構是不可或缺的法律團體，負責詮釋經典的教義，並為社會其他人提供道德上的認可。因此在印度，剎帝利（Kshatriya）階級雖然擁有實際的統治權力，但作為祭司的婆羅門階級擁有更高的權威；拉闍（raja）或王（king）在統治之前，必須從婆羅門尋求正當性的認可。在伊斯蘭教國家也是一樣，法律（也就是伊斯蘭教法）是由獨立的宗教法學者（神學士）體系管轄，這群穆斯林學者與宗教權威稱為烏里瑪（ulama）；另有一群執行宗教法例行工作的法官。雖然早期的哈里發（caliph）[9]結合政治與宗教權於同一個人身上，但在後來的伊斯蘭教歷史中，哈里發與蘇丹經常是分開的兩個人，哈里發有權約束蘇丹的行為。

西歐是法治制度化最深的地方，這也是由於羅馬天主教教會的作用。只有在西方的傳統中，教會是以中央集權的政治組織形式出現，有緊密的階層組織且握有豐富資源，也會大幅影響國王與皇帝的政治命運。十一世紀時，神聖羅馬帝國[10]皇帝介入宗教事務，教會因此與神聖羅馬帝國皇帝爆發激烈衝突，這是史上有名的敘任權衝突。最後，教會贏得指派神職人員與主教的權力，並成為再度興盛的羅馬法（Roman Law）[11]守護者，這是以第六世紀《國法大全》（*Corpus Juris Civilis*），又稱為《查士丁尼法典》（*Justinian Code*）為基礎的法律系統。英國則發展出一套一樣強大但特殊的法律傳統，在諾曼征服之後，國王以執行公正的審判作為鞏固自己正當性的手段，因此出自國王法庭的共同法（習慣法）（Common Law）[12]系統，是由早期的最高統治者推行而不是教會。

因此在西歐，法律是三種主要制度中第一個出現的，中國則從未發展出人類智慧所不及的超自然宗教。也許也是因為這個原因，讓中國未能發展出真正的法治。在中國，中央集權政府最早出現，但直到今天法律從未成為約束政治權力的根本力量。歐洲的順序則相反，法律在現代政府形成之前就存在了。當歐洲統治者想和中國皇帝一樣建立現代的中央集權專制政體時，就必須對抗讓他們權力受限的既有法律秩序。因此，即使很想要，但很少歐洲統治者能取得像中國一樣中央集權的力量。只有在俄羅斯，東正教會（Eastern Church）一直從屬於政府，才得以出現中央集權的政體。

民主問責

三大制度的最後一個是可問責的民主機制。問責制度的核心機制，是從封建階層制度演化而來的巴力門議會制度（parliamentary system），但有各種不同說法，例如西班牙的代表大會（Cortes）、匈牙利的議會（Diet）、法國的高等法院（sovereign court）、俄羅斯的全國會議（zemskiy sobor），或英國的國會（Parliament）。這些機構代表社會中的菁英，包括上流社會的貴族、仕紳，以及某些獨立城市的中產階級。根據封建法律，君主必須到這些組織報告才能加稅，因為他們代表當時農耕社會擁有資產的菁英。

十六世紀末期開始，野心勃勃的君王開始提倡絕對君權，以削減這些領主的力量，希望取得直接對人民課稅的權力。每一個歐洲國家在接下來的兩個世紀，都持續上演這場拉鋸戲碼。法國與西班牙國王成功削弱領主的力量，但既有的法律系統仍持續限制國王直接沒收菁英臣民財產的能力。在波蘭與匈牙利，領主戰勝國王，並形成受貪腐菁英掌控的弱勢中央權威，最後被鄰國征服。在俄羅斯，領主以及支持他們的菁英不如西歐國家成熟，法律的效力也比較薄弱，因此就形成更穩固的專制政體。

只有英國的國王與領主有相對均勢的抗衡。早期的斯圖亞特國王想建立專制政體，卻受到組織完善且擁有軍隊的國會阻擋。其中很多人是清教徒，他們和國王的英國國教教會不同，比較相信更草根的組織形式。國會軍隊發動了一場內戰，國王查理一世被斬首，接著由克倫威爾（Oliver Cromwell）領導，形成短暫的國會專政時期。衝突持續到王政復辟，並在一六八八到一六八九年的光榮革命（Glorious Revolution）達到巔峰。後來斯圖亞特王朝被廢，並迎來新國王奧蘭治的威廉（William of Orange），同意在制度上體現「沒代表就不納稅」原則。

威廉與從荷蘭到倫敦的妻子瑪麗，還有一個同伴，就是哲學家洛克（John Locke），他在《政府論第二篇》（*Second Treatise on Government*）中提出，執行法律必須基於受統治者的同意。洛克主張權利是自然且生來即存在的天賦人權說，政府的存在只是為了保護這些人權，如果政府違反這個原則就可以被推翻。沒有代表權就不繳稅，以及被統治者的同意，在不到一百年後的一七七六年，也成為美國殖民地推翻英國時的戰鬥口號。傑佛遜（Thomas Jefferson）把洛克天賦人權的觀念納入美國《獨立宣言》，人民主權也成為一七八九年通過的《美國憲法》的基本觀念。

雖然這些新的政治體系建立了問責制度，但一六八九年的英國與一七八九年的美國，都不能被視為現代的民主政體。因為這兩個國家的公民權只限於擁有資產的白人男性，他們在整個人口中占非常小的一部分。英國的光榮革命與美國革命，都未能產生真正的社會革命。美國革命是由商人、地主與仕紳組成的菁英所領導，他們只是想保護受到英國國王侵犯的權利。獨立之後，這群菁英一樣把持權力，還起草且通過這個新生國家的憲法。

但是，如果只看到這些局限，就太低估美國新秩序的政治動能，以及觀念激發的力量。《獨立宣言》大膽宣告「人生而平等，並被造物主賦予某些不可剝奪的權利。」《美國憲法》把主權直接賦予「我們人民」，而不是某個國王或無形的政府。這些文件明白指出，他們不想在北美洲重建英國階級分明的社會。雖然接下來的兩百年，美國有很多與英國旗鼓相當的政治與社會障礙，但任何人如果想要宣稱，某個特殊階級擁有特別的權利或好處，是符合美國的建國信念，就會面臨很大的壓力。這也是憲法通過後大約一個世代多後，幾乎所有白人男性都有選舉權的原因，這比任何歐洲國家要早很多年。

立憲條文與社會現實的矛盾在內戰前數十年到達頂點，南方人為了保衛「特殊的制度」，也就是奴隸制度，開始提出新奇的論點，認為排除與壓制黑人在道德與政治上都很合理。有人採取宗教論點，有人談到人種的「自然」階級，其他人甚至提出民主本身作為理由。道格拉斯（Stephen Douglass）在和林肯（Abraham Lincoln）論戰時提出，人民最終投票支持或廢除奴隸制度並不重要，而是多數人意願應該勝過一切價值。

但是林肯堅決提出反駁，認為必須回頭思考建國的精神。他說，一個建立在政治平等與天賦人權原則的國家，如果容忍像奴隸制度如此公然矛盾之事，本質上就算亡國了。我們都知道，很可恥的是內戰廢除奴隸制度之後，非裔美國人還花了一百年，才擁有《美國憲法》第十四條修正案承諾的政治與司法權利。但這個國家最後也終於理解，在《獨立宣言》中聲明的平等權，無法與讓某些人成為二等公民的法律相容。[13]

之後幾年發生的其他社會運動，擴大了享有天賦人權以及因此得到政治權利的族群，包括工人、女人、原住民，以及其他原來的非主流團體。但光榮革命與美國革命建立的基本政治秩序，也就是由代表更廣泛社群的立法部門擁有專屬的問責權力，則歷久彌堅。從此之後，沒有人會質疑政府不應該對「人民」負責，接下來的爭論與衝突的問題點都是：怎樣才算是完整的一個人，也就是說，一個人參與民主政治制度的能力會決定他的人格尊嚴。

法國大革命

十八世紀晚期的另一個大革命發生在法國。無數的墨水被用來描述與詮釋這場驚天動地牽動後世的大事，但雙方的後代至今未能解決它所掀起的尖銳爭議。

令人驚訝的是，從柏克（Edmund Burke）到托克維爾（Alexisde Tocqueville）以及歷史學家傅賀（François Furet），很多觀察家都質疑，這場革命是否像很多人認為的一樣，是一種必然的結果。[14]這個革命一開始受到《人權和公民權宣言》（Declaration of the Rights of Man and of the Citizen）的鼓舞，此宣言就像《美國獨立宣言》，提出人權的普遍性立基於自然法。但革命之後建立的第一共和政府很短命。就像之後的布爾什維克與中國革命，它形成一種激進主義的革命動能，也就是今天的激進左派會成為明天的反動分子，如此的循環，最後出現公共安全委員會與恐怖統治，並毀掉革命的所有成果。這個不穩定的過程最後被外部戰爭終結，也就是熱月政變（Thermidorian reaction，譯注：法國共和曆的十一月），以及最後的霧月政變（Brumaire coup，譯注：法國共和曆的二月），最終引來拿破崙（Napoleon Bonaparte）在一七九九年掌握權力。[15]

革命與反革命的暴力行動在法國社會引起很深的對立，因此更難達成英國式逐步完善的政治改革。在建立更持久的初階民主政體之前，法國還歷經一八三〇年的七月革命、一八四八年的革命，以及一八七〇年代被普魯士占領與巴黎公社（Paris Commune）事件。很多歐洲國家在這期間，包括極端保守的普魯士，已經開始實施不同程度的民主選舉活動，但是在一七八九年領先走向民主之路的法國，卻成為一個落後者。更糟糕的是，革命遺緒之一是一個法國左派團體，竟在二十世紀轉而推崇暴力，並與史達林（Stalin）與毛澤東的極權主義掛勾。

所以合理的問題是，法國大革命究竟達成什麼成就？即使沒有在法國建立民主政體，但也確實在其他制度化的地區造成重大、立即且持久的影響。首先，它促進一八〇四年歐洲第一個現代法典，也就是《民法典》（*Civil Code*）或《拿破崙法典》（*Code Napoleon*）的公布與普及。第二是建立執行法律的現代行政權威。即使缺乏民主政體，這些制度上的重大進展，讓政府不至於變得專制，也更透明，對待公民的方式也更一致。拿破崙在滑鐵盧戰敗之後回顧宣稱，《民法典》達成的勝利比他在戰場上的勝利更偉大，從很多方面看這句話都極為真切。[16]

這時候的法國法律，其實是東拼西湊的，且各地不同，有些承襲自羅馬法，有些是根據共同法，以及數世紀以來從教會、封建、商業，與世俗的來源而增加的數不清的法條，導致法條之間通常自相矛盾或模糊不清。但《拿破崙法典》把這一切問題，用一套單一的現代法典取代，這套法典內容清楚、寫作優美，也極為簡潔。

《拿破崙法典》排除階級與特權的封建特徵，因而鞏固大革命的很多優點。從此以後，所有公民都被宣告擁有相等的權利與責任，並在法律實施前，公民就被清楚告知。這部新法典極為重視產權觀念：「只要不違反法律，就可以極端方式享受與展示財產的權利。」土地也免除封建與慣常的限定繼承方式，因此為市場經濟打開發展之路。因為領主法院通常被領主控制，在大革命期間農民的怨忿爆發，領主法院也一併被廢除，取而代之的是一套統一的行政管轄系統。出生與結婚現在不是到宗教機構登記，而是在行政機關。[17]

《拿破崙法典》隨即輸出到法國當時占領的國家，包括比利時、盧森堡、萊茵河以西的德國領土、普法爾茨、萊茵省、日內瓦、薩沃伊與帕爾馬。後來也被引進義大利、荷蘭，以及漢薩同盟（Hanseatic）的領土。德國地區很多小型政治實體都志願接受《民法典》。我們在第四章將會看到，法國在耶拿之戰重擊普魯士之後，這部法律將啟發《普魯士法典》（*Prussian Code*）的修訂。在歐洲之外的地區，從塞內加爾、阿根廷，到埃及與日本，這部法典也成為無數國家《民法典》的範本。雖然在其他社會強行移植法律，成功紀錄乏善可陳，但《拿破崙法典》卻做到了，像義大利與荷蘭抗拒採用《拿破崙法典》的國家，最終也推出名稱不同但本質上非常類似的法律。[18]

法國大革命第二個重大成就是建立擁有現代文官體制的政府，這是中國提早在二千年前就已經做到的事。法國舊制政體是個奇怪的混合物。十七世紀中葉開始，中央集權的國王路易十三（Louis XIII）與路易十四（Louis XIV），已經打造出現代行政系統，行政官員被稱為監督官（intendent）。他們從巴黎被派駐到各地，由於和當地沒有親屬關係與私人交情，因此可以公正執法。就像托克維爾提到的，這是法國現代政府的濫觴。[19]

但是監督官執法時，還有另外一群平行的行政團隊，這是一群用錢買官的人。為了資助戰爭與奢華生活，法國國王永遠缺錢，一五五七年不能再向金融聯合會（Grand Parti）[20]籌錢之後，政府就經常用各種方法籌錢，包括公然把官職賣給有錢人。一六〇四年，亨利四世（Henry IV）的執行官敘利（Sully）推出官職稅（Paulette）制度，部分官職不只可以用買的，還可以當成遺產傳給下一代。這些買官者當然對公平的公共行政與良好統治不感興趣，他們只想搾取這個官職的所有價值。

雖然十八世紀晚期的法國政府曾經兩度想剷除這些買官者，但因這些菁英團體擁有很大的權勢，加上改革的代價太大，因此都功敗垂成。這個系統的腐敗與無法改革，也是導致大革命的因素之一。大革命期間，這些買官者的官職全部被沒收，很多人也同時送上人頭。只有在這樣的大肅清之後，才得以在一七九九年建立新的國務委員會，建立真正的現代文官制度。

但是如果沒有更現代的教育系統來支撐，新的行政制度也無法運作。舊制政體在十八世紀已經興辦很多技術學校，訓練出很多工程師與其他專業人才；革命政府也在一七九四年蓋了幾所高等專業學校（Grandes École），例如巴黎高等師範學院（École Normale Supérieure）與巴黎綜合理工學院（École Polytechnique），作為訓練公職人員的專門用途。這些學校相對需要一套公立中學或菁英中學（École Nationale d'Administration, ENA）來支撐。這些學校也是二次世界大戰之後，法國國家行政學院的先驅。

引進新法典與建立現代行政制度，這兩個制度上的創新和民主政體是兩回事，但也因此達成某些平等主義的目標。法律終於不再讓某些階級享有特權，這些人在過去會操縱制度以圖利自己，現在即使在現實中無法盡如人意，但在原則上，法律保證給所有人平等待遇。私人財產也不再受封建規定的限制，因此更大的市場經濟也開始興盛。另外，如果沒有改革官僚制度，整頓累積好幾個世紀的腐化沉痾，法律也無從實施。法律與行政機關兩者的作用，就是想成為絕對專制的統治者的強大束縛。君權在理論上有不受限制的權力，但他必須透過依法行政的文官來行使君權，這就是德國人所說的法治國（Rechtsstaat）[21]思想。這和二十世紀列寧（Lenin）、史達林和毛澤東的集權專制獨裁，實際上是完全不受法律或民主問責制度約束的強勢政府，是非常不同的特徵。

建立基礎

美國革命把民主與政治平等的原則制度化。法國大革命為公平的現代政府建立基礎，差不多就像秦朝在統一中國時所做的。這兩個國家以法治的兩個姊妹版本支持與擴張法治：共同法與《民法典》。

本書的上卷結束時只提到三種建制出現的歷史背景，沒有談到它們如何發展成現代形式。在歐洲與其他國家，法律曾是發展最完備的制度。但以《拿破崙法典》為例，還得從事很多形式化、編纂、一致與更新法條的工作，才能對不同個人做到真正的中立。現代政府的觀念在十六世紀末期於歐洲萌芽，包括巴黎新的文官組織，完全依據能力用人，但還不算是現代的行政機關。橫跨整個歐洲大陸，絕大部分的政府行政機關還是屬於家產制。即使民主觀念已經深植於英國，特別是它的北美殖民地，但地球上仍然沒有一個社會允許大多數的成人投票或參與政治。

兩個重大發展促成政治變革的時機。第一件事就是工業革命，比起人類之前歷史的任何時期，這時候的個人產出比僅能餬口的水準高出很多。這帶來很大的衝擊，因為經濟成長開始改變社會的基本特性。

第二件重大發展是第二波的殖民主義，這件事讓歐洲進入與世界其他地方的碰撞期。第一波殖民開始於西班牙與葡萄牙征服新世界，一個世紀之後接著是英國平定北美洲。十八世紀末期之前，第一次殖民行動已經兵疲馬困，英國與西班牙國王被迫休養生息，因此也促成新世界殖民地的獨立運動。但自一八二四年英緬戰爭開始，殖民主義進入新的階段，在這個世紀結束前，整個世界的其他地方都被西方殖民列強鯨吞蠶食。

因此，下卷從上卷結束之處開始談起，將要說明政府、法治與民主在過去這兩個世紀的發展；它們彼此如何互相作用，以及如何和經濟與社會發展的面向互相作用；最後，它們在美國與其他已開發民主國家如何顯現出衰敗的徵兆。

注釋

1 譯注：「state」這一個字在本書是很重要的概念，這個字有政府與國家等意義，在社會科學領域中單獨論述時，通常被直接譯為「國家」。但「國家」的含義較作者此處指涉的意義更廣，因為此時這些國家都早已存在，缺少的其實是能執行公權力的中央集權政府，或稱為國家體制、國家機器；因此翻譯成國家在閱讀上會有邏輯混淆之虞。為了貼近作者意涵與閱讀順暢，本書會根據前後文，把「state」翻譯成國家（相對於社會）或政府（相對於nation、country，以及比較三套建制的出現順序與效能強弱）。

2 譯注：又稱合法性，指政府被民眾認可的程度，也是政府治理的基本條件。但在法律意義上，正當性和合法性仍有意義上的區別，政府行為可以是合法的但缺乏正當性；另一方面，政府行為也可能有正當性卻不合法。

3 譯注：包括投資銀行、對沖基金、貨幣市場基金、債券保險公司、結構性投資工具等非銀行金融機構。這些機構通常從事放款，也接受抵押，是通過槓桿操作持有大量證券、債券和複雜金融工具的金融機構。

4 案例參見 Peter J. Wallison, *Bad History, Worse Policy: How a False Narrative About the Financial Crisis Led to the Dodd-Frank Act* (Washington, D.C.: American Enterprise Institute, 2013).

5 Anat Admati and Martin Hellwig, *The Banker's New Clothes: What's Wrong with Banking and What to Do About It* (Princeton: Princeton University Press, 2013)

6 金融危機之後，政治如何影響銀行法規，更多說明可見 Simon Johnson, *13 Bankers: The Wall Street Takeover and the Next Financial Meltdown* (New York: Pantheon, 2010).

7 此定義沿用杭亭頓的說法，*Political Order in Changing Societies* (New Haven: Yale University Press, 2006). 編注：中文版《變動社會的政治秩序》由時報文化出版，一九九四年四月一日（已絕版）。

8 譯注：由於伊斯蘭教禁止穆斯林兵刃相向，因此很早就出現奴兵制度，通常是找異教徒突厥人當奴兵。隨著伊斯蘭世界擴大，穆斯林之間的軍事衝突已成常態，也無法避免穆斯林彼此砍殺，但仍然保留奴兵制度。他們常是直屬於統治者的精銳部隊，享有比自由人更高的薪俸與待遇。馬木魯克是一種阿拉伯奴兵軍種，也是最早建有完整體制的奴兵系統。其前身是古拉姆騎兵，由於古拉姆騎兵相繼殺害了四位哈里發，被重新改組為馬木魯克。古拉姆騎兵是引進已成年的突厥奴隸作為奴兵，馬木魯克轉為購買突厥孩童作奴兵，自幼就要接受嚴格而長期的軍事訓練與宗教教育。

9 譯注：伊斯蘭教政權的最高統治者，集宗教與軍政大權於一身。

10 譯注：是指九六二年至一八〇六年在西歐和中歐的一個封建君主帝國。帝國的版圖以德意志地區為核心，包括一些周邊地區，在巔峰時期包括義大利王國和勃艮第王國。但神聖羅馬帝國從來不是一個單一國家，在它的版圖內有大小林立的封建諸侯國和各種「大主教領地」、「主教領地」。

11 譯注：羅馬法的系統開始於東羅馬帝國時期，於東羅馬帝國皇帝查士丁尼一世時期達到鼎盛。之後東羅馬帝國自我封閉，西羅馬帝國滅亡，歐洲大陸進入文化文明相對黑暗的中世紀，羅馬法的主體一度失傳超過六百年。但隨著羅馬法完整文獻的出土和文藝復興的思想，羅馬法成為影響整個歐洲大陸的重要法典。

12 譯注：諾曼人征服英國後，在英國建立以國王為中心的封建制度，逐步形成王權專制國家，在歷史上第一次設立權力極大的御前會議，以其判例作為共同法適用於全國，並由國王派出巡迴法官在各地實施這些法律。狹義的共同法即指這類判例法。由於英國是較早建立中央集權的封建國家，已經形成自己的共同法體系，因此受羅馬法的影響不大。

13 英國在十九世紀與二十世紀初期有類似的抗爭，但是階級問題而不是種族問題。也許是平等權相對未清楚說明（英國沒有相當的權利法案，而且仍是君主立憲政體），因此比美國花更長的時間，所有白人男性才擁有投票權。

14 Edmund Burke, *Reflections on the Revolution in France* (Stanford, CA: Stanford University Press, 2001); Alexis de Tocqueville, *The Old Regime and the Revolution*,Vol. 1 (Chicago: University of Chicago Press, 1998); Francois Furet, *Interpreting the French Revolution* (New York: Cambridge University Press, 1981). 編注：*Reflections on the Revolution in France* 中文版《法國大革命反思》由牛津大學（香港）出版，一九九四年十月一日；*The Old Regime and the Revolution* 中文版《舊制度與大革命》由時報文化出版，二〇一五年十月二十七日。

15 這些事件的概要可以參考 Georges Lefebvre, *The Coming of the French Revolution, 1789* (Princeton: Princeton University Press, 1947).

16 拿破崙在霧月政變中征服革命政府後，曾在一八〇〇年推出新法典，他本人多次出席監督法典起草的國務委員會會議，此法典最後在一八〇四年公布。Carl J. Friedrich, "The Ideological and Philosophical Background," in Bernard Schwartz, ed., *The Code Napoléon and the Common Law World* (New York: New York University Press, 1956).

17 Martyn Lyons, *Napoleon Bonaparte and the Legacy of the French Revolution* (London: Macmillan, 1994), pp. 94–96.

18 Jean Limpens, "Territorial Expansion of the Code," in Schwartz, *Code Napoléon*.

19 參見Tocqueville, *The Old Regime*, pp. 118–124.

20 譯注：此為一銀行家集團，法國在該年不願意清償債務，此後此集團也不再借錢給法國。

21 譯注：英國的法治與德國的法治國思想，相同之處都是反對人治並保障公眾的基本人權，略微差異之處是，英國是習慣法（共同法）國家，認為公平正義的觀念應該與時俱進，要融入社會的變遷，因此採取不成文法，所以法官角色吃重；德國是大陸法系國家，所有法律都明文規定，立法部門角色較吃重。由於英美法系近年來也開始重視成文法，兩種法治觀念有趨同的現象。

PART I

政府

The State

第一章　政治發展是什麼？

政治發展與其三個組成成分；政府、法治與問責制度；為什麼所有社會都免不了政治衰敗；本書的計畫；為什麼擁有制衡的政治制度是好的。

政治制度的發展會與時俱進，但這和首相、總統、國會議員可能會來來去去、法律可能會修訂等政治情勢與政策的變化不同，政治制度指的是社會自我組織的基本規則，也就是政治秩序或政治體系。

在本書的上卷，我提出組成政治秩序的三類建制：政府、法治與問責機制。政府指的是，在明確的領土內擁有專屬合法武力的中央集權文官組織。除了複雜度與適應性等特徵，政府多多少少是公平的；早期的政府和統治者的住所沒有差別，因而被稱為「家產制」，因為它會支持統治者的親人與朋友，也透過他們來運作。相反的，現代較高度發展的政府會把統治者個人利益與整個社群的公眾利益區分開來，努力以公平的方式對待公民、適用法律、招募公職人員，毫無偏私地執行政策。

法治有很多可能的定義，包括簡單的法律與秩序、財產權與合約的執行，或現代西方人理解的人權，其中包含女性與少數民族可享受平權。[1]我在本書用的法治定義不是依靠對某個法律的特定理解，相對的，我把它定義成一套行為的規則，並反映整個社會的廣泛共識，甚至包含社會中擁有最高政治權力的人，不管他是國王、總統，或首相、總理。如果統治者可以改變法律以符合自己需求，即使這些法律對社會其他人一體適用，也不算擁有法治。為了發揮成效，法治通常必須體現在與行政部門分開的司法機構，以獨立行使司法權。這個定義與任何特定的實質法律無關。法治對政治權力的約束，很早就存在於古老的以色列、印度、穆斯林世界，以及西方的基督教國家。

法治（rule of law）應該和有時候被提到的「依法治理」（rule by law）有所區別，「依法治理」中，法律代表統治者的命令，但不約束統治者本身。有時候依法治理會變得更制度化、更正式、更透明，在這種情況下，就會降低統治者權威的任意妄為而落實法治的部分效果。

問責制度是表示，政府必須回應整個社會的利益，亞里斯多德（Aristotle）稱之為共同福祉（common good），不只是狹隘的自身利益。現在，對問責制度最典型的理解是程序問責（precedural accountability），也就是說，定期舉行自由且公正的多黨選舉，讓公民可以選擇並約束統治者。

但問責制度也可以是很實質的，不一定需要程序問責，統治者也可以做到回應更大的社群利益。非民選政府對公眾需求的回應態度差異極大，因此亞里斯多德在《政治學》（*Politics*）中，把統治者清楚劃分為賢君與暴君。不過，程序與實質的問責通常有很密切的關係，因為不受約束的統治者即使會照顧到共同福祉，通常也不能信任他可以始終如一。當我們用到「問責」這個字眼，大部分談的是現代民主制度，這個制度有迫使政府回應公民的選舉程序。但我們必須謹記在心的是，良好的程序不必然會產生良好的實質成果。

政府組織集中權力並讓公職人員運用公權力執行法律、維護治安、抵禦外敵，並提供必要的公共財（public goods）[2]。但相反的，法治與問責機制是反向操作的，它們的存在是為了限制政府的權力，以確保公權力的行使受到控制與得到共識。現代政治的奇蹟之處，就是我們能夠擁有職能強大但同時受到法律與民主選擇限制的政治體系。

這三種建制可能彼此獨立存在於不同的政體，而且有各式各樣的組合。因此，中國有一個強大且發展完善的政府，但法治基礎薄弱，也沒有民主可言。新加坡有法治與政府，但非常有限的民主制度。俄羅斯有民主選舉制度，有一個善於壓制異議卻不善於公共行政的政府，法治也很薄弱。在很多失敗的政府，例如二十一世紀的索馬利亞、海地與剛果共和國，政府與法治都很孱弱或不存在，但海地與剛果卻有民主選舉。相反的，政治高度發展的民主政體都包含這三種建制——政府、法治與程序問責制度，並存在某種制衡關係。沒有受到嚴肅檢驗的強勢政府是一種獨裁；但受到許多次級政治力量牽制的弱勢政府也會沒有效率，且通常會不穩定。

向丹麥看齊

在本書上卷，我提出當代開發中國家以及想要幫助這些國家的國際社群（international commuity），要面對「向丹麥看齊」的問題。我指的比較不是丹麥這個真實的國家，而是一個想像中繁榮、民主、安全、治理良善且腐化程度很低的社會。「丹麥」的這三種建制彼此完美制衡：大有為的政府、強大的法治，以及民主問責制度。國際社群很希望把阿富汗、索馬利亞、利比亞與海地，轉型成像「丹麥」一樣理想，但卻完全不知道該如何達成。就像我之前談到的，部分原因是我們並不了解丹麥何以成為丹麥，因此也無從領會政治發展的複雜與困難。

關於丹麥的各種正向特質，最新的研究也是世人理解最少的部分，就是有關它的政治建制如何從家產制過渡到現代政府。在前者，統治者受到親人與朋友的支持，這些人用政治忠誠度得到物質上的好處；在後者，政府官員應該是更大公共財的僕人或管理人，而且在法律上被禁止利用職位牟取私利。丹麥的文官治理如何走到附屬於公共目的，且做到技術專業、職能分工，以及根據能力招募人才？

在今天，即使是最腐化的獨裁者也不會像早期的國王或蘇丹那樣，主張他們就是「擁有」國家，因此可以為所欲為。每一個人口頭上講得都很漂亮，都能區分公共與私人利益。因此家產制演變成所謂的「新家產制」（neopatrimonialism），政治領袖採用現代政府的外在形式，有文官、法律系統、選舉之類的制度，但實際上還是為了私人利益而統治。公共利益也許在選舉期間會受到注意，但政府還是由私人關係主導，好處會被拿來分給支持者，用來交換選票或出席政治集會。從奈及利亞、墨西哥到印尼，都看得到這種行為模式。[3]諾思（Douglass North）、沃利斯（John Wallis）與溫加斯特（Barry Weingast）對新家產制有不同的稱呼：「限定參與體制」（limitedaccess order）[4]，是少數菁英聯合起來從事尋租（rent-seeking）[5]行為，運用政治權勢阻止經濟上與政治上的自由競爭。[6]艾塞默魯（Daron Acemoglu）與羅賓森（James Robinson）則用「壓榨」（extractive）來描述同一個現象。[7]在人類歷史中的某個時期，所有政府都可以被描述為家產制、有限參與，或壓榨式的政府。

問題在於，這種政治體系究竟如何轉變成現代政府？上述的作者對於政治變化的描述做得較好，卻無法提供強有力的變遷理論。我們即將看到，其實有幾種力量會促成政府現代化。歷史上的一個重要力量就是軍備競賽，在促進政治改革上，這比經濟層面的私利誘因更大。第二個改變的動力是基於工業化帶來的社會動員。經濟成長催生了新興的社會團體，一段時間之後，他們會自行組織集體行動，以尋求政治參與。這個過程不必然會形成現代政府，但在對的環境下是可以而且已經做到了。

政治衰敗

根據杭亭頓的定義，政治建制的發展會更加複雜、更能適應環境、更具自主性，也更一致。[8]但他主張，這些建制也可能會衰敗。建制產生是為了滿足各種社會需求，例如發動戰爭、解決經濟衝突，以及規範社會行為。但隨著社會行為的一再出現，制度會變得僵化，當一開始形成制度的環境發生變化時，制度反而無法因應。人類行為天生保守，一旦制度形成就會賦予制度情感上的意義。任何人如果建議廢除英國王室、《美國憲法》或日本天皇，並用更新更好的建制取代，都會面臨巨大且頑強的對抗力量。

除了建制無法因應新的環境，政治衰敗還有第二個原因。自然的人類社交關係是根據親屬關係與互利原則，也就是會偏好親人與朋友。但現代的政治體系尋求的是提倡公平治理，在大多數社會中，菁英會傾向後退到親友網絡中，這兩種人會幫助他們維護地位，並且也是菁英一切努力的受益者。一旦成功，菁英就可以「把持」（capture）政府，政府的正當性會降低，同時也比較無法對整體人民負責。長時期的和平與繁榮，通常會提供菁英逐步把持政府的條件，如果接著發生經濟衰退或外部政治打擊，就會發生政治危機。

在上卷，我們看了很多這些現象的例子。中國偉大的漢朝在第三世紀崩潰，當時菁英家族把持朝政，並繼續掌控中國政治接下來的隋朝與唐朝。由土耳其奴兵建立起來的埃及馬木魯克[9]王朝，在奴兵領導人開始建立家庭並為子女前途打算時也崩潰了，[10]就像靠騎兵親信與步兵團建立起來的鄂圖曼勢力一樣。舊制政體的法國從十七世紀中葉開始，就努力建立中央集權的現代行政體系。但法國王室不斷的財政需求，迫使行政體系變得腐化，直接把官職賣給有錢人，實際上形成一群買官者。在這兩卷書中，我用「二次家產制」（repatrimonialization）來指有權有勢的菁英把持政府機關的行為。

比起其他形式的政權，現代民主政體一樣很容易面臨政治衰敗的問題。沒有一個現代社會會完全退回到部落社會，但我們到處都可以看到「部落文化」（tribalism）的例子，從街頭幫派、結黨營私，以及在現代政治最高層級的關說等。雖然現在民主制度中的每一個人都高談普世權利，但很多人還是很高興擁有特權，例如特殊的豁免權、補助，以及只圖利自己與親友的特殊恩惠。有些學者主張，問責制度有避免衰敗的自我修正機制，如果政府效能低落或腐化菁英把持政府，非菁英分子就會直接用選票趕他們下臺。[11]這在現代民主制度的發展歷史中，的確發生過好幾次，但也可能在某些社會中，非菁英分子不善於組織，或者並未正確了解自己的利益，所以並不保證這種自我修正一定會發生。制度的保守性通常會讓改革極為困難。這類政治衰敗會走上兩條路，一是慢慢增加腐化的程度，政府效能也愈來愈低落；一是出現對抗菁英操控的極端民粹主義者。

革命之後：本書的計畫

本書上卷回溯政府、法治與民主問責制度的起源直到美國與法國革命，這些革命讓我們知道，這三種建制，我們合稱之為自由民主制度，已經出現在世界的某個地方了。本書將會描述直到二十一世紀初期，它們彼此互相作用的態勢。

兩卷書的共同之處是都會提到更具有必然性的第三個革命，也就是工業革命。上卷描述的漫長又連貫的歷史似乎暗示，人類的社會總是受限於過去的歷史，他們對未來政治體系的選擇亦然。但這是對上卷革命性歷史的誤解，只要制度化的觀念被接受，任何絕對的歷史決定論就會欠缺說服力。政治發展與經濟、社會和觀念，有很複雜的密切關係。這些關聯性將是下一章的主題。

經歷工業革命的社會都會大幅增加人均產出的成長速度，這個現象會帶來後續的重大社會變化。持續的經濟成長會增加所有發展層面的改變速度。在西元前二世紀的漢朝與十八世紀的清朝之間，中國基本的農耕特色與政治制度本質並沒有多少改變，接下來兩百年發生的變化，遠遠大過於前兩千年。快速的變化步調持續到二十一世紀。

本書的第一部會集中在首先經歷革命的歐洲與北美洲，這也是首先出現自由民主制度的地方。這部分將試著解答，在二十一世紀初期，為什麼像德國這樣的國家可以有現代、相對不腐化的政府行政部門，像希臘與義大利這樣的國家，仍然受侍從主義政治（clientelistic politics）與高度腐化所苦？以及為什麼英國與美國在十九世紀也有充滿政治酬庸（patronage）的公部門，卻能改革成更現代、以績效決定升遷的文官組織？

從民主觀點來看，在若干面向上答案令人沮喪。在大部分的例子中，威權政府是為了國家安全，才建立最現代的文官組織。我們在上卷中看到，古代的中國就是如此；現代文官治理的卓越案例普魯士（後來成為統一的德國）也是如此，由於其地緣政治上的不利，使它不得不建立有效率的政府行政組織。另一方面，在建立現代行政部門之前就民主化的國家，卻發展出侍從主義性質的公部門。美國是第一個遭受這種命運的國家，它也是在一八二〇年代第一個把投票權開放給所有白人男性的國家。在希臘與義大利也一樣，由於不同的原因，在開放選舉權之前，從未建立強大的現代政府。

事件發生的順序，至關重大。在建立現代政府之前就民主化的國家，比起從專制時代傳承下來的現代政府，更難達到優質的治理程度。在民主出現之後才建立政府是可能的，但通常需要動員新的社會成員，也需要強大的政治領導力。這就是美國的故事，由各種團體組成的聯盟戰勝了酬庸政治，這些人包括受到劣質的公共行政傷害的商業人士、反對腐化的鐵路業者的西部農民，以及從新興中產與專業階級中出現的都市改革者。

職能強大的政府與民主之間，還有另一個根本的緊張關係。建立政府的基礎最後都必須依靠國家建構，也就是建立共同的國家認同（national identity），並超越對親人、部落、宗教或種族的感情，以作為效忠的對象。建立國家有時候是從草根開始，但也可以是強勢政治運作的產物，甚至靠極度的暴力。也就是說，不同的團體勢力可能彼此聯合、互相驅逐、整併、遷移，甚至「種族淨化」（ethnic cleansing）。通常在威權的環境下，最能有效形成強烈的國家認同。缺少強烈國家認同的民主社會，很難同意某種支配一切的國家論述。很多當代的和平自由民主政體，是過去許多世代長期暴力與威權統治的受益者，只是被輕易地遺忘罷了。幸運的是，暴力不是邁向國家整合的唯一途徑；國家認同也可能因應實力政治的現實而改變，或是根據廣義的觀念而建立，例如民主觀念就是盡量做到不排除全國社群中的少數族群。

本書的第二部同樣要處理現代政府為什麼會出現與或沒出現，但是集中在受到歐洲殖民衝擊的非西方世界國家。拉丁美洲、中東、亞洲與非洲社會，本來就發展出固有的社會與政治組織形式，驟然面對西方世界的第一時間，遇到的是截然不同的制度。殖民列強在很多國家征服、壓制並奴役這些社群，經由戰爭與疾病殺光原住民，讓他們的土地由外人拓殖。但即使不論武力征服一事，歐洲人帶入的政府模式破壞了傳統制度的合法地位，並把很多社會推向既不是真正的傳統也不是成功西化的悲慘世界。因此，在非西方世界，談到制度發展就不可能不提外國或進口的制度。

過去幾年，有幾個理論解釋，為什麼在世界不同地區的制度發展會南轅北轍。有人認為，是受到地理與氣候等有形條件影響。經濟學家則指出，由於經濟規模，像採礦或必須大規模種植的熱帶農業這類壓榨式產業，就會鼓勵剝削奴工。這類經濟生產模式促成大量的威權政治。相反的，家庭式耕作的地區比較，容易支持財富分配更公平的政治民主制度。制度一旦建立就會被「鎖定」並延續下去，不管原來的地理與氣候條件，在新出現的環境變化中早就變得無足輕重。

地理的確是決定政治建制結果的因素之一。殖民列強採用的政策、掌控的時間，以及投資在殖民地的資源種類，對後殖民時代的制度有很大的影響。但每一個氣候與地理的通則，都能找到重大的例外。例如位在中美洲的小國哥斯大黎加，應該會變成典型的香蕉共和國，但今天卻是治理完善的民主政體，出口產業很發達，還有一個充滿活力的生態旅遊產業。相反的，阿根廷的土地與氣候很幸運地和北美洲相似，結果卻變成一個不穩定的發展中國家，軍事獨裁不斷交替、經濟表現動盪不安，呈現出民粹主義的無政府狀態。

因此，地理決定論很難完全解釋殖民地的行政機構的不同發展方式；儘管受到外來統治，在形成自己的制度上，本土因素仍然扮演不可或缺的關鍵角色。現在最成功的非西方國家，正是那些在遇見西方之前，就已經成熟發展出自己固有制度的國家。

造成不同發展途徑的各種複雜理由，在漠南非洲（Sub-Saharan Africa）[12]與東亞，可以看到鮮明的對比。過去半個世紀以來的經濟發展上，這兩個地方是全世界表現最糟與最佳的地區。漠南非洲地區在遇到西方之前，從未發展出強大且固有的政府文官制度。歐洲殖民列強在十九世紀末葉開始「瓜分非洲」時，很快就發現他們的新殖民地竟然沒有像樣的行政部門。英國只好採用間接統治的政策，算是對政府建制的建設做了最小的投資。因此，不幸的殖民遺產比較像是失職（omission），不是授權（commission）的行為。相對於政治投資較多的印度與新加坡，殖民列強在非洲並沒有留下強大的制度，尤其是得以滲透與控制全民的專制方法。更確切地說，擁有弱勢政府傳統的社會看到的是，他們原來已經建立的制度，被現代政府制度取代並破壞到所剩無幾。獨立之後，接踵而來長久困擾當地的經濟災難，也只是這一切的結果而已。

這和東亞呈現出鮮明的對比。我們已經看到，中國大力投資現代政府，而且有全世界最古老的中央集權文官傳統，還把這種傳統傳給鄰近的日本、韓國與越南。就是這個強勢政府的傳統，讓日本得以免於遭受西方的殖民統治。在中國，二十世紀在各種革命、戰亂與外強占領時期，政府已然崩潰，傳統也蕩然無存，所幸共產黨從一九七八年開始，重新建立更現代的政府形式。在東亞社會中，有效率的公共部門已經成為經濟成功的基礎。亞洲政府都有訓練良好的技術文官，這些人有足夠的自主性引導經濟發展，並避免發生世界其他地區政府都有的嚴重腐化與掠奪行為。

拉丁美洲介於這兩個極端之間。儘管哥倫布之前曾經有過帝國，這個地區從未發展出在東亞發現的強勢政府組織。既有的政治結構被征服與疾病摧毀，並且被殖民社群取代，還帶來當時在西班牙與葡萄牙風行的威權與重商主義[13]制度。氣候與地理促進了剝削式農業與壓榨式產業的成長。雖然當時大部分的歐洲都有類似的威權主義，但拉丁美洲統治集團的特徵是種族與部族地位。這些傳統有高度的延續性，即使像阿根廷也一樣，它的氣候、地理與種族組成，原本可以實現北美洲那樣的社會公平才對，但實際上並沒有。

因此在漠南非洲、拉丁美洲與東亞，當代的發展結果差異之大，應該是深受遇見西方世界之前，固有政府制度本質的影響。之前擁有強大制度的地區，在一段混亂期之後仍有能力重建制度，之前制度付之闕如的地區就會繼續沉淪。殖民列強在移植自己的制度上有強大的影響力，特別是在可以帶進大量殖民人口的地方。現在世界最不發達的地方，就是那些既沒有強大的固有政府建制，又缺少從殖民者移植來的制度的國家。

第一部與第二部是有關現代政府的發展，第三部則要探討限制政府權力的制度，也就是民主問責制度。這一部分的篇幅比第一部和第二部簡短很多，並不是因為民主比其他政治發展層面更不重要，而是單純反映過去這一世代已經對民主、民主轉型、民主崩盤，以及民主的品質有大量的關注。一九七〇年代初期，開始第三波民主化浪潮，全世界舉行民主選舉的國家數量已從當時的三十五個，到二〇一三年時達到一百二十個，因此也可以理解，為什麼有大量的學者都把注意力投入在這個現象。對更晚近的發展有興趣的讀者，可以參考很多關於這個主題的好書。[14]

第三部會更仔細檢視的並非民主化的第三波，而是「第一波」，這段時期的民主擴張，主要發生在美國與法國革命之後的歐洲。一八一五年終結拿破崙戰爭的維也納會議（Congress of Vienna）之時，歐洲沒有一個國家舉行民主選舉。一八四八年，歐洲大陸每一個國家都爆發革命，因此我拿來和二〇一一年的阿拉伯之春比較。歐洲經驗說明了走向真正民主之路有多困難。革命聲勢高漲之後，一年之內，每一個地方的舊制政體全都死灰復燃。選舉權在接下來的數十年才非常緩慢地開放，英國的國會傳統最悠久，但也直到一九二九年才開放投票權給所有成年人。

民主能向世界各處擴散，有賴民主觀念的正當性。十九世紀的大部分時期，很多受到良好教育且心地善良的人深信，「大眾」（masses）絕對有能力以負責的態度行使選舉權。民主的興起因此和人人平等的觀念擴散，有很深刻的關係。

但是觀念並不能從無中生有。由於工業革命帶來的深刻改變，我們現在住在一個全球化與民主擴張的世界。爆發式的經濟成長產生了新的階級，例如資產與中產階級和新的勞工階級，因而大幅改變社會的特質。當這些人察覺到自己和某些人是屬於相同利益的團體，就開始組成政治組織，並要求參與政治的權利。選舉權開放通常和這些新興階級的草根動員有關，也通常會發生暴力事件。但在其他情形，則是舊的菁英團體提倡民主，以作為提升自己政治前途的手段。因此民主推廣到不同國家的時機，完全取決於中產階級、勞動階級、擁有土地的菁英以及農民，他們之間不斷變化的相對位置。因此，在古老的農耕階序中，大地主必須仰賴奴隸勞動力，這種社會要和平轉型到民主其實相當困難。但在大部分的例子中，中產階級團體的崛起與成長，對推動民主極為關鍵。在已開發世界，當工業化產生了中產階級社群，更精確地說，在社會中絕大部分的人都自認為是中產階級時，民主就會變得安全且穩定。

除了經濟成長之外，由於全球化降低了觀念、商品、投資與人才跨越國家邊界的移動障礙，也促進世界各地的民主。花了數百年才在某個地區形成的建制，可以輸入一個完全不同的地方或因應當地的條件演化。這暗示了，制度的改變已經在加速，而且可能會持續下去。

第三部的結論導向一個面對未來的看法。如果廣大的中產階級對民主的存續的確非常重要，那麼，中產階級的工作被先進科技或全球化取代而消失，將意味著什麼？

本書的第四部與最後一部分將探討政治衰敗的問題。所有的政治建制隨著時間都會衰敗。事實就是，受到市場經濟支持的現代自由民主制度，雖然已經很「穩固」，但不保證可以永遠存在。制度僵化與二次家產制，這兩個在上卷中會提供詳細案例的兩種造成政治衰敗的力量，也在當代民主中出現。

制度僵化與二次家產制在今日的美國都很明顯。制度僵化造成很多規則明明被公認有不良的結果，但根本無法改革。這些規則包括選舉人團（electoral college）[15]、初選制度、各種參議院規章、競選財務制度，以及一個世紀以來遺留下來的整批國會命令（congressional mandate），共同造成疊床架屋的政府組織，不只無法發揮基本的功能，其他表現也很糟糕。我會在第四部提到，這些失能的根源是美國分權與制衡（check and balance）制度本身的副產品，這個制度造成法律起草（從編預算開始）品質不佳，國會與行政部門權力銜接時也設計不良。此外，美國法律中根深蒂固的傳統，讓法院與政策研議部門或行政部門的互動方式（譯注：也就是司法、立法與行政部門），在其他已開發民主國家中，很難找到相似的設計。理論上很多問題都是可能解決的，但很多既有的解決方案完全沒有被提出來討論，因為實在和美國經驗距離太遠了。

造成政治衰退的第二個機制——二次家產制也很明顯，從美國政府很多機構已經被組織良好的利益團體把持中可看出。侍從主義（也被稱為政治酬庸）是十九世紀的老問題，選民會為了利益以選票回報，雖然在進步時代（Progressive Era）[16]的很多改革中，絕大部分都被消滅了，但今天取而代之的卻是合法的交換禮物制度，政治人物與有組織的利益團體有來有往，但利益團體並不代表全體國民。過去這兩代以來，美國財富高度集中，經濟勢力也能買到政治影響力。美國分權與制衡制度為強大的利益團體創造上下其手的機會，但在歐洲模式的家產制中，並沒有明顯的利益團體。雖然大眾已經廣泛認知整個制度很腐化，也愈來愈不合法，但在既有制度的限制下，還沒出現想要明確解決問題的改革議程。

未來要看的一個問題是，這些問題是自由民主制度整體的特徵，還是美國的獨特之處。

我應該在本書一開始就說明本書不會談到的幾個主題。本書無意成為過去兩個世紀的歷史全紀錄。想知道世界大戰或冷戰的起源、布爾什維克或中國革命、大屠殺事件、金本位制度，或美國建國史的人，應該去看別的書。在本書中，我選擇探討的是，在政治發展下，我認為相對未被適度強調或誤解的某些主題。

本書專注討論政治建制的演變，但是在個別社會而非國際社會之中。很顯然的是，目前全球化的程度與不同政府的相互依存關係，意味著各國政府在公共事務（如果曾經有）上的獨占角色程度，已經大為降低。在今天，有很多國際機構、非政府組織、多國籍企業與非正式網絡，提供傳統上與政府有關的服務。對很多觀察家來說，「治理」（governance）指的不必然是傳統的政府，而是由任何機構提供公共治理之類的服務。[17]在既有的國際組織架構，針對毒品交易、金融監管到氣候變遷等議題，無法做到有效的合作，也是顯而易見且合理的事。這些都是非常值得關心的議題，但並不是本書要討論的內容。[18]

本書是往回看的，試圖解釋既有的制度是如何出現，並如何隨著時間演變。雖然會指出幾個讓現代政治建制開始朝衰敗方向沉淪的問題，但我會避免過度討論解決問題的明確建議。雖然在我的人生中花了很多時間在公共政策領域，對政策問題總是在尋求非常明確的解決之道，但本書的目的卻是在分析的層次指出更深的系統性根源。我們今天面臨的某些問題，可能沒有任何特別好的政策解藥。同樣的道理，我也不會花任何時間預測本書討論到的不同政治建制的未來。我比較在乎的問題是，我們如何走到今天這步田地。

三大建制

我個人深信，對任何社會來說，一個政府、法律與問責制度相制衡的政治體系，都是務實且具有倫理的必然性。所有的社會都需要政府有足夠的武力，以保衛自己對抗外部與內部威脅，並執行彼此同意的法律。所有的社會都必須經由法律來規範公權力，才能確保法律無所偏私地適用於所有公民，且不會對有特權的少數例外。政府不只必須回應菁英，也必須回應讓政府運作的公務員的需求；另外，政府也應該服務更大社群的利益。總之，政府必須要有平和的機制，來解決多元社會中必然會發生的衝突。

我相信這三套建制的發展，假以時日會成為所有人類社會的普遍需求，而不只是西方社會或任何特殊團體的文化偏好。不管怎樣，作為治安與安全的保障，以及必要的公共財來源，除了一個現代且公平的政府之外，沒有其他選擇。法治對經濟發展也是不可或缺，沒有清楚的財產權與履行合約，企業很難突破信任關係的小圈子。此外，由於法律銘記了不可剝奪的個人權利，認可了個人作為自主行動者（human agent）的尊嚴，因此有其固有價值。畢竟，民主參與的價值絕對不只是對濫權、腐化或專制政府的查核而已。參與政治的本身就是目的，它是自由的一個面向，也完善與豐富個人生活。

結合這三套建制的自由民主體制，也不能說它就代表人類社會的共同性，因為這種政權只存在於過去兩個世紀，畢竟人類歷史已經有數萬年之久了。然而發展是一種協調的過程，會產生普遍與特殊的演化，也就是說，隨著時間的發展，在不同文化的社會中，制度會交會與聚合。

另外，有一個單一主題貫穿本書很多章節，也就是全世界都有的政治逆差（political deficit）[19]現象，這不是指一般的政府，而是在談大有為、公平、組織完善且具有自主性的現代政府。開發中國家的很多問題，都是弱勢且無效能政府的副產品。很多政府看起來似乎很強勢，但社會學家曼恩（Michael Mann）把它稱為專制力（despotic power），也就是壓制新聞業者、政治上的反對派，或敵對種族團體的能力。但他們卻在曼恩所謂的基礎設施力（infrastructure power）上非常薄弱，也就是合法制定與執行法規，或提供如安全、健康與教育等必須的公共財的能力。[20]民主制度的很多失敗作為，其實是因為政府行政部門的無能、最新當選的政治人物無法履行對選民的承諾。選民想要的其實不只是政治權利，也想要好政府。

但不要以為弱勢政府只出現在貧窮的開發中國家，希臘與義大利也從未發展出優質的文官行政部門，這兩個國家都深受高度侍從主義與澈底的腐化之苦，這些問題直接造成目前歐元危機的困境。至於美國，是現代政府行政部門最晚到位的已開發國家之一，其特徵在十九世紀被認為是「法院與政黨的政府」（state of courts and parties），文官扮演較不重要的角色。雖然美國的文官行政部門在二十世紀已經擴編成龐大的政府行政體系，但這個特徵在很多方面依然存在：法院與政黨依舊在美國政治上發揮非常重要的角色作用，其中很多作用在其他國家是交由專業文官執行。美國政府的很多無能，都來自這個根源。

特別是過去這一世代以來，有關政府與有效行使公權力的思考，並不是受歡迎的重要主題。由於二十世紀經歷了史達林的俄羅斯、希特勒的德國與毛澤東的中國經驗，這個世界的大部分注意力都放在政府權力的濫用與過度擴張，這也是可以理解的事。在美國尤其如此，因為它有長久不信任政府的歷史。自從一九八〇年代雷根（Ronald Reagan）宣稱：「政府不是解決問題的方法，政府本身就是問題。」之後對這種對政府的不信任更加深化。

雖然如此，絕不要以為我比較偏愛威權政府或特別同情這些政權，例如新加坡與中國，在民主缺席下，已經達成仿如奇蹟般的經濟成果。我相信，職能完善且有正當性的政權，必須在政府力量與限制政府的制度中取得平衡。這兩個方向都可能失衡，一方面可能是無法有效檢核政府的權力，另一方面可能是各種不同的社會團體有過大的否決權，反而阻礙任何形式的集體行動。此外，很少國家可以轉型成新加坡模式，因為那淪為把不良的民主行政部門取代成一樣無能又對你沒有好處的獨裁體制。

本書對有效能政府的強調，也不應被理解為我偏好更大的福利政府，或者美國政治論述中常提到的「大政府」。我相信，所有已開發民主國家都會面臨長期的挑戰，因為過去幾年所做的福利政策承諾，雖然已經無法維持下去，但隨著人口老化與出生率降低，政府的開銷只會繼續增加。其實，政府的品質比規模，更重要得多。大政府與不良的經濟成果，並無必然關係，只要比較大型的北歐福利政府和漠南非洲的極簡政府，就能得到初步的印證。但是，政府的品質與良好的經濟與社會成果，卻有密切的關係。另外，被認為有效能又有正當性的膨脹政府，比起過度受限、無效能，或不能行使真正權威的政府，在縮編與減少權力範圍時，也會做得比較順利。

本書對於如何改善政府的品質，將不會提供任何直接的答案，當然也不會有任何容易的答案，這是我在其他文章已經探討過的內容。但我認為，除非先理解好政府與壞政府的歷史淵源，否則就無法理解壞政府如何變成好政府。

注釋

1 想知道現有的定義，參見 Rachel Kleinfeld, "Competing Definitions of the Rule of Law," in Thomas Carothers, ed., *Promoting the Rule of Law Abroad: In Search of Knowledge* (Washington, D.C.: Carnegie Endowment, 2006).

2 譯注：在經濟學的解釋裡，公共財是一種財貨，從消費觀點看，具有「非競爭性」；從供給觀點看，具有「非排他性」，例如空氣、國防、教育。公共財的效用會不可分割地影響整個公眾，不管其中任何個人是否願意消費。如果每一位消費者的邊際成本趨近於零，這種公共財就稱為「純公共財」。經濟學家認為公共財應該由政府提供或者由政府干預。

3 S. N. Eisenstadt, *Traditional Patrimonialism and Modern Neopatrimonialism* (Beverly Hills, CA: Sage, 1973).

4 譯注：相對於現代制度是對大眾公開的開放使用秩序（open accessorder）。

5 譯注：又稱為競租，是指在沒有從事生產的情況下，為壟斷社會資源或維持壟斷地位，以得到壟斷利潤（亦即經濟租）所從事的一種非生產性活動

6 Douglass C. North, John Wallis, and Barry R. Weingast, *Violence and Social Orders: A Conceptual Framework for Interpreting Recorded Human History* (New York: Cambridge University Press, 2009)

7 Daron Acemoglu and James A. Robinson, *Why Nations Fail: The Origins of Power, Prosperity, and Poverty* (New York: Crown, 2012). 編注：中文版《國家為什麼會失敗：權力、富裕與貧困的根源》由衛城出版，二〇一三年一月三十日。

8 這些術語的定義參見 Huntington, *Political Order in Changing Societies*, pp. 12–24; 另見本書上卷，頁五七八至五八〇。

9 譯注：有軍事天分的馬木魯克會被賦與政治權力，甚至成為地方首長，但按規定，其子嗣無法繼承父親職位，以維持兵奴對統治者絕對忠誠的條件。但後來，馬木魯克開始干預地方政治勢力，並破壞規定讓自己的子嗣繼承為馬木魯克。

10 此說法參見Mancur Olson, "Dictatorship, Democracy, and Development," *American Political Science Review* 87 (no. 9) (1993): 567–76; North, Wallis, 以及Weingast, *Violence and Social Orders*; 與Acemoglu and Robinson, *Why Nations Fail*.

11 譯注：指撒哈拉沙漠以南的非洲地區，又稱亞撒哈拉地區、下撒哈拉，也稱黑非洲（Negro Africa）。與這一概念相對的是北部非洲，通常被認為是阿拉伯世界的一部分。索馬利亞、吉布地、葛摩和茅利塔尼亞地理上屬於撒哈拉以南非洲，但也是阿拉伯世界的一部分。

12 譯注：十五世紀末，西歐的資本主義開始萌芽和成長；地理大發現擴大了世界市場，給商業、航海業、工業帶來機會；商業資本促進各國國內市場的統一和世界市場的形成，並推動對外貿易；西歐一些國家也運用國家力量支持商業資本的發展。隨著商業資本的發展和國家支持商業資本的政策實施，產生了從理論上闡述這些經濟政策的要求，逐漸形成重商主義的理論。

13 參見Larry Diamond, Juan J. Linz, and Seymour Martin Lipset, eds., *Democracy in Developing Countries* (Boulder, CO: Lynne Rienner, 1988); Guillermo O'Donnell, Philippe C. Schmitter, and Laurence Whitehead, eds., *Transitions from Authoritarian Rule: Comparative Perspectives* (Baltimore: Johns Hopkins University Press, 1986); Samuel P. Huntington, *The Third Wave: Democratization in the Late Twentieth Century* (Oklahoma City: University of Oklahoma Press, 1991). Juan J. Linz and Alfred C. Stepan, eds., *The Breakdown of Democratic Regimes: Crisis, Breakdown and Reequilibration. An Introduction* (Baltimore: Johns Hopkins University Press, 1978); Larry Diamond, *The Spirit of Democracy: The Struggle to Build Free Societies Throughout the World* (New York: Times Books, 2008). 編注：*The Third Wave*中文版《第三波：二十世紀末的民主化浪潮》（4版）由五南出版，二〇一九年八月二十八日。

14 譯注：一七八七年美國通過憲法時，歐洲還沒有任何國家元首由人民直選。因此美國憲法起草者設計了兩個步驟的選舉制度。各州先選出多名「選舉人」，再組成「選舉人團」，然後按照總統大選開票後的投票結果（不得有違），選出總統／副總統當選人。

15 譯注：指美國在一八九〇到一九二〇年代，發生很多社會與政治改革的不穩定時期。

16 關於當代對「治理」的重要解釋，參見Claus Offe, “Governance: An ‘Empty Signifier?’” *Constellations* 16, (no. 4) (2009): 550–62; and Marc F. Plattner, “Reflections on ‘Governance,’” *Journal of Democracy* 24, (no. 4) (2013): 17–28.

17 我在*America at the Crossroads: Democracy, Power, and the Neoconservative Legacy* (New Haven: Yale University Press, 2006), chap. 6. 提出幾個關於國際組織理想架構的看法。

18 譯注：又稱民主逆差，指表面上的運作被定位成民主組織或機構（特別指政府），其運作或實踐已無法滿足基層的需要。反應在現實中就是投票熱情急速衰退，民主體制出現了入（民意流入）不敷出（決策產出）的逆差。

19 Michael Mann, *The Sources of Social Power, Vol. 1: A History of Power from the Beginning to AD 1760* (Cambridge: Cambridge University Press, 1986).

第二章　發展的層面

從人類發展歷史看政治發展；發展的經濟、社會與意識形態的面向；一八〇〇年之後，世界如何演變；杭亭頓的理論為什麼需要更新，但依然在理解阿拉伯之春等事件時極為重要。

政治發展也就是政府、法治與民主問責的演變，它只是人類廣泛社經發展中的一個面向。政治建制的演變必須考量到經濟成長、社會動員，以及公平與正當性觀念的脈絡。這些不同發展層面的互相作用，在法國與美國革命之後，有非常戲劇化的改變。

經濟發展一般可以簡單用人均產值隨著時間持續成長來定義，但在經濟學家與其他人之中仍有很多爭論，這是否是衡量人類福祉的正確方法，因為國內生產毛額（GDP）只看金錢，而不看健康、機會、公平、貢獻，以及其他與人類如何活得精采有關的面向。我現在暫時不理會這些爭論，國內生產毛額有直接與相對定義完善的優點，而且為了衡量它也已經付出很大的努力。

第二個重要的發展層面——社會動員，是有關隨著時間遞變而崛起的新興社會團體，以及這些團體之間的關係變化。社會動員必須由社會中的不同團體開始意識到，自己和其他人擁有共同的利益或認同，並組成集體行動的組織。十九世紀初期，世界上經濟最發達的地區是歐洲與中國，但這兩個地區仍大部分處在農業社會，絕大部分的人口都住在小農村，靠自己種植或飼養的食物維生。在這個世紀結束之前，歐洲見證了巨幅的改變，農民離開鄉間、都市擴張，並形成工人階級。[1]德國社會理論學家滕尼斯（Ferdinand Tönnies）把這稱為禮俗社會（Gemeinschaft）到法理社會（Gesellschaft）的轉型，或者一般在英文會翻譯成「社群」（community）與「社會」（society）。[2]其他十九世紀的理論家也發明新的二分法，來描述這個從一種社會形式到另一種形式的轉型，包括韋伯區分為傳統與魅力的權威到合法與理性的權威，涂爾幹（Émile Durkheim）則提出機械連帶與有機連帶的對比，以及緬因（Henry Maine）從身分到合約的轉變。[3]

每一個架構都想解釋禮俗社會（由近親組成的村莊、每一個人都彼此認識、身分是固定的）到法理社會（多元而有匿名性質的大城市），這兩種形式的轉型。東亞在二十世紀的下半葉，進行了這種社會形式的轉型，目前南亞、中東與漠南非洲也在進行這樣的過程。

工業化過程與經濟成長不斷創造出新的社會團體，例如工人、學生、專業人士、經理人，諸如此類。在具有匿名性質的城市中，人變得更具機動性；住在多采多姿又多元化的社群裡，身分也可以轉換，不再由村莊、部落或親人的習俗來決定。我們將會看到，這些新的社會關係會形成新的認同形式，例如民族主義（nationalism），以及普遍性的宗教信仰。社會動員將會為政治建制的變革打下基礎。

除了經濟成長與社會動員，有關正當性的觀念也在改變。正當性代表一種廣泛的共同認知，知道某些社會約定是公正的（just）。正當性的觀念會隨著時間而改變，有時候這種改變是經濟與社會變遷的副產品，但有很多重要的關鍵時刻，它們也在發展的其他層面發揮獨立的驅動力。

因此，法國傳奇人物亨利四世的王后瑪麗・梅迪奇（Marie de Medicis）[4]於一六一四年召開三級會議（Estate General）[5]想增加新稅時，當時的三級會議是個弱勢且順從的團體，無力阻擋絕對君權的興起。但一七八九年再度召開三級會議時，由於啟蒙運動已經開花結果，加上人權觀念散布，法國的思潮已經大不相同。這種觀念的改變，也是第二次的三級會議為法國大革命鋪路的理由之一。類似的道理在十七世紀期間，英國政治參與者的思想也發生非常大的改變。一開始，他們說要保衛英國人的權利，也就是自古以來繼承的封建權利；一百年之後，在思想家霍布斯（Hobbes）與洛克的影響下，他們開始要求身而為人的天賦人權。這對未來在英國與北美洲會形成哪一種形式的政體，造成很大的影響。

有馬克思主義傾向的歷史學家可能會說，普世權利的觀念被接受，反映了法國與英國資產階級的興起，並形成掩飾其經濟利益的上層結構。[6]馬克思（Karl Marx）說過一句名言：宗教是「人民的鴉片」。但是，在舊封建秩序中所取得的特殊利益，就能形成資產階級，根本不必大力呼籲普世平等的信念。這些觀念必須追溯到其他的基督教普世派的觀念，以及現代自然科學信念的演變。另外，可能有人會猜想，沒有馬克思，二十世紀會有怎樣的歷史。在他之前與之後，當然還有很多社會思想家在思考新興勞動階級的利益。但沒有一個人可以把工業革命初期的情況分析地如此精湛，把它們與更廣博的黑格爾（Georg Wilhelm Friedrich Hegel）歷史理論連在一起，並以自稱「科學的」術語解釋無產階級終將勝利的必然性。馬克思的筆下出現一種新且俗世性的意識形態，並經由列寧與毛澤東等領袖人物之手，將其發展成為宗教的替代品，成功動員百千萬人，並改變了人類社經歷史的發展途徑。

我們可以把政治發展的三種元素與經濟發展、社會動員與正當性觀念這三個背景結合在一起，成為圖一。

這六個發展層面可以各自獨立演變，也可以以很多方式彼此相關。任何政治發展理論要能解釋其中因果關係。藉著概述在英國、美國與其他早期現代化國家工業化先前發生的事件，我們可以追溯前述某些重要的關聯。

一八〇〇年之後，世界如何改變

大約在一八〇〇年左右，工業革命起飛，並戲劇性增加經濟成長的速度。在這之前，也就是上卷提到的歷史時期，這世界大部分地區的生活狀況，符合英國作家馬爾薩斯（Thomas Malthus）在一七九八年的著作《人

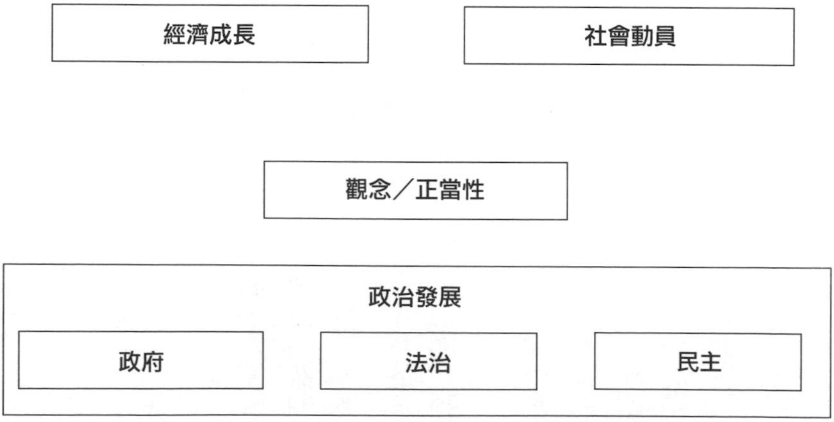

圖一

口論》（*Essay on the Principle of Polulation*）中描述的陰沉景象，長期的人口成長將會超過經濟資源。圖二顯示工業革命開始之後，與之前八百年的人均收入估計值的巨大差異。整個曲線呈現出曲棍球桿的形狀，成長速度忽然變快了，反映後期的生產力成長持續逐年增加，而且大幅超過人口的成長速度。雖然我們可以預測這段受到老天保佑的快速成長期，總有一天會被人口成長與可用資源的限制趕過去，但很幸運的是，我們現在仍活在後馬爾薩斯（post-Malthusian）的世界。

造成經濟成長大爆發的因素是什麼？在工業革命之前有個開始於十六世紀的商業革命，歐洲內部與大西洋兩邊的貿易量已經大量擴張。這個貿易擴張有其政治與制度因素，包括建立了有保障的財產權、現代政府的興起、現代企業與複式記帳法的發明，以及新的通信與運輸技術。由於科學方法的系統性應用，以及

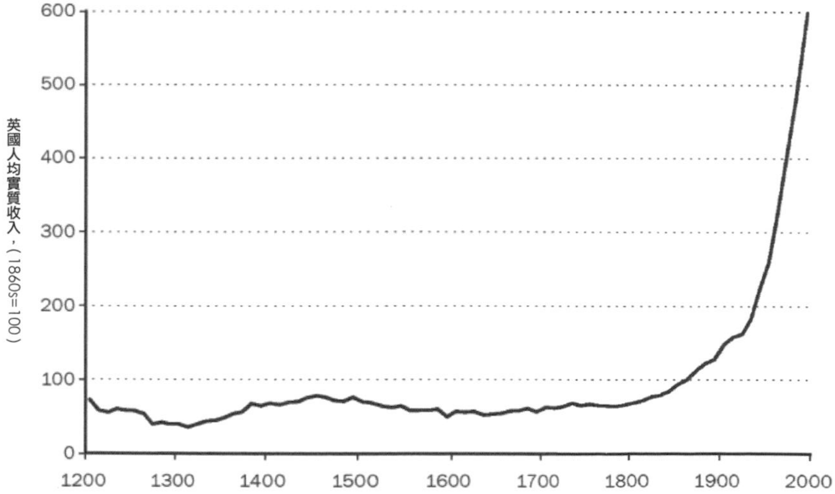

圖二：英國人均實質收入，1200-2000

資料來源：Gregory Clark, *A farewell to Alms*.

大學與研究機構的組成運作，都能轉化成技術創新，最後也催生了工業革命。[7]

接著，透過逐步的分工，人均收入忽然變得高度成長，並對社會造成很大的衝擊。亞當・斯密（Adam Simth）的《國富論》（*Wealth of Nations*）第三章標題就是〈分工受限於市場的範圍〉。在書中一開始，斯密就描述一家有名的別針工廠。在這家工廠裡，不是由一位工匠拉、切、磨尖每一個別針，而是每一個任務交由每一個專門的工人負責，因此大幅提升這家工廠的生產力。但斯密強調，如果沒有非常有效率的大市場，工廠也不會用這種方式提高生產力。因此斯密主張，運輸與通信技術的改善擴大了市場的規模，再刺激分工的擴展。也就是說，斯密時代的商業革命，是在為接著展開的工業革命播種。

分工變成後來思想家的關注焦點，一開始是馬克思和恩格斯（Friedrich Engels），他們兩人在《共產黨宣言》（*The Communist Manifesto*）談到，以往有尊嚴的工匠被貶低為大工廠裡機械式的零件。不同於斯密的觀點，他們把專門化與分工看成是一種邪惡，把人從真實的存有異化[8]成工人。這個世界和之前的農耕社會變化得有多大，可以從以下這一段寫於一八四八年英國工業革命剛進入爆炸成長期的文字看出來：

> 生產工具、生產關係與社會關係如果沒有持續改革，資產階級就不會存在。相反的，不曾改變的舊生產模式，是早期的工業階級第一個存在的條件。持續發生變動的生產方式、所有社會條件不斷受到擾亂、隨時存在不確定性與騷動，是資本家時代與之前所有時代最鮮明的區隔。所有固定的關係，以及古老與珍貴的常規與見解，都被掃除殆盡。所有剛剛才形成的事物，在

固定下來之前，又變得過時了。所有可以信賴的都已化成空氣，所有神聖的事物也被玷汙了，最後人也被迫冷靜地面對真實的生活情況，以及自己與其他同類的關係。

一般人認為矽谷發明「破壞式創新」，但如果馬克思時代有什麼事情是比二十一世紀初期變化更大的，就是橫跨歐洲與美洲的社會變遷速度了。

由於社會的新族群會要求政治參與，因此社會動員會促進政治的變革。十九世紀末，歐洲與美洲在整個工業化時期，工人就開始加入工會，並推動要求更高的薪資，以及更完善、更安全的工作條件。他們強力鼓動要有公開大聲說話、組織與投票的權利。工人也開始支持新的政黨，這些政黨在工人的支持下，最後也贏得選舉，例如英國的工黨（Labour Party）與德國的社會民主黨（Social Democratic Party）。在沒有選舉的地方，例如俄羅斯，工人則開始加入地下的共產黨。

通信與運輸技術的普及，也加速了在這個時期發生的另一個重要變化，亦即全球化。全球化讓觀念可以以前所未有的方式，超越政治疆界，散播到各地。一八〇〇年之前，政治建制的發展主要發生在單一社群裡，即使有些社群相對來說規模相當龐大。舉例來說，中國在西元三世紀導入菁英統治式的文官制度時，對同時期的希臘與羅馬世界沒有造成任何衝擊。雖然早期建立阿拉伯政府的人，可以參考鄰近的波斯與拜占庭帝國模式，但他們並沒有仿效同時期歐洲的封建制度，更少參考印度或中國。

第一個開始建立全球體系的人是蒙古人，他們把貿易與疾病一路從中國帶到歐洲與中東；接著是阿拉伯人，他們把自己的網絡從歐洲擴張到東南亞。再接著是歐洲人，他們與美洲國家與南亞、東亞開放貿易。認為全球化是二十一世紀世界的獨特特徵的人，可以參考《共產黨宣言》這段文字：「為了要幫生產找到不斷擴張的市場，資本家奔波於整個地球表面……藉著開發全球市場，資本家為每一個國家的生產與消費行為，賦予一種世界性的特色……最後，不再使用當地原物料，而是來自最偏遠地區原物料的產業；以及產品不只在國內被消費，也在地球上每一地區被消費的產業，摧毀了原來已經建立的國家所有產業。」

在商品上發生的事，也發生在有關政治與經濟制度的觀念。在世界某一個地方運作良好的做法，很快會在另一個地方被複製。舉例來說，斯密對市場力量的觀念，一開始在歐洲廣為流傳，並一路飄洋過海到拉丁美洲，在那裡，西班牙波旁王朝（Bourbon）改革者放鬆了早期重商主義對貿易的限制。在意識形態光譜的另一端，馬克思主義一開始就自認為是一種世界性的意識形態，也在非歐洲的中國、越南到古巴被採納。

一八〇〇年之後，政治發展的條件與之前普遍流行的條件大不相同。持續的經濟成長快速地促成各種新形式的社會動員，並形成要求政治參與的新族群。同時，觀念可以在一個社會與一個社會之間，以印刷品或後來的電報、電話、廣播，最後以網際網路的速度傳播。在這些情況下，政治體系就開始出現問題，因為原來是要管理農耕社會的制度，現在必須管理工業化的社會。由於社群媒體帶來社會動員的新形式，技術與經濟變革和政治建制的互動關係，也持續到今天。

好事不會全部一起發生

英國是第一個工業化的國家，從馬克思以來，還有很多社會理論家對它詳加探討，也成為現代化的典範。在英國，一個明顯的因果路徑就是從經濟成長到社會動員，再到要求政治參與的價值改變，最後再到自由民主。二十世紀初，歐洲的社會理論橫跨大西洋，並成為美洲學術圈現代化理論中一個根深蒂固的解釋。現代化理論指出，所有的好事最終都會一起發生。現代化是一種單一且互相關聯的現象，圖一中的六個方塊會同時改變。[9]換句話說，每一個地方都可以很快變成丹麥。現代化理論出現的歷史時機，是歐洲殖民地開始獨立並期望能複製歐洲發展的結果。

但是，杭亭頓一九六八年的著作《變動社會的政治秩序》，毫不留情地潑了這個現代化理論一盆冷水。杭亭頓直接反駁所有好事必然會一起發生的觀點。他認為，經濟發展孕育社會動員，但是當社會動員的速度超過既有制度協調新的政治參與需求的能力，政治體系就會崩潰。杭亭頓指出，新興社群的期待，以及政府接納他們參與政治的能耐與意願，會出現「落差」。他認為，制度不完善的傳統社會與完全現代化的社會都很穩定，但正在現代化過程的國家，最大的特徵就是不穩定。在這種社會中，現代化的不同元素無法以協調的方式產生進展。[10]

杭亭頓這本著作發表以來，已經超過四十年，針對開發中國家的衝突與暴力，包括費爾翁（James Fearon）、萊頓（David Laitin）與柯利爾（Paul Collier），很多學者做了大量的研究。[11]根據這些近期的研究，杭亭頓的理論在很多方面都必須修正。他認為，不穩定反映出缺乏制度，這是對的，因為制度就是讓行為井然有序的規範，因此在定義上就是正確的。但是他觀察的一九五〇與六〇年代的不穩定與暴力，並不是現代化破壞傳統社會的結果。而且，傳統社會是穩定的，這個看法也有誤導之嫌。大部分開發中國家在他寫書期間，已經是殖民帝國的一部分，權威都是外部進口的。舉例來說，漠南非洲在殖民之前的一般衝突程度，很少有可靠與量化的相關資料。在開發中世界，很多誕生於這個時期的新國家，例如奈及利亞、比利時剛果／薩伊，在之前並沒有獨立的政策，也沒有國家層次的傳統制度。因此在獨立之後，很快就陷入衝突，也不令人意外。不管有沒有現代化，制度不良或根本不存在的國家，一直都是不穩定的地區。

最近更多對衝突原因的分析也否定杭亭頓的主張，不穩定主要發生在介於貧窮與開發之間，正在進行現代化的國家。他們發現衝突與貧窮高度相關，而且衝突通常是貧窮的原因也是結果。幾乎所有研究衝突與政治不穩定現象的學者都指出，弱勢政府與制度不良是衝突與貧窮的根本原因。[12] 很多失敗或脆弱的政府，因此陷入低水準陷阱，因為不良的制度無法管制暴力而導致貧窮，結果更進一步削弱政府治理的能力。雖然觀察巴爾幹半島、南亞、非洲與其他冷戰之後的地區，很多人認為種族是衝突的原因，但是伊斯特利（William Easterly）研究顯示，只要能有效掌控制度，任何有關種族多元化的衝突就會消聲匿跡。費爾翁與萊頓同樣也指出，只要國民人均收入能控制在平均程度，即使種族與宗教高度多元化，也不會因此更容易引起衝突。畢竟，瑞士分裂成三個語言族群，但從十九世紀中葉之後就一直非常穩定，就是因為它有強大的制度。[13]

現代化與經濟成長不必然會導致不穩定與暴力加劇，有些社會會逐步改進政治建制，並接納更多政治參與的需求。這就是二次世界大戰之後，在南韓與臺灣發生的事。這兩個地區的現代化，都是由高壓的威權政府管控。但這兩個政府都能滿足民眾對工作與經濟成長的期待，並在最後都能調和更民主的需求。就像南韓與臺灣的早期階段，中國不必把制度開放給正式的政治參與，也能一直維持整體政治的高度穩定，就是因為它有能力為國人提供穩定、成長與工作機會。

自從《變動社會的政治秩序》出版以來，經濟已經快速成長，並出現杭亭頓所稱的「第三波」民主化轉型階段。一九七〇到二〇〇八年，全球經濟產出大約是四倍，從十六兆成長到六十一兆。[14]在同一時期，世界各地舉行選舉的民主政體的數量，則從四十增加到接近一百二十。[15]雖然有些地區的轉型涉及暴力手段，包括葡萄牙、羅馬尼亞、巴爾幹半島與印尼，但全球政治的大轉型，整體來說非常平和。

但還是有些地方，如杭亭頓指出的社會動員與制度發展的落差問題，這個問題一直是不穩定的主要動力。中東地區在一九五〇、六〇與七〇年代初期，經歷很多政變、革命與內戰衝突，但接下來的數十年，阿拉伯世界卻出現高度穩定的威權政體。突尼西亞、埃及、敘利亞與利比亞都是由獨裁者統治，不允許反對派活動，且對市民社會嚴密控制。阿拉伯世界的中東地區，並未參與第三波的民主轉型。[16]

但這一切在二〇一一年一月發生巨幅的變化，突尼西亞的阿里（Ben Ali）垮臺、埃及穆巴拉克（Hosni Mubarak）下臺、利比亞爆發內戰、格達費死亡，另外，巴林、葉門與敘利亞的政治都極端不穩定。所謂的阿拉伯之春有很多因素，其中之一就是埃及與突尼西亞出現更大規模的中產階級。聯合國綜合考量健康、教育與收入而編纂的人類發展指數顯示，從一九九〇到二〇一〇年，埃及提升百分之二十八，突尼西亞則增加百分之三十。[17]大學畢業生的人數也大幅增加，尤其是突尼西亞。[18]由於既有的政權未能滿足新族群的期待，新興中產階級藉著新的技術，例如衛星電視臺

（半島電視臺）與社群媒體（臉書與推特）自己動員起來，領導了反抗阿里與穆巴拉克獨裁政權的起義行動，雖然這些人未能控制後續的發展。[19]

易言之，阿拉伯世界所經歷的，是杭亭頓式的事件：在彷若堅不可摧的威權政府表面下，社會變遷正進行著，新進被動員起來的行動派，把他們的挫折感投向透過新的體制而無法將他們包容進去的政權。政權未來的穩定性，端視於是否能出現一些政治體制，引導民眾參與朝向和平的方向。而此意味著政黨的成立發展、開放媒體、允許政治議題的討論傳播，以及接受憲法對政治爭議的規範。

儘管如此，杭亭頓的基本見解還是正確的：亦即現代化並非完美與不可避免的。經濟、社會和政治等面向的發展，以不同的軌跡與時程前進，而沒有理由去認為它們必然要前後照規矩進行。特別是政治發展，是在經濟成長之外，依自己的邏輯運行。所以成功的現代化，有賴於政治制度再加上經濟成長、社會變遷以及觀念的同步發展；我們不能把其他面向的發展，理所當然地視為必然共伴的。沒錯，強而有力的政治體制，首先通常在經濟成長上是必要的。沒有辦法做到的話，就會注定讓失敗或脆弱狀態，陷入一個衝突、暴力與貧困的循環。

危脆或失敗的狀態所欠缺的最主要的體制，是一個具行政管理能力的政府。在能為法律或民主約束之前，這個政府必須存在。這意味著一開始，一個中央集權化的執政與官僚體系的建立。

注釋

1 關於概論，參見：Eric Hobsbawm, *The Age of Capital, 1848–1875* (New York: Vintage Books, 1996), chap. 1. 編注：中文版《資本的年代》（新版）由麥田出版，二〇二〇年九月十日。

2 Ferdinand Tönnies, *Community and Association* (Gemeinschaft und Gesellschaft) (London: Routledge, 1955).

3 Max Weber, *Economy and Society* (Berkeley: University of California Press, 1978); Emile Durkheim, *The Division of Labor in Society* (New York: Macmillan, 1933); Henry Maine, *Ancient Law: Its Connection with the Early History of Society and Its Relation to Modern Ideas* (Boston: Beacon Press, 1963). 編注：*The Division of Labor in Society* 中文版《社會分工論》（新版）由左岸出版，二〇〇六年六月十日（已絕版）。

4 譯注：義大利豪門梅迪奇家族的重要成員，法國國王亨利四世的王后，路易十三的母親。

5 譯注：一七八九年法國革命之前的立法機構。

6 譯注：馬克思提出下層／上層架構（base/supe rstructure）的社會模型，下層結構是指社會的生產方式，也就是經濟基礎；上層結構是指根據下層結構而形成的包括法律、政治與宗教等意識形態，對馬克思來說，意識形態是一種為了欺騙和行使權力關係正當性的架構。

7 案例參見 Joel Mokyr, ed., *The Economics of the Industrial Revolution* (Totowa, NJ: Roman and Allan held, 1985); Mokyr, *The British Industrial Revolution: An Economic Perspective* (Boulder, CO: Westview Press, 1999); Douglass C. North and Robert P. Thomas, *The Rise of the Western World* (New York: Cambridge University Press, 1973); Nathan Rosenberg and L. E. Birdzell, *How the West Grew Rich* (New York: Basic Books, 1986); David S. Landes, *The Wealth and Poverty of Nations: Why Some Are So Rich and Some So Poor* (New York: Norton, 1998). 編注：*The Rise of the Western World* 中文版《西方世界的興起》由聯經出版，二〇一六年一月十五日。

8 譯注：異化是描繪工業革命導致的非人性化情景，亦即人創造的機械化生產模式，原本目的是為人服務，但最終卻凌駕在人之上，人被迫屈從於非人性化的機械性與固定性生產流程，因而產生主客倒置的現象。

9 概論參見Nils Gilman, *Mandarins of the Future: Modernization Theory in Cold War America* (Baltimore: Johns Hopkins University Press, 2003).

10 Huntington, *Political Order in Changing Societies*, pp. 32–92.

11 更多例子，參見James D. Fearon and David Laitin, "Ethnicity, Insurgency, and Civil War," *American Political Science Review* 97 (2003): 75–90; Paul Collier, *The Bottom Billion: Why the Poorest Countries Are Failing and What Can Be Done About It* (New York: Oxford University Press, 2007); Collier, *Economic Causes of Civil Conflict and Their Implications for Policy* (Oxford: Oxford Economic Papers, 2006); Collier, Anke Hoeffler, and Dominic Rohner, *Beyond Greed and Grievance: Feasibility and Civil War* (Oxford: Oxford Economic Papers, 2007).

12 World Bank, *World Development Report 2011: Conflict, Security, and Development* (Washington, D.C.: World Bank, 2011).

13 William R. Easterly, "Can Institutions Resolve Ethnic Conflict?" *Economic Development and Cultural Change* 49, (no. 4) (2001); Fearon and Laitin, "Ethnicity, Insurgency and Civil War."

14 世界銀行開發指標與全球金融發展（Global Development Finance）、美國勞工統計局。

15 數字來自Larry Diamond, "The Financial Crisis and the Democratic Recession," in Nancy Birdsall and Francis Fukuyama, eds., *New Ideas in Development after the Financial Crisis* (Baltimore: Johns Hopkins University Press, 2011). 另參見Huntington, *The Third Wave*.

16 參見Alfred C. Stepan and Graeme B. Robertson, "An 'Arab' More Thana 'Muslim' Electoral Gap," *Journal of Democracy* 14, (no. 3) (2003): 30–44.

17 聯合國發展計畫（United Nations Development Program, UNDP）阿拉伯人類發展報告（Arab Human Development Reports）www.arabhdr.org/.

18 聯合國發展計畫阿拉伯人類發展報告www.arabhdr.org/data/indicators/2012-31.aspx .

19 關於社群媒體對阿拉伯之春的影響，參見Eric Schmidt and Jared Cohen, *The New Digital Age: Reshaping the Future of People, Nations and Business* (New York: Knopf, 2013). 編注：中文版《數位新時代》由遠流出版，二〇一三年六月一日。

第三章　文官制度

為什麼研究政府就是研究文官制度；評估治理品質的最新成果；各國治理品質的差異，以及相關歷史的理解。

對世界各地很多人來說，當代政治的核心問題就是如何約束力量強大、過度自負，或實際上非常專制的政府。人權團體會尋求法律機制以保護脆弱的個人，不致於受到政府濫權的傷害。民主派激進分子希望用民主選舉的方式，就像在喬治亞與烏克蘭領導玫瑰革命與橙色革命的人，[1]以及在阿拉伯之春一開始的突尼西亞與埃及示威分子，希望透過選舉產生對人民負責的統治者。但不只威權政府會濫權，自由民主政體也會，為了應付恐怖分子或其他威脅，民主政府也會擅改人權規則。美國人民就一直嚴加防備公權力被濫用以及被認為是濫用的現象，例如環保要求過度繁雜、槍枝管制與國家安全局進行國內監視。

因此，這幾年很多關於政治發展的探討核心，都是放在約束權力的相關制度，也就是法治與民主問責。但在限制政府權力之前，政府必須要先有確實能做事的權力。換句話說，政府必須要有治理能力。

政府能提供基本的公共行政，並不是一件理所當然的事，很多國家會貧窮的部分原因就是因為政府沒有治理能力。在已經失敗或正在衰敗的政府，包括阿富汗、海地、索馬利亞等國家非常明顯，在這些地方，生活一片混亂也沒有保障；但在很多比較富裕且有良好民主制度的社會，情況也好不到哪裡去。

以印度為例，從一九四七年建國以來，就是一個非常成功的民主政體。一九九六年，政治運動人士與經濟學家德雷茲（Jean Drèze）發表一份基礎教育的報告，調查印度各邦的基礎教育。最令人震驚的一項發現是，在鄉下地方有百分之四十八的老師曠職，根本沒出現在課堂上。可以理解的是，這件事引起家長的強烈抗議，印度政府只好在二〇〇一年推出大型的改革計畫，以提升基礎教育的品質。雖然這項改革的努力帶來大量且明顯的行政舉措，但二〇〇八年的追蹤調查卻顯示，教師缺席率卻和十年前一模一樣，還是百分之四十八。[2]

在新興市場國家中，印度當然一直是改革明星，在二〇一〇年以前，每年的經濟成長率都在百分之七到十。[3]但在億萬富豪輩出與高科技產業傲視全球的同時，極端貧窮與社會不平等的程度卻令人震驚，印度的部分地區和漠南非洲最糟糕的地方毫無二致。在最貧窮的印度邦裡，這些不平等引起毛派游擊隊不斷地暴動。這個國家正在工業化，也會想找教育程度更好的工人，但這麼多人未受到適當的教育，最後一定會造成經濟成長的限制。在提供基礎教育方面，印度做的比鄰近的中國更少，更不要說日本與韓國，這兩個國家已經進入第一世界的地位。

印度的問題不是出在缺乏法治，其實很多印度人認為這個國家的法律太多了。法院塞滿待審的案件，速度又慢，原告通常等不到開始審判就過世了。據統計，堆積在印度最高法院的案件超過六萬件。印度政府無法在基礎建設上做投資，就是因為必須面對各式各樣的官司，就像美國一樣。

印度的問題也不是出在不充分的民主環境。印度的媒體很自由，也非常開心能大肆批評政府在教育、醫療與其他公共政策領域的疏失；另外，還有大量的政治競爭對手會抓著現任者，對施政疏失的責任猛打猛批。在教育領域，印度並沒有任何政策上的政治衝突，每一個人都同意兒童應該受教育，而且老師如果有領薪水就應該去上課。但是提供教育這種基礎服務，似乎超出印度政府的能力。

這裡的失敗是政府的失敗，尤其是地方、各邦與國家層級負責農村兒童基礎教育的文官體系的失敗。良好的政治體系不只對政府的濫權要加以限制，更重要的是，要讓政府能確實做到被期許的事，就像提供市民治安、保護財產權、提供普及的教育與公共的醫療服務，並建立民間經濟活動需要的基礎建設。很多國家就是因為政府太腐化或太無能，而威脅到民主制度，因為大家會轉而希望能有一個強大的權威人物，也許是獨裁者或救星，他能打斷政客滔滔不絕的廢話，確實讓事情動起來。

為什麼政府是必要的

自由主義傾向的人（通常是美國人）會插話說，印度的問題就是政府本身：所有的政府都是沒希望的官僚組織，又無能又僵化，而且總是會產生不良的效果，解決之道不是讓政府變得更好，而是完全不要政府，並支持民間或市場性的解決之道。

政府機關本質上比民間部門更沒效率，的確是有理由的。例如經營工廠和事業這些事，很多最好留給民間企業去做，要不然政府也會以破壞性的方式，妨礙民間企業的決策。公私部門的界線，將是每一個社會重新商議的重點。

但我們終究還是需要公部門，因為有一些服務與功能，也就是經濟學家說的公共財，沒有私人或企業願意做，所以只有政府能提供。嚴格來說，所謂的公共財，就是我在享用時並不會妨礙別人享用，而且這件事不能被私人占用或被私人耗盡。乾淨的空氣與國家安全就是典型的例子，因為在社群中的每一個人都能得到這兩種好處，每個人的使用也不會減損其他人的總存貨。沒有任何民間企業有提供公共財的誘因，因為它無法阻止別人使用，所以無法從中得利，也無法產生任何可以應用的收入。因此即使是最支持自由市場的經濟學家也會欣然同意，政府有提供純公共財的作用。除了乾淨的空氣與國家安全，公共財包括公共安全、法律系統，以及維護大眾的健康。

除了純公共財，很多工廠生產出來的民間消費商品，具有經濟學家所謂的外部性（externality）。外部性是一種強加於第三方的好處或傷害，例如我付費完成自己的教育讓雇主得到好處，或是工廠排放廢料汙染了下游社區的飲用水。另外的例子是，經濟交易可能會牽涉到資訊不對稱，例如二手車賣家可能會知道，對買家來說不是那麼明顯的缺點；或是藥廠可能知道，它的產品在臨床研究上可能沒有療效或甚至有害，但病人並不知情。一向以來，政府有規範外部性與資訊不對稱的作用。在教育與例如道路、港口與水等基礎建設上，外部性利益很大，因此政府通常會免費提供給市民，不然也會提供高額的補貼。但是在這些情形中，必要的政府補貼與規範的範圍通常會引起爭議，因為政府過度干預會扭曲市場信號，或完全阻礙民間企業的活動。

除了提供公共財以及規範具有外部性的活動，政府也可以藉由多種形式參與社會規範，例如政府都希望人民誠實、守法、接受教育並愛國，可能會鼓吹自有住宅、小生意、性別平等、健身運動，或者勸阻民眾抽菸、濫用藥物、參與幫派活動或墮胎。即使是意識形態上非常支持自由市場的政府，大部分的政府都會在必要的公共財之外，從事他們認為可以促進投資與經濟發展的宣導活動。

最後，政府也能控制菁英和參與某種程度的重分配。重分配是所有社會秩序的基本作用，就像博蘭尼（Karl Polanyi）提出的，大部分現代化之前的社會制度都以領導者或頭人（Big Man）為中心，由他為族人重新分配各種財貨，這種做法在歷史上甚至比市場交易更普遍。[4]就像本書上卷提到的，從諾曼征服之後的英國國王，到鄂圖曼帝國、中國的所有皇帝，國王與皇帝的作用就是保護一般平民對抗寡頭菁英的貪欲。他們這樣做十之八九不是出於公平意識，更不是因為他們篤信民主，而是單純出於自利心理。如果政府不能控制社會中最有錢有勢的菁英，他們就會把持並濫用政治制度而犧牲其他人。

政府參與重新分配的最基本形式就是讓法律一體適用。有錢有勢的人總是有辦法照顧自己，如果任由他們上下其手，一定會傷害非菁英族群。只有國家應用司法與強制執行的力量，才能讓菁英遵守每一個人都要服從的相同法律。英國國王會在法庭上支持封臣，在租約爭議上對抗他的領主；美國聯邦政府會介入保護黑人學生對抗當地的暴民，或是警察保護社區對抗販毒集團，不管是哪一種形式，都是因為政府與法治通力合作而產生司法公平性。

政府還有其他更明顯的重分配經濟形式，最普遍的就是強制保險共同資金，政府會強迫社群為保險計畫提供資金，如果是社會安全制度，就是從年輕人挹注到老年人的收入重分配；如果是醫療保險，就是健康的人挹注到生病的人的醫療重分配。美國很多保守派指責歐巴馬總統二〇一〇年通過的《平價醫療法案》（Affordable Care Act）[5]是「社會主義」政策，但美國在當時是全世界富裕民主政體中，唯一沒有制定全民健康保險的國家。

從洛克到海耶克（Fredrich Hayek）等自由派理論家，對政府的重分配一向抱持懷疑態度，因為這種做法可能會獎勵懶惰與沒能力的人，卻犧牲正直與勤奮工作的人。所有的重分配計畫都會發生經濟學家所謂的「道德風險」（moral hazard）：如果獎勵的標準是根據收入水準，而不是個人的努力程度，就意味著政府並不鼓勵工作。如蘇聯等前共產主義國家就是這種情形，在這些地方「政府假裝付錢給我們，我們假裝在工作。」

但從另一方面來看，一個極簡主義政府，對於較窮困的人民不提供絲毫的社會安全網，在道德上也很難找到正當的理由。只有在某些社會中，競賽場上永遠公平，出生的造化以及單純的運氣不會決定一個人即將面對的人生機運、財富與機會，這種做法才行得通。但這樣的社會在過去的歷史中從未存在，現在也沒有。因此大部分政府面臨的真實問題不是是否要重新分配，而是要做到什麼程度，以及如何用道德風險最低的方法來進行重新分配。

在一個社會中，個人的先天優勢通常會隨著時間增加。因為菁英可以運用財富、權勢與社會地位進入政府管道，並用政府的力量保護自己與子女，因此菁英階級的地位很容易愈來愈穩固。這個過程也會一直持續下去，直到非菁英階級在政治上成功動員，以翻轉情勢或保護自己。有時候可能會引起暴力革命，例如法國與布爾什維克革命；有時候會形成民粹主義的重分配政策，例如裴隆

（Juan Perón）時代的阿根廷，以及查維茲（Hugo Chávez）統治期間的委內瑞拉。理想上，應該藉由政府的民主管控來限制菁英的力量，這種政策能反映人民的廣泛共識，也知道政府應該如何公平分配資源。重分配的竅門在於，應該避免過度強調菁英的特徵，也就是說，菁英不會因為他們致富與參與政治的能力，反而受到懲罰。

關於政府施政的適當範圍，觀點非常多，有些人認為政府只要提供最基本的公共財；有人認為政府應該積極改變社會的特質，並進行實質的重分配。前面已經提過，所有的現代自由民主政體都在進行某種程度的重分配，但從北歐等社會民主國家到更經典的自由派社會美國，政府干預的程度則天差地別。圖三顯示，從極簡派到激進派現代政府可以發揮的功能範圍。

雖然政府可以干預到什麼程度，還有很多爭論，但政府效能的問題也一樣重要。從救火到提供醫療服務到執行產業政策，成效繫於負責該施政項目的政府文官素質，政府的任何功能都可以做得更好或更糟。政府是很多複雜組織的集合體，文官能否表現良好取決於組織的方式，以及他們可以運用的資源、人力與物力。因此，在評估政府時有兩個重要的軸線必須注意，水平軸線

極簡派的功能
- 提供純公共財
- 國防、法律與治安
- 財產權
- 總體經濟管控
- 公共醫療
- 改善公平性
- 保護貧困者

中間派的功能
- 解決外部性問題
- 教育、環境
- 規範獨占行為
- 克服市場資訊不完全
- 保險、金融法規
- 社會保險

激進派的功能
- 產業政策
- 財富重分配

圖三：政府功能的範圍

資料來源：世界銀行，*The State in a Changing World*

代表政府功能的範圍，垂直軸線代表政府執行相關功能的能力（參見圖四）。

任何國家在水平軸線上的表現如何，有很多粗略的評估標準。經濟學家最常用的標準就是稅收占總GDP的比例；另外一個替代方法是，可以衡量公共支出占GDP的比例，但這個數字經常比稅收更大，且隱藏借貸。這些評估標準都不盡完善，畢竟有些更積極的功能例如各種法規與產業政策，即使不影響財政政策也會對社會造成重大衝擊。

評估政府的品質

評估政府的實力或素質，也就是政府在水平軸線上的位置，是非常複雜的。韋伯以一套知名的程序來判定什麼樣的政府可以稱為現代的政府，其中最重要的一點就是政府機關各單位有精確的組織功能，且文官選用是基於能力與技術而

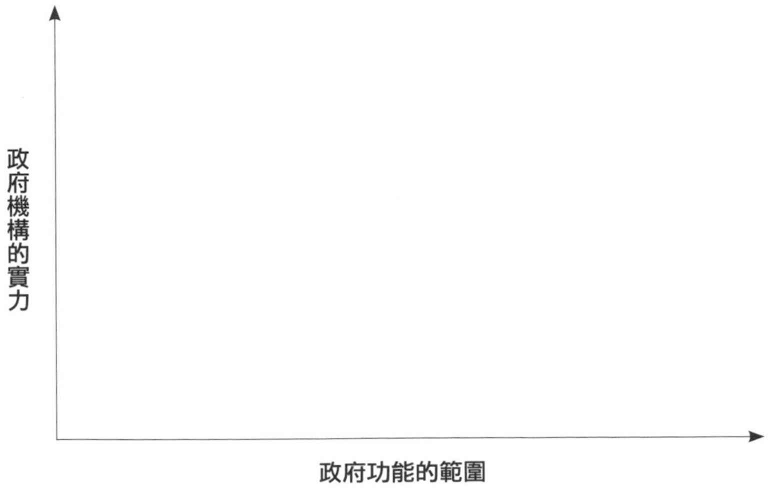

圖四：政府範圍與政府實力

非酬庸。[6]其中有些標準並不是今天我們認為良好文官的必要條件，例如公職是終身職業，也受到行政組織的嚴格約束與控制。不過，文官必須根據技術資格選用，且升遷是根據能力而不是私人關係，這兩個觀念已經被廣泛接受，而且與正向的治理成果，例如低度腐化以及經濟成長有關。[7]雖然韋伯強調文官制度的形式，政治科學家羅斯坦（Bo Rothstein）則建議用「公平性」（impartiality）作為政府素質的衡量標準，他認為這是有效施政的基本特徵。[8]另外，也可以根據失職的程度來衡量政府素質，例如政府被認為腐化的程度，就像國際透明組織（Transparency International）的清廉印象指數（Corruption Perception Index）。[9]

然而，只是經由程序來評估政府實力，不太可能掌握到真正的品質。韋伯經典的定義假設，現代政府是一種嚴格又謹守規則的組織，只是機械性地根據原則承擔政府功能的任務。但程序僵化並不是優點，而是世人對現代政府感到氣餒的核心問題。韋伯自己也說，文官的行政組織就像困住人的「鐵籠」（iron cage）。[10]

另外一個程序上的方法是，衡量政府形成與推動政策的能力，或如米格戴爾（Joel Migdal）所說的，政府「滲透」整個社會的能力。[11]另外，有幾種因素可以用來定義政府的能力，包括文官組織的規模、它能運用的資源，以及政府官員的教育與專業程度。有些學者以政府可以從人民身上收到的稅收比例，作為政府能力的衡量標準，同樣的比例也可以用在衡量政府的範圍。其中的理由是，稅收，尤其是像所得稅這類直接稅，本身很難徵收，而且也可以代表政府能運用的資源。不過，組織發揮作用的能力，從來不只是可以衡量的資源這個標準而已，組織文化一樣很重要，也就是組織成員能協同合作、彼此信任、承擔風險、主動創新的程度。只根據形式程序定義的韋伯式文官制度，可能會、也可能不會有這種讓它有效運作的無形特質。

另外一個衡量政府素質的特殊方法，可能不是研究政府本身是什麼，而是研究政府在做什麼。畢竟，政府的目的不是要遵守程序，而是要提供人民基本的服務，包括教育、國防、治安、法律；衡量施政的成果，比如說兒童接受公立學校體系教育的程度，比起教師人數、招募或訓練的資料，更能提供有用的情報。普里切特（Lant Pritchett）、伍爾卡克（Michael Woolcock）和安卓斯（Matt Andrews）主張，開發中國家政府的一大問題，就是只會從事他們所謂的「同構模仿」（isomorphic mimicry），也就是說，只會模仿已開發國家政府的外在形式，但無法產生同樣的成果，例如已開發國家達成的教育與醫療成果。[12]衡量政府確實做到的事，而不是如何做的，就能避免這個問題。

然而，衡量成果雖然很吸引人，也可能產生誤導。良好的施政成果，例如優質的公共教育是政府投入各種努力（師資、課程、教室等等）的複雜混合物，以及人民的特質，例如收入、社會習慣與文化（家庭重視學習的程度）。一九九六年，有一個關於美國教育成果的經典研究，該研究被稱為「柯爾曼報告」（Coleman Report），他的統計分析顯示，優質教育反映學生的朋友與家庭背景，而不是政府投入多少。[13]對於現代政府提供的這類複雜服務，要衡量任何一件事的成果都頗為困難。舉例來說，如何衡量司法制度的品質？單純衡量結案或判決的數量，但不做法院是否公正審判或靠嚴刑拷打對嫌犯強行逼供的質化評估，顯然毫無意義。如果沒有這樣的判斷力，那麼與只會遵守嚴格法律規範的政府相比，警察國家一定會永遠做得比較好。

除了考慮施政程序與施政成果，衡量政府素質還有最後一個面向很重要，那就是政府享有自主性的程度。所有的政府都是在服務某個政治上的主子，不管是民主的大眾或是一個威權的統治者，但政府多多少少都會被允許某些自主性以便執行任務。自主性最基本的形式是，有控制政府職員與人事的權力，且是基於專業而不是政治考量用人。自主性對執行力也很重要，因為高度複雜與矛盾的命令很少會產生良好的結果。另一方面，太多自主性也可能導致災難，也許是腐化，也許是設定自己的政務規畫，卻不受任何的政治控制。

一個政府會處在圖四水平軸線上的哪一個位置，良好的程序、能力、成果與文官自主性，都是可能的定義方法。如果學者對某個衡量政府品質的標準有共識就太好了，但並沒有這種標準存在。最近幾年，好幾個經濟學家試著設計衡量政府素質的量化標準，也有不同的成果。但不同國家政府素質的廣泛比較，難度又更高了，因為根據地區、功能與層級（國家、邦或州、地方政府），差異真的很大。

雖然有這些問題，仍有一個普遍被用來衡量跨國政府表現的指標，即世界銀行組織的全球治理指標（World Bank Institute's Worldwide Governance Indicators, WGI）。這個指標從二〇〇〇年代初期以來，每年會公布一次。這些指標在非常多的國家衡量治理的六個面向（問責度、政治穩定度且沒有暴力事件、政府效能、法規品質、法治、控制腐化）。圖五取了兩個面向的指標：政府效能與控制腐化，並挑選一些已開發與低度開發國家，根據這兩項指標按照順序排列。

我們很難知道，全球治理指標數字代表的確實意義，因為這是融合程序、能力與成果指標的綜合結果，且通常基於專家的調查。這些指標也無法捕捉到每個國家內部政府素質的差異，美國海軍陸戰隊就和路易斯安納州鄉下的警察局截然不同，就像中國的上海與某個內陸鄉下的教育品質也是天差地別。但是這些指標仍然明白指出，全世界的各國政府素質差異程度極大，另外，政府效能與腐化程度有重大相關。就像任何研究都指出的，政府素質和國家經濟發展程度也有高度相關。

我們可以把圖四提到政府範圍與政府實力的兩個面向矩陣，填入真實的資料，把稅收占GDP的比例當成範圍的替代指標，把世界銀行的政府效能當成實力的替代指標（見圖六）。已開發國家的政府規模差異很大，但我們可以看到，他們全部都在矩陣較上面的部分。也就是說，大政府可以成為高收入的國家，例如丹麥與荷蘭；但非常小的政府也可以辦到，例如新加坡與美國。但如果沒有一個有效能的政府，

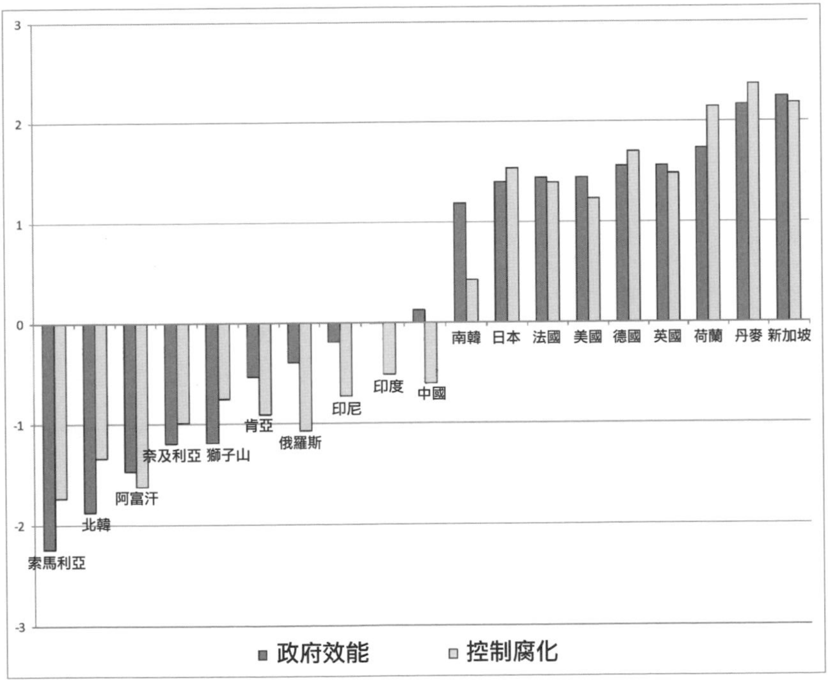

圖五：2011年政府效能與控制腐化

資料來源：世界銀行組織，2011年全球治理指標

沒有任何國家可以變有錢。很多新興市場國家，例如中國、印度與俄羅斯，大約落在水平軸線的中間點，[14] 貧窮國家則全部靠近底部，最孱弱的政府則接近最低點。

美國人很愛討論政府的規模，但這份跨國資料指出，對於良好的施政成果來說，政府素質比規模更重要。

但全世界政府政績的差異，又能說明什麼呢？為什麼有些政府，像北歐，可以相當高效能地提供大範圍的公共行政，民眾心中也能對政府產生高度的社會信任，但其他政府似乎陷入腐化與無能的惡性循環而永不超生，結果人民就把政府視為寄生蟲而不是社會進步的推動者？另外，好政府與其他發展層面，例如法治、問責、經濟成長與社會動員，又有什麼關係？

下一章將試著解釋為什麼有些國家可以發展出強大又有能力的政府，其他國家

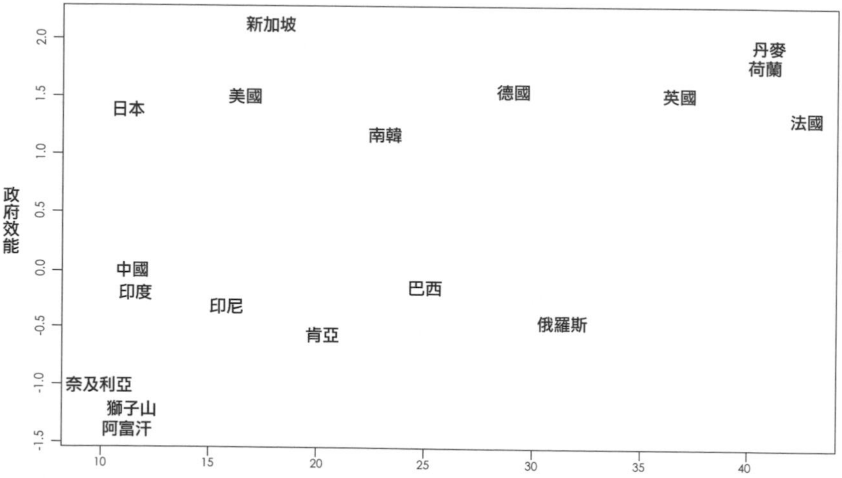

圖六：政府範圍與政府實力

資料來源：世界銀行，世界發展指標

＊此稅收只是中央政府的部分，包含交通違規罰金、違法罰金與社會安全捐款。

卻沒有。我會比較五個例子：普魯士／德國、希臘、義大利、英國與美國。普魯士／德國、希臘與義大利在目前的歐盟中，站的位置就像書擋的兩邊。德國強大且有效率的文官組織一向名聲響亮，經過二十世紀前半葉災難式的表現之後，在戰後以來的這段期間，已經一直維持健全的總體政策。相反的，希臘和義大利一直是眾所周知的高度侍從主義與腐化政府，而且都有問題叢生的公共財政問題，並在二〇一〇年歐元危機時爆發。這兩種差異的根源何在，以及如何會延續至今日，將是比較的主題。

英國與美國則屬於中間的例子。十九世紀開始，英國其實有一個無法改革且深受酬庸政治困擾的文官制度。但是十九世紀中期開始的數十年，英國著手整頓文官制度，並為延續至今的文官制度奠定基礎。美國在一八二〇年代也一樣開始發展出由政黨主導的酬庸制度，政治任命的人掌控了聯邦、州政府與地方政府。美國的現象比較正確的說法應該是侍從主義但不是酬庸，因為它牽涉到政治人物大規模地分配個人利益給支持者，這種方式是比較不開放的英國沒做到的事。但是美國也在二十世紀的第二與第三個十年成功改革這個制度，並建立現代文官制度的核心價值。英國與美國能夠消除公共行政上的腐化問題，但希臘與義大利卻做不到。

造成這些不同成果的關鍵因素與先後順序有關，也就是各國改革文官制度時，相對於開放更廣泛的民主政治制度的時機先後問題。還在威權體制時期就建立強大文官體系的國家，像普魯士就建立了持久的自主性組織，它撐過接下來的幾次政權轉移，一直延續到現在。另一方面，在強大政府到位之前就民主化的國家，像美國、希臘與義大利，建立的卻是必須改革的侍從主義制度。最後美國順利做到了，但希臘沒有，義大利則只成功做到一部分。

普魯士是第一批建立現代政府的歐洲國家之一，也因此統一了現代的德國。早在工業化以及民主問責制度被引進之前，普魯士就已經把有效能的文官組織逐步組建起來。接著我會開始說明現代政府興起的故事。

注釋

1 譯注：二〇〇三年，喬治亞民眾因不滿選舉舞弊而爆發玫瑰革命，隔一年，烏克蘭也因民眾不滿選舉舞弊而爆發橙色革命，兩次革命原因相同，也成功推翻領導人，被學者認為是第三波民主化浪潮之一，又被稱為顏色革命。

2 參見 Lant Pritchett, Michael Woolcock, and Matt Andrews, *Capability Traps? The Mechanisms of Persistent Implementation Failure* (Washington, D.C.: Center for Global Development Working Paper No. 234, 2010).

3 參見 World Bank, World DataBank, http://databank.worldbank.org/data/home.aspx.

4 Karl Polanyi and C. W. Arensberg, *Trade and Market in the Early Empires* (New York: Free Press, 1957).

5 譯注：全名是《患者保護與平價醫療法案》（Patient Protection and Affordable Care Act），主要目標有三個：一是全民醫療保險，二是提高醫療服務品質，三是降低費用。

6 韋伯的標準：⑴文官只在特定領域中服從權威，且不必付錢；⑵他們有清楚定義的組織架構；⑶每一個官署都有清楚的權責範圍；⑷各官署用人都是自由的契約關係；⑸根據技術資格用人；⑹文官薪水固定；⑺文官不得兼差；⑻公務機關的工作是終身職業；⑼擁有與管理是不同的兩件事；⑽公務員受到嚴格的約束與控制。*Economy and Society* (Berkeley: University of California Press, 1978), 1: 220–21.

7 有幾個試著量化韋伯式政府特色以及這些特色與治理成果關係的研究，其中兩個是 James E. Rauch and Peter B.

Evans, "Bureaucratic Structure and Bureaucratic Performance in Less Developed Countries," *Journal of Public Economics* 75 (2000): 45–71; and Rauch and Evans, "Bureaucracy and Growth: A Cross-National Analysis of the Effects of Weberian' State Structures on Economic Growth," *American Sociological Review* 64 (1999): 748–65.

8 Bo Rothstein, *The Quality of Government: Corruption, Social Trust, and Inequality in International Perspective* (Chicago: University of Chicago Press, 2011).

9 這項指數的受訪者是在不同國家經商的人，參見 http://transparency.org/policyresearch/surveysindices/cpi .

10 Max Weber, *The Protestant Ethic and the Spirit of Capitalism* (New York: Scribner, 1930), p. 181. 編注：中文版《基督新教倫理與資本主義精神》（新版）由遠流出版，二〇二〇年八月二十七日。

11 Joel Migdal, *Strong Societies and Weak States: State-Society Relations and State Capabilities in the Third World* (Princeton: Princeton University Press, 1988), p.4.

12 Pritchett, Woolcock, and Andrews, *Capability Traps?*

13 James S. Coleman et al., *Equality of Educational Opportunity* (Washington, D.C.: Department of Health, Education andWelfare, 1966).

14 中國的位置在俄羅斯左邊，其實有點誤導。因為中國仍然擁有很多國營企業，其收入是可以交由政府應用，但並沒有顯示在稅收中。

第四章 普魯士的文官制度

普魯士／德國的文官制度為何成為現代文官制度的典範；戰爭與軍備競賽是政府現代化的根源；法治國的意義；文官的自主性如何延續到現在；為什麼戰爭不是建立現代文官制度的唯一途徑。

韋伯在二十世紀初寫下知名的現代文官制度的標準時，他心裡想的並不是美國的文官體系，因為他認為美國文官體系的腐化程度已經無可救藥，因此根本不予考慮。從私部門的品質來說，美國在當時的確是現代工業化國家，但它的政府在歐洲人眼中卻極為落後。韋伯當時想的是他的出生地德國，德國當時的文官體系已經形成一個有紀律、有技術能力且有自主性的組織，並與鄰國法國知名的文官制度分庭抗禮。

德國社會當時只在民主的初期階段，剛剛統一德國的俾斯麥（Chancellor Ottovon Bismarck）從一八七〇年代開始掌權，並為民選的德國議會（Reichstag），也就是國會作好了準備；但同時也給非民選的國王龐大的權力，讓他擁有可以控制軍隊與指派總理的專屬權力。約束這個龐大權力的主要力量不是民主機制，因為民主要到第一次世界大戰後，威瑪共和（Weimar Republic）成立之後才出現。因此，當時約束國王力量的其實是文官體系。國王的一切統治必須透過高度制度化的文官體系來執行，其中包含發展良好的法律系統，這就是德國的法治國概念，德國也因此被描述為自由專制政體。它以公平的方式為公民權利提供強大的保護，但公民並沒有透過選舉要求統治者要對人民負責的政治權利。

對經濟發展來說，法治國是一種非常卓越的平臺，因為它提供私人財產強大的保護，也為執行合約做好準備。德國皇帝雖然被稱為「至高無上的」統治者，但他不能專制地沒收公民持有的財物，或親自介入公民的法律程序。因此，從一八七一到一九一四年期間，德國工業化的速度飛快，並取代英國成為歐洲領先的工業強權。

經歷兩次毀滅性的世界大戰與國家分裂，西德終於在一九四九年出現穩固的自由民主政體。但在這段期間以及進入一九八九年兩德統一之後，德國自始至終完全仰賴高效能的政府行政體系，這反映於它在當代治理指標中的高排名。換句話說，在發展出民主問責的政府之前很長一段時間，德國已經發展出強大的國家機器與法治。它能這樣做的原因是普魯士政府，也就是現代德國的前身，之前長期與鄰國進行一連串生死攸關的軍事對抗，就像西元前二二一年秦國統一中國前一樣。本書上卷曾提到，戰爭形成了尋求高效能且由菁英統治的政府之誘因，但一般經濟活動並沒有這種需求，因此戰爭就成為政府現代化的重要途徑。

三十年戰爭（一六一八到一六四八年）[1]結束時，各國在一六四八年簽訂《西發利亞和約》

（Peace of Westphalia）。當時的德國可以用軍閥主義（Warlordism）來形容，因為在現代德國所在的地區，名義上雖然是統一在神聖羅馬帝國這個跨國架構之下，但實際上則分裂成數十個小型的政治實體。這個地區會形成軍閥特色，是因為其中很少政治實體的能力強大到能透過固定的文官體系，在領土內收到稅、培植專業軍隊，或建立能可靠執行法律的獨占武力。於是，這些政治實體強悍的統治者傾向用借來的錢雇用武裝傭兵，當資源耗盡，這些武裝團體就直接靠土地過活，幹些搶劫擄掠的勾當。這些軍隊不向悲慘的農民收刮食物時，就破壞農作物與基礎設施，以防止敵人使用。在三十年戰爭期間，持續的饑荒與疾病讓德國都市人口減少了三分之一，農村人口則減少了五分之二。[2]

一支有政府的軍隊

一六四〇年十二月，霍亨索倫（Hohenzollen）家族年輕的腓特烈・威廉（Frederick William）成為布蘭登堡的選帝侯[3]，與更大的敵對勢力撒克遜與巴伐利亞相比，當時還看不出來，他繼承來的家產將成為偉大國家的核心。和那時期的很多王朝一樣，他的領地並不完全相連，從東普魯士（今天波蘭與俄羅斯的一部分）一直延伸到德國西邊的馬克（Mark）與克勒夫斯（Cleves）地區。他繼承的文官組織仍完全屬於家產制。[4]在每一塊領地上，他必須和每一個領主分享權力，因為封建制度代表的意義就是有土地的貴族有權統治自己的土地，因此有關戰爭與稅收，都必須諮詢領主的意見。其實這個貴族統治制度的始祖，直到前兩個世紀，也就是十五到十六世紀期間，才從經濟學家奧爾森（Mancur Olson）所謂的「流動的土匪」變成「定居的土匪」。流動的土匪資源主要來自掠奪與鬥爭，定居的土匪則對一群可憐的農村人口收稅，但他們會提供一點點如人身安全與公平的公共服務作為回報。[5]這些土匪也就是後來的容克（Junker）貴族階級。

如本書上卷描述的，問責政府一開始是出現在十七世紀末的英國領地，他們組成一個團結的國會，並擁有阻擋英國國王倡議權的權力，而且也確實在該世紀罷免過兩個國王。但在普魯士布蘭登堡（Brandenberg-Prussia）發生的事正好完全相反，領地孱弱且分裂，所以連續幾個財力雄厚又有堅強意志的統治者，包括偉大的選帝侯威廉（the great Elector Frederick William，西元一六四〇至一六八八年）、普魯士王威廉一世（King Frederick William I of Prussia，西元一七一三年至一七四〇年）、腓特烈大帝（Frederick the Great，西元一七四〇年至一七八六年），逐漸成功剝奪領主的政治權力，並集中到中央的王室行政體系。

軍隊是促成權力集中化的手段。在承平時期，很少統治者維持常設的部隊。一六六〇年，《奧利瓦和約》（Peace of Oliva）終結了普魯士也曾參戰的瑞典與波蘭之戰（Swedish-Polish War），但偉大的選帝侯拒絕解散軍隊。因為歷經三十年戰爭的結論，威廉體認到，身為被強大敵國包圍的內陸國，只有靠軍事力量才能保障普魯士的生存[6]。透過不同的策略，他取得各領地的財政權、解散獨立的民兵，把財務與軍事權都集中在受他控制的文官體系下。這個過程持續進行到他的孫子普魯士王威廉一世。歷史學家霍爾本（Hajo Holborn）把他描寫為「粗野、不只缺乏文化魅力，也對同胞的情感遲鈍……是家族裡、周遭與領地中令人畏懼的暴君。」[7]但是，他卻是一個高明的政府建造者，他把宮殿前作為遊樂用的花園改建成軍隊操練場，並把一樓改建成政府的公務機關。用歷史學家羅森柏格（Hans Rosenberg）的話說，他創造了「第一流的軍隊，但卻是從人力素質、自然資源、資本與經濟技術來說，屬於第三流國家手中打造出來的。」[8]

另外，關於普魯士政府的建造，還有一個重要的文化面向。霍亨索倫家族在十六世紀中成為喀爾文教徒（Calvinist），在大部分都是路德教派（Lutheran）的貴族中，他們因此成為異類。他們信仰喀爾文主義至少造成三件重要後果。首先，選帝侯和他的繼任者在新的中央文官體系中，特別選用進口的荷蘭與胡格諾教派（Huguenot）等同一教派的人，此舉增加了文官在周圍社會中的自主性。第二，清教徒（Puritan）的道德規範也灌輸到每一位領導人的行為，特別是威廉一世，他個人的節儉與樸實作風，以及絕不容忍腐化的態度簡直是一種傳奇。最後，喀爾文主義進入普魯士疆域之後，開創了一系列新的社會制度，包括學校、登記當地人口的教區與貧苦救濟中心，這些最後都被更現代的新政府取代與同化。這項成就帶來的競爭壓力不只在普魯士，也包括整個歐洲地區，促成路德教派與天主教採取類似的改革。[9]

就像中國的戰國時代，建立強大的軍隊並不是諸王的任性之舉，而是攸關國家生存的大事，霍亨索倫統治者顯然比其他歐陸競爭對手，對這一件事體認得更清楚。[10]在七年戰爭（一七五六到一七六三年）[11]期間，普魯士幾乎就要亡國，因為同時要和更強大的俄國與奧地利作戰，腓特烈大帝差點被俘並處死。最後真的是只靠腓特烈這個軍事指揮官的高明技巧，加上完全的運氣（彼得三世登基成為俄國國王），才解救普魯士，並讓它繼續成為歐洲的主要強權。因此有人描述普魯士並不是「一個有軍隊的政府」，而是「一支有政府的軍隊」。[12]

從一六四〇年到十九世紀初施泰因與哈登堡（Stein-Hardenberg）的大力改革，普魯士政府從家產制轉型成現代文官體系。一開始是由偉大的選帝侯發動這個轉型的過程，他在十七世紀下半葉把平民事務與軍隊體系分開，並組成以技術性問題為主的各種委員會（Regierungen），處理平民事務。由於募集軍需品的因素，戰爭軍需部成為中央集權政府的主要部門，並由於它擁有執行更複雜的徵稅制度的能力，加上它執行軍備補給的功能，促使它演變成國家主要的經濟政策組織。[13]

在十八世紀末之前，普魯士文官體系的招募與升遷，是績效任用與家產制度的奇怪混合體，雖然腓特烈大帝會提升有能力的公職人員與文官，但也常獎勵忠誠度而不是能力。只要腓特烈的戰事一結束，把人事改為績效任用的壓力也就消失了。最後，顯赫的家族幾乎完全掌控某些公務部門，職務委任與升遷也被拿來作為借款與賄賂的回報。換句話說，普魯士是在進行一種二次家產化的過程，就像中國在東漢末年所做的事一樣。[14]

普魯士歷史的終結

根據哲學家柯捷夫（Alexandre Kojève）的說法，這樣的歷史在一八〇六年的耶拿—奧爾斯塔特戰役（Battle of Jena-Auerstadt）結束，當時普魯士半家產制軍隊被拿破崙領導的軍隊消滅了，拿破崙的軍隊是根據徵兵制與現代文官原則組織的部隊，比普魯士軍隊現代很多。年輕的哲學家黑格爾親眼目睹拿破崙騎馬穿越耶拿大學城，見證了法國現代政府的勝利。他在《精神現象學》（*The Phenomenology of Spirit*）一書中主張，這種政府現代性的形式，代表人類理性在歷史上達到頂點。柯捷夫在一九三〇年代解讀黑格爾時認為，現代政府的觀念一旦出現，最後一定會普及全世界，因為它實在太強大了：所有遇到它的都要遵從它的規則，否則就會被吞噬。[15]

其實，在耶拿戰役之前好幾年，普魯士就開始進行現代政府的基礎工作。一七七〇年，文官制度的改革重點是，引進考試作為升遷的根據。但若不是因為戰敗，舊制度不會那麼快克服自己的惰性。後拿破崙時代的改革，則由施泰因（Baron Karlvomundzum Stein，西元一七五七至一八三一年）與哈登堡侯爵（Prince Karl August von Hardenberg，西元一七五〇至一八二二年）主導。施泰因是帝國騎士家族後裔的貴族，曾在哥廷根大學與英國求學，也是自由派哲學家孟德斯鳩（Montesquieu）的信徒；[16]而哈登堡侯爵的信仰在耶拿戰役之後就變成「在君主政體中，也要堅守民主原則」。[17]

施泰因與哈登堡聯手改革，普魯士才從腓特烈個人獨裁政體，轉型成自由專制政體，也被稱為法治國。一八〇七年，《十月詔令》（The October Edict）追隨法國大革命的先例，廢除了貴族的法律特權。文官職務完全對一般人開放，法國的「唯才是用」原則被奉為圭臬。世襲的米蟲從文官體制中被清除，但仍然保留貴族統治，只是這是根據教育而不是出生背景的貴族統治。一八一七年的公務員招聘法規要求要有古典的中等教育，並且在大學時要研讀法律才能成為更高階的公職人員。在同一時間，在洪堡德（Wilhelm von Humboldt）領導下，大學制度也開始改革，並形成整合的制度。從此，國家最優秀、最聰明的人才都能直接供應文官體系的需求。[18]在這時候，普魯士的制度已經類似法國的「大學校」（grande école）[19]，或日本明治維新之後的制度，學術菁英會直接從東京大學被送進政府就職。

社會趨勢的變化，反映在哲學家費希特（Johann Fichte）的文字中，他主張貴族是「國家的第一個階級，但意義僅限於只在有危險時第一批優先逃跑的人。」[20]在此時，教育已經成為文官組織原則的能力核心，但德文字的「自我教化」（Bildung），除了正規教育之外，也包含更廣泛的自我修養的道德意義。十八世紀末期，一整代的啟蒙思想家包括萊辛（Lessing）、赫爾德（Herder）、歌德（Goethe）、費希特（Fichte）、洪堡德（Humboldt），以及最偉大的哲學家康德（Immanuel Kant），都在推廣自我教化的觀念。[21]

法治國

十九世紀以前成形並成為統一德國基礎的普魯士政府，其實仍是絕對專制的模式。由於這個不受問責約束的政權，必須透過逐步制度化的文官體系來統治，政府行為中的規則性與透明度，最後則演變成對專制統治的法律限制。不過，在普魯士的法治國中，行政權力從未受到憲政的約束，也就是英國在光榮革命達到的成就，或是美國銘記在憲法中的重要精神。但是在十九世紀下半葉時，要保障現代的財產權、促進德國經濟發展與快速工業化，法治國的概念已經綽綽有餘。因此，它就成為各地自由專制政體的模範。當代的新加坡有時候被比作十九世紀的德國，就是基於這個理由。

我在上卷用的法治定義是，政治權力必須受到法律的約束，包括政治制度中行使最高權力的人。我也提出，在很多文明中法治的根源在宗教，因為宗教提供了實質的法律，以及已經制度化的階層體系中能夠詮釋法律的宗教專家。十六世紀末第一個專制國王開始集中權力，但早在這之前的好幾個世紀，天主教教會就在十一世紀重新復興羅馬法，接著歐洲基督教國家也建立很大規模的法律組織。所以絕對君權其實比法治更晚出現，在範圍上也非常有限，因為強大的法律傳統早在歐洲廣為流傳。

這在德國尤其如此。德國是由帝國議會（Diet of the Empire）等法律組織定義的，還有數不清的特許與合約所要求的封建權利與責任。因此，德國各諸侯邦通常花很多時間在彼此興訟。

之後出現的絕對君權開始侵犯之前的法律概念，主張君權是上帝賦予的（實際上是經由上帝的執行者教會賦予的），並宣稱自己的統治權。這主張有時候是基於君權神授說——上帝直接把統治權授權給某個特定的統治者。但在十七世紀中葉開始，好幾個思想家，包括格勞秀斯（Hugo Grotius）、布丹（Jean Bodin）、霍布斯（Thomas Hobbes）與普芬道夫（Samual Pufendorf），開始形成新的理論，不必訴諸宗教權威就能賦予國王統治權。普芬道夫對普魯士特別有影響力，因為他後來成為偉大選帝侯的家臣與傳記作者。

但是這個新的世俗基礎，並不是慷慨賦予絕對君權尊貴的權力。即使統治者可以宣稱其絕對權威不受之前以宗教為基礎的法律約束，但根據新的理論家，絕對君權的合理性在於某種程度上，絕對君權「代表」整個社群更廣泛的利益。舉例來說，在霍布斯《巨靈論》（*Leviathan*）書中指出，君主統治的正當性只是因為他的權威存在於固有的社會契約中，他答應要一輩子保護民眾的基本權利。雖然統治者不是人民選出來的，但在和平時期，他在某種意義上體現大眾的利益，而不是他家族的私人利益。政治理論家曼斯菲爾德（Harvey Mansfield）的解釋是，政府變成無私地代表整個社群的抽象概念，而不是社群中某個特定團體的統治工具。公共與民間的區別因此有了理論基礎，這對理解所有的政府角色來說是非常關鍵的一點。[22]

所有觀念都在普魯士法律的演變中呈現出來，普魯士政府建立的時候，擁有統治權的君王擁有的個人權威，被視為一切法律的來源。但國王必須透過文官體系來統治，文官體系反過來用一套公共行政法來表達它的意志。其實普魯士的文官體系任用過程很公平，而且大部分公職人員都有法律訓練的教育背景。[23]但這還不是法治（rule of law）的約束高於行政權的意義，應該說它比較像依法行政（rule by law）。在這個意義上，它非常類似中國法家[24]所擁護的法律類型，例如在秦朝與漢朝頒布的各種中國法典。[25]

意志堅強的領導人會反抗法律，例如威廉一世與腓特烈二世（這兩位是父子，威廉一世曾經把腓特烈二世關進牢裡），也沒有強大的獨立司法機關可以阻擋。但是一般平民和處理彼此之間或與政府之間的事時，都能夠期待受到更一致與更公平的對待。這些新出現的民法也整合到行政法院的體系中，讓民眾在認為自己受到政府不合法對待時就可以控告政府。在法國，較低層級的法院判決可以一路上訴到最高行政法院，最高行政法院可以強迫行政部門遵守它對法律的詮釋[26]（當代的中國與施行民法體系的部分亞洲地區也有行政法院；可見第二十五章）。所以，雖然法治國無法告訴國王，他的行為有違體制，卻可以約束政府低層級官員的任意行為。

普魯士政府一直致力於建立一致的法律體系，一開始是十八世紀中葉康切基（Samual von Cocceji）努力的成果，接著是一七九四年頒布的偉大的《普魯士法典》。《普魯士法典》由卡莫（J. H. von Carmer）與沙瑞茲（Karl Gottlieb Suarez）兩人合寫，在拿破崙於一八〇四年普及《民法典》之前，這部著作可能是民法傳統上最重要的創新，這部法典定義的法律，讓每一個平民都更了解政府存在的目的。

《普魯士法典》當時仍是一份屬於封建精神的文獻，它把平民分成三個階級：貴族、中產階級市民與農民，各自擁有不同的權利。農民可以保有自己的土地，貴族的財產只能與其他貴族交易。卡莫與沙瑞茲想把法典轉變成具有憲法精神的文獻，以保護臣民不受國王專制決定的傷害，但在出版之前，國王強迫他們刪掉這段文字。這部法典承認一般的權利、宗教自由與個人事務的道德規範，但也給政府控制政治討論與監督媒體極大的權力。[27]

耶拿戰役失敗以及施泰因－哈登堡改革之後，才消除了社會階級的不平等法律待遇。拿破崙的勝利帶來特別重要的改革是開放土地所有權給所有人，因而為市場經濟釋放出土地。政府的代表權並沒有正式擴大，但文官認為自己在行使代表權，借用歷史學家甘斯（Edward Gans）的話來說：「政府的力量來自於行政體系的組織制度化……公民的自由存在於法律秩序。」普魯士各省[28]的最高主席要協調各行政機關並主持議會，也是中央政府的聯繫管道，中央政府現在則是由哈登堡政府的內政委員會主導，而不是由國王統治。[29]

文官自主性與問責的矛盾

杭亭頓定義組織制度化的四個條件之一，就是該組織擁有「自主性」的程度。如果「擁有自己的利益與價值，而且與其他組織和社會勢力可以區隔開來」，組織就是擁有自主性。[30]因此有自主性的司法系統在決策時會嚴格遵守司法規範，而不是受到政治大老的控制或接受有錢被告的賄賂；一支有自主性的軍隊提拔軍官時，是根據軍事而不是政治條件。和自主性相反的是附屬性，組織實際上受到外部力量的控制。本書上卷談到十一與十二世紀的敘任權衝突時，天主教教會爭取能指派自己的教士與主教，就是在爭取免於政治干預的自主性。[31]

中國自秦朝開始一直有文官體系，但從未有過正式的法治。文官根據書寫好的規則行事，對於政府的行為也有穩定的期待。比歐洲更早千年以前，中國的文官自主性就曾經阻擋過皇帝的專制獨裁行為。明朝有一個皇帝差點要舉兵興戰，但朝臣禮貌且堅定地消除皇帝的怒氣。[32]

文官體系不受主子控制的現象，不管是企業總裁、國家元首或大學校長，所有行政主管應該都可以理解。沒有行政體系就無法經營大型組織，不管是公家機關或民間組織，一旦授權給行政體系，主管也會失去一大部分的掌控力，並通常成為行政體系的囚犯（這是BBC情境喜劇《部長大人》〔*Yes, Minister*〕的核心假設，劇中的漢弗利〔Humphrey〕是個職業文官，他能完全阻擋名義上是他上司的部長所提出的任何提案）。文官體系的自主性愈大、能力愈好，無法控制的可能性就愈高。

在霍亨索倫家族統治下，情況也是一樣。像腓特烈大帝這樣強大的國王，就能威嚇文官並讓他們對他極盡奉承。他最有名的政治聲明就附和了法國路易十四「朕即國家」的家產制觀點。[33]但在他兩個比較沒那麼強勢的繼任者威廉二世（Frederick William II）與威廉三世（Frederick William III）統治時，文官體系就變得比較有影響力。由於之前的國王已經把文官體系變成一個強大又有凝聚力的階級團體，就是這種內部的團結讓它擁有高度的組織自主性。這些公職人員逐漸不把自己看成霍亨索倫王朝的家僕，而是普魯士國家的公職人員，普魯士國家的利益超越任何特定王位在位者的命運。一八〇六年文官體系開放給來自資產階級擁有雄心壯志、有天分又受過良好教育的人之後，這種團隊精神又更加強烈。因此，某個觀察家才會在一七九九年說：普魯士「和不受限制的君主政體簡直截然不同」，是一種「以文官體系的公平形式統治國家」的貴族政治。[34]就是這個理由，黑格爾在《法哲學原理》（*The Philosophy of Right*）中，把文官看成「普遍性階級」（universal class）的化身，代表的是整個社群，相對於利益一定是小部分且自我導向的市民社會（civil society），兩個概念不太一樣。

有效能的組織都必須擁有高度的自主性，但也可能因為自主性太高而變成壞事。舉例來說，如果軍隊因為怕權力上的主子會誤用資訊，而不提供他們重大資訊，還自己獨立設定戰爭目標，這種不恰當的行為就是篡奪政治權力。經濟學家的授權與執行（principal-agent）這個詞就是在談這個問題。文官應該只是執行者，本身沒有自己的目標，目標是由授權者設定的。在君主政體中，授權者是國王或統治的王朝；在民主政體中，就是民選代議士背後擁有最高統治權的全體人民（sovereign people）。在一個運作良好的政治組織中，執行者必須有足夠的自主性才能把事情做好，但最終仍需對授權者負責。在君主政治期間，文官自主性是絕對權力的一種制衡，但隨著時間過去，不只不受國王的控制，也不受民選的國會議員控制，就像十九世紀末與二十世紀初的德國民主政體時期一樣。

在首相俾斯麥的統御下，普魯士在一八七一年統一德國，接下來的好幾年，文官體系開始脫離國王與早期民主力量的掌控，大力保衛自己的自主性。一八七〇年代之後，選舉權逐步開放普選（popular vote），新政黨例如社會民主黨開始成為國會（見第二十八章）中的代表。但是《帝國憲法》（Constitution of the Empire）卻保護文官不受國會干預；文官會坐在國會中接受質詢，但國會卻無權任命文官。這就是政治學家謝孚特（Martin Shefter）所說的，由保守主義者與中上階層政黨組成的「絕對主義者聯盟」，他們支持文官的自主性，保護他們不受新政黨染指，並安插自己人在有影響力的職務上。[35]

絕對主義者聯盟的影響力延續到二十世紀，德國在第一世界大戰戰敗，以及威瑪共和出現第一次真正的民主之後。一九一八年國王被迫退位，治理國家的文官機構大體上仍完好無缺。但這段期間出現的新興民主政黨，包括社會主義黨（Socialists）、民主黨（Democratics）與中間黨（Centrists），都不願意在文官體制中安插太多自己人，害怕引起反彈，反而會危及新的共和政體。甚至在一九二〇年卡普暴動（Kapp Putsch）之後，他們也不願意清除在文官體制中扎根很深的右翼分子。一九二二年，極端民族主義分子暗殺威瑪共和的總理拉特瑙（Walther Rathenau）之後，政治任命才逐漸增加。但是到了一九三三年納粹掌權，並頒布反猶太人、共產黨人與「政黨任命的公職人員」的法律，這些政治任命的公職人員又快速減少。[36]

普魯士軍隊與後來的德國軍隊最大的問題就是自主性過大。在施泰因—哈登堡改革之後，軍隊開放招募中產階級的時間，比平民的文官體系晚很多，二十世紀時軍隊仍是一種特權堡壘，也與平民身分不同。[37]普魯士軍隊在戰勝丹麥、奧地利與法國之後，累積政治資本而取得不受民選國會議員控制的獨立地位，且在俾斯麥的設計下軍隊只對國王負責。由於擁有高度的自主性，軍隊逐漸成為德國外交政策的主導者，如歷史學家克雷格（Gordon Craig）所說：「國中之國」（state within the state）。一八八七到一八八八年的保加利亞危機期間，參謀本部的瓦德西（Alfredvon Waldersee）將軍主張，支持奧匈帝國在巴爾幹半島對抗俄國勢在必行，因此他強力要求應主動打一場預防性的戰爭。聰明的俾斯麥理解，德國外交政策的目標應該是阻止敵對勢力組成反德國聯盟，他說了一段令人難忘的話：「預防性的戰爭就像是出於恐懼的自殺行為」，最後成功壓制瓦德西的威脅。但是俾斯麥的接任者不如他強勢，完全無法壓制軍隊的政治影響力。在施里芬（Alfredvon Schlieffen）與小毛奇（Helmuth von Moltke）將軍指揮下的參謀本部，研擬了針對法國與俄國的兩面戰線計畫，在一九〇五年的摩洛哥危機（Moroccan crisis，此事件讓英國與法國關係更緊密）時，再次強烈要求攻擊，並要求支持盟友奧匈帝國。接著就發生一九一四年奧匈帝國王儲斐迪南大公（Archduke Franz Ferdinand）在塞拉耶佛遭暗殺事件。面對巴爾幹半島的事件，當有人告訴國王已經別無選擇，國王只能根據軍隊的時間表開始攻擊法國。這時候德國軍隊的信念：兩面戰爭是不可避免的，成了自我實現的預言。接著就爆發第一次世界大戰。[38]

十八世紀建立的文官自主傳統，一直延續到當代的德意志聯邦共和國。一九三三年之後，國家社會主義工人黨（The National Socialist）掌權，並順利讓軍隊服從它的意志，但它仍讓治理平民事務的文官體系保持完整。和布爾什維克派與中國共產黨不同，納粹既沒有建立類似的人民委員會組織，也沒有想要解散整個文官體制，只在幾個首長位置（尤其是內政部〔Department of the Interior〕）安插死忠的人馬，並清除共產黨與猶太人公職人員。但後來也發現，他們非常依賴文官的能力。[39]

一九四五年八月，納粹政權被同盟國摧毀時，同盟國占領當局開始努力清除有納粹背景與同情納粹的人。當時大約百分之八十一的普魯士公職人員都曾經是政黨成員，半數的人都是在一九三三年之前加入。[40]美國、英國與法國等占領當局，不只對納粹高階領導人召開紐倫堡（Nuremburg）

戰犯大審，也從政府公職中清除納粹分子。但到了一九四九年，新的聯邦共和國成立，卻有一股需要強勢政府的壓力，才能讓剛成立的北約聯盟有更穩固的力量對抗蘇聯（Soviet Union）。一九五一年，德國通過一條聯邦法律，允許所有普通公職人員，包括有納粹背景與被東德驅逐的人都有復職的權利。因此，之前已被撤職的公職人員，很多人因此再度復職。[41]一開始被去職的五萬三千名公職人員，只有大約一千人永久被排除在公職之外。事實證明，德國的文官體系擁有非凡的韌性，即使納粹政權垮臺，文官體系仍然屹立不搖。

從二十世紀中德意志聯邦共和國成立到現在，德國社會已經有很大的變化。君主政體與古老的容克貴族階級消失、納粹政權信用盡失、普魯士政府被解散，真正的民主價值卻在更大的社群中廣為流傳，德國文官的政治態度也隨著時間改變。但是德國文官體系高品質、有自主性的傳統，大部分依然完好無缺。

通往現代政府的一條道路

我花很多時間在普魯士—德國的歷史，因為它是現代文官制度普遍公認的模範。但它也同時代表著，某一類國家發展現代、非家產制政府的途徑，是因為軍備競賽的結果。另外，這些政府也能繼續存活，一直延續到進入現代世紀。在這群國家中，我想加入比普魯士大約早兩千年的中國秦朝與兩漢，還有瑞典、丹麥、法國與日本。但必須強調的一點是，戰爭與優質的現代政府並沒有明顯的關聯，很多社群打了很久的戰爭，還依然停留在腐化或家產制。頂多只能說，戰爭對少數某些國家只是一個基本的條件。

考慮到很多開發中國家文官組織的脆弱，普魯士—德國文官體系的耐久性與韌性，就非常突出。建立於十八世紀的普魯士文官傳統，從耶拿戰役與拿破崙手下存活下來，接著轉型到德意志帝國、威瑪共和與納粹政權，接著又回到戰後聯邦共和國的民主政體。雖然文官的社會成分改變很大，從貴族統治到更廣泛反映德國人民組成的績效任用，但仍一直保持著團隊精神，最重要的是它的自主性也一直受到政治支持。

毫無疑問，今天的德國文官完全受到德國政治制度的控制，而且也對眾議院[42]中的民選政黨代表負責。這種控制的具體表現，是執政者安排政務官到各部會。但在德國歷史中，從沒發生過像美國、義大利和希臘一樣，以政治酬庸方式將政府職務大批分配給黨工。長期以來，德國的文官自主性，通常不是一股極強大的保守力量，就是主張軍國主義與外交侵略。而且，在德國政治制度轉型到民主政治之前，文官自主性就已經受到保障了。就如謝孚特指出的，德國從來沒有發生過酬庸政治的現象。至於很多國家在現代政府鞏固權力之前就先出現民主制度，最後的政府素質通常也比較負面。

德國、日本，以及其他少數國家，因為政府素質高與低度腐化，可以在當代得到高排名，多半因為這些國家承繼了其政治發展過程中，威權時期留下的遺產。我們不能因此就說他們幸運，因為這種文官自主性是用軍備競賽、戰爭、侵占的代價換來的，而且威權統治也傷害並推遲了民主問責的來臨。就像杭亭頓清楚指出的，在政治發展上，不是所有的好事都會一起發生。

注釋

1 譯注：起因是宗教紛爭，但其實是一場德皇想要加強權力、新舊教諸侯要求割據稱雄、英、法、西班牙等大國乘機擴張的戰爭。最後嚴重削弱歐洲的天主教和封建勢力，並加劇德國分裂割據的局面。

2 Hajo Holborn, *A History of Modern Germany 1648–1840* (Princeton: Princeton University Press, 1982), pp. 22–23.

3 譯注：神聖羅馬帝國之下約二百二十五個諸侯（國王、公爵、侯爵等），只有七位領主擁有新皇帝的選舉權，又稱選帝侯。

4 Hans Rosenberg, *Bureaucracy, Aristocracy, and Autocracy: The Prussian Experience, 1660–1815* (Cambridge, MA: Harvard University Press, 1958), pp. 8–10.

5 有關霍亨索倫家族早期征服貴族軍隊的討論，參見Otto Hintze, *The Historical Essays of Otto Hintze* (New York: Oxford University Press, 1975), pp. 38–39. 關於流動的土匪與定居的土匪，參見Olson, "Dictatorship, Democracy, and Development." 相關討論參見本書上卷，頁四〇三至四〇四。

6 Rosenberg, *Bureaucracy, Aristocracy, and Autocracy*, pp. 36–37.

7 Holborn, *History of Modern Germany*, pp. 190–91.

8 Rosenberg, *Bureaucracy, Aristocracy, and Autocracy*, p. 40.

9 Philip S. Gorski, *The Disciplinary Revolution: Calvinism and the Rise of the State in Early Modern Europe* (Chicago: University of Chicago Press, 2003), pp.79–113.

10 參見Hintze, *Historical Essays*, p. 45. Philip Gorski指出，最重要的制度改變是在他統治期間，但普魯士沒有那麼高度的戰爭壓力下出現的。這指出普魯士的政府建造比國家安全更加認真。

11 譯注：歐洲各國在各種矛盾和利害關係交織下，形成兩個對立的同盟：一方是英普同盟，另一方是法奧俄同盟，在歐洲、北美洲、印度等廣大地域和海域，進行爭奪殖民地和領土的戰爭。英國是最大贏家，成為殖民地最大霸主，逐步邁向日不落帝國的傳奇。普魯士因此崛起，正式成為英、法、奧、俄外的歐洲列強之一。法國的失敗，意味著失去新大陸。奧地利則痛失富庶的里西亞。俄國則鞏固東歐勢力，並逐步向西擴張。

12 這段期間的歷史，參見 Holborn, *History of Modern Germany*, pp. 246–48.

13 Hans-Eberhard Mueller, *Bureaucracy, Education, and Monopoly: Civil Service Reforms in Prussia and England* (Berkeley: University of California Press, 1984),pp. 43–45.

14 參見 Rosenberg, *Bureaucracy, Aristocracy, and Autocracy*, pp. 73–87; Mueller, *Bureaucracy, Aristocracy, and Monopoly*, pp. 58–61.

15 Alexandre Kojève, *Introduction à la Lecture de Hegel* (Paris: Gallimard, 1947).

16 Holborn, History of Modern Germany, pp. 396–97.

17 同前注，頁四一三。

18 Mueller, *Bureaucracy, Education, and Monopoly*, pp. 136–37, 162–63.

19 譯注：或稱為菁英大學。法國的高等教育分為兩種：公立大學與大學校，只要高中畢業就能進入公立大學就讀；但大學校則要在高中畢業後，再經過兩年大學校預科，再通過競考才能入學。大約只有百分之十的優秀學生可以進入大學校。

20 Rosenberg, *Bureaucracy, Aristocracy, and Autocracy*, p. 211.

21 同前注，頁一八二。

22 關於公平政府的理論起源與霍布斯的重要性，參見 Harvey C. Mansfield, Jr., *Machiavelli's Virtue* (Chicago: University of Chicago Press, 1996), pp. 281–94.

23 Rosenberg, *Bureaucracy, Aristocracy, and Autocracy*, pp. 46–56.

24 譯注：法家的思想是主張國君為立法者，以法治理人民。

25 參見本書上卷，頁三六八。

26 Rene David, *French Law: Its Structure, Sources, and Methodology* (Baton Rouge:Louisiana State University Press, 1972), p. 36.

27 Holborn, *History of Modern Germany*, pp. 272–74; Rosenberg, *Bureaucracy, Aristocracy, and Autocracy*, pp. 190–91.

28 譯注：一八七一年成立的德意志帝國，依憲法帝國是由二十三邦及三個自由市組成的聯邦國家。在地方層級方面，普魯士自一八五二年起，劃分為十省（後增為十二省）。

29 James J. Sheehan, *German History, 1770–1866* (New York: Oxford University Press, 1989), p. 428.

30 Huntington, *Political Order in Changing Societies*, p. 20.

31 本書上卷，頁三五三至三五六。

32 明朝末年，中國皇帝幾乎成為朝廷的囚犯，相關說明參見Ray Huang, *1587, a Year of No Significance: The Ming Dynasty in Decline* (New Haven: Yale University Press, 1981). 另參見本書上卷，頁四〇七至四〇八。編注：*1587, a Year of No Significance* 即《萬曆十五年》，食貨出版，一九八五年四月十日。

33 Rosenberg, *Bureaucracy, Aristocracy, and Autocracy*, p. 191. 即使是腓特烈，普魯士的文官體系仍龐大到他無法控制，特別是在柏林之外以及他感興趣的軍隊與外交之外的領域。

34 引自 Rosenberg, *Bureaucracy, Aristocracy, and Autocracy*, p. 201.

35 Martin Shefter, *Political Parties and the State: The American Historical Experience* (Prince ton: Prince ton University Press, 1994).

36 同前注，頁四一。

37 Gordon A. Craig, *The Politics of the Prussian Army, 1640–1945* (New York: Oxford University Press, 1964), pp. 76–81.

38 同前注，頁二一七至二一九，二五五至二九五。

39 David Schoenbaum, *Hitler's Social Revolution* (Garden City, NY: Doubleday,1966), pp. 202–07.

40 同前注，頁二〇五。

41 Shefter, *Political Parties and the State*, p. 42.

42 譯注：德國國會分為兩院。聯邦參議院（Bundestrat），由德國十六個邦的參議員組成，聯邦議會（Bundestag）議員則受政黨之影響與支配。

第五章 腐化

腐化的定義；腐化如何影響政治與經濟成長；酬庸與侍從主義是政治參與的早期形式；為什麼從民主觀點來看，酬庸是不好的，但並不比其他形式的腐化更糟；為什麼國家更富裕之後，侍從主義會減少。

一九九六年，世界銀行剛上任的總裁沃爾芬森（James Wolfenson）在演講時指出，「腐化之癌」是貧窮國家經濟發展的主要障礙。從組織成立的第一天開始，世界銀行的人當然就知道，腐化在很多開發中國家都是大問題，也知道國外援助與貸款通常會直接進入這些國家官員的口袋。[1]但是在沃爾芬森的演講之前，參與開發的國家之間也有一種普遍的看法，認為針對這個問題能做的事實在很少，而且某種程度的腐化不是無法避免，就是沒有嚴重到會妨礙經濟成長的地步。在冷戰期間，很多腐化的政府都是美國的客戶（莫布杜．塞塞．塞科〔Mobutu Sese Seko，外界慣稱他Mobutu〕統治下的薩伊就是一個主要例子），因此華府並不急著指責自己的親密戰友。

自從冷戰結束之後，國際發展組織就成為一股打擊腐化的主要推力，而這是更大的政府建造與強化組織計畫的一部分。就像我們在第三章看到的全球治理指標的數據，政府效能與控制腐化之間有很大的關係。擁有強大且有效能的政府，牽涉到的能力絕對不只是控制腐化；但在提供公共行政、執行法律與代表公共利益上，高度腐化的政府通常會產生很大的問題。

腐化阻礙經濟發展有很多原因。首先，它會扭曲經濟誘因，把資源導入不是最有生產力的用途，而是擁有政治權力收取賄款的官員口袋裡。第二，腐化代表一種高額的累退稅制[2]。很多國家低階又低薪的少數公務員會從事貪腐行為，這樣就會有大筆資金進入菁英手中，因為他們可以利用職務的權力，從大眾的相關利益中搾取財富。第三，尋求這種報酬通常很花時間，這讓一群最聰明也最有野心的人，本來可以建立民間企業創造財富，卻把精力用錯地方。為了私人利益玩弄政治制度，經濟學家稱之為「尋租」（rent seeking）行為。[3]

有人認為，行賄可以增加效率，讓取得商業登記、出口執照，或與高階官員會面的過程更順暢。但這代表一種非常糟糕的做生意方式，如果申請過程很快、如果出口執照根本不存在，如果每個人都有容易且公平的機會和政府打交道，情況會改善很多。畢竟，清楚的法治會更有效率。

除了扭曲性的經濟影響之外，腐化也對政治制度造成很大的傷害。如果民眾認為公務員與政治人物很腐化，就會降低政府的正當性，也會傷害對政府的信任感，但政府要運作順暢，民眾的信任感是不可或缺的。另外有些時候，指控某人腐化可能不是為了改善政府的素質，而是一種政治武器。在大部分的政治人物都是腐化一族的社會中，找出某個人來懲罰，通常不是改革徵兆，而是一種權力陷阱。新興民主國家尋求強化組織時，腐化的事實與表象其實是組織最脆弱的一環。

要了解政府如何從家產制轉型到現代制度，就必須更清楚了解腐化的本質與根源。腐化有很多形式，對經濟成長與政治正當性來說，某些腐化形式造成的危害更嚴重，因此有必要釐清基本的定義。

公共與私有

現在有很多討論腐化與腐化根源的文章，也有很多可能的除弊建議。儘管學者的研究很多，但要了解腐化的不同行為，並沒有普遍被接受的分類方法。[4]

腐化的定義大部分都圍繞在占用公共資源作為私人利益。[5]這個定義是個有用的起點，舉例來說，在這個定義下，腐化主要談的是政府的特色而不是企業或民間組織。

這個定義也暗示，腐化只會發生在現代或至少在現代化中的社會才會出現，因為它依據的是公共與私有的劃分標準。我們在前一章看到，普魯士直到十七與十八世紀才發展出公共領域與民間利益的劃分。在那之前，普魯士政府（其實是所有歐洲政府）是屬於家產制。也就是說，國王認為他自己擁有他統治的領土，這些領土就像是他的家宅或家產一樣。他可以把土地（包括住在其上的人民）送給親戚、支持者或敵人，因為它們只是私人財產的一種形式。在這種情境下討論腐化是沒有意義的，因為沒有公共領域的概念，也就沒有所謂誰的資源被濫用的問題。

直到十七與十八世紀，隨著中央集權政府的發展，統治者的領土開始不被視為私人財產，而是一種公共託管物，統治者的管理則代表更大的社群。統治權的早期現代信念，在格勞秀斯、霍布斯、布丹與普芬道夫的詮釋下又往前推進一步，他們都強調統治的正當性不是來自古老或繼承的所有權，而是在某種意義上，統治權是更大公共利益的保管者。只有在提供必要的公共行政作為回報，他才能合法收稅，其中第一個也是最重要的關鍵，就是防止霍布斯所說的，每一個人都和其他人對抗的亂象。

此外，包括統治者本人等公職人員的行為，也逐漸被正式的規則定義。在形成普魯士法治國的法律中，有些規則就清楚設定公共與民間資源的界線。中國儒家在很多世紀之前，也已經發展出一套類似的信念，皇帝不是他所統治的土地與人民的單純擁有人，而是整個社稷的道德保管人，他對共同的福祉負有責任。雖然中國皇帝能夠也確實為了個人用途而占用公共資金（就像明神宗到明朝末年），但其中的劃分論述一直都很完備。[6]

不是單純的腐化

有兩種現象和前面定義的腐化密切相關，但又不太一樣。第一種是收益金的設立與徵收，第二是所謂的政治酬庸或侍從主義。

在經濟學中，收益金的技術性定義，是生產某個商品或服務的成本與其售價之間的價差。最重要的收益金來源是稀少性，現在一桶石油的售價遠高過它的生產邊際成本，就是因為它有高度的需求，成本與售價之間的差異，就叫做資源收益值（resource rent）。紐約公園大道擁有獨立產權房屋的屋主所要求的房租，會比愛荷華州面積一樣大的房子高很多，就是因為土地在曼哈頓更稀少。

雖然收益金是因為土地或商品的自然稀少性而形成，但它也能透過政府以人為方式產生。一個典型的例子就是執照。在紐約市，出租車管理協會會設定合法計程車的數量。由於這個數量已經固定很多年，計程車數量跟不上市場需求，因此城市主管機關核發的計程車業務營業牌照，市場售價差不多要一百萬美元。計程車牌照的成本就是由政府當局產生的收益金，如果有一天主管機關允許任何人都可以在車子上掛個招牌就能開始攬客營業，這個牌照收益金馬上就會消失。

政府有各種方式可以創造人為的稀少性，因此最基本的腐化形式就牽涉到這種權力的濫用。舉例來說，設立進口關稅就是限制進口，並為政府產生收益金。全世界貪腐行為最普遍的地方就是在海關。海關人員收賄後，會讓有些人減少應盡的職責，或加速通關過程，讓進口商能及時拿到貨。印尼在一九五〇與六〇年代期間，因為海關的貪腐行為太普遍，逼得政府最後決定把海關工作外包給一家瑞士公司，這家公司會確實檢查每一個進口的貨櫃。[7]

很多經濟學家同聲譴責政府輕易以稅收或法規設立收益金，會讓收益金扭曲市場有效配置資源的能力，並把收益金的設立與分配視為政府腐化的同義詞。因為政府產生收益金的能力會鼓勵很多有企圖心的人，選擇政治而不是創業或民間公司作為追求財富的途徑。諾思、沃利斯與溫加斯特在他們所謂的有限與公開參與體制，做了十分重要的劃分：在有限參與體制中，菁英會故意限制別人進入經濟活動，並阻止有活力又鼓勵競爭的現代經濟出現，以便創造收益金增加自己的收入。[8]

雖然收益金難免會被濫用，但也有不錯的合法用途，批評它一無是處似乎不盡合理。「好的」收益金例子，最明顯的就是專利或著作權。政府會給某個觀念或創意作品的創作人專屬的權力，在特定期間內擁有任何產生的收入。你握在手中的這本書的生產成本，和你付錢買它的價錢（假設你不是偷來或非法下載的），兩者的差價就是一種收益金，但這是鼓勵創新與創意的手段，也是社會認為合理的收益金。經濟學家可汗（Mushtaq Khan）指出，很多亞洲國家推動工業化的方法，就是以帶頭進行新的投資項目為條件，允許某些政府支持的公司產生超額利潤。雖然這樣作為很多腐化與收益金濫用打開大門，但成長的速度可能比市場力量本身的速度更快。[9]

從保護溼地、要求揭露首度公開發行股票，到擔保藥物安全有效，所有政府的法規功能都是在創造人為的稀少性。任何同意或撤銷管控的能力，就會產生收益金。雖然我們可以爭論法規濫用的程度，但很少人會願意看見，只因為法規會產生收益金，就要放棄這些功能。即使備受批評的紐約計程車牌照，也有它的由來。當初是為了維持最低服務水準，並確保平等取得經營權利的需要。沒有這個法規，很多計程車就會直接拒載短程或不願開到貧窮社區。

因此政府設立與分配的收益金和腐化有高度重疊，卻是完全不同的現象。一定要仔細檢視某個收益金的目的，並判斷它到底是被公職人員濫用去創造純粹的私人利益，還是它確實是作為更廣泛的公共用途。

酬庸與侍從主義

第二種通常被認為是腐化的現象，就是酬庸或恩庇—侍從主義（以下簡稱侍從主義）。酬庸關係是兩個不同階級與權力的人互相交換好處，通常是由保護者（patron）提供當事人（client）恩惠，以交換當事人的效忠與政治支持。給當事人的恩惠必須是能夠給個人使用的利益，比如一份在郵局的差事或一隻聖誕節火雞，或是幫親人找到出獄的方法，而不是讓更多同階級的人可以享有的公共利益或政策。[10]以下就是一個例子：「西西里（Sicily）有個學生希望求見某個教授，請教授幫他一個忙。這學生找了一個欠過他人情的當地政客。政客讓學生連絡上自己住在市中心的表親，表親則聯絡到這位教授的助理。然後，這名助理就幫學生安排與教授的會面機會。教授也同意學生的請求，這名學生則承諾在競選期間要為這名政治人物助選作為回報。」[11]

有時候，可以從規模上來區分酬庸與侍從主義：酬庸關係通常是保護者與當事人面對面，而且不管是威權或民主政體，酬庸關係存在於所有的政權；但侍從主義牽涉到更大規模的利益交換，通常需要文官組織作為中介。[12]由於必須動員大量的選民，因此侍從主義主要存在於民主國家。[13]傳統上說的美國政治的酬庸制度，就這個定義來看，實際上是侍從主義制度，因為它是由政黨組織透過複雜的文官政治機器[14]，對支持者分配大規模的利益。[15]

從很多角度來看，侍從主義都被視為一種弊端，而且偏離了良好的民主應有的做法。在現代民主體制中，我們期待公民投票給政治人物，是基於政治人物對明確的政治政策，也就是政治學家談的「福利方案」（programmatic）議程的承諾。左派可能會支持醫療保健與社會服務的政府計畫，保守派則可能會主張政府應該把資源放在國家安全。不管哪一種情形，選民優先考慮的應該是反映什麼事對整個政治社群是有利益的一般見解，但不是只對某一個投票人有利。當然在先進的民主國家中，選民也是根據自身利益投票，不管其自身利益是存在於即將要實施的較低稅制、對特定類型的行業補貼，或針對貧困民眾的輔導計畫。但是就廣義的公平或普遍利益來看，這些有目標的計畫都是合理的，即使是必須公平適用在廣泛的階級民眾，而非特定的個人身上。更重要的是，政府根本不應該基於某人是否支持，而提供好處給特定的個人。

在侍從主義制度中，政治人物只給支持者提供個人化的利益，以交換他們的選票。這些利益包括；在公部門的工作機會、支付現金、政治利益，或甚至像學校或診所等公共利益，可以選擇性地只提供給支持者。但這些做法會在經濟與政治制度上帶來負面效果，理由有很多。[16]

第一也可能是最重要的理由是，酬庸與侍從主義對政府素質的影響。現代文官體系是建立在能力、技術與公平的基礎上。如果充斥了政治人物的支持者或好朋友，施政品質無可避免就會滑落很多。在文官體系中塞滿政治人物自己的人馬，也會膨脹政府的薪資帳單，並成為財政赤字的主要原因。公務機關不像民間企業會面臨破產的威脅，也沒有簡單的績效指標，這意味著，充斥酬庸任命的政府將變得很難改革。[17]

侍從主義傷害良好的民主運作的第二個方式是，它會強化既有的菁英勢力，並妨礙民主問責機制。根據定義，侍從主義式的關係是兩個不對等的人之間的關係，有權力與（或）有錢的政治人物，事實上是買下一般公民的支持。但這些政治人物通常只想牟取私利，他們可能有興趣促進提供他政治支持的人的福利，但絕不會是整體公眾的利益。在歐洲，由於福利方案政黨崛起，例如英國工黨或德國社會民主黨（見第三部），社會不公的現象在二十世紀已經大為減少。這些政黨推動明確的福利方案，在相對公平的基礎上，有從有錢人到窮人資源重分配的效果。相反的，很多拉丁美洲國家的不平等仍然繼續存在，就是因為窮人傾向投票給侍從主義政黨，而不是福利方案政黨，阿根廷的裴隆主義黨（Peronist party）[18]就是一個經典例子。侍從主義政黨不為窮人爭取明確的利益，反而把資源浪費在為了選票的個別行賄上。

自然的社交關係

有時候，由於開發中國家社會的特質，酬庸與侍從主義被視為是只存於其中一種高度變種的政治行為。政治酬庸關係不管是牽涉到家人或朋友，是最基本的人類社會組織形式，這非常普遍，因為它是自然的人類行為。故要解決的最大歷史謎團不是為什麼它還存在，而是為什麼在現代政治制度中變成違法，而且最後被公平的制度所取代。在本書上卷，我提到人類天生是社會性的生物，因此人類是基於生物特性而組成社會組織。其實不只是在所有人類社會中，甚至在所有有性繁殖的物種中，都有兩個基本的生物原則：親屬選擇或內含適應性（inclusive fitness）原則，以及互利原則。[19]在親屬選擇中，人會根據自己與親屬的共同基因數，而決定不同程度的利他行為，這也是用人唯親的基礎。沒有親屬關係的面對面交換利益，則屬於互利互惠行為。

親屬選擇與互利互惠行為都不是後天學習的行為，不管文化差異，每一個小孩直覺上都會支持親屬或與周遭的人交換好處。這些行為也不是來自理性上的教養，因為人類一出生就帶著各種情緒，會根據與親人和朋友的合作而加強社會關係的發展。要人類做出不同的行為，譬如不選親友而是選一位能力合格的人，或在不講私情的體系中工作，其實是一種後天社會建構的行為，也違反人類的天性。只是隨著政治制度的發展，公平用人的現代政府出現，人類才開始以超越親友關係的方式，組織自己並學著互相合作。若這種制度消失了，人類馬上就會回到酬庸與用人唯親，因為這是一種天性的固有形式。

人類社會組織的最早形式是游團與部落，這兩種組織我們今天都會稱為酬庸組織，也是人類最初四萬年歷史中，唯一存在的組織形式。游團是包含數十個有親屬關係的個人小團體；部落則根據共同祖先的血統原則，這個原則讓社群的規模大增。把這兩種團體凝聚在一起的必要條件，就是親屬選擇與互利互惠行為。有基因親屬關係的人彼此團結在一起，但各自領導追隨者的兩個酋長或頭人之間，就存在互利的交換行為。部落組織的首腦並沒有絕對的權威，那是在國家層級的社會中才能取得的權力。如果他們提供給追隨者的資源，無法保持源源不絕，或是犯錯並傷害團體的利益就會被換掉。因此在這種組織中，領導人與追隨者也必然會有互利行為。

一直到現在，頭人與追隨者的酬庸分配行為，從來沒有完全被政治組織取代。不只是因為對人類來說，這是很自然的行為，也因為這通常是取得權力最有效率的途徑。現在，人類社會大部分必須透過控制正式的組織來行使權力，例如政府、企業與非政府組織。在這種現代形式中，組織必須透過公平與透明的規則來運作。但這些組織通常僵硬又難以指揮，領導人往往會仰賴一個培養很久的支持者網絡。史達林（Joseph Stalin）與海珊（Saddam Hussein）的權力基礎，不只是控制軍隊與警察等政府機構，他們也指揮一群絕對效忠他、規模小很多的支持者。在史達林的例子中，是一群由祕密警察頭子貝利亞（Lavrenty Beria）所領導的喬治亞人同胞；而海珊的例子，則是一群在其伊拉克中部家鄉提克里特（Tikrit）的鄉親。領導人也會利用這些酬庸網絡來控制政府。類似的道理，日本自民黨與中國共產黨也是根據酬庸網絡，分裂成不同的領導派系。很多較弱勢、政治發展也較不發達的社會，更是公然由酬庸組織控制，例如已經在利比亞、剛果民主共和國、索馬利亞、獅子山與賴比瑞亞，進行恐怖控制的民兵組織。

侍從主義是一種互利的形式，一般會在領導人必須競選以取得權力的民主制度中發現。與菁英酬庸網絡相比，政治人物常以侍從主義方式取得數萬張選票，因此網絡的規模也必須大很多。所以這種分配利益的網絡不是基於恩庇者與侍從之間面對面的關係，而是透過一連串的中間人，由他們負責招募更多的追隨者。這群競選幹部就代表各自的政治主人（political boss），和個別當事人發展出私人的互利關係。這群人是幫忙拉票的人，或是傳統美國市長選舉時競選辦公室的幹部。

現在每一個民主政體實際上都把公然買票當成違法行為，並經由祕密投票的設計防堵這種行為。[20]因此對政治人物來說，問題在於如何監控當事人的行為，確保他們在這場交易中履行約定。此外，保護者也必須做出有說服力的信號，必須兌現要給每一個人好處的承諾。十九世紀的美洲到印度，以及今天的肯亞，種族投票非常普遍的理由，就是種族是一種可靠的象徵，特定的政治主人會提供給鎖定的對象好處。[21]

酬庸與侍從主義會在良好的民主實務中，造成實質的基準行為偏差，理由已經如前所述，因此在所有的當代民主社會中，酬庸與侍從主義都是不合法且不被允許的事，也通常被視為另一種政治腐化的形式。然而，我認為侍從主義應該被視為民主問責的早期形式，並應該與其他形式的腐化有所區隔，侍從主義不應該被看成是一種腐化行為。其中有幾個理由，第一個理由是它根據的是互利原則，雖然好處是給個人而不是計畫性地嘉惠更多同階級的人，但這原則在政治人物與投票給他的人之間，建立了某種程度的民主問責關係。因為政治人物必須提供回報，如果這個好處沒有實現，當事人就可以自由投票給其他人。另外，侍從主義做法在選舉期間可以促進大眾的政治參與，這是一件很值得努力的事。[22]

從這一個角度來看，侍從主義和更純粹的腐化形式，如公務員為了自己與家人的利益就從國庫偷錢並把錢匯到瑞士戶頭，就更截然不同了。根據韋伯的說法，這種腐化的形式有時候被稱為「職務特權」（prebendalism），這是來自封建時代的薪俸制度，當時領主只是簡單賜給封臣一塊土地，封臣可以為了自己的利益而善加開發。[23] 雖然漠南非洲有很多侍從主義行為，政治學家范德維爾（Nicolas van de Walle）認為，這個地區普遍的職務特權弊端，其實比侍從主義作風更嚴重。職務特權的問題，已經讓當地公民無法控制他們選出來的公職人員。[24] 隨著蘇聯與北約的發展，阿富汗接下來的情勢是，傳統部落的酬庸與侍從主義關係開始瓦解，並被更具掠奪性的職務特權形式取代，每一位總督或部會首長公然直接占用龐大金額，卻沒提供太多公共行政。另外，來自外援的大量物資更助長了這個過程，並讓中央政府大大失去正當性。在這種情況下退回到傳統的酬庸做法，在政治制度的運作上就是很大的改善。

侍從主義應該被視為民主的早期形式而非腐化行為的第二個理由，是我們可以看見它在很多年輕的民主社會中出現，在這些地方，投票與選舉權還是很新的觀念，政治人物面對的問題其實是如何動員選民去投票。在收入與教育水準都很低的社會，要讓一個人去投票，承諾給他好處比提出明確的計畫議程通常要容易。這在第一個建立所有男性都有選舉權原則的國家，也就是美國，尤其真切，在某種意義上美國發明了侍從主義，並在超過一個世紀的時間裡，以不同的形式來實踐它。[25]

侍從主義和經濟發展的水準有明顯的相關。這是一個很簡單的經濟學問題：比起有錢的選民，貧窮的選民只要用相對很小的個人利益，例如現金或低技術性的工作承諾，就很容易買票。當國家變得更有錢，政治人物必須用來賄賂選民的利益也會增加，侍從主義的成本就會大幅提升。一九九三年的臺灣選舉中，執政的國民黨買了足夠的票數才贏得選舉。每一票的成本大約是新臺幣三百元，和鄰近較窮的菲律賓相比，一九九八年的菲律賓大選，每一票只要三美元（編注：約合新臺幣一百元）。由於百分之四十五收賄的選民，仍然不會投票給國民黨，加上反對黨民進黨把買票當成競選議題，這種做法已經在臺灣選舉中大幅式微。[26]

侍從主義在較高收入水準的社會中銷聲匿跡，原因與健全的市場經濟發展有關。大部分的貧窮國家缺少強大的私部門與創業機會，這也是他們一開始就貧窮的原因。在這種環境中，對於恩庇者與侍從雙方來說，政治是更明確的致富之路。今天的印度有一個小但快速成長的私部門，但對於絕大多數的印度人來說，不管是保護者或是當事人，參與政治仍然是往社會上層流動的主要階梯。[27]

當更健全的市場經濟發展起來時，提供個人創造財富的機會就會增加，而且賺的錢會比進入政治圈能搾取的金錢更多。在今天的美國，想賺大錢、胸懷大志的年輕人不會進入政府機關工作，他們會去華爾街或進入美國企業，或到像矽谷一樣的地方創辦自己的公司。要說動這些已經賺大錢的人進入公職服務通常很困難，因為收入必須大幅降低。另外，對富裕國家的很多選民來說，他們也已經理解福利方案的議題，例如法規、環境、移民政策、籌組工會的能力，比起政治人物提供的小額賄賂，更能改善他們的生活與福利，也重要多了。[28]

目前對酬庸政治與文官素質的理解，大部分都是根據謝孚特的分析架構，他認為，酬庸的供給比需求更重要，只有政治人物可以取得能分配的政府資源時，才可能出現酬庸行為。這也解釋了為什麼「外造」（externally organized）政黨，例如俄羅斯與中國的革命性政黨，一開始就很少酬庸與腐化行為，他們必須高度自我約束，而且在取得權力之前，也沒有什麼利益可以分配。[29]

但是國家變有錢之後，對於侍從主義的需求不會自動下降。在有些富裕國家，例如義大利、希臘與日本，侍從主義仍然存在。解釋原因需要更進一步說明這些國家各自的歷史進程及其他因素，造成了他們無法形成改革聯盟。

注釋

1 這個演講與沃爾芬森的角色是要推廣一個良好的治理計畫，參見Sebastian Mallaby, *The World's Banker: A Story of Failed States, Financial Crises, and the Wealth and Poverty of Nations* (New York: Penguin Press, 2004),pp. 176–77.

2 譯注：隨納稅人收入和財富的增加，實際稅率卻逐步遞減的稅制。

3 Anne O. Krueger“, *The Political Economy of the RentSeeking Society*,” American Economic Review 64, (no. 3) (1974): 291–303.

4 貪汙的普遍現象基本研究包括Robert Brooks, “The Nature of Political Corruption,” Political Science Quarterly 24, (no. 1)(1909): 1–22; Joseph S. Nye, Jr., “Corruption and Political Development: A Cost-Benefit Analysis, *American Political Science Review* 61, (no. 2) (1967): 417–27;James C. Scott, *Comparative Political Corruption* (Englewood Cliff s, NJ: Prentice- Hall, 1972); Susan Rose-Ackerman, *Corruption: A Study in Political Economy* (New York: Academic Press, 1978), and *Corruption and Government: Causes, Consequences, and Reform* (New York: Cambridge University Press, 1999); Daniel Kaufmann, “Corruption: The Facts,” Foreign Policy 107 (1997): 114–31; A. W. Goudie and David Stasavage, “A Framework for an Analysis of Corruption,” *Crime, Law & Social Change* 29, (no. 2–3) (1998): 113–59; Arnold J. Heidenheimer and Michael Johnston, eds., *Political Corruption*, 3rd ed. (New Brunswick, NJ: Transaction, 2001); Robert Leiken, “Controlling the Global Corruption Epidemic,” Foreign Policy 105 (1997): 55–73; Robert

Klitgaard, *Controlling Corruption* (Berkeley: University of California Press, 1988), and Tropical Gangsters: *One Man's Experience with Development and De cadence in Deepest Africa* (New York: Basic Books, 1990); Andrei Shleifer and Robert W. Vishny, "Corruption," *Quarterly Journal of Economics* 108, (no. 3) (1993): 599–617; Johnston, *Syndromes of Corruption*.

5 這定義的例子參見 Johnston, *Syndromes of Corruption*, p. 11.

6 關於明神宗事跡，參見本書上卷，頁四一二。

7 參見 Jose Anson, Oliver Cadot, and Marcelo Olarreaga, *Import-Tariff Evasion and Customs Corruption: Does Pre-Shipment Inspection Help?* (Washington, D.C.: World Bank, 2003).

8 North, Wallis, and Weingast, *Violence and Social Orders*.

9 Mushtaq H. Khan and Jomo Kwame Sundaram, eds., Rents, *Rent-Seeking and Economic Development: Theory and Evidence in Asia* (New York: Cambridge University Press, 2000).

10 討論侍從主義的書很多，參見 Herbert Kitschelt and Steven I. Wilkinson, eds., *Patrons, Clients, and Policies: Patterns of Democratic Accountability and Political Competition* (New York: Cambridge University Press, 2007); Frederic Charles Schaffer, ed., *Elections for Sale: The Causes and Consequences of Vote Buying* (Boulder, CO: Lynne Rienner, 2007); Paul D. Hutchcroft , "The Politics of Privilege: Assessing the Impact of Rents, Corruption, and Clientelism on Third World Development," *Political Studies* 45, (no. 3) (1997): 649–58; Luigi Manzetti and Carole J. Wilson, "Why Do Corrupt Governments Maintain Public Support?" *Comparative Political Studies* 40, (no. 8) (2007) 949–70; Philip Keefer and Razvan Vlaicu, "Democracy, Credibility, and Clientelism," *Journal of Law, Economics, and Organization* 24, (no. 2) (2008): 371–406.

11 S. N. Eisenstadt and L. Roniger, *Patrons, Clients, and Friends: Interpersonal Relations and the Structure of Trust in Society* (New York: Cambridge University Press, 1984), p. 43.

12 因此詹姆斯・史考特（James Scott）才會在 *Comparative Political Corruption* 一書中，描述民主前的泰國是分贓制

度，迦納與印度則是侍從主義制度。

13 定義參見 Simona Piattoni, ed., *Clientelism, Interests, and Democritic Representation: The European Experience in Historical and Comparative Perspective* (New York: Cambridge University Press, 2001), pp. 6–7.

14 譯注：political machine，是美國政治界的獨特用語，指政黨控制行政資源掌握選票的機制。

15 針對這個現象的完整分析參見 Susan Stokes et al., *Brokers, Voters, and Clientelism: The Puzzle of Distributive Politics* (New York: Cambridge University Press, 2013).

16 侍從主義傷害民主的各種方式之概論，參見 Susan C. Stokes, "Is Vote Buying Undemocratic?" in Schaffer, *Elections for Sale*.

17 進一步討論這個議題，可以參見 Merilee S. Grindle, *Jobs for the Boys: Patronage and the State in Comparative Perspective* (Cambridge, MA: Harvard University Press, 2012), chap. 1.

18 譯注：一九四〇年代，由阿根廷軍事強人裴隆（Juan Perón）成立的政黨，正式名稱為正義黨（Partido Justicialista）。

19 參見本書上卷第二章。

20 針對這個問題，參見 Susan C. Stokes, "Perverse Accountability: A Formal Model of Machine Politics with Thevidence from Argentina," *American Political Science Review* 99, no. 3 (2005): 315–25; and Simeon Nichter, "Vote Buying or Turnout Buying? Machine Politics and the Secret Ballot," *American Political Science Review* 102, (no. 1) (2008): 19–31.

21 針對這一點，可參見 Elizabeth Carlson, *Great Expectations: Explaining Ugandan Voters' Ethnic Preferences* (forthcoming); Kanchan Chandra, *Why Ethnic Parties Succeed: Patronage and Ethnic Head Counts in India* (New York: Cambridge University Press, 2004).

22 Eric Kramon 研究肯亞的買票行為顯示，在選舉期間最受侍從主義影響的地區，會得到更多的分贓好處，包括想要的公共利益。"Vote Buying and Accountability in Democratic Africa"(PhD diss., University of California, Los Angeles, 2013).

23 這個詞被用在形容非洲當代的民主，參見 Richard A. Joseph, *Democracy and Prebendal Politics in Nigeria: The Rise and Fall of the Second Republic* (New York: Cambridge University Press, 1987).

24 Nicolas van de Walle, "Meet the New Boss, Same as the Old Boss? The Evolution of Political Clientelism in Africa," in *Kitschelt and Wilkinson, Patrons, Clients, and Policies*.

25 關於這點，參見 Philip Keefer, "Clientelism, Credibility, and the Policy Choices of Young Democracies," *American Journal of Political Science* 51, (no. 4) (2007): 804–21.

26 Chin-Shou Wang and Charles Kurzman, "The Logistics: How to Buy Votes," in Schaffer, *Elections for Sale*.

27 Kanchan Chandra, "Ethnicity and the Distribution of Public Goods in India,"(draft paper, 2010).

28 這種論點來自 Mushtaq H. Khan, "Markets, States, and Democracy: Patron-Client Networks and the Case for Democracy in Developing Countries," *Democratization* 12, (no. 5) (2005): 704–24.

29 Shefter, *Political Parties and the State*. 關於恩庇體系的廣泛比較概論，參見 Grindle, *Jobs for the Boys*.

第六章 民主誕生之地

希臘與義大利為何會成為歐洲金融危機的中心；希臘與南義是低信任社會；希臘早期民主化的後果；希臘已經現代化了，侍從主義為什麼繼續深化？

歐洲金融危機在二〇〇九年年底開始，並在之後持續深化，對歐盟（European Union）造成極大的震撼，不只威脅到歐元作為歐洲通用貨幣的前途，也威脅到歐盟作為促進區域和平與經濟發展的制度架構能否成功。危機的中心是某些歐盟國家，特別是希臘與義大利，沒有能力支付他們前十年累積下來的龐大主權債務。主權債務危機很快演變成整個歐洲的金融危機，因為持有這些債權的金融機構生存能力大受質疑。

我在本書的第四部會再回頭分析歐洲民主政治的問題，以及個別國家和歐盟層級在管理經濟事務時的制度疏失。就像二〇〇八到二〇〇九年衝擊美國的金融危機，歐盟危機也很複雜，成因非常多。但很顯然，其中一個忽然引爆的因素是希臘與義大利累積的公債。很多觀察家都指出，在沒有一致的共同財務政策下，《馬斯垂克條約》（Maastricht Treaty，譯注：即一九九二年的《歐洲聯盟條約》）就推出歐元，也就是歐洲地區的共同貨幣與貨幣政策，導致後來在二〇〇〇年代景氣繁榮的低利率期間，公共財政不良的國家可以大借特借，而無法反映根本的風險。

尤其是希臘，二〇一〇年之前公債占GDP的比例就高達百分之一百四十，義大利的債務水準也到達無法持續下去的地步（見圖七），這兩個國家的債務水準都比整體歐元區更高。導致兩個現任政府垮臺，改由技術專家組成的政府領導，並努力導入非常緊縮的計畫，讓公共支出更符合收入水準。在歐元區，希臘與義大利被推估也有最大的「影子經濟」，也就是未定期向稅務當局報告的經濟活動。[1]

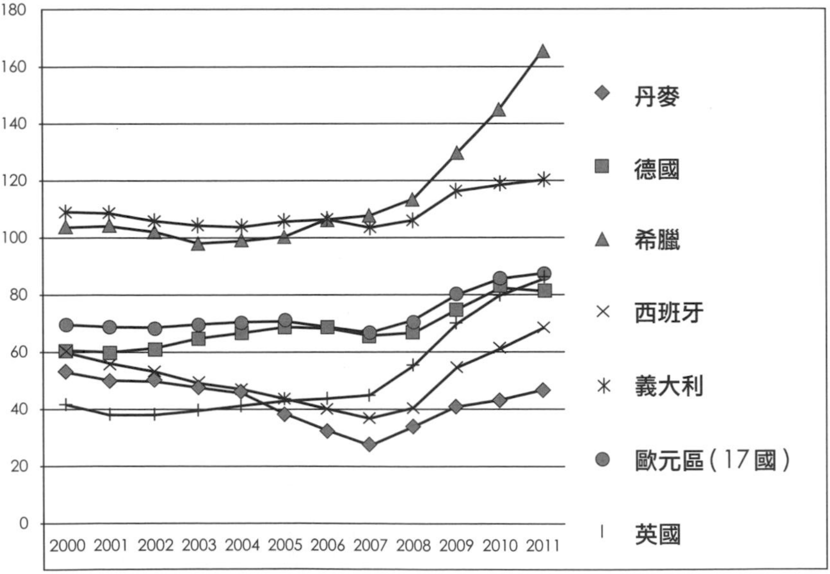

圖七：中央政府債務占GDP比例

資料來源：歐盟統計局

持續發展的危機暴露出北歐與南歐之間巨大的裂痕。歐洲並沒有統稱的「福利國危機」，因為和美國或日本比起來，德國、荷蘭與斯堪地那維亞都有非常龐大的公部門，但這些國家因應二〇〇八到二〇〇九年的華爾街危機時做得都比美國好。在二〇〇〇年代，在施洛德（Gerhard Schröder）的「二〇一〇議程」（Agenda 2010）[2]改革計畫下，德國特別整頓公共財政，削減勞動成本並控制整體債務水準。但遇到麻煩的國家，包括希臘、義大利、葡萄牙、愛爾蘭與西班牙，每一個國家情況都不一樣。在危機爆發時，愛爾蘭與西班牙的財政相對可靠，他們是因為房市泡沫化之後引起銀行危機，需要龐大納稅人的錢紓困才讓公共財政陷入混亂。但在希臘與義大利，主要問題是因為過度消費，公債無法再支撐下去。

由於北歐與南歐的差異，很多觀察家把歐洲金融危機描述成是一種文化的問題，對立的兩方是勤奮工作、信仰新教的、有紀律的北歐（德國、荷蘭與斯堪地那維亞），以及懶惰浪費、信天主教—東正教的南歐。我稍後會討論，雖然文化有其作用，但這樣一般性的宗教差異並不是問題所在，因為信仰新教的英國與愛爾蘭也遭遇到嚴重的銀行危機與財政赤字問題，但天主教的西班牙在二〇〇〇年代末期房市泡沫崩潰時，本來還有預算盈餘。真正的差別不是文化因素，至少以宗教定義文化時是如此，真正的差別在於侍從主義與非侍從主義。

希臘與義大利問題的根源，在於兩個國家都把公職任用當成政治酬庸的資源，造成公共行政體系膨脹而無效率，以及預算赤字激增。我們在第四章看到，德國從專制時代傳承到一個有自主性、以績效任用的現代文官體系，政府現代化是發生在完全的民主參與之前。而且政黨根據的是意識形態與有福利方案的議程動員支持者，侍從主義從來不是政治權力的來源。但相反的，希臘與義大利在民主選舉之前還沒發展出現代的文官體系，在大部分的歷史中，他們是把公職當成動員選民的手段。結果就是，長期下來無法控制的公部門，以及政府薪資帳單節節高升，一直到現在。希臘與義大利遇到的問題，比較接近十九世紀的美國，而不是它們在北歐的同伴。因為民主比現代政府更早出現，結果政府只能對各政黨的政治人物卑躬屈膝。

我們在第九到十一章可以看到，美國雖然發明侍從主義，但在進步年代時已經根除這種做法，並為一個憑績效任用的現代政府打下基礎。雖然家產制以利益團體的形式重新出現，但十九世紀採取的特殊侍從主義形式，已經不再普遍。希臘與義大利則相反，即使這兩個國家已經是富有的工業化社會，老派的侍從主義依然持續活躍。在美國，經濟成長創造出一批新的中產階級團體並形成進步聯盟的基礎。但在希臘與義大利的經驗裡，經濟成長本身還不足以讓侍從主義消失。新的社會行為者反而被運作良好的侍從主義制度吸收，並被引誘用他們的遊戲規則行事。政治發展並不是遵循一條簡單的道路，不同的發展元素可能會一起朝類似最終卻分歧的軌道前進。

低信任社會

談到義大利時，我應該一開始就說明，我談的是一八六〇年代在政治上統一之後，包含相對發達與治理完善的北義，以及貧窮與未開發的南義。外國人知道的有關義大利的侍從主義特色與政治腐化，在歷史上比較是梅佐喬諾地區（Mezzogiorno，羅馬南部，包括西西里島）的特色，而不是指倫巴第（Lombardy）、皮埃蒙特（Piedmont）、威尼托（Veneto）和托斯卡尼（Tuscany）等地區。在義大利的史料中，這是為人熟知的義大利「南方問題」謎團。這個國家的這兩部分為什麼一開始會存在這種歷史差異，以及為什麼統一一個半世紀之後，差距似乎沒有縮小？其實義大利人之間如果提出「為什麼南部不一樣」這個問題時，會牽涉到政治正確的敏感神經。但是這些南北差異實在太根深蒂固了，令人無法視而不見。[3]

關於南北差異的問題，社會學的解釋中最令人吃驚的一點是，南義與希臘的傳統生活極為類似，他們都缺乏人際信任，且以家人作為人際合作的主要基礎。[4]長久以來，觀察家都會提到，義大利南部在家族與政府之間，非常缺乏公民組織，也就是非正式的團體與社團。政治學家班菲爾德（Edward Banfield）在一篇關於義大利巴西利卡塔（Basilicata）一個赤貧小鎮的人類學描述中，提出「無道德家庭主義」（amoral familism）的概念，意指「極大化小家庭的實質與短期利益，並假設其他人也是這樣做。」只在家人之間合作，犧牲了信任陌生人的能力。「任何給外人的好處，必然犧牲了自己的家人。因此，一個人負擔不起慈善的奢侈，因為他們把自己應得的給了其他人……甚至公平正義也是……對於不是家庭成員的人，合理的態度就是懷疑。」[5]政治學家拉帕隆巴拉（Joseph La Palombara）指出：「初級聯盟還是很有主導力量，家庭、親屬、鄰居與村子，仍然是對個人忠誠度有最大號召力的聯盟形式。」[6]另一位政治學家塔羅（Sidney Tarrow）在研究義大利南部的共產主義時指出，這裡的文化「盛行著暴力與死亡意識、女性社會地位很受尊重，但經濟與政治中充滿幾乎難以理解的腐化作用。」他採用班菲爾德的論點而指出：「在梅佐喬諾地區，人們參與並立即察覺到是現代次級組織時，出於某些原因，會認為這些組織不合法或是腐化，而不再參與。」[7]他的洞見在普特南（Robert Putnam）的經典研究《使民主運轉起來》（*Making Democracy*

Work）中得到更明確的經驗證實。在書中，他設計了度量公民參與程度的幾個衡量標準，例如報紙閱讀率、運動俱樂部的會員數，發現令人驚訝的差異，義大利北部有很強的社團連結關係，但義大利南部的社團連結關係很弱，或甚至不存在。[8]

十九世紀的傳統希臘農村社會，也可得出類似的觀察，社會學家帕帕寇斯塔斯（Apostolis Papakostas）指出：「組織人唯一的方法就是透過家庭，雖然家庭的結構因地而異，但仍是現代希臘社會生活中，扮演重要功能的社會組織。」[9]在義大利南部，對家人效忠的另一面就是不信任陌生人。政治學家列格（Keith Legg）指出：

> 家庭成員必須團結面對外部威脅……欺騙政府、陌生人，或甚至社團組織，都是可以接受的行為，而且通常會受到稱讚，因為這是聰明的象徵。村民不會想和陌生人建立新而直接的關係，因為希臘人對人際關係都很緊張，甚至和同事與鄰居也一樣……村裡的房子很安全，家庭活動全部都在屋內進行，以便隔離社區其他人的眼光……當一個希臘鄉下人生病住院時，身邊隨時都有親戚在，以便查核醫生以及醫生開的藥方。[10]

從這個描述中，希臘不只像義大利南部，也像我在《信任》（*Trust*）一書中描述的低信任社會，就像中國南部以及西班牙與拉丁美洲的很多鄉下地方。在這種社會，鄰居不是潛在的好幫手，而是危險的敵人。這些地方的建築物都是朝內設計的，就是為了不讓家裡的錢財被外人窺探的眼睛看到。在這種社會，公司傾向維持小規模，且歷代都由家族經營，不會演變成由專業經理人分層管理的大規模現代企業。公司通常會保留兩本帳冊，正確的一本是給家人看的，另一本是給收稅官員看的；逃漏稅受到社會認可，因為政府被視為另一個危險的陌生人。[11]

十九世紀末與二十世紀初，希臘發生的都市化對這種社會模式的破壞有限。在西歐國家如英國、比利時與德國，都市化是工業化的副產品，因為現代工廠必須設在能藉由港口與河流溝通的都市裡。在這種環境下，工廠工人帶進的紀律連帶把禮俗社會轉型成法理社會，並打破傳統的社群關係，轉型成為現代的勞工團體。

但希臘模式比較符合很多當代開發中社會的特色，例如巴爾幹半島、中東與非洲，在這些地方，都市化不是由工業化促成，而是整個農村遷移到都市，整個禮俗社會絲毫不受影響。用帕帕寇斯塔斯的話說：「希臘的城市可以被描述為『農民的城市』（cities of peasants），而城市的居民則是『都市村民』（urban villagers）。都市中有高度的社會凝聚力，但是基於相互交織的人際網絡，以及與熟悉面孔高頻率的接觸而來。」[12]希臘鄉下這種低信任、家庭取向的社會，因此成為二十世紀初期的社會樣貌。

另外，由於發生了某些事，也讓原本信任度已經很低的社會更加無法信任政府。希臘曾經在第二次世界大戰中多次被外國占領，一開始是義大利人，接著是德國人。在這時候，希臘社會因意識形態而分裂，就在德國占領結束之前，希臘共產黨與前後由英國及美國支持的政府，爆發激烈的內戰。戰爭雙方都受到極為殘暴的對待，死亡人數超過五萬人，分裂狀態持續到今天。

義大利南部與希臘之間，當然有很重要的差異。在南義的梅佐喬諾地區歷史中，一直很有名的黑手黨（Mafia），在希臘並沒有類似的組織。不過，兩個地區的家庭主義、高度的不信任與缺乏公民社群，是很值得注意的共同點。乍看之下，社會不信任和侍從主義現象與低素質文官的關係，可能不明顯，但它確實高度相關。強勢而有效能的政府會產生社會信任度，而社會信任度反過來又會強化政府。但在希臘與義大利南部正好缺乏信任與強勢政府。

這種不信任的源頭是什麼？先預告一下我在下一章的討論，它和文化比較沒有關係，而是歷史上缺乏強大公平的政府與法治。由於缺少一個可以信任的公共權威，家庭與個人只能回頭利用自己原有的資源，進行一種「每一個人對抗每一個人」的低度戰爭。

希臘早期的民主

希臘在十九世紀開始實施民主之前，一直沒有機會凝聚成一個強大、合法而有自主性的政治體。希臘在當時屬於鄂圖曼帝國的一部分，根本沒有具統治權的政府，而且在這塊土地上長久有抵抗鄂圖曼當局收稅的傳統，[13]這些收稅人被視為「土匪或小偷」（armatoloi kai kleftes）。由於受到法國大革命的啟發，希臘在一八二一年宣告獨立，並開始反抗土耳其的統治。但他們最後並不是靠自己成功的，在法國、英國與俄羅斯陸續介入，並派出海軍與遠征軍趕走土耳其之後，希臘才順利完成獨立。這些國家也許基於強烈的道德感，也許基於策略性的自身利益考量，而決定發動軍事干預，這也是「人道干預」最初的例子之一。由於詩人拜倫（Lord Byron）就像那個時代的李維（Brnard Henri-Lévy）[14]一樣，對此事極為關注，因此在自由的歐洲圈子裡喧騰一時。

一八三〇年希臘正式獨立，但之後很久一段時間，外力仍持續主導希臘的政治。最明顯的就是，列強讓巴伐利亞衛特斯巴赫家族（Bavarian Wittelsbach）的王子奧托（Otto），取代希臘人成為希臘國王。[15]巴伐利亞人除了帶著軍隊，同行還有很多技巧嫻熟的行政官員，希望能在希臘建立集權而公平的現代行政體系。但是，就像當代很多藉由外力在落後社會建立現代政府的例子一樣，奧托的顧問也無法穿透或控制希臘社會。由於抵抗外人統治的力量逐漸增加，奧托勉強在一八四四年承認一部憲法，並在一八六四年對所有男性開放選舉權。希臘因此成為歐洲第一波民主選舉的地區之一，比英國早了整整一個世代（譯注：英國在一八八四年讓所有納稅男子投票），就像美國在建立現代政府之前先實施了民主選舉。[16]

相比之下，英國、法國、德國與比利時，在民主制度鞏固之前很早就先開始進行工業化。這意味著，在選舉權開放之前就先出現有組織的勞工階級，接著才會出現有福利方案政策的工黨與社民黨，他們都是靠工會運動起家。在希臘，這個順序正好相反，就像很多當代開發中國家一樣。希臘人一直是一流的商人與賣家，在鄂圖曼帝國境內控制大部分的商業活動，並成為中東與歐洲的橋梁。[17]但一直到一八七〇年代，外國投資開始湧入這個國家，希臘主要仍是農耕社會。大約到二十世紀時發生了大規模的都市化，但此時的都市比較像是行政、文化與商業中心，而不是工廠就業的所在——這個過程有時候被稱為「沒有發展的現代化」。直到一九二〇年代末期與一九三〇年代初期，真正的工業部門才出現，但即使在那時候，和西歐比起來規模還是小很多。[18]

被外國控制的弱勢政府，加上很早就開放選舉權與民主討論，兩相結合就成為希臘普遍的侍從主義的基礎。在十九世紀，希臘的政治局勢並不是根據明確的社會階級及其各自的利益，地區與氏族才是政治運作的核心。喬卡拉斯（Constantine Tsoucalas）認為，希臘沒有擁有土地的資產階級

（像英國）、沒有在工廠工作的無產階級，也沒有在西歐組織政治團體的中產階級。人們只能退回到自己的家庭尋求安全感，所以政治是圍繞在侍從主義的親人關係鏈打轉。這種關係存在的理由，不是基於理念或有特定福利方案政策，而是個人的安全感。[19]

另外，希臘缺少強大的資本家市場經濟，這意味著，政府成為就業的現實來源，於是從十九世紀以來，希臘政府就開始在公部門塞進自己的政治支持者。一八七〇年代，希臘政府公務員數量與國民人均產值相比，是同時期英國政府的七倍，而且只要當上高階官員，就能輕鬆賺到最有錢的地主一半的財富。[20]用第三章的術語來談，希臘政府在規模上巨幅擴張，並從事極大範圍的活動，包括應該留給私部門的經營公司，但在施政能力上仍然極為低落。

可以說，在十九世紀中葉希臘社會是根據鄉下的恩庇—侍從（patron-client）關係而運作，這個制度順暢地轉型為民主的酬庸制度，國會議員為了控制選票，最理所當然的方法就是提供支持者工作與恩惠。期間沒有任何改革，直到特里庫皮斯（Trikoupis，西元一八七五至一八九五年）與維尼澤羅斯（Venizelos，西元一九一〇至一九三三年）政府開始進行適度的改革，建立公務員的教育標準與終身任期。[21]另外，一些外部事件促成更深刻的政黨制度改革。一九二二年，希臘被土耳其打敗，這個災難改變了希臘的人口結構，從小亞細亞回來將近一百五十萬希臘難民，到希臘本土定居，這是當時希臘人口的五分之一。其中很多難民具有高度的創業精神，很快就促成希臘的工業起飛。而且，他們並沒有被整合進入既有的酬庸網絡。就在同一時間，蘇聯崛起，並以意識形態的大眾動員模式，在世界各地組成了同聲一氣的共產黨。其中也包括希臘共產黨，希臘共產黨在一九二〇年加入由莫斯科領導的第三國際。這些事件的發展，讓希臘似乎很有希望出現一個嶄新而沒有侍從主義色彩的政治形式。[22]

很不幸的是，沒有戰爭的那幾年的確出現更廣泛的政治參與，以及新的政治任用方式，但希臘社會實在太過分裂，無法達到基本的穩定度。希臘政府一直踉踉蹌蹌無法站穩根基，歷經一連串的政變與衝突後，民主運作在一九三〇年代中期又受到寡頭政權壓制，隨後又是好幾年的外國占領與內戰。接著好不容易有一小段時間實施民主，但很快在一九六七到一九七四年期間再度被七年殘暴的軍人獨裁打斷。這些衝突在希臘社會大眾心裡留下極為深刻的裂痕，並增加整體不信任的程度。[23]

希臘政治制度的演變中，最值得注意的是經濟現代化並沒有像英國與美國一樣，帶來以改革政府與消除侍從主義為目標的中產階級聯盟。相反的，從一九七四年以來，好不容易穩定下來的民主選舉制度，反而導致績效任用制文官體系的倒退；而兩大黨，包括中間偏右的新民主黨（New Democracy, ND）以及中間偏左的泛希臘社會主義運動黨（Pan-Hellenic Socialist Movement, PASOK），則操弄更複雜的侍從主義形式，也趁機穩定擴大運作起來。軍人垮臺之後，希臘的民主重建被視為杭亭頓第三波民主化浪潮的開端，一直被理所當然地讚美著。但對於希臘民主政府的素質卻未加以注意，而且希臘從未建立真正公平的現代文官體系。這件事似乎對任何人都無關緊要，直到二〇〇九年歐元危機爆發。

將自己塞入政府

當我們談到二次世界大戰後的希臘侍從主義，談的就不再是十九世紀主導希臘政治的名門望族與其追隨者。希臘政黨現在要面對的是全體選民，因此演變成比以前複雜很多以及組織完善的選票動員組織，非常類似於一八〇〇年代末期美國的政治機器。[24]

在這時期，新制度開始主導希臘政府的運作，我們用梅乎羅格達托斯（George Mavrogordatos）舉的教育與銀行業的例子來說明。直到一九八〇年代，大學生進入中學當老師時，是根據提出申請的順序，仍屬於必然會錄取的招募制度。當時教育體系的菁英還很少，在求職者總是超過職缺數量時，教師人數雖開始不受管制地大幅成長，至少還不受政治操控的影響。但在一九九三年泛希臘社會主義運動黨掌權之後，這一切都改變了，政黨開始控制臨時教師的任命權，並用這個機會來酬庸自己的政黨支持者。另外，督察制度被廢除，原來的學校校長實際上則遭降級。在沒有任何阻礙下，這個制度進一步清除所有評量教師表現的紀錄。作為反菁英或支持社會主義分子的評量標準來看，這樣做在意識形態上是合理的。他們要確保的不是普遍參與（此目標擺在任何教育界都讓人質疑），而是政黨能自由指派的控制權。

類似的事，也發生在政府擁有的希臘國家銀行。直到一九八〇年代初期，希臘國家銀行一直是希臘政府中受到高度尊敬的菁英單位，百分之九十的人員招聘都是透過考試。但在泛希臘社會主義運動黨於一九八一年上臺之後也變了，政黨大幅擴張銀行的整體人事約達五成（大約一萬六千名員工），而且這些新錄用的人都不必經過激烈的考試競爭。因政治酬庸任用的人數占所有員工比例，從百分之十上升到百分之四十，而且升遷到更高職位的機會，完全由政黨控制。梅乎羅格達托斯問銀行人事經理「員工總人數是多少」時，經理的回答是，只有法院的命令才能強迫他透露這個數字。[25]

以上是泛希臘社會主義運動黨把教師與銀行員的錄用過程政治化的兩個例子，但其實這兩個政黨都在公部門中塞進自己的支持者。新民主黨與泛希臘社會主義運動黨在一九八一、一九八九、一九九三、二〇〇四與二〇〇九年輪流掌權。每一次選舉之後，他們都會清除敵對政黨的政治任用者，並用自己的人馬取代。不過，強大的希臘公部門工會也為很多公務員協商出保障任期的原則。所以希臘不是每一次政黨輪替就要汰換人事（例如美國的酬庸制度），希臘政府是直接擴編為新員工找門路。這兩種做法都會傷害文官體系的素質，而且持續擴張的公部門，也導致希臘陷入嚴重的預算赤字與債務困境。歐元危機開始之後，經濟合作發展組織一份針對希臘公部門的報告指出，希臘公務員人數超過七十萬人，從一九七〇到二〇〇九年增加了五倍。從危機開始以來，相對於民間企業，每間公部門單位只有一個公務員被裁員，而且公部門的薪水加上紅利，是民間企業平均的一・五倍。[26]

低素質的政府

希臘的政府龐大又持續膨脹，且很少例外，施政品質幾乎都很低落。從歐元危機開始，它的施政問題就成為整個歐洲的傳奇故事，包括由於紀錄保存的方式不恰當，經常失去土地所有權；法院待審案件堆積如山；醫院與其他政府設施等待時間漫長等等。

其實不難發現，希臘侍從主義的根源，結論就是在希臘有機會組成現代政府之前，民主選舉制度提早出現。從這方面來看，希臘經驗和美國並無不同，也和很多拉丁美洲與南亞開發中國家類似。希臘特別值得一提的是，當國家現代化並開始發展經濟時，未能出現改革的行動。我們完全看不到希臘出現一個以中產階級為主，要求改革公共行政的聯盟。相反的，從小亞細亞來的都市人與移民，這些新來的社會成員卻成為現行侍從主義制度的新血，也跟著遵從其中的遊戲規則（譯注：新移民未進入政治酬庸網絡，卻順從侍從主義的運作規則）。

為什麼有些國家可以改革侍從主義制度，而希臘就不行？我將第十三章更詳細討論這個問題，到時候會總結已開發國家政府建造的經驗比較。但本例發現的幾個因素，已經部分提供答案的線索。

第一個因素是缺少固有國家地位的深刻傳統。雖然希臘是古代「民主的誕生之地」，但當它以鄂圖曼帝國的一個省分邁入現代[27]時期時，國內菁英多半被吸收，為不具正當性的外來勢力服務。希臘人雖然勇敢地為自由奮戰，但仍無法獨力完成目標；即使獨立之後，外國的影響力仍然強大，第一批成立的政黨，全是由不同的外國列強支持成立。好幾個世紀以來，從這個國家不斷變動的邊界，可以看到這些明顯的外國影響力。外國影響的模式持續到第二次世界大戰與冷戰時期，希臘永遠只是更大的國際抗衡勢力中的一顆棋子。我們接下來將會看到，雖然在包括義大利的世界其他地區，共產黨與其他極左派政黨試著抵制侍從主義，以促成立基意識形態的大眾動員。但是冷戰的情勢讓美國寧願支持腐敗的侍從主義式保守政黨，而不是較清廉的左派政黨。

更精確地說，雖然希臘現在正在和自己的財政危機奮鬥，但希臘政治的核心問題仍是對布魯塞爾、德國、國際貨幣基金與其他外部參與者的怨恨，這些力量似乎在孱弱的希臘政府背後暗中操控著。雖然美國的政治文化也對政府相當不信任，但對民主制度根本正當性的信任卻非常深刻。民眾對政府不信任，政府當然就無法收到稅。美國人常大聲嚷嚷他們不喜歡繳稅，但當國會規定要徵收某個稅款時，政府就會努力執行。另外，國際調查顯示美國符合稅收規定的程度相當高，肯定高過大部分地中海周圍的歐洲國家。逃漏稅在希臘非常普遍，上餐廳吃飯是付現金、醫生申報的薪資是在貧窮線邊緣的數字；公民習慣隱藏資產，但遍及雅典各地到處都有未報備的游泳池。希臘的影子經濟，也就是未向稅收當局報備的隱藏收入，占總GDP的百分之二十九．六。[28]

第二個因素與希臘很晚出現資本主義有關。美國的工業化很早，大部分美國人的職業是在民間企業或是自己創業。希臘雖然很早就都市化，但因無法建立強大的工業就業機會，而落入現代社會的困境。由於缺乏創業機會，希臘人只好在政府部門找工作，而需要動員選民的政治人物也就樂於協助。另外，希臘的都市化模式是整個村子從鄉下搬過來，也把鄉下的酬庸網絡原封不動搬過來，如果是以工業化為基礎的發展模式，這種網路就會自動解散。

最後一個因素與信任有關，或是所謂的社會資本。[29]我在本章一開始就提到，希臘和義大利南部社會都有信任度極低的風評。有些社會學家已經指出，信任是社會其他力量的副產品，例如能讓所有人一起變得更有錢的高效能政府，或是強勁的經濟成長。其他人則認為，缺乏信任是獨立存在於政治或經濟體系之外的文化情境（或經濟學家所說的「外生的」），它是系統性機能不良的原因，而不是結果。

以我之見，希臘的不信任根源是在政治，特別是缺乏強大而公平的政府，但這麼多年以來，不信任已經成為一種永久的文化習慣。不管是傳統的希臘鄉下社會，或是處於二十世紀激烈的政治拉扯中，民眾之間都有普遍的不信任感。即使希臘是全世界種族同質性最高的社會之一，希臘人還是因為家庭、親屬關係、宗教、階級與意識形態而分裂。造成這種社會與政治裂痕的因素是，政府從來沒有像德國人與法國人的政府一樣，被視為抽象公共利益的保護者。相反的，政府被希臘人視為一種被狹隘的政黨利益爭奪與利用的資產。因此，沒有任何當代的希臘政黨把政府改革列為議程的一部分。當歐盟與國際貨幣基金要求希臘改革政府結構，以換取債務重整時，希臘政府願意考慮任何形式的緊縮方式，卻不願意終結政黨控制的酬庸制度。

義大利的情況在某些方面和希臘很類似，高度的不信任與犬儒主義（Cynicism）大大削弱了公共行政的能力。但義大利的情況又更複雜，因為義大利比希臘更有錢，也更多元，至少目前正在為抵抗侍從主義與其引起的腐化而奮鬥。但它本身的現代化並沒有比希臘好太多，都不足以產生完全現代的政府。

注釋

1 Friedrich Schneider and Dominik H. Enste, *The Shadow Economy: An International Survey* (New York: Cambridge University Press, 2002), pp. 34–36.

2 譯注：二〇〇三年三月，德國社民黨總理施洛德推出的改革方案，內容包括降低稅率、減少社福支出，提供在職教育訓練等。當時的歷史背景是一九九〇年東西德統一之後，西德財政壓力巨大，加上產業外移，德國失業率大增且經濟衰退。加上二〇〇〇年代初期美國網路泡沫之後，德國經濟再度陷入泥淖。

3 參見Jane Schneider, *Italy's "Southern Question": Orientalism in One Country* (New York: Berg, 1998); Judith Chubb, *Patronage, Power, and Poverty in Southern Italy: A Tale of Two Cities* (New York: Cambridge University Press, 1982); P.

A. Allum, *Politics and Society in Post-War Naples* (Cambridge: Cambridge University Press, 1973); Sidney G. Tarrow, *Peasant Communism in Southern Italy* (New Haven: Yale University Press, 1967).

4 Diego Gambetta, *The Sicilian Mafia: The Business of Private Protection* (Cambridge, MA: Harvard University Press, 1993), pp. 75–78.

5 Edward C. Banfield, *The Moral Basis of a Backward Society* (Glencoe, IL: Free Press, 1958), pp. 85, 115–16.

6 Joseph LaPalombara, *Interest Groups in Italian Politics* (Princeton: Prince ton University Press, 1964), p. 38.

7 Tarrow, *Peasant Communism*, pp. 54-55.

8 Robert D. Putnam, *Making Democracy Work: Civic Traditions in Modern Italy* (Princeton: Prince ton University Press, 1993).

9 Apostolis Papakostas, "Why Is There No Clientelism in Scandinavia?" in *Piattoni, Clientelism, Interests, and Democratic Representation*, p. 46.

10 Keith R. Legg, *Politics in Modern Greece* (Stanford, CA: Stanford University Press, 1969), pp. 36–37.

11 Francis Fukuyama, *Trust: The Social Virtues and the Creation of Prosperity* (New York: Free Press, 1995), pp. 97–101. 編注：中文版《信任：社會德性與經濟繁榮》由立緒文化出版，二〇一四年十一月三日。

12 Papakostas", Why Is There No Clientelism in Scandinavia?" p. 48.

13 感謝Elena Panaritis對這一點的觀察。

14 譯注：李維是當代活躍於歐美文壇的哲學家、作家和電影製作人。作者在這裡的意思，可能是指拜倫對希臘獨立事件的關注，引起歐洲人的關心，比美李維在當代歐美思想界的地位。

15 譯注：一八三三年二月，在英、法、俄三國海軍護送下，十七歲的奧托王子在三個攝政和三千五百名巴伐利亞軍隊的陪同下抵達希臘，成為希臘國王。

16 Legg, *Politics in Modern Greece*, pp. 52-56.

17 Nicos P. Mouzelis, *Politics in the Semi-Periphery: Early Parliamentarism and Late Industrialization in the Balkans and*

Latin America (New York: St. Martin's Press, 1986), pp. 40-41.

18 Nicos P. Mouzelis, "Capitalism and the Development of the Greek State," in Richard Scase, ed., *The State in Western Europe* (New York: St. Martin's Press, 1980), pp. 245-46.

19 Constantine Tsoucalas, "On the Problem of Political Clientelism in Greece in the Nineteenth Century," *Journal of the Hellenic Diaspora* 5, (no. 1) (1978): 1-17.

20 Mouzelis", *Capitalism and the Development of the Greek State*," p. 242.

21 同前注，頁二四四；George Th. Mavrogordatos, "From Traditional Clientelism to Machine Politics: the Impact of PASOK Populism in Greece," *South European Society and Politics* 2, (no. 3) (1997): 1-26.

22 Legg, *Politics in Modern Greece*, pp. 128-29; Christos Lyrintzis, "Political Parties in Post-Junta Greece: A Case of 'Bureaucratic Clientelism'?" *West European Politics* 7, (no. 2) (1984): 99-118.

23 關於沒有戰爭期間的歷史，參見 George Th. Mavrogordatos, *Stillborn Republic: Social Coalitions and Party Strategies in Greece, 1922-1936* (Berkeley: University of California Press, 1983).

24 Lyrintzis, "Political Parties in Post-Junta Greece," p. 103; Takis S. Pappas, *Making Party Democracy in Greece* (New York: St. Martin's Press, 1999).

25 還有其他例子，參見 Mavrogordatos, "From Traditional Clientelism to Machine Politics."

26 John Sfakianakis, "The Cost of Protecting Greece's Public Sector," *International Herald Tribune*, October 10, 2012. 一份針對希臘公部門的報告預估，二〇〇八年的政府人事有一百萬人，約占全國所有員工百分之二十二・三。參見 Organization for Economic Cooperation and Development, *Greece: Review of the Central Administration* (Paris: OECD Public Governance Reviews, 2011), pp. 71-72.

27 譯注：所謂的 modern age，是一種相對的說法，指相對於中古世紀文明特質，十六世紀的歐洲在政經文化上的特徵；也有一說是指十八世紀政經文明上的特徵。

28 Susan Daley, "Greek Wealth is Everywhere but Tax Forms," *New York Times*, May 1, 2010; 另參見 Daley, "Greece's

Efforts to Limit Tax Evasion Have Little Success," *New York Times*, May 29, 2010; Schneider and Enste, *Shadow Economy*, p. 36; Friedrich Schneider and Robert Klinglmair, "Shadow Economies Around the World: What Do We Really Know?" *European Journal of Political Economy* 21 (2005): 598-642.

29 參見Fukuyama, *Trust*, chap. 1.

第七章　義大利與低信任泥淖

義大利各地的政府素質為何不同；義大利南部積弱不振的政府；黑手黨的由來；義大利對抗侍從主義與腐化的奮鬥；信任對好政府的重要性。

某觀察家這樣描述西西里的主要城市：

黑手黨首都巴勒摩（Palermo）是義大利第六大城，也是當地政府腐敗與貪汙的國家象徵，在歐洲與非洲之間保持著搖搖欲墜的平衡地位。在繁華光鮮的現代都會背後，是破破爛爛的貧民窟、狹窄而彎曲的巷道，以及這座古老城市港口的潮溼天井。其居住、醫療與衛生條件，讓人更容易聯想到埃及的開羅或印度的加爾各答，而不是主要的歐洲城市。在巴勒摩的生活是一場永恆的劇碼，每天有煩惱不完的混亂交通、某座舊城區裡的宮殿忽然就澈底坍塌了、基本的公共行政如收垃圾或公共運輸又癱瘓了（這是經常發生的事），以及頻繁發生的黑手黨衝突，然後在街道上留下散落四處、彈痕累累的屍體。[1]

義大利南部的地方政府一直無法做好的事之一就是收垃圾。一九七六年，巴勒摩街上沒人收的垃圾一度堆積到好幾個月。二〇〇〇年代末期，在那不勒斯發生的類似事件，還驚動到內閣總理貝魯斯柯尼（Silvio Berlusconi）。[2]修路的進展也好不了多少。《紐約時報》（*New York Times*）提到，從二〇〇〇到二〇一一年，義大利耗資一百億美元，其中包括歐盟補貼的五億美元，要蓋從薩勒諾（Salerno）到雷吉歐卡拉布里亞（Reggio Calabria）的A3高速公路。由於嚴重腐敗與貪汙，高速公路迄今還沒蓋完。[3]

在已經成為當代政治科學的經典著作中，普特南以經驗說明，義大利不同地區地方政府素質的落差，他認為這些差異不是因為結構性的經濟或政治因素，而是不同程度的公民參與，或是所謂的社會資本。他進一步指出，政府表現低落的重要原因之一就是這地區歷史悠久的侍從主義。

雖然很多文獻資料已經提過義大利的「南方問題」，但普特南策畫二個政府表現的量化指標，包括內閣穩定度、準時執行預算程度、新法的立法數量、日間照顧中心與家庭診所的數量，以及文官回應民眾需求的程度。他收集義大利各地方政府數十年的資料，證實政府素質有一致的南北差異，埃米利亞—羅曼尼亞（Emilia-Romagna）、倫巴底與翁布里亞（Umbria）的評分高於西西里、巴西利卡塔與卡拉布里亞（Calabria）。他的評估也和義大利地方政府自己進行的市民滿意度調查一致。[4]

針對這一點，普特南只是提供統計數據，證實義大利人長期以來意識到的事實。不過，當他斷定這些差異的理由時就有很多爭議。經濟決定論者可能會認為，政府素質可能是社經現代化的整體水準或擁有資源多寡的結果。南義比北義貧窮，因此可能只是負擔不起優質的政府。但普特南指出，這些地區的落差持續了很多世代，而且北部一度比今天的南部還窮。另外，光是資源也無法解釋這種差異，因為二次世界大戰之後的幾十年，義大利政府從北方撥了龐大的資金給南方，就是努力要讓這個地區跟上發展。雖然在這段期間，南部的確有長足的發展，但北部的發展速度又更快，因此整體的落差依然存在。

地區差異也不能歸因於不同的制度或政策。戰後的義大利政治制度其實高度集權，所有地區都是由法國式的行政長官以統一的規矩管理。這套制度直到一九七〇年代才改變，中央政府把實質的地方決策權移交給各地。整體架構的目的就是要尋求全國各地的資源平等。[5]不管是從位在羅馬的中央政府直接管理地方，或擁有自主性和多少能平等使用資源權力的地方政府，這兩種發展方式都很難主張南北發展差異的原因是從一八六一年就存在的政治體系。

這也讓普特南追隨班菲爾德與其他南方觀察家的看法，轉而認為這個地區的政府機能不良是來自流傳下來、長期存在的文化價值或社會資本。普特南認為，自我管理的城市政府，例如從中世紀到文藝復興時代都很繁榮的熱那亞、佛羅倫斯與威尼斯，就會產生社會資本。這些共和政體都培養出忠誠與信任的美德，而且是由自我管理的寡頭組織所組成。相反的，南義的那不勒斯與西西里，則受到諾曼國王的極權專制統治，這些地方主要的社會組織模式就是恩庇—侍從關係。因此，義大利地區差異的終極原因，本質在於政治。但有關信任與社群的差異，根據普特南的說法，則是經過數百年來已經成為永久的社會或文化習慣。[6]

南義侍從主義的起源

有幾個問題及其歷史背景證實，強勢的威權政府導致南部地區缺乏公民社會。普特南認為，西西里一開始受到諾曼王國統治，諾曼王國也為這個地區帶來官僚政治，但諾曼王國在一一九四年正式結束。繼承諾曼王國勢力的是霍亨施陶芬（Hohenstaufen）王朝，該王朝的勢力基礎在北方，霍亨施陶芬王朝還出過幾個神聖羅馬帝國皇帝（敘任權衝突期間，南部的諾曼王國為何代表獨立的天主教教會，站在教宗格列高里七世〔Gregory VII〕這一邊，對抗神聖羅馬帝國皇帝亨利四世，可參考本書上卷第十八章）。雖然有人認為，霍亨施陶芬家族是早期諾曼傳統的延續者——因為神聖羅馬帝國皇帝腓特烈二世（Emperor Frederick II）的確是一個偉大的集權者，但這個王朝本身也在一二六八年告終。在這時期的歐洲，同樣有一個強大而集權的諾曼王國正在統治英國，還有一個維京王國在丹麥，但是英國與丹麥都沒發展出侍從主義模式的政府。想當然，義大利在十三與十九世紀間還發生很多事，可能解釋當代政府模式的出現。

和北部城邦國家的共和傳統相比，把南部侍從主義盛行歸因於垂直整合的強大政治勢力，還有第二個問題。我在上卷提到，集權的國家權威是現代政府的必要條件，但卻很少提到在特定社會中存在的政治自由度。歐洲廢除封建制度後，最後能出現問責制度的關鍵就在於國王（或公權力）與社會菁英勢力的平衡。在國王成功吸收貴族與上層資產階級的地方，例如法國與西班牙，就形成弱勢專制；在國王與貴族聯手對抗農民的地方，例如普魯士與俄國，就形成強勢專制；在貴族比國王更強大的地方，例如匈牙利與波蘭，就會出現地方專制但國力衰弱。只有英國的公權力與貴族菁英相對平衡，沒有任何一邊的力量能勝過另一邊，立憲政府才會出現。英國的國家公權力通常會運用權勢打破平衡，支持非菁英階級以對抗貴族菁英，但它並不是基於平等的意識形態，而是為了權力，想要阻撓對手罷了。雖然我們很熟悉貴族會透過《大憲章》（Magna Carta）限制國王約翰（John）的權力，英國國王也會限制貴族與領主對待佃戶與非菁英奴僕的力量。[7]

普特南認為，諾曼人在義大利南部建立強勢的集權政府，而這種垂直力量削弱了市民形成基於信任或社團等水平連結的能力。但中世紀的這時候，沒有一個歐洲政府有能力建立真正獨裁的集權政府，也無法像中國人或之後的俄羅斯人一樣滲透或控制整個社會。腓特烈二世之後的幾個世紀，義大利南部的現實狀況正好相反：積弱不振的中央權威無法阻止貴族對農民的剝削。換句話說，義大利南部比較像匈牙利或波蘭，而不像普魯士或俄國。

就像希臘一樣，義大利南部原來的弱勢中央政府，和國際政治也大有關係。從霍亨施陶芬家族傳下來的西西里與那不勒斯王國，後來落入亞拉岡王朝（House of Aragon）之手。亞拉岡國王費迪南（Ferdinand）與伊莎貝拉（Isabella）[8]結婚之後，亞拉岡王朝所有的領地也整合到西班牙的統治範圍內。在他們的孫子查理五世（Charles V）的絕對統治下，這些領地更為鞏固，因為他同時是哈布斯堡（Habsburg）王朝的繼承人，也是神聖羅馬帝國皇帝。義大利南部一開始仍是西班牙哈布斯堡王朝的領地，但在西班牙王室繼承之爭後落入西班牙波旁王朝之手，後來又被拿破崙入侵，拿破崙則立哥哥若瑟（Joseph）為義大利國王。因此在將近五世紀的時間，在這兩個西西里王國名義上的統治權都是來自遠方的外國勢力，因此經常爆發統治正當性的抗爭。有一派的義大利史學家主張，這地區的低信任度不是來自中央專制，而是來自西班牙哈布斯堡王朝的隔離分化之統治作為。[9]

無論如何，長久存在於義大利南部的侍從主義是一種現代現象，而且也有很多更相近的歷史因素，反而比較不像古代諾曼王朝或西班牙哈布斯堡王朝的作為。我們應該要注意的是，南部的波旁王朝被加里波底（Giuseppe Garibaldi）推翻後，在北方皮埃蒙特國王的保護下，義大利終於在一八六一年統一。隨後，北部人第一次面對南部的社會現況時，大為震驚。那不勒斯新首長向義大利第一位總理班索（Camillo Benso, Count of Cavour）報告時說：「這不是義大利！這是非洲。除了這些鄉下土包，市民菁英還是遊牧民族。」[10]

普魯士在統一德國時，能把文官體系與制度「國有化」，但皮埃蒙特的勢力太小，無法完成類似的成就。由於波旁王朝垮臺之後，農民起義與騷動不斷，控制新國家政府的北方資產階級只好與南方在地的寡頭勢力訂下契約，義大利思想家葛蘭西（Antonio Gramsci）稱之為「歷史性結盟」（blocco storico）。[11]根據政治學家丘博（Judith Chubb）的說法：「為了換取政府酬庸機會與地方政府完全的行動自由，（南部的菁英）對國會中的任何多數都提供毫無疑問的支持，不管它的計畫是什麼。」[12]

傳統的恩庇—侍從關係，在義大利是一種古老的傳統。其實真正的用字「patronus」與「cliens」原來就是拉丁文，是指某個位階較高者與位階較低者之間，高度正式的法律關係，這是從古羅馬共和時代晚期以來，菁英的權力基礎。[13]領主與家僕的封建關係可以被視為一種酬庸的契約形式，清楚呈現出雙方的權利與義務。隨著南方封建制度的廢除，正式關係就變成非正式關係，地方上的大地主運用財富與政治人脈，仍能控制住在他們土地上的農民。

義大利傳統的酬庸形式（存在於世界各地很多鄉下社會），就分階段演變成現代的侍從主義制度，而且也和希臘一樣，在還沒有建立強勢而具自主性政府的社會中過早引進民主。一八六〇年與一九二二年期間，在自由共和體制下，根據格拉齊亞諾（Luigi Graziano）的說法：「政治充滿著個人色彩與酬庸，缺乏觀念與實際計畫，不只解消反對派，最終也讓『政黨』的真正涵義空洞化，政黨淪為私人酬庸團體的鬆散集合體。」就像酬庸制度下的美國，這對政府素質帶來毀滅性的後果：「維持這套制度運作的特殊動力，就是部會首長必須能決定各種報酬與許可，亦即他必須盡可能免於文官行為基準的束縛，能夠自由行事。」[14]這個制度在我們先前的定義中不算是真正的侍從主義，因為這個國家還缺乏大眾參與的政治。義大利比希臘落後很久才開放選舉權，一八八二年只有百分之六・九的人口有投票權，而且直到一九一三年全部的男性才有投票權。[15]

就像希臘一樣，義大利南部的工業化相當晚。在統一的全國義大利政府治理下，關稅是用來保護北邊的產業，以及南方沒效率的地主。在這時候，北方的產業愈來愈需要供應南方的需求。如此一來又提高南方地主階級的地位，卻犧牲產業發展的機會，並間接鼓勵當地中產階級不要創業，而是買地並加入當地的寡頭政治。拿破崙後來廢除封建制度（發生在西西里的時間比內陸的梅佐喬諾地區更晚），並分配公有土地，接著在一八六〇年之後又分配教會土地，買地加入既有利益團體的機會又大幅增加。土地問題因此在不同社會階級之間，造成大量的社會衝突。結果，北方中產階級的興趣是想建立嶄新的現代政府，但南方的中產階級則被傳統的寡頭政治吸收。農民則被潛在的中產階級同盟剝削，並落入更加赤貧且邊緣的地位。格拉齊亞諾認為：「（農民）原本對遙遠的中央權威心懷怨恨，後來因波旁王朝國王的溫和專制而減輕，現在的怨恨則集中在對抗新的地方統治階級。」[16]因此，南部並沒有具有創業家精神的中產階級，帶領改革政府邁向現代化。

弱勢政府與黑手黨的崛起

外人想到西西里時，有時候第一個也是唯一會想到的就是黑手黨，但它算不上是個成功延續到現在的古老幫派組織。它在十九世紀的梅佐喬諾地區，就像在坎帕尼亞的卡莫拉（Camorra），以及卡拉布里亞的光榮會（drangheta）一樣，有非常特別的起源。有一個關於黑手黨由來的說法是，黑手黨員一開始是所謂的租貸人（gabelloti），屬於比較富有的佃戶，他們會利用自己在地主與貧窮農民之間的角色，雙頭敲詐收益金。[17]不過，社會學家干貝塔（Diego Gambetta）為黑手黨的由來提出一個優雅的經濟學理論：黑手黨員其實是個人創業家，在一個政府無法提供最基本服務的社會中，他的功能是為個人財產權提供保護。也就是說，如果有一方在進行民間交易時被另一方欺騙，在治理良好的法治社會中，他正常的反應就是會把對方告上法院。但是在政府腐化、不可靠，或也許不存在的地方，他就必須尋求民間的保護，這個民間保護者的任務就是恐嚇對方，如果不付錢就要打斷他的腿。按照這個說法，黑手黨只是提供一種必要服務的民間組織，而這種服務在正常狀況下是由政府執行，也就是使用暴力威脅（有時候是真正的暴力）以執行財產權。干貝塔指出，義大利南部有很多土地、動產與大量交易上的經濟糾紛，以及一八六〇年之後，民眾對義大利政府本質的改變有很多政治歧見，正是因為這些條件才給黑手黨崛起的機會。[18]

使用暴力保護財產權，原本應該是合法政府的獨占權力，因為如果不必獨占，保護市場本身就會成為暴力競爭的目標。但政府做不到這一點，結果也不令人意外，黑手黨毫無障礙地從保護變成勒索，先製造威脅再提供保護。民間保護也很容易涉及其他非法勾當，例如賣淫與毒品走私。就像干貝塔所說，黑手黨會在像西西里這種低度信任的社會中發達起來，是因為它可以提供短期可靠的保護。但是它也助長一股暴力與恐懼的氣氛，這會大幅降低整個社會的信任度。[19]

政府實力與組織犯罪是一種反向關係，長期以來義大利政府都很弱勢，唯一的例外插曲是法西斯主義（Fascism）。法西斯主義通常是指比歐洲十九世紀傳統的專制政府更強大的威權政府形式，多半會有一個由大眾參與的政黨、作為行動指導原則的意識形態、完全獨占的權力、高度具有個人魅力的領導人，以及對公民社會的鎮壓。[20]雖然義大利的墨索里尼（Mussolini）創造出法西斯主義，但他的版本從未達到希特勒政權達到的集權程度，也比不上史達林的蘇聯。墨索里尼的法西斯政黨從未在南部擴散，也沒能在大眾基礎上重組政治勢力。但是法西斯主義無法容忍的是暴力遊戲中的競爭者，因此他們也成功壓制黑手黨的活動。但黑手黨的網絡並未完全被殲滅，很多領導人並不是被殺掉或關進監牢，而是被吸收進入法西斯的系統。所以一九四六年建立民主政權之後，黑手黨很快就重出江湖。[21]

侍從主義的出現

義大利在第一次世界大戰之前不久開放選舉權，但這個民主實驗在短短十年後被墨索里尼打斷，不過在這期間出現了第一批大眾政黨。左派的是社會黨（Socialist），由圖拉帝（Filippo

Turati）在一八九四年成立，但在一九二一年分裂，因為其中的激進分子加入第三國際，並組成義大利共產黨（Partito Comunista Italiano）。[22]右派的是義大利人民黨（The Italian People's Party），創辦人是西西里的教士史特索（Don Luigi Sturzo），這個有大眾基礎的天主教政黨，目標是組織農民團結合作，以促進土地重分配。但所有的政黨活動都遭到墨索里尼壓制，直到一九四三年法西斯主義垮臺之後很快就再度出現。

一九四三年，義大利天主教民主黨（Italian Christian Democratic Party，譯注：簡稱天民黨）成立，是義大利人民黨的繼承者，一開始是想和義大利共產黨對抗，也希望成為進步而有大眾基礎的政黨。但是就像早期的美國政黨在戰後的共和體制下，進行第一次民主選舉時，天民黨面對的問題是如何讓大量的投票人進到投票所。雖然天民黨在北部組織完善，和天主教的工人也有很強的關係，但在南部則面臨擴散的問題，因為這裡的社會組織依然圍繞著地方菁英與他們的酬庸網絡。戰後初期的幾次選舉，幾個右派政黨，包括君主黨（Monarchists）與民粹主義的全民黨（Uomo Qualunque）[23]，確實能拿到選票，因此天民黨就改採利用當地酬庸傳統的策略。只是天民黨是利用現代組織的方法，先在羅馬建立一個集權的政黨組織，並由能以侍從主義方法募集選民的政治人物，組成政黨的網絡。

在范范尼（Amintore Fanfani，他在一九五〇年代長期擔任總理職務）領導下，這個政黨蛻變成一個現代且有大眾基礎的侍從主義政黨。[24]從很多方面來看，這個轉型很像美國在一八四〇到一八八〇年代之間，政黨從只會搞酬庸的政治人物特殊聯盟，轉型成高度組織化的國家政治機器。雖然意識形態在二戰之後的義大利政治持續扮演關鍵的角色，尤其是義大利天主教與馬克思主義的分裂，但像社會黨這些團體也必須逐漸採取侍從主義的技巧，才能維持政黨的競爭力。[25]

另外，政府的經濟政策也強化南部的侍從主義。現代義大利根據法國模式建立一個高度集權的政府，讓羅馬可以重新分配各地區的資源。十九世紀末，政府為了改善地區性的貧窮問題，開始大量投資基礎建設，不料卻助長北部產業對南部產業的掌控。[26]一九五〇年，新的共和政府設立一個發展工具，即南部發展基金，任務是促進南部經濟成長並大量借重工業重建研究院（Institute for Industrial Reconstruction）的力量。這是一個政府擁有的公司集團，可以提供融資、就業機會與政治酬庸。政府花了大量資金在基礎建設，並大力投資在鋼鐵、石化工業與其他重工業。

這個產業政策的成果很難一概而論。南部的國民平均所得與工業產出均大幅成長，大量的農民也離開土地，從一九五一到一九七一年，農業就業人口從百分之五十五縮減到百分之三十。有些人移居到南部與北部的城市，很多人則離開義大利到美國、歐洲與拉丁美洲。另外，社會指標如識字率與新生兒死亡人數也有很大的改善，讓南部不再像十九世紀那樣像「非

表一：義大利各地區增加的國民平均產值，1891-2001（義大利=1）

	1891	1911	1938	1951	1971	1981	2001
西北地區	1.16	1.22	1.43	1.52	1.28	1.22	1.24
中部／東北地區	1.01	1.00	0.99	1.04	1.04	1.11	1.13
南部與海島地區	0.88	0.84	0.70	0.61	0.73	0.70	0.68
年度成長率（%）	–	2.29	0.85	0.96	6.33	2.79	2.08

資料來源：Emanuele Felice，「義大利長期的地區不平衡（1891-2001）」

洲」了。一九五一到一九八一年，特別是迎頭趕上的年份，在這段期間，南北落差稍微接近了（見表一）。但這些投資未能達成在南部建立大型且能自己維持下去的工業基礎。很多南部的成功企業，其實是北部企業的分公司。義大利北部的成長比南部更快，因此到了一九七〇年代，即使已經投注大量金錢，各地區的發展落差仍然和以前一樣大。如同希臘，義大利南部就是「沒有發展的現代化」的一個例子。[27]

從政治觀點來看，更重要的是政府在南部直接投資所帶來的成長，卻直接成為政治侍從主義的致富之道。某觀察家指出：「這從來不是由政府或國家組織分配資金，給這個或那個計畫、給房屋或學校的建設、給公共就業機會或執行產業計畫，它一直是根據這個或那個地方代表或天民黨代表的利益。」[28]和希臘一樣，政治人脈與操弄政府的能力，成為比民間創業更有保障的致富與安全之道，因此，政治人物反而樂於加強既有的南北落差，最後就形成完全失控的政治徇私主義（political favoritism）文化。另外，大量的公共投資也為更公開的貪汙形式提供大量的機會。黑手黨在戰後為天民黨保住南部的選舉成果，就像在其他國家一樣，他們也透過控制公共工程合約而得到報酬。一九六〇年代，薩勒諾到雷吉歐卡拉布里亞的高速公路完工，光榮會趁勢崛起；一九八〇年代，由於那不勒斯的重建工程，卡莫拉也因而崛起。[29]

賄賂之都與冷戰結束

就像希臘，共產黨因為是意識形態的組織，是最不沾染侍從主義作風的義大利政黨。但是義大利共產黨是莫斯科的盟友，而且被高度懷疑只想利用民主程序奪取權力，因此即使有百分之二十五到三十或更多的選民定期投票給它，仍被排除在統治聯盟之外。另外，和希臘一樣，義大利政府的美國盟友，寧願支持被貪腐汙染的民主政黨，也不要非侍從主義的共產黨政黨，因此亦介入影響這種平衡關係。除了少數幾次是由義大利社會黨與其他更小的政黨提名總理之外，天民黨可說是主導義大利戰後的政治局勢。即使它持續改組內閣，義大利的制度算是高度穩定，並在這段期間，義大利崛起成為主要的工業強國。

但冷戰在一九八九年結束時，一切忽然改變了。由於蘇聯解體，馬克思主義不再是具有正當性的意識形態，義大利共產黨和莫斯科就不再有任何關聯。一九九一年，義大利共產黨解散，取而代之的是左派民主黨（Party of the Democratic Left）。內部的共產黨威脅消失之後，義大利政治由天民黨繼續主導的局面，因此失去合理性，而且天民黨在這時候也出現一堆亂糟糟的腐化與犯罪行為。再加上有其他新政黨出現，尤其是北方聯盟（Northern League），這是一個由中小型企業家組成的地區性政黨，他們非常厭倦義大利政府的腐化，以及對南部不斷補貼的政策。北方聯盟有時候會主張，北部應該完全和義大利其他地方分離，以便從南部的腐化澈底脫身。

很多人認為，當國家經濟現代化之後，代表傳統社會運作方式的黑手黨、侍從主義與腐化作風，就會逐漸消失。但這三大勢力隨著時間更加張狂，反而突破南部的據點，汙染了整個義大利。把公共資源作為私人用途卻不受懲罰的文化，在一九八〇年代興起，這個現象反映在一位老一輩政治人物的文字中：

也許我還很天真，但我從不相信腐化竟是如此根深蒂固，且擴散得如此之廣。我當然可以想像，買一堆會員資格、資助會議、提供晚餐、在光滑的銅版紙上刊登新聞，這一切都很花錢。但是我永遠料想不到，而且這是千真萬確的，他們做的竟是如此公然的小偷行徑。當我得知政黨與派系從公共工程合約預算中拿走固定的比例，我整個人感到毛骨悚然。[30]

這一切在一九九二年的「賄賂之都」醜聞中遭到揭露。但最令人驚訝的是，這不是發生在南部，而是來自米蘭的社會黨政治人物奇耶薩（Mario Chiesa），他被逮捕時，正努力把六千美元的賄款沖進馬桶，接著大眾很快就發現他涉及一連串金額更大的醜聞。更大規模的調查之後，社會黨總理克拉克西（Bettino Craxi）也跟著落網，事實證明他和天民黨一樣迫切想要收割贏來的錢。[31]

而在同時，黑手黨的影響力也超越了西西里，感染到整個國家。一九七〇年代到八〇年代，由於國際毒品交易興起，就像拉丁美洲的犯罪組織勢力一樣，義大利的犯罪組織勢力也因此大幅成長。在巴勒摩與其他南部城市，敵對家族經常為了搶地盤爆發血腥械鬥事件，一個名為柯萊奧納西（Corleonesi）特別暴力的派系因此崛起。很多南部政治人物都有黑手黨背景，在巴勒摩前市長利馬（Salvo Lima）脫離黑手黨，投靠長時間擔任總理的天民黨安德烈奧蒂（Giulio Andreotti）派系之後，政治人物與幫派掛鉤更組織化。利馬帶槍投靠的不只是令人畏懼的政治機器，還包括他與組織犯罪廣泛的連結關係。[32]

但是，幸好還有一些對抗的力量。一九六八年之後，全球發生多起暴動事件，義大利司法系統招募具有理想性格的律師之後，有更強的司法獨立性。這些左傾的法官持續增加陣容，到了一九八〇年代，開始對付在這個國家根深蒂固的政治菁英。司法調查的對象，從安德烈奧蒂、克拉克西到貝魯斯科尼，都指控法官有政治動機，在某種程度上來說這倒是真的。這些法官追查的右派政治人物，經常多於左派的政治人物。但是也有很多思想獨立的法官提起極大的勇氣，挺身力抗貪汙的政治人物與黑手黨老大。另外，有很多參與行動的法官，在他們深厚的公民責任家庭傳統中，蘊釀出反抗西西里黑勢力的十字軍精神。一九八〇年代與九〇年代的調查行動，實際上引發黑手黨與義大利政府未腐化部門之間的戰爭，黑手黨暗殺很多高知名度的法官與檢察官。暗殺行動在一九九二年到達高峰，法官法爾康（Giovanni Falcone）夫婦與保鑣，以及不久後的博塞利諾（Paolo Borsellino）都被暗殺。[33] 隨著警察首長契耶薩（Albertdalla Chiesa）、檢察官寇斯塔（Gaetano Costa）與地方法官契尼希（Rocco Chinnici）接連被殺，大眾輿論開始支持反貪腐的努力。隨著冷戰結束，貪汙且保守的政治人物失去後臺，賄賂之城的真相公諸於世，加上其他調查，終於扳倒總理安德烈奧蒂以及整個天民黨。一九九二年大選，天民黨得票很低，一九九四年之後就不再左右義大利政局。[34]

現代化的失敗

如果促使二次大戰後政治制度崩潰的事件，也能為強大的改革聯盟清除路障，就像美國在二十世紀之交發生的事一樣，義大利也會表現得很好。可惜的是，事與願違。右派在媒體巨頭貝魯斯柯尼的領導下重組，他利用他的企業王國建立新的支持基礎，並因成為右派聯盟首腦而掌權，這個右派聯盟包括波西（Umberto Bossi）的北方聯盟，以及新法西斯主義分子菲尼（Gianfranco Fini）的北方同盟（Alleanza Nationale）。這些政黨加上貝魯斯柯尼自己的義大利力量黨（Forzaltalia），讓天民黨過去的勢力重新站起來，這個版本的聯盟在一九九四年統治義大利，從二〇〇一到二〇〇六年，然後二〇〇八到二〇一二年又再一次統治。

對大眾來說，貝魯斯柯尼是個在雷根—柴契爾（Reagan-Thatcher）模式中的現代自由派政治人物，他想降低稅率，改革並縮小義大利政府的規模，讓政府運作得更有效率，就像一家他自己的公司一樣。可惜的是，貝魯斯柯尼本身是舊制度的產物，是一個只想利用新媒介牟利、有侍從主義心態的政治人物。如果現代公權力的本質是公私利益嚴格劃分，貝魯斯柯尼走的就是完全相反的方向，他利用自己在報紙、電視與運動球隊的公司，建立了大眾支持的政治基礎。在他的三次任期內，不只沒有從事任何義大利公部門的重要改革，還大力攻擊獨立的司法部與針對他的涉貪行為所進行的調查。過去曾經協助扳倒舊有政治制度的「清廉營運」聯盟（Operation Clean Hands），在貝魯斯柯尼選擇閣員與決定保護幾個被告時元氣大傷。[35]另外，貝魯斯柯尼利用自己掌握國會中的多數，投票通過自己的豁免權，而且對於利益衝突的實質或表象都奇怪地不加控制。他對於南部的侍從主義政治也毫無作為，因此南部的侍從主義風氣仍繼續盛行；二〇一一到二〇一二年的歐元危機，西西里無能控制公共財政，人們因此把它稱為「義大利的希臘」（Greece of Italy），因為危機的原因完全來自國家虛弱的財政。[36]

改革聯盟在義大利無法具體化，部分原因是北方聯盟與其領導人波西。這個政黨的社會基礎是義大利現代的北方城市，而且大部分是由厭倦政府的貪汙與無效率的小公司業者與中產階級專業人士所組成。令人遺憾的是，波西的政黨不是建立在政府改革議題，而是反對移民的民粹式議題。他和他的政黨並不認為利用侍從主義的方式贏得選票有何不妥，而且為了保有權力，他們也願意默許貝魯斯柯尼的很多奇怪行徑。這個本應該成為改革聯盟核心的社會團體，力量就被抵銷掉了。[37]

在貝魯斯柯尼總理任期的空檔，左派政府的表現也好不到哪裡去。一九九〇年代，左派政府曾經推出一些影響不大的改革，主要針對大學、地方政府與文官體系的繁文縟節，的確是收到一些效果，但從未有過強烈的領導與共識認為必須改變義大利政府本身的特質，讓它完全從政治酬庸中解脫，讓更多經濟活動納入正式部門，並控制政府的整體規模。

另外，外部的壓力似乎可以提供某些制度改革的政治決心。一九九九年，義大利進入歐元區時，羅馬面臨強大的外部壓力要達成預算目標。但就像希臘一樣，義大利進入歐元區之後，財政紀律馬上就鬆懈下來。二〇〇九到二〇一一年的歐元危機，算是第二次的機會，這次終於把總理貝魯斯柯尼換下來，並以協商方式換上技術專家蒙蒂（Mario Monti）組成看守內閣。但是二〇一二年底蒙蒂被迫下臺，接著舉行新的選舉，達成的共識卻反對更激烈的結構性改革。中間偏左派的新任領導人倫齊（Mattoo Renzi）是否能改變制度，仍有待觀察。（編注：倫齊已於二〇一六年卸任。）

希臘與義大利南部一直都是侍從主義的溫床，這兩個國家值得一提，是因為它們都是現代工業化社會，卻無法像德國、英國與美國一樣，著手改革公部門以消除政治酬庸。希臘與義大利南部的相似性也令人震驚。和歐洲其他地方比較起來，這兩個地方都是赤貧而落後之地，而且資本市場經濟也很晚才起步。兩個地方都高度依賴政府提供的就業機會與經濟發展，兩者也都經歷「沒有發展的現代化」。而且就正當性與施政能力來看，這兩個國家的政府都相當積弱不振。

目前為止，希臘與義大利最大的差異在於義大利已經形成改革的聯盟，但希臘還沒有。雖然我已經強調過義大利南北部的地區差異，但這種衝突卻沒有嚴格的地域性。很多觀察家指出，當北部也在從事貪腐與酬庸行為時，南部地區已經出現像法爾康這樣有公民意識的人。丘博曾經解釋，那不勒斯在一九七〇年代曾經出現公民復興行為，但巴勒摩卻沒有；另外皮亞托尼（Simona Piattoni）也指出，梅佐喬諾地區的侍從主義有很多種不同的做法，因此比起其他地方，對發展也比較沒有敵意。[38]相反的，在希臘一直很難找出一群有興趣改革公部門的重要選民集團。

信任的重要性

我在前一章一開始就提到，希臘與義大利南部社會的特色是普遍的社會不信任，並大大影響了政府與公民社會。信任與好政府有關係嗎？如果有，又是什麼樣的關係？[39]

作為個人特質來看，信任並沒有天生的好或壞。如果我住在一個充斥著小偷與騙子的社區，當一個信任別人的人會害我惹上麻煩。只有在所有人都實踐誠實、可靠與開放等美德的社會時，信任才會成為這種社會的副產品，也才能變成有價值的商品。除非一般狀況反映出值得信任，否則信任是沒有意義的；在這種環境下，信任會成為合作的基礎與助力。當然，投機分子會利用別人的信任，並想要欺騙別人。但如果一個人想在社群中生活，這種行為很快就會讓他被排擠或嫌棄。

住在高度信任的社會有很多優點。當然，在低信任度的社會也可能會出現合作行為，但只能透過正式的機制。例如，因為不是每個人都會可靠地兌現自己的承諾，商業交易需要厚厚的合約、法律訴訟，也要靠警力執法。如果我住在高犯罪率的社區，我可能必須隨身攜帶武器才能到處走動，或是晚上不要出門、在大門裝上昂貴的門鎖與警鈴，以補充我雇用的民間安全警衛的不足之處。我們將會在第二部看到，在很多貧窮國家，必須整天留一個人在家看守，以防止鄰居從果園裡偷東西，甚至連整個房子都被侵占。這一切組成了經濟學家所說的交易成本，如果一個人住在高度信任的社會，這些都可以省下來。另外，很多低度信任的社會從來沒有體會過合作的好處，例如不會有大企業、鄰居也不會互相幫忙，諸如此類。

同樣的道理也適用在公民與政府的關係。如果看到周圍其他人遵守法律，一般人就比較可能跟著守法。我在本書上卷提到，遵守規範是深藏在基因中的人類本性的一部分。在大部分的社會中，只有在政府可以監督守法行為以及懲罰違法行為時，大家才會遵守法律。絕大部分遵守法律的行為，是基於大家看到周圍的人遵守法律並與公認的規範行為一致。反過來說，如果某個文官看到同僚讓某個人插隊而拿到好處，或者某個政治人物認為，敵對政黨從公共工程合約的回扣中得利，而造成他的損失，他就很可能採取類似的行為。如果大部分的公民都逃漏稅（這在希臘與義大利是一定會發生的事），那麼付全額稅款的人看起來就是笨蛋。

因此政府素質非常依賴信任或社會資本。如果政府無法執行某些關鍵功能，舉例來說，如果它無法被信任能保護我的財產權，或如果它無法保護我免於受到犯罪或公共危險如有毒廢棄物等的傷害，那我就必須靠自己的雙手保護自己的利益。就像我們在西西里看到的例子，黑手黨的由來正是因為波旁王朝與後來的義大利政府都無法提供這些保護，人們才會開始雇用「榮譽之人」（men of honor）提供他們民間的保護。但因為黑手黨本身也不是值得信賴的人，對政府的不信任就轉移成對每一個人的不信任。

低信任社會也會形成經濟學家所說的集體行動問題。不信任將產生不良的社交後果，如果每一個人的行為都值得信賴，每一個人也會更有錢。但是任何一個人都沒有動機成為第一個不收賄或繳稅的人，因為不信任會產生更多不信任，每一個人都掉入所謂的低度平衡陷阱，就會變得更貧窮，但沒有人可以掙脫。相反的，如果政府是清廉、誠實、有能力的，民眾就很願意信任它，並接受它的領導。

希臘與義大利南部在十九世紀與二十世紀的政府，用第三章的術語來講，都是規模很龐大但實力或能力都很弱。在進入現代民主時代時，他們都沒有傳承到普魯士風格、有自主性的文官體系。這兩個政府的正當性也受到外力的傷害，因為在十九世紀以前都受到外國統治，即使名義上獨立之後，外力仍強烈影響希臘的制度與政黨。在義大利南部還有內部移殖（internal colonization）的問題，由北部主導的中央政府左右著南部的政策。在希臘與義大利這兩個地方，早期的政府充斥著政治酬庸，當制度民主化並轉變成大眾參與時，接著的是公然的侍從主義。

一方面是龐大卻孱弱的政府，另一方面卻是普遍的低度社會信任，兩者之間是什麼關係？因果關係可以從兩個方向來談。我們已經看到，民眾對政府缺乏信任，就會轉而尋求民間的解決方法，以提供公共利益，例如財產權的保障。這可能會產生高度病態的形式，例如黑手黨；也可能單純造成家人只能把自己的資源當成是唯一可靠行為的來源。在兩個社會中都非常深刻的家族主義，在某些意義上其實是一種自我防衛的方法，因為對於家人以外的信任在社會中缺乏制度性的支持。

另一方面，一旦社會不信任成為文化上的印記，就會一輩子記住。對政府抱著犬儒主義，或預期其他人都想占你便宜，就會強化一種行為：你會避免繳稅給你認為是貪汙又不具正當性的政府；即使你不會主動占陌生人的便宜，也不太期待和陌生人合作會有什麼好處。

當然，不是所有的國家都落入這種模式。我已經探討歐洲政府素質的整個範圍，從韋伯式的德國政府，到侍從主義式的希臘與義大利。我現在要轉向介於中間的兩個例子，英國與美國，在這兩個地方的政府素質都有所改善。英國在十九世紀的公共行政還是酬庸式的，但順利在一八七〇年代進行改革。美國憲法通過之後的前幾十年，也有酬庸制度，但在一八三〇年代，轉化成充分發展的侍從主義制度。和英國一樣，美國也改革自己的制度，並為韋伯式的現代政府打下基礎。但是美國政府形式的特殊之處，就是它的分權與制衡（checks and balances）制度，意味著這比英國發生得晚，且得花更多時間克服。

注釋

1 Judith Chubb, *Patronage, Power, and Property in Southern Italy: A Tale of Two Cities* (New York: Cambridge University Press,1983), p. 1.

2 參見“Naples Blasts Berlusconi as Garbage Piles Up,” *Newsweek*, October 27, 2010.

3 Rachel Donadio, “Corruption Seen as Steady Drain on Italy’s South,” New York Times, October 8, 2012, p. A1. 編注：此段公路於二〇一六年底宣告「完工」，距整體工程起造已五十五年。https://www.ansa.it/english/news/

politics/2016/12/22/salerno-to-reggio-calabria-complete_6a182deb-36da-4ee0-8583-28f5651f051a.html

4 Putnam, *Making Democracy Work*, pp. 67-82.

5 普特南也檢查其他可能的因素，例如教育水準、意識形態的對立、政策議題的選民共識、罷工的程度以及共產黨的統治，但這些和政府表現的差異都不太相關。同前注，頁一一六至一一七。

6 同前注，頁一二一至一三六。

7 波蘭與匈牙利的貴族權力受到憲法限制，且受到國王的制衡。國王無法制衡貴族時，就成為從十五世紀結束以來，擁有土地的菁英能逐漸取消農民權力的原因之一。在統一前夕，義大利南部的情形看起來更像這些國家，而不像有強大、集權國王的普魯士。參見本書上卷第二十五章。

8 譯注：伊莎貝拉是個有治理長才的女王，當時在西班牙有四個王國，伊莎貝拉是卡斯提爾王國女王，她和亞拉岡國王結婚之後，聯手統一四大王國，成為統一個西班牙王國。

9 這個看法來自Paolo Mattia Doria，並被Benedetto Croce批判。參見Gambetta, *Sicilian Mafia*, p. 77.

10 P. A. Allum, *Italy—Republic Without Government?* (New York: Norton, 1973), p. 9.

11 同前注，頁三至四。

12 Chubb, *Patronage, Power, and Poverty*, p. 20.

13 這個字的歷史可見 Richard P. Saller, *Personal Patronage Under the Early Empire* (Cambridge: Cambridge University Press, 1982), pp. 8-11.

14 Luigi Graziano, "Patron-Client Relationships in Southern Italy," *European Journal of Political Research* 1, (no. 1) (1973): 3-34

15 Chubb, *Patronage, Power, and Poverty*, pp. 19-21; James Walston, *The Mafia and Clientelism: Roads to Rome in Post-War Calabria* (New York: Routledge, 1988), pp. 48-49.

16 Graziano, "Patron-Client Relationships," p. 13; Chubb, *Patronage, Power, and Poverty*, pp. 16-17. 南部的地主菁英，較像拉丁美洲而非英國的地主階級，比較多是住在都市靠租金生活的人(Chubb, p. 17)。這意味著，不會有像英國一

樣的創業地主階級在商業農業上發動革命，城市生活的規範也由傳統菁英設定，而不是因工業發達的資產階級。

17 Graziano, "Patron-Client Relationships," pp.8-9.

18 Gambetta, *Sicilian Mafia*, pp. 15-33, 83.

19 關於黑手黨的由來，還可參見 Alexander Stille, *Excellent Cadavers: The Mafia and the Death of the First Italian Republic* (New York: Pantheon, 1995), pp. 14-17. 由弱勢政府留下的真空狀態，黑手黨不會是第一個或最後一個犯罪組織。當代的例子還有哥倫比亞的準軍事組織，這個多山且叢林密布的國家，歷史上就是一個政府很難行使權威的地方。由於受到極左派團體包括 Fuerzas Armadas Revolucionarios de Colombia (FARC) 與 the Ejercito de Liberacion National (ELN) 的威脅，有錢的哥倫比亞地主開始雇用準軍事團體來保護自己的田地與牧場。這些團體演變成擁有強大火力的自主組織，並開始發展出毒品走私、勒索，與其他犯罪活動的主謀。二十一世紀墨西哥的毒品戰爭，也是利用歷史上（目前仍然是）在用警力保護公民基本權利上非常弱的政府。

20 這個經典定義來自 Carl J. Friedrich and Zbigniew K. Brzezinski, *Totalitarian Dictatorship and Autocracy*, 2nd ed. (Cambridge, MA: Harvard University Press, 1965). 另參見 Juan J. Linz, *Totalitarian and Authoritarian Regimes* (Boulder, CO: Lynne Rienner, 2000).

21 Chubb, *Patronage, Power, and Poverty*, pp. 24-27.

22 Tarrow, *Peasant Communism in Southern Italy*, pp. 101-102.

23 譯注：屬於民族自由主義政黨，歷史上的民族自由主義政黨有德國的民族自由黨與德國人民黨、奧地利的鄉村同盟、大德意志人民黨與獨立聯盟，還有瑞士的瑞士人民黨。

24 Walston, *The Mafia and Clientelism*, pp. 52-56; Robert Leonardi and Douglas A. Wertman, *Italian Christian Democracy: The Politics of Dominance* (New York: St. Martin's Press, 1989); Chubb, *Patronage, Power, and Poverty*, pp. 56-64; Allum, *Politics and Society in Post-War Naples*, pp. 62-68; Graziano, "Patron-Client Relationships," pp. 24-27.

25 關於義大利白色與紅色的次文化，參見 Paul Ginsborg, *Italy and Its Discontents: Family, Civil Society, State 1980- 2001* (New York: Palgrave Macmillan, 2003), pp. 102-104.

26 Tarrow, *Peasant Communism in Southern Italy*, pp. 25-26.

27 Chubb, *Patronage, Power and Poverty*, p. 30.

28 引自前注，頁七五。

29 Ginsborg, *Italy and Its Discontents*, p. 203.

30 引自前注，頁一八一。

31 Alexander Stille, *The Sack of Rome: How a Beautiful European Country with a Fabled History and a Storied Culture Was Taken Over by a Man Named Silvio Berlusconi* (New York: Penguin Press, 2006), pp. 120-26.

32 Ginsborg, *Italy and Its Discontents*, pp. 204-205.

33 同前注，頁二〇五至二〇八。

34 法爾康與博塞利諾的故事參見Stille, *Excellent Cadavers*.

35 Stille, *Sack of Rome*, pp. 189-96.

36 參見Rachel Donadio, "Sicily's Fiscal Problems Threaten to Swamp Italy," *New York Times*, July 23, 2012, p. A4.

37 此論點參見Gianfranco Pasquino, "Leaders, Institutions, and Populism: Italy in a Comparative Perspective," in Gianfranco Pasquino, James L. Newell, and Paolo Mancini, eds., *The Future of the Liberal Western Order: The Case of Italy* (Washington, D.C.: Transatlantic Academy, 2013).

38 Chubb, *Patronage, Power, and Poverty*, pp. 219-32; Simona Piattoni, "'Virtuous Clientelism': The Southern Question Resolved?" in Schneider, *Italy's "Southern Question"*; Mario Caciagli, "The Long Life of Clientelism in Southern Italy," in Junichi Kawata, ed., *Comparing Political Corruption and Clientelism* (Hampshire, UK: Ashgate, 2006).

39 關於信任與好政府的一般主題，參見Rothstein, *The Quality of Government*, pp. 164-92.

第八章 酬庸與改革

英國與美國在十九世紀初就風行酬庸式文官體制；羅富國與崔維廉改革印度文官制度的由來；中產階級聯盟；英國為什麼從未發展出侍從主義政黨。

十九世紀初，英國與美國政府也充斥著酬庸政治，和希臘與義大利政府沒有太大差異。但和希臘與義大利不同的是，英國與美國都改革公部門，並為更現代的文官體制打下基礎。在英國，由貴族主導充滿酬庸的行政機關，經過大約十五年的改革，終於被受到高等教育的專業文官取代。而在美國，酬庸政治極為根深蒂固，因此也花了更長的時間才得以根除，因為共和黨與民主黨這兩大政黨都是靠著分配公職工作而發展起來，因此長期以來都抗拒以績效任用的文官制度取代政治任命。美國花了兩個世代持續不斷的政治角力，直到二十世紀初期才終於修正制度。

我們已經看到，民主程序可能會讓政治改革變得更困難。美國因為比英國早了六十到七十年，把選舉權開放給所有白人男性，不只成為發展大眾政黨的先驅，也發明侍從主義的各種做法。相反的，英國在十九世紀大部分時間，都還維持在有限的寡頭政治格局，因此可以在大眾政黨出現之前就改革文官體制，而且也從未想要利用公職作為買票的籌碼。

我們先從英國談起。地理位置為英國提供足夠的天然屏障，因此從不像內陸國普魯士一樣，經常遇到鄰國侵略的生存威脅。十八世紀與十九世紀初，由於英國海軍打了數不清的仗，因此在專業掛帥上有相當的進展，但其他公職部門仍維持高度的酬庸作風。國會問責制度建立之後，形成管制某些公職被嚴重濫用的壓力，但政治菁英仍非常樂意利用公職，作為增加個人利益以及親人與支持者利益的手段。[1]他們安插公職人選時，是根據個人關係而不是個人能力。看一下以下這封布雷克伍德女士（Cecilia Blackwood）寫給羅素伯爵（Lord John Russel）的信：「就像快溺死的人抓住一根稻草一樣，但我把它視為非常重要的稻草，您不只是英國最偉大的人，也是全世界最有權勢的人……當我想到您的母親與我的父親是第一代的堂兄弟姊妹（first cousins），我也希望能籠罩在你溫暖的光輝中。我們現在很想讓兒子去劍橋……我將懷抱希望，如果不是馬上，至少有一天他可能會在您的安排下安置在某個適合的位子上。」[2]所有團體的人都是根據人際關係進行交易。在十九世紀初的英國，為了被安插進入政府工作，和人數不多的菁英集團的關係就是全部的依靠。因此，英國政府並沒有像普魯士一樣穩定的公職體系，這體系以高度的自主性與優秀文官群自豪。更精確地說，那只是一群能力很有問題、通常未經訓練，只是擁有良好關係的公務員集合體。

偉大的政治家與哲學家柏克最早致力於抑制這種酬庸行為，他對被酬庸任命的人與領乾薪的閒差嚴加抨擊，不遺餘力。[3]另一個早期的改革目標是印度文官集團（Indian Civil Service, ICS）。在一八五八年印度之亂以前，英國並未直接統治印度，而是把治理工作特許給一家商業公司，也就是東印度公司（East India Company），由它行使準政府的權威處理這塊次大陸上的一切事務。「civil service」這個特殊的字眼源自印度，原是為了要區分東印度公司的平民員工與軍事員工。[4]志願到印度從事公職的人，並不是英國社會的菁英分子：由於工作條件必須遠離家園多年，這份工作成為逃避社會的人、冒險家，以及在家鄉找不到工作的人的天堂。用斯密的話來說，一股值一千英鎊的公司股票「不是用來搶劫……而是用來在印度任用搶劫犯」。公司主管的薪水很少，但擁有龐大的利益，因為主管可以分配工作與賺錢機會給朋友、親人與客戶。[5]

但是印度文官集團的工作不盡相同，也很吃力，且需要很大範圍的行政技能。東印度公司主管認為必須改善公務員的素質，於是在黑利柏瑞（Haileybury）成立一所學院，訓練年輕雇員有關東方語言與數學能力，並加強東方文學、法律與歷史知識。由於直接任命是當時用來填補空缺的方法，政府本身也看到，公職工作需要程度更好的人，因此對主管施壓，要建立競爭式的選拔以代替直接任命。在討論更新東印度公司特許權的《一八三三年印度政府法》（Government of India Act of 1833）時，麥考利（Thomas Babington Macaulay，也就是之後的麥考利勳爵〔Lord Macaulay〕）做了非常慷慨激昂的論述，希望要以開放競爭與教育資格，作為印度公職人員的任用基礎。麥考利後來在一八三四年與一八三八年繼續在印度最高理事會服務，他在這職務上改革教育制度，並讓英語成為主要的使用語言，另外也改革印度刑法。[6]

東印度公司的主管階層一開始反對開放招募，因為他們實際上是一群尋租聯盟，只想利用分配工作的控制權，讓自己致富，這樣做對他們並沒有好處。另外，讓招募人才管道保持狹隘，也有強大的階級利益。一八六〇到一八七四年之間被派到印度的平民中，幾乎有四分之三的人是貴族、仕紳、陸軍、海軍與印度文官自己的人馬或子弟。因此印度文官並未採取改革行動，直到這群人之中出現一個精力充沛的年輕公務員，也就是崔維廉爵士（Sir Clarles Trevelyan）。[7]

崔維廉來自一個男爵家庭，在黑利柏瑞就學，後來為東印度公司做了幾份工作，包括加爾各答副祕書長。由於這些工作經驗，他強力反對酬庸作風，並相信應該把機會開放給所有人的績效任用制。他憎恨印度成為「社會人渣藏汙納垢之地，也拒絕英國的專業標準經常被降低」。[8]崔維廉在印度認識麥考利，後來還與麥考利的妹妹結婚，接著這兩人就密切合作聯手改革印度文官集團。崔維廉後來在一八四〇年到財政部出任助理部長，但實際上是這個部門的主管。雖然崔維廉自己是個很有能力的部會首長，但他認為文官體系組織拙劣，深受很多和印度文官集團一樣機能不良之苦。[9]

崔維廉與首相格萊斯頓（William Gladstone）之前在貿易部的私人祕書羅富國爵士（Sir Stafford Northcote）聯手，在一八五四年起草《羅富國與崔維廉報告》（Northcote-Trevelyan Report）。這一份文件只有二十多頁，但與其說它為文官制度改革破題，不如說是過去十年間一連串有關公部門改革的報告之累積。[10]這份文件極力呼籲應該終結酬庸任用，並以公職考試作為進入政府工作的管道；同時也建議，應清楚劃分例行的辦事員工作與更高的施政工作，並且為後者設立更高的教育條件。其中人文教育是必要條件，雖然理論上開放給所有社會階層，但實際上限制給來自貴族與上層資產階級的候選人，因為他們有錢與人脈把兒子送進牛津（Oxford）與劍橋（Cambridge）。這個嚴格的教育條件，讓英國的政府變得更像普魯士與法國的模式，也意味著行政部門可以在工作中發展出自己的團隊精神與自主性。

雖然像崔維廉這樣的人，他的動機是因為厭倦被無能貴族掌控的政府，但要不是英國上流階層生活的特有環境，這種改革也不可能成功。就像前面提到過的，崔維廉和麥考利有關係，而麥考利是格萊斯頓的心腹；在羅富國與崔維廉報告提出來的時候，格萊斯頓擔任財政大臣，接著在一八六八年成為首相，他一共擔任四任首相。羅富國是格萊斯頓的私人祕書，他們都是牛津貝利奧爾學院（Balliol College）院長喬維特（Benjamin Jowett）的朋友，喬維特是改革大學制度運動的重要推手。[11]這些菁英的個人人脈足夠在國會形成聯盟，並推動《羅富國與崔維廉報告》，最後達成改革的目的。這種運作方式和美國完全不同，美國並沒有凝聚力很強的菁英社群，因此改革觀念必須在一州又一州，規模更大也更多元的社群中進行辯論攻防。

英國的第二個菁英團體，是由彌爾（John Stuart Mill）、查德威克（Edwin Chadwick）以及一個叫做行政改革協會（Administrative Reform Association）的商人組織所領導，他們也鼓吹以績效才能為主的公職資格與考試制度。這些人的理論基礎來自邊沁（Jeremy Bentham）的功利主義觀念，以及彌爾的父親詹姆斯·彌爾（James Mill），他強調行政體系中應有的合理性與效率。這些觀念在政治經濟俱樂部（Political Economy Club）與實學推廣社（Society for the Diffusion of Useful Knowledge）都很盛行。彌爾自己也在東印度公司工作（但他對公職似乎比崔維廉有較正面的印象），當《羅富國與崔維廉報告》在擬稿的時候，他也貢獻很重要的改革意見。[12]不過他們和羅富國與崔維廉那群人不一樣，他們比較不優先選擇人文或文科教育，而是技術性教育，例如專注在科學、經濟學與工程學，這些訓練可以在倫敦政經學院（London School of Economics）取得，而不是牛津與劍橋。他們認為，比起希臘文與拉丁文的知識，這些實用技能比較適合政府的工作，而且也可以降低主導津橋系統（Oxbridge system）等上流階層的優勢。[13]

由於許多新的大眾媒體刊登，這些改革者的觀念在中產階級以及無數新成立的俱樂部與協會之間廣為流傳。這些團體在十九世紀上半葉如雨後春筍般出現，多以提倡工業、科學、科技與改革為目的，就像實學推廣社。這些人也受到一股在前一個世紀成形的價值革命的鼓舞，經濟學家赫希曼（Albert Hirschman）把它稱為從熱情（passions）到利益（interests）的價值轉移。老一輩的貴族從戰士階級傳承下來的精神，重視的是榮耀、名譽與勇氣，並且鄙視商業活動，認為賺錢行為和紳士身分不相稱。工作本身沒有價值，這也是為什麼貴族子弟在牛津與劍橋，只要靠著關係，天天騎馬、打獵、喝酒，不必讀書也能一路順利畢業。但是新的中產階級不一樣，他們有的只是勤奮工作與能力，然後經由自身擁有的創業家活力，創造出巨額的新財富。[14]

大學制度如果沒有進行相當的改革，也無法扮演應有的角色。十九世紀開始之際，英國大學的特色，用查普曼（Richard Chapman）的話來說，就是「沉悶、腐化，只會領乾薪」，牛津的教授實際上已經停止講課。他的報告寫到，艾爾頓爵士（Lord Eldon）在一七七〇年是怎麼畢業的：「考試的時候，他只被問到兩個問題，以測驗他的希伯來文與歷史知識：『頭蓋骨的希伯來文是什麼？』以及『誰成立了大學學院？』他告訴我們，他回答『Golgotha』與『阿爾弗雷德國王』（King Afred），主考官就滿意了，也沒再問他任何問題。」[15]不過，十九世紀中期改革風氣更盛，大學也面臨好幾波改革行動，以提升教學的標準並增加開放的名額，包括《一八五四年牛津法案》、《一八五六年劍橋法案》，還有廢除宗教考試作為入學條件的《一八七一年大學考試法案》。另外，在一八三六年成立的倫敦大學，就是要為牛津與劍橋增加競爭，也對教育改革的論爭貢獻不少。喬維特是促進考試制度的關鍵人物，讓他自然成為文官改革行動的共謀者。

在遍及各種制度的改革活動背後，有一個重要的社會現實，當時工業革命在英國火力全開，並為這個國家的社會結構帶來重大的改變。老一輩的農耕社會中，由高貴地主散發的力量與權威，快速被取代為由工業主義者與創業家主導的城市社會。用查普曼的話來說：

> 由於工業革命以及與「不墨守成規的前進意識」有關的嚴謹態度，中產階級激進分子的重要性已經大為增加。他們認為政府的很多錯誤作為中，大部分都是酬庸的結果。中產階級的抨擊行動是基於一種假設，認為擁有土地的貴族只會為了自己的利益而進行酬庸行為，而且就是政府裡的兩個貴族系統（亦即陸軍與海軍），它既沒效率也站不住腳。[16]

這些中產階級團體如果能讓孩子進入牛津與劍橋，對孩子未來在公職謀份差事，就有直接的利益。[17]

英國中產階級因此大力提倡，所有組織的改革標準是普遍招聘但以能力取勝。嚴格說來，他們也是出於自身利益而這樣做，但是為了某個社會階層的普遍利益，而不是為了個人的一己之私。這和義大利南部較少有創業精神的中產階級形成強烈對比，義大利的中產階級都被當地的寡頭勢力吸收，被整編進入其酬庸網絡。

一八五四年公開發表的《羅富國與崔維廉報告》，其建議並沒有立刻被採納，因為改變進入公職的條件，威脅到公職在位者與他們出身的上層階級利益。一八五五年，一道樞密院頒令要求成立文官委員會（Civil Service Commission），文官委員會終於批准少部分的工作要透過競爭淘汰。[18]整份報告的國會提案一直拖到一八七〇年，格萊斯頓成為首相的時候。提案建議，新的法律要把文官切成兩半，有管理職責的公職需要接受文科的人文教育；較低的執行階層資格只要「英語教育」（English education）就可以，在英國語言與現代科目的要求較低。這兩種系統開放給上層與中層資產階級子弟們就業，同時也保留部分職位給古老的貴族，他們可以用津橋學歷通過新的考試。

克里米亞戰爭（一八五三到一八五六年）也為文官體制的大整頓貢獻不少動能。由於英國軍隊運作不良，吃了敗仗，因此在一八五五年一份特別調查委員會的報告指出，英國部隊在知識、策略與後勤，全都有組織不良的問題。這在新聞界引起轟動，並要求全面檢查軍事部門與文官體系。因此，即使在一個既不像普魯士也不像日本那麼窮兵黷武的國家，戰爭對軍人與平民產生的生命威脅，也形成改革的壓力，而這是在承平時期不會發生的。[19]

最關鍵也不可或缺的一點是，英國公部門的改革是發生在選舉權開放之前。十九世紀期間，英國通過三個重要的改革法案，才把英國從寡頭政治轉型成真正的民主（但到二十世紀選舉權開放給婦女與少數民族，才算做到全面普及）。一八三二年的改革，解決了選舉制度被嚴重濫用的問題，例如腐敗選區，這些選區因為選票很少或根本沒有，就成為菁英政治人物坐領乾薪的機會。[20]在整個一八六〇年代，只有八分之一的英國公民可以投票。在一八六七年與一八八四年的改革，選舉權開放給大部分的屋主（house holder），但還有大約百分之四十的英國成年男性，包括房客、佃戶、家僕、軍人與船員，都還沒有投票權。美國當時沒有投票權的公民人數比例只有百分之十四（我會在第三部討論為什麼會通過這些法案）。[21]因此，美國在一八三〇年代就出現動員選票的行為，但英國直到一八七〇年代才發展出大眾政黨，到那時候，一個具有自主性的文官體制也已經打穩基礎了。當英國政黨也想利用大量分配政府工作以得到選票時，這個管道早就已經關閉了。

即使在選舉權開放之後，英國政黨引導大量選民的動作也很慢。在這段期間，最有侍從主義作風的政黨是保守黨（Conservative Party）或托利黨（Tory Party），因為這兩個黨的很多領導人都是有影響力的地主，他們可以從非菁英的鄉下擁護者得到支持。保守黨首相迪斯雷利（Benjamin Disraeli）本身就沉迷於酬庸任命的做法，但他卻支持一八六七年的改革法案，原因之一就是他相信，他的黨在更大的選民基礎上仍會繼續掌權。不過，這個黨在十年後分裂，成為老一輩的地主菁英以及新興資產階級菁英兩部分，很多人加入這個政黨是因為榮譽頭銜而不是政府的工作。[22] 輝格黨（Whig Party）或自由黨（Liberal Party）則是中產階級的政黨，也不贊成開放成為大眾政黨。

只有英國工黨能動員勞動階級，最後也取代自由黨成為英國第二大黨。工黨是工會聯盟（Trade Union Congress）的政治部門，工會聯盟在一八〇〇年代晚期籌組，並在一九〇〇年成立。工會聯盟在不同的左派運動中壯大，也有很強的社會主義意識形態。工黨是一個外造政黨，因此必須在福利方案的議題與支持者結盟，例如為支持者爭取工作條件、薪資與國營產業等，而不是靠發放政府資源贏得人心。第一次世界大戰期間，工黨第一次加入政府運作，後來在一九二四年靠自己的力量掌權。工黨過去都沒有進入文官體系的管道，而且無論如何，它此時也已經成為制度化的現代政黨。[23]

羅富國與崔維廉的改革重創傳統的酬庸制度，但英國從一七八〇年一直到今天，公部門仍持續進行逐步增加的一系列改革。後續仍有很多改革的委員會，包括一八七四到一八七五年的公平委員會（Playfair Commission）、一八八六到一八九〇年的瑞德利委員會（the Ridley Commission）、一九一二到一九一五年的麥克唐納德委員會（MacDonnell Commission）、一九一九到一九二〇年的重組委員會（Reorganization Committee）、一九二九到一九三一年的湯姆林委員會（Tomlin Commission）、以及一九五三到一九五四年的普利斯里委員會（Priestly Commission）。[24]最後一個重要的公部門改革行動是在一九九〇年代，布萊爾（Tony Blair）主導新公共管理（New Public Management）運動期間。[25]

雖然英國公部門的改革是一個漫長的過程，而且從某個意義上還尚未完成，但廢除酬庸制度卻是相當乾淨俐落。克里米亞戰爭時，部隊的不良管理在媒體上引起很廣泛的討論，知識分子與社會評論家也為改革找到理由。一個專家委員會就深入研究這個問題，結果提出一連串的建議，也都被國會採納並制定在法律中。在這個過程中，最重要的參與人士是大部分住在倫敦的一小群菁英（但他們的共同淵源是英屬印度）。所有人都受類似的教育而且彼此都認識；更精確地說，有些人彼此還是親戚。因此，英國西敏制（Westminster system）[26]很容易快速產生決策而產生嚴重偏差，因為很少分權與制衡的設計。在一八五〇年代，並沒有聯邦主義（federalism）或地方分權（decentralization）觀念，也沒有最高法院可以否決立法，行政權與立法權亦未分開，更沒有強大的黨紀（由政黨領導階層控制一般國會議員的行為）。所以，當英國菁英的組成分子開始改變，中產階級參與者開始取代舊寡頭，他們的願望通常可以相當快速反映在立法上。

但在美國就不一樣了，由於憲政制度上的分權與制衡作用，讓公共政策的重大改革極為困難且曠日廢時。但更重要的是英美兩國的社會差異性，美國並沒有凝聚力強的單一菁英團體。由於美國建立的民主基礎，現任菁英會不斷受到新的社會參與者挑戰。因為這個原因，美國並沒有從菁英酬庸制度，直接轉變成現代文官制度；相反的，它花了一個世紀的時間，迂迴走過政黨主導的侍從主義。和英國對比的美國經驗指出兩件事：首先，酬庸與侍從主義並不是文化上的特別現象，也不是前現代時期的做法在現代化之後留下來的些許遺風。更準確地說，它們是在民主初期階段，在政治動員時自然發展出來的。第二，更民主的美國經驗指出，在民主與我們現在說的「善治」（good governance）之間，有一種固有的緊張關係。

注釋

1 關於英國十八世紀公職本質的探討，參見Henry Parris, *Constitutional Bureaucracy: The Development of British Central Administration Since the Eighteenth Century* (New York: Augustus M. Kelley, 1969), pp. 22-28.

2 同前注，頁五三至五四。

3 J. M. Bourne, *Patronage and Society in Nineteenth-Century England* (Baltimore: Edward Arnold, 1986), pp. 18-19.

4 E. N. Gladden, *Civil Services of the United Kingdom, 1855-1970* (London: Frank Cass, 1967), p. 2.

5 Bourne, *Patronage and Society*, p. 59.

6 Richard A. Chapman, *The Higher Civil Service in Britain* (London: Constable, 1970), pp. 12-13.

7 同前注，頁十五。

8 Bourne, *Patronage and Society*, p. 32.

9 Edward Hughes, "Sir Charles Trevelyan and Civil Service Reform, 1853-5," *English Historical Review* 64, (no. 250) (1949): 53-88.

10 John Greenaway, "Celebrating Northcote/Trevelyan: Dispelling the Myths," *Public Policy and Administration* 19, (no. 1) (2004): 1-14.

11 Chapman, *Higher Civil Service*, p. 20; Gladden, *Civil Services of the United Kingdom*, pp. 19-21.

12 參見 S. E. Finer, "The Transmission of Benthamite Ideas 1820-50," and Alan Ryan, "Utilitarianism and Bureaucracy: The Views of J. S. Mill," in Gillian Sutherland, ed., *Studies in the Growth of Nineteenth-Century Government* (Totowa, NJ: Rowman and Littlefield, 1972).

13 Shefter, *Political Parties and the State*, p. 47.

14 Albert O. Hirschman, *The Passions and the Interests: Political Arguments for Capitalism Before Its Triumph* (Princeton: Princeton University Press, 1977).

15 Chapman, *Higher Civil Service*, pp. 18-19.

16 Richard A. Chapman, *The Civil Service Commission 1855-1991: A Bureau Biography* (New York: Routledge, 2004), p. 12.

17 Jennifer Hart, "The Genesis of the Northcote-Trevelyan Report," in Sutherland, *Studies in the Growth of Nineteenth-Century Government*.

18 Chapman, *Civil Service Commission*, pp. 17-24.

19 Chapman, *Higher Civil Service*, pp. 29-30.

20 Leon Epstein, *Political Parties in Western Democracies* (New York: Praeger, 1969), p. 24.

21 Morton Keller, *America's Three Regimes: A New Political History* (New York: Oxford University Press, 2007), p. 136-37.

22 Shefter, *Political Parties and the State*, pp. 50-51.

23 Henry Pelling, *The Origins of the Labour Party, 1880-1900* (Oxford: Clarendon Press, 1965), chap. 8.

24 Gladden, *Civil Services of the United Kingdom*, pp. 18-40.

25 一九九〇年代的改革，參見Michael Barber, *Instruction to Deliver: Fighting to Transform Britain's Public Services* (London: Methuen, 2008).

26 譯注：是指遵循英國國會體制的議會民主制，因國會大廈就在西敏宮而得名。

第九章　美國的侍從主義

美國為什麼和其他現代國家不同；早期美國政府的本質以及政黨的出現；傑克遜革命與美國民粹主義；酬庸制度以及酬庸制度如何散布；侍從主義與美國市政府。

自從一九八〇年代雷根與柴契爾（Margaret Thatcher）時代以來，「盎格魯—薩克遜」（Anglo-Saxon）[1]資本主義就常常被拿來與其歐陸變種比較。資本主義鼓勵自由市場、放鬆管制、私有化與小型政府，但以法國為例，歐陸的資本主義變種則是由國家計畫與控制，並支持大型的社會福利。就經濟主張來看，美國的確和它的英國先驅有很多相同的政治特徵與政策偏好，但此一觀點仍缺乏歷史視野，而且也忽略了英國與美國政治發展上的重要差異。從很多角度來看，英國的政治制度仍比較接近它在歐陸的鄰居，而不是美國。

在《變動社會的政治秩序》第二章標題是：「政治現代化：美國與歐洲」，在文中，杭亭頓指出美國政治的「都鐸」（Tudor）特色。[2]杭亭頓指出，十七世紀移居北美的英國人，帶來很多英國中世紀晚期都鐸式的政治實務。這些古老的制度在美國的土地上變得根深蒂固，最後還被寫進《美國憲法》，古老社會的碎片似乎就此封存在時間中。[3]都鐸特徵包括以共同法為權威來源，且共同法權威高於行政權。在施政中，法院的角色和行政權一樣強大；有地方自我管理的傳統；統治權分散在幾個組織，而不是一個集權的公權力；政府部門擁有分割的權力，而不是各自分開的機能。舉例來說，司法部門行使的不只是司法權，也有準立法的功能；並且依賴的是普通民兵，而不是常備軍隊。

杭亭頓指出，在都鐸時期之後，英國在十七與十八世紀繼續發展出統一的統治權與中央政府的概念。就像我們在前一章看到的，英國比普魯士或法國更晚，直到一八〇〇年代末期才發展出合理的現代文官體系。在權威逐漸集中於倫敦時，英國中世紀的地方治理組織就演變成議員選區；光榮革命之後那些年，國會被認為是唯一的權威來源。共同法的地位仍然極為神聖，因此英國從未發展出司法審查權的理論與實務。所謂的司法審查權，就是法院有宣布國會的法案無效的權力。相反的，美國則忠於都鐸的制度，因此「不可思議的是，美國政治的現代化非常無力，也未真正完成。從制度的角度來看，美國政體從來都不是處於未開化狀態，但它也從來不是完全的現代……以今天的話來說，美國的政治制度是獨一無二的，只因為它竟是如此地古老。」[4]

杭亭頓的觀察呼應美國例外主義（exceptionalism）的說法，美國例外主義是一個長期的論述傳統，專門描述美國與其他已開發民主國家的很多系統性差異。這個傳統開始於哈茲（Louis Hartz）與威爾斯（H. G. Wells）等作家，他們提出一個問題：「為什麼美國沒有社會主義？」[5]接著是李普賽（Seymour Martin Lipset），他在長期的學者生涯中，寫了大量美國例外主義相關論述。[6]哈茲認為，美國的獨特是因為它並未傳承到歐洲的封建階級結構。作為一個新的定居之地

（至少對歐洲人來說），北美看起來好像是一塊機會均等之地，一個人一輩子的地位反映自己的努力與天分。因為此地沒有太多遺留下來的不平等，也就不需要強大的政府重新分配財富。再加上北美廣為流傳著洛克的自由主義信念，每一個人都有自由實現自己。唯一受到類似階級限制而影響社會流動性的團體就是非裔美國人，因此他們最可能支持強大的政府以促進他們的利益，就像在歐洲的白人勞動階級一樣。[7]

但李普賽指出還有另外一個因素，美國是在反抗代表英國國王集權力量的革命中誕生的，因此可以理解美國有反政府主義以及對政府強烈的不信任，這一點也是他界定美國政治文化五個關鍵成分之一。[8]因此，美國傳承共同法的英國都鐸傳統，與光榮革命之後以「沒代表就不納稅」為原則的問責政府，但它沒傳承到英國強大的中央政府。英國從諾曼征服以來，一直存在著強大的政府，並在十八世紀之初演變成強大而統一的統治權威。另外，向英國爭取獨立的抗爭行動強化了美國反政府主義的傾向，並且為了確保妥善限制政府的權力，就是分權與制衡的多重形式，也要明文寫在這個新國家的憲法上。美國早期的現實環境似乎沒有建造大政府的必要，因為美國沒有產生威脅的強鄰；另外，因為實際的領土範圍以及分散在各地的鄉村人口，以地方分權模式來治理是無法避免的。

華盛頓之友

美國白人並沒有像歐洲一樣清楚劃分的社會階級，哈茲在這一點是正確的，但早期的美國還是有根據教育與職業的階級區分，例如紐約與波士頓的商人與銀行家菁英，以及維吉尼亞州的農場豪門。這時期的菁英是一小群同質性團體，傑伊（John Jay）在《聯邦黨人文集》（*Federalist*）第二篇中寫著：「有一樣的祖先、說一樣的語言、信奉一樣的宗教、喜歡一樣的政府原則，態度與習俗都非常類似。」一七八九年憲法通過之後的初期，全國行政機關的上層公務員被描述為「紳士的政府」，從某些方面看，它和十九世紀初的英國政府沒有太大的不同。[9]有人也把它稱為華盛頓之友（friends of George Washington）的政府，因為這個共和國的第一任總統選擇像他一樣的人，他覺得這些人有良好的特質且願意為公職獻身。[10]父親是來自有土地的仕紳、商人或專業人士階級的高階公務員，在亞當斯（John Adams）期間占了百分之七十，在傑佛遜（Thomas Jefferson）期間則是百分之六十。[11]美國建國時期政治領導人物的素質，以及他們能以長遠眼光思考制度的能力，讓今天很多人感到驚訝。他們交談的深度，完全顯示在《聯邦黨人文集》（*Federalist Papers*）[12]。這種強大的領導力，部分是因為當時的美國並不是完全民主的社會，而是高度的菁英社會，其中很多人是從哈佛或耶魯畢業。就像英國的菁英，很多人在學校或一起參與革命、起草憲法時就彼此認識或熟識。

歷史教科書傳統上把酬庸制度出現的時間訂在傑克遜（Andrew Jackson）於一八二八年的選舉，但根據我們之前的定義，美國政府開始酬庸制度的期間應該是一七八九到一八二八年之間，之後出現的則是侍從主義。從一八〇〇年傑佛遜[13]贏得選舉，民主黨人取代聯邦黨人之後，總統開始運用任命的權力，把政治盟友安插在有權力的位置上，就像一八七〇年前英國首相做的一樣。在九十二個工作任命中，傑佛遜指派七十三個，因為「在聯邦黨人手中繼續一切政務是不被期待的。」他的繼任者麥迪遜（James Madison）與門羅（James Moroe）做的事差不多一樣。[14]聯邦黨人與傑佛遜派的用人，都是來自非常窄的地方名門望族，他們都有很高的社會地位、教育，一開始也自認為是菁英管理階級。[15]

開國元勛中唯一對強大而有效能的政府感興趣的是漢彌爾頓（Alexander Hamilton），他在《聯邦黨人文集》第七十到七十七篇中提到「行政部門的能力」的例子。漢彌爾頓是第一任財政部長，他成立大規模的文官體系，也是當時美國政府主要的行政部門。但是遭到傑佛遜強烈反對，他在首次就職演說中明確表達美國對文官與大政府的長期不信任：「……我們應該好好質疑，我們的政府是否太大、太貴；辦公室與辦公人員是否不必要重複，反而對應該要推動的工作有害。」說這話的時候，美國政府還只有三千人而已！

一八三一年，政府快速成長到有二萬名員工。但是根據歐洲的標準，考慮到國家的規模，它還不算大。[16]直到內戰期間，華盛頓特區和紐約、費城比起來仍然是一個小鎮，人口只有六萬一千人，更不要提倫敦與巴黎。[17]聯邦政府分成兩大類：高級官員，包括內閣成員與其助理、海外的部會首長、地方首長、各辦公室主管等等；以及較低階的職員，海關人員、郵政員工、測量與調查員等等。[18]因為一開始就有一支海軍，美國就沒有必要維持龐大的常備陸軍，並完全依賴地區性的民兵維持治安。大部分的美國人每天面對的政府是州政府與地方層級的政府。

政治動員與政黨的出現

如果不放在現代民主制度以及第一批大眾政黨出現的脈絡下，就不可能理解侍從主義的由來。在這些方面，美國都是先驅。

在民主選舉之前，政黨並不存在，除非有人把一群死忠追隨者也算進來。羅馬的政治人物就會動員死忠追隨者結成同盟，以恐嚇敵對者。因此在民主選舉之前，也就是在十八與十九世紀時期，只能在英國國會中看到菁英派系，且有各種保護者與當事人。而且從歐洲國王的王宮到當代的中國共產黨，所有威權制度都有個人派系與酬庸行為。直到民主選舉出現，才創造出成立現代政黨的誘因。[19]

《美國憲法》並沒提到政黨，而且很多開國元勛都反對政黨應該統治國家的觀念。麥迪遜在《聯邦黨人文集》第十篇嚴正警告他所謂的「派系」的危險。在這裡他明確指的是菁英酬庸網絡，也是歐洲宮廷政治的特色，他認為是導致希臘與羅馬的古典共和沒落的元凶。華盛頓在他的告別演說中再度警告「政黨精神是有害的，可能會造成分裂與摧毀這個新國家的衝突。」而他的繼任者亞當斯則主張：「共和國分裂成兩個大陣營……是很可怕的，是我們憲法中最大的政治禍害。」這種敵視的態度來自於一種觀念，認為政黨只是代表部分的社群，彼此的競爭會導致分裂與不團結。他們希望能由具有公共精神的人來領導國家，他只會尋求整體國家的利益。亞當斯與漢彌爾頓的聯邦黨（Federalist Party），比起現代政黨有更多菁英派系的特徵，因此很多歷史學家認為，傑佛遜派的共和黨（Republicans），才是美國第一個真正的大眾政黨發起人，因為他們動員不同利益的聯盟，並成功讓傑佛遜選上總統。[20]

雖然開國元勛在設計憲法時，似乎有卓越的預知能力，知道如何設計管理新的民主體制所需的制度，但是他們卻沒看到，國家也需要一個動員選民與管理大眾政治參與的機制。政黨在這部分發揮很多關鍵的功能，包括：為心態相近的人提供集體行動的機會；在一個共同平臺上彙集不同的社會利益；政黨也藉由明確表達的立場與共同關心的政策，提供選民有價值的資訊；而且政黨也打造一種個別競爭的政治人物無法提供的穩定預期。因此，政黨已經被視為運作良好的民主制度中，一種不可或缺的要素。[21]最重要的是，在具有競爭性的民主政治中，他們是讓一般人可以被動員與參與政治最主要的機制。[22]所以，政黨並不是因為規畫而出現，而是隨著選舉權快速開放，為了回應民主政治制度的需求而自然出現的政治動員機制。

比起任何一個歐洲國家，美國從一開始就有更普遍的選舉權，雖然當時非裔美國人、婦女、美國原住民，與沒有財產的男性還不能投票。投票的財產條件來自於古老的英國輝格黨見解，他們認為只有付稅的人（因此要有某種程度的財產與收入）才能擁有政府的股份。但是，如同托克維爾指出的，美國是建立於更深刻的平等原則與一般人自我管理的觀念。基於這個精神，很多州在一八二〇年代就廢除投票的財產條件。而選舉，過去一直都是菁英在參與的事，忽然之間開放給全新的投票階級。

傑克遜派的變革

傑克遜來自田納西州邊界，因為在一八一二年紐奧良戰役（Battle of New Orleans）中打敗英國，而建立個人的軍事聲望。他在一八二四年第一次參選總統，並在大眾選票與選舉人團選票中以相對多數勝選。但由於另外兩位候選人亞當斯（John Quincy Adams）與克萊（Henry Clay）做成協議，眾議院（House of Representatives）因此否決傑克遜的總統職位。選舉人團制度是造成這個狀況的原因，開國元勛設計的初衷是讓菁英對總統選舉擁有更大的控制權。傑克遜譴責這是被東部貴族策畫的「腐敗交易」。由於大眾的憤怒以及剛擁有投票權的選民支持，傑克遜在一八二八年終於穩穩地打敗亞當斯。

傑克遜這個住在偏鄉、說話率直的鄉巴佬，與亞當斯這位菁英分子之間的矛盾，是美國政治文化長久以來的矛盾。亞當斯是住在東北部的波士頓市的典型上層菁英，曾經和其父約翰·亞當斯（John Adams）遊歷歐洲各地，會說好幾種語言，而且是以哈佛大學優等生畢業。相反的，傑克遜來自一個相對平凡而粗野的家庭，只接受過零星的正規教育，大部分是因為打架與吵架而闖出名號。[23]但也正是傑克遜非菁英的背景，讓鄉下的新選民覺得熟悉並受到歡迎。今天受哈佛教育的波士頓名流凱利（John Kerry），與反菁英的保守英雄裴林（Sarah Palin）的對比，就強烈印證亞當斯與傑克遜的矛盾。

傑克遜的總統職務奠定了米德（Walter Russell Mead）所稱的，美國政治中的傑克遜民粹主義傳統，並一直持續到現在，也在很多團體上都看得到。二〇〇八年歐巴馬（Barack Obama）選上總統之後出現的茶黨（Tea Party），也是其中之一。[24]這個傳統的根源，在於十八世紀中來到北美定居的蘇格蘭與愛爾蘭（Scotch-Irish）移民。[25]這群人來自愛爾蘭北部、蘇格蘭低地區，以及鄰近蘇格蘭的英格蘭北部。這些地區是英國經濟發展最落後的地方，正是因為極為貧窮，而促使數萬名蘇格蘭與愛爾蘭人移民出走。蘇格蘭與愛爾蘭人雖然貧窮，但在英美都非常自豪。但很多英國菁英對這種自豪感到惱怒，用歷史學家費雪（David Hackett Fischer）的話說，因為他們「不理解他們有什麼好自豪的。」[26]

這些英國移民來自一個極端暴力的地區，幾個世紀以來，這個地區承受當地軍閥之間、當地軍閥與英國之間，不斷戰爭的折磨。在這種環境中，就形成非常強烈的個人主義，以及對擁有槍枝的支持態度，這是美國槍枝文化的由來。這些蘇格蘭與愛爾蘭人後來變成如好戰的印地安戰士一般，傑克遜率領他的田納西州志願軍，在幾場戰役中把克里克族印地安人（Creek）從喬治亞州與阿拉巴馬州北部趕走，並把佛羅里達州的塞米諾族印地安人（Seminole）趕走。[27]他們定居在當時還很偏僻的阿帕拉契山區（Appalachians），從維吉尼亞西部經過卡羅萊納州到田納西與喬治亞州。他們還繼續西進，在與克里克族戰爭時服事於傑克遜麾下的克勞克特（Davy Crockett）與休斯頓（Sam Houston），成了阿拉莫（Alamo）之役[28]的英雄。這群蘇格蘭與愛爾蘭人的後代，持續在阿帕拉契山區到德州與奧克拉荷馬州一帶定居，尤其是在一九三〇年代的沙塵暴（Dust Bowl）[29]之後，甚至到達加州南部。

不可避免地，有強烈拓荒精神的蘇格蘭與愛爾蘭人和既有的美國菁英，最後終於爆發衝突，他們是一群已經定居在德拉瓦河谷（Delaware Valley）的新英格蘭清教徒（Puritan）與貴格教派（Quaker）人士。一八二四年與一八二八年，亞當斯與傑克遜之爭打破了古老菁英長期把持美國政治的傳統，但也宣告美國政治將出現新的民粹主義。

一八二九年傑克遜上臺，他說既然是他贏得選舉，應該由他來決定由誰來出任聯邦政府的職務。這樣說的背景，是因為之前酬庸式的職務分配，已經把公職變成菁英的「一種財產」。[30]另外，他也發表「工作簡易性信條」，指出「所有公職的工作，已經被定義得很清楚、很簡單，任何有心智能力的人都能做到。」[31]當時美國一般人的教育程度是小學，很少人繼續升學。[32]於是傑克遜就讓公務員經常輪調，因為「沒有一個人比另一個人更有擔任公職的固有權利」，這種做法創造出大量的機會，可以把忠於政黨的人安插到文官職位上。[33]這些工作當時就被用來在競選時成為動員支持者的基礎。傑克遜已經把既有的菁英酬庸制度，轉型成大眾的侍從主義制度（美國傳統上的歷史教科書，把這稱為「酬庸」〔patronage〕或「分贓」〔spoils〕制度）。[34]

接下來的數十年，由於新興民眾的政治需求，美國政治在聯邦與市政府層級上都自發性地出現政黨制度。隨著選舉權開放，政治人物需要一種方法能讓支持者去投票所，並說服他們在遊行、示威與集會中，表達自己的利益。雖然像關稅或土地權利這類福利方案議題，對某些投票人非常重要，但對於驅動一個貧窮與相對未受教育的投票人來說，承諾給他工作或個人恩惠，是更有效的手段。美國是第一個體驗開放民主選舉權的國家，在美國發生的這件事指出，接著開放選舉權而來的侍從主義，不應該被視為「正常」民主實務的脫軌或違規，而應該被看成在剛被植入民主意識但相對不完全發展社會的一種自然產物。包含美國在內，沒有一個國家可以一步就跳進現代的政治制度。

由法院與政黨支配的政府

傑克遜變革之後出現的政治制度，被政治學家斯柯洛內克（Stephen Skowronek）稱為「法院與政黨的政府」（state of courts and parties），[35]也就是說，法治與問責這兩種限制政府權限的制度，達到最高度的發展。普魯士、法國與英國建立的政府，都是擁有自主性的中央文官體系，但在十九世紀的美國並不存在。

藉著高度控制政府的運作，剛成立的政黨直接取代了國家機器。在起草預算時就可以清楚看到，在歐洲議會制度中，預算最常在行政部門完成，但在十九世紀的美國，卻是國會中政黨的專屬領域。政黨的控制帶進「一種全國政治的凝聚力，以及治理形式與過程的標準化……政黨在內部組織政府的相關單位……把酬庸任用、分贓輪調，都變成例行的行政程序，另外，也在外部控制分散四處的郵局、國有土地管理局、海關等。」[36]政黨能扮演這種整合性的角色，是因為政黨背後代表的龐大聯盟很少有共同的目標，因此政黨不須發展出明確的福利方案。另外，法院並未把自己局限在司法功能，而是逐步定義不同政府部門的權責界線、調整政府與民眾的關係，並參與實質的政策制定。[37]於是，立法與司法部門開始取得在歐洲政治制度中通常由行政部門執行的功能。因此杭亭頓才會主張，美國是分割權力，而不是劃分功能。

但這並不意味著美國的施政品質就一定拙劣不堪，因為十九世紀中有三分之二的時間，除了海關、郵政與分配土地，中央政府需要做的事情很少。當時美國的經濟還是農耕型態，且遍布於廣大的領土上，仍是各自獨立的農場與小村落；另外，因為沒有重大的外國威脅，因此也沒有必要大量軍事動員。在意識形態上也是一樣，把國家機器當成共同利益的保護者，並建立黑格爾觀念中的文官階級，在洛克思想的傳承中也是不合理的。[38]

由於沒有改革壓力，由政黨主導的侍從主義就隨著時間發展，並在內戰前夕達到高峰。一八四九年，總統泰勒（Zachary Taylor）在掌權的第一年就換了百分之三十的聯邦公務員；一八五七年，民主黨的總統布坎南（James Buchanan）也換掉相仿的人數，即使他的前任是另一個民主黨總統皮爾斯（Franklin Pierce）。[39]林肯在一八六〇年大選之後，對於酬庸任命的請求大感吃不消，四年後再次選上時，他希望保留愈多公務員愈好，因為「光是想到要再做一次我第一年做的事，我就要崩潰了。」[40]不只文官，軍隊也開放給政治任命，例如在一八六一年，就任命紐約的政治人物希克萊斯（Dan Sickles）為陸軍准將，但他的差勁判斷在錢斯勒維爾（Chancellorsville）與蓋茨堡（Gettysburg）戰役中對聯邦政府造成嚴重的傷害。[41]另外，諷刺作家華德（Artemus Ward）稱聯邦軍在牛奔河戰役（Battle of Bull Run）中急著撤退，傳聞是因為聽說紐約海關有三個職缺。[42]林肯也抱怨有處理不完的求職者要應付，但卻受困於此現實的制度中，因為分配公職是建立政治聯盟的一部分。

就像中國古代與現代歐洲的初期，對美國而言，戰爭也是建立政府的一種動力。在內戰期間，聯邦軍隊的規模從五萬五千人變成超過一百萬人，為了提供補給與移動數量這麼龐大的人，軍隊也演變成大型的科層組織。美國的國會山莊和它巨大的圓形屋頂，也是在這段期間整修與完成。美國內戰之後，美國人對自己的看法也忽然產生改變。在內戰之前，他們會說「聯邦是」（The United States are）反映這個國家的起源；但在內戰之後，更常見的說法是「美國是」（The United States is，譯注：差異在英文複數的「are」與單數的「is」，意思是指，以前是組合起來的各個邦，但現在是各個邦組成的一個國家，中文字面上較難表達），以表達這是林肯用戰爭保護下來的一個國家。[43]

整個政府中央集權化時間很短，國家又回到都鐸傳統中。聯邦軍隊在戰後很快就被遣散，並回到過去時代，成為派駐在偏遠西部要塞上的小型邊境武力。負責戰爭動員而規畫的行政部門架構也被拆散，對政府資源的掌控也回到政黨手中。隨著南方各州的重建與回歸到聯邦，這時期的共和黨霸權也結束了，接著是由兩黨制主導政治直到該世紀結束。歷史學家凱勒（Morton Keller）有個有趣的發現，戰時政府的一系列用語也適用在後來的政黨政治，例如政治征戰（political campaign）、政黨旗手（party standard bearer）、普通成員（rank and file）、選區幹事長（precinct captain），諸如此類。總之，美國公權力集中的時期非常短暫，戰後又快速回到深入美國文化的都鐸傳統。[44]

南北戰爭之前，在一八七〇與八〇年代出現的政治制度，更是高度有組織的侍從主義形式。由於美國的領土快速擴張，加上社會複雜度增加，政黨分配恩惠與公職的方式，也從舊式的面對面關係，轉型成更高度組織與科層式的結構。[45]英國觀察家布萊斯（Lord Bryce）提到：「和歐洲相同階級的人比起來，（美國政治人物）的特徵，就是他們花更長的時間在政治工作：大部分的人都從政治工作得到收入，而其他人也希望這樣；比起更高社會階層的人，他們大部分出身較為貧窮也較沒有教養；而且……很多人都是通俗的雄辯藝術、競選活動與政黨運作的行家。」[46]道地的「政治機器」一詞，就是指讓十九世紀晚期的侍從主義得以運作的組織化程度。

老闆與城市政治

美國的侍從主義在市政府層級得到最高度的發展，也持續最長的時間。所有東部、中西部與南部的主要大城市都已經成立政治機器，作為動員大量非菁英選民的機制。[47]在紐約、芝加哥、波士頓、費城，以及其他城市，因為接收從東歐與南歐流入，而且之前從沒投過票的大量移民，更是特別重要。這些回應相對較貧窮選民的機制都是自發性地出現，因此也再一次印證侍從主義是一種激勵這類人口的有效方式，因此應該被視為民主參與的早期形式。它和十九世紀在義大利南部的恩庇－侍從關係，意義截然不同。義大利是菁英運用自身的財富與社會地位，去組織與掌控大規模的貧窮選民，但在美國相反，雖然美國模式也會提供具體的利益給支持者，但主要是有野心且非菁英背景的政治人物，增加財富與提升社會地位的方式。有些研究政治機器的早期觀察家認為，美國的侍從主義有其文化與道德上的意義，因為很多機器招募到的選民是愛爾蘭人或義大利天主教徒，但改革者則傾向找相對地位較高的盎格魯－薩克遜新教徒。[48]不過，在沒有很多新移民或天主教選民的肯塔基州萊辛頓市（Lexington）、密蘇里州堪薩斯城（Kansas City），也成立了政治機器。真正的關鍵是階級，因為侍從主義對較貧窮、受到較少教育的選民，比較有吸引力。

從某個意義來說，城市層級的政治機器，簡直就是美拉尼西亞（Melanesia）頭人與部落高度組織化的現代版本。在這些部落組織中，被推選出來的領導人會藉著提供個人化的利益給支持者，而發展出政治支持的基礎。[49]在十九世紀的美國，像萊辛頓這種相對較小的城市，對組織規模來說非常重要，成功的政治老闆[50]當然都會和支持者盡量維持個人的關係，而且愈多愈好，但仍必須招募選區的幹事長與助選員作為媒介，以號召選民、分配資源與監看選民的行為。這些助選幹部必須對支持者掌握詳細的資訊，才能迎合他們的需求。這些個人化的利益變化很大，從郵局或政府的工作，到感恩節的火雞、產煤要用的煤斗等等，各式各樣都有。萊辛頓的老闆就曾利用自己對城市警力的掌控，在禁酒期間[51]選擇性執行禁酒法律。[52]

關於美國都會的機器政治，精采人物與故事非常多。[53]最知名的也許是紐約的坦慕尼協會

（Tammany Hall）。這個協會在一七八九年設立，當時是個名為聖坦慕尼協會（Society of Saint Tammany）的慈善組織，在十九世紀中期是由特威德（William Marcy Tweed）主導。由於控制了公共工程的合約，人們稱他為特威德老闆，他的政壇好友則被稱為特威德密友圈（Tweed Ring），這些人後來變得非常有錢。舉例來說，紐約州立法部門在一八五八年批准要蓋一棟新的市政大樓，預算不超過二十五萬美元。到了一八六二年，大樓仍未蓋好，而且特威德竟然還批准追加預算一百萬美元。到了一八七一年，市政大樓還是沒蓋好，而總經費已經高達一千三百萬美元。結果有一個特別委員會被指派來調查此案，但委員會本身卻受到特威德的控制，竟然還設法通過一萬四千美元的印刷費用，讓特威德的公司印刷調查報告。最後，所謂的特威德市政大樓總共花了十五年才完工，總成本是一千二百萬美元（相當於今天的二億美元）。[54]當代的印度、巴西與奈及利亞也有類似的故事，但如果有任何人認為這類腐化行為是當代貧窮國家的發明，就是對歷史不夠了解。

除了這些令人厭惡的腐化案例，像坦慕尼協會這樣的市政機器，其實在動員較為邊緣的市民，並讓他們得以參與政治制度上，扮演非常重要的角色，尤其對新移民來說更是如此，他們因為宗教、習俗或純粹就是外國人，而經常被既有的菁英分子鄙視。市政機器利用了這現象，而向新移民提供某些重要的社會服務，例如選區老闆可以在市政府為他們翻譯，在十九世紀的美國社會中，很少組織能做到這件事。

雖然窮人從政黨機器得到一點好處，但他們的長期利益卻被犧牲了。因為他們是基於個人利益的分配而被組織，而不是基於明確的福利方案，因此也更難招募他們進入在英國與德國出現的勞動階級或社會主義政黨。在這些地方，勞動階級政黨會要求更正式的分配形式，例如普遍的醫療照護或職業安全計畫。社會主義從未在美國掌權的一個原因，就是共和黨與民主黨都是以提供短期獎勵，而不是長期計畫的政策改變，來掌握美國勞動階級的選票。[55]

在第五章，我區分了侍從主義與更掠奪性的腐化行為，侍從主義牽涉到的是雙方互相交換利益，而後者是公務員直接偷竊的行為。這是很重要的差異，但因為政治人物有權隨心所欲分配公共資源，侍從主義很容易會變成純粹的腐化行為，本來要給當事人的錢，最後通常會進入公務員的口袋。這在所謂的鍍金年代（Gilded Age）[56]變成非常普遍的問題。鍍金年代開始於一八六九年的格蘭特（Ulysses S. Grant）總統任期，這段時期因為幾件醜聞而知名，包括莫比利爾信貸公司（Crédit Mobilier）醜聞事件、威士忌酒幫（Whiskey Ring）、國防部長貝爾納普（Belknap）收取軍中商店回扣事件，以及國會自己強索工資事件，也就是在會期結束之前，國會投票通過可以追溯既往的年資，每年薪資從五千提高到七千美元。[57]隨著工業化繼續成長，隨之而來的是新財富大量集中，民間利益與國會之間出現了政治說客。特別是鐵路業者在聯邦與州政府層級，都私下付錢給立法部門，要依他們的請託行事。幾個西部州完全被鐵路業的利益團體掌控，是一般普遍公認的事實。[58]

一八八〇年代的美國和當代的開發中國家，有很多類似之處。雖然有民主制度與競選活動，但選票都被政黨以公職為籌碼所收買。政府素質普遍低落，但因為它並沒有被期待要做很多事，例如打仗或是調控經濟，這個問題才變得比較不嚴重。十九世紀末，當這個國家開始工業化時，情況就大幅改變：美國開始需要歐洲風格的政府，而它也慢慢形成這樣的政府。

注釋

1 譯注：以市場經濟為導向，鼓勵自由競爭；強調勞動力市場的流動性，勞動者享受有限的法定勞動所得和社會福利；公司注重短期目標，證券市場對公司的融資很重要。此模式的特徵隨著英國柴契爾夫人上臺和美國總統雷根當選，推行「柴契爾主義」和「雷根經濟學」而強化，在經濟上主張削減賦稅、自由競爭、放鬆管制、私有化和鼓勵個人財富。

2 Huntington, *Political Order in Changing Societies*, pp. 93-139.

3 在杭亭頓之前，也有人持此論點：參見 Louis Hartz, *The Founding of New Societies* (New York: Harcourt, 1964).

4 Huntington, *Political Order in Changing Societies*, p. 98; 另見 Huntington, "Political Modernization: America vs. Europe," *World Politics* 18 (1966): 378-414.

5 Louis Hartz, *The Liberal Tradition in America* (New York: Harcourt, 1955).

6 參見 Seymour Martin Lipset, *The First New Nation* (New York: Basic Books, 1963), 以及 Lipset, *American Exceptionalism: A Double Edged Sword* (New York: Norton, 1996).

7 Lipset, *American Exceptionalism*, pp. 113-16.

8 其他四項為個體性（individualism）、平等（機會平等，不是結果平等）、民粹主義（Populism）與自由放任主義（laissezfaire）。

9 Frederick C. Mosher, *Democracy and the Public Service*, 2nd ed. (New York: Oxford University Press, 1982), pp. 58-64.

10 Patricia W. Ingraham, *The Foundation of Merit: Public Service in American Democracy* (Baltimore: Johns Hopkins University Press, 1995), pp. 17-18.

11 Mosher, *Democracy and the Public Service*, p. 63.

12 譯注：或稱《聯邦論》、《聯邦主義議文集》，是十八世紀八〇年代數位美國政治家在制定《美國憲法》過程中所寫，有關《美國憲法》和聯邦制度的文章合集，共有八十五篇文章。這些文章最早連載於紐約地區的報紙，一七八八年首次出版合集，書名為《聯邦黨人文集》（*The Federalist*）。此書主要對美國憲法和美國政府的運作原理進行剖析和闡述，是研究《美國憲法》最重要的歷史文獻之一。

13 譯注：《美國獨立宣言》主要起草人，當過三任美國總統。

14 同前注，頁六二。

15 Stephen Skowronek, *Building a New American State: The Expansion of National Administrative Capacities, 1877-1920* (New York: Cambridge University Press, 1982), pp. 31-32.

16 Paul P. Van Riper, *History of the United States Civil Service* (Evanston, IL: Row, Peterson, 1958), p. 24.

17 Michael C. LeMay, ed., *Transforming America: Perspectives on U.S. Immigration* (Santa Barbara, CA: Praeger, 2013), chap. 3, table 3.11.

18 Mosher, *Democracy and the Public Service*, p. 61.

19 參見 Susan E. Scarrow, "The Nineteenth-Century Origins of Modern Political Parties: The Unwanted Emergence of Party-Based Politics," in Richard S. Katz and William J. Crotty, eds., *Handbook of Party Politics* (Thousand Oaks, CA: Sage, 2006).

20 William J. Crotty, "Party Origins and Evolution in the United States," 同前注，頁二七；Epstein, *Political Parties in Western Democracies*, pp. 20-21.

21 政黨功能的概論，參見 Gabriel A. Almond et al., *Comparative Politics: A Theoretical Framework*, 5th ed. (New York: Pearson Longman, 2004), chap. 5; 以及 Richard Gunther and Larry Diamond, "Types and Functions of Political Parties," in Larry Diamond and Richard Gunther, eds., *Political Parties and Democracy* (Baltimore: Johns Hopkins University Press, 2001).

22 因為這個理由，政黨的發展是杭亭頓政治發展理論的核心，參見 *Political Order in Changing Societies*, pp. 397-461.

23 傑克遜的背景參見 Harry L. Watson, "Old Hickory's Democracy," *Wilson Quarterly* 9, (no. 4) (1985): 100-33.

24 Walter Russell Mead, "The Jacksonian Tradition and American Foreign Policy," *National Interest* 58 (1999): 5-29; Mead,

Special Providence: American Foreign Policy and How It Changed the World (New York: Knopf, 2001); Mead, "The Tea Party and American Foreign Policy," *Foreign Affairs* 90, (no. 2) (2011).

25 概論參見 David Hackett Fischer, *Albion's Seed: Four British Folkways in America* (New York: Oxford University Press, 1991), pp. 605-782.

26 同前注，頁六一五。

27 同前注，頁六二一至六三二。

28 譯注：一八三六年二月二十三日，墨西哥大軍北上對阿拉莫城堡進行圍城。在少數的美軍加上一些草莽英雄的奮力抵抗下，原本一天就應該被攻陷的城堡，居然撐了十三天。雖然最後被墨西哥軍隊征服，城堡幾乎全毀，美軍全數陣亡，但卻讓北方的美軍有足夠的時間整軍備戰，最後得勝並維持了美國的自由民主。

29 譯注：中西部連年乾旱，農作歉收，爆發遷移到加州的移民潮。

30 Jack H. Knott, and Gary J. Miller, *Reforming Bureaucracy: The Politics of Institutional Choice* (Englewood Cliff s, NJ: Prentice-Hall, 1987), p. 16. 編注：中文版《政府改造：公共組織選擇的政治》由雙葉書廊出版，二〇〇七年一月十六日。

31 引自 Ingraham, *Foundation of Merit*, p. 20.

32 Kenneth J. Meier, "Ode to Patronage: A Critical Analysis of Two Recent Supreme Court Decisions," *Public Administration Review* 41, (no. 5) (1981): 558-63.

33 David A. Schultz and Robert Maranto, *The Politics of Civil Service Reform* (New York: Peter Lang, 1998), p. 38. 傑克遜事實上並沒有完全撤換之前的公務員，論調制度在接下來的十年也逐漸改變。Matthew A. Crenson, *The Federal Machine: Beginning of Bureaucracy in Jacksonian America* (Baltimore: Johns Hopkins University Press, 1975), p. 55.

34 行政部門的政治化不是一夕之間發生的，傑克遜自己只做有限的任命，而且菁英公務員的人數在傑克遜總統任期也只下降百分之七。Mosher, Democracy and the Public Service, p. 63; Erik M. Eriksson, "The Federal Civil Service Under President Jackson," *Mississippi Valley Historical Review* 13, (no. 4) (1927): 517–40.

35 Skowronek, *Building a New Nation State*, p. 24.

36 同前注，頁二二五。

37 史洛內克舉了一八五七年 Dred Scott 為例，說明國會沒做但法院卻制定實質政策（同前注，頁二二九）。也有人指出，二十世紀剝奪 Roe v. Wade 或 AT & T 權利事件，是法院分別取得立法與行政功能的例子。

38 參見 Michael Mann, “The Autonomous Power of the State: Its Origins, Mechanisms, and Results,” *European Journal of Sociology* 25, (no. 2) (1984): 185-213.

39 Schultz and Maranto, *Politics of Civil Service Reform*, p. 43; Ingraham, *Foundation of Merit*, p. 21.

40 Harry J. Carman and Reinhard H. Luthin, *Lincoln and the Patronage* (New York: Columbia University Press, 1943), p. 300.

41 T. Harry Williams, *Lincoln and His Generals* (New York: Vintage Books, 2011), pp. 10-11.

42 Margaret Susan Thompson, *The “Spider Web”: Congress and Lobbying in the Age of Grant* (Ithaca, NY: Cornell University Press, 1985), p. 215.

43 Clayton R. Newell and Charles R. Shrader, *Of Duty Well and Faithfully Done: A History of the Regular Army in the Civil War* (Lincoln: University of Nebraska Press, 2011), p. 3.

44 Keller, *America's Three Regimes*, p. 137.

45 Scott C. James, “Patronage Regimes and American Party Development from ‘The Age of Jackson’ to the Progressive Era,” *British Journal of Political Science* 36, (no. 1) (2006): 39-60.

46 引自 Keller, *America's Three Regimes*, p. 136.

47 為什麼政治機器在東部與中西部這麼悠久，卻從未在西部建立，參見 Martin Shefter, “Regional Receptivity to Reform: The Legacy of the Progressive Era,” *Political Science Quarterly* 98, (no. 3) (1983): 459-83.

48 Edward C. Banfield and James Q. Wilson, *City Politics* (Cambridge, MA: Harvard University Press, 1963), chap. 9.

49 關於美國城市的機器政治概論，參見 David R. Colburn and George E. Pozzetta, “Bosses and Machines: Changing

Interpretations in American History," *The History Teacher* 9, (no. 3) (1976): 445-63.

50 譯注：通常是地方上重要的政治人物，在美國的城市政治機器中一般稱他們為「boss」。

51 譯注：一九二〇到一九三三年，美國曾推行全國性禁酒活動。

52 James Duane Bolin, *Bossism and Reform in a Southern City: Lexington, Kentucky, 1880-1940* (Lexington: University Press of Kentucky, 2000), pp. 35-47.

53 案例參見 Roger Biles, *Big City Boss in Depression and War: Mayor Edward J. Kelly of Chicago* (DeKalb: Northern Illinois University Press, 1984); Richard J. Connors, *A Cycle of Power: The Career of Jersey City Mayor Frank Hague* (Metuchen, NJ: Scarecrow Press, 1971); Rudolph H. Hartmann, *The Kansas City Investigation: Pendergast's Downfall, 1938-1939* (Columbia: University of Missouri Press, 1999); John R. Schmidt, *"The Mayor Who Cleaned Up Chicago": A Political Biography of William E. Dever* (DeKalb: Northern Illinois University Press, 1989); Frederick Shaw, *The History of the New York State Legislature* (New York: Columbia University Press, 1954); Joel A. Tarr, *A Study in Boss Politics: William Lorimer of Chicago* (Urbana: University of Illinois Press, 1971).

54 Miller and Knott, *Reforming Bureaucracy*, p. 18.

55 參見 Richard Oestreicher, "Urban Working-Class Political Behavior and Theories of American Electoral Politics, 1870-1940," *Journal of American History* 74, (no. 4) (1988): 1257-86.

56 譯注：因為工業化，許多人在這段期間創造大量的財富，官商勾結的金錢醜聞也大量增加。

57 Thompson, *The "Spider Web,"* p. 35.

58 同前注，頁二一五至二一八。

第十章 分贓制度的終結

為什麼美國在十九世紀末需要一個現代的政府；加爾菲德暗殺事件與《潘德頓法案》；美國城市政治機器風格的改革；新的社會團體組成改革聯盟與其動機；為什麼總統的強力領導對改變非常重要。

在一八八〇年代早期與美國加入第一次世界大戰之間，作為聯邦政府用人依據的侍從主義逐漸式微，在紐約、芝加哥、波士頓與其他美國城市，新一代的城市管理者取代了舊的政黨老闆。韋伯式的現代政府因此在全國性與地方性層級奠定基礎。而發明侍從主義的美國，也得以順利把行政制度現代化。

英國從一八五四年發布《羅富國與崔維廉報告》，到一八七〇年代建立現代文官制度的成就，美國幾乎花了兩代人的時間才達成。這反映出這兩個國家不同的社會結構與政治價值，以及美國雖然比英國更民主，卻也更質疑政府的權力。又反映英國的西敏制比美國的分權與制衡制度，更有能力採取果決的行動。直到今天為止，美國從未成功建立像其他富裕民主國家一樣高素質的政府，特別是像德國與瑞典這些來自絕對專制傳統的國家。就像我們在本書第四部會看到的，美國政府的素質從一九七〇年代以來，在這過程中已經逐步敗壞。

自由派的天堂

一八八〇年代初期，美國形成小政府社會，那是保羅（Ron Paul）[1]與其他當代自由派人士，希望有一天會重現的光景。聯邦政府的稅收少於百分之二，大部分是來自海關收入與國內消費稅；實際的治理工作大部分在州政府與地方政府完成；美國仍在金本位制，還沒有可以任意印鈔票的聯準會；軍隊規模很小且只防守邊界的安全，也沒有各種錯綜複雜的對外承諾。總統很弱勢，真正的權力由國會與法院共享。雖然沒有正式的任期限制，但兩黨的激烈競爭導致國會有高淘汰率，大部分的成員都是不熟練的議員。民間利益力量強大且逐漸擴大影響力，且透過賄賂與酬庸掌握了很多國會議員。[2]

十九世紀上半葉，在美國還處於農耕社會的時候，這種政府型態是很恰當的。但在十九世紀的最後二十年，美國經濟的本質已經大幅改變。最重要的是，由於運輸與通訊技術的革命，鐵路與電報把整個國家確實統一成一個真正的大陸，並大幅增加市場的規模。如同斯密解釋的，市場規模會影響分工。美國人開始愈來愈大量地離開農場與鄉下的社區，進到城市並定居在這個國家新的西部領土。經濟的成長也逐漸促成科學與技術制度性地應用到工業生產中。換句話說，分工擴大也大幅改變社會的面貌，例如行業工會、專業協會與都市中產階級開始出現；教育機構，例如在內戰期間的《莫瑞爾法案》（Morrill Act）[3]規定下成立的贈地大學，開始培養出新一代的大學教育菁英；而鐵路與其他新產業，也不受限於地方法規的約束。

在經濟上與社會上發生的變化，形成了政治改變的需求，尤其是有關政府的改革。美國現在需要一個看起來像韋伯式的歐洲政府，來取代一直以來由政黨主導的侍從主義制度。這個轉型在一八八〇年代初期開始加速。

文官制度的誕生

在一八八三年具有里程碑意義的《潘德頓法案》（Pendleton Act）之前，有幾個改革公部門的努力。內戰之前，包括海軍天文臺（Naval Observatory）與海軍醫療團（Navy Medical Corps）等技術部門的公職人員任用慣例，就已經要求必須通過考試，另外某些類型的工作也發展出比較有保障的任期。但這樣做比較是為了防止政治任命的異動，而不是為了保障公職的卓越性。一八七一年，總統格蘭特簽署法律，成立針對文官制度改革的諮詢委員會（Advisory Board），並推出正式的績效任用制度，但國會在兩年後就取消資助這個組織，因為它對酬庸帶來威脅。[4]

就像改革運動常見的例子一樣，都需要外部事件來撼動原有的制度穩定，以朝向不同的制度體系改變。一八八一年七月二日，剛選上總統的加菲爾德（James A. Garfiled）遭到情緒不穩定的加特奧（Charles Guiteau）槍擊，因為他以為自己會被任命為法國領事。加菲爾德多熬了兩個月才過世，[5]但這次行刺造成的轟動促成支持廢除分贓制度的民眾運動。雖然新任總統阿瑟（Chester A. Arthur）與共和黨主導的國會拒絕改革，但民主黨與共和黨一個名為獨立派（Mugwumps）的派系，開始鼓動要求改變。全國文官改革聯盟（National Civil Service Reform League）在加菲爾德死後迅速成立，接著參議員潘德頓（George H. Pendelton）也提議修改公部門的法案。一八八二年的期中選舉，讓民主黨上臺掌權，很多在位者因為繼續支持酬庸制度而被打敗。一八八三年一月，舊國會在新成員就任之前，就以壓倒性的多數通過《潘德頓法案》。[6]

《潘德頓法案》的知識基礎來自歐洲，特別是英國十年前已經頒布的羅富國與崔維廉改革法案。一八七九年，紐約知名律師也是全國公職改革聯盟發起人伊頓（Dorman Eaton），在總統海斯（Rutherford Hayes）的要求下，出版一份英國文官制度的研究報告。[7]但是歐洲風格的文官體制最知名的擁護者是未來的總統威爾遜（Woodrow Wilson），他在一八八〇年代才剛完成在約翰霍普金斯大學的政治學博士學位，並在一八八七年刊登一篇文章，標題為〈行政部門的研究〉。[8]

威爾遜認為「行政學」已經在歐洲壯大，但卻不存在於美國，因為「在我們的行政部門實務中，看不出很公正的科學方法。市政府工作氣氛不良、中央政府行政部門充滿不正派的祕密、混亂，以及在華盛頓公職裡一再發現領乾薪與腐化行為，讓我們無法相信，美國盛行任何構成良好行政部門的明確概念。」

威爾遜主張的行政部門體制，基本上就是韋伯稍後所描述的：考慮到委託與受命的區分時，他支持要嚴格劃分政治與行政層級。[9]行政人員只是承辦者，他唯一的工作就是有效執行，就像即將出現的現代企業科層組織。威爾遜能讀德文，他提及黑格爾思想與普魯士和法國的文官體制，認為這些政府「因為太有效率，不應該被省略」。不過，就當時的美國而言，這些制度可能太過專制，無法符合美國的民主情況，但仍能作為改革的目標。最重要的是，他追隨漢彌爾頓的傳統，並主張從管理鐵路與電報，到控制正在想盡辦法壟斷市場的大企業，強大的中央政府是必要的。在一個完美總結美國政府困境的宣言中，他說：「總之，美國人已經長期成功研究出抑制行政權力的藝術，且一直忽略完善行政條理的藝術。他們做的主要是控制政府，而不是激勵政府。他們更關心政府的公平與適當，而不是讓它更流暢、井然有序與有效率。」[10]我們將會看到，美國公共行政部門之父也發現，當他成為總統時，依然很難實現他的想法。

改革派的伊頓起草《潘德頓法案》，並納入英國文官改革的重要特點。[11]這個法案回復文官委員會（Civil Service Commission，第一任主席就是伊頓），並建立經由考評程序（根據能力）用人的文官制度。在過去，被任用的聯邦公務員必須把收入的一部分交回給任用他的政黨，現在也不必這樣做了。由於美國政治的平等主義傾向，並沒建立羅富國與崔維廉主張的那種更高級的文官制度。但它的確建立公職考試的條件與績效任用的原則，雖然標準沒有英國那麼嚴格。英國改革的目標是故意把牛津與劍橋的菁英畢業生拉進文官體系，但美國並沒有類似的企圖，他們不想把哈佛與耶魯校友放進政府，而是想要擁有更適當教育背景的合格人選。[12]

美國的文官改革，進展得非常緩慢。一八八二年，只有百分之十一的文官經過考評；一九〇〇年，這個數字成長到百分之四十六（這個數字在小羅斯福〔Franklin D. Roosevelt〕期間到達百分之八十，二次戰後期間是百分之八十五，但之後就下降）。[13]國會持續把持它的酬庸權力，只有在政黨輪替後，卸任者還能繼續利用制度保護自己的政治任用者，才同意擴大實施考評程序。未經過考評程序的公職，仍然是酬庸的天下。當政府在總統海斯、阿瑟與克利夫蘭（Cleveland）之間換手時，全國各地大約百分之六十八到百分之八十七的第四級郵政局長都換人了。[14]文官委員會的權力，因主席的能力與白宮支持度而異。伊頓對委員會的權力極為謹慎，他的繼任者又更加膽小。一八八九年，哈里森（Harisson）總統任命老羅斯福（Theodore Roosevelt）成為委員會的領導人，一切才有所改變。老羅斯福是來自紐約、前途看好的年輕政治家，並把文官改革當成他主要的政治理想。但當老羅斯福在一八九五年離開這個職位時，酬庸任命的數量又再次增加。文官委員會自己也不是很積極，它雖然發布命令，要求各單位必須遵循統一的升遷原則，但很多聯邦部門並未執行。[15]

每一個受政治老闆與政治機器掌控的美國城市，都展開類似的改革。舉例來說，十九世紀末在芝加哥的共和黨機器，當時是由羅瑞莫（William Lorimer）經營，他原來是眾議員、後來成為參議員[16]，他會分派食物、煤、年金、獎學金、執照與工作給政治支持者。有一個眾議院委員會在調查他的行為時，他的證詞是：「我從警長、郡政府職員與財政人員、不同法院的所有職員、政府的行政人員得到酬庸……在我住過的城市中，不管大小，任何種類的任命，沒有我的推薦，是非常罕見的事。」羅瑞莫也擁有幾家承包市政府合約的公司，透過他所謂的「誠實的行賄」程序，得以累積相當的財富。就像其他城市，他的機器要滿足大量移民與勞動階級選民的利益，這些人都是為了在新行業裡的工作而湧入城市。[17]

生意人、專業人士與社會改革者，則結合在一起，成立市政選民聯盟（Municiple Voter's League）與立法選民聯盟（Legislative Voters League）等組織，形成反對羅瑞莫與他的政治機器的聯盟。他們都是受過高等教育的中上階層人士，住在芝加哥市的近郊。舉例來說，市政選民聯盟共五十個成員，有三十人是專業人士，其中律師占絕大多數。這些人開始鼓譟，透過在認同他們的報紙上刊登候選人的背景，大力反對腐化行為；他們努力要讓政府用人不分黨派，蛻變成專業化的政府。諷刺的是，雖然這群人談的是民主，但他們代表的是芝加哥的上層社會，也就是一群絕大多數的新教徒團體，他們就是看不起羅瑞莫讓城市裡的天主教與猶太教新移民得以享有權利的方式。羅瑞莫也瞧不起這些市政改革派，說他們是一群偽君子，只是利用改革當成增加權力與影響力的手段。但是當羅瑞莫被調查揭露他的參議員選舉違法時，他的政治生涯也結束了。他被大力譴責，他的當選也被宣告無效。當然，羅瑞莫的去職並不是芝加哥政治機器的結束。歷經整個一九六〇年代，戴利（Richard J. Daley）的政治機器持續主導這個城市的政治，直到市長戴利可以把整座城市「傳」給總統候選人甘迺迪（John F. Kennedy）。

芝加哥的例子說明，美國城市的侍從主義通常扮演重要的民主化功能，羅瑞莫的機器並不受當地菁英的控制，當地菁英是它的死對頭，還迫使它最後結束運作。政治機器分配資源的能力，在快速成長且種族多元化的城市，發揮了整合與穩定的作用，就像當代的印度，侍從主義整合與平衡種族與宗教團體一樣。

但在鄰近的威斯康辛州的州級政治情況就不一樣了，在威斯康辛州，鐵路業與木業公司主導了州立法局。一九〇〇年，在包含農民、大學校友、公務員與北歐選民的聯盟基礎下，拉福萊特（Robert La Follette）當選州長。他接著建立自己的政治機器，對鐵路業者加稅；還創新制度取代由老闆主導的候選人提名慣例，另外又大範圍推出社會議題方面的立法，這些都是擁護他的工會所支持的法案。他把他在威斯康辛大學的人脈，當成州政府職員與施政點子的來源，甚至運用威斯康辛大學校友作為「脅迫者」，以抵制共和黨會議中的政黨強硬分子。拉福萊特必須從政治機器體制下的空隙矛盾找出生存戰術，說明了在某種程度上，政治機器本身是政治固有的元素，也就是說，所有的政治領導人都必須組成聯盟，但成員不一定有共同的目標，且通常一定是因為賄賂、引誘、脅迫與爭執而被收買。威爾遜後來當總統時，就會學到這一課。[18]

經濟成長與政治變革

一八八〇年代，美國政治看起來已經形成一種穩定的平衡，所有主要的政治參與者都得利於分配酬庸的能力。那麼，為什麼這個制度會改變？

第一個解釋來自於經濟發展導致的社會變化。我們已經看到，英國中產階級為了進入被貴族酬庸主導的公職體系，而推動羅富國與崔維廉的改革行動。美國的中產階級在推動改革上，也扮演類似的角色，差異之處在於他們的敵人不是貴族，而是根基穩固的政黨制度。支持現任者的社會團體，現在被工業化產生的新的參與者取代，他們和舊的侍從主義沒有任何利害關係。這些新的政治參與者就被吸納到特定的利益團體裡，接著從政黨制度的內部挑戰現狀。

第二個解釋是發生在同時間的觀念變化，當時也有人開始質疑舊制度的合理性、譴責它的腐化，並提出和同時代的歐洲模式更接近的現代化美國政府的願景。觀念改變的程度和社會的改變有關，進步年代的改革者大多是受過教育的專業中產階級，也就是從現代化過程產生的人。但觀念從來不是階級利益的「上層結構」或正當理據，它們有自己的內在邏輯，讓它們成為政治變革的獨立因素。

第一個要求改革的團體是商業社群，他們希望政府更有效率。美國資本主義在這段期間變化劇烈，出現很多像鐵路公司這種大型的州際企業、仰賴國外貿易的製造業、農業則從維持生計變成商業種植。在這群人中，利益極為多元。有些人（如鐵路業者）發現，很容易利用酬庸制度收買州立法局成員，以保護自己的利益。相反的，改革支持者大多是城市的商人與製造業者，在舊制度下，政府服務品質低劣，他們的利益受害更大。「改革者不斷嘮叨，抱怨郵政辦公室的服務，一大堆沒有寄出去的郵包是因為被遺忘在上鎖的房間裡；他們也指責當地的海關，同樣的工作量在普魯士與英國的績效是四或五倍。」[19]城市裡的商家希望有乾淨的街道、公共運輸系統、警察與消防保護，但這些全都因為政黨控制市政而受到危害。《潘德頓法案》會通過也是因為一件重大爭議，有一項針對紐約海關的調查，紐約海關有大量的商品通過，美國政府也從這裡得到將近百分之五十的海關收入。這個海關受到共和黨老闆康克林（Roscoe Conkling）的控制，而且是酬庸的主要來源。在和共和黨死忠派（Stalwart）與混血派（Half-Breed）的派系角力中，康克林最終落敗，最後的結果——進入海關必須透過績效任用的招募過程，也符合紐約商人社群的利益。[20]

第二個要求改革的團體，是出現於十九世紀末的中產階級專業人士。由於民間企業增加，對技術專業的需求也增加，因此需要受過教育的專業人士。由於聯邦與州政府及民間創辦人的努力，全國各地廣設新的學校與大學，也增加供給。但這些專業人士對自身的地位與重要性有崇高的看法，他們常常抱怨老闆控制的市政府政治極為粗野，且不如他們有教養。他們也不想讓自己辛苦賺來的錢，卻進入操控機器的政治人物口袋裡。[21]

最後一群結成進步聯盟的團體是都市的社會改革者。他們是直接面對當代城市情況的人，例如，芝加哥赫爾大廈（Hull House）創辦人亞當斯（Jane Addams），就是她揭露城市窮人的生活情況；以及改善貧窮協會的領導人亞倫（William Allen），大力抨擊坦慕尼機器對公共資源管理不當。[22]

如果沒有觀念，也不會發生社會動員。新的社會階級無論如何是可能存在的，因為他們就是一群擁有類似背景、需求與地位的團體，但他們如果沒有意識到他們是一個團體，也不會集體行動。從這方面來看，知識分子在詮釋這個世界時扮演非常關鍵的角色，他們對大眾解釋公民自身利益的本質，並指出可能有不同政策的不同世界。伊頓、威爾遜，與寫很多公共行政且極具影響力著作的古德諾（Frank Goodnow），都用很負面的眼光看待美國制度，並建議以歐洲模式作為替代選擇。[23]

這些知識分子組成或支持一連串新的公民組織，例如紐約市政研究局（New York Municipal Research Bureau），並提出很多改革的政策建議；以及美國社會科學協會（American Social Society Association），提出的文官制度改革都以「科學」為優先基礎；以及一八七〇年成立的紐約律師公會（Bar Association of the City of New York），是為了捍衛專業尊嚴而成立。[24]他們引進泰勒（Frederick Winslow Taylor）的「科學管理」原則，這是一種被視為管理現代商業組織的前衛方法，作為改革美國公部門的指導原則。[25]

雖然改革者的自身利益是他們行動的基礎，這些對抗也有重要的道德面向。他們以非常道德的口氣抨擊酬庸與老闆主義，全國各地都有人激昂地反對既有制度的邪惡。就像老羅斯福總統的傳記作家莫里斯（Edmund Morris）的描述：

活在二十世紀最後二十五年的美國人，很難理解十九世紀最後二十五年提出來的文官改革活動。這個運動的文獻資料全部都像道德重整運動褪色的滑稽故事。知識分子、政治人物、教會人士與總編輯，怎麼可能為了海關職員、印地安學校負責人與第四級的郵政局長的利益，如此熱烈地活動？……事實應該還是，數以千計，甚至數以萬計的人，排列站在活動旗幟後面，而他們就像歷史上的改革鬥士一樣努力傳福音（也很努力地抗拒）。[26]

莫里斯的問題：為什麼民眾對文官改革的問題變得這麼激動？部分答案和認同有關。也就是世人渴望自己的地位與尊嚴，能公開地獲得其他人的認可。文官改革運動是由不同的專業人士領導，包括律師、學者、新聞業者等之類的人。用斯柯洛內克的話說，他們代表「美國舊貴族菁英與新專業人士的關鍵連結。已經建立深厚基礎的美國家庭與高貴的新英格蘭文化，就是他們的根源。」[27]這群新興中產階級尋求改革，是想對抗把大量非菁英選民動員到酬庸系統的政治人物之利益。改革者也多半是清教徒，他們對大量湧入且幾乎不識字，也不熟悉美國價值與實際做法的天主教徒與猶太人感到不滿。在某種意義上，他們試著取回他們的祖先在傑克遜民粹主義開始之前的社會地位。當然，他們認為自己是特殊分子，是落後社會中現代化的領導人物。[28]對於由較沒有教育水準的政治人物取代他們掌握真正的政治權力，感到強烈的憤慨；他們擁有的教育與技術知識，也很少得到現任政治掌權者的尊重。所以，雖然很多人想得到更多的物質利益，但其實是教育、能力、組織與誠實的價值，也是這群人認為自己所具有而希望被重視的，這種不平的感覺激發了這場有道德主義色彩的運動的高昂士氣。[29]

領導力

從聯邦公職中消除侍從主義的企圖，在《潘德頓法案》通過後的二十年進展緩慢，因為文官委員會命令的執行完全仰賴總統，但連總統都沒意願在自己的內閣部會中執行這個命令。在二十世紀交替之後不久發生兩個事件，一切才改觀，一個更強大的績效菁英統治文官體系終於出現。第一件事是一八九六年麥金利（William Mckinley）當選總統，同時共和黨掌握國會中的多數。

從一八七五到一八九六年，這二十年來兩大黨勢均力敵，每兩年國會權力就在兩方輪替或分享。[30]一八九六年民主黨也是民粹主義者布萊恩（William Jennings Bryan）落敗，是一場所謂重新洗牌的選舉。在未來的一個世代，原來兩黨勢力均衡的局面轉變成代表東北部商業利益的共和黨多數的局面，也造成團結一致的南方民主黨人與其他民粹主義運動分裂。[31]

第二件事是老羅斯福的總統任期，以及隨後對美國行政領導階層的重新定義。十九世紀末期，因為決策都是由國會的兩大黨決定，歷任的總統表現得就像辦事員一樣，因此也無法讓人記住。但老羅斯福擁有超凡的精力，他採取漢彌爾頓的見解，認為行政部門必須行使獨立的權威，並擴大解釋總統在憲政體制上的權力到前所未見。老羅斯福曾經在文官委員會六年，他運用他的總統權力大幅擴大與強化聯邦政府的績效任用制，因為他的前任是共和黨，而且已經在政府裡塞滿酬庸任用的人，因此這件事做起來更容易。老羅斯福在一九〇一年因為麥金利被暗殺而上臺，但他和他的黨在一九〇四年贏得決定性的多數，這是民意的付託，他也用來加以發揮。他和文官委員會緊密合作，並強化文官委員會對聯邦部會機關的監督權，還切斷受到保護的公職與政黨的關係。最關鍵的是文官委員會得到更多資源，因此能掌控從中央到地方政府層級所有公務員的任用與升遷。[32]

但是當老羅斯福於一九〇九年結束總統職務時，這項改革行動也戛然而止，他的繼任者塔夫特（William Howard Taft）沒有一點改革活力，也必須和前任疏遠的共和黨大老和解。他安排經濟與效率委員會（Commissionon Economy and Efficiency），成立效率局（Bureau of Efficiency）以集中控管預算，不過他在位期間，計畫並未實現。雖然威爾森曾是全國文官改革聯盟的副執行長，也被視為美國公共行政之父，但在一九一二年成為從克利夫蘭以來的第一位民主黨總統時，要推動改革計畫仍然極為困難。國會正在恢復老羅斯福一度奪走的權力，而威爾森也必須和自己的黨努力斡旋，因為民主黨權力現在集中在對改革不太有興趣的南部集團。即使威爾森被賦予為第一次世界大戰動員的特殊行政權，他並沒能看到行政職能持續擴張的理想實現。接任的幾位共和黨總統，在某個意義上又退回到十九世紀的制度，完全沒興趣強化文官制度。[33]

直到二十世紀中葉，聯邦層級的酬庸制度才結束。雖然小羅斯福在他的新政（New Deal）中，大幅擴大聯邦政府的範圍與功能，但他在第一次任期初期也利用酬庸任命，以確保政府用的人都是效忠者。聯邦行政體系裡通過考評的比例，在一九二〇年代末期已經上升到百分之八十，但在一九三〇年代中期又退回到百分之六十。這個趨勢在一九三〇年代結束時，布朗羅委員會（Brownlow Commission）的任務之後才得以修正。布朗羅委員會調整整個聯邦政府的人事管理過程，並大幅改寫文官的相關規則。[34]

一八八〇到一九二〇年代，美國逐漸消除由政黨主導的侍從主義制度，並為可以和歐洲已經運作好幾個世代的專業文官相提並論的體制打下基礎。美國一開始出現侍從主義制度，和它比大部分歐洲國家更早實施民主，以及選舉權開放之前並未建立擁有自主性的強勢政府有關。後來終於出現支持有自主性的文官體系的聯盟，但這些支持力量仍然必須在很長一段時間內，經由強勢的領導才能集結在一起，包括在國家層級以及受到政治機器影響的每一個城市與州政府層級。

美國的公部門改革歷經的時間比英國更長，是因為組織層級不同，且擁有更廣的社群。英國的西敏制允許快速決策，只要任一黨在國會擁有多數就能這樣做。但美國相反，權力分散在總統與國會，與英國不同，國會本身有實權強大的上議院，而且兩院議長也可能分屬不同政黨。權力分配到各州與各地方政府的聯邦制度，意味著在國家層級的改革未必能推及到整個國家。有些州比聯邦政府更早改革酬庸制度，其他州則遠遠落後。最後，英美兩個國家在社會組成上也大異其趣。在英國，新興中產階級很早就有機會進入像牛津與劍橋這種菁英教育機構，並在倫敦的俱樂部與各種場合中協商。美國也有一個畢業自哈佛與耶魯的類似菁英團體在領導改革行動，不過他們主要住在東北部，在廣大的地區與多元的社會中，找到自己階級之外的盟友並不易。

對於當代開發中國家來說，他們都想要改革侍從主義政治制度，並建立績效任用制，以能力用人的現代政府，美國的經驗提供一些重要的教訓。首先就是，改革是一種複雜的政治程序，而不是技術性過程而已。現代文官制度當然有技術性的特徵，例如職務釐清、考試資格、升遷管道，諸如此類。但是侍從主義制度的存在，並不是因為任用的官員或其背後的政治人物不了解如何組織有效率的政府機構，而是因為所有的在位者能從中得到好處，也許是政治老闆可以取得權力與資源，或者是支持者可以得到工作與福利。要驅逐他們，需要的不只是改革運動的正式組織。二十一世紀交替之際，由國際援助機構指導開發中國家的公部門改革經驗，說明純粹技術性的方法是沒有效果的。[35]

第二個教訓是，支持改革的政治聯盟，必須以和現行制度沒有利害關係的團體為基礎。這樣的團體通常會自然出現，因為它們是經濟成長與社會變遷的副產品。被排除在現行酬庸制度的商業公司、缺乏政治管道的中產階級專業人士、滿足未得到服務的民眾需求的公民組織，都是候選隊伍。要集結成改革聯盟的問題，在於現行的侍從主義政治人物也會吸收這些團體。在美國，很多鐵路業者雖然身為工業現代化的模範，也學會如何玩弄腐敗的酬庸遊戲。老一點的東部城市也有類似情形，大量移民經常被現行的都市機器成功動員，而不是受進步的改革聯盟號召。這意味著，改革聯盟必須聯合老一點的、經濟上不那麼現代的團體，例如利益受到鐵路傷害的小農場主人與貨運業者。

第三個教訓是，雖然政府改革反映牽涉其中的各方之物質利益，但不管是根基穩固的酬庸派政治人物或是中產階級選民，人們如何看待自己的利益，觀念非常重要。中產階級選民可能會非常樂意接受別人提供的政府工作，或是被能公平招募最優秀人才的制度才能保障家人的長遠利益說服。如何公開表達這些觀念，會實際上左右人們的抉擇。另外，在這種制度裡還有很糟糕的一點；如果你周圍的每一個人都接受酬庸的工作，即使你認為這樣不好，你也很可能這樣做。如果很少人做，那件事似乎就像脫軌的行為。公開討論公職任用的道德基礎，在形成這些行為偏好上非常重要。

第四個教訓是，改革需要很長的時間。《潘德頓法案》在一八八三年就通過了，但直到一九二

○年代，大部分的公職才採用能力考評制度，甚至在新政初期這個模式也被翻轉。美國的分權與制衡制度，在決定性的政治變革上比其他民主制度設置更多路障。但因為改革必須對抗強大而根深蒂固的利益，不能一夕變天，也不是意外之事。通常改革會受到意外事件刺激，例如加菲爾德的刺殺事件，或是緊急的戰時動員需求。但在所有的案例中，都會因為強力領導而受益，就像老羅斯福在當選總統之前與之後扮演的角色。

美國在為現代公部門奠定基礎時，也埋下文官政府成長問題的種子。績效任用原則一建立，美國政府通過考評的新員工，竟然馬上就聯合起來組成自己的工會，並遊說國會保護他們的地位與工作。一九〇一年，剛成立的郵政員工工會就強力要求重新界定職務與薪水。國會的回應方式是，限制公職人員為自己的利益遊說。小羅斯福總統支持公部門員工籌組工會的權利，但也想限制他們的政治活動力，以便取得整個行政部門的掌控權。公部門員工後來逐漸被美國勞工聯合會（American Federation of Labor）組織，並強力要求通過一九一二年的《拉弗萊特法案》（Lloyd-Lafollette Act），明確認定公職人員也有權利為了自身利益成立組織向國會請願（但沒有罷工權利）。[36]

公部門的工會組織以及考評任用之員工成為強大的利益團體，突顯了文官自主性一個重大的難題。一方面，績效任用是為了防止公職被酬庸與過度政治化。但另一方面，同樣的保護規則也可能被用來讓文官免責，即使無法妥善執行工作，也很難開除他們。文官自主性可能會產生公務員關心公共利益的高素質政府，但也可能保護文官在工作與薪資保障上的自我利益。

現在，這些公部門工會已經成為一種會利用政治制度保護自身利益的菁英團體。我們將會在第四部看到，在一九七〇年代之後，美國公共行政部門的素質大幅下降，在不小的程度上就是因為工會抵制以能力作為雇用與升遷的依據。因為他們是當代民主黨的重要政治基礎，大部分民主黨政治人物也不願意得罪他們，最後導致的結果就是政治衰敗。

現代而公平的政府發展，不只是要終結侍從主義與公職任用的公然舞弊。一個清廉與誠實的文官體系，也可能沒有能力或權威把工作做好。所以對美國政府建造過程的完整說明，不只是包含消除腐化的制度，還應該包括政府的發展要有足夠的能力與自主性，以高水準執行它的功能，同時仍然要對整體公民負責。這些事如何在美國的特定關鍵行業出現，是下一章討論的主題。

注釋

1 譯注：美國共和黨員、前參議員，曾當過總統候選人。

2 概論可參見 Thompson, *The "Spider Web,"* chap. 1.

3 譯注：又稱土地撥贈法案，一八六二年由參議員莫瑞爾（Justin Smith Morrill）提出，規定拍賣各州一定面積的聯邦公有土地來籌集資金，在每州至少成立一所開設農業和機械課程的州立學院。這個法案促進農業教育的普及，並奠定現今美國高等教育的基礎。

4 Ingraham, *Foundation of Merit*, pp. 23-24; Schultz and Maranto, *Politics of Civil Service Reform*, pp. 60-61.

5 關加菲爾德遭受槍擊與不良醫療照顧，參見 Candice Millard, *Destiny of the Republic: A Tale of Madness, Medicine and the Murder of a President* (New York: Doubleday, 2011).

6 Sean M. Theriault, "Patronage, the Pendleton Act, and the Power of the People," *Journal of Politics* 65, (no. 1) (2003): 50-

68; Ingraham, *Foundation of Merit*, pp. 26-27.

7 Paul P. Van Riper, "The American Administrative State: Wilson and the Founders—An Unorthodox View," *Public Administration Review* 43, (no. 6) (1983): 477-90; Skowronek, *Building a New American State*, pp. 47-48.

8 Woodrow Wilson, "The Study of Administration," *Political Science Quarterly* 2, (no. 2) (1887): 197-222. Van Riper, "American Administrative State," 一文認為，伊頓在當時的影響力大過威爾遜，而且這篇文章的名氣是之後才形成的。這篇文章之前是一八八五年的〈行政部門文集〉（Notes on Administration），該文已經提出政治與行政應該劃分職權。

9 政治行政劃分最早出現在韋伯一九一九年的論文 "Politics as a Vocation," in From Max Weber: *Essays in Sociology* (New York: Oxford University Press, 1946).

10 Wilson, "Study of Administration," p. 206.

11 Van Riper, "American Administrative State" ; H. Eliot Kaplan, "Accomplishments of the Civil Service Reform Movement," *Annals of the American Academy of Political and Social Science* 189 (1937): 142-47; Skowronek, *Building a New American State*, p. 64.

12 Ingraham, *Foundation of Merit*, pp. 27-28.

13 同前注，頁三二一至三三一; Van Riper, "American Administrative State," p. 483.

14 Ari Hoogenboom, "The Pendleton Act and the Civil Service," *American Historical Review* 64, (no. 2) (1959): 301-18; Knott and Miller, *Reforming Bureaucracy*, p. 44.

15 Hoogenboom, "Pendleton Act," pp. 305-06; Ingraham, *Foundation of Merit*, pp. 33-34; Skowronek, *Building a New American State*, pp. 68, 72.

16 譯注：美國國會有參議院與眾議院，每州只有兩名參議員，全國共一百位參議員，每屆任期六年，每二年改選三分之一；眾議員是按人口比例產生，共四百三十五位眾議員，任期二年。

17 Tarr, *A Study in Boss Politics*, pp. 72-73.

18 Knott and Miller, *Reforming Bureaucracy*, pp. 44-47.

19 Skowronek, *Building a New American State*, p. 51

20 同前注，頁六十至六二；Knott and Miller, *Reforming Bureaucracy*, pp. 36-37.

21 Knott and Miller, *Reforming Bureaucracy*, pp. 35-36.

22 同前注，頁三七至三八；Jean Bethke Elshtain, *Jane Addams and the Dream of American Democracy: A Life* (New York: Basic Books, 2002).

23 古德諾的書包括 *Comparative Administrative Law: An Analysis of France and Germany*, 2 vols. (New York: G. P. Putnam's Sons, 1893); 以及 *Politics and Administration: A Study in Government* (New York: Macmillan, 1900).

24 Skowronek, *Building a New American State*, p. 53; *Knott and Miller, Reforming Bureaucracy*, pp. 39-40.

25 Frederick Winslow Taylor, *The Principles of Scientific Management* (New York: Harper, 1911). 關於泰勒主義（Taylorism）的討論，參見 Fukuyama, *Trust*, pp. 225-27.

26 Edmund Morris, *The Rise of Theodore Roosevelt* (New York: Modern Library, 2001), pp. 404-405.

27 Skowronek, *Building a New American State*, p. 53.

28 Robert H. Wiebe, *The Search for Order: 1877-1920* (New York: Hill and Wang, 1967), p. 165.

29 改革者的社會背景概論，參見 Blaine A. Brownell, "Interpretations of Twentieth-Century Urban Progressive Reform," in David R. Colburn and George E. Pozzetta, eds., *Reform and Reformers in the Progressive Era* (Westport, CT: Greenwood Press, 1983); 以及 Michael McGerr, *A Fierce Discontent: The Rise and Fall of the Progressive Movement in America, 1870-1920* (New York: Free Press, 2003).

30 Skowronek, *Building a New American State*, p. 167.

31 E. E. Schattschneider, *The Semisovereign People: A Realist's View of Democracy in America* (New York: Holt, 1960), pp. 78-85.

32 Skowronek, *Building a New American State*, pp. 179-80; Keller, *America's Three Regimes*, pp. 182-83; Van Riper, *History*

of the United States Civil Service, pp. 205-207.

33 Skowronek, *Building a New American State*, pp. 197-200.

34 Ingraham, *Foundation of Merit*, pp. 42-47.

35 舉例來說，在非洲組織中降低過多的冗員，只是讓這些人跑到政府其他部門工作。而印度教師的曠職，是因為這些教職都是出於政治人物給的好處，除非政治誘因改變，政治人物也不在乎教師是否出席上課。可見Nicolas van de Walle, *African Economies and the Politics of Permanent Crisis, 1979-1999* (New York: Cambridge University Press, 2001), pp. 101-109.

36 Skowronek, *Building a New American State*, pp. 180-82, 191-94.

第十一章　鐵路、森林與美國的政府建造

美國政治文化的延續性，讓政府建造過程緩慢而費力；為什麼要花那麼久的時間才能管理鐵路業；平察如何讓美國森林管理局成為具有自主性的官署；州際商業委員會與森林管理局在自主性上的對比。

不再從事酬庸與腐化行為，還算不上高素質的現代政府。公務員可能在道德上很正直，也有良善的意圖，卻缺乏把工作做好的必要技能；或者可能人數過多，反而服務沒有效率；或者可能缺少必要的財政資源。就像每一家民間公司一樣，政府就是一個組織（或很多組織的集合體），可能管理良好，也可能管理不良。因此，打造政府需要的不只是從家產制、酬庸性質的公部門，轉型成公平的文官體系，也必須建立組織的能力。

美國開始建造現代政府的時間比歐洲晚很多，也比古老中國晚了兩千年。另外，政府建造雖然已經開始，卻是一個緩慢而費力的過程，歷經很多挫折與倒退。原因與美國文化有關，因為美國

人一開始就高度抗拒政府的權威；也和美國政治制度的設計有關，《美國憲法》在制度上為重大的政治改革設置很多路障。從很多方面來看，美國人仍然活在這樣的傳統中；和其他已開發國家比起來，對政府有高度的不信任感；有關政府改革的強大制度性障礙依然存在；美國政府提供的服務品質，經常比其他已開發國家更差。

這些都可以在美國第一個全國性主管機關，負責監管鐵路業的州際商業委員會（Interstate Commerce Commission, ICC）的故事中顯示。美國花了兩個世代的時間，才成立這個現代的主管機關，並擁有適當的權力設定費率與執行法律。但是州際商業委員會仍然受到政治勢力的把持，最後也成為美國運輸系統現代化的障礙。

但是，平察（Gifford Pinchot）與美國森林管理局（U. S. Forest Service），卻具體呈現高素質的政府與真正具自主性的官署（這也是這種組織在美國經驗中非常罕見的原因）在美國的可能性。以下將清楚說明這兩個例子。

鐵路與走向政府權力的漫漫長路

十九世紀中葉，美國與歐洲變化最大的技術就是鐵路。尤其是在美國密西西比河西部地區，鐵路對連結農民與遠距的市場至關重要。另外，就如斯密所預測的，由於整個大陸形成全國單一市場，擴大分工也因此加速進行。用歷史學家斯通（Richard Stone）的話說，鐵路帶來的影響，「通常是決定特定地區生死的力量。在未開發地區，鐵路是定居在哪裡的決定性因素……因為沒有鐵路、產品無法送到市場，整個城鎮因此消失的故事到處流傳。」[1]因此美國以極為迅猛的速度建設鐵路：從一八六五到一八八〇年，十三條最長鐵路的貨運噸哩數（ton-miles）成長了百分之六百，光是一八七〇到一八七六年之間，鐵路的總英里數更是增加了一倍。[2]

在歐洲，鐵路不是政府蓋的，但很早就受到嚴格的政府監管；然而美國的鐵路幾乎完全是自由市場的產物。這項特殊服務的競爭，在不同經濟利益中引起很大的衝突，包括鐵路業者本身。大型鐵路公司之間的競爭極為激烈，經常過度興建鐵路的英里數，接著陷入毀滅性的費率戰爭。舉例來說，一八八〇年代，聖路易與亞特蘭大之間有二十條非常競爭的路線。[3]破產公司以受破產管理的狀態降價營運，通常也會傷害健康的公司（就像今天的航空業）。鐵路公司為了因應收入持續下滑的狀況，便形成企業聯營或交換契約，以限制價格競爭，但通常會因為投機分子私下和貨運業合作而破局。相反的，在小一點的鐵路支線上，單一鐵路業者通常形成獨占，因此會任意提高對貧窮農夫與貨運業者的費率。由於經濟規模，鐵路業者通常會給長途貨運業者較大的折扣，但這激怒了當地的小型製造業與貨運業者，因為這讓他們處於競爭劣勢。另外，鐵路業者與鐵路工人之間，也有嚴重且通常會涉及暴力的衝突。[4]在這麼多的情況下，不同業者就去找各自選出的代表，在政治上捍衛各自的利益。他們大雜燴地應用州與聯邦可以用上的所有方法，例如禁止費率折扣、禁止聯營服務等等。

在調和衝突的利益上，鐵路很像其他公共設施，例如電話、電力與寬頻網路，投資的民間公司想在資本上得到最大獲利，因此會指定某些服務給特定買家，也就是大城市裡的大型貨運業與製造業者；但總是會遇到反抗的政治利益，要求對小型業者與鄉下地區提供普遍的服務。雖然十九世紀末的經濟衝突，通常被描述為小農對抗寡頭的鐵路業者，但鐵路業者其實是處在一個多變又不賺錢的市場。有些人的確因為鐵路賺到很多錢，但其他人不是破產就是經濟命運操控在別人手上。這個行業無法持續賺錢，導致鐵路公司在十九世紀末時股價普遍下跌。[5]

從很多方面來看，十九世紀末的鐵路業很像二十一世紀初的美國醫療產業。這兩個行業都占整體經濟非常大而關鍵的部分。在一八八〇年代，從投入的資金來看，鐵路業是最大的經濟部門，就像二〇一〇年的醫療業幾乎花費了美國GDP的百分之十八。鐵路業與醫療業也演變成政治投入愈來愈大的私部門。十九世紀的政治人物，限制鐵路業者不得用不同定價的方法回收成本，就像今天的政治人物限制保險公司的價格差異做法一樣。鐵路業與醫療業都要對抗不同利益：貨運業者與農夫對抗鐵路業者，醫生與藥廠則對抗保險業者。另外，由於整個國家的政策並不一致，這兩個行業都產生經濟效率不佳的現象。最後，這兩個行業都超越各州的管轄範圍，需要統一的聯邦法規，但在十九世紀的聯邦主義與反政府集權文化的美國傳統中，根本沒有這些東西。[6]

因此，政治上有一股很大的壓力，要讓鐵路制度成為對提供者與使用者雙方都更公平、更可靠的制度，以因應這些利益衝突。但美國在這時候並沒有全國層級的經濟規範先例，《憲法》的貿易條款規定，聯邦政府只有在處理國際與州際商務時才有管理權。另外，內戰之後大大小小的州都通過禁止差別定價的《格吉蘭法》（Granger laws），有些州，包括麻薩諸塞州，則成立相對有效能的委員會以穩定市場。一八七七年，最高法院在《芒恩案》（Munn v. Illinois）中，贊成各州擁有設定價格與管理經濟活動的權利。[7]但是在州的層級確實無法妥善管理鐵路，因此算是橫跨幾個管轄區的州際商務，所以到了一八八六年最高法院在《沃巴斯案》（Wabash v. Illinois）中確認只有聯邦政府可以管理鐵路。

當時有人已經逐漸意識到，純粹的自由市場無法提供適當的服務，以及調和競爭的利益。一八八五年，有一群從美國社會科學學會獨立出來的經濟學家成立美國經濟學會（American Economic Association），開始為全國的鐵路管理想出一個理論案例。由亞當斯（Henry Carter Adams，他後來成為州際商業委員會第一位首席經濟學家）領導的美國經濟學會認為，政府必須站出來解決費率與價格的爭議，因為在現行制度中，市場是失靈的。現在的個體經濟學入門讀本中固定會教的很多經濟概念，例如公共財、外部性、獨占與寡占理論、邊際主義，在十九世紀的這個時候，都還處於早期的發展階段。[8] 就像文官改革一樣，學者也以有實際經驗的國家為例，例如英國，它雖然留給美國一個自由放任的經濟傳統，但卻對鐵路業嚴加管理。[9]

州際商業委員會是美國第一個聯邦層級的管理機構，對之後打造的美國政府有很多啟發。這個故事最值得注意的是，從一八八〇年代中期到一次世界大戰之後那段時間，美國花了超過四十年才成立一個歐洲在十九世紀就有的「現代」管理機構。即使從全國層級來管理鐵路的經濟邏輯無懈可擊，但美國的政治文化與制度實在力量強大，讓州際商業委員會的成立時機幾乎推遲了兩個世代。

一八八〇年代期間，好幾次國會嘗試想形成鐵路的全國性法規，但並不是基於有關運輸業一致的經濟理論，而是基於不同地區利益的政治聯盟，有了全國性法規比較方便在議案中整合地方利益。西部的農業利益強力推動禁止聯營，這對其他進入門檻很低且經濟規模小的行業可能是合理的，但並不適合鐵路業，因為在很多情形下，鐵路很自然會變成獨占。其實最明顯的解決方案是准許聯營，但是要嚴格管制費率，以平衡鐵路營運者與使用者雙方的利益，但在數十年後才被採納。

類似的道理，禁止長程與短程運輸的差別費率，就是不准鐵路業者在定價上反映實際的營運成本。但差別費率是很有效率的，可以讓鐵路業者在鄉下地方以更迂迴的路線利用過多的運輸能力。

反對聯營與禁止差別費率，本身就是有問題的政策，而且目的也彼此矛盾。這種緊張具體呈現在一八八七年的《州際商務法》（Interstate Commerce Act），國會終於授權成立州際商業委員會成為永久的管理機構。但州際商業委員會並不是一個官方執行單位，而是一個獨立的委員會，由各黨任命的人選組成勢力均衡的理事會來管理，而且這些理事成員的任期都很長。它是典型受到「法院與政黨」管理的組織，這個機構並沒有設定費率或制定明確政策的權力，只能以個案的方式裁決爭議，但裁決執行仍得留給法院。國會並沒有試著解決已經需要立法的利益衝突，只給這個委員會模糊的權力，這些權力的限制，乃由其他政府部門的例子清楚說明了。[10]

在外交政策之外，這是美國第一次遇到政府自主性的問題：含糊不清又思慮不周的立法之下，行政部門可以應用權力制定全國性政策到什麼程度？我們在第四章看到，普魯士成為擁有自主性的極端例子，它成立高素質的文官體系，但做的決策可以不必向民選的政治人物負責。十九世紀末的最高法院卻把美國推往普魯士的反方向，政府部門只得到最小程度的授權，而且並不是為了民主問責的重要性，而是為了保護私人財產權。在《芒恩案》與《沃巴斯案》決定之後，最高法院變得更保守，並抱著一種觀點：企業也是法律上的「法人」，因此權利也應該受到《第十四條修正案》的相同保護。這個修正案明文寫出所有美國公民都享有「正當法律程序」的權利，在內戰之後那段時間生效，目的是為了保護剛被解放的非裔美國人奴隸的權利，但最高法院用它來保護私人財產權。一八八七到一九一〇年，法院處理了五百五十八件《第十四條修正案》的判決，最知名的一件是一九〇五年的《洛克納案》（Lochner v. New York），紐約州有一條限制工作時數的法律被認為違反「契約自由」，因為法院認為，《第十四條修正案》中已經含蓄地將契約自由保護在其中了。[11]

最高法院對於聯邦政府管理州際商務的權力，採取一種模糊的觀點。用斯柯洛內克的話來說就是：「最高法院現在要從美國的民主衝動中，拯救民間企業……在各方面都堅決否決委員會擴大解釋法律的權力（例如州際商務法），並把州際商業委員會貶低為一個單純收集數據的單位。」[12] 因此在限制行政權上，政黨與法院互相強化；先是累贅的委員會架構，又是政黨任用的代表控制著州際商業委員會，接著法院又限制委員會的管理權力。

二十世紀的前十年，終於採取一連串的立法行動，才讓州際商業委員會擁有一開始就應該有的行政權。一九〇三年的《艾爾金斯法》（Elkins Act）允許這個委員會可以制定最低限度的費率；一九〇六年的《賀伯恩法》（Hepburn Act）給它執行費率的權力；一九一〇的《曼恩—艾爾金斯法》（Mann-Elkins Act）消除鐵路業者合理提高費率的舉證責任。[13] 直到這時候，主管機關才有比較現代的形式，同時政府也把鐵路當成公用事業，費率必須管理，不能只靠市場力量。

歷史學家柯爾科（Gabriel Kolko）認為，這些進步年代的改革行動，一般來說是受到鐵路業者與大資本家的驅動，他們利用自己在國會的影響力，藉著州際商業委員會來限制競爭。[14] 針對這一點，他只對了一部分。《州際商務法》通過大約十年，鐵路業的獲利先是穩定，後來也開始增加，但在州際商業委員會強化之後，天平的一邊就轉向小農與貨運業者的利益，而他們是支持禁止費率差異的。只有在一次世界大戰之後，因為戰時動員大幅增加，需要鐵路的服務，州際商業委員會管制的負面後果，才開始變得明顯。其實，美國鐵路系統的運送量嚴重不足，反映了由於法規限制費率，鐵路業者愈來愈無法彌補成本，因此出現投資者裹足不前的現象。因德國潛水艇截擊美國運輸業的貨物到歐洲，貨物在美國港口堆積如山，但州際商業委員會完全無法解決運輸的問題。因此，一九一七年十二月總統威爾遜把全部的鐵路系統國有化，並調整費率與工資，而且政府直接營運直到一九二〇年《埃施—卡明斯法》（Esch-Cummins Act）把鐵路回歸私有化為止。[15]

斯柯洛內克把一九二〇年的《運輸法案》（Transportation Act）視為一個里程碑，因為「國家的行政權取代法院與政黨的限制，並且在這過程中轉化了美國政府的組織、程序與知識面貌。」[16]州際商業委員會是這個國家的第一個全國性主管機關，也為二十世紀聯邦政府的權力成長設下先例，斯柯洛內克的看法當然是對的，但是州際商業委員會對經濟的影響就比較複雜了。平衡各政黨勢力而任命的委員會結構，就是要防止它發展出足夠的文官自主性，因此仍然是基本政治利益的禁臠。接下來的數十年，州際商業委員會從權力太少轉變成背負過多的管理責任，結果阻礙了全國性鐵路系統的創新與新投資。舉例來說，州際商業委員會在一九六〇年代，不准南方鐵路公司（Southern Railway）引進大約翰（Big John）鋁質底卸式貨車以提高效率，害它無法和大型平底船競爭。[17]鐵路業面臨來自卡車與船運愈來愈大的競爭，但這兩個行業都受到其他政府計畫的資助，例如州際高速公路的修建。到了一九七〇年代，美國鐵路業面臨全面的危機，大部分的鐵路公司都有很大的財務麻煩，東部三十七家公司唯一僅存的一家公司，賓州中央鐵路公司（Penn Central）[18]也被迫宣告破產。[19]結果，一九七〇年代末期，社會趨勢改變並形成共識，認為整個美國運輸系統必須解除管制。卡特政府開始一連串的改革，要解除過去數十年累積下來的管制責任，並放鬆共同的運輸法規，讓鐵路業有更多定價的彈性。

討論州際商業委員會的目的並不是要找出管制與不管制的適當程度，重點是，政府管理經濟的權力有潛在的風險，因為會受到一個又一個的利益團體把持，卻犧牲一般大眾的利益。另外，所有的主管機關都會隨著時間愈來愈受法規束縛，特別是和立法人士政治需求有關的法規時。要打造一個附屬於民主意志的政府機關，同時不受強大的利益團體把持且擁有足夠的自主性，是一件非常困難的事。

很多人會說問題出在政府本身，解決之道就是認真裁撤或廢除負責管控的政府單位。但是全國性的運輸系統不能只任由市場力量決定，自由市場就是製造十九世紀末期混亂狀況的元凶。文官常常被指責遲鈍又沒彈性，但外界未理解且更常見的情形是，立法命令才是文官行為失常的源頭。州際商業委員會其實被卡在消費者想要低價，但鐵路業者則支持能得到資本回報的企業聯合協定（cartel-like agreement）[20]。州際商業委員會的政策有時候對消費者有利，有時候對鐵路業者有利，其實是反映國會與白宮政治態勢的變化。一九七一年成立，由政府營運的客運鐵路服務公司美鐵（Amtrak），就是鐵路業者重新整合的一部分，在今天看來，一點都算不上是高品質與創新的鐵路服務。但原因不僅僅因為它是由政府經營的，在歐洲與亞洲由政府營運的鐵路通常是服務效率的領導者，問題出在美鐵是在一堆彼此矛盾的政治命令下營運，包括：它要能彌補成本，然後要投資新的運輸產能；同時還要為一大堆小鎮與鄉下地方提供服務，因為這些地方都有決定公司預算的立法代表。如果美鐵能夠從立法命令中脫身，專注在繁忙的華盛頓—紐約—波士頓路線，就會變成高獲利單位，也能提供更好的服務。

如果州際商業委員會成立時就是一個有自主性且高素質的行政機關，而不是一個委員會，它可能會在過去一個世紀發揮更有效能的作用。一個更有自主性的政府單位，就能在不同的利益團體之間有更多彈性設定費率與裁決，就像大約在一九一七到一九二〇年鐵路完全國有期間，政府實際上在做的事。它也許能夠預期，由於公路與航空運輸的出現，鐵路不再形成自然的獨占，就能允許鐵路費率更真實反映實際成本。由於複雜的分權與制衡制度，美國政府的設計讓這種結果很難達成，州際商業委員會的發展歷史顯示，法院與國會持續掌控行政的決策。這種對施政品質的特殊限制，深植於美國政治系統中的法治與民主問責機制內。

這是否意味著美國無法產生像德國、丹麥與日本那樣高素質、有自主性的文官體系？是，也不是。雖然美國的制度就是對強勢政府不利，但在這個國家的歷史進程中，也出現很多文官自主性的個別案例。一個就是在二十世紀交替之際的美國農業部（U. S. Department of Agriculture, USDA），特別是平察與美國森林管理局的角色。

平察與美國森林管理局

美國農業部由林肯總統在一八六二年成立，是提升美國農業生產力的發展策略之一部分，也是同年提倡贈地大學（包括賓州、密西根州、康乃爾大學、肯薩斯州、愛荷華州等等）的《莫瑞爾法案》的一部分，希望這些大學能訓練出新一代的農業學家。農業部原來想招募科學家，但在一八八〇年代有不同的目的：免費分送種子。由於受到農業州代表的支持，直到這個世紀結束，這個單位的預算主要都用在國會的免費種子計畫。換句話說，農業部是酬庸制度的變體，這是當時整個政府的特徵，只是分配給支持者的不是工作，而是種子。

在這種情況下，農業部發現很難找到訓練有素的科學人員。直到一八八三年通過《潘德頓法案》，並建立能力考評制度之後，這一切開始有所改變。農業部是第一個人事不受政治酬庸影響的聯邦機構，可以開始招募來自新成立的贈地大學的畢業生，他們在農業科學上都受到最新的訓練。如同政治學家卡朋特（Danial Carpenter）的解釋，農業部裡很多單位主管都有相對的長任期，而且很高興能帶領一整代和酬庸與種子分配計畫沒有任何瓜葛的新人。[21]

用當代的語言來說，農業部人事政策的轉變，形成了一種「能力建造」（capacity building），大大提升農業部的素質。這個機關的素質不只取決於這些新人更高的教育成就，也依賴這些人形成的信任網絡，以及他們所擁有的「社會資本」。和德國與日本的同業很像，這些新的公職人員都有類似的背景（更精確地說，通常一起從相同的大學畢業），對現代科學有共同的信念，認為必須以理性的方法在美國各地促進鄉村地區的發展。這種心態隨著時間演變成農業部的組織基礎，尤其是它的一個重要部門：美國森林管理局（U.S. Forest Service）。

森林管理局如今管理超過一百五十個國家森林，以及超過二億英畝的土地。在農業部於一八七六年成立林務局（Forest Bureau）之前，森林主要被視為西進移民的阻礙，整個國家清理掉很大範圍的林地，接著又加以廢棄。二十世紀的第一個十年，這個國家較古老的地區，例如新英格蘭地區，[22]大部分的樹林都被清除殆盡。有人擔心，這個國家大部分的森林會在下一個世代之內消失。政府介入森林管理的一個偉大成就就是恢復林地，並讓它們回到具有生產力的用途。美國森林管理局長期以來被認為是最成功的美國行政機關，它的素質與團隊精神已經變成一種傳奇。考慮到個別的森林管理員都住在高度分散的地區，孤立狀態反而讓他們避免掉都市組織環境常見到的稱兄道弟的關係，這種成就又更加非凡。[23]

這個政府建造的成就，大部分是平察一個人的傑作，他在一八九八年成為林業處（Forestry Division）的部門主管。美國有（或曾經有）一種貴族政治，平察也算其中一員。他出生於祖父的避暑別墅，富有的雙親則來自賓州，他們送他到菲利普斯艾克塞特學院（Phillips Exeter Academy），後來再去耶魯（Yale）。[24]在耶魯期間，他加入祕密社團骷髏會（Skull and Bones），這個社團後來產生第四十一任總統布希（George H. W. Bush）。就像亞當斯、老羅斯福、威廉與詹姆斯（Henry James）與其他十九世紀的美國菁英，平察年輕時也在歐洲各地遊歷，在那裡他接觸到歐洲的森林科學理論，以及其他事務。由於他的特殊際遇，他意氣風發地想做出一番大事業。一八九六年，平察和山岳協會（Sierra Club）創辦人繆爾（John Muir）到奧瑞岡州火山湖旅行時，繆爾在他的日誌上寫著：「晚上下著大雨，除了平察，帳篷裡的所有人都睡了。」[25]宗教對他的個性影響很大，因為之前在英國旅行時，他和他的母親趕上艾特肯（Reverend James Aitken）領導的宗教復興活動，教導民眾應該要有社會責任。從很多方面來看，平察具體代表了韋伯所說的新教徒的敬業態度，他觀察到「我的財富算是不勞而獲，因為是來自我祖父在紐約的土地，他的財富不是要遺贈給這片土地，而是我。由於用這種方式預先領到我的工資，現在我要為它們找到更好的用途。」[26]

也許因為他自己家就是大地主，他很早就培養出對森林與大自然的興趣，但在當時，耶魯並沒有森林管理課程。畢業後有人建議他去歐洲，在那裡他遇到一位傑出的德國林務官布蘭迪斯

（Dietrich Brandis），他曾代表英國政府在印度與緬甸管理大規模的森林。布蘭迪斯認為，平察應該花幾年時間學習森林的科學管理，但是這位年輕的美國人急切地想把林業的科學信念帶回家鄉。一八九〇年回到美國時，他開始寫有關森林管理的文章，很快就被認為是這個領域的專家。他先後被菲爾普斯道奇公司（Phelps Dodge）與范德畢爾特（George Vanderbilt）聘為顧問，後者是鐵路巨頭康內留斯（Cornelius）的孫子，管理范德畢爾特家族在北卡羅萊納州的森林。

但是，建立國家森林管理基礎工作的人並不是平察，而是弗爾諾（Bernhard Fernow），他是一位曾經在德國蒙登的森林學院（Forest Academy）與普魯士林業部（Prussian Forestry Department）受訓的普魯士人，後者是發展森林集中規畫管理技術的先驅。弗爾諾到美國之後，活躍於很多個科學性的社團，並在美國科學促進會（Advancement of Science）[27]裡的美國協會（American Association），以及美國森林協會（American Forest Congress）擔任幹事。一八八六年，弗爾諾被任命為美國農業部林業處主管時，這個單位是被兩位酬庸任命的人管理，他應用自己的人脈開始在這組織中任用受過專業訓練的農學家。經由科學報告與期刊的積極行銷宣傳，他也在外部培養出一大群擁護者，包括當地的森林社團、大學、民間森林管理員，以及其他對森林管理有興趣的團體。弗爾諾曾經在平察離開耶魯校園時就試著找他去政府工作，但沒成功；直到一八九八年，平察才接棒成為首席林務官。平察欠缺有關森林的學術知識，靠著他的政治人脈與媒體敏感度來補足。[28]

接下來的三年期間，平察把林業處轉變為林業局（Bureau of Forestry），大幅增加預算與人力。他在政府最親近的很多同事，都和他一樣是耶魯的畢業生，甚至也都是骷髏會的成員。基於專業與無黨無派原則，加上為各種使用者利益著想的專業森林管理理念，他為全國的林業管理員建立一套集中訓練與聯誼的制度。嚴格地說，林業局的目的並不是保護，他和早期的環境主義者例如繆爾不一樣，他認為森林的存在就是要被利用，但是取得經濟利益必須以永續為基礎。於是他提倡很多新的計畫，以協助民間的森林擁有人，能把自己的財產管理得更好。

平察最偉大的勝利發生在一九〇五年，他把聯邦政府擁有的森林，從內政部轉到農業部，並把它們納入自己的林業局管轄範圍內。內政部土地總局（General Land Office）的特質和森林管理局完全不一樣，裡面的職員都是律師與會計師，完全沒有森林管理的專業。他們認為自己的工作主要是服務民間開發商的利益，他們想要取得或擁有公有的土地。不過，西部的政治人物與生意人在政治上非常受到大眾歡迎，他們嘲笑森林管理局是一群「來自東部眼睛凸出、腳又外八的大男孩，以及眼神哀傷又心不在焉的教授與昆蟲學家」，而文官則是「太懶惰而不想到鄉下去檢視地理風貌，只是坐在辦公室製造法律，對人民做出很不公平的事」。土地總局是共和黨酬庸的重要來源。內政部控制森林最有力的人士就是眾議院議長加農（Joe Cannon），他是伊利諾州的共和黨員（目前美國眾議院所在地的建築物就是以他為名），他的反保育態度可以總結為「風景不值一文錢」。卡農攻擊平察是「銜著金湯匙出生」，批評政府裡的科學家「勤奮地扣緊公眾的奶嘴」。為了對抗這個情勢，平察開始糾集一群支持把森林管理權從內政部轉移到農業部的擁護者。[29]

公共土地的控制權之爭發生時，政治圈也發生一件很大的變化。和內戰之後數十年兩大黨輪流控制國會不同，一八九六年大選重新洗牌之後，共和黨控制國會兩院以及總統職位。結果任命威爾森（James S. Wilson）擔任農業部長，他在這職務做了十六年，歷經三位總統。把農業部從種子分配組織轉型成前瞻性的科學組織，而且不只是森林管理局，還包括農業推廣服務、純粹食品與藥物的管理等等，威爾森居功厥偉。[30]另外，老羅斯福在一九〇一年麥金利遇刺之後當上總統，他本身是一個戶外活動的熱好者，在農業部生物調查組的梅里厄姆（C. Hart Merriam）與繆爾的影響下，他改變態度支持保育。老羅斯福在紐約州長期間就是平察的朋友，因此兩人有共同的目標，並成為平察各種提案的贊助者。[31]

平察得到總統的支持，加上他的黨掌控兩院，似乎前途樂觀，但在美國的分權制度裡，並不意味著土地管理權的轉移就此底定。加農是美國歷史上最有權勢的眾議院議長之一，是共和黨極端保守派的代表，同時是強烈反對轉移的西部國會議員的盟友。其中包括孟德爾（Frank Mondell），他是懷俄明州代表與公共土地委員會（Public Lands Commitee）成員，也是反對轉移法案的領導人。在加農的極力主張下，眾議院在一九〇二年以一百比七十三投票反對此案。

事情到了這個地步，一般官署裡的一般文官一定會就此認命並打退堂鼓。但平察不只是一般的文官，他也是一個政治運作高手，他已經花了很多年培養一大群支持他的利益團體、報紙編輯、科學社團，包括奧杜邦學會（Audubon Society）、山岳協會（Sierra Club）、全國婦女聯盟（General Federation of Woman's Clubs）、西部農場工人協會、國家貿易局（National Board of Trade）、全國畜牧協會（National Live Stock Association），還有其他很多團體。為了得到支持，他對霍姆斯特克礦業公司（Homestake Mining Company）一再保證，聯邦土地上的木材不會被移走。這家公司是反對轉移的參議員基特里奇（Alfred Kittridge）的選民。他成功地在媒體、學者、備受尊敬的科學權威之間，引發高度支持的聲浪。他最大膽的行動是搶先加農一步，和眾議員孟德爾培養出私人友誼，和他一起到黃石地區旅行，並不停遊說他支持農業部。眾議院議長加農最後被這個中階文官用計擊敗，轉移土地管理權到平察負責的官署的相關法案，一九〇五年在國會兩院通過。[32]

卡朋特認為，平察對抗加農的勝利，在一個不像德國與法國以強勢文官出名的國家，是文官自主性的一個非凡案例。[33]平察能做到這個程度的自主性，不是因為任何法律上給的權力。除了國家安全與外交政策之外，行政部門的明確授權在美國極為罕見，而且也沒在這例子中發生。平察做的不是行政上而是政治上的運作，他在政府內部與外部建立一個非正式的盟友網絡。在民主的美國，這就是權力行使的方式。當然，他的對手指控他有官僚帝國主義，並強烈抱怨「政府一個區區辦理執行事務的公務員，（沒有權力）立法決定如何管理土地。」另一個國會議員批評平察的「公關機器」每年花納稅人的錢郵寄超過九百萬張傳單，並指責森林管理局是「一個不經國會成立的新單位。」[34]

三年後，平察在巴林杰（Ballinger）事件中下臺，這是對他的另一個政治高壓攻勢的結果。在這時候，老羅斯福的總統繼任者是塔夫特，根據前任總統核心圈子人士指出，塔夫特對保育議題的承諾是很有問題的。關於塔夫特，平察說他「懦弱勝過缺德，他就是那種在需要堅定道德勇氣的緊要關頭時，還只喜歡欣賞畫作又和藹可親的人。」[35]內政部新任部長加菲爾德（James Garfield，被行刺的總統之子），任命前西雅圖市長巴林杰（Richard Ballinger）擔任仍在內政部的土地總局主管，他有權開放阿拉斯加的土地給民間開發。土地總局有一個叫葛列維斯（Louis Glavis）的年輕職員，開始爆料有關巴林杰與各種西雅圖土地投資人的問題交易，包括巴林杰上任之後收到的錢。在兩個平察的森林管理局職員的協助下，葛列維斯試著要向總統報告他的發現，但塔夫特發出禁口令，並允許巴林杰開除這個告發者。塔夫特懇求平察放棄這個議題，但他拒絕了總統。他藉由一封送給農業委員會主席多利弗（Jonathan Doliver）的信，保護他部屬的行動，這封信在參議院大廳中宣讀。因為這個原因，塔夫特開除了平察，並終結他國家首席林務官的生涯。[36]

平察決定對總統塔夫特進行外側進攻，也許會被看成是一種文官的傲慢，這個公務員實在太習慣讀自己的公關宣傳了。不過，他最後成為首席林務官，對他的永續林業理想有非常正面的效果。塔夫特因為這件事處境非常難堪，共和黨的極端保守派也受到不少攻擊。因為共和黨進步派的造反，議長加農在兩年後也失去權力。羅斯福的派系持續施壓，希望保住他對保育問題的成果。一九一一年國會在《維克斯法案》（Weeks Act）中，同意森林管理局購買其他土地的權力，最後一次強化這個部門的權力。[37]平察所有的政治運作穩穩打造出一個機構、一個組織，即使魅力無窮的領導人離開之後也能繼續存在。因為美國森林管理局聘用的人，都是受過高度訓練且認真投入的公職人員，而且和永續林業的理想緊密連結。

另外，平察的職業生涯也還沒結束。他在一九一二年幫助老羅斯福的進步黨（Progressive Party），尋求另一任的總統任期。而他自己則競選參議員失利，但後來兩度被選為賓州州長。

把持與自主性

在美國政府建造與政治發展中，州際商業委員會與美國森林管理局是兩個僅有的例子。在進步年代期間還有其他例子，但是下一波主要的政府建設必須等到一九三〇年代的新政。之後是一些組成今天美國政府的部會機關，但數量實在太多了，包括聯邦貿易委員會（Federal Trade

Commission）、證券交易委員會（Securities and Exchange Commission）、食品藥物管理局（Food and Drug Administration）、聯邦航空總署（Federal Aviation Agency）、全國勞工關係處（National Labor Relations Board）、環境保護局（Environmental Protection Agency），以及很多很多其他單位。

州際商業委員會和森林管理局這兩個單位的業務，都需要政府介入。因為鐵路業形成獨占式的企業，其規模與資本條件引起很大的社會衝突。而森林在其民間擁有人手中並沒有受到完善的管理，而且國家公有土地的分配，也變成酬庸與腐化的重大來源。在這兩個例子中，國家需要一個不受強大利益控制的公平管理單位。為了因應這些問題才建立若干政府機關，因此美國的政府建設發生得比其他工業化國家晚很多，例如德國與英國，他們都沒受到美國分權與制衡制度以及反政府權威的政治文化限制。

但是在素質與效能上，這兩個政府單位的差異極大。我認為這個差異與他們擁有的自主性有關。從某些意義來看，由於指令與管理架構彼此矛盾，州際商業委員會永遠不會有自主性。因為它不是一個單一主管領導的行政執行單位，而是由兩大政黨指派的代表組成勢力平衡的委員會架構。這就保證它在立法監督者眼皮底下絕不會走入歧途，而且它也永遠不會有一個像平察一樣有願景的領導者。當它在初期試著靠自己主動出擊時，馬上被法院拉回來，接著被國會派系拉向不同的方向。結果就是，州際商業委員會雖然最後得到適當的執行權力，但仍然是創造它的政治力量的俘虜。由於受制於不是自己制定的規則，州際商業委員會隨著時間也變得迂腐而不知變通。它是一九七〇年代解除管制風潮時，第一批鬆綁的政府單位之一，甚至在雷根成為總統之前。

森林管理局就非常不一樣。在弗爾諾領導下，它有一種天生的科學特質，而且被安置在現代化的農業部中，在不尋常的長時間裡，受到部長威爾森強力而穩定的領導。它的第二位領導人平察，是進步年代最有活力與出色的人物之一，且和一位與他有共同價值、觀點與行動活力的總統密切合作。他和他的政治上司不僅僅是執行國會的授權，他其實是創造自己的工作。沒有一個民選的公職人員指示他，要出版現代林業技術的報告，或培養一群報紙編輯、向外接觸全國的科學協會與貿易團體。更不必說，沒有人告訴他要和支持他的國會議員共謀，把森林控制權從內政部移出來。注意到這件事的國會議員，原則上都強烈反對文官用這種方式干預政治。畢竟，一個中階層級的公務員應該是單純的受命承辦人，國會才是委託人，但這個受命者卻橫衝直撞。但是，平察真心想為這個國家做一件事，他認為這件事有長遠的公眾利益，只是這件事不一定和國會領導者想做的事一致。這就是政府自主性的意義：政府機關會回應利益團體，但不受制於他們，也不輕易被大眾意見的短期怪異行為左右，而是更關心長遠的公眾利益。森林管理局變成美國最重要的行政機關，正是因為它不受控制它行動的命令阻礙。

平察作為不受國會主子嚴格控制的承辦官員，這件事顯示，當代經濟學家理解組織失靈的問題所使用的委託與承辦架構（principal-agent framework），可能不是真正理解好政府如何運作的適當方法。

談到森林管理局時，不可能不談到平察的背景與個性。就像老羅斯福，他代表一種在二十世紀結束前就會死光的美國菁英典型：屬於盎格魯—薩克遜、在宗教信仰上有強烈的清教徒意識、出身自舊的東北地區、熟悉歐洲的做法，在菲利普斯艾克塞特學院與耶魯（老羅斯福是哈佛）受教育。他成立的機構用了很多他在耶魯的同學；很多新人也來自他家族捐贈的新的耶魯林業研究院。在亞當斯的傳統中，他正是傑克遜派傳統所鄙視的東北部菁英，傑克遜派則代表西部與南部的民粹主義分子。但更民主的傑克遜派卻是形成美國酬庸制度的人，他們對大政府的敵意，以及對於財產權的強烈防衛，把十九世紀的美國政府轉變成一部分配工作、種子與土地給私人與支持者的機器，而且通常只代表同樣的一群人。相反的，是熟悉歐洲傳統的老一輩東北部菁英，在進步年代中翻轉整個過程，並建立一個根據能力用人且平等對待公民的現代政府。

美國是第一個把選舉權開放給所有白人男性選民的民主國家，而且在現代政府建立之前就做到了。因此它發明了侍從主義的做法，而且在十九世紀大部分時間，都有一個孱弱而無效能的國家級政府。美國也追隨英國改革公部門的腳步，但這過程花的時間長很多，因為美國對改革有制度性的障礙。

美國二十世紀初始的公部門改革，並沒有解決公部門被少數私人利益把持或政治腐化的問題。雖然美國政治人物發放公家單位的工作與聖誕節火雞給個別選民的程度，不像一八八〇年代那麼普遍，但他們卻熱中以補貼、減稅優惠以及其他法律福利的形式，大規模提供政治支持者好處。我們將會在第三十一章看到，利益團體影響的不只是州際商業委員會與鐵路管理，也包括森林管理局。森林管理局在一九八〇年代，因為受到不同贊助者的把持，同樣變成一個逐漸失能的單位。

世界上其他國家，可能是大部分的開發中國家，現在正處在美國十九世紀早期的狀況。他們實施了民主選舉，並在政府極為孱弱的情形下開放選舉權。他們也像從一八三〇年代以來的美國，有侍從主義的政治制度，選票可用來交易個別的好處。

由於新興中產階級對於建立更現代的政府有強大的利益，他們和根深蒂固以酬庸辦事的老一輩政治人物長期對抗之後，美國的侍從政治才宣告結束。這種轉移的根本在於由工業化帶來的社會變革，得以動員一大群在舊有侍從制度沒有利益的新選民。但是就像希臘與義大利的例子顯示的，公平政府並不是經濟現代化的必然產物。

在建立現代政府並克服侍從主義問題時，美國比很多當代開發中國家有一個更大的優勢：這個共和國從誕生初期，就有很強的國家認同，這不是建立在種族或宗教上，而是以對民主制度的忠誠為核心的一組政治價值。美國人非常推崇自己的憲法，這部憲法具體代表普世價值，因此讓不同文化背景的新移民相對容易同化。就像李普賽曾經提出的，在美國一個人可能被指責為「非美國作風」（un-American），但絕不會是「非德國作風」或「非希臘作風」，因為美國主義是可以被自願接納的一組價值，而不是先天的種族特徵。因此，成功的政府建設靠的是之前存在的國家認同意識，它可以作為對政府效忠的表徵，而不是對那些組成國家的個別社會團體。

注釋

1 Richard D. Stone, *The Interstate Commerce Commission and the Railroad Industry: A History of Regulatory Policy* (New York: Praeger, 1991), p. 2.

2 Skowronek, *Building a New American State*, p. 123.

3 Gabriel Kolko, *Railroads and Regulation*, 1877-1916 (Princeton: Prince ton University Press, 1965), p. 7.

4 Skowronek, *Building a New American State*, pp. 124-25; Kolko, *Railroads and Regulation*, pp. 7-20; Ari Hoogenboom and Olive Hoogenboom, *A History of the ICC: From Panacea to Palliative* (New York: Norton, 1976), pp. 1-6.

5 Robin A. Prager, "Using Stock Price Data to Mea sure the Effects of Regulation: The Interstate Commerce Act and the Railroad Industry," *RAND Journal of Economics* 20, (no. 2) (1989).

6 Kaiser Family Foundation, *Health Care Costs: A Primer Key Information on Health Care Costs and Their Impact* (Menlo Park, CA: Kaiser Family Foundation, 2012).

7 原來是有關穀物升降機的規定，後來很快延伸到包括鐵路。

8 Alfred Marshall的*Principles of Economics*（經濟學原理）是現代新古典經濟學的主要基礎，於一九八〇年才出版。

9 Skowronek, *Building a New American State*, pp. 135-37.

10 舉例來說，聯合交通與工資是違法的，但集體制定費率不算合法也不算違法。參見Hoogenboom and Hoogenboom, *History of the ICC*, p. 18.

11 Keller, *America's Three Regimes*, pp. 158-62.

12 Skowronek, *Building a New American State*, p. 151.

13 Stone, *Interstate Commerce Commission*, pp. 10-15.

14 Kolko, *Railroads and Regulation*, pp. 1-6.

15 Stone, *Interstate Commerce Commission*, pp. 17-22; Skowronek, *Building a New American State*, pp. 248-83.

16 Skowronek, *Building a New American State*, p. 283.

17 設定費率的判決最後也被最高法院廢除了。Stone, *Interstate Commerce Commission*, p. 51.

18 譯注：前身賓州鐵路公司一度是美國最大的鐵路公司，董事長也被認為比美國總統還有權勢，因為其年度預算比美國政府還龐大。

19 Stone, *Interstate Commerce Commission*, p. 113.

20 譯注：指數個公司聯合起來控制價格，並防止新的競爭者進入某一個市場。

21 Daniel P. Carpenter, *The Forging of Bureaucratic Autonomy: Reputations, Networks, and Policy Innovation in Executive Agencies, 1862-1928* (Princeton: Princeton University Press, 2001), pp. 191-98.

22 譯注：位於美國大陸東北角，瀕臨大西洋，毗鄰加拿大的區域。包括六個州，由北至南分別為：緬因州、新罕布夏州、佛蒙特州、麻薩諸塞州、羅德島州、康乃狄克州。

23 Herbert Kaufman, *The Forest Ranger: A Study in Administrative Behavior* (Baltimore: Johns Hopkins University Press, 1960), pp. 26-29; www.foresthistory.org /ASPNET/Places/National %20Forests%20of %20the%20U.S.pdf.

24 平察的家庭背景與早年生活，參見Char Miller, *Gifford Pinchot and the Making of Modern Environmentalism* (Washington, D.C.: Island Press/Shearwater Books, 2001), pp. 15-54.

25 Harold K. Steen, *The U.S. Forest Service: A History* (Seattle: University of Washington Press, 1976), p. 49.

26 Brian Balogh, "Scientific Forestry and the Roots of the Modern American State: Gifford Pinchot's Path to Progressive Reform," *Environmental History* 7, (no. 2) (2002): 198-225.

27 譯注：成立於一八四八年，是美國最大的科學組織，足以代表所有的科學領域。

28 Carpenter, *Forging of Bureaucratic Autonomy*, pp. 205-207; Kaufman, *Forest Ranger*, pp. 26-27; Steen, U. S. Forest Service, pp. 47-48.

29 Balogh, "Scientific Forestry," p.199; Carpenter, *Forging a Bureaucratic Autonomy* ,p.280; Steen, *U. S. Forest Service*, p.71.

30 Carpenter, *Forging a Bureaucratic Autonomy*, pp. 212-16.

31 參見Miller, *Gifford Pinchot*, pp. 149-50.

32 Steen, *U.S. Forest Service*, pp. 71-78.

33 Carpenter, *Forging a Bureaucratic Autonomy*, pp. 1, 280-82.

34 同前注，頁二八二。

35 Gifford Pinchot, *Breaking New Ground* (Washington, D.C.: Island Press, 1947),p. 392.

36 同前注，頁三九五至四〇三；Carpenter, *Forging a Bureaucratic Autonomy*, pp. 285-86; Skowronek, *Building a New American State*, pp. 190-91.

37 Kaufman, *Forest Ranger*, pp. 28-29.

第十二章 國家建造

國家認同為什麼對政府建造很關鍵；為什麼民族主義理所當然地被視為認同政治的一種；為什麼認同是和科技與經濟變遷有關的現代現象；建立國家認同的四個途徑。

在成功的政府（state）建造過程中，國家（nation）建造的過程也非常關鍵，國家建造過程通常會涉及暴力與強制力，且在第一部討論的所有國家（country）[1]都發生過。政府的建造和有形制度的建立有關——軍隊、警察、文官、內閣，諸如此類。它透過雇用辦事員、訓練公務員、提供人員辦公室、撥預算，並通過法律與準則，建立起一個可以施政的國家機制。相對的，國家建造則是形成一種讓每個人都可以效忠的國家認同（national identities），這是一種可以替代個人對部落、村莊、地區或族群效忠的認同意識。國家建造和政府建造不同之處，在於它形成的是無形的事物，例如國族傳統、象徵、共同擁有的歷史記憶，以及共同的文化參考點。國家認同可以藉由政府在語言、宗教與教育政策中形成，但通常是在基層形成，由詩人、哲學家、宗教領袖、小說家、音樂家，以及其他沒有直接取得政治權力的個人所建立。

國家建造對於成功的政府建造是不可或缺的。因為這觸及到政府的核心意義：作為合法暴力的組織者，政府可以定期號召公民冒為國犧牲之險。如果他們不認為這樣的政府值得最終的犧牲，他們就不可能願意這樣做。但是國家認同對政府實力的影響，甚至超越政府的強制力。很多貪汙行為並不是基於單純的貪婪，而是有些立法人員與公職人員覺得，比起國家社群，他們對家庭、部落、宗教或種族更有責任，因此就把金錢轉移到那些方向。他們不見得是不道德的人，只是他們的道德責任圈小於他們工作的政治實體所代表的範圍。至於一般公民可能會理性算計，要根據政府在社會契約的另一端做得如何，再決定自己要多忠誠。不過，如果他們認為政府是具有正當性的，而且體驗到愛國意識的情感連結，政治穩定度就會大幅增加。當代的中國共產黨能贏得統治的正當性地位，就是因為它的經濟成就，但它還有另一個重要的支持基礎就是，它是中國民族主義（nationalism）[2]的體現。

強烈的國家認同意識，對政府的建造是必要元素，但這個理由也是很危險的。國家認同通常建立在族群、種族、宗教，或是語言，或是一定要包含特定民族（people）並排除其他民族的原則。國家認同通常是在故意反對其他團體中形成，因此在永久的衝突中很有用，因為它能強化內部的凝聚力。在對外侵略時，尤其能顯現國家的凝聚力。人類會為了競爭而合作，也會為了合作而競爭。[3]

國家認同與現代化

民族主義是認同政治的一種特殊的形式，在法國大革命時第一次呈現出來。根據的觀點是政府的政治疆界應該與文化疆界一致，主要由共同的語言與文化來界定。[4]

認同的關鍵概念是，一個人內在與真實的自我，和由周遭社群所制定的社會規範與做法，兩者是可以分開的。內在的自我可以根據國家、族群、種族、文化、宗教、性別、性向，或任何把人群結合在一起的特質所建立。哲學家泰勒（Charles Taylor）循黑格爾之觀點提出對於身分認同的爭奪，天生就具有政治性，因為這牽涉到認可（recognition）的需求。人類不是單靠物質資源就能滿足，人們也需要真實的自我被其他人公開承認，並被賦予尊嚴與平等地位。這也是為什麼民族主義者認為，認可的象徵，例如是一面旗子、在聯合國的一個席位，或是成為某個國際社群的合法成員地位，具有如此關鍵的重要性。發展的六大面向之一的社會動員，就是人們意識到和一群人有共同的經驗與價值，而產生出新的認同的結果。[5]

民族主義的兩個重要理論家安德森（Benedict Anderson）與格爾納（Ernest Gellner），雖然在幾個重點強調的有所不同，但都把民族主義的出現與現代化連結在一起。在現代化之前的社會中，認同並不構成問題。不管是在狩獵與採集或者農耕經濟中，雖然也有社會認同的區隔，如獵人與採集者、男人與女人、農民、教士、戰士，以及文官，但很少發生社會動員，且在如此有限的分工下，一個人在自己的社群中也沒有太多選擇。印度在現代化之前，由於闍提（jati）或種姓（caste）制度[6]，社會分工被神聖化，讓已經很有限的流動性因宗教規定而更加凍結。在農耕社會，一個人重要的生活抉擇：住哪裡、做什麼來維持生計、信哪一種宗教、與誰結婚，大部分是受周圍的部落、村子或階級決定。因此一個人不會花很多時間坐在那裡問自己：「我到底是誰？」

安德森認為，歐洲於十六世紀出現商業資本主義後，加上印刷術發明與圖書市場成長，這一切開始改變。因為印刷術大幅降低文字溝通的價格，就能用本地語言寫書並出版。路德（Martin Luther）用德文而不是拉丁文寫書，因此成為十六世紀初期的暢銷作家，也在形成共同的德國文化意識上扮演關鍵角色。另外，路德告訴讀者，他們的救贖並不是存在於遵守羅馬天主教教會定義的儀式，而是存在於內在的信念。藉由個人的選擇，一個人可以與新的社群連結。

安德森認為，由於本土語言印刷品的流傳，讓說德語、看德文的人形成一個「想像中的社群」，這在歷史上是第一次。同樣的道理，菲律賓小說家黎利（Jose Rizal）也能在十九世紀，為一個散布於超過七千座島嶼上的民族，建立共同的菲律賓認同意識。另外，報紙在十九世紀對受教育的中產階級讀者國家意識的建立，甚至有更巨大化的效果。藉由閱讀，從未離開自己生長的小村落的人，忽然感覺自己和其他隔離的村落居民竟然產生連結。事實上，在網際網路與現代運輸出現之前，印刷媒介已經可以讓人四處虛擬旅行。[7]

格爾納也認為，民族主義是在複雜的社會變遷中出現，但他把這個時間訂在十九世紀從農耕社會轉型成工業社會的過程。農耕社會沒有文化的單一性，區隔不同階級的語言與儀式有很大的差異。因此俄羅斯貴族說的是法語，愛沙尼亞與拉脫維亞法院說的是德語，而奧匈帝國法院裡的語言直到一八四二年都還是拉丁語，而說俄羅斯語、愛沙尼亞語、拉脫維亞語的人主要是農民。這些語言的障礙一開始是征服與王朝統治的結果，但後來被刻意維持，因為階級分明就可以阻礙社會階級之間的流動性。

但工業社會的需要非常不一樣，根據格爾納的解釋：

> 靠成長而生存的社會，必須付出一定的代價。成長的代價就是永久的創新，創新則以不停地改變職業為先決條件。這確定會在世代之間發生，但也經常發生在一個人一輩子的壽命期間。人們必須能夠在不同的工作轉換，連帶需要與很多其他社會地位的人溝通與合作的能力。這需要這個社會的成員能以正式、精確與背景無關的方式，用說話與書寫溝通……
>
> 以下是現代社會的一般描述：民眾一般具有識字能力，能四處移動，在形式上大家是平等的，只有一點點不太固定、有持續性，但不太明顯的不平等存在。另外，通常社群共同擁有具同質性、富知識性，且由學校灌輸的文化。這與傳統社會形成強烈對比，在傳統社會中，識字能力是少數且專精者的成就，社會的基準是階層穩定，而文化更是多元且間斷的。[8]

工業化過程帶來的擴大分工，為現代民族主義奠定基礎，以語言為基礎的文化成為社會凝聚力主要的統一來源。[9]

由經濟現代化所形成的語言統一動力，可以法國為例子說明。一八六〇年代，四分之一的法國人口還不會說法語，對其他四分之一的人來說，法語只是第二語言。法語是巴黎與受教育的菁英的語言，在法國鄉下，農民說的是布列塔尼語（Breton）、皮卡地語（Picard）、法蘭德語（Flemish）、普羅旺斯（Provençal）語，以及各種地區方言。在巴布亞紐幾內亞的高地地區，相鄰的兩個村莊說的話也是彼此都不懂的方言。但是在十九世紀期間，隨著資本市場經濟普及，使用法語的人因此大幅增加。威伯（Eugen Weber）指出：「一個人只要……隨便翻閱布雷頓（Breton）地區的報紙……就可以知道，愈來愈多的父母與孩子都決定要整合、要法國化，那代表的是社會流動性、進步、社經地位提升……工業發展讓進入城市的移民，本來是講多國語言的勞工，逐漸開始統一語言。」直到第一次世界大戰，大家一起在壕溝中作戰，法國終於完成從經濟需求開始的語言統一。[10]

擴大分工加速了社會流動性，隨即以激烈的方式引發認同問題。本來是薩克遜地區小村莊裡的農民，下一刻卻成為柏林西門子（Siemens）大工廠裡的工人。二十一世紀初期，類似的人口遷徙也在中國各地發生，農民離開內陸的村莊到工業化的深圳與廣州找工作。農民村落中固定、親密與有限的社群世界，取代為現代城市中大型、具匿名性的多元世界。托尼斯率先把這種轉型，解釋為從禮俗社會到法理社會的經典轉移，它牽涉到的不只是從一個職業到另一個職業的認同改變，也引發認同本身的問題。現在一個人不再住在由家人與朋友影響的家鄉，對個人本身的生命歷程將有更大程度的選擇。忽然之間，「我是誰？」變成一個真實而迫切的問題。這種轉換會讓人經歷到危機與創傷，並產生涂爾幹所謂的失範（anomie）[11]或無規範感（normlessness）的心理狀態。涂爾幹的失範理論顯示，現代化社會中的自殺率較高，另外，快速的社會變遷通常導致較高的犯罪率與家庭破碎率。[12]

但是，格爾納把民族主義連結到工業化以及以語言為基礎的文化，這樣的立論有一個問題，它無法解釋在非工業化社會中出現的民族主義。在很多西歐與北美洲的國家中，經濟成長驅動社會變遷是以以下的順序進行：商業擴張↓工業化↓都市化↓新型態的社會動員。但這不是必然的順序。就像我們已經看見的，在希臘與義大利南部，工業化階段不是被跳過就是大幅降低其影響力。這兩個社會都在沒有形成大型的工業，就直接都市化了，也就是我所謂的「沒有發展的現代化」現象。這個模式在很多西方社會都很普遍，殖民主義促成了都市化與都市菁英，但並沒有產生透過大規模的工廠就業，而促成整體社會的轉型。

和西歐國家不一樣，在之前被殖民的國家中，民族主義有其他特殊的來源。這些國家並沒有像西歐模式的工業化，但仍然有一群新的菁英階級，這群菁英遇到殖民列強的文化與風俗習慣時，感到極大的壓力，很多人也的確被捲入主導的力量結構中。但當他們因語言與西化和家人與同胞區隔開來時，就引起認同危機。這個危機感衝擊了受英國訓練的年輕律師甘地（Nohandas Karamachand Gandhi），他當時在南非執業，但最後為了印度的獨立而奮鬥。這個危機感也迫使來自不同法國殖民地的三位黑人作家塞澤爾（Aimé Césaire）、達馬斯（Léon Damas）與索戈爾（Léopold Senghor），發展出「黑人素質」（Négritude）的概念。他們想要重新評估「nègre」這個字的意義，這本是當時法國白人帶有種族貶抑含意的用字，現在要讓它成為自豪的來源。

集體的國家認同與在地認同的尊嚴，和其他很多事物一起從歐洲出口到殖民世界。格林菲爾德（Liah Greenfield）的解釋是：「當核心的西方社會（他們定義自己為國家）影響範圍擴大，屬於或想要進入這個以西方為中心的超社會體系的社群，沒有其他選擇，只能變成國家（nation）。」[13] 但這也意味著，民族主義在更早的殖民世界，採取非常不同的形式。在西歐，德國就發生過著名的民族主義運動，想把所有說德語的人都統一在單一主權之下。但印度、肯亞與緬甸，卻無法根據語言形成民族主義，因為這些地方是種族和語言非常歧異的社會，沒有一個主導性的族群能夠以它的文化統一整個國家。因此在肯亞，由肯亞塔（Jomo Kenyatta）領導的茅茅黨（Mau Mau）叛亂，雖然由基庫尤人（Kikuyus）主導，但大約只占肯亞人口的百分之二十多一點。他們無法期望自己能永久主導，或是把自己的語言與習慣強加在整個社會。其實在很多國家裡，殖民者的語言仍然是通用語言，因為第一，比起任何種族次族群的語言，它比較中性；第二，比起任何當地的語言，它更能連結更廣的全球經濟。

國家建造的四種途徑

大部分研究國家認同現象的學者都主張，國家認同是「社會建構的」（socially constructed）。很多民族主義者的論點，認為民族國家（nation）是從古以來就存在的，是一種原始而生物性的成群結隊行為，都受到他們的反駁。但格爾納認為，民族主義是一種因應工業都市社會需求的現代現象。其他人更進一步把國家認同從更大的社會力量中脫鉤，例如工業化，認為它是藝術家與詩人的創意作品。另一派受到經濟學影響的學者則認為，認同是政客為了提升根本的經濟利益所運用的機制。[14]

民族主義是現代化的產物，明確的國家認同也是社會建構的，這種說法是正確的。但是，社會構成主義者也引起很多重要的問題。是誰建構新的國家認同？它是由上而下，或是由下而上的過程？有些國家認同一旦形成就變得不可思議地持久，但其他的卻後繼無力。以蘇聯為例，花了七十年想要形成具有世界性、能超越種族與宗教分類的「新蘇維埃人」(new Soviet man)。但一九九一年蘇聯解體，組成蘇聯的各共和國紛紛獨立，本來被認為早已消失的原有國家認同，卻再次得到主張。今天已經沒有蘇維埃人，只有俄羅斯人、烏克蘭人、韃靼人。類似的道理，歐盟從一九五〇年代以來，就試著建立歐洲公民的後國家意識(postnational sense)，但在二〇〇九年爆發歐元危機之後，已經明顯失敗了。國家建造的限制與可能性，究竟是什麼？

這絕對不是一種開放的社會建構過程，國家認同是經由四個基本過程形成的，可以分開發生，也可以一起發生。有些是明顯由上到下的政治過程，需要政府力量來執行。有些則比較是由下而上，是人們自發性行動的結果。在由上而下與由下而上兩種過程之間，一定有某些互補，否則就無法形成認同。

首先，清楚界定政治疆界，以符合具有共同特色的族群人口；第二，移動或實質消滅某些族群，以符合既有的疆界；第三，次民族必須同化進入主導文化；第四，在社群的社會文化與地理條件上，修改國家認同的概念，以符合政治上的可行性。大部分成功的國家認同計畫，都是這四個方法互相作用的結果。但值得一提的是，前三個過程通常都牽涉到暴力與強制力。

、移動邊界以符合當前的國家認同。從羅馬、孔雀王朝(Mauryan)到鄂圖曼與奧匈帝國，這世界的王朝政治都與文化認同無關。從法國大革命以來，民族主義原則開始主導，餘氣尚存的大型政治實體開始分裂成在種族語言上更有同質性的國家。因此土耳其把說土耳其話的中心縮小在安納托利亞，奧匈帝國則分裂成巴爾幹半島上的很多小國。最近的帝國解體就是前蘇聯，這個國家

（country）建立在表面上屬於普世的意識形態原則，但在一九九一年之後，也根據種族語言的凝聚性，變成更小的政治實體。另外，為了形成共同的民族（conationals），也會擴大疆界，例如德國與義大利的統一行動。

二、移動或消滅某些族群，以建立更具同質性的政治單位。前南斯拉夫分裂之後，發生在巴爾幹半島的戰爭，就是為人熟知的「種族清洗」行動。在某個意義上，當正當性原則從王朝統治轉移到國家凝聚性，種族清洗只是其中的自然附屬品。

大型的農業、多語言帝國，與公平的行政部門和法治是相容的。它的運作也依賴這些統一的制度，因為這些帝國就是靠種族與語言多元的人彼此互動才繁榮起來。二世紀時，在羅馬帝國國力巔峰時期，從英國到北非、敘利亞或小亞細亞地區旅行的人，都會發現類似的行政架構、法律與道路。十九世紀末維也納是當時全世界最自由的大都會之一，是當時奧匈帝國的首都，也反映出這個帝國的多元化。

當多種族的帝國分裂成以民族主義原則組織成的政治實體，很多少數民族頓時變得無所依靠。如果新成立的民族國家採取自由的法治制度，也許能容納他們，但基於種族民族主義者（ethno-nationalist）的主張，就注定這是罕見的事。於是產生大量的族群遷移行動，很多少數民族被即將成立的民族國家驅逐出境，或是被用來交換鄰近國家的少數民族。一九一九到一九二二年的希土戰爭期間，從拜占庭帝國以來，已經在小亞細亞與愛琴海東部一帶混居在一起的希臘人和土耳其人，就是因為這個原因而分開居住。在某些意義上，第二次世界大戰的起因也是因為一群無所依靠的族群，如住在捷克斯拉夫蘇台德地區的德國人，以及住在波蘭波羅的海地區的德國人。一九四五年戰爭結束時可以看到，在德國、波蘭、烏克蘭、捷克以及其他國家，發生大規模的人口轉移（以及實質的邊界重劃）。因此，巴爾幹半島的種族清洗，並不是後冷戰期間的發明。當時很多觀察家就指出，現代西歐的穩定其實是建立在種族清洗之上，只是因為發生在較久遠以前的歷史，現代歐洲人早就遺忘了。

三、文化的同化。附屬的族群可以採納主導族群的語言與風俗，或者在某些情形中互相通婚，最後也就沒有清楚的少數族群了。當少數民族為了自身利益，決定適應主導的文化時，就是志願性質的同化。法國的地方方言數量大幅減少，各地都接納巴黎人的法語為國家的標準語言，就是一個志願同化的例子。類似的道理，大多數移民到美國的人都會學習美語並接受美國風俗，因為這是一條向上層社會流動的途徑，這也是志願同化。

中國也許有最好的同化案例。中國幅員這麼遼闊，並不是一直都有這麼高的同質性，漢民族其實原來只占百分之九十的人口，這是經過兩千多年不斷同化的結果。四千年前，漢民族住在北方的黃河河谷。第一個漢人建立的政治實體，是西元前三世紀秦朝（中國今天的中北部）征服天下所建立的。之後，幾千年來逐步向東南、西南、西邊與東北邊擴張。在這樣的過程中，漢民族遭遇不同種族的在地居民，特別是在北邊與西邊的突厥與蒙古的遊牧民族。原始的文化差異性，仍以不同形式被保留在今天的口說漢語中。但是文字在秦朝就被統一了，並作為整個帝國菁英文化的共同基礎。中國受到非漢民族的種族影響極大，由於大部分的外來族群都採納漢人的文化規範，並與漢民族大規模通婚，以至於仍在中國的少數民族已經不易分辨，除了住在西邊新疆省的維吾爾族穆斯林，以及內蒙地區的蒙古人和西藏的藏人是例外。不斷繼續同化是政府的政策，因此這些地區都派了大量的漢民族去定居。

我們也不能低估文化同化時牽涉到的強制性力量。國家語言的選擇，是說這種語言的人的一種政治行為。很少有少數民族志願放棄母語，尤其是已經集中住在某個特定地區好幾代的人更不容易。文化同化的第一個方法就是公共教育制度，第二就是公共行政機關選擇的語言。因此控制學校制度是一個爭議極大的議題，也是即將建立國家的人的主要目標。

四、調整國家認同以符合政治現實。由於理念與現實無法達成一致，所有建立國家的計畫最後都會遇到政治障礙。面對直接的實力政治時，通常是理念先讓步，因為認同問題無法與領土問題切割。理念有很多方法可以調整，比如：宣稱的領土可以縮小規模、認同可以從種族或地區，轉變成意識形態或更有彈性的共同文化概念，或者其他可以接替既有概念的全新認同概念。改變國家認同的定義以符合現實，是走向國家凝聚性最不強制，也最有希望的途徑。

歷史健忘症

建立認同通常極具爭議，因為這個世界並不是由準備好要變成政治單元、緊密而同質的「國族」（nations）所組成。從過去到現在，在征服、遷徙與貿易之後，所有的社會仍然是部落、種族、階級、宗教與地方認同的複雜混合體。任何成為一個國族的想法，不可避免地就意味著，要改變原來的信念或是排除在領土上的外人，如果不想和平進行此事就會被強迫行動。這種強迫可以由政府從上而下達成，也可以是公共暴力的形式，例如某個社群殺掉或趕走其他鄰居。二十世紀中葉，歐洲大約有二十五個國家是中世紀末當地五百多個政治單元的存活者。

目前為止討論的所有案例，包括德國、希臘、義大利、英國與美國，包括當代高度的經濟發展與自由民主成果，靠的都是早期暴力與強迫的歷史。我之前已經稍微提到，德國與希臘的東部有大量與其他種族混居的族群。當代德國與希臘的建立都開始於暴力行動，德國是俾斯麥和丹麥、奧國與法國打仗，希臘是對抗鄂圖曼帝國的革命。這個暴力行動持續到下一個世紀，因為人口被實際遷移，邊界也持續重劃。

第一批描述現代民族主義現象的作者之一勒南（Ernest Renan）指出，國家建造的過程會伴隨著一種歷史健忘症。他說：「遺忘，我甚至會說是歷史錯誤，對建立國家是不可或缺的，這也是為什麼歷史研究的進展通常會對國家地位（nationality）提出威脅。歷史的探索讓我們看到暴力事件是所有政治結構的源頭，即使是那些成果很好的政治結構。」他認為，健忘症一路延伸到野蠻人征服歐洲期間，當時沒有妻子的戰士制伏羅馬帝國衰敗的殘餘勢力，並與當地的女人通婚與採納當地的風俗。歷史健忘症繼續經歷好多個世紀，讓我們已經忘記曾經自豪又獨立的政治實體，例如勃艮第（Burgundy）、巴爾馬大公國（Grand Duchy of Parma）、什勒斯威格（Schleswig），這些政治實體現在都只能算是地區，並附屬於擁有更大領土的國家。[15]

有時候，英國與美國會被視為政治發展的和平模範，在建立國家認同時，透過漸進、逐一的改革過程，設法避免其他的暴力動亂。但這只在某個程度是對的，勒南的歷史健忘症也適用於這兩個例子。英國原來說蓋爾特語的蓋爾特族居民，就不斷被外人經由同一個路徑侵略，先是羅馬人，接著是盎格魯人、薩克遜人與丹麥人，最後是說法語的諾曼王朝。從英格蘭（England）蛻變成英國

（Britain）時，也牽涉到併入威爾斯、蘇格蘭與愛爾蘭的暴力行動。一九一六年，愛爾蘭人在復活節起義，並成立獨立的愛爾蘭共和國，英國的入侵行動才受到限制。更不用說從那時候開始，北愛爾蘭一直就不是英國家族的快樂成員，而且在本書寫作期間，蘇格蘭已經排好時程要進行獨立的公民投票。（譯注：已於二〇一四年九月十九日舉行，公投結果反對獨立。）

勒南對於歷史健忘症的觀察呼應了馬基維利（Niccolò Machiavelli）的一個類似想法。馬基維利在《李維羅馬史疏義前十書》（*Discourses on the First Ten Books of Livy*）一書中寫到羅馬的起源時提到，羅馬這座偉大的城市是因羅穆勒斯（Romulus）殺了雷穆斯（Remus）[16]，兄弟相殘而建立的。他也提出一個更普遍的觀察，所有公正的事業都起源於犯罪。[17]美國建立的民主也是一樣。北美洲並不單純是白人主張的「新的定居地」。當地原來就有一群原住民部落散居在各地，但他們不是被消滅或遷走，就是被趕到保留區，以便讓路給白人移民的民主制度。美國的國家認同是基於平等原則、個人權利與民主，但這個認同卻犧牲原來的住民。這並不是說，美國達到的民主成果就較不民主或較不公正，也不是說，當初的罪過不會令人羞愧。另外，美國的國家認同應該以基於《獨立宣言》中的平等主張所構成的政治單元為優先，還是以《憲法》保護的各州權利為優先，這個問題也無法經由民主程序和平解決。所以，雖然德國人與希臘人可能對他們近代史中的暴力行為仍有鮮明記憶，英國與美國也不應該忘記，他們現在的國家認同同樣是遙遠過去血腥戰鬥的受益者。

注釋

1 譯注：本文同時出現「state、nation、country」概念，這三個字都有國家的意義，仔細區分可以指國家機能、民族上的國家、領土的國家，基於行文方便，且考量上下文意義與一般讀者的閱讀習慣，分別譯為政府、國家、國家。

2 譯注：又稱國家主義、極端愛國主義，是一種包含民族、人種與國家三種認同在內的意識形態。

3 關於社會合作來自於競爭壓力的觀點，參見 Fukuyama, *Origins of Political Order*, chap. 2.

4 這個定義來自 Ernest Gellner, *Nations and Nationalism*, 2nd ed. (Malden, MA: Blackwell, 2006), p. 1.

5 參見 Charles Taylor, ed., *Multiculturalism: Examining the Politics of Recognition* (Princeton: Princeton University Press, 1994).

6 譯注：印度階級制度除了常見的種姓制度，還有所謂的闍提，是一種亞種姓制度。種姓制度一般區分為四種（加賤民階級則為五種）：祭司與知識分子的「婆羅門」、武士與王族的「剎帝利」、從事商業、手工業的「吠舍」、擔任工匠與奴隸的「首陀羅」，以及被視為不可接觸的賤民階級。「闍提」則為各種姓分化出來的亞種姓，每個階級均有若干不同的闍提。闍提可以是職業團體、地域團體。闍提的地位可以上下變化，數量也會增減。

7 Benedict Anderson, *Imagined Communities: Reflections on the Origins and Spread of Nationalism*, rev. ed. (New York: Verso, 1991), pp. 37-46. 類似觀點參見 Elizabeth L. Eisenstein, *The Printing Revolution in Early Modern Europe*, 2nd ed. (New York: Cambridge University Press, 2005). 編注：*Imagined Communities* 中文版《想像的共同體：民族主義的起源與散布》（新版）由時報文化出版，二〇一〇年五月六日。

8 Ernest Gellner, "Nationalism and the Two Forms of Cohesion in Complex Societies," in *Culture, Identity, and Politics* (New York: Cambridge University Press, 1987), pp. 15-16.

9 參見 Gellner, *Nations and Nationalism*, pp. 38-42.

10 Eugen Weber, *Peasants into Frenchmen: The Modernization of Rural France, 1870-1914* (Stanford, CA: Stanford

University Press, 1976), pp. 67, 84, 86.

11 譯注：社會學術語，指在現代化過程中，由於傳統價值和社會規範遭到削弱、破壞乃至瓦解，導致社會成員在心理上失去價值指引的無秩序狀態。在失序社會中，社會成員會感到迷失，缺乏目的和方向感。這種心理上的挫折感會產生犯罪和自殺，導致社會不穩定。

12 參見Émile Durkheim, *Suicide* (Glencoe, IL: Free Press, 1951). 編注：中文版《自殺論》（三版）由五南出版，二〇一八年二月二十八日。

13 Liah Greenfeld, *Nationalism; Five Roads to Modernity* (Cambridge, MA: Harvard University Press, 1992), p. 14.

14 目前構成主義者共識的一般觀點，參見Keith Darden, *Resisting Occupation: Mass Schooling and the Creation of Durable National Loyalties* (New York: Cambridge University Press, 2013). 對構成主義的不同觀點，參見Rogers Brubaker, *Nationalism Reframed: Nationhood and the National Question in the New Europe* (New York: Cambridge University Press, 1996), and *Ethnicity without Groups* (Cambridge, MA: Harvard University Press, 2004); David D. Laitin, *Nations, States, and Violence* (New York: Oxford University Press, 2007).

15 :Ernest Renan, *Qu 'estce qu'une nation? What Is a Nation?* (Toronto: Tapir Press, 1996), p. 19.

16 譯注：羅馬神話中羅馬城的奠基者，兩人是兄弟。

17 此觀點參見Mansfield, *Machiavelli's Virtue*, pp. 64-66, 262.

第十三章 好政府，壞政府

為什麼有些已開發國家的政府比其他國家更有效率；政治改革是如何發生的；為什麼現代化對改革既不是充分也不是必要條件，也沒有幫助；外部力量對促進改革的作用。

是該針對政府建造的過程以及公部門的現代化，提出一些普遍結論的時候了。本書第一部的目的是想解釋，為什麼有些已開發國家能夠以相當有效率且不腐化的政府邁進二十一世紀，但其他國家則繼續深陷在侍從主義、腐化與不良表現的沉痾，以及存在於政府與更廣泛的社會裡的低度信任感。做出解釋，也許能給我們提供一些洞察以便找出相關策略，讓當代開發中國家可以用來解決目前的腐化與酬庸問題。

所有的社會一開始都是韋伯說的家產制政府，政府裡充斥統治者的朋友與家人，或是掌控這個社會的菁英。這些政府把政治權力與經濟機會，只給統治者偏好的個人，也就是有限參與（limited access）的概念，很少基於普遍適用的法律公平對待一般民眾。[1]現代政府，也就是公平與一體適用的政府行政機關，只能隨著時間慢慢發展出來，而且很多時候根本都沒發展成功。

我已經選了現代化過程中成功與失敗的案例。德國在十九世紀初的幾十年，就發展出現代政府的核心。我們即將在第二十三章看到，日本在明治維新期間打開國門之後，幾乎是從零開始很快地建立一個現代政府。義大利與希臘則相反，從未發展出強勢的現代政府，而且侍從主義行為還持續到現在。英國與美國則是介於中間的例子，這兩個國家在十九世紀上半葉，酬庸行為橫行於政府機關，美國更是充分發展出侍從主義。一八五〇年代的《羅富國與崔維廉報告》之後，英國相當果決地改革自己的文官制度，而美國則從一八八〇年代初期到一九三〇年代，完成公部門的逐步改革。

其實，家產制政府可能是高度穩定的。因為他們是用人類社交關係的基本建材所構成，也就是說，人類的生物傾向就是會偏袒家人與朋友，會和他們互相交換利益。菁英藉著經營酬庸鏈建立勢力，而當事人則追隨保護者以追求個人的報酬。所有的這一切能順利運作，靠的是規矩、宗教，以及認為菁英統治是一種特殊正當形式的觀念。比起社會上的其他人，特別是農村社會裡散居各地且受貧窮折磨的農民，這些菁英團體更有組織，也更能取得武器和運用暴力的訓練。當社會規模變大，非正式的酬庸網絡就轉變成正式而組織化的侍從主義政府機關。但基本的政治組織原則——互利原則，仍然相同。一旦取得政治權力，運作這套制度的菁英可以被其他菁英取代，可能是組織更好的菁英團體，但很少是在他們社會地位之下的非菁英分子。這些現代化之前的政府型態，已經成功歷經數百年，並繼續到今天歷久而彌新。

走向現代政府的途徑

那麼，到底如何從家產制成功轉型成現代政府？不可否認，本書舉的例子很有限，但也指出了至少兩條重要的途徑。

第一個是軍備競賽。古代的中國、普魯士與日本和鄰國都有長期的戰事，為了國家的存亡絕續，有效率的政府組織是不可或缺的。軍備競賽的刺激比起任何經濟刺激更強大，畢竟，如果我全家人都可能在戰爭中被殺光，其他一切都不重要了。因此，建立軍隊的需求為績效菁英任用制度帶來優勢，因為它需要新稅與增加稅收的能力；也需要行政組織收稅並管理財政與後勤，以補給戰場上的部隊所需；同時迫使部隊必須招募非菁英人士從軍，而且通常也是由非菁英分子帶領部隊，這也顛覆了菁英之間的關係。

國家建造對成功的政府建造，已經到達不可或缺的程度，戰爭也是。法國大革命期間，一旦民族主義成為重要原則，建立國家認同就必須調整政治疆界，以符合既存的文化、種族或語言社群。我們在上一章看到，這通常需要靠暴力重劃邊界，或是把住在土地上的人殺掉、遷移或強迫同化。

在本書上卷，我們看到幾個在戰火中進行政府現代化的例子，特別是中國，我認為它是第一個成立具有一致性、普遍性與公平性政府的社會。中國在西元前三世紀發明績效菁英任用與文官考試制度，歐洲直到十九世紀才廣泛推行。馬木魯克人與鄂圖曼人則以今天看起來非常怪異的奴兵制度，建立了相當現代的公共行政形式。他們會到外國抓走年輕人，讓他們遠離家人，還培養他們成為軍人與文官。

普魯士也是因為感到軍備競賽的壓力，而逐漸建立具有自主性的現代文官體系，並延續到今天。一開始是一六六〇年《奧利瓦和約》之後，偉大的選帝侯拒絕解散軍隊，並繼續維持一支常備軍隊，但他必須重組整個國家的行政架構才能得到軍費。一八〇六年，普魯士被拿破崙打敗之後，在施泰因與哈登堡的各種改革中，被迫把行政機關開放給中產階級。菁英階級建立後，根據能力任用的文官體系形成絕對的政治聯盟，以支持文官體系的自主性。從此之後，任何時候如果有政治人物或政黨，想在行政機關中安插政治任用的人馬，文官體系的支持者就會強力反對，政治人物也就知難而退。但普魯士的文官自主性又走得過頭，以至於民選的領導人無法指揮部隊。俾斯麥經由戰爭打造出現代德國政府，但也解開侵略性民族主義的束縛，並在兩次世界大戰達到巔峰。因此，普魯士是以非常高的代價，才建立政府的現代性與國家認同。

政府現代化的第二個途徑，是經由和平的政治改革過程，主要是一群希望擁有廉能政府的社會團體，彼此形成聯盟作為和平改革的基礎。形成這種聯盟的潛在條件，是社會經濟現代化的過程。第二章談到一般發展的架構，經濟成長通常藉由擴大分工促成社會動員。工業化會帶來都市化，也需要更高度的教育、職業專門知識以及許多其他變化，因此產生原不存在農耕社會的新興社會團體。這些人在既有的家產制系統中沒有強大的利害關係，他們可能會被這個系統吸收，也可能組織外部的聯盟以改革這個系統的規則。

後面這個情況就發生在英國與美國。這兩個國家都是很早就工業化的國家，形成的新興中產階級團體領導了文官制度的改革，這些改革的合理性具體呈現在《羅富國與崔維廉報告》與《潘德頓法案》中。英國的改革過程比美國快很多，有幾個理由；第一，英國的菁英關係比較緊密，而且對改革過程有相當的掌控力；第二，比起美國複雜的分權與制衡制度，英國西敏制對於果決的政治行動比較不構成障礙。美國在改革過程中，面臨法院牽制以及很難達到國會多數的問題，在英國的例子中，相對都很不重要。但是最重要的差異在於，在改革之前，侍從主義已經深深植入美國人的政治文化，因此要根除也困難很多。

這讓我們對侍從主義的問題感到好奇，為什麼它在某些國家如此強大而普遍？謝孚特認為這些例子提出的答案是：這是引進現代制度的順序問題，特別是民主選舉權提早開放的階段。[2] 我把侍從主義定義為用選票交換政治支持，但是是為了個人利益，而不是福利方案政策，因此和菁英酬庸制度有所區隔，酬庸制度安插人馬的範圍非常有限，也比較沒有良好組織。侍從主義出現的時機是在現代政府培養支持自己的政治聯盟、有足夠時間凝聚成具自主性的機構之前，民主就率先出現了。在一個低收入與低教育程度的社會，侍從主義是政治動員的有效形式，因此我認為最好把它理解為民主的早期形式。美國、希臘和義大利在建立現代政府之前就先開放選舉權，美國是在一八三〇年代，希臘是一八四四到一八六四年，而義大利則是一九四六年之後的那段時間。這三個國家的政黨都利用公共行政，作為提供政治當事人利益的來源，因此政府的效能問題，也是可以預期的災難。有效政府的原則是菁英統治，民主的原則是大眾參與。這兩個原則可以同時運作，但兩者之間總是存在著潛在的緊張關係。

不同面向發展的互相作用，理所當然也更加複雜，可以用圖八呈現。

圖八顯示的是普魯士／德國的發展途徑。普魯士開始建立強大政府的理由，和經濟發展無關，更確切地說，它是為了國家生存的需要（連結政府建造與問責的虛線指出，前者對後者的影響是負

面的）。雖然是在專制體制中建立政府，但就像我們已經看到的，它確實在法治發展上有正面的影響。行政機關必須經由法律統治，雖然政府還沒採用民主問責的原則，但它的統治權是基於文官是公共利益保管人的觀念。

現代政府與法治的結合，就為大約在十九世紀中開始的經濟發展做好準備。經濟歷史學家葛先克隆（Alexander Gerschenkron）指出，比較晚開發的德國，政府在促進經濟發展上發揮比英國更大的作用。事實上，德國工業化過程一開始就有一個高效能的政府。[3] 經濟成長之後出現了勞動階級，並受到德國社民黨的動員。二十世紀初期，德國經歷戰爭、革命與鎮壓，才走上自由民主之路。早期發展出來的政府強勢而有自主性，但對民主問責有很負面的影響（顯示於圖八的虛線箭頭），並讓這個國家步上第一次世界大戰，也傷害威瑪的民主政體。直到一九四九年德國聯邦共和國誕生，才出現完全制度化的自由民主政體。

美國則以非常不一樣的途徑走向政治現代化。美

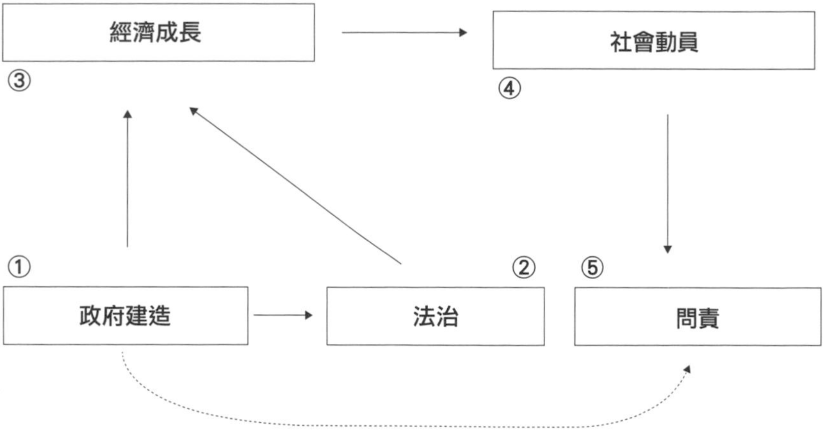

圖八：普魯士／德國的發展途徑

國以共同法的形式從英國傳承到強大的法治精神，是在實施民主很久之前，在殖民時期就存在的制度。法治對私人財產提供強大保護，也為十九世紀快速的經濟發展打下基礎。但是過早引進白人男性的普選，讓侍從主義幾乎遍布所有層級的政府，對美國政府的建造也有明確的不良影響（圖九的虛線）。不過，成長也形成新興社會團體，他們經由公民團體動員，並成為既有政黨內部的新派系。然後，改革聯盟接著領導美國政府的現代化。

最後，圖十表示希臘／南義的途徑。發展的起點既不是政府建造，也不是經濟發展，而是社會動員（也就是之前提到的「沒有發展的現代化」）與過早的民主化。由於缺少資本家與經濟機會，讓政府很早就成為被把持的目標，先是受到社會的菁英團體把持，民主深化之後，則受到大眾政黨把持。盛行的侍從主義大幅削弱政府的效能，並進一步限制經濟成長的前景（見虛線）。

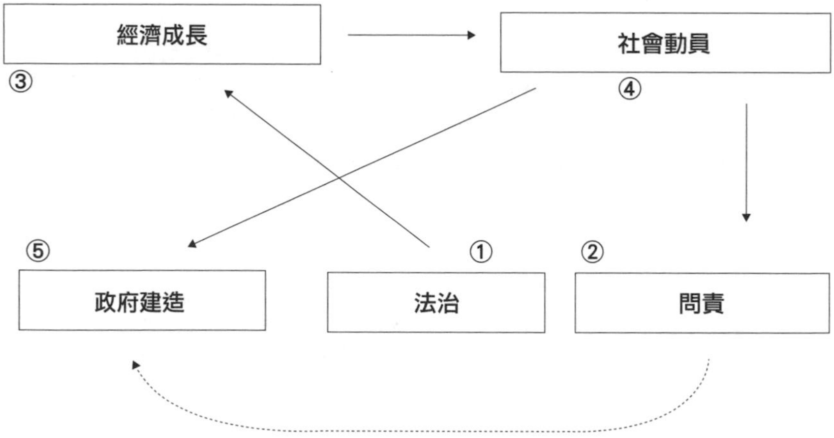

圖九：美國的途徑

腐化與中產階級

英國和美國的經濟現代化促成了社會動員，而社會動員接著又形成消除酬庸與侍從主義的條件。在這兩個國家，都是由新興中產階級團體主動致力於終結酬庸制度。這可能會讓有些人相信，社會經濟的現代化以及中產階級的形成就能建立現代政府。但在希臘與義大利的情形，這個看法是不成立的，富有與現代的社會也可能繼續盛行侍從主義。廉能且現代的政府不是自動冒出來的，因為還有很多其他必要因素。

其中一個因素就是經濟成長的性質。工業化在希臘與義大利南部的起步比較晚，而且都市化過程的特徵也和英國與美國有很大的差異。在英、美，工業化形成職業團體與社會關係；但在希臘與南義，鄉村人口帶著鄉下的習慣與生活方式，只是單純地搬到城市。在興盛繁榮的資本家經濟中，經由明確的政策，例如較低的稅率、不同的管制，以及內部與外部貿易有一致的標準，個人的自身利益通常能得到最好的發

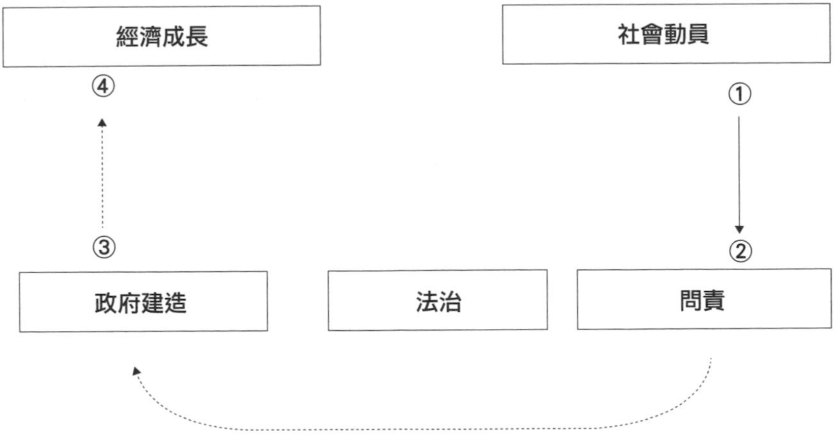

圖十：希臘／義大利南部的途徑

展。相反的，在城市鄉下化中保留著完整的禮俗社會，就非常容易保留社會組織中的侍從主義形式。侍從主義的本質就是個人能得到報酬，這遠比政策重要多了。[4]

第二，中產階級成員並不保證都會支持反對侍從主義的改革聯盟。即使在美國，也不是所有因工業化產生的新興社會團體都參與進步的改革運動。就像之前看到的，鐵路業者就想到方法利用既有的酬庸制度牟取私利。在很多例子裡，反而是鐵路業者的客戶，例如商人、貨運業者與農夫，帶頭攻擊鐵路業者與政治人物的官商關係。從某個意義上來看，剛成立的反酬庸制的中產階級利益團體和既有的都市機器之間，雙方不斷在比賽較勁以拉攏新的社會團體，例如新移民。

在希臘與義大利，招募中產階級進入改革聯盟的比賽，幾乎在開始之前就輸了。義大利北部有強大的改革主義中產階級，本來可以領導一個改革聯盟，試著改變南部政治的本質。由於既有的政府太弱，這些團體發現這個任務的野心實在太大了，反而是利用當地菁英以及他們的當事人關係比較容易保證和平與穩定。在這兩個地方，最不沾染侍從主義作風的是極左派，也就是希臘與義大利共產黨。但這兩個政黨的目標是要推翻民主制度，因此被外部力量包括英國與美國強力反對（在義大利，共產黨順利在地區性的杜林〔Turin〕與波洛尼亞〔Bologna〕掌權，而且普遍得到相當廉能的風評）。雖然美國的進步主義分子也有左傾的傾向，但他們強烈想要維持美國既有的制度，因此有更大的機會在全國的層級得到權力。

第三，也許有文化因素可以一方面解釋德國、英國與美國的成果，另一方面解釋希臘與義大利的失敗。自身利益只能部分解釋不同社會團體推動改革的原因，但它無法掌握伴隨這些運動而來的道德高度。這些例子中的每一個國家，改革運動的個別領導人都是受到個人宗教信仰所激勵。其中包括普魯士偉大的選帝侯與腓特烈威廉一世，基於喀爾文教派的信念，讓他們從國外引進信仰同一個宗教的人，並給他們一個極有紀律的願景：由公平的政府領導簡樸與道德的社會。喀爾文教派也傳入荷蘭政府，因此荷蘭在十七世紀脫離天主教的西班牙獨立之後，就累積非常多的財富與權力。[5]早在英國內戰之前，清教主義就是促進英國改革的重要動力，而且在十九世紀仍持續影響新興中產階級的行為。十九世紀末，美國進步年代的上層改革者也是如此，他們想的不只是政治老闆與酬庸政治阻礙他們賺錢，在道德上也是義憤填膺，不能接受公部門職務被私人用途濫用。美國人雖然不信任政府的權力，但認為他們的民主政府是極有正當性的。因此，被金錢利益與腐敗的政治人物操弄民主程序，是對民主原則的攻擊行為。個別的領導人，例如平察，則是受到一種虔誠的新教教義所激勵，在當代的美國公眾生活中，這些教義大部分都已經消失了。

把對政府的忠誠放在對家庭、地區或部落之前，需要更廣泛的信任與社會資本。傳統上，英國與美國社會的這兩個條件都比較好，至少和希臘與義大利南部比較起來是如此。如果人們沒有辦法被鼓勵加入公民團體，就不可能形成社會運動。除非對更大的社群有公民責任的理念，否則也不會受到啟發。

英國與美國的社會資本來源，也和希臘、義大利不盡相同。一個和新教主義有關，之前提過新教主義在這兩個國家都已扎根，並鼓勵認真生活的草根組織，這些組織都沒有集權與科層制度。但第二個來源與國家認同有關，英國是共同法、國會與君主政體，而美國則是類似的共同法傳統，以及來自憲法的民主制度。十九世紀時，這兩個國家的政府都被視為擁有國家統治權威的正當性，也是民眾效忠的對象。

希臘與義大利一直都有國家認同的棘手問題。希臘社會在種族、文化與宗教上的同質性都非常高，可惜希臘政府經常是外國列強的工具，因此不具正當性。而忠誠度也只限於小家庭中的小信任圈子，政府則是值得懷疑的對象。在義大利，尤其是南部地區，也一直是不同外國列強的競技場，他們利用義大利人，讓義大利人彼此對抗。雖然在一八六一年出現統一的國家，把不同的文化與發展程度的地區，在表面上結合在一起，但從未產生能把南部同化到北部的中央政治權力。直到今天，對地方的忠誠度通常凌駕對國家的認同，就像北方聯盟存在的意涵所顯示。義大利南部曾經出現過幾位英雄人物，例如奇耶薩與法爾康，都有強烈的公民責任感，在北部也還保有強大的公民共和傳統。但特別是在南部，缺乏正當性的政府組織讓信任範圍只能局限在朋友與家人之間，這種傾向也經由黑手黨這樣的組織制度化。

二次家產化

在美國人、英國人或德國人對自己的政治制度太過自豪以前，必須要注意的是，所有的政治制度都沒有真正解決家產制的問題。我在上卷指出，信賴朋友與家人是人類社會關係的初始與本然狀態，只要採取別種行為的強大誘因消失，一定會以不同的形式捲土重來。現代的公平政府強迫我們以和人類本質深深矛盾的方式行為，因此也有逐漸被侵蝕或倒退的風險。每個社會的菁英都會利用自己在政治制度中的優勢，進一步鞏固自己、家人與朋友的利益，除非政治制度中有其他組織權力，可以明確地攔阻這種行為。比起其他國家，已開發國家的狀況並沒有比較好，而且甚至可以說，二次家產化一直持續到現在。

美國進步年代的改革，順利消除侍從主義的特殊形式，也就是政黨藉由分配聯邦、州與地方層級的政府工作，以鞏固自己的支持者。但是並未終結分配其他好處給支持者的做法，例如補貼、稅收減免與其他好處。最近幾年，苦惱美國政治人物的重大問題之一就是利益團體的衝擊，因為他們可以用競選獻金與遊說，有效收買政治人物，而且其中大部分的行為完全合法。因此在某種意義上，美國已經形成另一種侍從主義的新形式，只是需要以更大規模與金額運作才能決定成敗。這個問題我會在本書的最後一部再探討。

不只美國有這種問題。日本也有一個強勢又具自主性的文官傳統，文官工作從未成為腐化行為的交易工具。但另一方面，由於自民黨維持領導地位數十年，有技巧地送出攏絡人心的政治恩惠。數十年來，在福利政策上編列預算，一直是日本金錢政治的交易工具。日本的利益團體，例如電力產業把持主管機關的情形，在二〇一一年東日本大地震以及福島核電災難之後，整個國家籠罩的危機中看得非常明顯。因此，文官制度的改革雖然解決一些問題，但也產生其他問題。我會在本書最後再回頭探討行政機關與它失靈的問題。

給戰爭一次機會？

本書挑選的例子中，軍備競賽是政府現代化的重要動力，但它本身對於這個目標來說，既不是充分條件，也不是必要條件。我們的例子是故意選出成功的範例，因此有誤差，幾位觀察家指出，在其他國家，長久的軍備競賽並未產生現代的政府。在巴布亞紐幾內亞與美拉尼西亞等地的部落就是如此，他們彼此打了四萬多年，但在歐洲殖民者出現之前，仍然無法出現政府層級的組織形式。拉丁美洲也大致如此，戰爭已經結束了，但家產制菁英仍然在掌權（見第十七章）。因此很顯然還有其他條件，例如實際的地理環境、社會的階級結構與意識形態，這些與戰爭結合起來，在亞洲與歐洲產生了現代政府，但在其他地方則沒有。

相反的，也有其他國家在沒有軍備競賽的情形下，建立了現代、非家產制的政府。雖然瑞典與丹麥在現代初期打了很多仗，但它們的鄰居挪威、芬蘭與冰島並沒有，這些國家在今天都有非常清廉的政府。韓國是外部侵略的受害者，從十九世紀末期開始，占據與暴力事件一直持續到韓戰結束，英國前殖民地新加坡也是如此。但加拿大、澳大利亞與紐西蘭並未經歷軍國主義蹂躪，也有非家產制的現代政府。

其中很多例子，高素質的政府是直接殖民傳承的結果，例如挪威在一八一三年從丹麥獨立、冰島在一八七四年得到丹麥給的部分自治權，而加拿大則在一八六七年脫離英國。其他例子則是刻意模仿其他國家的模式，例如，為了因應來自在東南亞動員的左派勢力，新加坡與馬來西亞是從無到有建立出來的高效能政府，而且一開始並不被看好。[6]

這些觀察對當代有重要的意義。戰爭分析家魯瓦克（Edward Luttwak）曾經半認真地建議，國際社會必須在孱弱政府的地區，例如漠南非洲等地，「給戰爭一個機會」。[7]他指出，現代國家是歐洲歷經數世紀不斷軍事對抗所打造出來的，但非洲在殖民時代由於邊界劃分不合理，無法以類似方式解決這個問題。在這地區的國家，既沒建立強大的行政機關，也沒有建立足以支配一切的國家認同。但這個論點有很多問題，除了沒有人想看到歐洲的暴力經驗發生在其他國家之外，歷經幾世紀的衝突就可以產生強勢政府，在其他國家並不明顯。為什麼會這樣，非洲的政府建造還可以採取什麼替代方法，將會在本書接下來討論殖民主義遺產時提到。另一方面，有些國家不需要戰爭也能建立現代政府，這也暗示，今天的開發中國家也可以採取類似的和平途徑。

事實上，過早引進民主會鼓勵侍從主義，而且今天的強勢政府通常是在實施民主之前就已經建立。這可能進一步指出，當代的開發中國家應該嘗試遵循相同的順序。這也是杭亭頓在《變動社會的政治秩序》一書中提出的結論，社會在需要民主之前，需要的是秩序；最好是從威權過度到完全現代化的政經制度，且不要直接跳到民主。他在書中不只讚揚共產黨政權開放政治參與，以及加速經濟成長的能力。他也認同類似墨西哥革命制度黨（Partido Revolucionario Institucional）建立的制度，這個政黨從一九四〇年代統治墨西哥到二〇〇〇年，接著在二〇一三年重新掌權。革命制度黨建立一個極為穩定的政治體系，終結墨西哥建國之後第一個世紀不斷出現的叛亂、軍事強人與社會暴力衝突亂象，但也犧牲民主與經濟活力。[8]杭亭頓的學生札卡瑞亞（Fareed Zakaria）對於順序的重要性也有類似論點，但他比較少強調政治體系，而是強調在民主開始之前，自由法治是必要的第一步。[9]

雖然這些論點似乎符合本書例子的邏輯，但目前並不是好的政策建議。[10]因為你可以宣稱，所有的社會都應該先建立強勢且自主的韋伯式政府，或者讓自由法治的司法獨立與訓練良好的法官先到位。問題是，制度建構也不是容易的事。制度通常是被歷史遺制所預先決定，或是被外部力量影響。在開發中國家，很多貧窮社會都能建立威權政府，並能撐過鎮壓與被吸收的階段，但因為很多理由，幾乎沒有一個國家能建立中國式官僚，或德國的法治國制度。在這兩個國家，權力是由制度化的文官體系體現，並透過明確表達的規則來運作。很多當代的威權政府，都充滿酬庸且高度腐化。當代世界中，只有波斯灣地區的一些君主政體國家與新加坡比較接近，但其特殊條件也讓人很難模仿。在這種狀況下，延遲民主且支持無情、腐化又無能的獨裁政權，意義又何在？

最後一個是基於道德或規範的理由。問責制度藉由定期自由且公平的選舉來運作，除了會提升政府素質或經濟成長之外，本身就是一件好事。政治參與權代表一般公民的個人地位被認可，行使參政權也給人在社群的共同生活中某種程度的行動者角色。一般公民也許會做出資訊非常不充分或非常糟糕的決定，但行使政治選擇本身就是人類充分實現自我的重要環節。這不只是我的個人意見，世界各地有很多人為了捍衛政治參與權力而動員。二〇一一年，在一個很多人認為在文化上接受獨裁的地方，卻爆發阿拉伯之春事件，這只是民主觀念的力量的最新例證。

像普魯士與英國，引進的現代政治制度的確有順序先後，但他們之前的非民主政權都是有自己的正當性來源的傳統君主政體。絕大部分出現在二十世紀中的殖民主義威權國家卻不是這樣，都是因為軍事政變或菁英奪取而建立。其中最穩定的國家是新加坡與中國，因為經濟表現良好都還維持其正當性，但卻沒有像霍亨索倫王朝有清楚如泉湧的支持來源。

無論如何，大部分當代開發中國家並沒有實際可行的順序選項，就像美國必須在民主政治制度的前提下，努力建立強勢政府。這也是為什麼美國在進步年代的經驗格外重要。今天沒有任何一個國家可以實際模仿普魯士，花一個世紀與半個世紀的戰爭建立強勢政府。另一方面，在民主國家中，公民社會與政治領導人組織改革聯盟，強力要求公部門改革並終結草根性的腐化，則是可以想像的。

美國經驗中最重要的一個教訓就是，政府建造是一種政治行動。現代政府的結構也許有特定的正式規則，例如是以能力而不是關係選用公務人員，但不可避免地，執行這些規則會傷害到某些政治人物的利益，他們都是從現狀能得到好處，利益根基穩固的人。因此，改革必須要驅逐這些人，而且要繞過他們來運作，還要組織新興的社會力量，讓他們能從更廉能的政府得到利益。

政府建造是一件艱難的工作，也要花很長的時間才能完成。從《潘德頓法案》到新政，美國在聯邦層次消除酬庸政治，就花了四十多年。在紐約、芝加哥與其他城市，政治機器與酬庸行為還持續到一九六〇年代。我提過美國的政治制度為改革設置極高的制度障礙，但不是每個國家都像這樣。通常國家可以利用外部危機，例如金融衰敗、災難或軍事威脅，來加速這個過程。但一夜之間就完成政治現代化，歷史上少有先例。

我們看到因為外在勢力的作用，希臘的政府建造特別困難。希臘曾經被土耳其人統治好幾個世紀，外國人還幫這個國家贏得獨立的地位。國家獨立之後，他們還迎接巴伐利亞的奧托王子做第一任國王。他們也曾經要惡補一堂政治制度現代化的課，但因國內團體例如希臘共產黨威脅要取得權力而中斷。這一切都削弱希臘政府的正當性，並對政府增加不信任感，結果就是無法建立完全現代化的政治制度。從某方面來看，在二十一世紀初期，歐盟、國際貨幣基金與希臘政府，在金融危機上的對抗只是這個持續進行的故事的最新版本。

希臘的例子預告本書下一部分的主題，也就是把現代政治制度從一個國家移植到另一個國家的成果。全球化的過程從十五世紀歐洲的新發現之旅與殖民主義開始，這件事忽然讓世界的某個地區和另一個地區互相接觸。全世界各地的原住民社會與西方文化與制度相遇的經驗，有非常深刻且通常很悲慘的結局。這也意味著，政治發展一定會改變某個單一地區或社會範圍內的事物。外國模式可能是被強力引進或當地自願接受，制度的發展也有非常不同的結果。為什麼某些國家在這個過程做得比其他國家更好，將是本書第二部的主題。

注釋

1「限定使用」一詞來自 Douglass C. North, John Wallis, and Weingast, *Violence and Social Orders*. 這本書區分限定使用與開放使用，在思考家產制轉型成現代政府時，是一種非常有用的方法。但它並未提供這種從一種體系轉型到另一個體系的動態理論。它提出促成轉型的「門檻條件」，包括對菁英的法治，或是由平民控制軍隊，只是引起為什麼是這些條件的問題，或為什麼是這些而不是其他看起來對轉型是不可或缺的重要條件。

2 在研究共產主義垮臺之後政府部門的發展，Conor O'Dwyer 為謝孚特的架構增加另一個因素：政黨競爭的本質。當競爭很激烈時，政黨會彼此監督防止酬庸任用擴大；當政黨派系林立又力量薄弱時，酬庸就會擴大。這解釋了波蘭與斯洛伐克的政府為什麼如此迅速擴張，但捷克政府就沒有。參見 Conor O'Dwyer, *Runaway State-Building: Patronage Politics and Democratic Development* (Baltimore: Johns Hopkins University Press, 2006).

3 Alexander Gerschenkron, *Economic Backwardness in Historical Perspective* (Cambridge, MA: Harvard University Press, 1962).

4 這個觀點來自 Khan, "Markets, States, and Democracy."

5 S. Gorski, *The Disciplinary Revolution*, pp. 39-77.

6 關於此地區政府建造的說明，參見 Dan Slater, *Ordering Power: Contentious Politics and Authoritarian Leviathans in Southeast Asia* (New York: Cambridge University Press, 2010), pp. 135-63.

7 Edward N. Luttwak, "Give War a Chance," *Foreign Affairs* 78, (no. 4) (1999): 36-44.

8 Huntington, *Political Order in Changing Societies*, pp. 315-24.

9 Fareed Zakaria, *The Future of Freedom: Illiberal Democracy at Home and Abroad* (New York: Norton, 2003).

10 參見 Thomas Carothers, "The 'Sequencing' Fallacy," *Journal of Democracy* 18, (no. 1) (2007): 13-27; Robert Kagan, "The Ungreat Washed: Why Democracy Must Remain America's Goal Abroad," *New Republic*, July 7 and 14, 2003, 27–37; Francis Fukuyama, "Is There a Proper Sequence in Democratic Transitions?" *Current History* 110, (no. 739) (2011): 308-10.

PART II

外國制度

Foreign institutions

第十四章 奈及利亞

奈及利亞的腐化；為什麼奈及利亞擁有豐富的天然資源，卻發展失敗；為什麼弱勢組織與政治是發展失敗的原因；奈及利亞的經驗如何與其他開發中國家不同。

雖然希臘與義大利在侍從主義與腐化作風方面，和其他北邊的歐洲鄰國很不一樣，但他們仍然保有現代的精髓，能夠提供充分的基本公共財，讓社會進入富裕的已開發國家之列。當我們回頭來看非洲的奈及利亞時，我們看到的是一整個不同強度的侍從主義與腐化作風，連帶的是一個當代世界最悲慘的發展失敗案例。

英國新聞記者坎利夫－瓊斯（Peter Cunliffe-Jones）在奈及利亞住過好幾年，他的遠房親戚曾是參與這個地區殖民政府裡的人員。他曾經寫過一篇報導：有一個叫羅伯特的德國生意人，娶一名奈及利亞女人，並在他妻子的家鄉開一家大豆加工廠。大豆是當地的農產品，也有很好的市場。這家公司在創業期間就遇到很多困難，因為當地買不到需要的機器設備，而且電力供應非常不穩定。

靠著堅持不懈，羅伯特和他妻子終於讓工廠開始營運。坎利夫－瓊斯寫著：

三個月後就出現各種麻煩。他們賣出第一批大豆油之後，一位地方政府公務員出現在工廠大門，告訴他們開工廠是違反規定……議會主席向他們索取營收的百分之十，而且要匯到一個特別的戶頭，問題就能解決。羅伯特拒絕付這筆錢，就去報警。後來議會主席派出一批惡棍砸爛他的車。警察首長也參與其中，但並不是要幫他忙，而是要分一杯羹。

羅伯特夫婦發現，他們必須按照遊戲規則走，只好付錢了事。他們終於平靜一段時間，公司也開始賺錢。接著州長風聞他在開工廠，自己也要一份：

羅伯特再次拒絕給錢，但被因違反就業法規與賄賂官員而逮捕……為了重獲自由，羅伯特必須付錢給州長、警察首長、議會主席，還有處理這個案子的法官。最後他決定結束生意，賣掉設備回收一點成本，之後羅伯特與妻子離開這裡去德國……他們創造的兩百個就業機會也隨著公司的結束消失，留下來的是空蕩蕩的倉庫、一些沒工作的工人、一大堆大豆，還有一大群憤怒的農民。[1]

雖然這是開發中國家腐化作風的一則經典故事，卻引發很多個問題。羅伯特夫婦願意開公司，本來可以為每一個人形成雙贏的局面，包括種大豆的農民、買產品的消費者、在羅伯特工廠上班的兩百名工人，也對政府官員有利。因為他們會看到長期的稅收增加，也可能會在下一次選舉時，因為促進這麼多的工作機會而得到回報。但是，如只是指謫這些公務員貪婪，自私地算計而短視近利地殺掉會下蛋的金雞母，讓個人的私利完全凌駕公眾利益，還不足以說明這個狀況。一旦羅伯特離開這個國家，就沒有人可以給他們賄款，也沒有人會付稅，潛在的雙贏就變成雙輸局面。

不良表現

奈及利亞是漠南非洲人口最多的國家，大約一億六千萬人。二〇〇〇年代初期，奈及利亞在大宗商品交易熱絡期間賺到不少錢，但錢很少流入一般人的口袋。

圖十一顯示奈及利亞從一九六〇到二〇一〇年的五十年期間，國民平均收入成長大約百分之九十，年均複合成長率只有百分之一。從一九七〇年代初石油熱開始的三十年來，國民平均收入是下降的，而且直到二〇〇五年才回到一九七四年的水準。以「新興」的非洲標準來看，這樣的表現算差勁，和東亞國家比較又特別糟糕。拿奈及利亞與南韓和臺灣這種發展快速的國家相比可能不太公平，但政治學者路易斯（Peter Lewis）指出，即使與印尼相比也很有啟發性。[2]和奈及利亞一樣，印尼也是一個人口眾多（二〇一〇年人口是二億三千三百萬人）、種族多元、石油充沛的國家。一九六〇年，印尼的國民平均收入只有奈及利亞的百分之六十；但在二〇一〇年，它比奈及利亞高百分之一百一十八。

奈及利亞在這段期間的成長，全部都和石油出口有關。尼日河三角洲的石油生產開始於一九五八年，一九七〇年代期間的能源危機讓石油價格上漲，奈及利亞也經歷一段經濟繁榮期。但是石油最後對奈及利亞卻成為詛咒，而不是庇佑。奈及利亞得的病叫做「荷蘭病」（Dutch disease）。荷蘭在一九五〇年代因為天然氣熱使貨幣升值，結果卻傷害到其他行業的競爭力，荷蘭病指的就是這種現象。奈及利亞在石油之前，曾經出口大量的可可粉、花生、棕櫚油與橡膠，但現在出口收入與政府收入幾乎全部都仰賴石油出口。[3]身為主要的能源生產國，印尼也面臨類似的問題，但它比較能刺激非石油出口與製造業的成長。印尼在一九七五到二〇〇三年期間，把能源出口比例從百分之七十降低到百分之二十二，但奈及利亞對石油出口的依賴度卻提高了。奈及利亞與能源無關的出口，只有零星的百分之四，這證明奈及利亞完全無法建立現代的商業化農業或製造業，而這兩者

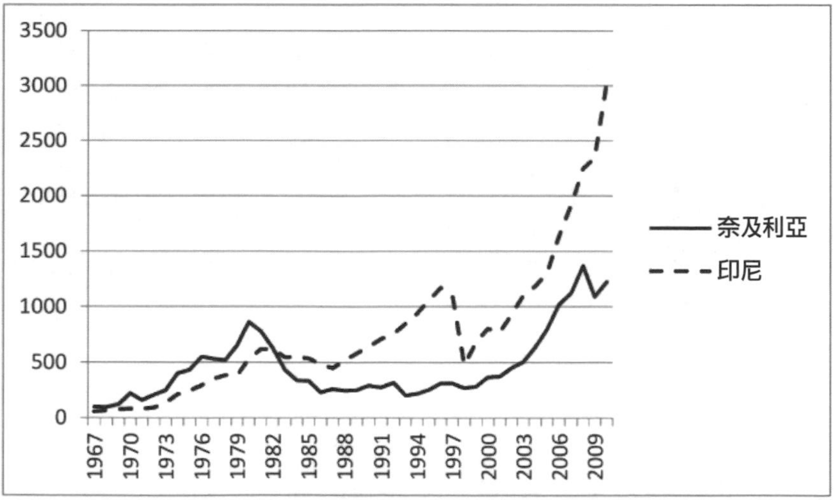

圖十一：國民人均產值，以2000年美元為基準

資料來源：世界銀行

是經濟發展的重要方式。[4]

從一九七〇年代到二〇〇〇年代，據估計，奈及利亞的石油收入大約有四千億美元。[5]但不像東亞出口導向的國家，這些錢並未被奈及利亞用來進一步投資具體的或人力的資本（例如教育）。對於一般奈及利亞人的收入也沒有太大作用，其實貧窮率還大幅提升，其他發展指標例如兒童死亡率也幾乎沒有變化。表二顯示印尼在降低貧窮率上相對成功，而奈及利亞在進入二十一世紀時，仍有超過三分之二的人口活在貧窮線以下。

所以，這些錢都跑去哪裡了？答案並不讓人意外，全都進了奈及利亞政治菁英的手裡。這些菁英以幾個老大（oga）或頭人，和他們的酬庸網絡為中心。有些老大是英國殖民之前就統治這些地方的菁英後代，但其他人卻是自己封的，包括以前的軍官、生意人，或成功利用這套政治制度圖利自己的政治人物。有些人非常富有，例如北部的一個族長丹格特（Aliko Dangote），有人說他是全世界最有錢的黑人，二〇一四年的財富淨值據估計有二百五十億美元。[6]很多最嚴重違規的人都是政府官員，例如被選出來治理最貧窮的州之一——尼日河三角洲的阿賴米塞嘎（Diepreye Alamieyeseigha），他在英國倫敦與南非開普敦都有房產，二〇〇二年時被英國警方發現公寓藏有九十一萬四千英鎊。[7]

政治是奈及利亞常見的致富之道，創業與真正的創造價值產業所帶來的收入非常少。國際透明組織在一百八十三個國家中，根據腐化程度把它列為第一百四十三名。[8]奈及利亞因為腐化導致無能的故事非常傳奇。舉例來說，一九七〇年代中期掌握軍政權的戈文（Yakubu Gowon）宣布，買進一千六百萬公噸的水泥，要蓋一系列軍事設施和其他偉大的基礎設施計畫，這是前一年進口數量的四倍。滿載水泥的船隻湧進拉各斯（Lagos）港，但空等一年無法卸貨，因為這些水泥並不是真的需要，但仍然大量訂購讓政府官員可以收取滯留費。水泥讓船艙變得很硬，很多船隻因此沉沒，港口也阻塞好多年。[9]

高度的腐化作風也由上而下影響到奈及利亞社會的每一個層面。很多西方人對奈及利亞唯一知道的一件事就是，它是偽造中獎等橫財的電子詐騙郵件的源頭。這只是奈及利亞號稱「四一九號犯罪」[10]的一種，這個名稱來自奈及利亞刑法中有關詐騙的條文。奈及利亞的中產階級通常會在房子上塗上大大的字樣，表明房子沒有要出售。這樣做是因為他們可能出門去度假，回家卻發現房子被陌生人霸占，甚至還偷了法律上的所有權。[11]這顯示奈及利亞對財產權的保護非常薄弱。

在一個充滿貧窮與腐化的國家，暴力頻仍並不讓人意外，尤其是西方石油公司從一九五〇年代就開始經營的尼日河三角洲，資源無法讓這地區大部

表二：活在貧窮線以下的人口比例

年度	印尼	奈及利亞
1976	40.1	–
1980	28.6	28.1
1984	21.6	–
1985	–	46.3
1990	15.1	–
1992	–	42.7
1996	17.5	65.6
1999	23.4	70.6
2003	17.4	70.2

資料來源：Peter Lewis, *Growing Apart*

分的伊交（Ijaw）與奧賈尼（Ogoni）人利益均霑，是特別值得一提的事。過去五十年，將近一百五十萬噸的石油流進三角洲地帶，因為汙染水域而害死了該區域賴以維生的傳統漁業，引起當地人對石油業的暴動，當地靠搶劫與敲詐為生的老大也支持幾個幫派。在阿布加（Abuja）的聯邦政府試著送出大量資源到南部以平息這股怒氣，但是這筆錢的大部分還是進了當地政治人物的口袋。[12]

最近北部地區發生一連串由博科聖地組織（Boko Haram）[13]進行的攻擊行動，這是一個和蓋達組織（al-Qaeda）[14]有關的激進伊斯蘭主義組織。攻擊的對象包括政府設施、基督教教堂。其中一次特別的炸彈行動，則是針對位於首都的聯合國辦公室。奈及利亞北部地區的貧窮問題，絕對不能成為博科聖地暴力手段合理化的理由，但是博科聖地組織與其他異議團體發現，這個國家疲弱又腐化的政府，由於正當性非常薄弱，因此容易成為恐怖行動下手的目標。

獨裁與民主

很多研究奈及利亞政治制度的外部觀察家，都專注在民主的實施，以及民主制度和這個國家複雜的種族與宗教組合互動的方式。奈及利亞於一九六〇年從英國獨立時，傳承了一個提供定期選舉的民主架構。殖民政府設置的法律制度延續下來，甚至在奈及利亞英國風格的法庭上也有戴假髮的法官。但民主並未持續很久，一九六四年充滿暴力與爭議的選舉，明顯分裂整個國家。一九六六年，文人政府被軍隊推翻，軍隊也分成東邊的伊博族（Igobs）與北邊的穆斯林。在一場反政變行動之後，伊博族在比亞夫拉（Biafra）成立獨立政府，接著爆發內戰，死亡人數介於一百萬到三百萬間。由於饑荒嚴重，鬧分離的部隊承認戰敗，才終於結束內戰。[15]

在石油熱期間，軍隊在奈及利亞仍然很有勢力，但在一九七九年於第二共和的名義下，同意讓民選政府掌權；在一九八三年混亂又爭議的大選後，軍隊再度掌權。接著是由一連串的將軍領導這個國家，直到一九九九年舉行新的民主選舉，之前的強人之一奧巴桑喬（Olusengun Obasanjo）成為總統。雖然從那時候起奈及利亞一直是個民主政體，但其民主組織的人力素質並不強。二〇〇七年大選，亞拉杜瓦（Umaru Musa Yar'Adua）當選，但過程充滿舞弊與暴力，前美國大使坎培爾（John Campbell）就把這次選舉描述為只是「像選舉的活動」。[16]

有沒有正式的民主制度，對奈及利亞的經濟成長率與政府素質都沒有什麼影響。由於奈及利亞高度依賴能源出口，經濟表現幾乎只和全球大宗物資的價格相關。因此，在一九七〇年代軍人掌權期間，奈及利亞的經濟是成長的；但在一九八〇年代與一九九〇年代早期石油價格崩跌期間，不管文人或軍人統治，經濟都是下跌的；在二〇〇〇年代因為價格上揚，文人政府期間又再度爬升。不管是貧窮率、健康狀況、腐化程度，或所得分配都和政權的類型沒有太大相關。

因此出現兩個問題：為什麼民主沒有造成明顯的差異？難道不應該開放政治組織，讓資訊自由流通、進行民主辯論，讓每個人可以投票給更誠實，或能提供全民公共財而非僅限其支持者的人選？如果民主意味著由人民統治，當代奈及利亞強迫我們思考的問題是：為什麼人民不更生氣並試著掌控情勢，像在十九世紀時候的美國或英國人民做的事一樣？[17]

針對這個問題，學者約瑟夫（Richard Joseph）認為，奈及利亞的政治特徵是「受俸」（prebendal）性質，是一種尋租、侍從主義與種族地位的致命混合體。因為石油，政府有現成管道可以取得穩定的資源收益金來源，並在菁英之間分享。雖然所有的窮人，也就是百分之七十活在貧窮線以下的人口，在理論上有一個共同利益，就是終結腐化並且更公平地重分配這些資源，但他們卻被分成超過二百五十個種族與宗教社群，沒有一個社群想與另一個社群一起奮鬥。他們反而是和由菁英控制的侍從網絡有垂直的關係，這些菁英只要在下一次選舉時，發放剛好足夠的酬庸與補貼就可以。這個制度非常穩定，因為尋租的菁英聯盟成員都了解，用暴力在全部的餅中取得更大的一塊，會傷害每一個人的利益，包括他們自己在內。面對河口地區三角洲的武裝起事，菁英典型的回應方式就是鎮壓或提高補貼以化解不滿。[18]

這就是為什麼民主制度對於奈及利亞的腐化與政府表現的影響如此有限且令人失望。但毫無疑問的是，民主政府比起軍政府還是一種改良品，因為至少還有一個自由且有活力的媒體，經常暴露貪腐的醜聞，也會批判政治人物與政府機關的拙劣表現。二〇〇〇年代，奧巴桑喬政府成立經濟與金融犯罪委員會（Economic and Financial Crimes Commission, EFCC），第一任主席瑞巴杜（Nuhu Ribadu）成功告發幾位政府官員。但是光是簡單取得貪腐資訊，並沒有辦法形成真正的問責，因為非政府官員的政治活躍分子全都是侍從主義網絡的成員。這裡的選舉極為激烈、暴力，通常是以不老實的方式競爭，因為牽涉到的政府資源利益實在太大了。組織這種網絡的領導人，也不想看到反貪腐措施做得太過火，因此當ＥＦＣＣ看起來似乎獨立於它的政治主子努力辦事時，瑞巴杜馬上就被免職了，ＥＦＣＣ也失去作用。二〇一四年，奈及利亞中央銀行行長薩努西（Lamido Sanusi），在坦白指出國家石油公司短少大約二百億美元之後，也被撤職了。以種族與宗教為基礎的侍從主義，在意識形態或公共政策議題上，取代了任何更廣的政治動員。

在侍從主義政治制度中，政治人物提供個人恩惠來交換選票，對選民是很合理的事。很多有關非洲侍從主義的文獻資料都顯示，在保護者與當事人之間，保證選民會支持某一個候選人，以及候選人會在選後提供特定的好處與服務，種族是一種最方便的信號與保證機制。[19]

貧窮的制度性根源

奈及利亞不算是非洲的典型國家。過去數十年，它的經濟與社會表現都落後整個非洲大陸，只有在二〇〇〇年代能源熱時才開始追上。但它是這個大陸人口最多的國家，因此很重要。它的問題是一種普遍現象比較極端的形式，這種普遍現象不只在漠南非洲的其他國家，包括全世界的未開發國家都看得到。

奈及利亞發展問題的根源是制度性的。很難找到更好的例子可以看到疲弱的制度與拙劣的政府，讓整個國家困在貧窮無法脫身。在三個基本政治建制，也就是政府、法治與問責中，缺乏民主其實不是這個國家問題的重點。不管奈及利亞的民主建制多麼差勁，實質的政治競爭、辯論，以及行使問責權力的機會，從一九九九年軍事統治結束以來，就已經存在。

奈及利亞真正的建制問題是前兩項：缺乏強大、現代的效能政府，以及提供保護財產權、公民安全與透明交易的法治。這兩個問題是互相關聯的。現代政府可以提供必要的公共利益，例如以公平的方式提供道路、港口、學校，還有公共醫療服務，但奈及利亞政府的主要活動都是掠奪性的，或者如約瑟夫說的受俸式，也就是搾取收益並分配給政治菁英成員。這些做法一定會違反法治，就像羅伯特的故事，公務員因為想得到賄款，從這個國家逼走一位能創造就業機會的生意人。

奈及利亞政府的疲弱不只是技術上的能力，還包括公平且透明執行法律的能力。在道德意義上，它的立足點也很薄弱，因為沒有正當性。能超越當地人對地區、族群或宗教社群的連結情感，而對一個叫奈及利亞的國家效忠，這樣的轉換太困難。奈及利亞複雜的選舉法律，規定被選上的總統不只要在全國選舉中得到多數選票，在這個國家的不同地區也必須得到一定數量的選票。這個聰明的規則有效地阻礙代表某一地區或種族的候選人得以掌控整個制度，但它並不保證奈及利亞人對國家認同有共同的意識，或是他們會信任總統與其他的全國性領導人物，因此就會公平對待他們的族群。最近幾年的穩定是基於一個非正式的菁英協定，是北方的穆斯林與南方的基督徒之間的交換協議，當然還包括其他事項。

為什麼奈及利亞的政府與法治最後變得這麼疲弱？如果強大的政治組織對經濟發展是不可或缺的，它們又從何而來？一群觀察家提出更進一步的答案，就是氣候與地理的具體條件。

注釋

1 Peter Cunliffe-Jones, *My Nigeria: Five Decades of Independence* (New York: Palgrave Macmillan, 2010), pp. 148–49.

2 Peter Lewis, *Growing Apart: Oil, Politics, and Economic Change in Indonesia and Nigeria* (Ann Arbor: University of Michigan Press, 2007).

3 Tom Forrest, *Politics and Economic Development in Nigeria* (Boulder, CO:Westview Press, 1993), pp. 133–36.

4 Lewis, *Growing Apart*, pp. 184–88.

5 Cunliffe-Jones, *My Nigeria*, p. 129. 有鑑於奈及利亞相關部門欠缺透明度，很難取得精確的石油出口數據。

6 www.forbes.com/billionaies/#tab:overall_page:3

7 Cunliffe-Jones, *My Nigeria*, pp. 131–32.

8 World Bank Worldwide Governance Indicators 2010; Transparency International Corruption Perceptions Index 2011.（編注：二〇一九年為一百四十六名：https://www.transparency.org/en/cpi/2019）

9 Toyin Falola and Matthew M. Heaton, *A History of Nigeria* (New York: Cambridge University Press, 2008), p. 187.

10 譯注：又稱奈及利亞郵件（Nigerian Letter），是一個歷史悠久的行騙手法，通常以官方機構署名。根據估計，光是一九八五到一九九九年間，以這方式騙取的金錢超過五十億美元，而且更成為奈及利亞的第三大行業。

11 Daniel Jordan Smith, *A Culture of Corruption: Everyday Deception and Popular Discontent in Nigeria* (Princeton: Princeton University Press, 2007), pp. 19–24,33–39.

12 John Campbell, *Nigeria: Dancing on the Brink* (Lanham, MD: Rowman and Little Field, 2011), pp. 63–78.

13 譯注：二〇〇二年於奈及利亞東北部成立，以反對西方文化和教育為宗旨，宣揚西方教育是褻瀆伊斯蘭教的罪惡之物，二〇一五年三月八日，該組織正式宣布效忠伊斯蘭國。

14 譯注：一九七九年蘇聯攻打阿富汗後期創立，成立初期的宗旨是抵抗入侵阿富汗的蘇聯部隊；蘇聯於一九八九年撤出阿富汗後，宗旨改為消滅全世界入侵伊斯蘭世界的西方國家，以建立統一的純正伊斯蘭國家。

15 參見 Eghosa E. Osaghae, *Crippled Giant: Nigeria Since Independence* (Bloomington:Indiana University Press, 1998), pp. 54–69.

16 Campbell, *Nigeria*, pp. 97–113; Peter Lewis, "Nigeria Votes: More Openness, More Conflict," *Journal of Democracy* 22, (no. 4) (2011): 59–74.

17 Cunliffe-Jones, *My Nigeria*, pp. 179–94.

18 Joseph, *Democracy and Prebendal Politics in Nigeria*.

19 參見 Daniel N. Posner, *Institutions and Ethnic Politics in Africa* (New York: Cambridge University Press, 2005).

第十五章　地理條件

孟德斯鳩關於制度起源的理論，以及氣候和地理條件的影響，與當代類似的理論；為什麼最近幾年經濟學家回頭再討論這些主題；地理條件對制度本質為什麼會有明確的作用；針對三個地區的理解架構。

從工業革命以來，開發中國家與已開發國家的財富水準，一直有很大的落差。在一五〇〇年的時候，歐洲、前哥倫布時期的美洲、中國與中東地區，每個人的平均財富差距並沒有那麼大，但在過去兩百年，某些國家在經濟上以戲劇性的方式遙遙領先。圖十二顯示的就是這個「大落差」。

至少從斯密的時代以來，經濟學家的主要研究興趣之一，就是為什麼歐洲與西方地區明顯領先世界上的其他地區。西方不只是第一個工業化的地區，它還在過去這兩百年在各種發展上持續領先大部分其他地區。只有在二十世紀下半葉，部分東亞國家，包括日本、南韓、臺灣、新加坡，開始迎頭趕上並縮短差距。在二十一世紀，有另一批所謂的新興市場國家，被稱為金磚（BRICS）的巴西、俄羅斯、印度與中國，以及南非，似乎準備要進入有錢國家俱樂部。即使這件事最後終將發生，但為什麼要花這麼久的時間，仍是一件難以理解的事。

經濟成果的落差和政治制度的差異是相對的。從人均的角度來看，最有錢的國家與制度最優異的國家之間有很大的相關。這些國家擁有高效能且相對不腐化的政府，可以執行透明的法律，法律與政治組織也有開放民眾參與的管道。就像奈及利亞的例子，經濟與政治成果是彼此相關的。如果一個國家被只想要分配公共資源的菁英統治；如果財產權沒有被保護；如果這個國家沒有一致的政策或受過教育的民眾，即使擁有像石油這種很有價值的自然資源，也不會導向永續的經濟成長。即使民主制度確實存在，還不足以保證會有好的成果：政府與法治才是這場混亂的重要元素。

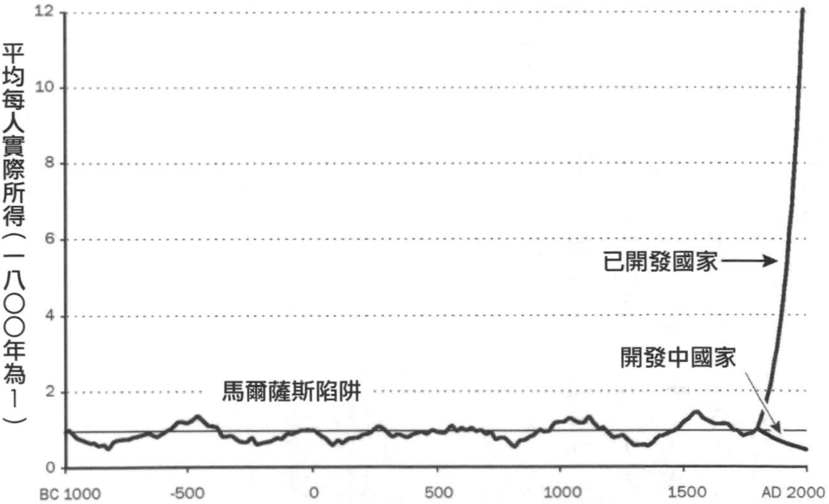

圖十二：國民平均收入，工業化國家VS.非工業化國家

資料來源：Gregory Clark, *A farewell to Alms*

那麼，該怎麼解釋不同國家的制度差異，為什麼西方國家一開始就有很大的優勢？如果制度對財富與成長不可或缺，為什麼不是每一個國家直接採用最好的制度就好了？

法律的精神

孟德斯鳩（Baron de Montesquieu，西元一六八九至一七五五年）最為人熟知的觀點，也許是他支持以分權作為抑制獨裁的論點，以及他對商業會削弱道德與政治的觀察。從某個意義來看，孟德斯鳩是第一個現代比較政治的科學家。他對政治的觀察不僅止於不同歐洲國家的經驗，如英國與他的出生地法國；也包括非西方社會，例如中國與土耳其。他的偉大著作《法意》（*The Spirit of the Laws*，譯注：又稱《論法的精神》）第十四到十九章，廣泛討論到氣候與地理對政治制度的影響。

孟德斯鳩從很多個角度看到地理對制度本質的影響。第一個是，它會影響稍後我們會談到的國民性格。氣候對人格也有直接影響，他在第十四章提到：

> 把人放到一個密閉、溫暖的地方……他會覺得很虛弱。在這情況下，對他提出一個大膽的冒險事業，你會發現他很不想做這件事；當下的軟弱會讓他覺得沮喪；他會對每一件事都很膽小，簡直處在一種完全無能的狀態。住在溫暖國家的人就像老人，很膽小……住在寒冷國家的人就像年輕人，很勇敢。到南部地區的北方人就沒辦法表現得像同胞一樣英勇，因為他們在適合自己的氣候中奮鬥，且擁有全部的活力與勇氣。

孟德斯鳩接下來提到：「寒冷國家的人對娛樂的敏感度比較不高，溫帶國家的人好一點，溫暖國家的人則非常敏感。」他有一個今天很多人可能都會認同的觀察：「我曾經在英國與義大利聽歌劇，一樣的曲子、一樣的表演者，但是一樣的音樂卻在兩個國家產生非常不同的效果：英國人是如此冷淡又鎮定，義大利人卻如此活潑又如癡如醉，實在是不可思議。」

第二個地理影響制度的機制是它對權力的作用。在第十五章，他討論奴隸制度。他提到亞里斯多德認為奴隸是自然的安排，但他質疑奴隸是自然存在；他也反對非洲人淪為奴隸是因為黑人先天在生理上的劣勢。他認為奴隸是人類的習俗，也是強迫性。但誰強迫誰成為奴隸，並不是因為生理，而是地理因素。

在第十七章，孟德斯鳩做出以下的結論，整段都值得引用：

> 在亞洲，常可以看到大帝國，但在歐洲，大帝國就不常見。因為亞洲的平原比較遼闊，高山與大海切割出來的區域比較大，而且因為它的位置偏南，春天很容易缺水，高山也比較少積雪，河流也不那麼寬，對人的障礙比較小。
>
> 在亞洲，權力因此都是獨裁專制的，如果不極端嚴厲，就會形成割據的局面，就有違國家的本質。
>
> 在歐洲，天然的區域劃分形成許多不大不小的國家，依法治理與國土保持並不矛盾。相反的，自然分界對國家是很有利的，如果沒有自然分界，國家就會沉淪、衰敗，並成為鄰國覬覦

的目標。

歐洲因此形成愛好自由的天性。因為有這種特性，除了通過商業的規範與利益之外，每一個地方都極不易征服，也不易對外力屈服。

相對的，亞洲的統治帶有奴役精神，而且永遠無法擺脫，在所有國家的歷史中都找不到帶有自由精神的文字，除了極端的奴役，看不到任何其他東西。

其他政治理論家，從亞里斯多德到盧梭，也主張過氣候與地理會影響政治制度的本質。但是到了二十世紀下半葉，歐洲殖民帝國退散，開發中世界的國家形成獨立的政府，這個解釋的理由就不再適用。特別是討論氣候對國民性格與後續發展的影響時尤其如此。孟德斯鳩很多有關北方氣候的居民性格勇敢，南方人則愛玩樂又懶惰的觀點，都被認為是粗糙的刻版印象與種族偏見，因此不被採用。這些與國家發展有關的文化決定論，都被抨擊為是在「指責受害人」。

針對歐洲人與南方人的膚色有天生的差異，在十九世紀末強大的殖民帝國開拓亞洲與非洲期間，被視為是一種生理差異。基於社會達爾文主義的信念，歐洲人認為自己有先天的種族優越性，因此對世界其他地方的征服是合理的。他們認為，被殖民的人種在演化等級上是比較低等的，不適合民主或自我管理，因此需要數百年的指導，才能自己運作現代的制度。納粹用亞利安種族優越性的信念，來合理化德國人征服波蘭、俄國以及其他鄰國的行為，是在此理論下最極端與怪異的變種。二次世界大戰後，出現反對這一類生物決定論的論點，並產生相對的信念，認為個人與人類社會擁有天生的平等地位，是非常可以理解的。[1]

孟德斯鳩從未把南北行為的差異，歸因在人類的生理上。他似乎相信全世界的人類基本上彼此相似。但是氣候與地理條件會在個人身上產生政治行為上的系統性差異。他認為奴役並不是自然的，只能說，有些社群在戰爭與征服時，自我組織的能力比較強。北方的歐洲人享有政治自由，並不是任何天生自然或文化特質的產物。他們可能只是想要彼此征服，且在實際上比較擅長這件事。因此，孟德斯鳩認為歐洲的自由比較是因為實際的地理條件，把歐洲區隔成數量相對均衡且彼此競爭的政治單位，沒有任何單一力量可以征服所有其他人。相反的，中國、波斯與土耳其這些強盛的亞洲帝國，則得到開放且平坦的地形之利，更容易達成軍事力量的集中化。

經濟學家進場

最近這幾年，氣候與地理是現代制度與經濟成長的主要決定因素，這樣的論點又再次流行。[2]不令人意外的是，這種論點主要是由經濟學家提出來的，對人類行為做唯物主義式的解釋，是他們的第二天性。舉例來說，薩克斯（Jeffrey Sachs）指出，當代的發展程度與地理有高度的相關，例如工業化國家大部分位於溫帶地區，但大量的貧窮國家則在熱帶地區。他認為，地理因素在兩個關鍵點上，形成經濟成長的助力或阻力。第一，國家要能得到商業的利益，能接近水道或其他運輸方式，是不可或缺的條件，就像斯密提過的，歐洲早期發展貿易與商業就是如此。非洲與中亞地區的內陸國家，和有港口與可以航行的河道的國家比起來，比較不容易出口產品。第二，熱帶地區的人比起溫帶氣候的人受到更多疾病的侵擾。薩克斯估計，光是瘧疾的影響，就可能減少熱帶國家每人平均成長率百分之一・三。[3]從某個意義來看，薩克斯的論點，是以比較現代的形式重現孟德斯鳩的因果說法：炎熱的南方氣候直接影響經濟的表現，不是因為人們懶惰或愛玩樂，而是因為慢性疾病讓他們衰弱，妨礙他們工作與實現自我的能力。

戴蒙（Jared Diamond）的大歷史巨作《槍炮、病菌與鋼鐵》（*Guns, Germs, and Steel*）也指出影響發展的物質障礙，主要亦為地理與氣候的產物。歐洲主導世界其他地方的能力和幾個地理因素有關，例如連結歐亞大陸溝通的東西線比較有利行動，但南北向跨越不同氣候區的南美洲，則面對更多移動的障礙。這讓適合的技術可以橫向擴散到類似的氣候區，但在不同的氣候區卻容易受到阻礙。歐洲人進一步成功培育出小麥與黑麥，並成為主要的經濟作物，然後又馴化馬匹，這些都是不可或缺的移動能力。更大的移動能力反過來發展出對很多疾病的免疫能力，因為藉由和不同人種的通婚，可以形成更大的基因多樣性。相對的，新大陸的基因相對同質性高，讓那裡的人對外來的疾病特別無法抵抗。戴蒙認為這些因素加總起來，就可以解釋西班牙在新大陸的征服行動為什麼幾乎毫不費力就成功了。[4]

薩克斯與戴蒙對發展結果的說明，都沒注意到制度的問題。但是經濟歷史學家諾思（Douglass North）則把拉丁美洲相對於北美的不良表現，歸因於有關財產權與法治制度的差異，而這正好是殖民者特色的一個功能。因為英國在北美播下觀念的種子，並給它共同法與議會制政體的制度，而南美則是受到西班牙與葡萄牙殖民，他們帶來的是重商主義與專制主義。[5]

經濟歷史學家恩格曼（Stanley Engerman）與斯柯洛夫（Kenneth Sokoloff）也有類似的論點，他們把拉丁美洲官僚的威權政府加上剝削式的經濟制度，和北美的民主政府與開放市場相比，兩人都認為制度是最關鍵的，但殖民者建立的制度和新大陸的地理與氣候環境有關。恩格曼與斯柯洛夫考究制度的差異，不是根據殖民者的特色，而是根據經濟學家所謂的要素稟賦（factor endowments）。也就是美洲不同地區的氣候與地理條件，能生長或產出的農作物與礦物種類。他們指出，在美國革命期間，由於大規模種植作物與雇用奴工的相對效率，古巴與巴貝多成為富有的殖民地。巴貝多和麻州與紐約州一樣都是英國殖民地，卻誕生高度剝削式的社會，一小群大農場主菁英統治大量的奴工族群。

西班牙殖民地新西班牙（墨西哥）與秘魯，主要的產業則是採集金礦與銀礦。這些殖民地不必從非洲進口奴工，因為他們把當地大量的原住民當成非自願勞工的來源。採礦經濟權延伸為土地所有權，導致大莊園開始成長，並延續到未來幾個世紀，這和北美的家庭農場特色有明顯的對比。恩格曼與斯柯洛夫把不同政治制度的起源，包括一方面是威權與寡頭，另一方面是民主與平等主義，追溯到氣候與地理的原始條件。[6]

而且，即使形成這些制度的條件已經改變，制度仍然隨著時間延續下去。因為靠這些制度得到權力的菁英，會利用政治影響力繼續保住自己一開始的優勢。因此拉丁美洲的克里奧耳（Creole，譯注：生於當地的歐洲白人與後代）菁英就能在後來阻止移民進入，以防止勞動市場的競爭。比起美國，他們也把選舉權限制到很晚，直到十九世紀才開放。因此，即使整個拉丁美洲現在大部分都實施民主制度，但卻是世界上社會最不平等的地區。

經濟學家艾塞默魯、羅賓森與強生（Simon Johnson）在一個常被引用的論文中修正了這個論點，他們認為，早期制度的差異不是因為要素稟賦，而是因為早期歐洲移民受到疾病影響的死亡人數。因為，歐洲人發現到安全的定居之地時，馬上就開始主張自己的權利，並要求可以限制政府能力的制度，以防政府任意奪走私有財產。但是，當疾病讓定居的成本太高，殖民列強就改採「剝削式」的經濟制度，並由專制的政治架構來執行。這些早期的制度架構可以非常持久，因為既有的掌權者在接下來的幾個世紀，都能繼續限制別人進入經濟與政治系統。[7]

包括薩克斯與戴蒙把財富與溫帶的北方氣候連結、把貧窮與南方的熱帶氣候連結等論點，在一五〇〇年到現在發生「命運的逆轉」（reversal of fortune）之後，已經被幾個經濟歷史學家證實，任何簡單的地理決定論都是錯的。在大部分的人類歷史中，最富有與最有生產力的地區其實是南方。在歐洲更有一件最重要的事實：強盛又繁榮的羅馬帝國是以地中海為中心，當時北非是主要的穀物生產區，英國與北歐則是赤貧之地，周圍住著各部落的野蠻人。中國帝國在北邊的黃河河谷發跡，然後往南方與東南方而不是北方拓展；更冷的地區，例如東北九省、韓國與日本，則處於沒有開發的狀態。至於美洲，阿茲特克人（Aztecs）與馬雅人（Mayas）是最富有的文明，並開發出熱帶與亞熱帶的墨西哥與秘魯。北美與南美的溫帶地區則住著相對貧窮的狩獵與採集或放牧的社群。這個模式在歐洲征服西半球時依然存在。西班牙人是把帝國建立在原來很富有的原住民文明土地上，另外，在加勒比海與東北邊（也就是亞熱帶）的巴西，也有以奴隸為主力的大農場主富裕經濟。十七世紀開始，據估計，以國民平均所得來看，巴貝多糖島（sugar island）比北美殖民地的十三洲還要高出三分之二；古巴在美國革命時期也比麻州還要富有。[8]

薩克斯與其他作家提到的模式，說到世界上的有錢地區是在溫帶的北方氣候，只是一種現代的模式，因此是在工業革命之後才出現。另外，經濟理論通常會預測這些孕育出富裕農業社會的熱帶與亞熱帶地區，應該會有工業化的優勢，因為他們擁有最大量的勞力與資金。艾塞默魯、羅賓森與強生認為，這件事沒有發生也是因為制度，因為擁有高密度人口的古老富有地區吸引歐洲殖民主義者，他們強迫這些人成為奴隸，並建立剝削式的制度。這些制度阻礙了更開放、更競爭的市場經濟，也連帶壓抑工業的發展。相對的，貧窮地區沒有這些過往，就沒有傳承到壞制度的煩惱，也能允許更有包容性的制度。

這些論點的共通之處就是，他們把政治制度的起源回溯到更廣泛的經濟因素，氣候與具體的地理條件，只是其中一個因素。雖然艾塞默魯與羅賓森批評像薩克森與戴蒙這樣的地理決定論者，但他們也承認，移民者的心理狀態最終還是地理因素的結果，例如適合礦業與農業的地方，出現的就是「剝削式」制度。地理與要素稟賦還是有一些決定性的影響力，但只在於影響一開始的政治制度，之後制度就會有自己的生命。因為技術的關係，氣候與地理的影響力會隨著時間產生明顯的改變。例如，如果沒有橫渡大西洋的貨船，就不會有加勒比海的糖品貿易；由於蔗糖的替代品甜菜被開發出來，蔗糖也愈來愈沒有競爭力。但是在這傳統中的所有作者都同意，制度本質的最後決定因素是經濟因素，其中包括地理、氣候、疾病；可以取得的資源，如勞力、珍貴金屬、雨量，以及栽種農業的可行性。他們很明確地指出，在解釋當代政治與經濟發展結果時，非物質因素例如觀念或意識形態、文化，或殖民社會的特殊傳統，都比較不重要。雖然這些人沒有一個是簡單的地理決定論者，但大部分的人，都支持經濟因素比文化因素對政治行為有更大的影響力。

一個、兩個、三個，多個決定論

經濟學家的很多論點受到相當大的批判，正是因為明顯的決定論說法。薩克斯似乎認為，單是因為住在熱帶地區或因為沒有辦法通往水道這些無法改變的因素，就會造成某些國家的貧窮與落後。批評家以新加坡與馬來西亞為例，這兩個國家都位在熱帶地區，且都經歷過剝削式殖民制度，但經濟發展卻非常成功，因此過去的經驗不一定能預測未來的發展。一般來說，大家並不喜歡這些論點，因為它否定了人類行為的可能性以及人類控制生存條件的能力。

但是在排除地理與氣候對影響制度的重要性之前，我們應該仔細思考幾個歷史因素。地理與氣候對初期的國家建立，是不可或缺的條件。本書上卷曾經提出，在世界各地出現的第一批國家，其實都處在非常特定的地理環境中。大部分都出現在河水的沖積谷地，包括尼羅河、底格里斯河與幼發拉底河、中國的黃河與墨西哥河谷，因為這些地方土壤肥沃，才能培養出高生產力的農業，並支撐高密度的人口。另外，這些谷地不能太大，也不能太小。如果太小，例如巴布亞紐幾內亞的很多谷地，以及東南亞的很多高地，就沒辦法支撐足夠的人口主導整個地區，也無法利用經濟規模，以建立國家層級的制度。另一方面，如果太大又開放，就無法防止奴隸或原來順從的民族逃走。部落社會很有平等精神，也能在很大範圍的領土上生活；但是國家不一樣，國家有強制性，且通常必須強迫百姓服從。人類學家卡內羅（Robert Carneiro）認為，某種程度的地理限制，是早期國家建立的必要條件。考古學家莫里斯（Ian Morris）也指出，在很多地理上不相連的不同文明，例如歐洲與中國，都有共同的環境條件（他稱為「幸運的緯度」）。[9]

關於全世界政治組織程度的分布情形，地理條件的確可以提供不少解釋。現在還有幾個部落級與游團級社群不願意被併入國家，但他們只在非常特殊的環境條件下生存，不是山區（阿富汗、東南亞高地）、沙漠（阿拉伯半島的貝都因人、撒哈拉游牧民族、喀拉哈里的孔桑族）、叢林（印度與非洲部分地區的部落），就是極端的極地環境（愛斯基摩人、加拿大非常北邊的因紐特人）。他們能存在，只是因為國家很難派部隊到這些地區。雖然現代人在巴布亞紐幾內亞已經定居超過四萬年，卻從未出現本土政權，這似乎和沒有大型且開放的沖積河谷有關，這裡只有數不盡的小山谷，但只有大型河谷才能支撐相應的大型文明。阿富汗數千年來都面臨一個不變的轉折點，即使經過一連串入侵者的努力，包括希臘人、波斯人到英國人、蘇聯人以及北約，但一直到今天，都未能團結成一個強大的中央集權的國家。山區地形以及被強大的伊朗、俄羅斯與印度包圍在內陸，似乎可以解釋這種結果。[10]

具體的地理條件也會影響集權與民主是否出現。不過，它影響的機制並不在經濟學家的任何討論之內，而是孟德斯鳩提出的因素，和特定地形是否適合軍事征服與防衛有關。經濟學家似乎相信，政治力量是出自經濟力量，且是為了服務經濟利益而存在。但是政治力量通常存在於較優越的軍事組織，因此是領導力、道德、動機、策略、後勤，當然還有技術的產物。資源理所當然是軍事力量的重要成分之一，但經濟力量並不會直接轉化為軍事力量。將近二千年的時間，馳騁於中亞大地上的馬背上的部落，能夠征服比他們更富有且組織更複雜的定居式農業文明。這些族群中最有名的就是蒙古人，他們在十三世紀初期，就把領土擴張到亞洲內陸，征服今天的俄羅斯、烏克蘭、匈牙利、波斯，以及整個中國的宋朝、地中海東部地區，以及印度北部。

這些征服行動能成功，有兩個物質因素：第一，馬匹的馴化。就像戴蒙提到的，這在新大陸是前所未聞的事，直到西班牙人引進，當地人才知道；第二，歐亞大陸大部分是相對平坦且開放的平原。蒙古人能有非凡的移動能力，是因為他們的後勤補給不是靠厚重的火車運輸，而是以掠奪者的姿態，在攻擊富裕的文明時，同時由這些地區供應吃喝。知名的阿拉伯歷史學家赫勒敦（Ibn Khaldun）指出，游牧民族入侵並戰勝農業文化，形成文明繁榮與衰敗的循環，並形成中東、中國以及其他中亞地區的特色。

但是成功擋住這些馬背上的民族，也是靠具體的條件。蒙古人到了歐洲，最後遇到一連串的山脈，更重要的是一大片濃密的森林，終於擋住馬匹的快速移動。到了印度，在恆河平原的燠熱與潮溼中，蒙古人的弓層層剝離，發揮不了戰力。到了西非，這些騎馬或騎駱駝的人的征服行動，則被采采蠅擋住，因為采采蠅在森林裡害死他們的戰馬。這也解釋了分隔西非北邊的穆斯林國家，例如奈及利亞、貝南、多哥、迦納與科特迪瓦共和國，以及南邊的基督教與泛靈論國家的界線。[11]來自中亞的野蠻人征服歐洲的行動，直到歐洲人採用火藥與大炮，讓士兵能在防守位置遠距離大量毀滅騎兵才終於停止。

地理與科技條件對政治的衝擊，也發生在採取不同政治途徑的俄羅斯、波羅的海國家與東歐。俄羅斯在一二三〇年代被蒙古統帥拔都與速不台征服，接下來的二百五十年就是所謂的蒙古統治期間。蒙古人對俄羅斯子民的福祉沒有特別的興趣，因此只成立一個掠奪式的政府，由一群當地俄羅斯執行者負責收取貢品。蒙古人摧毀了以基輔羅斯（Kievan Rus）[12]為基礎的初期國家，並切斷俄羅斯與拜占庭、中東與歐洲的貿易與知識交流，還破壞俄羅斯的拜占庭－羅馬法律傳統。蒙古人入侵之後，俄羅斯進入所謂的封地時期，權力被分散給數百個封地，政治發展又大幅倒退。但並未發展出穩固的封建制度，因為在西歐，封建制度會讓當地擁有強勢的政府。事實上，在這段時間根本沒有足夠的時間興建強固城堡，也就無法保護各地的封建力量。

當俄羅斯最後凝聚成強大的集權國家，而且權勢遠遠大過任何西歐專制政體，地理條件也產生很關鍵的作用。莫斯科大公伊凡三世（Ivan III，西元一四四〇至一五〇五年）期間，留里克（Rurik）王朝開始把權力集中，伊凡三世也進行大規模的領土擴張。開放的俄羅斯大草原，加上相對弱勢的貴族階級，給俄國人強大的先發優勢。俄國人組織一支像蒙古人輕騎兵的中型部隊，俄國沙皇所向披靡，直到遇到組織更良好的波蘭與立陶宛人，以及南部的土耳其人。至於在西歐的政治自由發展上極為重要的獨立商業城市，例如諾夫哥羅德（Novgorod），則戰敗並臣屬於莫斯科的集權控制。

因此，當孟德斯鳩說：「自然的分界在恰當的範圍內形成很多國家。」就表示孟德斯鳩對於地理條件對歐洲政治發展的影響具備深刻的洞察力。和非洲不一樣，歐洲的地理條件促成強勢的國家。因為國家之間的政治競爭需要有良好法律的強勢政府，沒有這些地理條件，「國家就會沉淪、衰敗，並成為鄰國覬覦的目標。」從另一方面來看，歐洲的大河、山脈與森林，也讓任何一個政治實體很難主導整個局勢。因此，沒有一個征服者能夠鎮壓整個歐洲，讓歐洲臣服於像中國皇帝或俄國沙皇一樣的單一政治權威。地理條件對歐洲的自由有貢獻的另一個幸運例子是，在歐洲大陸旁邊一個很難征服的大型海島，它積累了巨額的財富與海軍實力，一直能夠抗衡那些想要主導整個歐洲的強權，例如英國在十五世紀末就成功抵抗西班牙艦隊，在十七世紀又擋住法國路易十四的擴張主義，十九世紀初的拿破崙，還有二十世紀的希特勒，也是如此。

三個地區

接下來的章節，我將會追溯開發中世界三個地區的政治制度發展；拉丁美洲、漠南非洲，以及東亞。

東亞當然是今天最閃亮的明星，日本、韓國、臺灣、香港以及新加坡，都已經進入已開發國家俱樂部，而中國正在取代美國成為全世界最大經濟體的路上。對比起來，漠南非洲是最貧窮的地區，雖然在二〇〇〇年代，有幾個國家表現相對良好。拉丁美洲則介於中間，充滿了世界銀行所謂的「中等收入國家」，例如墨西哥、巴西與阿根廷，但除了智利可能是其中的例外，似乎沒有一個準備好在很快時間內達成歐洲、北美洲或東北亞的高收入水準。

就像經濟學家主張的，這些經濟成長的結果的確與殖民主義遺留下來的制度有關。殖民列強一開始能建立的制度，受到地理與氣候很大的影響。但地理不會決定命運，在每一個地區都有很多重要的案例，他們能擺脫鄰國的命運，並因為其他因素而表現得更好或更差，例如意識形態、政治、以及個別領導人所做的選擇，把社會轉向新的發展途徑。

另外，普遍來看，和殖民主義有關的文獻資料太側重殖民的遺制。但是當代的制度成果，以及當代的經濟成長結果，不只受到殖民列強的政策影響，也受到之前就存在的固有制度的本質影響。特別是現在表現特別優異的東亞，是因為很多東亞國家在接觸西方之前，就發展出強大的現代政府。在中國與日本，強大的現代政府抵擋了外國列強的全面征服。相反的，漠南非洲被歐洲征服時，半數的非洲大陸仍是部落組織。在那裡的「政府」非常原始且孱弱。因此，殖民列強無法建立在強大的固有政府傳統之上。拉丁美洲仍是位在中間：西班牙在墨西哥與秘魯遭遇大型的帝國與集中的人口時，這些政體並沒有看起來的那麼令人畏懼，而且從中國的角度來看，一點都不現代。他們甚至在疾病侵襲之前，幾乎是立即潰敗並且沒留下任何制度殘餘。因此，新的殖民列強得以自由地在新大陸的土地上，建立它們自己的封建制度。

注釋

1 想參考社會達爾文主義或生物作用對人類行為的影響，參見本書上卷第二章。

2 最近連結地理與經濟成長的研究概論，參見 World Bank, *World Development Report 2009: Reshaping Economic Geography* (Washington, D.C.: World Bank, 2008).

3 Jeffrey Sachs, "Tropical Underdevelopment," (Cambridge, MA: National Bureau of Economic Research Working Paper No. 8119, 2001); John L. Gallup and Jeffrey D. Sachs, "The Economic Burden of Malaria," *American Journal of Tropical Medicine and Hygiene* 64, (no. 1–2) (2001): 85–96.

4 Jared Diamond, *Guns, Germs, and Steel: The Fates of Human Societies* (New York: Norton, 1997). 編注：中文版《槍炮、病菌與鋼鐵：人類社會的命運》（新版）由時報文化出版，二〇一九年八月十三日。

5 案例參見 North and Thomas, *The Rise of the Western World*.

6 Stanley L. Engerman and Kenneth L. Sokoloff , “Factor Endowments, Institutions, and Differential Paths of Growth Among New World Economies: A View from Economic Historians of the United States,” in Stephen Haber, ed., *How Latin America Fell Behind: Essays on the Economic Histories of Brazil and Mexico, 1800–1914* (Stanford, CA: Stanford University Press, 1997); Stanley L. Engerman and Kenneth L. Sokoloff , “Factor Endowments, In equality, and Paths of Development Among New World Economies,” *Economia* 3, (no. 1) (2002): 41–101. Stephen Haber根據平均雨量也得出類似的例子，他認為，雨量適中的地區比較可能產生民主政府，因為這種氣候會鼓勵小農經濟，以及更平等的土地分配，因此也有更平均分配的政治權力。雨水有限的沙漠地區以及雨量太大的熱帶地區，都不可能支撐這種農業。Stephen Haber, “Rainfall and Democracy: Climate, Technology, and the Evolution of Economic and Political Institutions”(unpublished paper, August 24, 2012).

7 Daron Acemoglu, Simon Johnson, and James A. Robinson, “The Colonial Origins of Comparative Development: An Empirical Investigation,” *American Economic Review* 91, (no. 5) (2001): 1369–401. 另參見Acemoglu and Robinson, *Why Nations Fail.*

8 Daron Acemoglu, Simon Johnson, and James A. Robinson, “Reversal of Fortune: Geography and Institutions in the Making of the Modern World Income Distribution,” *Quarterly Journal of Economics* 107 (2002): 1231–94; David Eltis, Frank D. Lewis, and Kenneth L. Sokoloff eds., *Slavery in the Development of the Americas* (New York: Cambridge University Press, 2004), pp. 1–27; Eric E. Williams, *Capitalism and Slavery* (Chapel Hill: University of North Carolina Press, 1994), pp. 51–84.

9 此理論與其他理論參見本書上卷第五章；Robert L. Carneiro, “A Theory of the Origin of the State,” Science 159 (1970): 733–38; Ian Morris, *Why the West Rules—For Now* (New York: Farrar, Straus and Giroux, 2010). 編注：中文版《西方憑什麼：五萬年人類大歷史，破解中國落後之謎》由雅言文化出版，二〇一五年三月二日。

10 東南亞政府無法收服內陸地區，參見James C. Scott, *The Art of Not Being Governed: An Anarchist History of Upland Southeast Asia* (New Haven: Yale University Press, 2009). 編注：中文版《不受統治的藝術：東南亞高地無政府主義

的歷史》由五南出版，二〇一八年九月二十五日。

11 Jack Goody, *Technology, Tradition, and the State in Africa* (Oxford: Oxford University Press, 1971); Jeffrey Herbst, *States and Power in Africa* (Princeton: Princeton University Press, 2000), pp. 39–41.

12 譯注：是維京人建立並以東斯拉夫人為主的東歐君主制國家，在八八二到一二四〇年，以基輔為首都。國家的正式名稱為羅斯，羅斯意指維京人的後裔。十九世紀時，俄羅斯史學界為了強調這段時期的國家中心是基輔，才創造基輔羅斯一詞。

第十六章　金銀與糖

資源與人口如何影響新大陸的制度；西班牙制度的本質，以及為什麼馬德里想要改變它；傳承的階級架構與族群地位如何削弱法治與問責。

拉丁美洲是被歐洲人殖民的第一個非西方世界地區，它也是有關政治制度起源的當代經濟理論一開始發展的地方。在這地區，大部分國家都建立威權與高度不平等的政治制度，且被歸因於「剝削式」經濟生產的本質，這種經濟本質則與當地的地理、氣候、資源與其他物質條件有關。根據這個觀點，制度的特色延續好幾個世紀，甚至延續到原始的經濟與技術條件改變之後。北美洲則出現不同類型的政治制度，更民主、更平等、經濟也更自由，表示北美的農業生產形式有其不同的條件。

這個基本描述是正確的。一直以來，拉丁美洲的特色就是不平等，這種「先天缺陷」至今仍未康復。但是制度起源的經濟詮釋還不夠完整。拉丁美洲的制度其實被過度解釋，亦即威權與不自由的特徵有很多原因，不只是簡單存在於殖民主義者建立的物質條件。並非只要條件是對的（例如西班牙人與葡萄牙人在歐洲已經建立自由且平等的制度）就能把它直接移植到新大陸，但他們的確是想要在殖民地上重建自己的政治制度的新版本。西班牙在十八世紀的波旁王朝時，發生一連串溫和的自由改革，家鄉的環境變得更自由化之後，出口到美洲的制度類型也跟著自由化。

因此，北美與拉丁美洲真正的差異不是因為一開始的制度條件，而是後來發生的事。十六世紀初所有的歐洲國家，包括英國，都是威權且不平等的科層組織。但這些國家在接下來的兩百年，歷經一連串的暴力戰爭與革命之後，首先產生一系列強大且團結的現代國家，接著促成政治制度的變革，最終建立現代的民主制度。有時候就像福爾摩斯說的「沒有叫的狗」，在解釋後續事件的發展時，沒發生的事和已經發生的事一樣重要。在拉丁美洲也有一隻沒叫的狗，就是影響西歐國家與國家認同、大規模且持續性的政治暴動，竟然沒有震撼新大陸。從一方面來說，這是件好事，拉丁美洲比起歐洲或亞洲，一直都是比較和平的大陸。但從另一方面來說，它的政治制度發展也因此更慢，威權政府與社會不公的古老形式，也因此持續得更久遠。

剝削

西班牙人征服新大陸的動機，並不像十九世紀末歐洲人在非洲是基於帝國擴張的策略性理由，也不必然是想把生活方式強行帶到那裡。他們是因為想要致富才到這裡建立殖民地，也是因為這個理由，他們才會受到這個地區的吸引，因為這裡已經非常富有，而且人口稠密，就像阿茲特克與印加帝國在墨西哥與秘魯的所在地。阿茲特克首都特諾奇提特蘭（Tenochtitlán，今天的墨西哥市）

所在的墨西哥谷地，在科爾泰斯（Hernando Cortés）[1]遠征時可能已經住了一百萬人，周圍的鄉下地方還有幾百萬人。從厄瓜多延伸到智利北部的印加帝國，則住了將近一千萬人。西班牙在墨西哥與秘魯設置兩個轄區，因為他們在當地發現寶貴的金礦與銀礦，而且可以把密集的人口當成卑賤勞力的來源。

西班牙人一開始光是掠奪這些帝國的財富就變得很有錢（印加統治者阿塔瓦爾帕〔Atahualpa〕被告知，只要把一個很大的房間填滿金銀就可以保命，他照做了，之後西班牙人一樣殺了他）。資源耗竭之後，他們就設法發現新的資源，例如墨西哥薩卡特卡斯州（Zacatecas）的銀礦、秘魯萬卡韋利卡（Huancavelica）的水銀礦，以及安地斯山脈高山上的波托西（Potosí）銀山（當時在秘魯北部，今天的玻利維亞）。

在法律上，當地住民被認為完全附屬於西班牙國王，他們的財產也受到和歐洲人一樣的法律保護。西班牙實施的制度稱為委託監護制（encomienda），由西班牙國王授與征服者管理當地族群，但不包括土地的權利，是一種奴隸制度的替代選項。在這個制度下，當地住民可以得到溫和專制的保護。在某些情況下，教會也和當地西班牙王權的代表聯手，試著保護當地人不受移民的虐待。但在實務上完全看不到這些法律的保護，而且奴隸制度變成西班牙移民社區非常普遍的做法。十六世紀末，在德托萊多（Viceroy Franciscode Toledo）治理之下，印加的徭役制度（mita）變成更惡劣的強迫勞役制度，工人必須長時間離開自己的社區，在礦區忍受極端危險的環境。由於當地人口持續減少，殖民當局就強制安置人口，叫做歸化區，以便更能控制與徵召勞動力。[2]

拉丁美洲的菁英就是西班牙的殖民當局，叫做半島人（peninsulares）與白人移民，也被稱為克里奧耳人。西班牙一開始的委託監護制政策是保護財產但不給移民土地的權利，即為了避免形成擁有土地的貴族。但是克里奧耳人出現之後成為主要的地主，這個過程由於從西班牙傳來的長子繼承制（mayorazgo）而加速，這個制度讓擁有土地的家族可以集中並擴大持有的土地。地主通常住在城市而不是自己的莊園，農民則被代表有錢地主利益的管理人控制，這也是從西班牙帶來的作風。

有一部分的菁英則是商人，在重商主義原則下，因西班牙國王允許貿易壟斷權而得利。地主與商人是共生關係，商人出口地主生產的產品到受保護的市場，也因此保障地主可以得到穩定的收入。這些都市與商人菁英，後來也從愈來愈疲弱的哈布斯堡殖民政權中買到頭銜與官職，並繼續鞏固自己的權勢，和法國與西班牙舊制下的菁英做法非常類似。[3]

美洲的族群與種族也強烈深化階級的差異。歷史學家費爾德豪斯（David Fieldhouse）指出：「由於墨西哥與秘魯的各民族填滿了歐洲勞動階級的角色，西班牙裔的美洲人就沒有扮演無產階級的空間；這一點把西班牙殖民區與北美洲的殖民區明顯區隔開來，西班牙殖民區是『純粹』歐洲的。」[4]

階級差異與族群種族差異也有重疊，並清楚區分窮人與有錢人。但由於通婚的程度，在白人到黑人之間形成一個漸層的膚色差異，不同膚色的細微差異成為社會階梯的明顯階級。在過去幾百年，就是這種社會階層影響這個地區的政治制度，而且在很多方式上仍持續到今天。

種植園的奴隸制度情結

如果有個地方的氣候與地理條件對政治制度有直接的意義，應該就是那些把農產品（特別是糖）出口到歐洲的種植園情結（planation complex）。糖和小麥與玉米這類農作物不同，不適合家庭經營。家庭無法靠糖為生，所以只能單純作為出口的農產品。且糖需要在靠近生長的地方加工，還要大量的資本投資，並且有經濟規模的好處。另外，它在潮溼、炎熱的地區長得最好，也就是熱帶與亞熱帶地區。糖料作物一開始是在十五世紀的葡萄牙與南歐栽種，但很快就移到葡萄牙的西非殖民地聖多美。在那裡，因為剛果與貝南王國就近提供勞力到糖料作物種植園，糖開始和非洲的奴隸產生命運的糾結。[5]

歐洲人在十五世紀末抵達西非之前，西非的奴隸制度就已經有好幾百年的歷史。由於從北非到中東的跨撒哈拉貿易活動，葡萄牙人在那裡發現現成的奴隸來源，就把他們送到聖多美的種糖園。一四九四年，《托爾德西亞條約》（Treaty of Tordesillas）[6]給葡萄牙一塊土地的所有權，也就是後來的巴西，這套勞工制度也順理成章出口到南美洲。但此地不像墨西哥與秘魯，葡萄牙人在他們新大陸的土地上只發現很少量的金銀礦產，也沒有發現集中的人口。但是巴西的東北邊有生產糖料作物的完美氣候，於是葡萄牙人很快就把作物從非洲帶過來種。另外，由於盛行風讓由西到東的旅程更容易，因此從西非運送奴隸到巴西這個剛成立的殖民地，也容易很多。相對的，更北邊的大西洋吹的盛行風則是反方向。由於熱帶地區產糖的環境惡劣，奴隸人口的自然生育率不夠用，所以就發展出三角貿易：奴隸出口到巴西，糖與糖類產品例如蘭姆酒（rum）則出口到歐洲，然後歐洲生產的商品就賣到非洲，以交換更多的奴隸。

因此，雖然巴西現在是新興市場金磚俱樂部的特許成員，也是拉丁美洲的工業發動機，但一開始卻是依賴奴工的種植園殖民地。葡萄牙人統治巴西時，並沒有西班牙人統治墨西哥與秘魯的權力或資源。它給一群「受贈的首領」權力與土地，讓他們在他們控制的領土上成為實際的統治權力。這些轉讓的土地非常大，沿著海岸線約一百三十英里，而且向內陸綿延大約五百英里。因此，實權掌握在一群擁有奴隸的強大地區性農場主階級，十六世紀結束時，這些人在相對分散的政治制度中已經累積相當的政治權力。[7]

第二個階段是發生在加勒比海的糖革命，當地的環境與貿易對出口到英國或其他北邊的歐洲國家比較有利。哥倫布遇到的卡里布人（Carib）與阿拉瓦人（Arawak）很早之前就因為疾病侵襲而消滅了，少數的後代也和移民同化，和白人與奴隸都有。十六世紀中開始，巴貝多與向風群島和背風群島（Windward and Leeward Islands）[8]成為大型出口產業的中心，之後並向西轉移到法國殖民地聖多明各（Saint-Domingue，今天的海地）、牙買加、波多黎各與最後的古巴。英國、法國、西班牙、荷蘭，甚至丹麥都參與了當地殖民與建立種植產業的過程。一開始，投資這些種植業的商業公司還願意用白人契約工，但它們發現非洲奴工比歐洲人對當地疾病有更強的免疫力，而且能在更惡劣的環境下工作。這並不是指非洲人在新大陸適應良好，就像在巴西，奴隸人口的自然生育率也無法補足人手，所以才要依賴不斷從非洲進口的新人。最後，在一六〇〇到一八二〇年之間，運送到美洲的非洲人數是歐洲白人的五倍。[9]奴隸因此成為橫渡大西洋之間，發展快速又不可或缺的商業經濟。從英國奴隸殖民地出口的產值，幾乎是從非奴隸地區出口產值的十倍。[10]

因此，在科廷（Philip Curtin）所謂的「種植園情結」與其大量生產的奴隸制度中，氣候與地理條件有非常明確的作用。一開始對於哪裡會出現奴隸制度，殖民列強本身的特色並未造成差異；比較自由的英國與荷蘭，就像威權的西班牙人，一樣熱切地成為這場交易的參與者。

另外，美國南方的奴隸制度與棉花，也能證明實際環境對制度的重要性。獨立戰爭期間，奴隸理所當然遍布於美國，也包括北邊的殖民地。但當時很多人都認為，這是一個即將消失的制度。雖然華盛頓與傑佛遜都蓄奴，但是利用奴工種植菸草與小麥等農作物的經濟型態，並不特別受人歡迎。

但在十九世紀開始，由於英國紡織業對大量生棉的需求大幅增加，加上發明軋棉機，美國南部的棉花種植範圍擴大，一切就變了。棉花和糖一樣，有大範圍種植的規模經濟效益，因此對奴工的強烈需求再度流行起來。和加勒比海與巴西不一樣的是，奴隸族群在美國大陸的生育狀況良好，因此即使在一八〇七年結束奴隸貿易之後，奴工人口仍然持續成長，並逐漸形成當地資本的主要來源。

對於北美洲的奴隸經濟，經濟學家一直有漫長且尖銳的爭論。附和內戰之前對奴隸制度的批判，有些人認為這個做法非常沒有經濟效益，無法在相同條件下和自由勞工競爭，因此在自由市場的條件下就會自己消失。幾個馬克思主義的歷史學家則認為，內戰本身並不是因為有關奴隸的道德考慮，而是因為自由工與奴工的競爭而發動。不過持平來看，直到內戰期間，依賴奴隸的種植產業是一種完全競爭的形式；另外，相對於北方，南方的每人平均收入直到戰爭結束並廢除奴隸制度之後才開始下降。[11]

北美洲奴隸制度出現的強大經濟利益，很快凌駕英國移民帶過來的任何民主與平等政治傾向。在內戰之前，對這個「特別的制度」持支持態度的南方人，開始提出很多新奇的論點，包括引用

《聖經》裡有關種族自然秩序的論點，以及簡單的科層式製造業傳統與種族統治論。林肯則強調這些理論和美國建國主張「人生而平等」的矛盾，但仍然無法防止經濟利益凌駕建國原則。

原有的制度

拉丁美洲制度發展的一大難解之處就是，為什麼歐洲人來之前的當地政治制度，對於之後的發展不能發揮更大的作用？目前拉丁美洲的制度，不管是直接從歐洲進口，或因應環境從頭建立，大部分都是由歐洲移民主導。在熱帶非洲以及東南亞的大部分區域，因為疾病的因素，歐洲人能住的地方有限，在加勒比海地區也一樣。但在其他地方，例如南亞、中東、東亞，歐洲人居住的範圍比較大，只有遇到大型且通常組織良好的當地住民，歐洲移民才會受到阻礙，降低居住範圍的擴大速度。因為這些當地住民除非遇到非常大的困難，否則不會輕易離開，讓出土地。在西班牙新大陸帝國的核心地帶，也就是墨西哥與秘魯，限制定居範圍的因素並不是讓移民生病的疾病，而是組織良好的當地人口。和北美的游牧部落，以及在阿根廷與智利抵抗白人的馬普切人（Mapuches）比起來，阿茲特克人與印加人是複雜的國家級社群，而且也有中央的權威管理廣闊的土地。但是，根據普雷斯科特（William Prescott）與戴蒙所寫的，這股力量崩毀的速度與澈底，實在令人震驚。[12] 皮薩羅（Francisco Pizarro）率領的西班牙軍隊只有一百六十八名，卻打敗印加國王阿塔瓦爾帕指揮的大約八萬大軍，而且西班牙軍隊沒有一人傷亡。

戴蒙把這次成功歸因於幾個技術性因素，例如西班牙人用馬、毛瑟槍、用鋼鑄造的刀劍，這些印加人都沒有，再加上一點意外。由於西班牙人帶來舊大陸的疾病，這也是最為人熟知的，疾病無情蹂躪當地族群，當地住民最後死了百分之九十。[13]

但是，這個對於阿茲特克與印加崩潰的說法，可信度存疑。政治學者馬洪尼（James Mahoney）指出，歐洲人帶著相同的技術優勢，面對美洲其他地方的原始部落時，卻花了數十年才打勝仗。疾病當然是長期下來當地文明最終消失的一個因素，但毀滅性的人口減少是十六世紀下半葉才開始發生，已經是阿茲特克與印加人的政治制度衰敗很久以後的事了。真正的原因似乎是政治與制度的本質。雖然這樣說有事後諸葛的風險，但它們的澈底崩毀也暗示這兩個文明都不像表面看起來制度化。

把阿茲特克或印加政府和中國發展出來的政府相比，就可以看得很清楚。中國的政府在東周時期逐漸從部落社會發展出來，特別是在戰火頻傳的春秋與戰國的五百年之間（西元前七七〇到二二一年）。這段期間結束時，中國北方政治單位的總數，從約一千減少到只剩下七個，其中每一個都發展出集權的文官制度。中國在秦朝與西漢時統一，秦朝在西元前二二一年掌權，西漢則是西元前二〇二年。在秦與西漢統一期間，中國不只有戰國七雄的殘餘勢力，遍及全國各地還有孤立的部落與貴族的影響力。漢代的官僚，以西邊的秦朝政府為範本，幾乎花了兩百年才完全鎮壓這些抵抗勢力，並建立統一的現代行政制度，統治的人口和同時代的羅馬帝國一樣多。

原本位於新大陸的帝國，其政治發展程度似乎有點像東周中期的某一個時間點，而不是成熟的漢朝。阿茲特克與印加帝國的組織方式，還是根據地方層級的環節性家系與部落結盟。例如印加領土上的阿伊魯人（Ayllu）[14]，是一個存活到今天的社群，分布在玻利維亞與秘魯的高地。這些帝國的種族高度多元，並說著類似但通常無法互相理解的語言。遇到科爾泰斯之前，阿茲特克已經透過征服建立好幾百年，而印加帝國在西班牙人抵達前才不過數十年歷史。兩個帝國都是靠鎮壓來維繫，值得一提的是，阿茲特克還把附屬臣民用作活人牲祭。這讓西班牙人很容易找到在地的盟友，他們都想要為自由而戰，擺脫原有的統治者掌控。科爾泰斯因此和特拉斯卡拉人（Tlaxcala）與托托納克人（Totonacs）結盟，以數萬名的當地部隊攻擊特諾奇提特蘭。皮薩羅在秘魯也是一樣，他抵達時，阿塔瓦爾帕與瓦斯卡爾（Huáscar）兩位王子，才剛結束爭奪薩帕印卡（SapaInca）王位或首領地位的血腥衝突。和在墨西哥一樣，西班牙人可以操弄印加的分裂。西班牙人的當地盟友，最後在戰勝阿馬魯（Túpac Amaru）時是不可或缺的力量。阿馬魯是十八世紀的印加王子，他當時想重新集結最後的抵抗力量。在今天的秘魯，阿馬魯仍是讓當地人感到驕傲的一位象徵人物。

雖然阿茲特克與印加帝國有時候被描述為「科層的」組織，但其行政機關發展的程度，遠遠比不上中國在西漢中期達到的水準。也許，這件事最清楚的指標就是語言。西元前十一到十七世紀期間，也就是周朝之前的商朝，中國的行政官員已經可以用文字紀錄，並互相溝通。相較起來，阿茲特克的書寫形式很難令人理解，有時候被形容為是一種類文字的形式，在進行儀式時也許很有用，但無法在整個行政官僚體系中作為日常的溝通工具。印加則完全沒有書寫的文字，雖然他們有彩色的線條系統，也就是結繩文字，用來記錄和數量有關的資訊。除此之外，他們仰賴說蓋楚瓦語（Quechua）的跑者，到帝國遙遠的地方傳達訊息。這意味著，這兩個在地的固有文明都無法形成像中國經典一樣的文集，這不只是文官教育的共同課程，也是共同文化認同的基礎。更不用說，新大陸的文明沒有一個能像中國，有能力掌控各自的社會，能公布書寫的法典，還能由複雜的文官行政體系來執行法律。[15]

因此，存在於墨西哥與秘魯的文明型態，可能更接近西元前三世紀孔雀王朝的印度，而不是同時期的秦漢文明。孔雀王朝在阿育王時期成功以武力統一北邊三分之二的次大陸土地，但在三代之後就沒落了，因為他們一直無法建立有力的行政組織。就像印加人，他們也沒有書寫的行政文字。[16]

雖然兩個新大陸的古老帝國都有廣大的領土，但仍然非常弱勢。當西班牙人戰勝並殺掉軍事中心的象徵：蒙特祖瑪（Montezuma）與阿塔瓦爾帕時，帝國分崩離析，又回到種族與部落的狀態。很多附屬的團體把對原有統治者的效忠，直接轉移到對西班牙人效忠。早在當地人口因外來的歐洲疾病而蒙受災難性的削減之前，這一切就已經發生了。人口減少只是決定延續下來的制度的命運罷了。

墨西哥的人口從科爾泰斯抵達時的一千萬人，到一五八五年只剩下二百萬人，到十六世紀初又只剩下一百萬人。秘魯人口在被征服之前是九百萬人，一五八〇年縮減到一百萬人，到一六二〇年就只剩下六十萬人。[17]

從墨西哥的亡靈節到阿伊魯人的氏族組織，形成安地斯山脈社會生活的特色，新大陸的固有文化對當代的拉丁美洲仍有很多影響力。但是在歐洲人出現之前，更高度的固有政治制度比起世界其他地方，特別是東亞地區，發揮的影響力就比較少。

決定拉丁美洲政治制度本質的不只是地理與氣候因素，西班牙人與葡萄牙人也致力於把自己的制度出口到殖民地。

弱勢專制統治

第一個殖民新大陸的西班牙哈布斯堡王朝，其特色是我在上卷提到的弱勢專制統治。西班牙國王在一五二〇年平定寇莫內羅叛亂（Comunero Revolt）之後，就削弱西班牙領主（代表大會）的權力，並把權力集中到王宮。但因為比起其他西歐地區，羅馬法在西班牙扎根更深，西班牙國王仍受到既有法律體系的強大限制。所以，查理五世在新舊大陸雖然擁有龐大的帝國，但只在卡斯提爾王國有合法的徵稅權。他在義大利與低地國家的戰費昂貴，全靠卡斯提爾王國承擔。十六世紀期間，他向外國銀行家借了很多錢，王室一再破產，還試著把貨幣貶值以符合稅收需求。最後，西班牙政府仿效法國，開始把公職賣給有錢菁英，不只把腐化的行為合法化，更因此削弱政府統一且公平執行權力的能力。西班牙政府不像強勢的專制政體，有足夠的力量與自主性管理這些菁英分子，反而慢慢受到菁英把持。[18]

在這種情況下，從新大陸得到金、銀的收入，對財政來說是不可或缺的。西班牙政府實施嚴格規定，限制經濟交易，也就是所謂的重商主義，誤以為這樣做就可以從殖民地得到最大的收入。新大陸產品只能出口到西班牙，而且只能到西班牙的一個港口，還被要求以西班牙貨船運送，更不准新大陸與西班牙的商品製造商競爭。就像斯密在《國富論》中說明的，重商主義產生極大的無效率，且對經濟成長非常不利。它也產生重大的政治後果：靠近市場以及從事有生產力的投資權利，被限制在政府支持的個人或企業。這意味著個人致富之路必須透過政府或必須取得政治影響力，就會產生尋租者而不是創業家心態，這些人的精力是用在尋找政治利益，而不是設立一家能創造財富的新公司。在此制度下的土地所有人與商人都變得很富有，因為他們都能從政府得到政治保護。

西班牙在新大陸早期的統治架構，是以西印度群島會議為中心的威權制度。這個單位與西印度群島貿易署一起監管經濟事務、擬定法律，到一六〇〇年大約發布四十萬條專制法令。這些行政機關還有一套平行的行政法院制度（audiencias）來制衡，成員為律師與法官，這群人不能與當地女人通婚，也不能參與主管地區的政治。[19]十六與十七世紀時，由於財政限制，加上克里奧耳人因逐漸想在政府中擁有發言權而起身反抗，這個架構就垮了。

不管西班牙政府多麼渴望影響新大陸的制度，但它既沒有實力也沒有權威將其意志強加在殖民地上。有一句話具體點出問題：「可以服從，但法律我不遵守。」（Obédezcase, pero no se cumpla）西班牙人能從非洲摩爾人（Moors）手中收復伊比利半島，並不是靠現代化的政府，而是王室和很多具有冒險精神的人簽訂合約，這是一種自由契約，這些人只是執行這些合約而已。因此，包括征服阿茲特克的科爾泰斯，與征服秘魯的皮薩羅，都是近乎獨立的執行者。直到十六世紀的委託監護制度，西班牙讓移民控制當地族群而非土地，王室對這群移民才有比較好的掌控力。但此時位在歐洲伊比利半島上的西班牙政府日益衰弱，並從歐洲與地中海戰爭中累積巨幅的債務。西班牙經常販賣官職的做法，逐漸出口到新大陸殖民地，西班牙對當地的掌控力，也慢慢轉移到當地菁英手中。之前在選出來的政府組織，如軍團（regimientos）與鎮議會（cabildos），到一六〇〇年全部被西班牙國王賣掉，變成可以繼承的財產。政府的制度化因此轉向，從現代的文官制度又倒退到家產制。

在制度演變上，觀念也扮演重要的角色。在殖民統治的前幾個世紀，西班牙並沒有像霍布斯或洛克這樣的人告訴這些移民，他們身為人就應該擁有天生且完整的權利，他們有的是因繼承或買來的特殊封建特權。與英國在北美洲的移民相比，拉丁美洲的克里奧耳人更想要的是能保護自己的特權，而不是基本權利。[20]

但是就如馬洪尼指出的，大約在一六〇〇年開始自由化的波旁王朝時期，從西班牙出口的觀念又再次翻轉。一六五〇年代，由於伊比利半島上開始改革，西班牙王室也開始禁止販賣行政法院的席位，但當時大量的席位已經落入克里奧耳人之手。行政法院開始任用來自歐洲更專業的公職人員，當時歐洲官職是由政府指派，而不是自己花錢買的。從法國借來的監督官制度因此也推廣到殖民地，被指派的專業代表取代當地腐化的地方行政官（corregidores）與市長（alcaldes mayores）。透過查理三世的《自由貿易令》（Decree of Free Trade），廢除了限制出口到特定港口與船隻的舊規定，與北美洲的直接貿易合法化，因此貿易也自由化了。結果削弱了秘魯與墨西哥商人壟斷的力量，並在經濟體系內加入新的競爭成員。[21]

新制度的衝擊非常戲劇化。帝國重心從舊中心的秘魯與墨西哥，轉移到更南方、更少人定居的溫帶地區阿根廷與智利。阿根廷當時是秘魯總督轄區的一部分，一六七六年時成立自己的轄區。到了一八〇〇年，布宜諾斯艾利斯的人口成長到五萬人。重商主義消失之後，貿易量也巨幅成長，從一六八二到一六九六年，出口到西班牙的商品價值增加十倍。為了躬逢其盛，從歐洲來的移民開始把目的地轉到這些地區，並成立了和克里奧耳人與商人等舊菁英不一樣的社會團體。移民有比較自由的觀念，因此埋下保守與自由派激烈政治衝突的伏筆，這是獨立之後拉丁美洲的政治主題。[22]

美國與法國革命之後，觀念又發揮作用。因為平等觀念普及，奴隸制度也逐漸在道德上無法被接受。美國革命對美洲殖民地的奴隸制度沒有直接的影響，但它的確給了所有新大陸移民一種觀念：他們也可以脫離歐洲的託管，獲得自由。這件事造成法國的破產，並為一七八九年的大事奠定基礎。法國大革命立即且直接衝擊到擁有大量奴工的法屬聖多明各，一七九一年在盧維圖爾（Toussaint Louverture）領導下，法屬聖多明各爆發奴隸叛亂事件，並持續好幾個階段，直到一八〇四年，殖民地贏得完全的獨立，在奴隸的領導下成立新國家海地。英國國會在一八〇七年終止奴隸貿易，英國海軍在接下來的數十年都在非洲海岸執行這條禁令。宗教觀念也很重要，當時有些人改信福音派新教主義[23]，例如威伯福斯（William Wilberforce），他因為宗教信念而成立廢除奴隸制度促進協會。一直到一八三三年《奴隸廢除法案》，英國殖民地的奴隸制度才正式結束。美國是到了一八六五年《第十三條修正案》通過，才廢除奴隸制度。古巴則持續到一八八六年，巴西則到一八八八年。

拉丁美洲的先天缺陷

拉丁美洲有一個先天缺陷。西班牙人與葡萄牙人為了因應在當地看到的經濟機會，於是把本國的威權與重商主義制度直接移植到新大陸。這樣做的同時也複製伊比利亞半島上的階級架構，以及一套被菁英把持，最後完全無法掌控菁英的政治制度。但是，這個階級架構和歐洲本土的階級架構有很大的不同，在拉丁美洲很多國家，經濟階級與種族或族群的劃分一致，因此更難克服。

十九世紀初，拉丁美洲國家從殖民宗主國手中贏得自己的獨立地位時，他們也繼承這個遺產。這些新成立的獨立國家大部分的制度表面上都是議會制，但很多國家是以一七八七年美國建立的總統制為範本。但是這個地區的所有國家，除了非常少數的例外，在那之後維持經濟成長與穩定的民主都是很大的難題。

不穩定的政治以及長期不良的經濟表現，和根本的不平等問題有密切關聯。階級架構與不公平的資源分配造成激烈的政治對立，在十九世紀是民主派對抗保守派，二十世紀則是保守的政府對抗各種馬克思主義分子或民粹主義分子的反對派。經濟成長在拉丁美洲有幾個不同時期，特別是在十九世紀末與二十世紀中，有幾個國家在某個程度已經能夠消除和已開發國家的發展落差。但因為政治不穩定而中斷正常的經濟生活，早期的成果面臨倒退，因此再度出現發展落差。經濟菁英能掌控表面上的民主政治制度以維護自己的社會地位，但也阻擋很多人的經濟機會。[24]

歷史遺制的影響在墨西哥看得最清楚，墨西哥是西班牙哈布斯堡王國在新大陸的兩個象徵之一。十八世紀波旁王朝時的經濟自由化，只達到很有限的效果，因為墨西哥市的經濟菁英為了保護自己的地位，反對新的進入者而強力反抗。在鄉下也一樣，到處移動的薪資勞工制也不像阿根廷剛開放的土地上那樣成功建立。事實上，大部分的地主都能透過以勞役償債或其他半強制的方法，實際掌控大量農民。[25]

墨西哥獨立戰爭始於一八一〇年，這是一場由兩個教士與赤貧的追隨者發動的社會革命所引發的政治變局，過程極為漫長，也極為混亂（在接下來的章節將會詳細說明）。戰爭持續到一八二〇年代中期，並摧毀墨西哥的採礦業，也就是它主要的出口來源。[26]在這場動亂之後，墨西哥政治持續維持極不穩定的狀態，接下來的四十年爆發六場政變，由一些首領輪流掌權。

美國革命只是短暫地干擾經濟成長，但墨西哥的經濟一直沒有恢復，直到迪亞斯（Porfirio Díaz）的崛起。他統治這個國家總共三十五年（一八七六到一九一一年），被稱為波費理奧式（Porfiriato，譯注：以他的名字命名）的獨裁統治。由於他接手的是一個歷經數十年衝突與低成長、本質上破產的國家，因此非常需要經濟盟友。他讓他們成立銀行業，少數和政府有關係的銀行就可以賺很多錢。這讓政府有資源可以鎮壓非法，並帶來必要的政治穩定度。這為墨西哥帶來經濟成長時期，部分順利趕上北美洲，同時也出現較自由的新興勢力，例如阿根廷。但是迪亞斯並沒有建立開放自由的經濟制度，而是我們今天會說的權貴資本主義（crony capitalism）。在某些角度上看，它和舊的重商主義制度很類似，只是運作的是當地菁英，不是西班牙王室。[27]它對墨西哥大眾在經濟上與政治上的權力，一點都沒有幫助。因此產生的社會緊張在墨西哥革命時爆發，這場驚天動地的事件，導致迪亞斯在一九一一年被推翻，並持續到一九一六年。事實上，這個國家直到一九四〇年代革命制度黨出現之前，並沒有真正的安穩日子，這也意味著經濟成長嚴重停滯倒退了一整個世代。

接下來統治墨西哥政治的都是革命制度黨，直到二〇〇〇年總統大選輸給敵對的國家行動黨（Partido Acción Nacional）候選人福克斯（Vicente Fox）。一九五〇與六〇年代，特別是經濟成長強勁的年代，墨西哥再次消除它與美國的發展落差，但是根本的不平等與階級問題並沒有解決。革命制度黨的確有很重大的成就，例如它在一九三〇年代進行一次打破墨西哥大莊園的重大改革，而且一樣重要的是，藉著回復前哥倫布時期的象徵，建立了一股強大的國家認同意識。但它是藉由侍從主義的做法，分配政府資源給偏好的政治團體，因此也限制了競爭，並妨礙墨西哥發展出強大且有競爭力的私部門。雖然墨西哥的經濟已經非常自由化（尤其是在一九九四年的北美自由貿易協定之後），但市場仍由少數大廠商控制，貿易也受到新重商主義思維的限制。睽違十二年之後，革命制度黨在二〇一二年重回皮諾斯（Los Pinos），這一次希望能對嚴肅的結構性改革計畫，包括能源產業的自由化有更大的決心。（編注：二〇一八年大選，由國家復興運動黨勝選。）

氣候與地理是拉丁美洲原始資源的先天缺陷。西班牙人在墨西哥與秘魯建立剝削式的奴隸經濟，並在各地留下不公平的遺制，這種影響延續到最後一座銀礦場關閉之後，也推遲了發展開放經濟的進度。

不過，雖然這些物質條件影響了拉丁美洲政治制度的本質，但物質條件並未決定一切。如同歐洲的經驗，正式的制度依然隨著時間往民主方向演變。依然持續不變的是這個地區的階級結構，它把人分為較白、較有錢的菁英，與較窮、較黑的大眾，就是這個階級結構影響了正式制度運作的方式。也就是說，十九世紀與二十世紀出現的正式民主，並不一定會賦予一般大眾權力，而是讓菁英繼續間接主導讓社會維持現狀的民主政治制度。

注釋

1 譯注：征服阿茲特克的西班牙人。

2 J. H. Elliott, *Empires of the Atlantic World: Britain and Spain in America, 1492–1830* (New Haven: Yale University

Press, 2006), p. 23; James Mahoney, *Colonialism and Postcolonial Development* (New York: Cambridge University Press, 2000), pp. 69–70; D. K. Fieldhouse, *The Colonial Empires: A Comparative Survey from the Eighteenth Century*, 2nd ed. (London: Macmillan, 1982),pp. 22–23.

3 Elliott, *Empires of the Atlantic World*, pp. 41–42; Mahoney, *Colonialism and Postcolonial Development*, p. 63.

4 Fieldhouse, *Colonial Empires*, p. 14.

5 Philip D. Curtin, *The Rise and Fall of the Plantation Complex: Essays in Atlantic History*, 2nd ed. (New York: Cambridge University Press, 1998), pp. 16–25.

6 譯注：哥倫布在一四九二年發現新大陸不久，葡萄牙和西班牙就開始經濟冷戰。為了避免頻繁的爭端引向戰爭，在教宗亞歷山大六世仲裁下緊急簽署的條約，把世界劃分為兩個貿易及勢力地帶。

7 Philip D. Curtin, *The Rise and Fall of the Plantation Complex: Essays in Atlantic History*, 2nd ed. (New York: Cambridge University Press, 1998),, pp. 42–45; Thomas E. Skidmore and Peter H. Smith, *Modern Latin America*, 6th ed. (New York: Oxford University Press, 2004), pp. 22–26.

8 譯注：在帆船時代，從歐洲到美洲的最快路線，是乘著加那利寒流抵達西非後向西，乘北赤道暖流橫渡北大西洋，最後抵達小安地列斯群島的多米尼克與馬提尼克島附近。東加勒比海盛行由東北吹向西南的「貿易風」（東北信風），由於是順風路線，故西班牙殖民者命名為向風群島，具有地理意義。後來英國殖民者後來居上，控制向風群島，為方便管理將其分為北部的背風群島和南部的向風群島（無地理意義），並逐漸為國際所通用。以多米尼克與馬提尼克島之間為界，以北稱作背風群島，以南稱為向風群島。

9 Gavin Wright, *Slavery and American Economic Development* (Baton Rouge: Louisiana State University Press, 2006), p. 14. Philip Curtin 指出，巴貝多糖島在一六八〇年代的人口比麻州或維吉尼亞州多，而且比英國密度高四倍（*Rise and Fall of the Plantation Complex*, p. 83）。

10 Wright, *Slavery and American Economic Development*, p. 16.

11 奴隸制缺乏效率的說法來自 Ulrich B. Phillips, *American Negro Slavery* (Baton Rouge: Louisiana State University Press,

1966). 奴隸制的經濟可行性的討論，參見Alfred H. Conrad and John R. Meyer, "The Economics of Slavery in the Ante Bellum South: Comment," *American Economic Review* 66, (no. 2) (1979): 95–130; Robert W. Fogel and Stanley Engerman, *Time on the Cross: The Economics of American Negro Slavery* (Boston: Little, Brown, 1974); Robert W. Fogel and Stanley L. Engerman, "Explaining the Relative Efficiency of Slave Agriculture in the Antebellum South," *American Economic Review* 67, (no. 3) (1977): 275–96.

12 William H. Prescott, *History of the Conquest of Peru* (Philadelphia: J. B. Lippincott, 1902), and Prescott, *History of the Conquest of Mexico* (Philadelphia: J. B. Lippincott, 1904); Hugh Thomas, *The Conquest of Mexico* (London: Hutchinson, 1993); Diamond, *Guns, Germs, and Steel.*

13 Diamond, *Guns Germs, and Steel*, pp. 67–81.

14 譯注：成員都屬於同一血統的親屬，受同一氏族神的保護，是一個行政與經濟共同體。

15 Ferrel Heady, *Public Administration: A Comparative Perspective*, 6th ed. (New York: Marcel Dekker, 2001), pp. 163–64; Jean-Claude Garcia-Zamor, "Administrative Practices of the Aztecs, Incas, and Mayas: Lessons for Modern Development Administration," *International Journal of Public Administration* 21, (no. 1) (1998): 145–71. 有人類學家指出，早期西班牙人把連結印加土地良好的道路系統解讀為大型軍事組織的象徵，但這些道路只作為宗教與儀式用途。這個帝國存在的文官體系的程度仍不清楚。參見Craig Morris, "The Infrastructure of Inka Control in the Peruvian Central High-lands," in George A. Collier, Renato I. Rosaldo, and John D. Wirth, eds., *The Inca and Aztec States, 1400–1800: Anthropology and History* (New York: Academic Press, 1982).

16 有關孔雀王朝以及印度與中國的比較，參見本書上卷第十一至十二章。

17 Mahoney, *Colonialism and Postcolonial Development*, pp. 60, 68; Diamond, *Guns, Germs, and Steel*, pp. 210–14.

18 這件事的發展，參見本書上卷第八章。

19 Fieldhouse, *Colonial Empires*, pp. 16–16; Curtin, *Rise and Fall of the Plantation Complex*, pp. 62–63.

20 Elliott, *Empires of the Atlantic World*, pp. 59–60.

21 Mahoney, *Colonialism and Postcolonial Development*, pp. 44–47; Skidmore and Smith, *Modern Latin America*, pp. 26–27.

22 Mahoney, *Colonialism and Postcolonial Development*, pp. 46–49; Skidmore and Smith, *Modern Latin America*, pp.27–28.

23 譯注：起源於十八世紀七〇年代的英國，福音派四大特點是：強調個人歸信基督（或曰重生）；積極地表述和傳播福音；強調《聖經》的權威，堅信《聖經》無錯謬；強調與耶穌復活有關的基督教教義。

24 這過程的概況參見 Francis Fukuyama, ed., *Falling Behind: Explaining the Development Gap Between Latin America and the United States* (New York: Oxford University Press, 2008), chap. 10.

25 Mahoney, *Colonialism and Postcolonial Development*, pp 143–46.

26 Enrique Cardenas, "A Macroeconomic Interpretation of Nineteenth-Century Mexico," in *Haber, How Latin America Fell Behind*, pp. 66–74; John H. Coatsworth, "Obstacles to Economic Growth in Nineteenth-Century Mexico," *American Historical Review* 83 (1978): 80–100.

27 Jeffrey Bortz and Stephen Haber, "The New Institutional Economics and Latin American Economic History," and Noel Maurer and Stephen Haber, "Institutional Change and Economic Growth: Banks, Financial Markets, and Mexican Industrialization, 1878–1913," in Jeffrey Bortz and Stephen Haber, eds. *The Mexican Economy, 1870–1930: Essays on the Economic History of Institutions, Revolution, and Growth* (Stanford, CA: Stanford University Press, 2002).

第十七章　不會叫的狗

戰爭對中國與歐洲現代政府的形成非常重要，但在拉丁美洲比較不普遍；為什麼會這樣，以及為什麼拉丁美洲缺乏政府現代化的動力；拉丁美洲經歷比較少的暴力，我們是否應該感到遺憾。

我們說拉丁美洲國家在誕生時就有社會不平等的先天缺陷，並不是在說一件特別有趣的事。一八〇八年，也就是拉丁美洲開始獨立戰爭的那一年，世界上只有少數的社會能做到高度的經濟與社會平等。除了比較自由的英國與荷蘭，大部分的歐洲國家仍是農耕社會，並受到封建菁英統治，這些菁英都擁有非常根深蒂固的特權。中國沒有封建制度，但它有一個強大的威權政府、地主階級，以及大量無法獨立且貧窮的農民。其他在印度、土耳其、波斯等大型農業帝國，以及在東南亞的王國也都是一樣。北美是世界上少數未受到深植於社會的不公平荼毒的地方，至少對它的白人來說是如此。另外，除了法國，幾乎沒有任何國家擁有現代形式的政府。

不過在接下來的兩個世紀，有些國家開始朝不同的方向演變。普魯士、丹麥、荷蘭、英國，還有其他歐洲國家，都跟著法國發展出韋伯式的集權文官體系。另外，法國大革命解放的不只是對普遍政治參與的需求，還出現一種新的認同形式，共同的語言與文化將成為新成立的民主共和的認同核心，這就是民族主義的崛起。民族主義促使歐洲重劃政治地圖，過去各王朝的國家是因為婚姻與封建職責而連結在一起，現在的國家則是以民族與語言大團結的原則而成立。在法國大革命中，參與起義的人數眾多，在巴黎的革命政府能夠動員數量驚人的強壯白人保衛法國，代表的是這個趨勢的開端。在拿破崙的統御下，法國的動員能力還征服歐洲其他大部分地區。

拉丁美洲在十九與二十世紀最耐人尋味的事，就是所謂「不會叫的狗」因素（該出現卻未出現的事）。像法國與普魯士這樣的強勢政府，可能除了智利之外從未在此地區出現。歐洲的民族主義與愛國狂熱，能激起全國民眾的憤怒，全國上下同心協力對抗鄰國，這樣的事從來不曾在這裡出現。除了一、兩個例外，政府從未獲得主導與動員人民的能力。從很多角度來看，拉丁美洲的獨立政府在擺脫西班牙與葡萄牙之後，仍繼續仿效它們的殖民先例。西班牙舊制政體的特徵就是弱勢專制：國家是集權專制政體，但能力相對薄弱，無法掌控自己的菁英。雖然獨立後的很多拉丁美洲國家表面上都是民主體制，但它們沒有辦法產生像樣的政府效能。拉丁美洲國家無法建立現代的政府，首要的原因是他們都無法從自己的人民身上成功徵收大規模的稅收。因此，這些政府和西班牙舊制政體一樣，面臨嚴重的財政赤字，也必須擴大貨幣供給。通貨膨脹是稅收的一種走後門的形式，但對於必須忍受通膨的大眾來說，有很多扭曲與不公平的後果。和其他地區比起來，通膨已經成為拉丁美洲在十九與二十世紀的特色。

所以為什麼歐洲可以出現強勢的現代政府，拉丁美洲卻沒出現？如果有單一因素可以解釋這個結果，可能就是在新大陸相對沒有出現國與國（interstate）的戰爭。我們已經看到，戰爭以及準備戰爭，對於形成中國、普魯士與法國的中央集權政府是多麼重要。即使在美國，整個二十世紀的政府建造，也是受到國家安全考量的刺激。雖然歐洲從一九四五年來已經非常和平，但之前數百年也飽受地區性國與國戰爭的折磨。過去兩百年，重劃歐洲地圖的主要政治行動，包括法國大革命、拿破崙戰爭，以及義大利與德國的統一戰爭，都牽涉到高度的暴力，並在二十世紀的兩次世界大戰達到巔峰。

拉丁美洲當然有很多暴力活動，在今天，這地區仍充斥著販毒集團、街頭幫派，還有幾個殘餘的游擊隊團體，這一切都對當地居民造成極大的痛苦。但從國與國戰爭的角度來看，拉丁美洲與歐洲比起來一直是一個頗為平靜的地方。這是該地區的福分，但也留下一個充滿問題的制度遺風。

和平的大陸

社會學家森特諾（Miguel Centeno）提供很多文件證明，過去兩百年的拉丁美洲一直比歐洲、北美與亞洲和平。不管是以累計的戰爭死亡人數（見圖十三）、死亡率、戰爭動員人口比例、戰爭的密度，以及人們在每年被殺的比例（見圖十四），這個說法都是成立的。他也進一步指出兩件事：第一，暴力的程度隨著時間穩定下降，讓二十世紀的拉丁美洲成為世界最和平的地區之一；第二，拉丁美洲的暴力行為多半是內戰，而不是國家之間的戰爭。森特諾進一步指出，拉丁美洲爆發戰事時，他們傾向於在有限的衝突內解決，很少進行像接下來的法國大革命或兩次世界大戰期間全國大量動員的舉動。[1]

拉丁美洲是有幾波真正的戰爭。第一次是從西班牙脫離的獨立戰爭，但這不是受到美國或法國革命的觀念刺激，而是一八〇八到一八一〇年法國占領伊比利半島，拿破崙立自己的哥哥若瑟為西班牙國王，以取代波旁的王室家族。在葡萄牙，國王把政府從里斯本移到里約熱內盧，但在拿破崙戰敗之後，王室又遷回伊比利半島。宗主國西班牙與葡萄牙在本土的正當性權威受到挑戰時，引起布宜諾斯艾利斯、加拉加斯（Caracas）與墨西哥北部的克里奧耳人起義，但一開始就被王室的武力鎮壓了。一八一五年，波旁王朝裴迪南七世（Ferdinand VII）恢復西班牙國王之位後，拉丁美洲又爆發第二波叛亂，導致後來整個南美洲在一八二〇年代中期紛紛獨立。

拉丁美洲的獨立戰爭進行得比美國革命更長

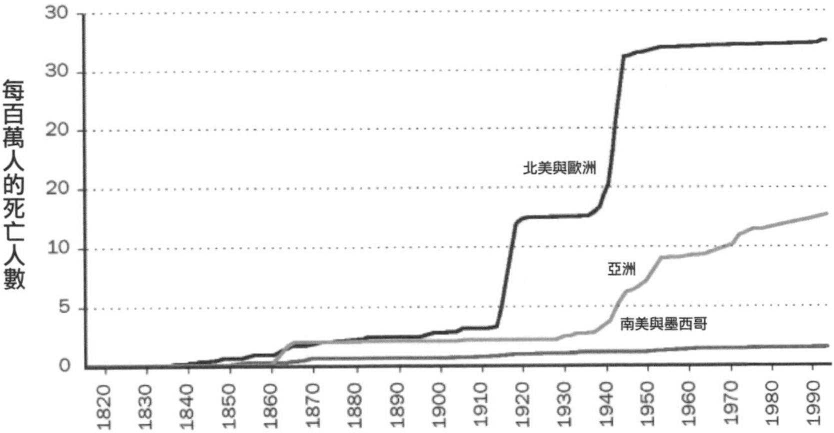

圖十三：累計戰爭死亡人數

資料來源：Miguel Angel Centeno, *Blood and Debt*

久，並對這個地區的基礎建設造成更大的傷害，經濟也倒退到十九世紀的上半葉。但是這些戰爭最值得一提的特徵，卻是它們不太影響到根本的社會階級架構，對政府建造的影響也極為有限。

由於沒有出現社會革命，因此每一個剛獨立的國家都受到保守團體掌控。諷刺的是，走民粹主義路線的委內瑞拉總統查維茲，把這個地區的解放者玻利瓦（Simón Bolivar）化為左派英雄。玻利瓦來自一個有錢的克里奧耳家庭，雖然他在打敗西班牙軍隊上有顯赫的戰功，但他的政治承諾並不一致，有時候會發表自由的觀點，有時候卻更威權，但他最不想要的就是成為社會革命家。另一個解放南美大陸大半南方的軍事天才尚馬丁（José de San Martin）也是一樣，西班牙的統治一結束，他就建議在秘魯成立帝王政府。真正的社會改革家是兩位教士伊達戈（Miguel Hidalgo）與莫雷洛斯（José María Morelos），他們動員一支由貧窮原住民與混種族群組成的軍隊，對於墨西哥市的克里奧耳菁英造成威脅。莫雷洛斯的計畫承諾「要建立

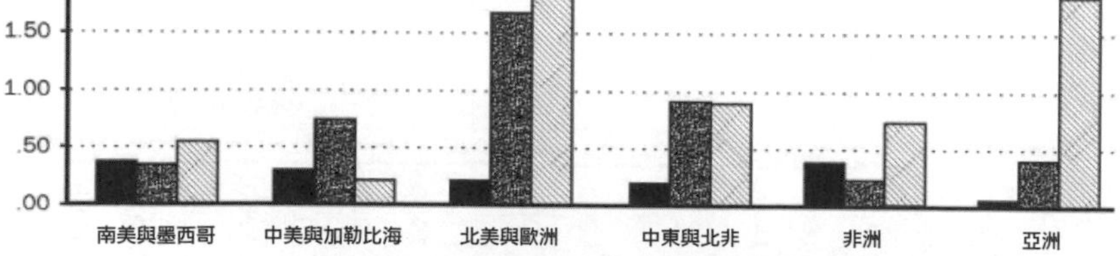

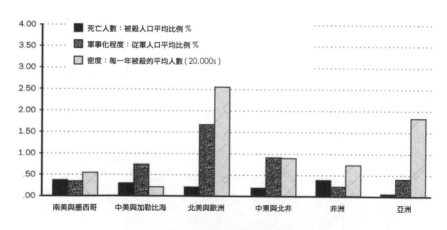

圖十四：各地區戰爭總數

資料來源：Miguel Angel Centeno, *Blood and Debt*

一個新國家，除了半島人之外，所有住民不再被稱為印地安人、黑白混血人或黃白混血人，所有人都是美洲人。」

可惜伊達戈與莫雷洛斯雙雙被捕與處決，他們的運動也被鎮壓。當地的克里奧耳菁英會支持墨西哥與秘魯的獨立運動，只是因為西班牙的裴迪南七世同意接受一八一二年自由派的憲法：獨立對他們來說是防止自由改革推廣到新大陸。[2]相對的，推動美國革命的人，內心裡都是真正的自由民主派人士，即使獨立行動並未引發社會革命，但從英國獲得獨立地位並成立新國家時，也在憲政制度中自動嵌入民主原則。拉丁美洲獨立運動的領導人則保守多了，甚至覺得他們是被迫接受正式的民主制度，他們並不想要顛覆這個地區的社會結構。

不過，當西班牙帝國的不同組成分子開始尋求建立獨立的政治地位時，歐洲也有很多政治單位分裂，並出現其他新的政治單位，還形成更集權的政體，因此獨立的確啟動了大型國家建造的風潮。玻利瓦於一八一九年成立一個政治實體，稱為大哥倫比亞共和國（Gran Colombia），地理位置包括今天的委內瑞拉、哥倫比亞、巴拿馬、秘魯北部、厄瓜多，以及巴西的一部分。這個廣大的地區包含山脈與叢林，但因為抵抗中央集權，在一八三〇年分裂成不同的國家（巴拿馬靠美國援助在一九〇三年脫離哥倫比亞）。一樣的情形，領導墨西哥獨立的奧古斯汀一世（Augustin deIturbide）在中美洲自封為王。但這地區在一八二三年以一個統一的中美洲聯邦共和國擺脫控制，又很快分裂為不同的國家，包括薩爾瓦多、瓜地馬拉、尼加拉瓜、宏都拉斯與哥斯大黎加，後續幾次試圖統一這些地方的嘗試都失敗。這些新的政治實體通常與過去的西班牙行政區一致，但他們沒有像法國與德國那樣強烈的文化認同。另一方面，阿根廷與墨西哥原本分裂、各據一方的諸侯，也各自由威權統治者統一，其中包括在布宜諾斯艾利斯的羅薩斯（Juan Manuel de Rosas），他逐漸平定各地區叛亂，並累積出集權政府的實力。[3]

第二波國與國戰爭發生在十九世紀中葉，也可以被視為獨立之後領土重劃時期的尾聲。阿根廷與巴西為了掌控拉普拉塔河（Río de la Plata）河口打了好幾次仗，這地區最後在一八二八年成為獨立的緩衝國家烏拉圭。這兩個國家繼續爭奪在烏拉圭的影響力，最後刺激英國與法國出手干預，因為英、法想保護自己在這地區的商業利益。巴西與阿根廷還參與三國同盟戰爭（譯注：包括烏拉圭），這是場詭異的戰爭，這兩個大國竟然聯手對抗貧窮的巴拉圭。這是巴拉圭的極大災難，從那之後「巴拉圭就從地緣政治版圖中……被移走。」[4]

當時還有兩場主要戰爭，也就是美墨戰爭與南美太平洋戰爭。在美墨戰爭中，墨西哥喪失從德州到加州的全部領土給快速擴張的美國；至於南美太平洋戰爭的參戰國包括智利、秘魯與玻利維亞，最後智利取得亞他加馬（Atacama）地區豐富的資源，玻利維亞則變成內陸國。南美太平洋戰爭在一八八三年結束之後，拉丁美洲的邊界大致底定，從那之後就沒爆發重要的國與國戰爭（一九三〇年代玻利維亞與巴拉圭的廈谷〔Chaco〕戰爭是一個例外，但即使在拉丁美洲也很少人記得這次衝突）。[5]

拉丁美洲的國與國戰爭一直是很罕見的現象，而且也沒有重要的政治意義，因此很多拉丁美洲歷史的重要調查研究都很少把它包含在內。和歐洲與古老中國，甚至北美洲相比，戰爭都有政府建造的邊際效應，因此堤利的名言「戰爭造就國家，國家造就戰爭」，並不適用在這個地區。

這在很多衡量政府效能的指標上很明顯，尤其是稅收。在中國與早期的現代歐洲，長期戰爭的物資需求逼得政府必須對人民課稅，並因此成立負責收稅的財政首長與部門機關，並設立執行部門管理大規模的後勤作業，以及諸如此類的事。這些作為在十七與十八世紀，大幅擴大了早期現代國家的稅收，也促進文官體制的發展。由於戰爭消滅整個特定的社會階級，這些社會階級就像保護舊家產制政府的銅牆鐵壁，例如法國舊制的買官階級或普魯士的容克階級。因此，有組織的武力也促成政治的發展。[6]

但拉丁美洲從未有和歐洲類似的發展。森特諾指出，在巴西與墨西哥（這兩個國家有十九世紀的資料可以參考），政府徵收的稅，每人平均不超過同時期英國的四分之一到二分之一。另外，他們更依賴間接稅，例如關稅、消費稅；這些通常是累退稅制，而且和向商人與個人課的直接稅比起來，收稅也容易得多，因此通常是行政能力很弱的開發中國家一開始會徵收的稅收種類。即使是在戰爭期間，巴西政府總稅收中的所得稅與生產稅也不超過百分之四。智利——有時候被稱為「拉丁美洲的普魯士」，因為它對抗鄰國時驍勇善戰得名——稅收的比例更低。從這個角度來看，他們都只是跟著拉丁美洲宗主國西班牙所設定的模式走，西班牙從未能從自己的人民身上收到足夠的稅，因此在一五五七到一六六二年之間，被迫宣布破產高達十次。[7]

國與國戰爭相對少見，也許可以解釋拉丁美洲的強勢政府因此比歐洲少，但無法解釋為什麼在這個地區有些國家的政府比其他國家更有效能。政治學家柯茨（Marcus Kurtz）指出，從十九世紀以來，拉丁美洲的政府效能就有一個等級順序，智利與烏拉圭一直是最好的，玻利維亞、巴拉圭與海地都接近倒數。[8]他認為，智利、烏拉圭與阿根廷能建立強勢政府，一開始是因為自由的農工以及菁英間共識相對強大，但是阿根廷政府在一九三〇年代之後發生階級衝突，政府效能也跟著惡化。造成這些結果的歷史偶然性顯示，很難提出過於簡化的政府建造理論模型。[9]

不過，拉丁美洲低密度的國與國戰爭，確實在各國造成政府效能低落的熟悉結果。因為在十九世紀末與二十世紀初大眾政治參與出現之前，凝聚成和法國與普魯士一樣強大的全國性行政機關的壓力比較小。這也意味著在二十世紀初開放選舉權時，沒有「專制聯盟」可以保護國家行政機關的自主性。之後隨著民主政治競爭的普及，阿根廷、巴西、墨西哥、哥倫比亞，以及其他國家的民主派政治人物開始有很大的誘因，利用侍從主義的方法取得選票，接著就把公共部門變成政治任用的藏金庫。其中只有智利與烏拉圭例外，大部分拉丁美洲國家都追隨希臘與義大利南部的腳步，把十九世紀的酬庸政治轉變成二十世紀成熟的侍從主義政治。

因為政府內充滿酬庸任命，拉丁美洲國家面臨政治學家格迪斯（Barbara Geddes）所謂的「政治家的兩難」。就像十九世紀的美國，政府進行文官改革並建立績效菁英任用的基礎，也有清楚的公共利益。但這樣大刀闊斧的改革會傷及政治人物的政治資本，所以很少人有動機推動改革。格迪斯認為，改革只有在特殊條件下才會發生，例如政黨勢均力敵，沒有人能在推動改革中取得特別優勢時，才有改革機會。[10]

另外，外部的打擊，儘管不是軍事威脅而是金融危機，有時候也會迫使這些國家進行改革。一九八〇年代初期，拉丁美洲債務危機之後，這些國家就努力讓中央銀行與財政部門專業化，因此後來在處理總體經濟政策時，政府也有更好的表現。另外，巴西與其他地方也開始出現中產階級聯盟，主動對抗侍從主義與腐化行為，在二〇〇〇年代告發惡名昭彰的腐化行為已經增加。因此，今天的巴西政府素質良莠不齊，有些部門與機關表現卓越，但也有高度腐化又表現不佳的部門。[11]

不再有戰爭

為什麼國與國戰爭在拉丁美洲很少見，而且戰爭未能刺激國家進行認真且長期的政府建造過程？有很多可能的理由。

第一個與已經提過的階級有關，拉丁美洲的階級有族群與種族面向。拉丁美洲的戰爭與動亂都是局部性的，這一點和歐洲的戰爭相比是最大的不同，因為拉丁美洲在十九與二十世紀的戰爭都是內部的戰爭，不是國與國戰爭。墨西哥、阿根廷、烏拉圭、哥倫比亞、尼加拉瓜，以及其他許多國家，都經歷漫長的內部衝突，造成經濟成長中斷、社會變窮。這些內部的激烈衝突，反映了非常尖銳的社會與階級劃分。每一個國家的菁英都不願意動員全部的民眾，因為他們並不想把槍交給不聽使喚的非菁英分子。菁英自己也經常因為地區、意識形態或經濟利益而分裂成派系。社會的不信任亦限制了對國家的忠誠度，心向國家的人通常會被邊緣化。在歐洲，戰爭之後就面臨開放普選的要求，例如，從某個角度來說，一九二〇年代崛起的英國工黨，就是勞動階級在一次世界大戰的壕溝戰中受盡折磨的犧牲換來的結果。但拉丁美洲相反，菁英通常從國與國的衝突中退縮，因為不想大規模動員民眾，以免必須轉而求助於大眾。

第二個因素與地理有關。歐洲在地理上被切割成清楚的地區，單一勢力很難主導整個歐洲大陸。但是在每一個地區內部的土地是開放的，對累積相當的經濟與軍事力量不會造成阻礙。歐洲也有大型、可以航行的河川，和離島的商業往來與溝通，完全沒有障礙。拉丁美洲則被安地斯山脊與濃密的熱帶森林分割，實際上也劃分不同的地形。因為穿越亞馬遜叢林的難度實在太高，即使委內瑞拉、哥倫比亞、秘魯與玻利維亞都和巴西的邊界相連，但沒有一個國家和作為這地區最大的經濟體的後者能有密切的溝通與聯繫。拉丁美洲的第三大國哥倫比亞，內部也被安地斯山脈切割得很破碎，以至於直到今天，政府仍然很難把施政作為推到整個國土，並淪為游擊隊與販毒集團的天堂。二十一世紀初，雖然巴拿馬與哥倫比亞曾經同屬於一個國家，但彼此之間仍然沒有可以相通的路。很顯然的，在這種環境下要把軍事力量推出去也非常困難。

第三個因素與國家認同有關。其實這個地區的國家認同都很薄弱，同樣是受到族群與種族多元化的影響。十九世紀出現的強勢歐洲國家，根據的是民族主義原則，也就是把語言與種族作為國家認同的核心。歐洲在二十世紀會有這麼多戰爭的部分原因，就是種族認同與既有的政治邊界不一致，因此必須透過戰爭重新安排。因此，歐洲的戰爭和國家建造過程有緊密的關係。

但同樣的事絕對不會發生在秘魯、玻利維亞、瓜地馬拉與墨西哥。在這些地方，大量的印地安人與黃白混血人種一輩子都住在鄉下社區，從沒接觸過政府與它提供的服務，他們覺得自己對政府幾乎沒有任何職責。因此他們對歐洲菁英的感覺，好一點的是不關痛癢，最糟的是不信任或懷有敵意。另外，語言也無法成為認同的來源，它既不能統一各個國家，也不能區分彼此的差異，因為所有的菁英分子不是說西班牙語就是葡萄牙語，但是非菁英分子卻繼續講蓋楚瓦語（Quechua）、艾瑪拉語（Aymara）、納瓦特爾語（Nahuatl）、馬雅語（Mayan），或其他原住民語言。一直到今天，住在瓜地馬拉市的商業菁英與住在高地的原住民，根本完全沒有共同點，況且這兩個族群在一九八〇年代的一場激烈內戰中反目成仇。

阻礙拉丁美洲政府建造的最後一個因素是強大的外國列強，例如美國、英國、法國，以及其他歐洲列強，他們都想影響當地的發展。美國在這個地區特別支持保守的政治與社會制度，因此出手協助推翻左派的領導人，例如瓜地馬拉的阿本斯（Jacobo Arbenz）與智利的阿葉德（Salvador Allende）。美國在門羅主義（Monroe Doctrine）之下，努力防堵外部勢力與拉丁美洲國家建立同盟關係，例如十九世紀的英國與法國，還有二十世紀的蘇聯，但這些外部盟友都可能對建立制度有幫助。由於美國歷史上的社會動員經驗與眾不同，美國決策者通常看不見深深嵌入其他社會的階級問題。西半球唯一成功的政治、也是社會革命的成果，就是一九五九年卡斯楚（Fidel Castro）的古巴革命。這是美國接下來花了五十多年，想要掌控或翻轉的地方。

不管是大規模的國與國戰爭或是社會革命，拉丁美洲在過去兩個世紀似乎比較少發生戰爭，我們應該對此感到遺憾嗎？當然不應該。歐洲與亞洲的社會革命代價極高，因為通常有數千萬人在暴動、處決與軍事衝突中死亡，還有上億人被驅逐、監禁、刑求或餓死。另外，政治暴行通常只會引起更多的政治暴行，而不是帶來進步的社會變革。我們不會想要在拉丁美洲「給戰爭一次機會」。但是這些觀察還是不應讓我們忘記馬基維利說過的，今天的一些好的局面通常只是過去罪行的結果。

注釋

1 Miguel Angel Centeno, *Blood and Debt: War and the Nation-State in Latin America* (University Park: Pennsylvania State University Press, 2002), pp. 35–47. 拉丁美洲相對缺少戰爭與政府建造，類似的觀點可見Georg Sorensen, "War and State-Making: Why Doesn't It Work in the Third World?" *Security Dialogue* 32, (no. 3) (2001): 341–54; and Cameron G. Thies, "War, Rivalry, and State Building in Latin America," *American Journal of Political Science* 49, (no. 3) (2005): pp. 451–65.

2 Skidmore and Smith, *Modern Latin America*, pp, 28–34; David Bushnell and Neill Macaulay, *The Emergence of Latin America in the Nineteenth Century*, 2nd ed. (New York: Oxford University Press, 1994), pp. 14–20.

3 Bushnell and Macaulay, *Emergence of Latin America*, pp. 22–26; Skidmore and Smith, *Modern Latin America*, pp. 36–40.

4 Centeno, *Blood and Debt*, p. 56.

5 同前注，頁五二至八一。

6 中國與歐洲如何進行這個過程，參見本書上卷第七章及第二十二章。

7 同前注，頁四六七。

8 Marcus Kurtz用三個指標衡量政府效能：稅收率、中學註冊的孩童比例、平地地區的高速公路里程數。Kurtz, *Latin American State Building in Comparative Perspective* (New York: Cambridge University Press, 2013), pp. 10–17.

9 柯茨指出，現有的政府建造理論只專注在戰爭與資源取得，解釋力是很有限的。智利、玻利維亞與祕魯都是依賴資源的國家，彼此在十九世紀互相交戰，但只有智利最後有相對強勢的政府（同前注，頁四八至五四）。

10 Barbara Geddes, *Politician's Dilemma: Building State Capacity in Latin America* (Berkeley: University of California Press, 1994), pp. 24–42.

11 參見以下資料：Organization for Economic Cooperation and Development, *OECD Integrity Review of Brazil: Managing Risks for a Cleaner Public Sector* (Paris: OECD, 2012).

第十八章　一張白紙

拉丁美洲的制度為何成為唯物主義的例外；哥斯大黎加為什麼沒有成為「香蕉共和國」；為什麼看起來像加拿大或澳洲的阿根廷卻不進反退。

西班牙人與葡萄牙人到新大陸榨取資源，並帶著威權的政治制度同行，留下不公平與壞政府的遺風延續到現在。雖然我們可以說一個更大的故事，以涵蓋整個地區地理、氣候與資源和今天的政治成果的關係，但這個模式還是有重大的例外與特定的條件。有些國家的物質條件不佳卻表現出色，但其他國家就比較差，這表示物質條件不是解釋二十一世紀結果的唯一因素。人類在歷史的關鍵交叉路口上所做的政治抉擇，會把社會推向更好或更壞的不同軌道。換句話說，即使物質條件影響他們手上的選項，人類還是掌握自己命運的行為者。

貧窮的海岸

擺脫拉丁美洲先天缺陷的一個好例子，就是哥斯大黎加。這是中美洲的一個小國，人口不到五百萬，但今天比大部分鄰國更富有。哥斯大黎加在二〇一一年的每人平均收入超過一萬二千美元，它的鄰國瓜地馬拉不到五千、宏都拉斯是四千，尼加拉瓜則是三千美元。[1] 很多外國人都知道哥斯大黎加是生態旅遊的好去處，因為有茂盛的熱帶雨林；但可能比較不知道它也有跨國企業，英特爾（Intel）與波士頓科學公司（Boston Scientific）都在這裡設了裝配廠。也許更重要的是哥斯大黎加很少發生軍事衝突，不像薩爾瓦多、尼加拉瓜和瓜地馬拉戰事頻仍。過去六十年，哥斯大黎加沒有軍事政變、專制獨裁、血腥內戰、行刑隊（death squad）[2]，或外國的干預，例如美國、古巴，或其他外部團體。事實上，從一九四八年以來，哥斯大黎加一直是一個穩定的民主國家，有競選活動也有定期的政黨輪替。另外，哥斯大黎加的發展主要是靠熱帶農產品：咖啡與香蕉，它的氣候與資源和其他鄰國也沒有明顯差異。[3]

哥斯大黎加為什麼和其他中美國家可以有這麼大的差異，產生了很多理論與迷思。哥斯大黎加人自己認為，他們並沒有擁有土地的寡頭菁英，所以一直保有平等與民主的文化，地主菁英則是大部分其他西班牙美洲殖民國的特色。此外，他們的族群與種族具有高度同質性，這對政治的穩定度也有貢獻。甚至還有一個文化上的假說，認為這個國家的成功可以回溯到早期的移民是西班牙馬拉諾猶太人（Marrano，改信天主教的猶太教徒）。[4]

至少第一個解釋有幾分真實性。和瓜地馬拉相比，瓜地馬拉從十六世紀初就是帝國行政法院的所在地，哥斯大黎加則相對落後、孤立，不吸引人，因為它缺少貴重的金屬與可以壓榨的原住民人口。雖然哥倫布在一五〇二年曾在哥斯大黎加落腳，但位置實在太偏遠了，後來的歐洲人根本看不上這塊土地，因此有一個笑話就說，這個國家應該命名為「貧窮的海岸」（Costa Pobre），而不是「富裕的海岸」（Costa Rica，即「哥斯大黎加」在西班牙文中的意思）。隨著十九世紀咖啡產業的成長，這裡的大莊園遠比瓜地馬拉與薩爾瓦多更少，因此被保守的農業寡頭掌握的集權政治力量也更小。[5]雖然一八〇〇年非洲奴隸占人口的六分之一，但是他們和當地原住民不是很快死光，就是同化為更廣泛的拉丁混血族群。光是這一點就和瓜地馬拉有明顯差異，因為瓜地馬拉有大量的印地安族群與高度的不平等。[6]

但是就像很多國家的故事，這種歷史遺產仍無法解釋這個國家在二十世紀下半葉的成功。一直到一九四八年，哥斯大黎加和鄰國一樣經歷許多政治機能不良的問題。雖然家庭農場比其他地方更普遍，但是咖啡與香蕉出口的成長仍然形成寡頭政治，有錢的農家非常樂意動用暴力以保護自己的經濟利益。哥斯大黎加在一八二一年獨立時，實施一套民主憲政體制，但在十九世紀期間，哥斯大黎加仍然被一連串的獨裁者統治，也有自由派與保守派不停鬥爭的煩惱，保守派常用選舉舞弊與強迫的手段掌權。哥斯大黎加把他們實施民主的時間訂為一八八九年的大選，但在隨後的一九一四年卻爆發軍事政變；另外，也因為工業化而增加政治的對立。就像其他地方，保守派菁英是以恐懼的眼光看待工會以及新的社會主義黨與共產黨。這一切導致了一九四八年的內戰。一方是卡爾德隆（Rafael Ángel Calderón）領導的左派政府，輸了大選，但想要繼續掌權；另一方則是反對勢力聯盟，包括社會民主黨的菲格雷斯（José Figueres），以及贏得大選的候選人、強烈反對共產黨的布朗哥（Otilio Ulate Blanco）。[7]

薩爾瓦多、尼加拉瓜與瓜地馬拉在這時候也是被保守的地主寡頭統治，但是逐漸受到新的社會動員力量的挑戰，例如工會、基督教社會激進分子，以及新興的社會主義與共產主義政黨。這三個國家的舊菁英逐漸轉向軍隊靠攏，並以軍事鎮壓左派，以保護自己的利益，結果左派也變得更激進，轉而尋求國際共產運動的協助，並採取武裝對抗。薩爾瓦多，馬蒂（Farabundo Marti）在一九三〇年代領導的農民暴動雖然被武力鎮壓，卻啟發一九七〇年代一個馬克思主義革命團體，叫做薩爾瓦多馬蒂民族解放陣線（Farabundo Marti National Liberation Front），繼續挑戰政府。在尼加拉瓜，桑地諾擁護勢力也挑戰蘇慕薩（Anastasio Somoza）的獨裁統治，並在古巴與蘇聯的協助下於一九七九年掌權，結果導致雷根政府資助相反的行動，想要推翻這個左派政權。在瓜地馬拉，美國協助的政變在一九五四年推翻左派的阿本斯，結果引起七〇與八〇年代漫長且血腥的內戰。這些衝突直到一九九〇年代初期才解決，但是留下對立與不信任的遺風直到今天。

為什麼哥斯大黎加的內戰沒有引起類似的不信任與暴力？如果不提到當時個別領導人所做的抉擇，實在很難解釋。卡爾德隆的左傾聯盟雖然包括共產主義者，但並不追求特別激進的理想，事實上為了回應外界指責他不尊重選舉結果，還成立新的選舉法院以更公正處理未來的選舉爭議。菲格雷斯領導的保守派以武力推翻卡爾德隆政府時，仍繼續執行與卡爾德隆相去不遠的社會民主理想，之後保守派的布朗哥在一九四八年贏得大選，保守派成為合法贏家並取回權力。新政府接受新的立憲會議，且強化無黨派色彩的選舉法院，並讓婦女也擁有選舉權。[8]

最重要的事，也是拉丁美洲最獨一無二的一件事，一九四九年的憲法廢除常備的軍隊。在這個地區其他的地方，軍隊就是寡頭勢力的基礎。放棄常備軍隊，也意味著保守派聯盟同意剝奪自己武力強制的工具。這個決定影響哥斯大黎加左派後來的發展，他們為了更社會民主的改革路線，公開放棄武裝對抗與馬克思主義。

一位重要的政治人物決定憲法不只約束對手也約束自己，這在拉丁美洲極為罕見。它和英國光榮革命之後的發展很類似，英國的革命分子並沒有緊抓權力，因個人私利而利用政府，反而接受有一般正當性規則的約束，也就是成立立憲政府的原則。

就像非洲國家波札那[9]，克服困難，完成幾乎不可能的任務，不管是在經濟上或政治上都比鄰國更成功，任何解釋經濟或政治發展的既有理論架構，都很難解釋哥斯大黎加的例子。光是它的氣候、地理、人口，再加上一直到二十世紀中葉的政治歷史，很難讓人預測它的表現會和其他中美洲國家如此天差地別。當代的結果顯然是一連串幸運歷史偶然的產物，包括早期的獨裁者之一瓜迪亞（Tomás Guardia），他比同時代的人都更開明，而且大力推廣教育，並縮減咖啡菁英的勢力。後來的政治人物能做出對國家有益的決定，例如一九四八年危機期間的菲格雷斯，還有相對溫和的反共產主義右派，以及放棄激進主義作風的共產主義分子，都是受到更早的政治人物決定的影響。[10]哥斯大黎加的例子，凸顯良好的領導與個別行為者的決策，可以彌補不良的地理與氣候等物質條件，以及因此產生的社會結構。

一張白紙

如果有人需要更進一步的例子才能信服，地理、氣候與人口不會對當代發展結果造成最後的影響，還可以參考阿根廷的例子。在某個意義上，它正好是哥斯大黎加的反例。在哥斯大黎加成功擺脫種植農業模式與階級種族分化時，阿根廷做的事正好相反。阿根廷擁有良好的地理條件，本來應該可以形成北美形式的民主與資本發展，但阿根廷卻面臨同樣的階級對立與不穩定的長期經濟表現，這完全是西班牙帝國的中心例如秘魯與墨西哥的特色。阿根廷沒有變成南美洲的加拿大，顯示本質上只討論經濟的一般發展理論，在這個例子中完全說不通。

阿根廷和在前哥倫布時期充滿大量原住民人口的墨西哥與秘魯不同，其所在位置曾被稱為「新移民之地」，非常像美國、加拿大、澳大利亞與紐西蘭。當然，這些地方事實上都不是新移民的土地。在這一大片土地上，其實有少量的以打獵與採集維生的族群，有些地方也有農業社群，包括佩文切斯（Pehuenches）、特韋爾切斯（Tehuelches）與普埃爾切斯（Puelches），他們的親戚也住在智利的北部。這些族群通常會頑強抵抗新移民，但最後就像北美的原住民一樣，實際上都被邊緣化了。到這時候，新移民就可以認為他們占領的是不屬於任何人的土地，而是一塊可以自由設立自己制度的空地（terra nullis）。

阿根廷住民因此成為拉丁美洲中最歐洲化的一個族群。不像墨西哥與秘魯，它並未分成白人移民階級以及大量的印地安與混血族群。奴隸在殖民末期的確存在，黑人一度占布宜諾斯艾利斯四分之一的人口。但是奴隸制度很早就廢除，黑人也逐漸被吸收成為更大的歐洲族群。[11] 由於十九世紀末從歐洲來了大量的移民，阿根廷族群發生大量的「白化」作用，當時全國人口從一八六九年的一百七十萬人，增加到一九一四年的七百九十萬人。在這些新移民中，百分之四十六來自義大利，百分之三十二來自西班牙。雖然阿根廷也劃分各地區，而且布宜諾斯艾利斯這個大都會和鄉下地方有很大的分裂，但是種族與族群問題並不是重大的政治議題。[12]

阿根廷是在十八與十九世紀發生「命運大逆轉」的典型案例，它在十六世紀是熱帶與亞熱帶地區很富有的地方，但後來開始變窮，而且被周圍較溫帶的地區取代（見第十六章）。在哈布斯堡王朝時期，阿根廷是西班牙新大陸帝國偏僻的鄉下地方，但在十八世紀末期開始快速取代舊的殖民中心。事實上，阿根廷在十九世紀末期被認為很像今天的中國與新加坡，是一個令人羨慕、好奇，也有大量歐洲投資的經濟奇蹟。在一八七〇與一九一三年之間，阿根廷的外銷是世界上成長最快的，每一年成長率是百分之六；在十九世紀結束時，國民平均產值大約與德國、荷蘭和比利時相當，高於奧地利、西班牙、義大利和瑞典。[13]雖然很多人注意到阿根廷在十九世紀末的成長，但馬洪尼指出，阿根廷生產加速的時間其實更早，早在一八〇〇年的時候，阿根廷的國民平均產值就比美國還要高。因此這個國家早期的卓越表現並不是曇花一現，而是從獨立到一九三〇年代的大蕭條，成功持續了超過一百年。[14]

在這段期間，阿根廷完全整合進入全球經濟體系。布宜諾斯艾利斯港口的主要商品，不是金礦或銀礦，而是牛肉、羊毛、小麥，和其他供應歐洲市場的商品。它的溫帶氣候與大草原，是大範圍種植糧食作物的理想條件；運輸技術的改良，例如有冷藏設施的船隻等，則讓產品可以送到遙遠的市場。它也因此得到更開發的國家大量的投資，尤其是英國，英國還幫助阿根廷建設可以大幅刺激生產力的鐵路、通信與其他基礎設施。

阿根廷在十九世紀的成功，原因非常簡單。阿根廷的移民是在西班牙殖民主義較開明的波旁王朝開始之後，因此沒有哈布斯堡期間重商主義的嚴格貿易作業規定與壟斷做法。它也沒有像墨西哥與秘魯的商人與地主菁英的社會階級遺風，這些菁英在更開明的改革之後，仍然繼續掌控國家的經濟。借用歷史學家唐黑（Tulio Halperin Donghi）的話說，阿根廷是一個「天生自由」的國家。[15]

但阿根廷的命運從一九三〇年代開始大逆轉，經濟長期停滯與走低。它並未像加拿大、澳洲和紐西蘭從中收入走向高收入階段，反而開始落後，從原來和瑞士、義大利與加拿大一樣有錢、甚至更有錢的地位一路走下坡，國民平均產值在一九七八年下跌到只剩瑞士的六分之一、義大利的二分之一、加拿大的五分之一。[16]接著在一九八〇年代初債務危機時，它也成為積欠主權債務的拉丁美洲國家俱樂部成員。接著是惡性通膨，[17]一九八九年通貨膨脹率高達百分之五千。一九九〇年代，因為阿根廷採取貨幣局制度（currency board）[18]，限制披索兌美元的匯率，曾經短暫恢復貨幣穩定與經濟成長。但是阿根廷在二〇〇〇到二〇〇一年，因為放棄盯住美元的機制，又陷入重大的經濟危機，整個國家進入大蕭條。二十一世紀第一個十年，由於全球商品熱，阿根廷經濟再次成長，但這是因為阿根廷受到民粹主義政府的領導，只想刺激短期擴張，卻犧牲長期的穩定性。阿根廷雖然擁有一切優勢，卻退回到普通拉丁美洲國家的地位。

阿根廷的不良表現，產生了一大群人致力研究社會學家魏斯曼（Carlos Waisman）所謂的「阿根廷之謎」的發展逆轉現象。[19]這個問題最可能的答案就是，數個世代以來，公務人員與政治領導人不斷執行明顯不良的經濟政策。所有提到國際貨幣政策與金融危機的教科書，一定都會提到阿根廷，因為它一再重複自己的循環：快速成長、通貨膨脹、貨幣貶值，然後經濟崩盤。它也是經濟民族主義弊端的一個教科書案例：一九五〇年代，透過進口替代策略鼓勵國內發展製造業，也就是保護沒有競爭力的國內產業，結果導致高度的無效率，例如開發出來的迪特亞汽車（Di Tella），除了阿根廷之外根本沒有市場。這些糟糕的政策還繼續下去，二〇〇〇年代時，不斷提出討好民眾的財政支出政策，通貨膨脹水準也成為拉丁美洲第二高，發生這件事時，政府還想竄改國家統計局的資料來掩蓋事實。

但是簡單說阿根廷的不良成長紀錄就是壞政策的結果，會引起另一個問題：為什麼壞政策一開始會被採用，以及為什麼這個國家的菁英似乎很難從過去的錯誤學習，讓國家有更穩固的根基？當然，答案與政治有關。雖然阿根廷在二十世紀的前數十年，似乎是以一群明確的中產階級為基礎，朝向自由與包容的政治制度發展，但一九三〇與四〇年代，由於一連串拙劣的政治抉擇，把這個國家轉向政治對立的類型，反而更像秘魯與墨西哥等老一點的國家。原本並沒有傳承到階級分化的社會，卻開始發展出分化的社會，再加上阿根廷特有的個人主義政治，以及侍從主義式的動員，一直到今天還繼續扭曲政治的抉擇。

如果有人想追查二十世紀大逆轉更深刻的歷史因素，就會發現有兩件事特別明顯。第一就是土地所有權的集中，特別是從布宜諾斯艾利斯港口發散出去的一大片農業地區。從一八二〇年代開始，阿根廷政府釋出大片土地，最後都被一小群人以非常低的價格買走。到了一八三〇年代，僅僅五十個家庭就擁有一千一百萬英畝的土地，或布宜諾斯艾利斯省百分之十三的土地。在第一次世界大戰期間，六大地主的收入比阿根廷主要部會的國家預算還要高。發生土地集中的地方都在溫帶的農業地區，這些地方雨量適中，非常適合家庭農場的經濟型態。

民主不會在舒適宜人的氣候條件下自動出現，而是一種對資源分配方式深思熟慮的政治抉擇，這又受到觀念與意識形態的刺激。在美國歷史上，聯邦西部的農業土地分配給個別的農家，或分配給想要集中土地所有權的投資家與企業，兩者一直有強大的緊張關係。這場論戰在國會進行，直到一七八七年《西北地區法令》（Northwest Ordinance）與一八六二年《公地放領法》（Homestead Act）[20]通過，有目的地鼓勵小農，家庭農場才開始普及。[21]但是獨立後的早期阿根廷政府決定的是非常不一樣的政策，也就是集中土地的所有權，因此形成地主寡頭政治，從此主導阿根廷的政治直到一九三〇年代。美國做了一種抉擇，而阿根廷做了另一種；氣候與地理的條件和這些結果的關聯性很小。[22]

第二個長期的歷史因素是領導風格與阿根廷對制度的矛盾情緒。阿根廷的建國領導人物之一是獨裁者羅薩斯，他是布宜諾斯艾利斯省一八三五到一八五二年的首長。羅薩斯本人是一位有錢的地主，征服印地安人並把土地分給追隨者之後，建立了一批擁護者。這樣做的同時，他建立了一個影響阿根廷政治的階級霸權。他也很擅長在反對者與各式各樣的敵人周圍集結出自己的支持者，這些敵人包括鄰國巴西與巴拉圭、歐洲列強，以及反對派的一神論者（Unitarios），他們支持強大的集權政府。在各種行動中，他還頒布命令，要求所有政府文件的前面都需要加上標語「該死的惡劣、骯髒又野蠻的一神論者」（Death to the Vile, Filthy, Savage Unitarios）。這當然不只是文字而已，在他獨裁統治期間，羅薩斯還處死數千名反對人士，其中三千七百六十五人是被割喉而死。他一點都不像華盛頓。[23]

羅薩斯也不是建立制度的人。在他獨裁統治期間，很少推出法律，更不要說一部讓新國家可以依據的憲法。他建立了一個讓未來的阿根廷統治者遵循的先例：對他個人忠誠，而不是對任何一致的觀念或制度忠誠。阿根廷直到一八五三年才有憲法，局部的叛亂與印地安人暴動直到一八八〇年才完全平定，之後布宜諾斯艾利斯成為這個國家的首都。[24]

阿根廷因此肩負兩個歷史包袱：強大的地主寡頭菁英與個人主義威權領導的傳統。但是國家權力集中之後的數十年又顯示，這些歷史包袱不一定會讓這個新的共和國經濟衰退或政治衰敗。事實正好相反，十九世紀最後數十年與二十世紀初，經濟成長又再度起飛，政治制度也開始開放。

杭亭頓認為，在現代化過程中的政治秩序，政治制度必須納入逐漸增加的政治參與需求。這正是阿根廷在一八八〇到一九三〇年發生的事。十九世紀末的政治制度，就像義大利、德國，與任何歐洲其他國家，選舉權只限於符合嚴格財產資格的男性，因此讓有土地的菁英能夠掌控政治。但是這種寡頭政治很快就受到挑戰。經濟成長與工業化初期，再加上湧入阿根廷的大量外國人口，形成想要在政治制度中有代表權的新興社會團體。首先就是中產階級團體，包括律師與醫師等專業人士、公職人員，以及其他受較多教育但不以務農維生的人。這些人在一八九〇年代形成支持激進公民聯盟（Radical Civic Union）的基礎。由於地主寡頭以大規模的舞弊與操縱選票，這些激進分子一開始被排除在政治參與之外，為了打破這個局面，激進分子發動幾場暴力反抗，才終於得到權力。一九一一年，統治的保守派中比較開明的派系推出的總統佩尼亞（Roque Sáenz Peña）開始掌權，他把選舉權開放給所有成年男性。這次大幅開放的選票人數（雖然新移民仍然被排除在外），促成伊里戈延（Hipólito Yrigoyen）在一九一六年上臺，他的激進公民聯盟（Unión Civica Radical）

掌握了接下來十四年的權力。

激進公民聯盟有些名不符實，其領導階層包含幾位鄉下寡頭的成員，因此無意翻轉既有的社會秩序，或以商品為主的出口經濟。它表現得很像美國、希臘與義大利早期的政黨，透過分配公職給支持者以培養權力基礎，並建立由政治專業者運作的現代選舉機器。激進公民聯盟運用這些技巧，最後成為阿根廷第一個真正的全國性政黨。另外，伊里戈延本身也把羅賽斯的個人主義風格發揮得淋漓盡致，不遺餘力地建立以他為中心的個人崇拜，而不是他的政黨所代表的理想。激進政黨因此把傳統的寡頭酬庸政治轉變成現代的侍從主義，很像二次世界大戰之後義大利天民黨所做的事。[25]

到這個時候，阿根廷似乎沒有理由不能發展出像美國或英國那樣的民主體制。因為工業化促成新興社會團體的動員，先是中產階級，接著是由新興社會主義與共產主義政黨所代表的工人階級。為了因應了這些團體的參政需求，政治制度上也開放選舉權和代表其利益的政黨。這些新興團體每一次尋求代表權時，雖然都發生暴力事件，但是美國與英國在相當的工業發展期間，也有很多暴力事件。舊地主寡頭儘管感覺到自己的影響力正在流失，但直到一九二〇年代，所有新成立的政治團體都沒能在根本上挑戰舊寡頭的地位。事實上，阿根廷與秘魯和墨西哥社會的一個區別，是阿根廷根本沒有貧窮的農民可以組織起來，並要求激烈的土地改革。

因此我們可以看到，哥斯大黎加的菁英在一九四八年做出良好的政治抉擇，但阿根廷的菁英則從一九三〇年九月以軍事政變拉下伊里戈延的激進公民聯盟政府開始，做了一些非常拙劣的決定。這次政變完全是舊地主寡頭與軍隊合作的成果。一九二九年，美國紐約股市崩盤並開始進入經濟大蕭條，因此降低對阿根廷出口品的需求，導致阿根廷的經濟危機。雖然這次受挫並沒有其他西半球國家嚴重，卻引起舊菁英的恐懼，擔心其經濟與社會地位受到威脅。

諷刺的是，阿根廷政府的軍隊已經相當現代化。阿根廷政府之前曾經尋求——還有誰呢？——德國軍隊的建議，想要更專業化，並在二十世紀初的數十年出現更有自主性的武裝力量，可以自己掌控內部的升遷，並保護軍隊的利益不受政治影響。軍方很多人對伊里戈延介入軍方的指揮系統而感到不快。他們在當時也發展出一種想法，認為新的阿根廷政府需要一種帶著團合主義精神（corporatist）[26]的準法西斯組織，就像希特勒即將在一九三〇年代在德國進行的事。軍隊因此加入舊寡頭的勢力，封鎖可以接納新興社會參與者的制度。[27]

阿根廷的地主寡頭即使失去政治權力，也能繼續享受他們的生活方式與財富，就像英國擁有土地的貴族一樣。但是隨著阿根廷的工業化，這場政變無法阻止更大的社會變遷。接下來的一個世代所發生的任何一個事件，都可能會讓舊寡頭與軍隊的集團失去權力。如果全球性的經濟危機是在十年後發生，事情的發展可能會完全不一樣。但在這時候，菁英對民主規範的決心還很脆弱，而且他們對自身利益的判斷力也很差。

阿根廷在一九三〇年政變之後的時間被稱為「臭名十年」（infamous decade），一連串的軍人透過選舉舞弊、鎮壓與公然違法行為，不斷推翻政治人物，並進一步統治這個國家。保守的寡頭並未達成任何政變發起人想要的目標，而十年圖謀權力的花招，也為一九四三年的第二次軍事政變打下基礎。這次事件正好為裴隆的崛起開路。裴隆是一名軍官，他利用自己在軍政府的勞工部長職位，建立一個政黨與自己的權力基礎。[28]

我不想要詳細說明接下來的裴隆與裴隆主義，以及一九四三到一九八三年，阿根廷的民主變得較為穩定、軍隊退出政治，這段複雜的軍事政變與恢復民主的歷史。這些對抗讓外人很難理解的是，它們完全不符合用來描述二十世紀歐洲政治的意識形態分類。裴隆與他第一任妻子伊娃（Eva），是以工人階級與勞工運動建立權力基礎，接著還實施有重分配意涵的社會政策，對於工業社會中的勞工階級有很大的好處，因此到目前為止可以被視為左派人物。但是另一方面，裴隆是一名軍官，他的動員技巧大多借用法西斯主義，也把政府組織成團合主義體制。他很少參考馬克思主義，反而強調國家與阿根廷愛國主義。他也不是以意識形態為核心，建立高度紀律的列寧式政黨，而是根據侍從主義分配好處給支持者，並建立民粹主義式的大眾政黨。另外，他和他的妻子，尤其是他的妻子，也遵循羅賽斯與伊里戈延的傳統，培養一批高度個人主義化領導體制下的擁護者，這些人的效忠對象不是一個擁有清楚計畫的政黨，而是一個特殊的魅力型領導人。在裴隆退場很久之後，意識形態的不一致仍繼續存在。裴隆主義政黨在一九九〇年代追隨梅內姆（Carlos Menem）的保守派新自由主義政策，然後又在二〇〇〇年代追隨內斯托爾（Néstor）與基什內爾（Cristina Kirchner）[29]的左派民粹主義計畫。

裴隆開創了延續到今天的民粹主義傳統，在社會政策上，讓他可以在短期內贏得選票，但隨著時間過去，卻成為經濟的災難，也後繼無力。他想透過關稅與進口數量管制，以維持充分就業；並過度高估披索幣值，以便讓進口更便宜；還對出口農產品課稅，以支付他慷慨的社會政策。這些做法對經濟造成嚴重的扭曲，需要一套愈來愈複雜的匯率管控，最後導致長期的生產力衰退，以及只能靠印鈔票來補救的財政赤字。在裴隆統治期間，阿根廷勞工階級成為一個具高度爭議性人物的超級政治化的權力基礎。[30]

從另一個角度來看，對阿根廷造成最大傷害的是一九三〇年第一次軍事政變，這件事把軍隊帶進了政治，而且清楚顯示，阿根廷的菁英不願意參與自由民主制度的遊戲規則。政變也傷害了法治精神：阿根廷最高法院應該要明確彈劾不符憲政精神的奪權事件，但法院卻塞滿新政府的人馬。重組法院成為後來每一位阿根廷總統的例行做法，這對法治有嚴重的不良影響。美國羅斯福總統在一九三七年曾經嘗試這樣做，但卻被美國大眾堅定否決掉。[31]

阿根廷不像墨西哥與秘魯，阿根廷誕生的時候就像一張白紙，它接手的社會並沒有高度的階級或族群分化。它在初期表現優異，正是因為它能採用像英國殖民地的一套促進創業與成長的自由經濟政策。但後來阿根廷政治菁英做的，卻是把國家轉變成被階級劃分的有嚴重對立的國家，這種分化讓它無法達成共識，形成一套可以促進成長的經濟政策。這些菁英包括害怕失去權力與地位的舊寡頭、犧牲國家以保護自己的自主性的軍隊、很快就有利益要維護的工人階級領導階層，以及利用人脈而不是政策牟取私利的政治階級。

哥斯大黎加與阿根廷有一些共同之處：這兩個國家都沒有實現唯物主義理論的預言，也就是早期的殖民制度與自然資源條件，如何影響當代經濟發展或政治制度的成就。這並不意味著，這個理論一定是錯的，但它無法充分解釋很多特殊例子的政治發展過程。因為其過程極為複雜，牽涉到多種因素，包括領導力、國際的影響、意識形態，以及氣候與地理條件。

這些變體的例子說明了，人類的作用（human agency）在制度發展中有很大的影響力。要不是因為在一九四〇年代末期某些英明領導人做出良好的政治抉擇，哥斯大黎加最後可能會變成薩爾瓦多或尼加拉瓜。阿根廷則白白浪費很多自然優勢，因為它的菁英擴大了對社會變遷的恐懼，也因為早期領導人對國家的不利作為。在這些例子中，如果不了解發展的過程，很容易想像出與事實相反（counterfactual）的歷史。

拉丁美洲與加勒比海是被歐洲列強殖民的最古老的非西方社會。我們現在要看漠南非洲，這個地區的殖民主義在數百年後才開始，但也無法脫離殖民制度的印記。如果拉丁美洲的問題是早期的西班牙與葡萄牙制度留下的威權政府、不公平與階級分化的歷史包袱，非洲的問題就是殖民當局想要不費力氣地行使統治權，在離開後卻沒留下太多制度的遺產。如果拉丁美洲的政府很孱弱，且無法演變成為韋伯式的現代文官體系，在漠南非洲的政府則是什麼都沒有。

注釋

1 這些數字是以二〇〇五年為常數的購買力平價，World Bank Data-Bank, http://databank.worldbank.org/ddp/home.do?Step=3&id=4.

2 譯注：拉丁美洲國家的右派組織，專門謀殺左派或自由派。

3 哥斯大黎加從一九四八年以來的經濟概況，參見 Helen L. Jacobstein, *The Process of Economic Development in Costa Rica, 1948–1970: Some Political Factors* (New York: Garland Publishing, 1987).

4 Lawrence E. Harrison, *Underdevelopment Is a State of Mind: The Latin American Case* (Lanham, MD: Center for International Affairs, 1985), p. 49.

5 參見 Jeffery M. Paige, *Coffee and Power: Revolution and the Rise Democracy in Central America* (Cambridge, MA:

Harvard University Press, 1997), pp. 16–19, 24–25.

6 John A. Booth, *Costa Rica: Quest for Democracy* (Boulder, CO: Westview Press, 1998), pp. 32–35.

7 Skidmore and Smith, *Modern Latin America*, pp. 371–72; Booth, *Costa Rica*, pp. 42–50.

8 Paige, *Coffee and Power*, pp. 141–52.

9 譯注：一九六六年從英國屬地獨立的非洲國家，鄰國包括北邊的尚比亞、西邊的納米比亞、南邊的南非，東邊的辛巴威。波札那在政治上實施民主選舉、法治，在經濟上採取市場經濟政策，低稅率、鼓勵外資，是非洲大陸經濟發展最快的國家之一。

10 Paige, *Coffee and Power*, pp. 127–40.

11 Mahoney, *Colonialism and Postcolonial Development*, pp. 130–31; Bushnell and Macaulay, *Emergence of Latin America*, p. 224.

12 Skidmore and Smith, *Modern Latin America*, pp. 72–73; Carlos Newland, "Ecosworth and Taylor, *Latin America and the World Economy*, pp. 210–13.

13 Carlos Waisman, *Reversal of Development in Argentina: Postwar Counterrevolutionary Policies and their Structural Consequences* (Princeton: Princeton University Press, 1987), p. 5.

14 Mahoney, *Colonialism and Postcolonial Development*, pp. 129, 211.

15 同前注，頁一三一。

16 Waisman, *Reversal of Development*, p. 9.

17 譯注：根據現在的國際會計標準，惡性通膨有四項特徵：一、民眾不願持有現金，寧可把金錢投放在外國貨幣或非貨幣資產。二、民眾利用外國貨幣，結算自己本國貨幣的資產。三、信貸是按借款期內的消費力損耗計算，即使該時期不長久。四、利率、工資、物價與物價指數掛鉤，三年累積通膨在百分之一百以上。

18 譯注：是一種貨幣發行與固定匯率的制度，它以法律規定，政府發行的貨幣必須有外匯儲備或硬通貨的全額支持；並保證本幣和外幣可按事先確定的匯率無限制兌換。在貨幣局制度下，當國際收支出現持續逆差時，當局發行貨幣的外匯儲備就會減少，國內貨幣供應量也隨之減少，利率就會偏高。這將有助於減少進口需求，減緩國內經濟成長速度。國內工資、物價下跌，也會降低生產成本，增加出口競爭力。

19 參見 V. S. Naipaul, *The Return of Eva Perón, with The Killings in Trinidad* (New York: Knopf, 1980).

20 譯注：美國獨立後，聯邦政府決定出售西部土地，以增加政府收入，但出售的土地單位面積大、價格高，移民無力購買，因此農民開始爭取無償分配土地。《公地放領法》滿足了西部農民的需求，確立了小農土地所有制。

21 Paul W. Gates, "The Homestead Act: Free Land Policy in Operation, 1862–1935," in Gates, ed., *The Jeffersonian Dream: Studies in the History of American Land Policy and Development* (Albuquerque: University of New Mexico Press, 1996); Harold M. Hyman, *American Singularity: The 1787 Northwest Ordinance, the 1862 Homestead and Morrill Acts, and the 1944 G.I. Bill* (Athens: University of Geogia Press, 1986).

22 Mouzelis, *Politics in the Semi-Periphery*, pp. 16–17.

23 Bushnell and Macaulay, *Emergence of Latin America*, pp. 128–29.

24 同前注，頁二二七至二三二。

25 與希臘的比較參見 Mouzelis, *Politics in the Semi-Periphery*, pp. 21–22. 參見 Skidmore and Smith, *Modern Latin America*, pp. 80–81.

26 譯注：原文來自拉丁語的 corpus（軀體），原來與公司的概念無關。團合主義強調以階級合作取代階級鬥爭。政治學者曾用團合主義來描述獨裁國家，因為其藉由管理許可執照，進一步控制社會、信仰、經濟或群眾組織等過程，並限制其挑戰國家權威的能力，也被稱為「國家團合主義」。近年來，團合主義指的是一種由工會、企業和政府進行三方協議的機制，在經濟衰退期或通貨膨脹時，得以限制工資或適度裁員。

27 Skidmore and Smith, *Modern Latin America*, pp. 82–86.

28 Mouzelis, *Politics in the Semi-Periphery*, pp. 2–27.

29 譯注：內斯托爾與基什內爾是夫妻，前總統內斯托爾猝逝之後，基什內爾當選總統，成為阿根廷第二位女總統，也是阿根廷第一位由民主選舉產生的女總統。

30 Roberto Cortes Conde, *The Political Economy of Argentina in the Twentieth Century* (New York: Cambridge University Press, 2009), pp. 125–44.

31 這問題在裴隆期間更加惡化，他彈劾最高法院在位的五個法官中的四個，Matias Iaryczower, Pablo T. Spiller, and Mariano Tommasi, "Judicial Independence in Unstable Environments, Argentina 1935–1998," *American Journal of Political Science* 46, (no. 4) (2002): 699–716.

第十九章 動盪的非洲

為何漢南非洲今日不如一般認知的情況惡劣；為什麼這地區有些國家接近全球發展評比的最落後地區；為什麼發展的障礙核心是缺乏有效能的政府；歐洲殖民非洲的做法與理由。

一九九〇年代，西方世界受到非洲飢餓孩童照片的疲勞轟炸，及演藝圈名人例如樂團主唱波諾（Bono）與安潔莉納．裘莉（Angelina Jolie）等人的呼籲，請求協助這地區的貧窮國家解除債務與提供外國援助。出乎意料的是，這個活動逐漸增強它的影響力道之際，非洲的時運正在好轉。根據世界銀行的資料，歷經長期的衰退之後，從二〇〇〇到二〇一一年，漢南非洲國家每年的經濟成長率都超過百分之四．六。[1]其中有些是資源豐富的國家，包括安哥拉與奈及利亞，它們搭上由中國與其他新興市場國家需求帶動的二〇〇〇年代商品熱。經濟學家拉德勒特（Steven Radelet）指出，如果不考慮一些高度腐化的國家，大約有十七個國家不只經濟成長，也以民主方式治理，並舉辦相當自由與公平的多黨選舉。另外，當然還是有在經濟成長與民主政府方面紀錄非常不良的國家，例如索馬利亞、辛巴威與剛果民主共和國。但是就像亞洲，從表現優異的新加坡與南韓，到令人難以認同的緬甸與北韓，包含了經濟與政治表現南轅北轍的國家，非洲也一樣是個複雜的地方，並肯定不符合一般人以為的「孩子正在挨餓」的刻版印象。[2]

不過，漠南非洲雖然在最近表現好轉，但從一九六〇年代到一九九〇年代中葉，獨立之後的這整個世代，整體表現確實算是一場災難。第十四章談到奈及利亞的發展，並不是非洲的典型；奈及利亞有一個特別糟糕的弊端，也困擾這地區很多國家。圖十五是漠南非洲的國民平均產值，並與東亞的開發中國家相比。這個圖顯示出：第一，東亞開發中國家的收入從只是非洲的一部分，變成幾乎四倍；第二，從一九七〇年代初到一九九〇年代中，非洲每

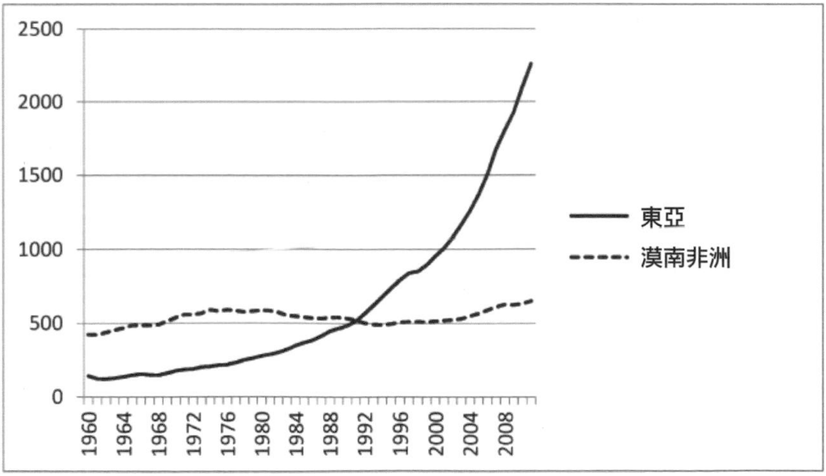

圖十五：漠南非洲與東亞，每人平均產值，1960-2011

資料來源：世界銀行

人平均收入其實是下降的。

另外，從這些統計資料中看不到很多非洲人在這段期間的悲慘生活。索馬利亞、賴比瑞亞與獅子山國家分裂，並被多個軍閥控制，他們還對兒童士兵下藥，把他們變成病態的殺手。安哥拉與莫三比克從葡萄牙獨立之後就陷入內戰，這些內戰並受到外部勢力的援助。蘇丹在自己國家的南部打了一場漫長的戰爭，這個南部地區最後在二〇一一年成為獨立的國家，但對於達佛（Darfur）地區的人民卻非常殘暴。[3]烏干達、赤道幾內亞與中非共和國受到奇特的獨裁者統治，剛果民主共和國[4]則從莫布杜的竊盜統治（kleptocracy）[5]中破產。接著國家分裂，並陷入長期的內部衝突，至今已經死了五百萬人。這些衝突很多都是因為國際上對非洲的商品有需求，例如鑽石、銅、鈷、棉花與石油。很多已開發國家為了自己的利益，反而提供武器與傭兵，導致這些衝突很難善了。[6]

非洲在這段期間經濟表現不佳，明顯與它混亂的政治制度有關。畢竟，任何國家遭受血腥衝突時，經濟就無法成長。因為這個原因，經濟學家克里爾（Paul Collier）與幾個非洲文化研究者，都把學術生涯投入在研究衝突以及緩和衝突的方法。但連克里爾自己都第一個承認，衝突會發生是因為這裡的制度太孱弱了。如果一個國家有正當、強大又有效能的政治制度，在領土內發現鑽石與石油時，也不會引誘叛亂團體互相搶奪，或是外國列強前來干預資源的開採。挪威發現近海石油時，國家並未因此分裂。同樣的道理，很多人譴責因族群分化才產生衝突。但克里爾與其他人都發現，族群通常只是政治領導人用來動員支持者的工具，本身並不是衝突的根源。瑞士即使內部族群分歧，也因為強大的制度而成為富裕國家。[7]

非洲的弱勢政府

雖然非洲包含了差異很大的政權，從穩定的民主、威權的竊盜統治到失敗的政府，很多國家的情況還是能做出一些通則。有一種治理模式是很多非洲國家的特色，而且明顯與拉丁美洲或東亞不同。

范德維爾與布拉頓（Michael Bratton）把這種治理型態稱為「新家產制」。本書從頭到尾，我都用韋伯的術語「家產制」來指政府公職是統治者的親人與朋友的囊中物，並為他們的利益而運作。但現代政府不同，現代政府是以能力與專業為基礎選才與用人，並為了更廣泛的公眾利益而運作。新家產制政府有現代政府的外在形式，它有憲法、總統與總理、一套法律制度，並且聲稱是公平的，但政府的運作仍然是把政府資源分享給朋友與親人。[8]

非洲新家產制統治的第一個特徵就是個人主義。獨立之後，政治都圍繞在總統或頭人身上，大家都是對他們個人效忠。事實上，所有非洲後殖民時代的政治制度都是總統制，而不是議會制，而且所有的總統都是男性。雖然領導人也成立政黨，但這些政黨都沒有亞洲與歐洲的政黨組織良好而重要。在亞洲與歐洲，政黨的組織原則是意識形態，非洲則都是個人效忠。非洲領導人營造的自我形象，通常既像父親角色又像黑手黨老大。例如，薩伊的莫布杜向來戴著豹紋帽與太陽眼鏡，還拿著一根象徵性的儀仗；坦尚尼亞的尼雷爾（Julius Nyerere）則要人稱呼他為「導師」（the teacher）；多哥的總統埃亞德馬（Gnassingbé Eyadéma），據說有神祕的力量。總統的權力很大，而且不管憲法怎麼寫，他的權力都不和立法、法院或部長分享。[9]直到現在，很少有任期限制，或願意像華盛頓做滿兩任之後就把權力和平轉移給繼任者的非洲總統。尚比亞的卡翁達（Kenneth Kaunda）做了二十七年、莫布杜三十二年、肯亞塔十四年、幾內亞的杜爾（Sékou Touré）二十六年、迦納的恩克魯瑪（Kwame Nkrumah）十五年、衣索比亞的澤納維（Meles Zenawi）十七年、喀麥隆的比亞（Paul Biya）三十二年、赤道幾內亞的奧比昂（Teodoro Obiang）三十五年、烏干達的穆塞維尼（Yoweri Museveni）二十七年，以及安哥拉的桑多斯（José Eduardo dos Santos）三十五年（比亞、奧比昂、穆塞維尼與桑多斯，在本書寫作期間仍然在位[10]）。南非第一位黑人總統曼德拉（Nelson Mandela），在非洲政治領導人中特別耀眼的原因之一，就是他在一任五年的任期之後就自願讓出總統職位。

非洲新家產制的第二個特徵，就是大量使用政府資源培養政治支持者，導致普遍的侍從主義。非洲的做法比十九世紀的美國還嚴重，總統是以特殊而公開的方式把公職與好處分配給自己的支持者，導致行政部門大量擴張。舉例來說，莫布杜統治薩伊期間，公職薪資名冊上有六十萬個人名，但世界銀行估計它需要的公職人員不超過五萬人。光是中央銀行雇用的人數，就等於整個民間銀行業的一半。根據記者羅恩（Michela Wrong）的報導，莫布杜一開始是利用國有的比利時資產，建立他的權力基礎：

> 當然，莫布杜非常善於利用均分策略，他掌握十四個大農場，整併成一個雇用二萬五千人的大集團，並成為這個國家第三大雇主，也代表薩伊四分之一的可可粉與橡膠產量。接著要給利益的是他的恩班迪（Ngbandi）部落成員，在新的國有企業與主要公司中，他們的梅子市場做

得不錯，讓別人不再取笑農村就是落後的地方。莫布杜一定會非常仔細地確認，讓他需要的所有部族確實都得到好處。被稱為「大型蔬菜」（Big Vegetables，這是一般薩伊人帶著又恨又怕情緒的用語）的社會階級就此誕生。[11]

據估計，尚比亞在一九九〇年代有十六萬五千人在公務機關，而肯亞的政府職員則從一九七一年的一萬八千兩百一十三人，增加到一九九〇年的四萬三千兩百三十人。在一九六〇年代到七〇年代經濟繁榮時期，商品價格上揚，快速增加的公務部門還支撐得住，但在一九八〇年代商品價格下跌時，整個非洲陷入嚴重的債務危機，膨脹的公部門薪資總額就撐不下去了。[12]

然而，就像赫布斯特（Jeffery Herbst）指出的，對於後殖民時期非洲新家產制政府的規模與象徵權威來說，最重要的單一特徵就是根本上的疲弱。[13]再用一次韋伯的定義，政府的實力是以它能在清楚界定的領土內立法與執行法律的能力來衡量，這指的並不是強制力，而是一種正當權威。非洲領導人雖然能監禁或脅迫政治反抗者，但他們的政府通常沒有提供基本公共行政的能力，例如都市地區之外的醫療與教育、維持法律與治安並裁定爭論，或是管理總體經濟政策等。

如果以收稅能力來衡量政府的能力，漠南非洲比拉丁美洲還要低，通常只是已開發國家的一小部分。這地區最貧窮的國家收的稅不超過GDP的百分之七到百分之十五，而很多超過這個標準的國家只是因為天然資源豐富。[14]稅的種類也反映疲弱的政府能力：全部是關稅與各式各樣的間接稅（現在通常是加值稅，這是根據外國捐助者的建議），而不是更難徵收的個人所得稅。因此政府預算必須從其他來源籌措資金。有些國家，例如安哥拉、奈及利亞與蘇丹，預算資金來源就是天然資源的收益金；其他很多國家則以外國援助成為支撐預算的主要來源。在一九九〇年代非洲經濟跌到谷底期間，外國捐助的資金達到GDP的百分之八到百分之十二；在很多國家，則是整個政府預算的主要部分。[15]

政府的能力也可以理解為它是否在自己的領土內行使獨占的武力。漠南非洲從獨立之後就一直有很多內戰、分離主義運動、叛亂、政變，以及其他內部衝突，很多仍在持續進行中。獅子山、賴比瑞亞與索馬利亞，在一九九〇年代都經歷過政府完全失效並崩裂成軍閥分立局面。薩伊有一個理論上看起來很壯大的軍隊，但在一九九六年，解放剛果—薩伊民主力量聯盟（Alliance of Democratic Forces for the Liberation of Congo-Zaire, ADFL）的部隊從東部入侵時，它的部隊竟然一夜之間就落荒而逃。薩伊部隊對剛果人民造成的傷害也比入侵的部隊更大，因為他們潰逃時還一邊搶奪任何能偷走的資產。卡比拉（Laurent Kabila）的新政府也沒有比較好，一樣無法保衛國家免於遭受一連串民兵與鄰國士兵的掠奪。無法控制暴力行為，是非洲弱政府的獨有特色。

弱政府的最後一個指標是後殖民時期非洲政府的人力資本，這也可以直接導致拙劣的公共政策品質。非洲不像東亞，並沒有科層政府的長期傳統，也沒有訓練有素的政府官員作為核心幹部，因此在殖民政府撤出之後，並沒有接管行政部門的能力。舉個例子，一九六〇年比利時撤出剛果時，剛果受過大學教育的行政官員還湊不到一打。

剛獨立的政府在沒有治理專業之下運作，就會出現一系列嚴重的政策錯誤。最重大的一項就是農產品產銷協議會的運作，竟然故意打壓付給農民的價格，誤以為這樣就可以提升工業化的資本。當時的農產品出口是經濟成長最有希望的途徑，結果因為政策錯誤，整個地區的經濟忽然陷入衰退。[16]由於這些錯誤的措施，迦納的可可粉產量從一九六五年的五十六萬公噸，下降到一九七九年的二十四萬九千公噸。薩伊人接手營運民主剛果國家礦業總公司時，收入占了總出口的七成，但把收入轉進總統的特別帳戶後，不只不再投資新產能，也無法維持既有的營運水準，礦產的產出亦大幅跌落，從巔峰時期每年四十七萬公噸，到一九九四年只剩三萬零六百公噸。[17]

雖然民主在非洲有很坎坷的歷史，但區分漠南非洲與東亞的主要制度缺失並不是民主，整體上來說，在一九六〇到一九〇〇年之間，這個地區比東亞更民主。制度的缺失也不是法治問題，很多在後殖民期間的亞洲明星國家，包括南韓、臺灣、新加坡、馬來西亞、中國與印尼都是威權國家，司法制度相對弱勢，統治者都能避開任何想要迴避的法律。所以最關鍵的制度差異，其中東亞國家已經擁有的，拉丁美洲需要更多一點的，以及非洲幾乎完全缺乏的，就是強大而有條理的政府能控制暴力行為，並提出良好、具有經濟理性的公共政策。

政府衰弱的源頭

非洲政府缺乏治理能力，當然必須回溯殖民主義的遺產，以及歐洲殖民統治之前的非洲社會本質。從這個角度來看，非洲繼承到的制度和拉丁美洲完全不一樣。在拉丁美洲，西班牙與葡萄牙在新大陸的土地上，成功掃除原住民政權，並重建他們自己的權威與重商主義政治制度。當歐洲人在殖民地搾取資源時，舊大陸的階級體系因為當地出現的種族與族群差異而擴大。殖民者留給拉丁美洲的是我所謂的「弱勢威權」政府，因此在十九世紀時無法發展出強勢的威權政府，或強大的民主政府。

非洲還有另一個遺產。由於殖民主義很晚才開始，持續的時間也很短，殖民統治者順利摧毀當地既有權威來源的傳統，卻未能移植任何像現代政府的制度，可以存活到獨立的轉型期。由於歐洲人發現，非洲沒有什麼值錢的東西可以搾取（南非是個例外），而且覺得熱帶氣候很不適宜居住，因此，從移民與資源的角度來看，他們在殖民地只做最少的投資。歐洲人在二次世界大戰之後的十年之間決定離開時，精打細算的殖民主義在非洲留下的現代政府制度非常少。

非洲只在一八八二年之後的期間被大量殖民，也就是艾伯納西（David Abernethy）所謂的歐洲殖民主義第三階段。第一階段從西班牙人與葡萄牙人征服新大陸開始，第二階段是北美殖民地反叛到拿破崙戰爭之後。第三階段從一八二四年的英緬戰爭開始，並在十九世紀最後數十年開始「瓜分非洲」時達到頂點。[18]

早期與晚期的擴張有幾個重要的差異。在十九世紀期間，歐洲的技術領先於非西方世界，比西班牙迎擊新大陸時更進步。歐洲當時正在工業化，也發明輪船與馬克沁（Maxim）自動機槍，讓一小群的歐洲征服者在面對敵人時有更大的優勢。早期嚴重限制歐洲人擴張與移民的疾病因素，由於歐洲醫藥與奎寧（quinine）的引進而大幅降低。艾伯納西指出，一八三二年萊爾德（Macgregor Laird）遠征尼日河時，四十八個歐洲人死了三十九人；但在一八五四年遠征同一條河時，沒有任何人死掉。[19]

這些差異有很深遠的影響。在新大陸的第一波殖民，以金、銀、糖、棉花，以及其他可以拿走的利益等形式，為宗主國產生經濟剩餘。很多十九世紀的歐洲人希望複製西班牙在墨西哥與秘魯的成就，很多人也小規模地達到此目標。剛果殖民就是比利時國王利奧波德二世（Leopold II）的個人計畫，他建立一個掠奪此地資源的殘暴政權，成功增加個人的財富。但是新的殖民地，尤其是熱帶非洲地區，整體而言並沒有產出傳說中的金礦。帝國主義理論家列寧（Vladimir Lenin）與霍布森（J. A. Hobson）認為，歐洲的剩餘資本必須找到歐洲之外的出路與新市場。但是非洲的花生、可可粉、象牙與棕櫚油的產量，根本很難成為拯救全球資本主義的致富之道，甚至支付不起自己的行政治理成本。在十七與十八世紀非常關鍵的獲利來源，例如奴隸、糖、蘭姆酒與製造產品，在廢除奴隸制度與三角貿易之後，歐洲大多對非洲能生產的東西失去興趣。

歐洲大國彼此的對抗變得激烈，並刺激第二波殖民時，並沒有太多搾取資源的行為。在這一幕有幾個新的參與者，特別是一八七一年後剛統一的德國，以及正在採取擴張主義的俄國，其中俄國是舊的大國都想平衡與控制的力量，甚至大國之間也互相對抗。另外，義大利、比利時、日本和美國，也相繼加入這場戰局，把競爭推進到之前已經被占領的地區。菲爾德豪斯認為，瓜分非洲行動就是受到德國首相俾斯麥宣稱要建立海外帝國的長期目標所刺激。德國征服海外的野心直接促成一八八四到一八八五年的柏林會議（Berlin Conference），歐洲列強同意以海岸據點向內陸切割的原則，瓜分非洲成為列強的屬地。從一八七八到一九一四年，歐洲殖民地增加八百六十五萬三千平方英里，並宣稱地球表面有百分之四．四的土地都在它的掌控之中。[20]

最新一波的歐洲征服行動，是以新奇的種族理論正當化。西班牙人殖民新大陸時，他們曾爭論發現的原住民是否有靈魂；由於天主教教會的最後決定，他們試著不對當地住民進行最惡劣的蹂躪，只是效果有限。到了十九世紀，情況大異其趣。達爾文（Charles Darwin）出版《物種起源》

（*Origin of Species*）之後，出現一種「科學種族主義」（scientific racism）的信念，認為世界各種族既有的階層，是歐洲人對其他種族具有天生的生物優越性的結果，之後就發生瓜分非洲行動。儘管民主與代議制政府穩定地普及到歐洲與北美，這種觀點還是出現了，還把對非白人使用武力的行為合理化。結果，移民者被允許擁有擴大的政治權力，卻完全拒絕給非洲人應有的權利，形成公民與受支配族群的極大分裂。[21]

一旦瓜分非洲的行動開始上路，就迅速展開。這和幾個非洲的專屬特徵有關，最重要的就是非洲原住民社會並沒有強大的國家級組織，和東亞形成強烈對比。在瓜分之前，這個大陸只有一半擁有國家級的社會，其他都是以親屬關係為主、沒有首領的部落社會。

針對非洲的國家級社會為什麼這麼少，即使人類起源於非洲，而且已經定居在這個地區大約五萬年（見上卷，第三到五章），還是沒有轉型成更高等級的社會組織型態，赫布斯特提出一個非常敏銳的解釋。從一開始，非洲的人口密度就很低。雖然今天非洲有很多地區擁有全世界最高的出生率，但在十九世紀末，非洲大陸是人口最少的地方之一。直到一九七五年，非洲人口密度才達到一五〇〇年的歐洲水準。一九〇〇年，日本人口密度是每平方公里一百一十八·二人，中國是四十五·六人，而漠南非洲則只有四·四人。[22]就像上卷提到的，技術的發明，例如高生產力的農耕技術，會促進人口成長，經濟學家博斯魯普（Ester Boserup）與其他人認為反過來也一樣，人口更多就會刺激需求與更專業化，也會鼓勵技術改革。無論是哪一個方向的因素，都可以解釋非洲的情況。在被殖民前，非洲的技術落後程度令人吃驚，例如農業上還沒使用犁田工具、各地還是靠雨水而不是灌溉設施，而且仍未發展出複雜的金屬加工技術。特別是金屬加工。金屬加工有很大的政治重要性，由於日本有長期的金屬加工傳統，因此在與歐洲人接觸之後，很快就能製造出自己的槍械，但直到十九世紀，非洲人仍然依賴進口的輕武器。[23]

限制非洲形成國家的第二個因素是實際的地理條件。權力集中仰賴的是調度軍事力量與行使武力獨占的能力，歐洲與中國能形成大型而強勢的政府，是因為相對平坦的土地，河流與山脈都很容易騎馬跨越，用這種方式調派部隊對建立集權政府是不可或缺的。但在非洲，唯一平坦開放的土地就是空蕩蕩的撒哈拉沙漠，以及沙漠下方的大草原地帶。非洲大陸擁有國家級結構的地區，多半群聚在能擁馬匹與駱駝的地方，也就不令人意外。

大草原帶南方的熱帶森林也是形成國家的巨大障礙，直到一路下到南非，在前殖民時代，這個地方有一些比較大的政治單元存在，例如祖魯（Zulu）王國。雖然非洲也有很多大型河川，卻很少能進行長程航行（尼羅河例外，而且它也的確促進大型國家級文明的成長）。就是這個原因，早期的歐洲移民只在海岸線上成立奴隸貿易，或交易中心仍然與內陸隔絕。內陸的地圖當時根本不存在，直到十九世紀晚期伯頓（Richard Burton）、李文斯頓（David Livingstone）、史丹利（Henry Morton Stanley）與斯皮克（John Hanning Speke）探險之後才有內陸的地圖。道路建設對於聯繫帝國也是不可或缺，不管是羅馬帝國或印加帝國等多樣化的帝國都一樣，但在布滿森林的熱帶地區同樣很難做到。

我在上卷提到卡內羅（Robert Carneiro）的理論，從部落級轉型到國家級社會，劃界是很重要的條件。[24]在開放而不受限制的地理條件中，受到集權政治權威壓迫的部落，有直接離開的選擇。這就是大部分熱帶非洲的情形，土地很大、沒人開墾的荒野也很近。根據赫布斯特的觀點，從地區的角度看，這就是政治權威在非洲很少見的原因。因為很難調派或部署軍隊，對遠距離的地區進行實質的武力控制，因此權威的行使比較是針對人而不是土地。不像人口密集的歐洲封建領主，非洲的統治者對自己的領土並沒有精確的地圖，他們的權力網是透過交付貢品的受保護者網絡發散出去的。[25]

我認為赫布斯特談的比較不是國家而是社會的另類概念，是在部落級到國家級的轉型階段，但還是比較接近部落級社會。從這個角度看，非洲比較像西元前第一世紀前半葉西周時期的中國社會，或第五世紀的克洛維斯（Clovis）時期的歐洲。在這樣的社會，社會組織仍然是環節性家系，在小團體面臨攻擊時，會向上整合成非常大的團體。但在環境改變時，就很容易分裂成小很多的族群（見上卷第三章）。權力偶爾會集中成為酋邦（chiefdom），有一些特徵很像國家但不又像國家，因為它無法阻止次級單位脫離，也無法行使領土上的控制權。

很重要的一點是，當我提到殖民前的非洲政治組織是「部落」型態，有非常特定的意義，因為這個字在當代政治中被使用（或誤用）的方式不同。今天的肯亞，特別是在二〇〇七年總統大選以來，已經根據種族分裂成彼此互相對立的團體，例如基庫尤人（Kikuyu）、盧奧人（Luo）、卡連津人（Kalenjin）與馬塞族人（Masai）。其他非洲國家的政治也是根據類似的種族地位形成，就像一九九四年的盧安達大屠殺，圖西人（Tusis）慘遭胡圖人（Hutus）滅族。像基庫尤人這樣的族群，有時候會很不嚴謹地被稱為「部落」（tribe），以為族群政治就是部落文化的一種形式。另外有一種傾向認為，現代的非洲政治只是古代文化模式的延伸。

但是非洲的族群主要是一種當代現象，不是在殖民期間形成，就是在後殖民時期強化。典型的環節性家系，以人類學來說就是部落，是一群可以回溯到某個祖先的共同世系，可能有兩代、三代或更多代。這個制度能維繫下來是基於一個非常特殊的信仰，認為死去的祖先與未出世的後代都會影響活著的人的運勢。就像伊凡斯普里察（E. E. Evans-Pritchard）對蘇丹南部努爾人的經典研究所描述的，根據你想要回溯多少代的某位共同祖先，這些家系是可以擴大的。對於大部分的日常活動，這些互有關聯的祖先都很相近，而且親屬團體也相對非常小。

相反的，當代的族群數量沒有百萬也有數十萬人口，他們可能也是出自同一個祖先的世系，就像羅馬人宣稱他們是羅穆勒斯[26]的後代，但這樣的祖先實在太遙遠，反而比較像是一種迷思或幻想，不太像是一個真實的人。我們將會在未來的章節看到，當代非洲的族群認同意識，通常是由殖民者營造出來的。他們認為有些族群比較「好戰」，因此很適合成為部隊的兵源；有些人則為了更方便管理就操縱族群，讓他們彼此互鬥。在今天，族群認同的主要功能就是分配政府資源的信號標誌，例如，如果你是基庫尤人，而且你選基庫尤人當總統，你就很可能得到政府的工作、公共事業專案，諸如此類的好處。

推動開放門戶

非洲被瓜分之前很少有強勢的集權政府，而且第一次世界大戰歐洲人切割非洲大陸時，歐洲人也沒在這裡建立任何政府，其中的原因就是之前提過的第二波殖民主義的特色。歐洲國家著眼的比較是地緣政治策略上而不是經濟上的好處，他們想保護既有的依賴關係，防止被新的勢力超越。他們對建立勢力範圍或保護關係更感興趣，並不想直接統治非洲的原住民社會，因此在過程中不想花太多政府的資源。如果這些土地能產生經濟利益，當然更好，但不是主要目的。

因此殖民當局實際延伸出來的機制，通常不是全國性的政府，而是一群人的組合體，這群人包括當地的代理人，他們常常在沒有祖國部會首長的同意或認知下，就擴大解釋祖國的主張；搬到殖民地的本國移民，他們想要得到保護並取得土地的新機會；還有各式各樣的當地商人與特許企業，他們雖然對祖國政府沒有重要的經濟利益，仍然可構成強力的遊說團體；以及傳教士，他們把非洲當成一個準備好改信宗教的地方，想要以文化征服非洲。

有人說，英國在非洲的帝國是無心插柳的結果，事實上不只英國，很多其他歐洲國家也是如此。舉例來說，法屬西非是法屬非洲兩大屬地之一，是因為一群法國官員不理會巴黎的命令，一路跋涉進入尼日（Niger）河谷上游，最後進入查德所建立的國家。法國商人則遊說法國當局任命費戴爾布（Louis Faidherbe）將軍成為塞內加爾的總督，並促使塞內加爾河谷地區降低商人應該給當地酋長的貢品要求。剛果也不是比利時政府成立的，而是國王利奧波德二世，他把這一大片領土當成個人的財產，而比利時政府後來也被迫承擔他的債務。英國在西非的擴張，實際上是他們努力制止奴隸貿易行動的意外副產品。另外，獅子山的自由城（Freetown）一直是一個海軍基地，也是重獲自由的奴隸的天堂，自由城周圍的地區則因商人逃避港口關稅而不斷延伸。俾斯麥知道新的德國公司願意投資非洲，但是又擔心德國在坦干伊喀（Tanganyika）的據點會威脅到印度的交通路線，可能會引起英國鞏固他們在烏干達、尚吉巴爾與西非其他地區的控制力。[27]

想要延伸帝國勢力與加強對非洲投資的歐洲企業，以及懷疑取得這些新的非洲土地之價值的政府（和其背後的納稅人）之間，對非洲殖民一事各有複雜的動機，並產生持續的拉鋸戰。殖民列強經歷的是今天所謂的「任務潛變」（missionc reep）[28]，這一直是後冷戰時期美國外交政策的禍根。本來是一個小型調停行動，有特定的目的與期限，卻在當地形成利益與投入決心，接著需要更進一步的介入，以支撐整個行動的成果。舉例來說，一開始是為了壓制阿富汗的恐怖分子，結果延伸到巴基斯坦，接著產生以軍事與經濟援助以穩定巴基斯坦的需求，然後在中亞需要一個後勤基地，在更大規模的美俄關係協商中，這件事又成為討價還價的瑣碎議題。簡言之，持續變化的狀態導致行動不斷擴大，而且一開始採取這個計畫的想法，不一定在本土得到共識。

在非洲，這個邏輯導致了便宜行事的殖民主義，也就是一方面想要維持影響力，但另一方面卻不想充分投資在能長期維持的政治制度上。在新加坡，英國不只興建一個原本不存在的港口，也建立直轄殖民地與行政架構，以維持整個東南亞的利益。在印度，英國人成立的印度軍隊與更高水準的文官體系，這些制度都留給一九四七年獨立的印度共和國，而且至今依然存在。但非洲在「間接統治」名義之下，他們成立的是最小規模的治理制度。這樣做的同時，就無法提供獨立後的非洲國家一些能夠持久的政治制度，並為後續的孱弱政府與失敗埋下伏筆。我們下一章要討論這樣的制度。

注釋

1 參見 World Bank Data Bank, http://databank.worldbank.org/ddp/home.do?Step=12&id=4&CNO=2 .

2 Steven Radelet, *Emerging Africa: How 17 Countries Are Leading the Way* (Baltimore: Center for Global Development, 2010). 本書出版之後，這十七個國家之一馬利發生政變，所以必須從名單中剔除。

3 譯注：蘇丹西部達佛地區因人民不滿政府而反抗，蘇丹政府就利用與達佛地區黑人發生過土地糾紛的阿拉伯游牧民族，讓他們幫助政府掃除達佛人。數十萬人慘死，數百萬難民流離失所。

4 譯注：非洲有兩個國家都叫剛果，一個曾是法屬剛果共和國，簡稱剛果；一個曾是比利時殖民地的剛果民主共和國，簡稱「民主剛果」。

5 譯注：又稱黑社會主義，指統治者或統治階級利用政治權力，增加自己私人財產並擴張政治權利，並侵占全體人民的財產與權利。竊盜統治通常出現在威權主義政府中，特別是獨裁專政、寡頭統治以及軍事統治。

6 這段期間的事參見 William Reno, *Warlord Politics and African States* (Boulder, CO: Lynne Riener, 1998).

7 Collier, *The Bottom Billion*; Collier and Hoeffier, *Economic Causes of Civil Conflict*; Collier, "Implications of Ethnic Diversity," *Economic Policy* 32 (2001): 129–66.

8 Michael Bratton and Nicolas van de Walle, *Democratic Experiments in Africa: Regime Transitions in Comparative Perspective* (New York: Cambridge University Press, 1997), pp. 61–63.

9 van de Walle, *African Economies*, p. 117.

10 編注：二〇一六年時，桑多斯表態將退休，即不再參選隔年的總統大選，任期至二〇一七年止。參見 https://www.reuters.com/article/us-angola-president-idUSKCN0WD13H

11 當他政權垮臺時，莫布杜的軍隊有五萬名將軍與六千名上校。Michela Wrong, *In the Footsteps of Mr. Kurtz: Living on the Brink of Disaster in Mobutu's Congo* (New York: Harper, 2001), pp. 90, 95, 229.

12 van de Walle, *African Economics*, p. 65.

13 Herbst, *States and Power in Africa.*

14 van de Walle, *African Economics*, pp. 73–74.

15 Nicolas van de Walle, *Overcoming Stagnation in Aid-Dependent Countries* (Washington, D.C.: Center for Global Development, 2004), p. 33.

16 Bratton and van de Walle, *Democratic Experiments*; Robert Bates, *Markets and States in Tropical Africa: The Political Basis of Agricultural Policies* (Berkeley: University of California Press, 2005).

17 Wrong, *In the Footsteps of Mr. Kurtz*, pp. 104–08.

18 David B. Abernethy, *The Dynamics of Global Dominance: European Overseas Empires, 1415–1980* (New Haven: Yale University Press, 2000), pp. 81–82; *Fieldhouse, Colonial Empires*, pp. 177–78.

19 Abernethy, *Dynamics of Global Dominance*, p. 92.

20 Fieldhouse, *Colonial Empires*, pp. 178, 207–10.

21 Abernethy, *Dynamics of Global Dominance*, pp. 94–95; Mahmood Mamdani, *Citizen and Subject: Contemporary Africa and the Legacy of Late Colonialism* (Prince ton: Prince ton University Press, 1996).

22 Herbst, *States and Power in Africa*, p. 15.

23 Crawford Young, *The African Colonial State in Comparative Perspective* (New Haven: Yale University Press, 1994), pp. 74–75.

24 Carneiro, "A Theory of the Origin of the State."

25 Herbst, *States and Power in Africa*, pp. 40–57.

26 譯注：是羅馬神話中羅馬市的奠基人，父親是戰神瑪爾斯。羅穆勒斯還創立羅馬軍團和羅馬元老院，並成為古羅馬最大的征服者。

27 Young, *African Colonial State*, pp. 80–90; Fieldhouse, *Colonial Empires*, pp. 211–16.

28 譯注：又稱任務蠕變，指違反本人意願不斷擴大任務範圍，且往往是在不知不覺中增加。

第二十章 間接統治

獅子山與政府崩盤的危機；政府如何同時殘暴又無能；什麼是「間接統治」以及其發展的原因；法國的直接統治又有何不同，另外，最後也證明直接統治在移植現代制度上並沒有更成功。

一九九〇年代，獅子山陷入可怕的內戰，由軍事頭子桑科（Foday Sankoh）領導的革命聯合陣線（Revolutionary United Front, RUF），開始招募十二或十四歲甚至更年幼的男孩充當童兵，這些孩子被要求服用大麻、安非他命與古柯鹼，並被迫在朋友面前殺害自己的雙親。這些心靈受創的孩童接下來會涉及最恐怖的罪行，做出更殘暴的行為，包括剖開孕婦的肚子以確定嬰兒的性別；或砍下抓到的軍人或平民百姓的手腳，讓他們未來無法再反抗ＲＵＦ。婦女經常被一再性侵，並被迫成充當童兵的妻子。一九九九年，ＲＵＦ攻擊獅子山首都自由城，被稱為「不留活口行動」（Operation No Living Thing），整個街坊被洗劫一空，所有居民不是被性侵就是被殺，無一倖免。[1]

如何解釋人類怎麼會墮落至此？一個沒有被公開陳述但通常會有的假設是：「不知道怎麼回事，非洲就是會這樣。」熱門電影《血鑽石》（*Blood Diamond*）描繪的獅子山衝突，以及其他像烏干達北部聖主抵抗軍（Lord's Resistance Army）的暴動，或盧安達的圖西人遭到集體屠殺等事件，更是強化西方人對非洲是殘暴而野蠻之地的想法。卡普蘭（Robert D. Kaplan）與其他人都指出，在西非所謂的文明裝飾板早已經碎裂一地，這些社會已經退回到更古老的家產制部落文化，只是用現代武器對戰而已。[2]

但是這個答案反映對更廣泛的非洲歷史與部落文化的無知。事實上，部落組織的社會是非常有秩序的，環節性家系是維繫和平與限制武力非常有用的權力秩序。很少有部落酋長或頭人擁有欺壓族人的力量或權威。因此和國家級社會比起來，大部分的部落社會是很平等的。他們有約束個人行為的清楚規範，也有嚴格（即使不正式）的執行方法。部落派系可能會彼此小規模戰鬥，但一九九〇年代，在獅子山與索馬利亞發生的那種霍布斯式道德淪喪的暴力社會，絕對不會在部落社會發生，更不會持續發明新奇而古怪的殘暴形式。

獅子山為什麼充滿暴力的另一個解釋是殖民主義。歐洲的殖民歷史中，就是以系統性且殘暴的方式對待原住民社會。[3]其實獅子山激起西方人義憤，砍手砍腳以示警告的做法，是從利奧波德二世在比屬剛果時代公共部隊（Force Publique）[4]開始採取的行為。根據一項紀錄指出：「剛果的士兵被要求交代每一顆開火的子彈去處，所以他們才會砍下並煙燻這些受害者的手腳與肢體。屍塊必須放在籃子裡呈給指揮官看，以證明這些士兵善盡職責。」[5]另外，奴隸貿易被禁止時，非洲殖民地的經濟仍然高度依賴不同形式的強制勞力與搾取式經濟，因此非志願徵召也是普遍的歐洲作風，所有的殖民地都需要強迫大量的男性勞動力，包括在極嚴苛與不健康的環境中工作，並導致數以千計的人死亡。另外也有成千上萬人被徵召進入歐洲部隊，經常死於離家非常遙遠的戰場上。英國在獅子山進行棚屋稅戰爭（Hut Tax War）[6]時，吊死九十六名部落酋長，以示為叛亂負責。[7]歐洲殖民官員通常像器量狹小的暴君，經常執行武斷的裁決，也很少有審查他們行為是否公正的機制。思考一下這一段來自德屬喀麥隆的文字：「帝國的攝政總督賴斯特（Leist）在達荷美（Dahomey）士兵面前鞭打士兵的妻子，導致部隊在一八九三年叛變。他也差人在夜裡把女囚帶去他房裡，供他滿足性欲。他後來在一個紀律會議中遭到譴責，並被降級到非長官的職位，原因是『有虧職守』。」[8]事實上，二十世紀末有一整個學術界的研究傳統，都致力於研究歐洲殖民時期在非洲發生的那些駭人聽聞的事件，想解釋許多當代非洲的問題都是根源於殖民經驗。最近有些新的經濟理論在研究榨取式制度的不良治理，也加入這個先前的思想學派立場。

然而，任何把特定的殖民作為直接連結到當代結果的理論都是有問題的。首先，比屬剛果是殖民非洲時代的典型，但獅子山卻不是當代非洲的典型。在非洲大陸五十多個統治實體中，獅子山是屈指可數的失敗政府案例，大部分非洲國家的治理相對和平而穩定。一樣的，比屬剛果在殖民時期遇到的待遇，也是特別殘暴且受到特別的剝削。為了保護一般的剛果人，新教傳教士與異議分子毛萊爾（E. D. Morel）等人，大力揭露公共部隊與比利時公司的惡行，引起歐洲大眾輿論譁然，迫使比利時政府嚴厲取締李奧波德的民間企業。大部分的殖民政府，尤其是在地人開始尋求獨立時期，也大幅降低強迫的程度。

殖民地政府與非洲獨立之後的政府有很大的延續性，但這個延續性和某個特殊殘暴作為的傳承極為不同。殘暴只是一部分，但主要的殖民遺產是留下一個沒有力量與權威強迫人民服從的孱弱政府（weak state）。雖然後殖民時代的非洲總統制表面看起來極為強大，但事實上政府根本沒有能力推動與影響社會。獅子山以及賴比瑞亞、索馬利亞與剛果駭人聽聞的事件，是代表國家體制薄弱（state weakness）的另一個極端版本，因為後殖民時代的政府已經完全崩潰。而這個權力真空並不是由非洲傳統的社會來填補，而是由一群孤立失根、半現代化的年輕人形成的集團所取代，這群人利用全球經濟體系對鑽石與其他商品的需要而牟利。

說一個政府同時既暴虐又孱弱，似乎有點矛盾。強勢政府不是也會殺害、監禁與虐待他們的反對派嗎？其實這是一體的兩面。所有的政府都會集中運用權力，也就是以武力強迫人民的能力，但是成功的政府會更大幅度仰賴權威，也就是基於對政府正當性的明確信念，民眾會自願符合政府的期望。在和平的自由民主政體中，拳頭通常隱藏在層層包裹的法律、慣例與行為基準裡。大幅使用公然強制與暴虐手段的政府，通常是無法行使適當的權威才會這樣做。他們擁有的是曼恩（Michael Mann）稱的「專制權力」（despotic power），而不是推動與改變社會的「建設性權力」（infrastructural power）。[9]在殖民時期的非洲政府與殖民統治結束之後的獨立國家都是如此。[10]

殖民政府的真實面貌，並不是歐洲人強迫移植的專制統治方式，而是「間接統治」，這是從一八五八年印度之亂以來的政策，但是英國盧加德爵士（Lord Frederick Lugard）在擔任奈及利亞北部（一九〇〇到一九〇六年）、香港（一九〇七到一九一二年）與其他地方的總督時，第一次有系統地明確說明這個政策方針。盧加德從非洲經驗學到，遙遠的英國既沒有資源也沒有人力可以像它治理小型城市國家（city-state）香港一樣，直接治理龐大的非洲領土。在《英屬赤道非洲的雙重委任》（*The Dual Mandatein British Tropical Africa*）等著作中，他認為在沒有意願的非洲臣屬國中強力推行歐洲法律與制度是不會有效果的，用當地的習俗，原住民可以治理得更好、更公平。這就形成在奈及利亞北部的穆斯林管轄地上首先採用的統治方式，英國謹慎地選出當地的酋長，並將行政治理權交到他們手上，由區域官員或專員領導的極少數白人文官監管。[11]

即使在殖民最極致的時代，歐洲人出現在非洲的稀疏程度也令人吃驚。表三是某些地區的行政官員人數，顯示行政官員與統治人口的比例從最高的肯亞一比一八、九〇〇（當地大量的白人移民比較受到注意），到最低的奈及利亞與喀麥隆一比五四、〇〇〇。

歐洲人力極度稀薄，表示殖民地的行政機關必須仰賴酋長、村中耆老、領袖、職員、翻譯員與其他黑人公職人員，從事政府的工作。但位在英國宗主國首都的財政部並不想補貼貧窮的殖民地，格雷伯爵（Earl Grey）曾說：「對於提升不文明的民族最穩健可靠的方法，就是他們應該自給自足。」很多觀察家也指出，

表三：歐洲在非洲的行政官員密度

	人口	年度	行政官員	比例
奈及利亞與喀麥隆	2,000萬	1930年代末期	386	1:52,000
肯亞	310萬	1930年代末期	164	1:18,900
法屬西非	1,450萬	1921	526	1:27,500
比屬剛果	1,100萬	1936	316	1:34,800
迦納	370萬	1935	77	1:48,000

資料來源：Michael Crowder, “The White Chiefs of Tropical Africa”

間接統治並不是新奇的政策，只是英國認清行政管理的現實罷了。這事實也暗示，殖民主義的制度遺產不會是強大而集權的國家體制，因為英國明確的政策目標就是做相反的事，也就是不實施共同法。歷史學家貝里（Sara Berry）把它描述為「低成本霸權」。[12]

尋找「當地的規則與習慣」

英國殖民地的間接統治表面上非常吸引人，而法國的目標是想把殖民地同化成為單一且同質的法屬帝國，但盧加德的理論好像帶有道德成分。他主張，與其把非洲人變成次級歐洲人，非洲人應該透過傳統的權力來源，以自己的法律與習慣來治理。這和很多早期的帝國做法一致，他們都理解，無法把自己的制度強行出口到擁有非常不同文化背景的民族身上。因此，想要復原當地傳統的渴望，迫使大家倉促找出所謂「當地的規則與習慣」。不管大家怎麼評價尋找傳統的行動，這件事振興了人類學的新領域，殖民政府鼓勵研究員如米克（Charles Meek）與伊凡斯普里察，進行辨識「真實」（authentic）的法律傳統工作。[13]

但這件事說比做容易多了。根據貝里的說法，歐洲殖民官員以為「非洲社會有彼此互相排斥的社會文化單元，例如部落、村落、親屬團體，他們的習慣與結構歷久彌新，變化有限」。[14]這在某些非洲地方，例如奈及利亞北部（盧加德在這裡有直接的經驗），是滿恰當的描述，當地的穆斯林管轄地確實有書寫的法律與行政管理制度。但在非洲多數地方，部族認同會重疊且不斷變化，因此這個描述並不管用。在很多地方，殖民官員很難找出一個可以授權的部落「老大」（chief），在這種情形下，他們就自己造一個，有時候甚至只是直接提拔地方官員身邊的家僕或副手。事實上，基於「每一個非洲人都屬於某個部落」的信念，殖民當局「在族群聯合的大雜燴中，創造出『更純』、更清楚的部族認同，作為部落權力的基礎」。[15]總之，殖民當局最後創造出來的是原本根本不存在的部落。

蘭杰（Terence Ranger）把它稱為「發明的傳統」，這是一種對非洲社會的嚴重誤解：

> 比較歐洲新傳統（neo-tradition）與非洲的風俗習慣時，白人通常把不相干的事物拿來比較。歐洲人發明的傳統，特色就是不具彈性。其中包括各種記錄下來的規則與程序，就像現代加冕典禮的儀式。他們再次確認這些傳統，因為這些是在流動的時間中永遠不會改變的……最近針對十九世紀前殖民時代的非洲研究，都強調非洲不是只有一個「部族」認同，大部分的非洲人會在多個認同中進出，某一段時間會認為自己附屬於這位酋長，另外一段時間又是那個教派的成員，另一段時間則是這個氏族的一部分，再另外一段時間則是某個專業行會的新成員。[16]

結果，間接統治的效果不是發展原住民的制度達成現代化目標，而是凍結一套想像出來的權力關係。

馬姆達尼（Mahmood Mamdani）進一步指出，後殖民時代暴虐無道的頭人，大部分是間接統治創造出來的「分權專制」（decentralized despotism）產物。英國有兩個長期的經濟政策目標要由間接統治來達成。第一，在商業化農業利益與白人移民的指示下，他們想把按習俗持有的土地轉變成現代的私人產權。現代產權是正式、可以自由轉讓的，並且由個人或可以像個人一樣運作的法人持有。按習俗持有的土地，是一種私人產權中複雜又不正式的制度，在共產黨的集體農場中還會被誤以為是公共所有。傳統的慣行地產權和親屬制度有密切關聯，大部分只限定在親屬之間的道義責任，個人通常不能自由轉讓自己的土地，連酋長也沒有轉讓土地的權力。[17]在這個意義上，慣行地產權似乎曾經一度存在於野蠻時代的歐洲，但歐洲中世紀普及的封建產權，在正式的契約性質以及對個人的意義上還是較為現代。因此，非洲要從慣行地產權轉變成現代土地持有制度，遠比歐洲的封建制度轉變成現代土地持有制度要更具革命性，會牽涉到親屬團體內部權力結構的重大改變。殖民當局想向傳統的土地所有人買地時，發現並沒有一個人可以全權負責這一件事，而且也沒有人有轉讓財產的權力。在間接統治之下，設置附屬的部落酋長的原因，就是要賦予一個非洲人相等於歐洲封建領主的權力，讓他可以轉讓共同的財產，以形成現代的產權制度。[18]

授權給原住民酋長的第二個理由是當收稅員。所有的殖民政府都對殖民地的男性徵收人頭稅，以支付殖民地的行政管理費用。但這樣做的同時也達到另一個目的：藉著讓殖民地人民以現金繳稅，他們就能走出未開發的荒野，進入以金錢運作的經濟體系，成為歐洲商業化農業的勞動力。因此新任的在地權威酋長的作用就是收稅，而且如果給他們現代武器並擁有殖民部隊的強力支撐，收稅就會更有效率。所以歐洲人是在組織型態非常不同的社會，強力推行自己的政治權力模式。

馬姆達尼認為，這些新酋長最後都變得比真正的傳統權威更加殘暴。部落社會通常會做共識決，也更平等對頭人的權力進行充分的審查。他引用南非研究當地法律與習慣的委員會，與之前非洲最專制的祖魯國王塞奇瓦約（Cetshwayo），在一八八一年一次交流中的對話：

「身為祖魯人的王，所有的權力，也就是王對子民的權力，都是你的嗎？」

「會和領土範圍內的酋長會商。」

「酋長如何從國王你這裡衍生出自己的權力？」

「國王想選一個新酋長時，會把所有酋長召集起來，並詢問大家，讓這樣的人成為大首領，是否恰當？如果大家都說『是』，新酋長就產生了……」

「如果有人想殺國王，他會不會被殺掉？」

「他只會被處罰，要繳出牲口，然後會受到非常嚴厲的譴責……」

「個人擅自脫離自己的部落，會受到什麼處罰？」

「如果之前酋長給過他任何財產，酋長會要求他歸還這些財產，之後就可以自由離去。」[19]

根據馬姆達尼的研究，經由英國間接統治形成的新酋長，比起傳統的祖魯王擁有的權力實在多太多了，新酋長擁有的權力很像現代歐洲政府的權力，包括片面取得土地所有權的權力、抽稅的權力、制定正式法律以及懲罰犯罪的權力。因此，雖然中央的殖民政府看起來似乎非常孱弱，卻在地方層級設置更獨裁的制度，因為在真實的傳統非洲社會中所有的分權與制衡機制，新酋長全都不予理會。新酋長也在公民與屬民之間劃出一條明確的界線：前者是適用現代法律系統的白人移民（偶爾也有混血與亞洲人），有相關的權力與職責；而後者則受發明出來的習俗法規管理。事實上，同步實施多重的法律系統中，白人移民的權利比非洲黑人受到更完善的保護。而且非洲人從未被允許依照他們期望的方式，以適用自己的法律。這些新創出來的習俗法規，還必須與歐洲的道德標準一致，因此禁止有所牴觸的做法（最知名的例子可能是印度會把寡婦燒死，稱為殉節）。這種雙重標準的極致呈現，就是南非的種族隔離統治方式。[20]

蘭杰、馬姆達尼等人認為間接統治與發明傳統對非洲造成負面效果的觀點，在學界的爭論非常激烈。斯比爾（Thomas Spear）認為，歐洲官員操縱非洲社會的能力，比如創造以前不存在的獨裁者、部落、種族認同等等的行為，被過度擴大了。因為新傳統要能被接受，就必須以確實已經存在的文化當基礎。而且他們也沒有直接把歷史凍結在某一個時間點，畢竟統治者與被統治者有一個不斷適應的過程。因此，「針對傳統的詮釋對殖民治理與經濟活動的意義，還沒有一致的看法。」因為，雖然有些新酋長的行為就像獨裁者，但也有其他人試著緩和歐洲的嚴厲命令，會偽造人頭稅或提供某些個人庇護，讓他們不受殖民司法系統的傷害。為了行使權力，當地代理人也必須尋求正當性，這通常意味著他要整合被統治者的利益與期望。另外，不只是新酋長，還有口譯員與個人幫手，他們都是地區性白人官員與當地居民的中間人。最重要的是，任何想要合併、移動或分開不同部族的社會工程（social-engineering），通常會失敗。而且歐洲人並未操控非洲社會，通常是歐洲人被非洲人操控。因為，想要理解「風俗習慣」的規則的行政官員，聽到的故事都是有利特定非洲權力或利益的把持者，但這些白人行政官員既無知又天真，也無法得知更多正確的資訊。菲爾德斯（Karen Fields）認為：「間接統治是讓殖民政府成為權力消費者的一種方式，這些權力來自風俗習慣中的秩序。而且它並不是把權力從國王轉到非洲統治者手上，正好相反，真正的權力來自被統治者。」[21]

事實的真相也許就在這兩個論點之間。有時候，殖民當局可以強力推行他們的希望，但有時候，非洲人可以強力作用以抵擋歐洲人的企圖。不過整體來說，與征服美洲新大陸的歐洲人相比，殖民主義在非洲只留下非常淺薄的制度印記。

殖民主義在非洲複雜的殖民過程，從最近幾年肯亞充滿血腥的種族衝突事件中看得特別明顯。肯亞今天的種族團體，包括基庫尤人、卡連津人、盧奧人等等，在國土被侵占成為英國保護的殖民地之前，並不是以這個方式存在的。殖民當局顯然是利用種族作為控制肯亞人的手段，但他們的做法並不是憑空「創造」出種族認同，而是推動一個緩慢的經濟現代化過程，在更廣泛的基礎上建立認同的基礎，接著把定型化的種族認同作為統治的工具。其實，把鄉下的肯亞人逐漸吸收進入市場經濟，需要更高度的社會關係凝聚力，這也會產生很微妙的族群認同關係。例如，來自不同家系的兩個基庫尤人在肯亞鄉間碰面時，可能會把對方當成陌生人；但是這兩個基庫尤在大城市奈洛比遇到卡連津人或盧奧人時，這兩個基庫尤人可能會視彼此為「同我族類」（co-ethnic）。

因此，間接統治的影響有好有壞。它確實產生當地的專制主義、苛政與不公，但在地方與中央層級，殖民政府的力量還無法讓民眾達到預期的順從程度。因此，為了適應當地的環境，殖民當局從當地人大量引進的做法比較多。但他們經常誤解當地的情況，也不了解很多非洲人其實也想要現代產權，並參與更廣泛的市場經濟。[22]另外，在非洲的都會地區也不適用間接統治，因為都會地區會形成新的種族與階級認同來源。由於對非洲社會不夠了解，歐洲人就被一九四〇年代與五〇年代忽然出現的民族主義運動嚇到，原來非洲人並不想退回到傳統社會，而是想往前踏進一步，成為獨立的民族國家。在今天，首先實施間接統治的奈及利亞北部，比起南半邊貧窮很多，就是因為南邊得到比較多現代化的刺激。

間接統治的影響非常難以論斷。但最重要的是，不論是在想像中或實際的行動中，它沒做到的一件事就是為強大的現代政府建立基礎。

法國的殖民方式

比利時人和英國人一樣，在剛果採取分權的統治形式，但法國人與葡萄牙人在非洲殖民地則採取更集權的行政治理。對法國人來說，這就像第二天性一樣，因為法國政府本身就是高度集權的行政治理機構。法國人認為羅馬法有普世的價值，因此不願意屈從當地的風俗習慣作風。

既然間接統治似乎沒有為後殖民時代的非洲留下強大的政治制度，直接統治是否有所不同？先長話短說，答案是：沒有。不管英國人與法國人的方法在理論上有多少差異，由於資源與知識有限，法國當局在形塑自己的殖民地時，做得也沒有比英國人好多少。事實上，法國人在面對非洲人時，發展出高度的犬儒主義，他們不信任當地人的程度超過合理懷疑的範圍，這種犬儒主義在獨立之後還影響法語區非洲人數十年之久。[23]

法國人也和英國人一樣透過酋長治理，但是法國不是把他們看成擁有自己傳統正當性的當地代表，而只是法國政府的代理人。兩者的關係就是「官員與非委任官員」（譯注：非委任官員是指非由最高行政長官任命的較低階公職人員）。[24]這個做法是從法國第二帝國一八五四年開始，最初幾年由時任塞內加爾總督的軍官費戴爾布負責執行，一直延續到一九四〇年代。後來，由於法屬阿爾及利亞發展出來的模式，漠南非洲的獨立政策也逐漸被攻擊與打壓。原來很大塊的地區，包括法屬西非、法屬赤道非洲，則分裂成更小的「治理圈」（cercles），後來又分為城鎮與村莊。第二帝國在一八七〇年轉變成第三共和時，情況變化不大。要說有的話，就是法國的共和傳統更想要推動統一的規則，政府的目標是把殖民地「同化」成法國的制度，於是大力推行法語和教育制度，但對大部分的非洲子民來說，最終並沒有發展出成為法國公民的長期途徑。[25]

法國人與英國人很重要的差異，在於殖民地行政部門的管理方式，以及訓練與招聘文官的作業方式。所有管理大規模土地範圍的文官體系，都必須從通才與專才中選用人才，通才是好的領導人與管理人，而專才則對特定地區擁有深入的知識。專才的優點是對當地的知識（詹姆斯・史考特所稱的梅蒂斯〔mētis〕，希臘指「智慧」）豐富，但很容易捲入當地的利益關係，且通常會發展出狹隘的觀點。[26]通才更可靠，也更有效率，但很容易把通則應用到並不適合的情境。英國的行政體系鼓勵專才，而法國模式則鼓勵通才。因此，法國的殖民地官員每幾年就會調動，而且不只是在非洲調動，而是在整個帝國內完全不同的地方調職，所以很少人學會當地的語言或得到當地的知識。[27]

法國與英國也招募不同類型的人進入殖民地的行政部門。在英國，殖民地官員多半來自中上階級或上流社會的家庭背景；有非常高的比例出身公立學校（在美國則是私立學校）以及像牛津或劍橋這樣的好大學（我們在第八章已經看到，英國如何從印度殖民地的行政部門開始進行文官制度的改革）。在法國，新人來自中產階級，他們和英國的同行不同，他們鄙視當地的酋長，把這些人看成封建與君主制度的殘餘分子。結果，法國殖民地的行政部門根本無法吸引足夠的優秀人才。有幾則軼事提到那些進入殖民地政府工作的人的特色。一個醫生指出：「殖民地有權力狂的精神病特別多，在比例上比法國還高。他們追求殖民地的生活，是一個心理不平衡的大型階級；他們心靈上的偽裝就是特別受到異國風情的吸引。」殖民學校的一個主管在一九二九年所言：「一個年輕人要前往殖民地時，他的朋友會自問：『他一定是犯了什麼罪？他留下的屍體在哪裡？』」康拉德（Joseph Conrad）寫的《黑暗之心》（*Heart of Darkness*）中的病理學家庫爾茲先生（Mr. Kurtz），一定是根據某些事實創作出來的。一九三〇年代，法國開始提升公職人員的教育與專業程度，加上醫療條件改善，讓他們可以在家人陪伴下從事公職，一切就開始改變。但這又產生一個新的問題，和當代從事發展的機構很類似：他們會和妻兒在一起，把所有時間花在自己人形成的小圈圈裡，而不是當地人身上。[28]

最後法國人終於發現，他們的同化政策並不成功。由於來自殖民學校的官員有比較豐富的在地經驗，他們開始主張要有更彈性的同化政策，他們的社群就可以「在自己的架構中演化」。到了二十世紀中葉，遍及所有歐洲的基本規範正在改變，大家更能欣賞傳統文化的完整度。同時也理解，以粗暴方式推行外國制度會對當地社會產生破壞性的影響。一開始就被歐洲殖民主義用來當作工具的人類學，形成一股強大的意見，主張原住民文化也應該享有平等的尊嚴。[29]一個法國耶穌會成員指出：「風俗習慣屬於社群本身，要把社群的詮釋與轉化權拿走，是一種比沒收土地與森林更嚴重的暴力行為，只是較不容易被看見。」另外，由於法國人在當地出現的稀有程度就和其他殖民列強一樣，而且也無法在任何殖民地上移植強大的法國式制度，所以到最後，直接統治和間接統治一樣失敗。

諷刺的是，法國想把非洲人變成法國人的政策失敗，卻產生反向的效果，反而把法國人變成非洲人。在後殖民時代處理非洲事務的法國人，更樂於根據當地的規則進行當地的權力遊戲，不像美國人與英國人至少還在口頭上嚷嚷著民主與人權等普世原則。因此，只要符合法國的外交利益，法國人也樂於與威權統治者合作，例如莫布杜或象牙海岸的伍弗艾巴尼（Félix Houphouët-Boigny），或派傘兵扶植名聲不佳的政權。這也造成法國本土發生腐化事件的機會，例如一九九〇年代初期的億而富石油公司（ELF）事件，幾個公司與政府高層涉及在有利可圖的合約中收取回扣。[30]

在歐洲殖民之前，非洲並沒有強大而現代的政府。這也是非洲大陸那麼容易被征服的一個原因。在非洲殖民統治的後期所留下來的遺產，是破壞既存的社會結構（雖然當時明確的政策目標是要保護它們），同時未能移植太多現代的政府制度。後殖民時期孱弱的非洲政府，只是直接繼承了孱弱的殖民政府。

獅子山的崩潰只是這個遺風長期的結果。獅子山是英國在非洲殖民最早的殖民地之一，英國透過一群酋長採取間接統治，但酋長不是被賄賂就是被自由城的白人官員恐嚇。當獅子山在一九六一年獨立時，根本沒有現代政府可言。留下來的殖民行政架構更加惡化，特別是前警察總長史帝文斯（Siaka Stevens）在一九六八年掌權之後，他以善於煽動與無恥貪腐聞名。[31]

當沖積土中發現鑽石（在河流中發現），給了獅子山所有政治勢力一個爭奪的目標時，政府權力加速惡化。克里爾認為，在非洲刺激這一切與其他衝突的原因是貪婪，而不是對社會的不滿。[32]但是，即使有敵對勢力互相爭奪自然資源的財富也不一定會導致衝突，例如波札那就能利用它生產的鑽石造福人民。獅子山的問題，在於完全缺少一個可以維持秩序且公正而和平利用資源的政府。這個國家的內戰與嗜毒的童兵並不是回到傳統的非洲，也不是反映這個國家任何深刻的社會或文化傳統；除了貧窮之外。他們只是因應全球鑽石產業形成的經濟動力以及完全失敗的政府，所產生的現代發明。[33]戰爭觀察家格貝里（Lansana Gberie）提到：「這個教訓就是……為了避免像非洲大陸的惡政一樣，公共資金不是被貪汙就是被誤用，除了建立強大的文官政府，在社會上有效提供教育與就業機會，除此之外沒有其他的方法。」[34]

英國與法國在漠南非洲的經驗，以及當代在伊拉克、阿富汗與海地的國家建造（nation-building），有很多相似之處。下一章我將會提出一個問題：在提供殖民地穩固的制度上，有沒有任何人做得比較好？

注釋

1 案例參見Human Rights Watch, www.hrw.org/en/news/2000/05/31/sierra-leone-rebels-forcefully-recruit-child-soldiers .

2 Robert D. Kaplan, *The Coming Anarchy: Shattering the Dreams of the Post Cold War* (New York: Random House, 2000), pp. 4–19.

3 經濟學家Nathan Nunn在一項嚴謹的研究中指出，今天西非的高度不信任與幾世紀之前發生的奴隸貿易有很緊密的關係。爭奪奴隸就牽涉到極度的暴力，特別是南部涉及奴隸貿易的政體，也不斷為取得外國市場與路徑而戰鬥。Nunn, “Historical Legacies: A Model Linking Africa’s Past to Its Current Underdevelopment,” *Journal of Development Economics* 83, (no. 1) (2007): 157–75; 以及Nunn, “The Long-Term Effects of Africa’s Slave Trades,” *Quarterly Journal of Economics* 123, (no. 1) (2008): 139–76.

4 譯注：又譯「公共力量」，是一個由白人領導黑人的武裝警察部隊，巔峰時期有四百二十名白人，共領導一萬九千名黑人。

5 Wrong, *In the Footsteps of Mr. Kurtz*, p. 47.

6 譯注：由於英國強制徵稅，成為當地居民重擔，當地居民因此採取抗稅行動。

7 Lansana Gberie, *A Dirty War in West Africa: The RUF and the Destruction of Sierra Leone* (Bloomington: Indiana University Press, 2005), p. 40.

8 引自 Jean Suret-Canale, *French Colonialism in Tropical Africa, 1900–1945* (New York: Pica Press, 1971), p. 90.

9 Mann, *Sources of Social Power*, pp. 169–70.

10 這些國家中當然有重要的例外，可以只用最小規模的專制暴力統治，例如波札那與模里西斯。

11 Karen E. Fields, *Revival and Rebellion in Colonial Central Africa* (Princeton: Princeton University Press, 1985), p. 32.

12 Sara Berry, *No Condition Is Permanent: The Social Dynamics of Agrarian Change in Sub-Saharan Africa* (Madison: University of Wisconsin Press, 1993), pp. 22, 24; Fields, *Revival and Rebellion*, p. 39.

13 實例參見 Charles K. Meek, *Land Law and Custom in the Colonies*, 2nd ed. (London: Frank Cass, 1968); Ed. E. Evans-Pritchard, *Kinship and Marriage Among the Nuer* (Oxford: Clarendon Press, 1951), and Evans-Pritchard, *The Political System of the Anuak of the Anglo-Egyptian Sudan* (New York: AMS Press, 1977); Julius Lewin, *Studies in African Native Law* (Philadelphia: University of Pennsylvania Press, 1947); Abernethy, *Dynamics of Global Dominance*, p. 115; Berry, *No Condition Is Permanent*, p. 30.

14 Berry, *No Condition Is Permanent*, p. 27.

15 Mamdani, *Citizen and Subject*, pp. 79–81; William B. Cohen, "The French Colonial Service in French West Africa," in Gifford Prosser and William R. Louis, eds., *France and Britain in Africa: Imperial Rivalry and Colonial Rule* (New Haven:Yale University Press, 1971), p. 498

16 Terence Ranger, "The Invention of Tradition in Colonial Africa," in E. J. Hobsbawm and Terence Ranger, eds., *The*

Invention of Tradition (New York: Cambridge University Press, 1983), p. 248.

17 部落社會中的土地，通常受到家族與整個宗親的控制。個人並不擁有自由的所有權，轉讓土地的權力在道義上通常嚴格限制在親人之間。酋長比較像是一個代表團體的監護人。參見本書上卷第四章；T. Olawale Elias, *The Nature of African Customary Law* (Manchester, UK: Manchester University Press, 1956), pp. 162–66.

18 Mamdani, *Citizen and Subject*, pp. 138–45.

19 同前注，頁四四。

20 肯亞的雙重土地法制度，可見 Ann P. Munro, "Land Law in Kenya," in Thomas W. Hutchison et al., *Africa and Law: Developing Legal Systems in African Commonwealth Nations* (Madison: University of Wisconsin Press, 1968).

21 Thomas Spear, "Neo-Traditionalism and the Limits of Invention in British Colonial Africa," *Journal of African History* 44, (no. 1) (2003): 3–27; Emily Lynn Osborn, "'Circle of Iron': African Colonial Employees and the Interpretation of Colonial Rule in French West Africa," *Journal of African History* 44 (2003): 29–50; Fields, *Revival and Rebellion*, pp. 31, 38; Berry, *No Condition Is Permanent*, p. 32.

22 參見Martin Chanock, "Paradigms, Policies and Property: A Review of the Customary Law of Land Tenure," in Kristin Mann and Richard Roberts, eds., *Law in Colonial Africa* (Portsmouth, NH: Heinemann, 1991).

23 Cohen, "French Colonial Service," p. 500; Michael Crowder, "The White Chiefs of Tropical Africa," in Lewis H. Gann and Peter Duignan, eds., *Colonialism in Africa, 1870–1960. Vol. 2: The History and Politics of Colonialism 1914–1960* (London: Cambridge University Press, 1970), p. 320.

24 Crowder, "White Chiefs of Tropical Africa," p. 344.

25 Suret-Canale, *French Colonialism*, pp. 71–83.

26 James C. Scott, *Seeing Like a State: How Certain Schemes to Improve the Human Conditions Have Failed* (New Haven: Yale University Press, 1998), chap. 9.

27 Suret-Canale, *French Colonialism*, pp. 313–14.

28 同前注，頁三七一；Cohen“, French Colonial Service,” pp. 492, 497.

29 參見本書上卷第三章。

30 引自 Abernethy, *Dynamics of Global Dominance*, p. 120.

31 Melissa Thomas, “Hard Choices: Why U.S. Policies Towards Poor Governments Fail”(unpublished manuscript), chap. 6.

32 Collier and Hoeffler, “Beyond Greed and Grievance.”

33 Matthew Lange, *Lineages of Despotism and Development: British Colonialism and State Power* (Chicago: University of Chicago Press, 2009), pp. 96–100; Gberie, *A Dirty War in West Africa*, pp. 17–38. 與波札那不同，獅子山的不幸是它的鑽石產在沖積地帶，讓每個人都很容易去開採。史帝文斯早期的政治生涯就是建立在煽動貧窮的採礦人對抗政府控制的採礦業，因此削弱政府控制鑽石貿易的整體能力。

34 Gberie, *A Dirty War in West Africa*, p. 196.

第二十一章　本土或進口的建制

間接統治成為當代干預政府建造（state-building）的先例；美國與日本成為國家建造者（nation-builders）。

有人會認為，殖民歷史與二十一世紀初期的世界秩序無關，因為大部分的殖民帝國在二次大戰後的三十年就解體了；最後一個大型帝國就是之前的蘇聯，也在一九九一年瓦解。為什麼要關心外國移植制度的成功或失敗？

因為冷戰結束之後，美國以及更廣的國際社會已經高度參與貧窮的開發中國家的政府建造工作，因此這個問題仍然很重要。其中最明顯的例子就是美國在二〇〇〇年代占領伊拉克與阿富汗時，在這兩個地方建立可以運作的政府，一直是美國「反恐戰爭」最重要的核心目標，後來因為能力有限只能撤出這些國家，並留下一個可信度很低的政府。但在世界各地，包括柬埔寨、波士尼亞、科索沃、獅子山與賴比瑞亞、海地、索馬利亞、東帝汶、民主剛果、巴布亞紐幾內亞、索羅門群島，以及其他地方，仍有許多其他需要維和與政府建造的干預行動。

這些干預行動的道德理由和殖民主義有很明顯的差異。雖然殖民列強試著合理化自己的行為是基於文明的使命感，但他們一點也不惺惺作態，假裝自己占領其他國家完全是為了當地人民的利益。殖民列強離開前的最後十年，殖民政府並沒有以追求發展為目標。事實上，他們對殖民地的工業化很小心翼翼，因為他們不希望祖國的製造業遇到競爭；他們也不特別關心民主問題，因為他們是在一個非民主的基礎上合理化自己的統治方式。

但是這個架構在二十世紀時改變了。一次大戰之後，國際聯盟（League of Nations，聯合國前身）同意殖民列強如英國與法國的託管，但現在則認為這些地方必須根據當地人民的利益來治理。二戰之後，由於發布《世界人權宣言》（Universal Declaration of Human Rights），以及剛獨立的前殖民地國家在聯合國大會等國際論壇中的分量愈來愈重，國際的法律架構也再次改變。由於冷戰，以及蘇聯曾多次使用否決權，大力阻擋安全理事會授權過多的維和任務，但自從蘇聯垮臺之後，閘門大開，聯合國祕書處的維和行動服務部成為非常忙碌的部門。一九九〇年代末期，波士尼亞與盧安達發生滅族等慘絕人寰的事件之後，出現一種新的信念「保護的責任」（responsibility to protect），要求國際社會採取積極行動，以保護受到衝突與鎮壓威脅民眾的人權。[1]

但是這些後衝突干預行動（postconflict intervention）的目標很快又改變了。他們開始努力促進衝突雙方停火，以維持衝突地區的和平，不過很快就發現，沒有制度就不會有持久的和平。另外，國際社會是否能從這些衝突不斷的麻煩地區撤出，也取決於這些社會是否擁有穩定政府，可以不借助外力也能提供民眾安全的保障。至此，託管干預從維持和平的任務，進一步變成政府建造工作。

東帝汶在一九九九年投票決定獨立成為一個有統治權的國家之前，一直是印尼的一個省分。印尼人離開之後留下一個殘破而弱小的行政機關，聯合國因此發展出一項任務：聯合國東帝汶任務（UNTAET），事實上就是協助東帝汶成立一個新政府。美國在阿富汗與伊拉克也是類似的處境。阿富汗在一九八〇年代政府垮臺之後，就成為恐怖分子的天堂。為了防止蓋達組織重新組織起來，勢必要在喀布爾成立全國性的政府，但這是一項非常艱難的挑戰。伊拉克也有類似的狀況，海珊時代還有一個政府在運作，但在二〇〇三年三月美國入侵並過早決定解散伊拉克軍隊之後，這個政府就崩潰了。由於伊拉克在二〇〇五到二〇〇六年爆發全面內戰，政府建造就成為美國占領時期的核心目標。[2]

國際組織在穩定衝突或後衝突地區的紀錄有成有敗。有些地方，如波士尼亞、科索沃、東帝汶、索羅門群島與薩爾瓦多，維和任務大致阻擋了後續的衝突繼續發生。但在阿富汗與民主剛果，任務並不成功。有人認為，在索馬利亞與剛果東部立意良善的人道干預，實際上因無意中幫助衝突中的一派而延長危機。[3]

政府建造的成果更是非常令人沮喪。美國按照預期時間在二〇一四年從阿富汗撤兵，卻沒能建立一個能運作、具正當性的中央政府。伊拉克雖然有比較像樣的政府，但是根基的穩定性、腐化的程度以及對民主的決心卻高度不確定。至於海地與索馬利亞，經過一再的干預與數十億美元的外援，還是沒能建立可以運作的政府。至於其他案例，例如巴爾幹半島與索羅門群島，只有透過外部持續的高度參與才能維持基本的穩定。

這些失敗行動引起一個漫長的討論，在哪些情況下建制會出現或強化哪些情況？以及，外部力量可能會刺激這些情況的惡化。這個問題帶我們回到殖民主義的探討，因為殖民主義提供很多豐富的資料，讓我們可以進一步了解外部力量想在不同文化的社會中移植制度的經驗。

不過，歐洲殖民主義設下的很多先例與案例，與當前的干預行動沒有太大關聯。因為殖民列強移植現代制度最成功的地方，是原住民族很弱、人數很少、組織也很原始，以至於很容易就死於戰火或疾病侵襲，或被趕到保護區、完全消失在畫面中。這就是美國、加拿大、澳大利亞與紐西蘭的故事，這些地方都是英國殖民地，而英國是今天自由民主的模範生，也給這些地方良好的歷史遺產。但這種模式無法再重複一次，即使我們可以在世界上找到居民很少的地方，當代對原住民族權利的觀點，也會形成這種殖民模式無法克服的障礙。

事實上，英國與法國在漠南非洲的殖民行政機關，對當代的政府建造措施來說是比較好的先例，因為他們投入的資源較少，也沒有大規模的歐洲移民，而且在殖民後期開始設定實際的發展目標。其中，英國的間接統治有特別的優點，因為它試著處理我所謂的「向丹麥看齊」的問題，而且從一開始就明白宣稱，「丹麥」並不是外國統治的目標。[4]

因為丹麥之所以成為丹麥，並不是幾個月或幾年的事。今天的丹麥以及其他已開發國家，是經過數百年才慢慢演變出現代的制度。如果外國試著在某個國家強行推動自己的良好制度模式，就可能會產生普里切特與伍爾卡克所謂的「同構模仿」，也就是只複製到西方制度的外形，卻沒有掌握實質意義。制度要成功就必須符合在地的風俗與傳統，舉例來說，從外國整批進口的法典，因為不符合當地的價值觀，通常不會被接受。另外，制度通常具有互補性，因此在一個沒有鋼鐵市場、沒有適任的經理或工人、沒有把產品送到市場的基礎建設，也沒有保護工廠投資人權利的法律制度的國家，就沒辦法蓋鋼鐵廠。因此，以某些目標為優先的策略，應該詳細了解當地制度的特質。另外，制度也會因為當地菁英與權力所有人的利益與觀念而演變，但外人通常不了解這些菁英是誰、他們如何詮釋利益，以及他們會如何抗拒立意良善的改革或變革計畫。[5]

由於這些顧慮，幾個觀察家也建議，國際組織應該大幅縮小企圖心的規模，目標放在「夠良好」的治理程度就好，不要以丹麥為目標，而是較務實的目標，例如印尼或波札那。[6]與其從美國或歐洲進口整套的現代法典，為什麼不試著在某些情形中適用風俗習慣的原則？與其堅持整個文官體系必須澈底根絕腐化的問題，為什麼不故意忽略低階公務員的小貪腐，只對付最嚴重敗壞國家利益的案子？與其要人民投票給不存在的推行福利方案政黨，為什麼不接受侍從主義的現實，並幫助可以促進穩定與某種程度的經濟成長的尋租聯盟？

舉例來說，二〇〇一年秋天塔利班潰敗之後，大家可以試著想像一個非常不一樣的美國阿富汗政策。與其尋求建立一個中央集權的單一民主政府，美國可以試著成立一個包括各部落首領、軍閥頭子，與其他政治掮客的聯盟，讓大家都同意維持和平與鎮壓蓋達組織與其他恐怖分子。與其試著在伊拉克成立一個民主政府，美國可以完整保留海珊的部隊，讓他們受某個和前政權沒有關係的將軍指揮。

英國在非洲的間接統治，事實上是這種「夠良好」治理策略的早期版本。盧加德與其他官員假裝很樂意統治非洲，但也認知到，他們既沒有資源、也沒有人力，以統治香港與新加坡的方式統治非洲殖民地，因此就盡可能利用當地的傳統與既定事實。就像我們看到的，法國雖然採取直接統治與同化等非常不同的政策，到頭來還是和英國落得一樣下場。

我們已經看到間接統治有很多缺點，也通常會引來料想不到且不想要的後果。首先，需要的當地知識很多，常讓外國官員招架不住。尋找「當地的規則與習慣」也很容易被當地人操控，導致對當地作風的誤解。把非正式的規則定型化，也把之前較彈性的某些風俗習慣變得太過僵化。另外，不管是新酋長反對歐洲移民的利益時，或是他們被認為不符合「文明的道德」時，殖民當局並不樂意讓當地酋長自己做決定。要不然就是對當地傳統抱著些許讚賞，卻沒注意到非洲人自己的目標正在改變，他們並不想保留傳統文化，而是想要現代化。最重要的是一個令人不舒服的事實，誕生間接統治並持續最久的奈及利亞北部，數十年來一直是這個國家最貧窮、最沒受教育的地方，正是因為當地人被遺留在自己的傳統裡。

當代原住民權利運動中，相同的矛盾也很明顯。從殖民時代以來，西方國家的輿論也有一百八十度的轉變。在過去，土人被視為野蠻人，必須被強迫「開化」；而現在，國際社會已經能公平而尊重地看待，世界僅存的原住民社群繼續傳統生活方式的權利。在秘魯與玻利維亞，由於國際非政府組織的支持，原住民社群與礦業或能源公司也不時爆發暴力衝突。

原則上，任何人都很難主張傳統社群不應該以他們自己的傳統方式治理。對大部分的人來說，選項並不是一下子就跳到丹麥水準的生活，而是在破爛的都市落腳處有勉強好一點的生活。所以，由外人促進原住民權利的問題，在於外人很難正確判斷當地社區的真正利益，就像間接統治的執行者一樣。而且很多傳統社區已經半現代化，例如很多二十世紀初期的非洲社區，其中很多人也已經把握機會進入現代世界。要他們繼續住在傳統村落並講當地土話，可能代表封閉了很多機會，這是宣稱要為他們的權益說話的好心外人經常會忽略的事。

間接統治的很多問題，在當代的非洲與其他貧窮地區開發計畫的實際做法中也再次出現。舉例來說，世界銀行、美國國際發展局與其他贊助機構，從一九九〇年代在印尼推出第一個計畫以來，一直贊助所謂的社區主導發展計畫（community-driven development, CDD）。[7]社區主導發展計畫背後的理論似乎非常真實，也非常吸引人，因為當地人比在華盛頓或倫敦的人，更清楚他們自己的需求，所以應該成為發展計畫的發動者。就像殖民官員試著執行間接統治，CDD計畫也徵求社區的意見，想知道該把贊助基金投資在哪些地方，包括灌溉設施、道路、公廁，等等諸如此類。外部贊助單位會雇用當地的協調人，他們有豐富的當地知識且能組織村落，並取得具有代表性的意見。這些以社區為主的組織行動是希望能建立社會資本，在CDD計畫結束之後，計畫還能持續下去。

但是CDD計畫遇到兩個不同的問題。第一，什麼才是真正的社區意見。每一個地方的社區都一樣，村子都被當地菁英主導，且通常是宣稱代表整體發言的老一輩的人。外人很難知道，社區發言人是真的反映普遍的利益，還是一個只想要公廁蓋在他家附近的當地有力人士。為了避免這個問題，外部贊助機構會強迫社區根據西方的公平標準而不是當地的標準，要包括婦女、少數族群（如果有的話），或其他被邊緣化的人都要提出意見。這造成一種局面：外部贊助單位不是被迫把事情留給當地菁英，就是投入非常深入的社會工程形式，而且很少贊助機構有足夠的知識了解他們實際上是否達成目標。這種兩難和殖民時代試著推行間接統治的地區官員遇到的問題很類似，不同之處在於，比起現在協助執行計畫的行政官員，大部分的殖民官員有更長的任期，因此也有更豐富的在地知識。雖然這樣的計畫已經在世界各地執行，但直到現在，它們對發展的整體影響仍在不確定狀態。[8]

松崎（Reo Matsuzaki）則指出，政府建造要成功，就要靠當地的代理執行者，他要能利用在地知識以達到發展目標。他指出日本行政機關在臺灣建立制度，就是相對成功的例子。當時臺灣是被日本統治的殖民屬地（從一八九五年中日戰爭到一九四五年日本戰敗為止）。日本在臺灣的目的並不仁慈。就像在韓國，日本也想把這座島日本化，包括強迫臺灣人說日語，並把臺灣當成出口商品到日本的平臺。但日本也有發展目標，因此興建了相當的基礎建設、學校，以及當地的政府行政機關，在日本撤退之後，一切仍然延續下來。

松崎認為，能達成這樣的成果，是因為被派來治理這座島嶼的總督，例如兒玉源太郎等，都是有很大權力的軍官，由於威望夠，讓他們在做決策時不需經過東京的高度監督。兒玉後來在臺灣當地指派與保護自己的人馬後藤新平，他也能根據自己對臺灣實際狀況的豐富知識執行有效的政策。因此在處理土地議題與教育時，他們會頻繁改變政策以因應當地的發展需求；另外，他們在臺灣的任期夠久，才能發展出足夠的當地知識，看清事情行不通的時間點。

這和美國在菲律賓的獨裁霸權不同，當地的行政官員（例如一九〇一到一九〇三年的總督，也是未來的總統塔夫特）不斷受到華盛頓政治人物的影響。國會裡控制財政的領袖，急切地想把美國的政府模式，強加在一個只是模糊認識的社會上。由於美國本土天主教遊說的結果，美國行政部門錯失把天主教教會擁有的土地重新分配給貧窮農民的大好機會。美國行政官員把土地分配的工作交給菲律賓當地的法院，而不是執行機關，因為在美國本土就是這樣做的。他們未能看清一點，菲律賓和美國不一樣，到處都是文盲，意味著法律程序會受到受過教育的菁英主導，他們也因此順利奪取大片的土地，根本不管美國的明確目標是想要土地改革。由於殖民當局把十九世紀美國「法院與政黨的政府」模式直接出口到菲律賓，造成地主貴族大幅成長，並持續控制這個國家。[9]

我們應該小心提防帶著制度禮物的外國人。很少外國人擁有足夠的當地知識，知道要如何建設可以持續運作下去的政府。當他們在建立制度時不夠用心或資源不足，造成的破壞通常比好處更大。這不是說西方的政府模式不管用，或是不具某種程度的普世效力。但每一個社會都必須適度調整西方的制度，以融入自己的環境，並建立在當地的傳統上。

因此，建立制度最好是由當地的社會人士來做，他們可以借用外國的做法，同時也能注意到自身歷史與傳統呈現的限制與機會。制度發展最著名的例子就在東亞，當地菁英建立政府與國家有非常悠久的經驗。但是在很多其他地方，這樣的傳統並不存在，也必須被建立。

我之前提過，不管是根據借來的還是沿用當地的模式，對建立正式的政府建制來說，這兩個方法都還不足以保證一定會成功。政府建造必須伴隨著類似的國家建造過程，才會有效。國家建造會增加共同行為基準與文化的道德成分，並加強政府的正當性基礎。國家建造的過程可能會不容許不同言論的存在，或成為侵略外國的理由，而且通常必須採取威權的方法才能達成。要說明這一點，我將用兩組比較的案例來說明，一方面是奈及利亞與印尼，另一方面是肯亞與坦尚尼亞。

注釋

1 維和與後衝突干預的相關文件很多，參見James Dobbins et al., *America's Role in Nation-Building: From Germany to Iraq* (Santa Monica, CA: RAND Corp., 2003); Simon Chesterman, You, the People: The United Nations, Transitional Administration, and State-Building (New York: Oxford University Press, 2004); World Bank, *World Development Report 2011*.

2 參見Fukuyama, *America at the Crossroads*; and Fukuyama, ed., *Nation-Building: Beyond Afghanistan and Iraq* (Baltimore: Johns Hopkins University Press, 2006).

3 James Dobbins et al., *The UN's Role in Nation-Building: From the Congo to Iraq* (Santa Monica, CA: RAND Corp., 2005). 關於索馬利亞的人道救援如何幫助Siad Barre政府，以及在剛果東部，盧安達胡圖族的種族滅絕者藏匿在聯合國難民營，直到盧安達軍隊入侵才攻破，參見Michael Maren, *The Road to Hell: The Ravaging Effects of Foreign Aid and Inter- national Charity* (New York: Free Press, 1997).

4 參見本書上卷，頁三六至三七。

5 Pritchett, Woolcock, and Andrews, *Capability Traps?*

6 Thomas, "Hard Choices"; Merilee S. Grindle, "Good Enough Governance: Poverty Reduction and Reform in Developing Countries," *Governance* 17, (no. 4) (2004): 525–48.

7 社區主導發展計畫的起源，參見Mallaby, *The World's Banker*, pp. 202–06.

8 Jean Ensminger, "Inside Corruption Networks: Community Driven Development in the Village"(unpublished paper, May 2012).

9 Reo Matsuzaki, "Why Accountable Agents Are More Likely to Fail: Explaining Variation in State-Building Outcomes across Colonial Taiwan and the Philippines" (unpublished paper); Paul D. Hutchcroft, "Colonial Masters, National Politicos, and Provincial Lords: Central Authority and Local Autonomy in the American Philippines, 1900–1913," *Journal of Asian Studies* 59, (no. 2) (2000): 277–306.

第二十二章　通用語言

為什麼國家認同對開發中國家很重要，但同時也發生很多問題；為什麼印尼與坦尚尼亞成功建立國家認同，但奈及利亞與肯亞卻失敗了；究竟在民主或威權環境中，哪一種比較容易建立國家認同？

我們在前幾章看到，在歐洲，政府建造要成功，強大的國家認同不可或缺。在當代的開發中世界，弱勢政府通常是國家認同薄弱或根本缺乏國家認同的副產品。在漠南非洲特別有這個問題，這裡的獨立國家是殖民的產物，列強任意劃出來的邊界，並不符合單一的族群、語言或文化社群。成為更大帝國的行政單元之後，包容的民族也增加了；雖然這裡的民族過去也和不同的民族住在一起，但他們之間並沒有共同的文化或社群意識。殖民主義留下來的權力真空中，有些剛獨立的國家，例如奈及利亞與肯亞，不太花功夫去建立新的全國性認同，後來幾年就一直受到高度種族衝突的困擾。相反的，在印尼與坦尚尼亞，有些領導人則清楚表達有關建立全國整體觀的想法。印尼當然不是非洲國家，但在第十四章提過，它和奈及利亞有很多類似的地方，而肯亞與坦尚尼亞則有很多共通點。當然，印尼與坦尚尼亞也面臨包括腐化與種族衝突等重大的政治挑戰，但是相對程度的大小卻很重要，由於他們及早投入在國家建造上，他們的政府更有凝聚力、也更穩定，因此最近幾年也達到更好的社會與經濟發展成果。

石油與種族

和很多開發中國家一樣，奈及利亞在歷史上從來不是一個國家。不管是殖民當局或獨立之後新的國家領導人，也從來沒有把國家建造當成認真的目標。英國接管奈及利亞時，他們並不像征服印度的蒙兀兒帝國一樣，征服一個大型且建置完善的中央集權政府。奈及利亞的原住民族主要是對非常小型的部落級政治單元效忠。[1] 一九一四年一月，把間接統治制度化的盧加德，也是當時的總督，才把今天叫奈及利亞的土地統一成為單一的政治單元，結合奈及利亞北部的保護領地，以及奈及利亞南部殖民地與保護領地。奈及利亞南部殖民地與保護領地，是一九〇六年拉哥斯殖民地（Lagos Colony）與尼日河三角洲保護領地合併之後的產物。因為宗教、種族與財富的差異，這些地方的共同點很少，尤其是北部的穆斯林與南部差異很大，由於歐洲傳教士的努力，南部地區逐漸改信基督教。英國把這些地區合併的理由是為了行政機關的便利，因為貧窮的北部一直面臨財政赤字，統一殖民地後比較方便補貼。殖民當局當然從沒想過要諮詢當地人對這個計畫的看法。[2]

英國人未在奈及利亞發現中央集權政府，他們也沒興趣打造一個。但英國人從十七世紀就抵達印度，他們打造一支軍隊、一個全國性的文官體系、一批受教育的中產階級，以及能夠統一次大陸多元種族、宗教與階級的通用語言（英語）。基爾納尼（Sunil Khilnani）認為，在某個意義上，作為一個政治單元，真正的「印度觀念」，其實是在殖民時代以這些慢慢成形的制度與民主理想為中心建立起來的。另外，英國人在策略上把印度視為帝國勢力的支柱，因此印度對英國也是非常重要的。[3]

但是當英國人抵達奈及利亞時，他們已經被全球帝國的責任搞得筋疲力盡。英國人會採取間接統治政策，就是因為他們已經決定不能像投入印度一樣投入非洲殖民地，所以他們有意識地決定不要移植強大的政府結構，也不要做太多發展經濟的事。另外，英國人也不想在奈及利亞建立一個受教育的知識階級。在獨立前夕，奈及利亞北部的英文識字率只有百分之二，整個國家受過大學教育的只有一千人。此外，奈及利亞人也被禁止從事高階的公職工作，直到二次大戰結束時只有七十五個非洲人在非高階的公職服務。[4]

前文提過，打造強大的政府結構與不腐化的行政機關的方式之一，就是人們必須組織起來為他們的自由權利而戰。關於奈及利亞值得一提的是，它從未有過一個強大的民族主義政黨以對抗英國的統治，或一旦掌權就要採取國家建造的策略。相對的，統治權是由英國人放在大拼盤中交給奈及利亞人。英國人先寫了新國家的憲法，同時預告他們即將撤離，最後也在一九六〇年撤出奈及利亞。奈及利亞獨立之後，擁有權力的政黨一開始就有高度的區域性與種族性，對彼此的懷疑比對之前的殖民主人更嚴重，而且關於奈及利亞人的國家或如何定義新國家的認同問題，也沒有任何概念。缺乏國家認同很快導致這個國家解體，並每況愈下進入內戰狀態。[5]

在比拉夫灣發現新的大規模石油蘊藏量，給了奈及利亞彼此競爭的種族一個寶貴的獎品可以爭奪，但也產生一種可以確保未來政治穩定性的機制。政府控制經濟資源，然後分配給菁英，菁英再分配給支持者網絡（當然自己先拿走大部分）。只要出現不滿的團體以暴力威脅這種尋租聯盟，就會被更大的補貼與報償收買。為了維持政治穩定，加上缺乏能駕馭一切的國家認同，政治腐化與侍從主義是奈及利亞人必須付出的代價。

印尼一開始也很像奈及利亞，但隨後幾年的發展卻有如天壤之別。二十世紀之前，印尼這個國家也不存在。這個地區是綿延不斷的列島地形，共超過一萬一千座島嶼，這個地區也有不同的名稱，包括印度列島（Indian Archipelago）、印度群島（the Indies）、熱帶地區的荷蘭，或荷屬東印度；在這裡，包含多元的伊斯蘭教主的領土、部落、貿易港口，以及說著數百種不同語言的種族。當地居民很少人知道比他們居住的村子還大的世界，最多就是他們生活的島。[6]

十九世紀末與二十世紀初，當荷蘭把政治掌控與貿易網絡擴大到荷屬東印度公司總部巴達維亞（Batavia，今天的雅加達）以外的地方，這一切就開始改變了。頻繁的蒸汽船來來往往，給了大家列島是一個整體的意識，它讓回教徒到麥加的朝聖之旅變得可行，也讓印尼的穆斯林與更廣大的穆斯林社群產生連結。雖然人數非常少，但有機會到歐洲受教育的在地菁英也出現了，並開始接受來自西方的民族主義與馬克思主義概念。[7]

到了二十世紀第三個十年，已經有非常多的方法可以定義這個殖民地的認同。因為絕大多數的當地居民都是穆斯林，他們可以把自己視為像巴基斯坦那樣的穆斯林國家。另外，印尼共產黨則想要階級革命，讓他們可以和全球共產國際結合，就像中國與越南共產黨做的一樣。最後，也有很多地區性與在地的認同，可以支持他們成立自己的權力單位，特別是爪哇與蘇門答臘等比較大型的島。

但是在一九二〇年代末期，隨著印尼國家聯盟、印尼國家政治聯盟議會，與一個民族主義年輕團體印尼青年（Young Indonesia）陸續成立，出現了一個全新的觀念：有一個國家叫做印尼。[8] 一九二八年，在巴達維亞召開的第二次印尼青年會議，選用了一首國歌〈偉大的印尼〉（Indonesia Raya，這是「印尼」（Indonesia）這個字第一次公開使用），並把巴達維亞的印尼語訂為全國語言。

對於剛成立的國家來說，採用印尼語作為國家語言是形成認同不可或缺的元素。印尼語是經傳統馬來語的標準化版本，數百年來都是列島地區商人與旅人使用的通用語言。這是第一種只有相對少數的當地居民在使用的語言，大多數的人則繼續說爪哇語、巽他語，而受教育的菁英說的則是荷蘭語。它也比爪哇語更具公平性，爪哇語是這個殖民地掌控政治的種族的語言，實際上說的人不多，反映出使用爪哇語的人，及其對象的相對地位。另外，很多早期的年輕民族主義者都不會說印尼語，或者說得並不好。

採用印尼語並普及更廣與更多元種族的印尼概念，成功地勝過其他在二十世紀初盛行的認同概念。爪哇、蘇門答臘與西里伯島（Celebes）曾經有幾次地區性的運動，但在更廣義的印尼族群形成時，他們就自己解散了。荷蘭也曾操弄分化與統治的遊戲，但是很多新民族主義菁英體認到，形成最廣泛的可能聯盟，對於爭取獨立是不可或缺的事。

在印尼概念背後最重要的力量之一，就是後獨立時期的第一任總統蘇卡諾（Sukarno），他曾經在一九二七年出版一本小冊子，叫做《民族主義、伊斯蘭教與馬克思主義》（*Nationalism, Islam, and Marxism*）。他在書中呈現這三個當時最主要的思想潮流，並指出，在形成對抗荷蘭統治的明確政治戰線上，三者並沒有根本的矛盾。蘇卡諾主張，伊斯蘭教與馬克思主義在反對高利貸上的觀念很類似。他也批評想要建立神權政治國家的「狂熱」穆斯林，這將引起印尼其他地區性社群的衝突。同樣的，他也反對馬克思教條主義對宗教的敵對態度。蘇卡諾對這三大思想兼容並蓄，唯一不想納進他的思想混合體的政治原則，就是西方的自由主義。因為對一個即將扮演推動國家認同的整合角色，以及即將進行重分配的強大政府來說，這種信念並未提供正當的理由，但他覺得重分配是必要的「社會正義」。

蘇卡諾後來在一九四五年的演講中，把這些觀念清楚闡述成「五大原則」（Five Pillars, Pancasila），並成為印尼獨立建國五大原則的基礎。[9]蘇卡諾是一個思想極端混亂的理論家，想把事實上非常矛盾的觀念綜合起來。不過他的目標並不是哲學上的，而是實踐上的：他想要建立一種國家認同，可以讓他既聯合的同時又牽制在整個印尼流行的其他政治潮流。他把印尼這個民族國家（nation）定義在最廣的可能範圍，故意不去提及任何種族團體；他接受宗教，但藉著不提伊斯蘭教而是一般的一神論，把宗教中立化。[10]

蘇卡諾的國族理論架構，只有在威權政府中才能執行。印尼在一九五〇年獨立時的原始憲法中規定多黨民主政體，並讓總統蘇卡諾成為制度上的弱勢領袖。一九五五年第一次普選之後，蘇卡諾開始攻擊議會民主，藉著在外島爆發種族叛亂活動，於一九五七年三月宣布戒嚴。由於軍隊與印尼共產黨的支持，蘇卡諾粉碎了自由派的反對勢力，以Nasakom為基礎，成立國家陣線（National Front），Nasakom是一個頭字母縮略字，代表他文章中的三股力量：民族主義者（Nationalists）、穆斯林（Muslims）與共產黨人（Communists）。由於逐漸依賴共產黨員，以及外部的中國與蘇維埃聯邦的支持，在建國五原則意識形態的基礎下，蘇卡諾得以利用政府動員大眾的支持。[11]

但是蘇卡諾最後還是失敗了，因為他的三大支柱無法順利整合，特別是軍隊代表的民族主義者，以及印尼共產黨代表的馬克思主義者。這兩大支持來源後來逐漸彼此猜忌。蘇卡諾總統衛隊搶先壓制政變計畫，殺了幾位蘇哈托將軍（Suharto）領導的將領。但後來遭軍方領導人強烈反擊，蘇哈托強迫蘇卡諾交出權力，接著發動血腥的清洗行動，印尼共產黨員成批遭到清算，大約五十萬到八十萬人被殺。[12]

接下來的蘇哈托新秩序（New Order），他把蘇卡諾方案中的共產黨人排除，但保留強大的集權政府作為國家團結的保障，也保留建國原則的意識形態作為國家認同的來源。印尼共產黨的很多新血都是少數民族中的華人，也被迫改用印尼姓名，並同化進入更大的民族。這次危機，顯示出印尼大多數的穆斯林人口與少數華人之間的激烈對立，印尼共產黨失敗之後，不同的穆斯林組織也更加強化了。但新秩序政權仍繼續採用建國原則的意識形態，作為牽制讓印尼進一步皈依伊斯蘭教的需求。後來，蘇哈托轉而依賴中國人的商業社群支持他的統治地位。[13]

全世界都一樣，文化同化的機制就是教育。一開始，公立學校教的語言是印尼語，後來政府推了一個新計畫，先訓練老師，接著要老師到家鄉以外的省分工作（通常是結婚）。印尼人因此複製一套類似中國皇帝統治各省，以及鄂圖曼人治理各行政區的行政制度。蘇哈托新秩序時代的一個更重要的成就是擴大基礎教育，從一九七一到一九八五年，受教育的人從百分之五十五．六提升到百分之八十七．六。在教育系統內接受教育超過兩代人之後，說印尼語的人穩定成長，在今天已經達到百分之百。[14]

印尼的國家認同基礎之深，是奈及利亞從未做到的，包括清楚闡述一個明確的整合型意識形態、建立一種全國性語言，而且這兩件事都受到擁有全國性軍隊的威權政府大力支持。但是，整合的過程在某些地方也受到明顯的限制，包括東帝汶、西巴布亞省（West Papua）、安汶（Ambon）與亞齊（Aceh），它們從未接受來自雅加達的全國性論述。[15]西巴布亞省與東帝汶的人種，本質上都是美拉尼西亞人，大部分都不是穆斯林，而且分別在一九六三年與一九七六年被印尼正式強占。蘇卡諾在一九二七年的論文中提到雷南（Renan）對民族國家的定義，就是擁有相同的歷史並像社群一樣行動的一群人，根據這個標準，這兩處都認為自己是印尼民族國家的一部分。他們也不屬於伊斯蘭化的印尼前身——古老的滿者伯夷（Majapahit）印度教王國，這個歷史時期偶爾會被現代民族主義者當成想像的國家認同來源。這兩個地方都有其他與美拉尼西亞根源更接近的認同來源，帝汶的情形則是與葡萄牙霸權更有淵源。早期的民族主義者造訪群島的東部時，會發現那是一個非常陌生的地方，住著部落民族，某人稱其為「吃人的生番」（cannibals）。[16]於是，印尼政府把來自爪哇與其他地方的移民遷移到這兩個地方，目的就是要平衡種族人口，並透過學校教印尼語與推廣建國的意識形態。另外，在面對當地的武裝暴動時，也公然動用武力以維護政權。東帝汶因此在一九九九年的公投中尋求獨立，不顧支持印尼的民兵的殘酷暴力，最後在二〇〇二年成為獨立的國家。西巴布亞省仍屬於印尼，但一直都有小規模的暴動與獨立運動。

儘管印尼政府的國家認同政策也有其限制，但在這個一百年前根本還不是單一民族國家的地方，政府在國家整合上確實已經達成非凡的成就。到了一九九〇年代，印尼的國家認同已經變得非常穩固，因此在一九九〇年代末期亞洲金融危機之後，整個國家轉型成民主政體時，能順利把權力實質轉移到各省與地方，不必擔心會更進一步分化。不過，印尼還是一個派系林立的國家，華人、基督徒社群與其他少數族裔仍然受到暴力對待。政府的腐化程度也仍然很高。但是所有的成就都是相對的，考慮到這個國家開始時，種族、宗教與地區性的分裂程度，其國家建造的成就的確不凡，畢竟印尼也可能成為另一個奈及利亞。[17]

雖然坦尚尼亞與印尼的地區、宗教種族都有明顯差異，但兩者在國家建造的歷史上十分類似。坦尚尼亞在族群上高度多元，共分成大約一百二十種族群團體；和印尼一樣，有很多年都受到強大的一黨政府統治，並把國家建造當成明確的目標，而且在很大的範圍上算是相當成功。它也和印尼一樣，是用由上而下的威權力量達成這個目標。

最適合與坦尚尼亞比較的，是它北邊的鄰國肯亞。這兩個國家都是英國殖民地或託管地，也有類似的氣候與文化。事實上，這兩個國家的邊界是由殖民當局劃出來的不自然直線，殖民政府統治範圍從西邊的維多利亞湖一路通到印度洋，將跨在邊界的居民硬生生分開。

在冷戰時期，這兩個國家就經常被拿來比較，因為肯亞採用了巴肯（Joel Barkan）稱的「恩庇—侍從資本主義」（patron-client capitalism），但坦尚尼亞採取「一黨的社會主義」。[18] 一九六三年獲得獨立地位之後的前二十年，肯亞成長得比坦尚尼亞快速，可以說是印證了市場經濟的優越性（見表四）。

表四：GDP成長率，1965-1990

	1965–1980年	1981–1985年	1986–1990年
肯亞	6.8	3.2	4.9
坦尚尼亞	3.9	0.4	3.6

但是從一九八〇年代末期開始，這兩個國家的地位大逆轉，因為相對於坦尚尼亞，肯亞受到經濟巨幅衰退之苦（見圖十六）。更晚近的情形是，坦尚尼亞跟著整個漠南非洲一起強勁成長，在一九九九到二〇一一年，成長率大約百分之六。相反的，肯亞一直受到族群之間的暴力衝突所傷害，尤其是二〇〇七年總統大選之後。在二〇〇〇年代，GDP成長變得更慢、更多變，反映出持續的政治衝突。坦尚尼亞則穩定多了。這一切的原因可以追溯到坦尚尼亞的一黨獨裁投入國家建造的政策，但較自由的肯亞政府卻沒這樣做。

坦尚尼亞在形成國家認同上，比肯亞有相當的現成優勢。它雖然有一百二十個族群，沒有一個大到足以主導整個國家，但是肯亞有五個主要的族群：基庫尤人、卡連津人、盧奧人、砍巴人（Kamba）、盧西亞人（Luhya），占全部人口的百分之七十，[19]其中任何兩個較大的族群組成的聯

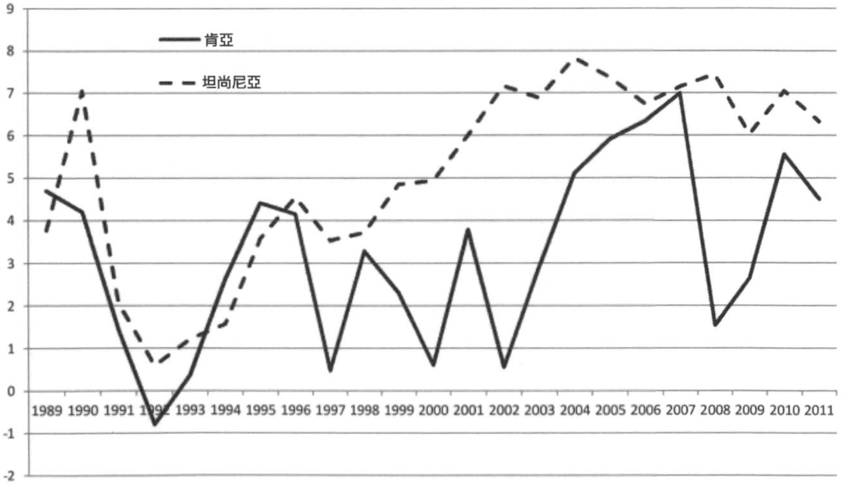

圖十六：GDP成長率，1989-2011

盟，通常就足以取得政府的控制權。一樣重要的是，坦尚尼亞以斯瓦希里語（Swahili）作為全國通用語言。斯瓦希里語是一種班圖語（Bantu），大量借用來自阿拉伯桑吉巴（Zanzibar）與其他海岸地區的商人所使用的語言，東非很多國家都在使用。它的角色和印尼語類似，是殖民地的通用語言，也是小商人與貿易商的語言。十九世紀末期，德國控制坦干伊喀之後，比起英國在肯亞殖民地的作為，德國殖民當局更努力要把它變成全國性的語言。因此在獨立期間，坦尚尼亞就比肯亞更大量使用斯瓦希里語。[20]

坦尚尼亞的建國總統尼雷爾（Julius Nyerere）扮演了和印尼蘇卡諾類似的角色。他以烏賈馬（ujamaa）或非洲社會主義的信念，根據社會主義意識形態而非族群建立國家認同，並在寫作與文字紀錄中詳細且清楚地說明，例如一九六七年的《阿魯沙宣言》（Arusha Declaration）。[21]他認為，部族分化是社會主義計畫的強烈威脅，因此很努力壓制他所謂的「部落主義」。和蘇卡諾一樣，他對西方多元性的自由概念沒有多少耐心，只想要一黨統治以重建社會。為了達成這個目標，他成立坦干伊喀非洲民族聯盟（Tanganyika African National Union, TANU，後來演變成坦尚尼亞革命黨）政治組織，以堅守列寧主義的教條，並統一控制國家各地的核心幹部。他和其他新的非洲統治者不同，尼雷爾不只聚焦在都市，也努力讓TANU滲透到還處在非常田園社會的鄉下地方。[22]在這過程中，尼雷爾政府比肯亞統治者肯亞塔投入更大的努力，把斯瓦希里語變成全國性語言，並讓它在一九六五年成為中學強制性的學習課程。以拜寧（Henry Bienen）的話說就是「斯瓦希里語是坦干伊喀國家認同的精髓成分，它就是坦干伊喀（Tanganyikaness）。」[23]

肯亞的情形則完全不同，大部族基庫尤人藉著他們在政治與經濟上的領導力，在獨立之後成為主導勢力。起而對抗英國殖民當局的茅茅起義（Mau Mau rebellion），主要就是由基庫尤人領導，他們也對建國總統肯亞塔大有貢獻。雖然肯亞塔建立一個自己的民族主義政黨，也就是肯亞非洲民族聯盟（Kenya African National Union），但這並不是以意識形態為基礎的列寧主義組織，而是一個酬庸分配的系統。政府不被認為是超越不同族群的中立仲裁者，而是可以被把持的戰利品。因此當肯亞塔在一九七八年輸給莫伊（Danielarap Moi）時，酬庸系統就直接從基庫尤人轉移到卡連津人，以及其他支持莫伊的部族。TANU努力想把資源從有錢人重新分配給窮人，肯亞政府則是從一個部族重新分配給另一個部族。新聞記者羅恩以「這次輪我們吃了」的說法，記錄了掌權的部族公開利用酬庸的現象。[24]

肯亞的經濟衰退可以直接追溯到莫伊的支配，以及隨後逐漸增加的酬庸與腐化程度。從那時候起，肯亞政治就一再出現各部族奪取總統大位與政府資源的零和遊戲。這在二〇〇七年總統大選中，基庫尤人的齊貝吉（Mwai Kibaki）對抗盧奧人的奧廷加（Raila Odinga）之後發生的大殺戮達到高峰。[25]肯亞建國者之子烏胡魯·肯亞塔（Uhuru Kenyata）在二〇一三年選上總統，但國際刑事法庭指控他涉及二〇〇七年族群暴力事件。

坦尚尼亞人奮力爭取全國性語言，另外TANU也努力壓制任何地方主義與族群認同的出現，隨著時間日久，族群在坦尚尼亞的重要性，已經不如肯亞與其他未把國家建造當成明確目標的國家。經濟學家米奎爾（Edward Miguel）發現，雖然坦尚尼亞與肯亞的族群多元程度類似，但坦尚尼亞提出更高度的公共財，並讓族群的地位不那麼突出。[26]

強大的國家認同並不會自動帶來好的結果，必須和合理的政策連結。從獨立到一九九〇年代初期，尼雷爾在坦尚尼亞努力建立非洲社會主義，雖然國家建造極為成功，但卻對國家建造之外的每一個層面帶來極大的不幸。在經濟政策上，由於計畫性經濟，坦尚尼亞摧毀了促進經濟成長的誘因，並且因財富重分配，真正創造財富的人反而拿不到獲利，更以壓制農業來支持無法長期維持的進口替代產業，導致當時出口獲利主要來源的農業受到損害。它亦不鼓勵國外民間投資，以支持「自給自足」的政策。在政治領域也是一樣，坦尚尼亞犯了很多早期的錯誤，公開宣稱自己是一黨專政的政府，由TANU核心幹部監督政治與社會生活的所有事務。不只禁止其他政黨，連公民社會組織也被禁止或嚴格掌控，新聞自由亦受到限制。社會主義時期最糟糕的政策可能發生在一九七三年至一九七六年之間，當時百分之八十的農村人口遭強迫進入烏賈馬社會主義農村，這是個大型的社會工程，就像它的蘇維埃聯邦與中國同志一樣，對經濟與個人自由都造成可以預期的負面後果。[27]

一九八〇年代末期坦尚尼亞發生債務危機之後，糟糕的經濟政策終於結束，其後出現較理性的經濟導向政策。這樣的政策轉變，加上已經避免奈及利亞或肯亞式的族群衝突，讓坦尚尼亞在一九九〇年代末與二〇〇〇年代的經濟成長率表現突出。和印尼一樣，它意味著族群（或宗教）已經不再成為衝突或不穩定的來源。例如桑吉巴地區的穆斯林一直增加動員，想要成為分離的政府，但印尼與坦尚尼亞後來都能成功建立更有效能的政治體系。

我之前提過，成功的民主政體受惠於過去國家建造的歷史，國家建造也通常都是透過暴力與非民主的手段。適用於歐洲的原則，在開發中國家，例如印尼與坦尚尼亞，也同樣可行。雖然這兩個國家在建立國家認同時期，都還是非常威權的國家，但如今已是相當成功的民主國家，自由之家

（Freedom House）在二〇一三年給印尼的整體自由度評為二・五分（衡量尺度是一到七，一最好，七最糟），坦尚尼亞則是三・〇。相反的，由於奈及利亞或肯亞目前的分裂狀態，以及無法形成全國性的力量，很難看到這兩個國家在今天能進行國家建造的計畫，因為沒有一個人有權撰寫國家論述，或宣告新的國家語言。因此在共同的國家認同上，不同因素發生的順序與歷史很重要，就像它們對形成現代政府很重要一樣。

當我們把注意力轉向東亞國家時，就會發現國家認同與政府傳統的情況截然不同。至少中國、日本與韓國，都屬於世界上族群同質性最高的社會，且有共同的語言與文化，也有悠久且強大的國家認同，但其實情況並非一直如此。數百年以來，中國文明從黃河河谷隨著征服南方、東南方與西方而擴展；它同化了無數非漢人的族群，本身也被來自北方與西北方的不同突厥蠻族殖民過。中國不只是發明第一批政府中的其中一個國家，它的政府還是第一個現代政府；另外，中國擁有共同的經典著作，這些著作也是歷代文官教育的基礎。在中國的歷史中，國家認同與政府建造一開始就連在一起。中國鄰近受到儒家文化影響的國家，包括韓國、日本與越南，也是一樣。在它們和歐洲殖民主義與西方觀念有重大接觸之前，這一切就已經發生了。此事對當代的發展結果有非常重大的影響，這些亞洲國家沒有一個必須在十九與二十世紀努力建立現代政府的同時，還要進行國家建造的計畫。就像與它們同時代的歐洲國家，這些民族國家都已經形成了。

注釋

1 有些歷史學家談到，奈及利亞西部與東部存在權力中心與王國，但這些政體很少超越酋長管轄區的程度，而成為真正的國家，社會組織的控制形式仍是部落式的。在以 Ife 城市為中心的 Oyo 王國下，統一了說 Yoruba 的民族，以及尼日河三角洲附近的 Benin 人（請勿與今天的國家貝寧混淆）。但在十九世紀末英國以武力抵達之前，就已經因為互相毀滅的戰爭而崩潰了。奈及利亞北部有比較大的權力結構，主要是受到以伊斯蘭作為組織的意識形態的影響。北部長期以來因為跨撒哈拉的貿易路線和中東有聯繫，導致 Hausa 與 Borno 政體在十七世紀末改信伊斯蘭教。索科托（回教國）在十九世紀初期成立，當時 Fulani 人臣服在一個很有魅力的領袖之下。如同 AtulKohli 指出的，雖然索科托是西非最大的政體之一，發展程度仍然比不上世界其他地方的國家。它沒有中央的部隊與文官制度，也無法在明確的領土之內執行命令。它比較像酋長管轄區或大型的部落聯盟，但不像國家。參見 Falola and Heaton, *A History of Nigeria*, pp. 23–23, 29–34, 62–73; Atul Kohli, *State-Directed Development: Political Power and Industrialization in the Global Periphery* (New York: Cambridge University Press, 2004), p. 297.

2 Osaghae, *Crippled Giant*, pp. 1–4.

3 Sunil Khilnani, *The Idea of India* (New York: Farrar, Straus and Giroux, 1998).

4 Kohli, *State-Directed Development*, pp. 313, 318.

5 概論參見 Osaghae, Crippled Gant, pp. 54–69.

6 Robert E. Elson, *The Idea of Indonesia* (New York: Cambridge University Press, 2008), pp. 1–4.

7 Jean Gelman Taylor, *Indonesia: Peoples and Histories* (New Haven: Yale University Press, 2003), pp. 238–39.

8 Elson, *Idea of Indonesia*, pp. 64–65.

9 Soekarno, *Nationalism, Islam, and Marxism* (Ithaca, NY: Cornell University Southeast Asia Program, 1969); Bernhard Dahm, *Sukarno and the Struggle for Indonesian Independence* (Ithaca, NY: Cornell University Press, 1969), pp.340–41.

10 Dahm, *Sukarno*, pp. 336–43; Eka Darmaputera, *Pancasila and the Search for Identity and Modernity in Indonesian Society*

(New York: E. J. Brill, 1988), pp. 147–64

11 Dahm, *Sukarno*, pp. 331–35.

12 Taylor, *Indonesia*, pp. 356–60; John Hughes, *Indonesian Upheaval* (New York: David McKay, 1967).

13 Benjamin Fleming Intan, *"Public Religion" and the Pancasila-Based State of Indonesia* (New York: Peter Lang, 2006),pp. 50–68.

14 Taufik Abdullah, *Indonesia: Towards Democracy* (Singapore: ISEAS, 2009), pp. 215, 434; Elson, *Idea of Indonesia*, p.65.

15 關於一九五〇年代整合安汶、亞齊與蘇拉威西島的掙扎，參見Abdullah, *Indonesia*, pp. 221–40.

16 Taylor, *Indonesia*, pp. 350–52; Elson, *Idea of Indonesia*, p. 69; 參見Dahm, Sukarno, p. 179, 他描述蘇卡諾在一九三四年被放逐到東部弗洛勒斯島（eastern island of Flores）的淒涼。

17 後威權時代的印尼，參見Donald K. Emmerson, "Indonesia's Approaching Elections: A Year of Voting Dangerously?" *Journal of Democracy* 15, (no. 1) (2004): 94–108, 以及"Southeast Asia: Minding the Gap Between Democracy and Governance," *Journal of Democracy* 23, (no. 2) (2012): 62–73.

18 Joel D. Barkan, ed., *Beyond Capitalism vs. Socialism in Kenya and Tanzania* (Boulder, CO: Lynne Rienner, 1994), p. xiii.

19 Joel D. Barkan, "Divergence and Convergence in Kenya and Tanzania: Pressures for Reform," 同前注，頁十。另參見Barkan, "To Fault or Not to Fault? Ethnic Fractionalisation, Uneven Development and the Propensity for Conflict in Tanzania, Uganda and Kenya," in Jeffrey Herbst, Terence McNamee, and Greg Mills, eds., *On the Fault Line: Managing Tensions and Divisions Within Societies* (London: Profile Books, 2012).

20 Julius Nyerere認為，德國的壓制促進坦尚尼亞人的團結，讓這個國家的部族進行民族主義者的抵抗。Henry S. Bienen, *Tanzania: Party Transformation and Economic Development* (Princeton: Princeton University Press, 1970), p. 36.

21 Goran Hyden, *Beyond Ujamaa in Tanzania: Underdevelopment and an Uncaptured Peasantry* (Berkeley: University of California Press, 1980), pp. 98–105.

22 Cranford Pratt, *The Critical Phase in Tanzania, 1945–1968: Nyerere and the Emergence of a Socialist Strategy* (New

York: Cambridge University Press, 1976), pp. 64–77; *Bismarck U. Mwansasu and Cranford Pratt, eds., Towards Socialism in Tanzania* (Toronto: University of Toronto Press, 1979), pp. 3–15.

23 Bienen, *Tanzania*, p. 43.

24 Michela Wrong, *It's Our Turn to Eat: The Story of a Kenyan Whistle-Blower* (New York: Harper, 2010), p. 52; 另參見 Barkan, "Divergence and Convergence," pp. 23–28; Goren Hyden, "Party, State and Civil Society: Control versus Openness," in Barkan, *Beyond Capitalism and Socialism*, pp. 81–82.

25 Maina Kiai, "The Crisis in Kenya," *Journal of Democracy* 19, (no. 3) (2008): 162–68; Michael Chege, "Kenya: Back from the Brink?" *Journal of Democracy* 19,(no. 4) (2008): pp. 125–39.

26 Edward Miguel, "Tribe or Nation? Nation Building and Public Goods in Kenya versus Tanzania," *World Politics* 56, (no. 3) (2004): 327–62. 另參見 Goran Hyden, *Political Development in Rural Tanzania* (Lund: Bokforlaget Universitet och Skola, 1968), pp. 150–53.

27 Barkan, "Divergence and Convergence," pp. 5, 20; Scott, *Seeing Like a State*, pp. 223–61; Hyden, *Beyond Ujamaa*, pp. 129–53.

第二十三章　強大的亞洲政府

為什麼中國、日本與其他東亞社會，能在接觸西方之前就有強大的現代政府；為什麼東亞的問題不是政府太弱勢，而是沒有能力約束政府；為什麼日本在外國壓力之下引進法律，以及文官為何自主性太強以致完全失去控制。

包括日本、南韓與臺灣等的東亞地區，是非西方世界中唯一擁有工業化高收入與自由民主的區域。它也是中國、新加坡、越南、馬來西亞，以及其他快速發展國家的所在區域，這些地方雖然缺乏民主的政治制度，卻仍然擁有非常具有效能的政府。漠南非洲不只政府孱弱且經濟表現也不佳，東亞和漠南非洲算是站在光譜的兩個相反端點。

關於「東亞奇蹟」以及在這裡的國家為什麼成長如此迅速，已經有大量的文獻資料。但對於此地成長的解釋頗為兩極，有人認為東亞的成功是因為對市場友善的政策；其他人則強調產業政策與政府干預措施的重要性。另外，也有文化理論則把經濟成長歸因於節儉與勤奮的亞洲價值。由於東亞地區的發展型態很多元，不管成長理由的解釋是市場導向或政府主導，都很容易找到例子，例如香港一直比中國與南韓更開放，也比較不中央集權。但是，如果不特別考慮政府干預的程度，東亞快速成長的經濟其實有一個共同特色：它們都有高效能的政府。[1]

對於執行產業政策的行動派政府來說，要在各行業中「挑出贏家」，然後透過補貼信用來鼓勵其發展、為它特別安排執照的程序，或支持需要的基礎建設等，特別需要一個能力夠強的政府。自由市場的基本教義派通常認為產業政策不可能有效，但在某些地方已經證明相當成功。[2]只是成功的條件也非常明確，如果政治人物在介入過程中無視於市場提供的價格訊號，投資決策完全是基於政治而非經濟考量，就會是非常危險的產業政策。拉丁美洲、非洲與中東等開發中國家的歷史，充滿了產業政策執行不當的例子，並因腐化與尋租行為而崩潰，就像第十八章提到阿根廷嘗試發展國內汽車產業的例子。政府的干預要有效，政府必須有艾文斯（Peter Evans）所說的「內嵌式自主性」（embedded autonomy）。也就是說，文官必須回應社會的需求，但也必須抵抗尋租選民的壓力，才能追求有明確公共利益的長期目標。這種政策在日本、南韓、臺灣與中國都很有成效，但在其他地方都失敗，其中的關鍵就是政府的素質決定成敗。[3]

能力強大的亞洲政府，究竟是怎麼出現的？新加坡與馬來西亞很顯然是殖民的產物，但中國、日本與韓國，在與西方大量接觸之前就有悠久的政府與國家的傳統。只是西方的殖民列強在十九與二十世紀挾著絕對優勢而來時，這些傳統的政府制度都遭到嚴重破壞，因此都必須大幅重組與改革。但幸運的是，這些國家的政府不必像很多非洲國家必須從零開始建造。另外，中國、日本與韓國也有很強的國家認同與共同的文化；事實上，它們是全世界族群同質性最高的社會。悠久的政府傳統與國家認同，是這個地區在經濟發展上達成卓越成就的基礎。

很多東亞國家因此很像歐洲，在開始工業化時就把強勢政府的存在視為理所當然。然而這個地區的政治發展途徑，其實與歐洲大異其趣。歐洲在十六世紀末到十八世紀期間出現政府建造之前，早在中世紀就已經形成法律制度。因此，即使歐洲國王自稱是至高無上的權威，但現代的歐洲政府權力仍然比東亞的政府受到更多的約束。例如封建領主的權利受到法律的保障，國王要加稅也必須先徵求英國國會的同意。除了受制於法律，歐洲的政府權力又進一步受到新興社會力量的限制，例如中產階級與工廠的勞工階級，因為他們會組織起來成為政黨，然後向政府要求權利。歐洲國家的議會一開始的基礎都是狹隘的寡頭，但隨著新興的社會力量組成政黨，並要求更大的代表權時，議會也就成為社會新成員維護權力的機制。

相反的，東亞的政治發展不是從法治開始，而是政府。由於不具有超越世俗經驗的宗教，中國從未發展出一套獨立於帝王主動制定的法令之外的法律系統，也沒有獨立於行政權之外的合法行政體系。皇帝依法而治，並把法令當成文官治理的手段。中國的統治者手上有一個早熟的現代政府可以加以運用，也能防堵所有可能會反對皇帝意志的社會參與者出現，例如宗教組織、住在堅固的城池裡並擁有悠久血統的貴族（就像他們在歐洲做的事），或在自由的城市中自我組織的商業資產階級，所以傳統的亞洲政府可能比歐洲政府更專制。

因此，東亞的政治問題也和其他殖民國家很不一樣，由於政府的自主性可能被視為理所當然，因此面臨的問題正好相反：如何透過法律與代議政府，限制國家公權力。在國家與社會均勢關係中，其他地方通常是嚴重扭曲偏向社會這一邊，但在東亞則強烈偏向國家這一邊。社會組織通常可以平衡既有的國家公權力，但在東亞，社會組織會被嚴密控制，且很少被允許自由發展。這個模式一直持續到今天，即使已經完全採納自由與民主政治制度的日本與南韓，仍有這種現象。

日本的文官體制

日本是第一個現代化並進入已開發世界的非西方國家，在某個意義上，也是這個發展模式的典範。它的政府傳統夠強大，即使傳統制度因借用進口的歐洲形式重組，也還能成功抵擋殖民主義的入侵，這個過程中的關鍵就是中央集權的全國文官體制。從十九世紀末以來，文官體制就是政府自主性的主要源頭，甚至還產生一個不受控制的軍事行政體系，結果軍隊的自主性強大到把整個國家帶進一場毀滅性的戰爭。日本最後會出現法治與民主問責，並不是透過民主力量的大眾動員，而是透過美國與其他國家的外部干預。

從文官體制的起源與延續性的角度來看，日本與普魯士／德國有很多類似之處。在日本的前現代時期，日本繼承到的是深受中國標準與實務影響的文官政府傳統。在德川幕府期間（一六〇八到一八六八年），幕府將軍名義上是天皇的封臣，事實上是以天皇的名義行使真正的統治權威。整個國家並不是受到一個集權的文官體制政府所統治，有一大部分權力分給幕府，幕府的行政體系是在江戶（東京）；另外還有數百個領地（藩），是受到大名或軍事領主統治。日本形成的幕府制度由於權力分散到領地的層級，每個大名都有自己的城堡與追隨的武士，因此通常被認為有歐洲封建制度的特色。但是把幕府制度稱為封建，就不易察覺其實有相當一致的行政管理，以及前現代時期日本政府控制社會的非凡能力。達斯（Peter Duus）指出：「雖然外表有封建的結構，但日本在很多方面有文官政府的形式……從土地調查到人口登記，政府辦公處所充滿各式各樣想像得到的紀錄與文件，其中人口登記以各種方式記錄大多數的人口（在養馬興盛的舊南部〔Nambu〕）領地，甚至還有馬匹受孕與死亡的紀錄資料。」[4]就像中國，日本政府在很多方面都很現代，而且是在一八六八年經濟現代化很早之前就有的做法。

一八五三年發生美國海軍准將培里（Matthew Perry）的「黑船事件」[5]之後，日本才開始現代化，並成為杭亭頓所謂「防禦性現代化」的典型例子。培理與其他西方列強一致要求日本打開門戶，日本後來更簽下各種同意外國人進入市場的不平等條約。這些協議讓德川政府失去權力，並引爆一場武裝叛變，促使明治天皇在一八六八年開始恢復中央集權政府。日本這麼急著恢復中央政府，是想避免步上中國後塵，中國在當時已經把海岸線上的領土一片一片割讓給列強。日本藉著國力日強便廢除不平等條約，殖民列強也承認日本擁有平等的地位，這對日本在二十世紀第一個十年進行的現代化措施非常重要。如同普魯士對軍事威脅的認知，促使他們建立了國家。[6]

一八七〇年代，日本的政治改革速度非常驚人。所有領地在一八七一年全部廢除，各地武力也全部整合到國家軍隊。在幕府制度下唯一可以擁有武器的武士階級菁英，在一八七六年被取消薪餉，並且禁止佩戴象徵地位的武士刀或劍。新的部隊以現代組織原則來徵召，並充斥很多之前被瞧不起的農民。這次改革引起武士叛亂，也就是一八七七年的西南戰爭，但很快就被新編的部隊鎮壓。[7]

我們很容易把這些歷史事件當成日本決定現代化的自然結果，但和其他國家比起來，這些發展是極不尋常的成就。在歐洲，廢除封建特權與建立中央集權的現代政府的過程，根據不同國家的情形，從十六世紀末一路進行到十九世紀末，通常牽涉到暴力的社會衝突事件。在當代的開發中國家，即使經過多年的努力，這樣的整合仍然還沒成功。舉例來說，巴基斯坦持續受到根深蒂固的準封建地主菁英控制，而且這些菁英並沒有放棄特權的想法。索馬利亞與利比亞一直無法強迫民兵進入新的國家部隊。反觀日本，只花十年就成功整合成一個現代的政府。

造成這種差異的原因有很多，比較突出的一點是，德川時代的日本有很強烈的國家認同。身為一開始就由單一、不曾中斷的王朝統治的島國，日本有高度的族群與文化統一性。另外，明治時代的政治寡頭，藉由提升神道教與尊王政策而形成國家宗教，終於小心翼翼地培養出強烈的國家認同。神道教有直接的政治意涵，就是要為以天皇為中心的新政府，提供正當性的來源。[8]這個傳統其實已經存在數百年，但在一八六八年之後更受重視。和大部分的開發中國家菁英不同，明治維新的領導人只需要建立一個政府，而不是一個國家。

在新制度下，日本天皇並不是實際統治的人，真正的權力是由一小撮寡頭把持，包括伊藤博文、山縣有朋與井上馨，以及在皇宮裡隱身在幕後以皇帝的名義制定政策的各種官員。他們的第一個行動就是建立韋伯式的現代文官體系，且通常由他們自己監督各個部門。時間一久，就很難區分較具政治性的決策團體與上層的高階文官。另外，舊藩國與領地政府在一八六八到一八七八年間喪失原有的獨立地位，變成縣級行政機關，並附屬於東京的中央政府。從舊藩國與領地政府來的行政人員，就成為全國性新政府的核心成員。

和歐洲一樣，教育是進入高等公職的通道。東京帝國大學法學院（現在的東京大學）也變成菁英部會優先錄用的人才，例如金融、商業與產業。到了一九三七年，超過百分之七十三的高等文官都是東京大學畢業生。[9]日本文官成長的速度與素質都非比尋常。一九〇〇年以前，地方行政首長中超過百分之九十七的人未受過正式的大學教育；從一八九九到一九四五年，同級官員中有百分之九十六的人不只有大學學位，而且都是來自十九世紀最後十年以西式教育制度興建的新大學。[10]除了東亞之外，很難想出有任何當代的開發中國家，能如此迅速在政府行政機關中成功培養人力資本。

和普魯士文官體系一樣，日本公務員也要通過考試篩選，並在成為公務員後形成一種特殊階級。由於幾乎沒有機會橫向安插工作，酬庸任命很難在日本文官制度中進行。一八八四年推出獎勵長期服務的退休金制度，從此建立公務員職涯的常規。考試制度在一八八七年建立，並在一八九三年強化，以強調法理學與法律的訓練。到了一八九九年，《文官任用令》嚴格限制，只有通過高等公務員考試的人才能任用。[11]因此，高階公務員是一群非常小的團體，加上很多文官本來就來自以前的薩摩藩與長州藩領地，也曾經領導過明治維新，於是形成高度的內部凝聚力。[12]

和德國政府一樣，日本政府也是在戰爭中打造出來的。日本在一八九四與九五年與中國打仗，之後取得臺灣；接著在一九〇五年日俄戰爭中打敗俄國，又取得中國的據點，並在一九一〇年殖民韓國。如同普魯士，軍隊管理架構的現代化被視為國家存亡絕續的關鍵，因此陸軍與海軍得到大幅提升的預算，並興建新的軍事學院以訓練軍官學習歐洲的軍事技術。日本政府還特別重視在國家戰爭中倒下的將士，一八六九年在東京設置靖國神社，作為安置在戰場上陣亡的靈魂的所在。德川政權一直是充滿武士道精神的軍事寡頭，因此武士道精神以現代的組織技術，融入自主性愈來愈強的軍事體制。日本的民族主義一開始就帶有軍事的色彩，這個傳統也持續到現在，當保守派政治人物想參訪靖國神社時，都會引起鄰國中國與韓國的極大恐慌。[13]

日本法治的普及

日俄戰爭期間，日本已經能把韋伯式的現代政府視為理所當然。因此它的問題和當代的大部分開發中國家不同，不必費心建立政府的權威，而是必須建立能約束政府權力的制度。從經濟成長的觀點來看，這對保護財產權以及公民個人不受到政府傷害，是非常必要的措施。這意味著，日本必須開始建立法治。

和中國一樣，日本依法而治也有很長的歷史，但這與法治相反。依法而治的法被視為統治者的行政規定與命令，限制的是子民，不是統治者本身。日本的第一部成文法是分別取材自七、八世紀的中國《唐律》，以及七〇二年的《大寶律令》、七一八年的《養老律令》。和中國的律法一樣，日早期的日本律法主要都是一連串的刑罰清單，並沒有包括契約、財產或侵權行為等私法的概念。日本也和中國一樣，法律並不是來自獨立、並擁有自己的法官與詮釋者等科層組織的宗教權威機構，因此，日本和歐洲、印度與中東的經驗截然不同。不管是中央或地方，法律只是政府的一個治理工具。在明治維新時期，傳統的日本《刑法》與《行政法》都已經寫好，也很有條理，在全國各地執法亦相當一致。行政法規也深入日本鄉下社會，最明顯的就是個人登記制度，把邊境以內的所有公民記得清清楚楚。[14]

日本現代化的一部分，就是邀請西方法律學者到日本提供建言，並安排學生與官員研習西方的法律。由於傳統的日本法律並未涵蓋所有法律領域，特別是和經濟相關的領域，表示這部分必須從外部引進。事實上，還有更深入的問題。在日本的語言文字中，沒有任何字眼等同於法文的

「droit」（公正的）、德文的「Recht」（法權）或英文的「rights」（權利）。對歐洲人與美國人的法律來說，都是一些非常基本的概念，例如：人在組織成社會之前，天生就擁有權利；以及政府的部分功能就是要保護這些個人權利，在日本都付之闕如。在《美國獨立宣言》中具體寫下的天賦人權觀念，在撰寫《明治憲法》時一度考慮過，但最後被明確否決了。[15]

基於這樣的傳統，日本在研究英國共同法之後放棄此法系，轉而以法國與德國的民法制度為基礎，也是無法避免的事。因為英國的制度還包含法官制定的大量法律，屬於一種分權制度，比較不適合日本的傳統，日本比較適合相對簡潔的民法制度，方便移植並整合到日本既有的文官體系傳統。因此民法中有很多單元是整個引進外國法律，並在一九〇七年擴編的《民法典》時達到高峰。至於傳統的日本法律，就保留下來作為家庭事務處理原則，有關家戶的規則從武士階級延伸到整個社會都適用。[16]

藉著採用《民法典》，日本導入一套現代的依法而治系統。但是真正的法治，意味著這個狀況還要更進一步：這些法律不只約束一般公民，還要約束統治者本身，也就是天皇。在現代的政治制度中，一般都是透過實施一部正式、成文的憲法，清楚寫明統治權的來源，並清楚定義（以及限制）政府的權力來完成。日本政府在一八八九年頒布《明治憲法》時做到這一點，這部憲法即時生效直到二次大戰之後，一九四七年採用美國人寫的新憲法為止。

《明治憲法》由五個人祕密起草，其中之一是德國憲法專家勒斯樂（Carl Fredrich Hermann Rösler）。在制定之前，最有影響力的政治寡頭伊藤博文，曾進行一次長達十三個月的歐洲行，以深入研究歐洲的立憲政體。他決定花這麼長的時間到國外研究這個問題，他的同僚也同意他這麼做，這表示關於日本未來的法律，領導人一致賦予其最高的重要性（伊藤後來成為韓國統監，一九〇九年被一名韓國民族主義者刺殺身亡）。

《明治憲法》否決英國的議會統治模式，支持比較保守也和德國帝制時期的俾斯麥憲法比較相近的模式。[17]在這部憲法中，統治權不屬於日本人民，而是天皇。因此所有附屬機關團體的力量都來自天皇的權力，他有權任用部會首長、宣戰或保持和平，也對部隊有獨占的掌控權。憲法規定一個世襲的貴族院與民選的眾議院，但選舉權限制只給有財產的人，當時不超過人口的百分之一。眾議院有預算權，但沒有權力削減預算；如果它不支持政府的預算提案，前一年的預算就會自動生效。憲法列舉一長串的公民權利，但又馬上規定必須受到法律與治安要求的限制。因此從任何角度來看，這些權利都不像是天賦或神授的權利，而是天皇慷慨的贈與。[18]

學者對《明治憲法》的評價也大異其趣，端視觀察者把杯子看成半空或是半滿。秋田（George Akita）指出，由於日本在一九三〇年代轉變成軍國主義，讓很多當代日本學者強調，就是因為《明治憲法》偏離了良好的民主實務，才不可避免地走上之後不受約束的威權主義之路。但是他認為，把杯子看成半滿，還是比較合理。日本從帝王的權力不受任何正式的約束，已經走到帝王的權力受到很多不同方式的規範與限制。雖然天皇可以任用部會首長，但是他的命令必須由其中一人副署。行政權也與樞密院[19]（以英國先例為範本）分享，樞密院中都是元老級政治家，到一九一〇與二〇年代時，還加入首相與閣員。民選的眾議院擁有否決增加預算的能力，在財政開銷逐漸增加的年代中，也給政府相當大的牽制作用。當第一屆眾議員就任時，這項權力的作用就非常明顯。但在德國的法治國制度中，屬於國王的正式統治權，行使權力時並未如此多變且無常，因為統治權是透過受法律約束的文官體制來治理國家。[20]

比起《明治憲法》或俾斯麥的憲法這種半威權憲法來說，保護個人權利的完整民主憲法當然更好。因為把權力過度集中在一小撮人手中的政治制度，會在經濟與政治事務上遭到濫用。真正的法治必須約束政府公權力本身，以及隱身在政府背後的主要菁英。由於沒有第三方來執行憲法，其延續性就取決於主要的利益團體把它視為符合自身利益並願意遵守的程度。所以關於日本憲法必須問的問題是：推動限制天皇權力的社會與政治勢力是哪些人？為什麼日本的政治寡頭在能以更專制的方式統治時，願意接受法律的約束？

從這個角度看，日本在一八八九年的協議與英國在一六八九年的協議，有極大的差異，因為不管是菁英還是草根團體，日本政府非常少面對有組織的反對團體。最有勢力與最危險的階級是之前的武士，他們因為《明治憲法》在地位與收入上遭受最大的損失。他們不准佩劍帶刀，還得剪掉傳統的頭髻改留更短的西式髮型。很多人更被迫從事商業或農耕等卑賤的職業，有些人甚至落入貧困之境。幕府還政天皇之後，之前的武士階級策畫六次武裝暴動，但在一八七七年的西南戰爭被武力平定之後，武士就消失在政治舞臺。另一個不滿的團體是農民，很多人因為明治維新中的土地稅與徵兵制遭到重創。在一八七〇年代，農民進行幾次示威抗議行動，但是不滿的情緒都維持在地方層級，也從未組織成全國性的運動或政黨。最後是中產階級的自由派人士，他們都是接受西方自由與民主觀念的人。這個團體發動民權運動，並成立自由黨。他們不斷請願並組織示威活動，但受到明治政權的壓制，有些成員轉而進行暗殺與武裝反抗行動。但是當政府在一八七一年宣布，天皇有意在這十年結束之前同意實施憲法，民權運動的立足點也就消失了。[21]

因此日本的《明治憲法》和英國不同，它並不是兩個有組織的社會團體，在長久衝突之後同意分享權力的結果；它也不像在法國大革命期間發生的，是由中下階級團體透過草根動員，並強迫不情願的國王接受的產物。所有的觀察家實際上都同意，起草與同意新憲法是高度由上而下的過程，而且是由最有權勢的人例如伊藤博文等人所推動的。政治寡頭也許受到民權運動的壓力而不得不做，但他們一直都是能掌控制政治局勢的人。在日本並沒有阿拉伯之春這種事。[22]

另外，最後一個促使日本制定憲法的力量，應該是外國的榜樣。因為在這時候，並沒有任何西方國家公然強迫日本實施憲政體制。事實上，是日本人自己把採用憲政體制視為一種必要條件，讓他們能被視為一個偉大的國家，並享有和西方國家平起平坐的權利。他們遵循一種三段論：「所有的現代國家都有憲法；日本渴望成為現代國家；因此日本必須要有一部憲法。」日本急著進行改革的現成政治理由是想要廢除不平等條約，這件事終於在一八九九年達成。因此憲政改革的動力並不是經濟利益，而是渴望在西方國家眼中能認同日本已經是一個現代社會。[23]

不受控制的文官自主性

和德國一樣，日本在明治維新之後成立的韋伯式現代文官體系，後來也變得極有自主性，以至於把國家帶向災難。我認為，日本在一九三〇年代轉向右派的根源就在政府的發展，而不是任何更深刻的社會原因。

摩爾（Barriington Moore）是解釋日本在社會方面轉向「法西斯主義」最有名的人之一。他認為，現代化有三條不同的路徑，農民在其中都占不可或缺的分量。第一條路是民主，可以英國與美國北部州為例。在英國，小農經濟（peasant agriculture）與封建政治被迫轉為商業化農業經濟；在美國，一開始就已經有家庭農場（family farming），後來才變成商業化農業經濟。第二條路是經由農民革命促成現代化，這是俄羅斯與中國共產黨採取的途徑。第三條路就是法西斯，這是一種高壓制度，農業孕育出威權政府，但之後卻超乎農民的控制。[24]

日本為何沒出現中國或俄國那樣的農民革命，摩爾的論點也很有說服力。他認為，明治維新之前，幕府的稅收制度鼓勵增加農業生產力。農民實際上愈來愈富有。另外，農民也認為，稅金與政府收稅員都相當公正客觀，因此在農村的層級上，日本形成了高度的群體意識或社會資本。這和中國極為不同。在中國，由於向農民收稅的工作通常外包給掠奪性的民間機構，加上以家庭為中心的利己主義，因此在農民心中造成不信任感。[25]比起日本的明治時期，中國清代時期的農民對政府有更高度的不滿與憤怒，最後才被中國共產黨加以利用。雖然在明治維新之前與之後，隨著農業愈來愈商業化，日本一直有農民造反事件，但均未達到全國性起義的程度。[26]

比較不具說服力的部分是，摩爾認為鄉下的土地所有制占有權與一九三〇年代軍國主義政府的崛起有關。他把日本與普魯士做了比較，從十六世紀以來，普魯士軍隊確實和逐漸高壓的農地占有制度有關，但其中的原因是普魯士軍團都直接從容克地主階級招募成員，這些地主平常就忙著壓榨農民。但日本在十九世紀晚期，土地已經被更自由的租佃與商業化農業等形式取代，與普魯士情形不同。另外，美國在一九四〇年代末進行土地改革之後，仍留下很多地主並形成保守黨的權力基礎。但是和德國一次世界大戰前的容克地主階級，或阿根廷一九三〇年政變時的大莊園主相比較，地主在日本的保守聯盟中都是比較不重要的部分，在日本的法西斯政府中，他們實際上是文官激進派最反對的對象。[27]

事實上，日本如果沒有具自主性的軍隊，歷史很可能會改寫，日本或許會走向更像英國的民主方向。由於日本並未參加第一次世界大戰，這個國家經歷一段穩健的經濟擴張期，都市中產階級快速成長，高等教育也更普及。一九二〇年，歐洲列強再度回到亞洲市場，日本繁榮的經濟也戛然而止，接著是漫長的經濟衰退。在這段期間，工會與勞工騷動增加、各式各樣的馬克思主義與左派團體出現、工業資本主義形成大型的工業集團，或稱為財閥。這些事情的發展，應該沒有一個會成為民主的致命傷，因為這些事當時也在英國、法國與美國發生過。如果這些新團體的參與需求能被調和到政黨運作中，並在日本眾議院裡互相競爭權力，民主可能在一九三〇年代就鞏固了。[28]

但是日本軍隊的決定阻礙了這條路的發展，而且並不是出自日本本土的主張，而是日本的海外帝國勢力。從某個意義上來看，日本的威權主義誕生於滿州，不是東京或日本的鄉下。由於日本海軍在一九三〇年華盛頓會議要求下，受到英國與美國的限制，無法有太大的作為。但是陸軍則希望在滿州建立一個國中之國，因此行動頗為激進。陸軍中較低階的關東軍，暗殺中國的軍閥張作霖，並在一九三一年的九一八事變後占領滿州南部的大部分。針對這件事，東京的文官政府意見分歧，也未能適當做出回應，因為《明治憲法》並未賦予民選的文官政府可以控制軍隊的權力。日本的情況比一次世界大戰前的德國還嚴重，天皇甚至被軍隊監禁，根本不是軍隊的指揮官。日本從此開始一段充滿政治暴力的時期，軍隊或右翼的政治狂熱分子，以天皇的名義開始暗殺政治人物，並分別在一九三〇年與一九三二年暗殺濱口首相與犬養首相。激進的軍官還試圖在一九三六年發動政變，雖然被擋了下來，文官政府實在太膽怯，以至於無法阻擋關東軍在一九三七年發動盧溝橋事變，以及接下來對中國的全面侵略。[29]

和德國與義大利法西斯不同，日本的軍國主義和大眾政黨並沒有任何關聯。雖然軍方在不同的右翼團體有一些平民盟友，但不像德國軍隊，日本軍方在日本並沒有堅強的社會基礎。日本軍國主義是在日本戰場上的年輕軍官的產物。石原莞爾就是其中之一，他是九一八事變的策畫者，他在旅行與研究中發展出在列強之間進行「總體戰」（total war）的概念。日本軍隊甚至發展出自己的反資本主義意識形態，譴責工業社會的物質主義與自私心態，並想要追求想像中的美好農耕社會。但是他們重視的卻不是農業生活，而是舊時代軍事貴族統治的榮譽精神。另外，軍隊自古以來就有「將在外，君命有所不受」的權力，[30]因此軍隊中的自主性也就更加強烈。總之，在一九三〇年代期間，本來是受命執行者的日本軍隊，把自己變成主人了。

法律與民主

日本在太平洋戰爭中戰敗，並於一九四七年接受美國起草的憲法，日本至此終於出現真正的法治，這部憲法沿用至今，且未曾修訂過。其中歷經幾個重要的法律步驟，才達到這個成果。首先是在一九四五年八月十六日，日本天皇宣布接受《波茨坦宣言》無條件投降，以及一九四六年一月一日，天皇頒布詔書宣布拋棄天皇的神性教條。[31]事實上，戰敗又被占領的日本，其實已經暗中起草《明治憲法》的小幅修訂本，但消息走漏，同盟國最高指揮官麥克阿瑟（Douglas MacArthur）將軍於是下令起草一份極為不同的版本，並在一九四六年二月遞送給大受震驚的日本政府。

美國的初稿包含幾個關鍵的變更。統治權不再屬於天皇，而是屬於日本人民；廢除貴族制度；列舉出來的基本權利不再受到《明治憲法》的約束；以及知名的日本憲法第九條，日本放棄發動戰爭與成立軍隊的權利。這部憲法在新選出來的眾議院中討論，並在一九四七年三月三日生效。[32]

當代的日本民族主義者，例如石原慎太郎，他是前日本東京都知事，曾經批評憲法第九條與戰後的憲法整體都是被外國人強加在日本身上的，並主張應該修正條文，以恢復武力與自我防衛的權利。在我們接受他的論點之前，應該注意到美國人其實在一九四五年之後試圖強加日本很多不同的政策，有些政策非常持久，但有些政策也失敗了。除了在憲法本身明文規定的民主制度之外，持久的政策包括結束租佃制度，以及分配農地給農民的土地改革，並加強婦女的法律與政治權利。而且大部分的日本人後來都非常感激這些強迫的變更，尤其是婦女，就是因為在憲法草擬委員會中一位名叫西洛塔（Beate Sirota）的年輕女性強力堅持，婦女權利才受到保障。[33]其實當時的日本制度處在一種停滯的均勢狀態，既有的政治參與者絕對不會主動同意這些變更：由人民而非天皇統治、土地改革與婦女權利。美國並不是強迫日本接受令人討厭的結果，實際上是幫助日本達到更正面的均勢。

另一方面，美國並未達成某些想要的改變。一個是解散財閥，這是龐大的工業集團，也是資助與推動戰爭的元凶。財閥曾經一度被正式解散，但很快又以不正式的經連會（keiretsu，以知名品牌如住友、三井與三菱為中心）[34]組織起來，後來也成為日本經濟奇蹟的基礎。[35]

另外，這些形成當代日本法律的外來法典，在日本的實施情形與歐洲和北美也有極大的差異。

日本與其他亞洲國家並不像美國人那麼愛好爭辯，因此在太平洋戰爭之後的三十年，律師與官司的數量實際上是下降的。日本人比西方人更常採取仲裁與非正式的方式調解糾紛。[36]

強加的制度中最後一個失敗政策，是讓日本行政機構受到更多的民主掌控，換句話說，就是降低它的自主性。就像在德國，同盟國聯軍占領當局亦將日本官僚視為戰犯與極端民族主義者，因此也想淨化官僚體系，但又必須維持日本的穩定與良好治理，特別是在逐漸成形中的冷戰情勢壓力下，這個計畫只好暫停。最後只有戰爭時期的各部會正副首長遭到撤職，年輕文官則直接得到升遷，他們的傳統公職生涯並未中斷。因此，即使是在新的民主憲法之下，文官體系仍是日本政治決策的中心。雖然自民黨長期控制政府預算，並對偏好的利益團體發放政治分贓式的補貼，但自民黨從未能成功滲透文官體系，安插自己的人馬。事實正好相反，文官體系產生了無數的退休官員，進入重要的政治領導位置（稱為「空降」，amakudari），並促進自民黨與政府密切合作。文官體系成為主導日本政治兩個世代的「鐵三角」之一，另外兩個是商業界與自民黨。

如果回想在戰後領導日本走向經濟奇蹟的人，其實就是戰時負責策畫工作的文官體系，事情便更清楚了。這些人主要是以國際貿易工業部（今天的經濟產業省）為中心的文官體系，這個行政機關和滿州關東軍中的一群軍官頗有淵源。當時關東軍先在占領的土地上設計一套核心的計畫經濟制度，這套制度在一九四一年被帶回日本本土，並成為戰時資源配置制度的核心。[37] 因此美國在一九七〇年代與八〇年代派到日本的貿易談判代表團，是和曾經打過太平洋戰爭的文官後代在談判桌上爭論經濟議題。

雖然日本的文官體系比起其他政治部門更為強大，但是它戰後的化身並不像中國的文官體系集權與果決。日本的權力通常分散在不同的部門，在做成決策之前都必須尋求每一個部門內部的派系共識。最近幾年這種傾向更加深化，結果就是不管是有關核電或是農業補貼，都會嚴重推遲做出困難決定的時機。另外，隨著二〇〇七年停止空降制度因而減少招募菁英的誘因，加上政黨在關鍵文官職務上安插自己的支持者，也明顯可以看到日本的文官體系自主性正在式微。

日本消失的統治權

日本從十九世紀中以來的政治發展，形成幾個其他亞洲社會可以遵循的模式。

在日本遇見西方之前，日本已經有一個擁有很多韋伯式文官體系特色的強勢政府，在國家與社會的均衡中，嚴重偏向國家這一邊。日本也有很多不同的社會團體，包括農民、商人與武士，但他們都沒有像歐洲的獨立城市、教會、行會等等，組織起來形成集體行動，因此公民社會比較難透過要求法治與問責政府來限制國家公權力。

國家民主化之後，日本的公民社會才開始蓬勃發展，出現各式各樣的環保、女性等團體與媒體，以及民族主義與宗教團體。但是日本公民社會為了政治目的的動員能力，還是比其他工業化的民主國家薄弱。日本民主黨的成立以及他們在二〇〇九年取得首相職位，在某個意義上代表的是日本終於出現一種較強的反對文化。但是民主黨後來在二〇一一年因應東日本大地震與福島核災的拙劣表現，讓大家懷疑民主黨還能掌權多久。[38]

彌補在地公民社會空間的是外國的壓力。明治寡頭會接受權力受到限制，不是因為國內有要求權利的強大社會動員壓力，而是他們希望西方列強賦予日本同等地位。一九四七年的憲法，更是直接強加在這個國家。七十年以來，這部憲法能保持正當與穩定地位的唯一理由，就是日本在國際體系中的地位。透過憲法第九條以及一九五一年的《美日安保條約》，日本事實上把它的國家安全與自我防衛的能力外包給美國。只要日本在面對北韓與中國威脅時，美國保衛日本的承諾依然有效，一九四七年的憲法就會繼續生效（二次大戰的另一個戰敗國德國，做的事也差不多，它把權力對外委託給北約與歐洲聯盟）。二〇一二年上臺的強烈民族主義者安倍晉三首相，已經宣告他想要修訂憲法第九條，讓日本回到正常的主權國家地位。如果這件事真的發生，戰後協議的很多特色也可能會改變。（編注：安倍已於二〇二〇年辭職，且未進行修憲。）

日本還設了另一個讓其他亞洲國家可以遵循的先例，也就是其威權統治者的道德素質。這種特質根植於日本的儒家傳統。用秋田的話說，明治的領導人：

> 他們最相信的是一種仁慈的菁英主義，這種想法來自於自然的能力等級……就像好的儒家信徒，明治時期的領導人完全理解開明與專制菁英之間只有一條非常細微的界線……如果統治者與被統治者被期待為共同利益而努力，這就表示大眾應該受到教育與訓練，直到他們能有意義地參與政府事務。[39]

明治時代的寡頭以及高級文官，例如一九五〇年代的領導人岸信介，或在戰後全盛期指揮國際貿易工業部的佐橋滋，都是自大且對權力飢渴的人，根本鄙視一般人的權利。但與其他國家的威權領導人比起來，他們仍由衷認為自己是更高的公眾利益的僕人。明治時期的政治寡頭都非常不愛出風頭，以至於在今天任何一個對日本歷史不熟悉的人，都不會知道他們的名字。他們的能力也很強，一邊在建立傳統時，還能一邊同時推動國家朝發展目標前進，這是沒有任何歷史先例可以借鏡的。

儒家傳統的起源當然是中國，這是下一章的主題。

注釋

1 針對東亞支持市場的政策本質的相關研究，參見 World Bank, *The East Asian Miracle: Economic Growth and Public Policy* (New York: Oxford University Press, 1993). 關於東亞工業政策的經典研究，包括 Chalmers Johnson, *MITI and the Japanese Miracle* (Stanford, CA: Stanford University Press, 1982); Robert Wade, *Governing the Market: Economic Theory and the Role of Government in East Asian Industrialization* (Princeton: Princeton University Press, 1990); and Alice H. Amsden, *Asia's Next Giant: South Korea and Late Industrialization* (New York: Oxford University Press, 1989). 至於較現代的中國工業政策的說明，參見 Justin Yifu Lin, "Lessons from the Great Recession," in Birdsall and Fukuyama, *New Ideas in Development After the Financial Crisis*. 參見 Lee Kuan Yew's interview with Fareed Zakaria, "A Conversation with Lee Kuan Yew," *Foreign Affairs* 73, no.2 (1994): 109-27; and Lawrence E. Harrison, Jews, Confucians, and Protestants: *Cultural Capital and the End of Multiculturalism* (Lanham, MD: Rowman and Littlefield, 2013).

2 美國最成功的產業政策之一就是網際網路的發展。網際網路一開始是五角大廈國防高等研究計畫署的研究，網絡通訊協議強調它受政府指揮，且只在內部使用。早期的投資是基於安全考量，而不是經濟政策，但是它仍然為二十世紀最重要的科技之一埋下種子。政府的投資在半導體、雷達、噴射機與一大堆其他科技，也是不可或缺。

3 Peter B. Evans, *Embedded Autonomy: States and Industrial Transformation* (Princeton: Princeton University Press, 1995).

4 Peter Duus, *The Rise of Modern Japan* (Boston: Houghton Mifflin, 1976), pp. 21–31.

5 譯注：美國海軍准將培里率領艦隊進入江戶灣（今東京灣）岸的浦賀，要求與德川幕府談判，史稱「黑船事件」（亦稱「黑船開國」）。

6 日本科技國家主義的起源，參見Richard J. Samuels, *"Rich Nation, Strong Army": National Security and the Technological Transformation of Japan* (Ithaca, NY: Cornell University Press, 1994), pp. 33–78.

7 Duus, *Rise of Modern Japan*, pp. 94–95.

8 James L. McClain, *Japan, A Modern History* (New York: Norton, 2002), pp. 267–71.

9 B. C. Koh, *Japan's Administrative Elite* (Berkeley: University of California Press, 1989), p. 20.

10 Bernard S. Silberman, "Bureaucratic Development and the Structure of Decision-making in Japan: 1868–1925," *Journal of Asian Studies* 29, (no. 2) (1970): 347–62.

11 Bernard S. Silberman, "The Bureaucratic Role in Japan, 1900–1945: The Bureaucrat as Politician," in Bernard S. Silberman and H. D. Harootunian, eds., *Japan in Crisis: Essays on Taishō Democracy* (Princeton: Princeton University Press, 1974).

12 Silberman, "Bureaucratic Development," p. 349.

13 靖國神社是這段期間興建的二十七個神社之一。McClain, *Japan*, p. 268.

14 John O. Haley and Veronica Taylor, "Rule of Law in Japan," in Randall Peerenboom, ed., *Asian Discourses of Rule of Law: Theories and Implementation of Rule of Law in Twelve Asian Countries, France, and the U.S.* (New York: Routledge, 2004), pp. 449–50.

15 Carl F. Goodman, *The Rule of Law in Japan: A Comparative Analysis*, 3rd ed. (The Hague: Kluwer Law International, 2003), pp. 17–18; Shigenori Matsui, *The Constitution of Japan: A Contextual Analysis* (Portland; OR: Hart Publishing, 2011), p. 9.

16 Haley and Taylor, "Rule of Law in Japan," pp. 452–53; Goodman, *Rule of Law in Japan*, pp. 18–19.

17 George Akita, *Foundations of Constitutional Government in Modern Japan, 1868–1900* (Cambridge, MA: Harvard University Press, 1967), pp. 59–64.

18 Duus, *Rise of Modern Japan*, pp. 114–15; Lawrence W. Beer and John M. Maki, *From Imperial Myth to Democracy: Japan's Two Constitutions, 1889–2002* (Boulder: University Press of Colorado, 2002), pp. 17–18, 24–29; Matsui, *The Constitution of Japan*, pp. 9–11.

19 譯注：日本樞密院是直接向天皇負責的顧問機構，原是顧問體制，並沒有實際權力，但像伊藤博文、山縣有朋等實權派元老，往往都能以顧問身分左右日本的政治。

20 Tetsuo Najita, *Hara Kei in the Politics of Compromise 1905–1915* (Cambridge, MA: Harvard University Press, 1967); Akita, Foundations of Constitutional Government, pp. 159–61; Duus, *Rise of Modern Japan*, pp. 114–15; Matsui, *Constitution of Japan*, pp. 9–11; McClain, *Japan*, pp. 184–87.

21 Stephen Vlastos, "Opposition Movements in Early Meji, 1868–1885," in Marius B. Jansen, ed., *The Emergence of Meiji Japan* (New York: Cambridge University Press, 1995).

22 Akita, *Foundations of Constitutional Government*, pp. 2–3.

23 一八九四年簽訂的《英日通商條約》，規定治外法權在五年內廢除；其他西方列強也在一八九七年跟隨。參見Goodman, *Rule of Law in Japan*, p. 19.

24 Barrington Moore Jr., *Social Origins of Dictatorship and Democracy* (Boston: Beacon Press, 1966), pp. 433–52.

25 參見Fukuyama, *Trust*, pp. 83–95.

26 Moore, *Social origins of Dictatorship*, pp. 254–75.

27 這個論點來自Theda Skocpol, "A Critical Review of Barrington Moore's Social Origins of Dictatorship and Democracy," *Politics & Society* 4 (1973): 1–34. 鄉下的租佃制度是式微的，中小型農場則在一九二〇年代穩定增加。參見Duus, *Rise of Modern Japan*, pp. 182–85.

28 McClain, *Japan*, pp. 345–56; Andrew Gordon, *Labor and Imperial Democracy in Prewar Japan* (Berkeley: University of California Press, 1991), pp. 1–10.

29 Duus, *Rise of Modern Japan*, pp. 206–19;《華盛頓海軍條約》的作用，參見James B. Crowley, *Japan's Quest for Autonomy: National Security and Foreign Policy, 1930–1938* (Prince ton: Prince ton University Press, 1966).

30 McClain, *Japan*, p. 410.

31 Beer and Maki, *Imperial Myth*, pp. 58–59, 68–69.

32 同前注，頁八一至八七; Theodore McNelly, *The Origins of Japan's Democratic Constitution* (Lanham, MD: University Press of America, 2000), pp. 1–14.

33 西洛塔在日本成長，要求包括日本女性主義者如Sato Shizue等人提出的婦女權利。參見Beer and Maki, *Imperial Myth*, p. 87.

34 譯注：經連會是日本式的企業組織，keiretsu為日文漢字「系列」的發音。是一種將銀行、廠商、供應商、發行者與日本政府連結在一起的複雜關係網。

35 這方面的資料可參見Eleanor M. Hadley, *Memoir of a Trustbuster: A Lifelong Adventure with Japan* (Honolulu: University of Hawai 'I Press, 2003). 另參見Fukuyama, *Trust*, pp. 195–207.

36 Frank Upham, "Mythmaking in the Rule-of-Law Orthodoxy," in Carothers, *Promoting the Rule of Law Abroad*; 另參見Upham's *Law and Social Change in Postwar Japan* (Cambridge, MA: Harvard University Press, 1987).

37 Janis Mimura, *Planning for Empire: Reform Bureaucrats and the Japanese Wartime State* (Ithaca, NY: Cornell University Press, 2011).

38 編注：民主黨已於二〇一六年與維新黨合併為民進黨（The Democratic Party, DP）。參見https://web.archive.org/web/20160222182547/http://www.fnn-news.com/news/headlines/articles/CONN00317003.html; http://nihonseiji.com/parties/minshin

39 Akita, *Foundations of Constitutional Government*, pp. 162–63.

第二十四章 中國邁向法治的奮鬥

為什麼中國的政府比法律先出現；依法而治的中國王朝；現代中國立憲的開始；毛澤東與沒有法律的政權；在當代中國重新建立以法律為基礎的行為體系。

日本的制度終究是來自中國。在中國，一個擁有很多符合韋伯現代政府特徵的中央集權政府，早在西元前二二一年的秦朝就存在了，並且在西漢時期（西元前二〇六到九年）更加鞏固。中國建立一個以能力為選才標準的集權政府，從事人口登記、徵收一致的稅制、控制軍隊以及管理社會，大約十八個世紀之後，歐洲才出現類似的政府。[1]

由於中國的現代國家機器發展成熟的時間較早，於是可以阻擋強大的社會參與力量的出現，就沒有人可以挑戰其主導地位。反觀歐洲，擁有悠久血統的貴族、獨立的商業城市、從天主教教會到各式各樣的新教教派等宗教團體，都有各自獨立的權力基礎，能約束政府的力量。中國雖然也有類似的團體，但一開始就受到政府刻意壓制，力量也比較薄弱。因此中國有貴族統治，但不如歐洲在各自的領土內行使統治權的程度；佛教與道教亦受到嚴密管控；城市也比較像易北河以東的歐洲行政中心，不像西歐能自我治理的獨立都會。更重要的是因為之前提過的地理因素，任何歐洲政府想要集中權力並建立帝國，就會馬上遇到鄰國的抵抗。這些鄰國會傾國家之力與侵略的部隊作戰，也很樂意支持這些帝國內部的反對派，因此歐洲的權力在政府與政府層級分散的程度遠高於中國。歐洲直到二十世紀中葉，全部的政府數目降低到大約十二個，才達到中國在戰國時代中期（西元前四七五到二二一年）就已經達到的程度。也許歐洲聯盟有一天會完成中國在秦朝一開始就達成的統一成就，但到現在都沒發生，這反映出歐洲與中國在國家與社會的均勢上有多大的差異。

歐洲殖民列強遇到的中國，當時正受到清朝的統治（一六四四到一九一一年），這是一個來自滿州的異族，而中國的王朝時期也即將結束。清朝的第一個皇帝順治，直接接收明朝的制度，並沿用明朝的前朝遺老管理既有的行政機關。[2]在這些年，中國的農業經濟與大約十六個世紀前的漢朝沒有太大不同。十七世紀開始，大範圍的商業經濟開始起飛時，這一切就產生大幅的變化。和歐洲與鄂圖曼帝國一樣，中國從十七世紀以來就遇到物價上漲與人口快速增加的狀況。[3]英國、葡萄牙與荷蘭商人開始在中國南方港口出現，並把中國推向更大的全球貿易體系。接著出現更大規模與更獨立的商業階級，中國商人成為資本的來源，而且相對於政府也能適度地增加自主性。到了十九世紀末，小中產階級開始在中國的城市出現，其中很多人是一九一一年結束王朝時代的中國革命領導人。

歷史學家彭慕蘭（Kenneth Pomeranz）認為，在十八世紀中期，歐洲的技術與制度對中國並沒有顯著的優勢。依他的觀點，英國後來在工業革命中突飛猛進，主要是取得充足的煤礦以及國外供應的原物料，例如棉花。[4]然而，工業革命並不只是特定資源投入的結果，還包括幾個關鍵制度的整合，例如：能把觀察到的事實引出通論的科學、讓知識能應用在解決實際問題的技術、為技術創新提供誘因的產權制度、對外在世界有相當程度的文化好奇心、愈來愈集中訓練科學與技術領域的教育制度，以及最後讓這些事同時發生的政治制度，也是因為這樣的政治制度才鼓勵這些因素齊頭並進。中國也許也有其中幾項，但缺乏能把所有事整合起來的「系統整合」能力。這些系統整合能力，終究還是必須由掌權者提供。後來的日本很快就證明，以及當代中國現在也在證實，並沒有文化上的理由讓亞洲社會無法進行整合。但整合並未在十九世紀僵化又保守的中國發生。[5]

清末時期已經擁有兩千年悠久的國家機器傳統，不至於像非洲面臨全面被殖民的命運。但是在十九世紀深陷政府的例行公事與僵化形式中，阻礙中國正確因應歐洲列強帶來的競爭壓力。一八三九年第一次鴉片戰爭時，清廷一開始禁止鴉片進口，但英國以武力脅迫，中國只好開港，從此開始了中國的「百年國恥」。一八四三年的《南京條約》，割讓香港給英國，並提供外國人治外法權，後來又接著對法國、美國與其他西方列強讓步。二十世紀交替之際，民族主義分子義和團想驅逐外國勢力（西方稱為「拳亂」〔Boxer Rebellion〕），但被八國聯軍打敗，中國被迫要付戰爭賠償給各國。接著，日本在一八九五年中日戰爭中打敗中國，中國割讓臺灣並失去藩屬國韓國，並於一九三〇年代逐漸被日本占領。[6]

中國在二十世紀初的混亂與落後，讓西方人認為中國社會一直是混亂而貧窮的。但是西方人看到的只是一個陌生與衰敗的王朝，並沒反映出過去歷代曾有的強盛。中國在二十世紀下半葉的崛起，比較能反映出年輕而有活力的王朝的能耐。在這個混亂的局勢中，中國的中央政府以及中國傳統的集權統治都沒消失。雖然在二十世紀初期中斷了一陣子，但是王朝時代的中國，和今天中國共產黨統治的政體之間仍有很強的延續性。

因此就像現在，中國政治的問題從來不是如何集中與部署國家權力，而是如何透過法律與民主問責去約束國家權力。日本已經在一九四〇年代晚期完成政府、法治與問責之間的平衡，但在中國只達成部分的成就。在毛澤東期間，實際上並沒有所謂的法律，整個國家其實是個獨裁專制的君主統治。一九七八年鄧小平開始改革以來，中國才開始慢慢朝向更有法律的政治制度前進。但是法治還談不上穩固，而中國政權的永續性也高度取決於法治是否成為二十一世紀政治發展的主軸。

中國法律的本質

中國是一個從未發展出真正法治的世界文明。在古代的以色列、西方的基督教國家、穆斯林世界與印度，法律源自於超出人類世俗經驗的宗教，並且是由一群科層式的宗教學者與法官來詮釋與執行。維護法律的人都是一群和政治權威不同的社會團體，例如猶太法官、婆羅門、天主教神父與主教、穆斯林的烏里瑪。所以，法律／宗教體系與政治體系制度上的區隔，以及法律體系和政治體系各自是團結還是分裂的程度，會影響法律能約束獨裁統治者權力的程度。這種區隔在西歐是最顯著的，十一世紀末發生敘任權衝突之後，天主教教會得以指派自己的神父與主教。因此，歐洲的法治在現代政府形成很久之前就完備了，但是法律對政府的權力設限，在中國卻是前所未聞的事。

中國從來不曾出現過一個超出人類世俗經驗的宗教，也從不認為法律有神性的淵源，法律被認為是一種人為的工具，政府只是用它來行使權威與維護公共秩序。這意味著中國就像日本，是依法而治，而不是法治。法律並未限制或束縛統治者本人，他才是終極的法律來源。即使法律可以公平執行，也不是因為公民擁有任何天賦人權。法律比較像是仁慈的統治者所賜與的禮物。公平執法只是良好公共秩序的條件，產權與私法並未著墨太多，例如合約、侵權，或其他不牽涉到政府的民間關係議題，也是這個原因。這和西方的共同法（習慣法）與羅馬民法傳統形成極大的反差。[7]

在中國文化傳統中非常敵視法律的觀念。儒家認為，規範人們生活的基準應該是道德，不應該是正式的成文法律。這個觀念以「禮」的教化或正確的道德行為為核心，並強調透過教育與良好的教養達成教化。儒家認為，依賴成文法律或「法」的規定是有害處的，因為正式的法律太明確也太具普遍性，但在特定案例上無法產生好的結果。所以，儒家的道德規範在實際應用時會高度依據條件與環境，當事人的關係與地位、某件事情的具體事實，以及不可能事先得知或具體說明的情形，都會高度影響調解或裁決結果的好壞。好結果不是因為適用公平的法律，而是來自能權衡當地環境的賢人或上位者。因此，在這種制度的最頂端擁有一位良君，是這個制度能妥善運作的條件。[8]

古代中國的法家觀點和儒家差異極大，他們非常支持成文的法律。儒家把人性看成本質上是良善的，也是可以教化的；但法家認為人性自私，也容易脫序，規範人的行為不能靠道德，而必須靠嚴厲的外在誘因，特別是對違法行為要處以極為嚴酷的處罰。以某位歷史學家的話來說，法家認為政府必須「對全部的人公告法律，並從上到下公平適用，不管他的關係或階級，」並且，「法律是政府穩定的基礎，因為法律是固定的，也是大家都知道的，因此是衡量個人行為的有用工具。」相反的，「以禮為基礎的政府就無法做到這一點，因為禮是不成文的，且不具普遍性，會受到主觀武斷解釋的影響。」[9]從很多角度來看，法家比較接近現代西方對法律的理解：具有普遍性，且事先清楚說明，也很公平，還有人類的行為主要是由誘因而不是道德規範決定。如果說，西方的傳統是想透過法律來約束政府的自主性，中國的傳統則是想透過更彈性的道德制度，來極大化政府的自主性。[10]

雖然西元前二世紀漢朝開始以後，法家學說就式微了，但是後來的中國政府一直都是儒家與法家的混合體。中國的主要法典是在漢、唐、明與清朝期間公布，內容大部分都是列出一系列對違法行為的罰則，明顯延續了法家的精神；但同時又根據儒家的精神，在適用法律時，也會根據環境而做出不同的處理結果。[11]比起西方，成文法規範中國社會行為的作用較小，因為很多糾紛的排解是根據家族、親屬或村民之間約定俗成的習慣（也就是不成文的原則），而不是透過法院制度的裁定。在中國社會中，正式的訴訟是會遭到非議的；法官也不像以色列、中東、印度與歐洲一樣，並不是一個獨立、地位高尚的團體，只是另一群官僚而已，並沒有自己獨立的訓練制度與指導原則。在歐洲，中世紀的第一批文官是從律師中招募，律師在之後的歷史事件，例如法國大革命，也扮演核心的政治角色。在中國，根本看不到這種情形。[12]

中國的立憲

和日本明治時期的統治者相比，面對西方挑戰時，統治清朝的滿族採取的反應行動實在晚了太多拍。為了回應西方對傳統中國法律的批評，特別是殘酷的刑罰，中國直到一九〇二年才由沈家本組成修訂《大清律例》的建議委員會。

中國改革者會這樣做的理由和日本一樣，他們也害怕自己在軍事與政治上的孱弱，是來自於傳統制度的缺陷。他們也和很多當代開發中國家面對國際貨幣基金時一樣理解到，必須和西方的標準做法一致，才能得到相等地位的對待。委員會的成員因此展開日本、歐洲與美國之行，以研究另外的憲法模式，到了一九一一年，他們已經草擬出大幅修訂的版本，其中包含有關商業法、程序與司法組織的新規定。中國也和日本一樣否決了共同法，採用民法傳統；在修訂刑法時完整借用德國的很多相關法律。另外，由於日本在前十年已經成功扭轉了不平等條約，中國也複製很多日本的方法。兩位日本法學者岡田朝太郎與松岡義正（Matsuoka Yoshitada），還在一九〇六年於北京成立第一所現代法學院。但是改革引起保守派很大的反彈，他們對於新的法律觀念影響到傳統家庭的變化感到特別憤怒。[13]

中國的舊政權提出一個九年計畫，根據整套移植來的《明治憲法》（但減少對皇帝權力的限制），以君主立憲制度取代舊的皇帝制度。但是，不管是修訂過的法典或憲法提案，舊政權都還沒來得及實施，就在一九一一年爆發武裝革命。最後一分鐘才發布的《憲法重大信條十九條》，力道太小也太晚，無法挽救這個政權，隔年就被人民組成的共和國取代了。[14]接下來的軍閥割據與內戰期間，不同的政治勢力以實施憲法來彰顯自己的正當性，但很少真正在限制權力上發揮作用。[15]

一九一一年爆發革命之後，領導中國人起義的主要人物是孫文，他也是民族主義運動的領導人。雖然受到林肯與法國大革命的啟發，但他成立的國民黨卻是列寧主義與威權的政黨。一九二七年，國民黨與共產黨分道揚鑣，在蔣介石領導下，國民黨頒布一部基本的法律，作為中華民國的暫時憲法。這個法強化國民黨在訓政期間的一黨統治，直到一九四六年實施《中華民國憲法》時，這段期間才正式結束。一九四九年，共產黨打敗國民黨，國民黨撤退到臺灣，國民黨藉由「動員戡亂時期」的緊急權力維持獨裁統治。直到一九九一年，動員戡亂時期結束，廢除《戒嚴法》，臺灣才迎來真正的立憲政府。[16]

雖然中國在二十世紀初期推出的憲法，大部分沒有太大的意義，但是國民黨在一九二九到一九三〇年公布的民法修訂版卻不可等同視之，其中有一部分仍被保留在中華人民共和國的當代法律中。國民黨這次修法主要有三大部分，有些延續自一九一一年《大清律例》的修訂建議版。其中第一個改變，是把《大清律例》中的刑罰與褫奪公權部分，轉變成承認公民權利與義務。這是歷史上第一次，中國人民不是被視為國家權力的子民，而是擁有實際應得的法律權利的人。第二個改變是經濟上的，《大清律例》把財產權設定在世系或父系的親屬中，轉讓權利也嚴格限定在家族成員的義務關係；但國民黨的法律則承認財產權屬於個人，也可以自由轉讓。過去在《大清律例》中，有關合約與侵權等整個私法領域，一直被當成不重要的「小事」，終於能開始發揮作用。最後它也挑戰父系家屬的法律地位，讓婦女擁有繼承財產的完整權利以及在法院中爭取權利的能力。這是中國的法律改革勝過日本的地方。[17]

毛澤東對法律的破壞

中國共產黨在一九四九年掌權，並奪回外國占領的中國大陸國土，恢復集權政府的統治權。毛澤東在這時候得到「偉大舵手」的崇高地位，讓他有能力進行個人的獨裁統治，而且極端到完全揚棄法律的形式。雖然在理論上，王朝時代的中國皇帝是至高無上的統治者，但他們的權力受制於文官體系以及大量的法律、程序與儀式。我們必須回頭去看西元前三世紀統一中國的秦始皇，或七世紀唐朝「邪惡的女皇武則天」的武曌，或十四世紀明朝的第一個皇帝朱元璋，才能找到毛澤東運用權力的先例。毛澤東極度推崇商鞅，他是秦朝獨裁政府的法家智囊，毛澤東把他當成集權主義的前輩，也就不令人意外了。[18]

毛澤東上臺的第一件事，就是一舉廢除所有國民黨政府發展出來的法律。法律是被集權恐怖統治用來打擊中國共產黨作為「階級敵人」的武器。一九五二到一九五三年，法律本身成為整肅的目標，在前國民政府期間受過法律訓練的法官與職員全部被換掉，由政黨核心幹部取代。刑法被用來對付他們認為的敵人，警察運作完全獨立於司法系統，還設置大量的居留營，並攻擊「地主」、「反革命分子」與「富農」。在一個私人產權正在被消滅的國家，民法實質上是不存在的。就像總理周恩來在一九五八年解釋的：「我們無產階級為什麼應該被法律限制？……我們的法律應該隨著經濟基礎的改變而進步。制度、法律與規則，都不應該固定不變。我們不應該害怕改變。我們提倡的是不間斷的革命，法律也應該服務持續革命的需求……今天立法，明天就改變，這是沒有關係的。」[19]毛澤東本人則堅持「（我們必須）堅持人治，而不是法治」。

當然，沒有任何社會可以完全不需要法律，中國共產黨在一九五〇年代想要穩定與擴張經濟時，也開始引進蘇聯制度建立自己的法律體系。但是這個過程因為一九五七年的反右運動，以及一九五八年的大躍進而快速叫停。大躍進完全是受到意識形態驅動的行動，目標是動員大眾支持工業化，但結果卻引來一場大饑荒，估計有三千六百萬人餓死。[20]在這場大災難之後，一九六〇年代初期又開始短暫地努力建立法律制度，但又在一九六六到一九七六年毛澤東發動的文化大革命時結束。毛澤東的文革終結了所有以法律為基礎的治理制度，也破壞了政府的運作機能，並危及共產黨本身，很像史達林在一九三〇年代期間對蘇聯共產黨的清算。[21]

一九七八年之後的依法而治

如果不了解歷經文化大革命的人的心靈創傷，就無法了解毛澤東死後的中國，以及一九七八年開始的改革意義。從文革期間存活下來的共產黨菁英，在二十世紀最偉大的政治人物之一鄧小平的領導中下定決心，毛澤東式的個人獨裁統治絕對不能再發生。因此，隨後展開的政治改革以一系列緩慢的法律建設為核心，以防堵未來任何擁有個人魅力的領導人崛起的能力，避免發生像毛澤東動搖整個中國社會的災難。另外，法律被視為一種治理機制，共產黨可藉以引導與監控大眾對政府的不滿。因此毛澤東死後將近四十年，中國已經變成一個非常依法治理，而且傳統上非常官僚的社會。

但是中國還不是受法治管理的社會。雖然中國共產黨高層領導人已經同意以法律規範彼此之間的關係，但他們仍然不明白，法律本身應該擁有高於政黨的至高地位。從中國建國以來的憲法演變，就可以看到共產黨建立真正法治的失敗之處。

所有共產黨國家在實施正式的憲法時，都是追隨前蘇聯的領導，但是從約束政治權力的角度來看，這些憲法根本是一堆廢紙。中國在一九五四年實施第一部憲法，其中明文寫出來自中國共產黨一九四九年《共同綱領》中的社會主義原則，並從蘇聯憲法引進很多條文。在這份文件中提到的逐步實施「社會轉型」，後來被一九七五年文革期間起草的更左派的憲法否決，這部憲法公開主張共產黨的獨裁統治高於國家機器。

從毛澤東在一九七六年過世，加上四人幫垮臺以來，一九七八、一九八二、一九八八、一九九三、一九九九以及二〇〇四年，一直有新的憲法或重要的憲法修正案頒布。這些修正案反映出政治上向右轉向並朝市場經濟開放。舉例來說，一九八二年的憲法第十八條，提供外國投資與保障的基礎，一九八八年修訂版則用「社會主義的市場經濟」取代「計畫經濟」，並且用「國營企業」取代「國有企業」。較新的版本也把某些權力從政黨轉移到政府，反映出政府在經濟管理上有更重要的角色。

但是這些憲法條文比較像由黨決定的新政策宣示，而不是可以管理政黨行為的正式法律制度。當代中國的憲法建立在兩個可能互相矛盾的原則。一方面，鄧小平在一九七八年確立「民主必須被制度化並寫進法條裡，以確保在領導人換人或領導人改變想法時，制度與法律不會改變」。[22]中國憲法規定民選的全國人民代表大會（譯注：簡稱人代會、人大）是國家最高權力機關，另外還有較低政府層級的人民會議。憲法進一步指出，共產黨必須在憲法的條文與法律下運作。中國學者李侃如提到，一九七八年後數十年，人代會在政策審議上扮演更重要的角色，並在與政黨權力無關的領域已經通過「非常重要的正式法律條文」。這和毛澤東時代實際上是沒有法律的國家極為不同。[23]

另一方面，憲法也明文指出四項基本原則，堅持政治制度必須由共產黨領導，但在實務上，共產黨則嚴格掌控政府與立法。除了共產黨，沒有人有修訂憲法的權力，所有的憲法條文在人代會中都很少進行討論就通過了。二〇〇四年之前的憲法修訂版，共產黨曾經開放給學者與其他評論家討論，但很快就結束公開討論的程序，最後的變更內容基本上還是交由扮演橡皮圖章功能的人代會批准。共產黨的運作很顯然是在法律之上，而不是法律之下。與王朝時期的中國一樣，法律仍是統治的工具，而不是正當性的來源。[24]

法律的普及

中國從一九七八年開始改革以來，正式與非正式的法律都有長足發展，清楚說明與限制較低政府層級的行為。不只通過正式法律的數量增加，實際根據法律做決策的程度也提高了，這是依法而治的一個衡量指標。根據法律做決策以及受到法律約束的情形愈來愈普遍，尤其是在兩個領域可以看得很明顯：財產權與共產黨高層領導人的升遷與繼任規則。

鄧小平時代開始改革時，中國面臨極大的法律真空局面，尤其是在私法或民法領域。為了鼓勵經濟成長與市場經濟，有關合約、合資、土地使用、保險、仲裁等新法快速增加。但是當代中國的法律來源其實非常多樣化，根據不相干的需求而個別實施，不像日本在一八九〇年代採納德國法典時是實施整個制度。例如《刑法》，仍然採用中國初期引進的蘇聯法律。一九八六年，人代會正式批准從德國民法衍生的《民法總則》。這是參考日本一開始改編的德國民法，以及國民黨政府在一九三〇年代通過的版本。雖然國民黨的法律在一九四九年被正式取消，但陳健夫指出：「國民黨的民法……一直是中國發展民法與民法科學的基礎。」[25]

中國從大陸法系的民法傳統繼受的法律中，包括了公民個人可以在行政法庭控告政府非法行為的權力。一九八九年，人代會通過《行政訴訟法》，立下政府的決策可以被上訴或挑戰的規則。共產黨把這視為約束低階政府的好方法，而且自從《民法總則》通過後數十年，這類訴訟案件穩定增加中。不過，這種訴訟的成功率很低。一九九〇年代的一個研究發現，即使在最先進的省分，原告打贏政府的官司只有大約百分之十六，而且民眾可以告政府，但絕對不可以告共產黨。[26]

由於《民法總則》的最終來源仍是西方，讓中國終於有了和西方私法相當的民法。它承認在一大塊範圍中，獨立的法律行為人可以取得財產、簽訂合約、轉讓財產，並在法院制度中保護自己的權利。但這項改革也面臨反對意見的挑戰，反對意見主要來自共產黨的理論家，他們反對財產所有權被除了「全體人民」（也就是國家）以外的任何人擁有，所以提出可以被買賣、抵押、轉讓的使用權，這樣一來，國家仍然擁有正式的所有權。因此，即使中國的房地產市場蓬勃發展，但其實沒有任何人「擁有」一間公寓或房子，他擁有的只是一種使用期限七十年的租約，還必須付土地使用費。[27]另外，規範合約的法律只是想讓個人權利與最終的國家權力一致。而且合約並沒有完全的自由度，因為共產黨仍然允許由國家「管理」合約，或是在沒有清楚定義的不可抗力的條件下，甚至可以把合約完全廢除。[28]

因此，一九八六年的《民法總則》一直不是一部完整的民法，比較是像一般原則的宣示，只能留待後來的特別法來填補空白。另外，民法在很多方面也修訂得更符合意識形態或政治的標準。例如德國與國民黨的民法中，清楚區分行為人有「自然人」與「法人」兩種，《民法總則》廢除了自然人，並用公民權的概念取代。這個看似不重要的地方，卻成為中國與西方法律概念的重要差異，西方把自然人當成獨立於國家行為、擁有權利與義務的人；但在中國，公民權是國家授與個人的權力。[29]當代中國的法律因此延續的是傳統清朝的做法，不承認獨立的個人權利範圍，並且把財產權視為國家仁慈恩賜給個人的東西。[30]實際上，國家可以在任何時間為了自己的目的合法取回財產。有時候，政府會試著提升法治與公民意識，把它當成化解不滿的手段，但中國一般公民卻因此對合法權利發展出更強的意識與期待，又因為政府執法高度缺乏一致性，人民對法律的不信任也因此提高。[31]

因此雖然當代中國逐漸加強依法治理的作為，但並沒有西方的財產權與合約執行機制。在理論上，政府不承認私人擁有權的原則，因此也沒有建立以保護私人產權為職責的法律制度。改革開始之後的三十年間，中國的法律、法院、訴訟、仲裁與一大堆法律或準法律的活動，如雨後春筍般湧現，但是司法制度仍然沒有歐洲、美國與日本法院的名望與獨立地位。在中國營運的西方企業面對的是很複雜的情勢，關於外國投資一直有清楚的法律，但是很多外國人發現，他們的中方夥伴並沒有把合約當成必須執行的法律文件，而是當成個人關係的象徵。尤其是和有力且政治關係良好的公司，例如國有企業打交道時，外國人的權利通常無法得到保障。[32]

換句話說，財產權的保護以及合約履行的程度，基本上仍然是政治而不是法律問題。中國共產黨現在也開始保護大部分的財產權，因為它認為這樣做符合自身的利益。但是如果共產黨決定破壞財產權，除了靠內部的政治管控，並不受任何法律的約束。很多農民的土地受到當地市政府與開發商的覬覦，不是想蓋成商業大樓、密集的住宅區、購物中心，就是變成公共基礎建設，例如道路、水壩或政府辦公室。開發商有很強烈的動機與當地貪汙的公務人員合作，從農民與都市房屋所有人手中非法奪走土地，這可能是當代中國社會不滿的最大單一事由。[33]

除了財產權與合約問題，大幅增加的法律規範領域是有關任職次數限制、退休與領導高層招聘與升遷的程序。世界其他地方的威權國家最大的問題是，在一段適當的時間後，領導人不願意自己下臺，同時也缺乏制度化的方法決定繼任者。[34]不管是威權還是民主國家，我已經提過很多漠南非洲總統的任期長度。阿拉伯之春的驅動力之一，就是突尼西亞的阿里、埃及的穆巴拉克與利比亞的格達費，對權力緊握不放個別長達二十三、三十或四十一年。如果這些領導人曾經設置接班制度，並在八或十年任期之後期滿下臺，也許能為國家留下更正面的資產，也可能不會在革命起義中被轟下臺。

中國的威權統治能保持穩定與正當性的一個因素，就是中國共產黨有這樣的接班制度。中國憲法明確指出，高階領導人任期最長十年，從鄧小平退休以來，已經在二〇〇二年與二〇一二年的第十六次與第十八次黨代表大會，進行兩次十年周期的領導接班安排。[35]另外還有其他正式的規定，例如有一條就明確規定，任何人超過六十七歲，就不能成為共產黨政治局常務委員會的候選人。共產黨中的較低階黨員，也有強制退休的規定。雖然層峰領導人接班的實際運作仍然非常模糊，至少對領導人的交接有制度化的程序。[36]

這些規則都是中國歷經毛澤東大躍進與文化大革命的折磨之後的產物。這和史達林的蘇聯時期一樣，政黨高階領導人團隊也對魅力型領導人不受制衡的獨裁統治感到苦惱，他們後來形成的很多法律，都是為了防止另一個這樣的領導人出現。關於二〇一二年重慶黨書記薄熙來被革職的猜測之一，就是他想利用民粹式的訴求與對毛澤東的懷舊之情成為中央政治局的成員，建立這種魅力型權力基礎，所以務必加以剷除。

薄熙來事件說明了當代中國制度中依法決策的優點與缺點。一方面，有很多關於繼任、升遷與有志成為領導人可以接受的政治行為，正式與非正式的規定。另一方面，這些規定對政治權力做不到真正的憲政約束。這反映出現任共產黨菁英一種集體領導的共識，尤其是那些年紀夠大到經歷過文革的人，但同樣一群領導人也可以在當場通知的情況下，一起改變這些規定。

在拉丁美洲的自由民主國家中，民選總統一直想要在位子上超過憲法明文規定的任期限制。有些人想透過修改憲法達成連任的目的，例如阿根廷的梅內姆與厄瓜多的柯雷亞（Rafael Correa）。但由於這個規則是在更強大的法治制度下，這種嘗試通常在政治上代價很高，也不一定會成功。例如梅內姆最後並沒有成功增加到第三任總統任期，哥倫比亞的烏里韋（Álvaro Uribe）也是透過修憲想要繼續爭取第三任，但遭到獨立的最高法院駁回。對影響中國領導人接班的這些規定，尚未受到正式法律規範的約束，因此法律對權力尚未能制衡。

因此在中國，建立能約束政治權力的法治制度，很大部分仍在進行中。但是法治的先例已經有了，更堅定地遵守憲法規定是下一步改革明顯要做的事。[37]基於這個理由，中國現任領導人習近平對憲政主義原則的破壞，是一種高度的倒退行為。

注釋

1 相關故事參見本書上卷第七及第八章。

2 參見Frederic Wakeman Jr., *The Great Enterprise: The Manchu Reconstruction of Imperial Order in Seventeenth-Century China*. 2 vols. (Berkeley: University of California Press, 1985), 1:414–24, 2:1006–16; Evelyn S. Rawski, *The Last Emperors: A Social History of Qing Imperial Institutions* (Berkeley: University of California Press, 1998). 編注：*The Great Enterprise*中文版《洪業：滿清外來政權如何君臨中國》（上中下冊）由時英出版，二〇〇三年十一月三十日；*The Last Emperors*中文版《最後的皇族：滿洲統治者視角下的清宮廷》（精裝）由八旗出版，二〇一七年一月十一日。

3 Jack A. Goldstone, *Revolution and Rebellion in the Early Modern World* (Berkeley: University of California Press, 1991), pp. 355–62.

4 Kenneth Pomeranz, *The Great Divergence: Europe, China, and the Making of the Modern World Economy* (Princeton: Princeton University Press, 2000), pp. 16–25. 另參見Jean-Laurent Rosenthal and R. Bin Wong, *Before and Beyond Divergence:The Politics of Economic Change in China and Europe* (Cambridge, MA:Harvard University Press, 2011). 編注：*The Great Divergence*中文版《大分流：現代世界經濟的形成，中國與歐洲為何走上不同道路？》（新版）由衛城出版，二〇一九年七月三日。

5 中國在一五〇〇到一八〇〇年的知識與社會停滯，還有另一本更早的文獻到今天都還很有用。參見 Joseph Needham, *Science and Civilisation in China. Vol. 1: Introductory Orientations* (New York: Cambridge University Press, 1954); 早期的現代歐洲與西方的比較，參見Morris, *Why the West Rules—For Now*, pp. 481–507.

6 清末與革命的完整描述，參見John King. Fairbank, *The Great Chinese Revolution, 1800–1985* (New York: Harper, 1986).

7 Derk Bodde and Clarence Morris, *Law in Imperial China, Exemplified by 190 Ch'ing Dynasty Cases* (Cambridge, MA:

Harvard University Press, 1967), pp. 4, 8.

8 Bodde and Morris, *Law in Imperial China*, pp. 19–23; Stanley B. Lubman, *Bird in a Cage: Legal Reform in China after Mao* (Stanford, CA: Stanford University Press, 1999), pp. 13–14.

9 Bodde and Morris, *Law in Imperial China*, pp. 23–27.

10 儒家觀點在西方並不陌生，柏拉圖在《理想國》中設計公正的城市時，也不主張正式的法律或程序，而是主張守護階級的教育，這樣他們才能公正治理事務。

11 前現代時期的中國法典，參見Bodde and Morris, *Law in Imperial China*, pp. 55–57.

12 同前註，頁三至六；Lubman, *Bird in a Cage*, pp. 23–29.

13 Philip C. C. Huang, ed., *Code, Custom, and Legal Practice in China: The Qing and the Republic Compared* (Stanford, CA: Stanford University Press, 2001), p. 33; Jianfu Chen, *Chinese Law: Context and Transformation* (Boston: Martinus Nijhoff, 2008), p. 29.

14 Chen, *Chinese Law: Context*, pp. 23–28; Huang, *Code, Custom, and Legal Practice*, pp. 15–18.

15 中國歷史上的分裂與立憲政體的失敗，參見Andrew J. Nathan, *Peking Politics, 1918–1923: Factionalism and the Failure of Constitutionalism* (Ann Arbor, MI: Center for Chinese Studies,1998), pp. 4–26.

16 Chen, *Chinese Law*, pp. 80–85. 關於中國民法的延續性，參見Kathryn Bernhardt and Philip C. C. Huang, eds., *Civil Law in Qing and Republican China* (Stanford, CA: Stanford University Press, 1994).

17 Huang, *Code, Custom, and Legal Practice*, pp. 50–62. 在歐洲，天主教教會決定犧牲父系親屬權利並同意婦女繼承權的時間發生在中世紀初，這也造成歐洲大家族的解體。在中國，很多地方直到今天仍有以世系為主的大家庭存在，這是在二十世紀三〇年代發生的重大成就。參見本書上卷第十七章。

18 毛澤東時代有關儒家與法家的相關討論，參見Li Yu-ning, *Shang Yang's Reforms and State Control in China* (White Plains, NY: M. E. Sharpe, 1977).

19 引自Chen, *Chinese Law: Context*, p. 49. 另參見Lubman, *Bird in a Cage*, pp. 72–74.

20 Yang Jisheng, *Tombstone: The Great Chinese Famine, 1958–1962* (New York: Farrar, Straus and Giroux, 2012).

21 Chen, *Chinese Law: Context*, p. 41.

22 引自Lubman, *Bird in a Cage*, p. 124.

23 Kenneth Lieberthal, *Governing China: From Revolution to Reform*, 2nd ed. (New York: Norton, 2004), pp. 176–77.

24 Chen, *Chinese Law: Context*, pp. 70–83.

25 Jianfu Chen, *Chinese Law: Towards an Understanding of Chinese Law, Its Nature and Development* (Boston: Kluwer Law International, 1999), p. 220; Lubman, *Bird in a Cage*, p. 178.

26 Minxin Pei, "Citizens v. Mandarins: Administrative Litigation in China," *China Quarterly* 152 (1997): 832–62; Kevin J. O'Brien and Lianjiang Li, "Suing the State: Administrative Litigation in Rural China," *China Journal* 51 (2004): 75–96;Lubman, *Bird in a Cage*, pp. 212–14.

27 Chen, *Chinese Law: Towards an Understanding*, pp. 237–42, 337–38; Lubman, *Bird in a Cage*, pp. 178–80; Chen, *Chinese Law: Context*, pp. 374–78. 人代會在二〇〇七年通過進一步擴大與修正相關條文的修訂版。

28 第一個適用於外國人與政府的合約，在中國改革初期就有了，目的是要促進外國直接投資。一九九九年推出更全面的《合同法》，增加了損害清算與仲裁程序等規定。

29 Chen, *Chinese Law: Towards an Understanding*, pp. 224–27.

30 參見Franz Schurmann, "Traditional Property Concepts in China," *Far Eastern Quarterly* 15, (no. 4) (1956): 507–16.

31 Kevin J. O'Brien, "Villagers, Elections, and Citizenship in Contemporary China," *Modern China* 27, (no. 4) (2001): 407–35; Mary E. Gallagher, "Mobilizing the Law in China: 'Informed Disenchantment' and the Development of Legal Consciousness," *Law & Society Review* 40, (no. 4) (2006): 783–816.

32 Chen, *Chinese Law: Towards an Understanding*, pp. 341-53.

33 產權問題在土地使用上最明顯。地理學家邢幼田指出，控制土地是中國政府不同部門的權力，尤其是地方政府有經濟上直接的利害關係，想要增加管轄範圍內的都市邊界。土地糾紛的解決也通常不是經由中立的法院制度，而是在政治上經由行政部門考量其經濟成長的利益與社會安定的平衡中決定。從二〇〇〇年代的胡錦濤時代到現在，共產黨非常重視社會安定，這通常意味著對現有的財產擁有人讓步。參見Hsing, *The Great Urban Transformation: Politics of Land and Property in China* (New York: Oxford University Press, 2010); 以及Jean C. Oi and Andrew Walder, eds., *Property Rights and Economic Reform in China* (Stanford, CA: Stanford University Press,1999).

34 很多年以前，就有人提過共產國家無法做出制度化的繼任規則，參見Myron Rush, *How Communist States Change Their Rulers* (Ithaca, NY: Cornell University Press, 1974).

35 編注：二〇一八年三月，人代會通過中國憲法修正草案，取消了國家主席的任期限制。參見https://cn.nytimes.com/china/20180311/china-xi-constitution-term-limits/zh-hant/

36 Lieberthal, Governing China, p. 211; Melanie Manion, *Retirement of Revolutionaries in China: Public Policies, Social Norms, Private Interests* (Princeton, NJ: Princeton University Press, 1993), pp. 3–15.

37 此論點出自Andrew J. Nathan, "China's Constitutionalist Option," *Journal of Democracy* 7, (no. 4) (1996): 43–57.

第二十五章　中國政府的改造

中國主要的歷史遺產一直是高素質的文官體系；中國的黨國組織；中國的文官自主性，以及如何達到文官自主性；「壞皇帝」的問題，以及中國最終還是需要民主問責。

在西漢時代，也就是耶穌基督誕生之前的幾個世紀，中國已有中央集權政府，並擁有韋伯認為與現代文官體制有關的許多特徵。這個政府能做地籍調查與大部分的人口登記；文官們能讀會寫、受過良好教育，並組成能發揮功能的科層組織。文官考試制度一開始就存在，並成為聰明但貧窮的年輕人向上層社會流動的管道。這個文官體制也能對大部分的農民徵收土地稅，並從中招募新兵進入部隊服務。中國政府還制定統一的度量衡標準，以鼓勵商業活動。政府也試著公平執法，例如中央政府官員會在各省輪調，讓他們無法和當地人發展出密切的家庭關係。文官政府謹慎控管軍隊，軍隊通常被派駐前線，很少參與宮廷政治。中國的國家機器有資源也有技術能力進行大型的公共工程，例如修築長城與促進商業的運河系統，還能讓河流改道到缺水的地區。國家強勢到只要它想要就可以高度專制，包括遷移整個族群或沒收菁英的財產。[1]

但是現代國家機器應該做到的事，西漢時期的政府也有很多沒做到，例如提供普遍的教育、醫療與退休金制度，當時的公共財與服務仍比較初階，而且通常沒有深入到內部的鄉下地區。很多知名工程，例如長城與大運河，都是歷經數百年才得以完成。文官考試制度時而出現，時而取消，直到十四世紀的明朝才開始充分發揮功能。另外，中國雖然比其他國家有超前的現代政府，但是並不持久。中央集權的國家在西元第三世紀就瓦解，並在三百年後才重新建立。但在隋唐重建的國家機器，並不是由菁英統治，而是由把持政權的幾個貴族家族主導，因此和現在一樣，政府官員的貪腐是一大問題。接下來的歷史，政治反覆發展與衰敗幾個週期，一直到二十世紀初。

我認為，從一九七八年改革以來的政府和古典的中國政府的共同處，遠超過與它之前的毛澤東政府，或甚至中國想複製的蘇聯政府。當代中國一直在恢復長久的歷史傳統，不管參與其中的人是否知曉。

這個論點在某個程度上似乎很荒謬，因為今天的中國文官並沒有清朝宮廷的繁文縟禮，也不留長辮子；他們讀的不是儒家經典，而是馬克思與列寧主義文集、工程教科書與西方的管理文獻。黨工與政府官員的行為，依然明顯保有毛澤東時代的核心幹部或蘇維埃式的官僚心態。目前很多實務上的制度架構，都是那個時代建立的，例如工作小組（單位）與人口登記制度（戶口）仍然存在。但是如果不看外在形式，而是中國政府的本質，就會發現從過去到現在的延續性非常令人震驚。

一九七八年後中國政府在本質上的改變，至少和發生在經濟政策上的改變一樣大。從中央計畫經濟到更開放與市場化的經濟，如果政府沒有做出相對的改變，根本就不可能發生這麼大幅度的轉變。大部分現代中國的觀察家都專注在經濟政策的改變，卻沒注意到造成這些改變的政治基礎結構。

毛澤東政府式微

國家主席毛澤東統治期間，中國政府第一次完全政治化並附屬於中國共產黨，並在文革期間幾乎完全瓦解，連政黨本身的階層體制也難逃一劫。

本書前面提到的例子，文官體制的政治化通常意味著國家權力由政治人物把持，他們只想利用文官職務達到酬庸目的。這就是美國薩克遜變革之後發生的事，也是希臘與義大利政府在民主化與開放政治競爭時發生的事。

在中國，政府不是被酬庸式政治人物霸占，而是被紀律嚴密的列寧式政黨把持，他們只想把國家當成其意識形態的附屬品。根據布爾什維克模式，列寧式政黨是以一群菁英為核心，在對意識形態的忠誠下組成嚴密的階層組織，而其搭建的群眾基礎則是用來滲透到社會其他部分。文革之前，黨員占中國總人口的百分之二・五；今天則有八千六百萬名黨員，占總人口的百分之六。[2]

政黨的階層組織則複製政府的階層組織，從地方政黨委員會到市級、省級單位，直到國家層級的中央委員會、政治局、政治局常委，以及最後的政黨總書記。政黨透過各種機制控制政府：在高層，政府機關中所有運作中的部會都是由黨員擔任首長，他們都有雙重身分；在地方，每一個都市街坊與鄉下村莊，工作單位都受到政黨幹部監督。中國在一九五〇年代的「蘇維埃」高峰期，政府各部門中，只有中央部會才有較大的自主性。階級愈往下到地方層級，政治控制就愈強。[3]

中國和蘇維埃做法不同的地方，在於文官與軍隊之間的關係。雖然蘇聯紅軍在革命之後的內戰居功厥偉，但軍隊完全附屬於蘇聯共產黨。這種控制形成於一九三〇年代，史達林進行血腥的清算，四分之一到二分之一的軍官都遭到迫害。但在中國，共產黨能取得權力，主要是透過人民解放軍對抗日本與國民黨的長期戰爭。很多共產黨的領導人，例如鄧小平與毛澤東，都是內戰期間知名且成功的將領，因此中國人民解放軍一直擁有比蘇聯軍隊更高的自主性。[4]

在大躍進與文革期間，中國的黨國體制完全脫序。大躍進期間，為了達成毛澤東完全不切實際的工業化目標，共產黨利用政黨機關組織工人與農民，進行軍事化的大眾活動。這種行為破壞了經濟部門的例行運作，並以混亂、由下而上的大眾動員取代，最後造成大饑荒與經濟災難，但共產黨的階層組織至少還保留下來。文革的破壞更嚴重，它不只破壞政府運作，也毀了共產黨。毛澤東會進行文化大革命，部分原因是害怕個人權力衰退，部分則是因為反對階層政府的原則。為了恢復革命最初的熱情，毛澤東繞過所有中間層級，透過各地的革命委員會，把他的個人權威直接與「大眾」連結。各部會首長到辦公室工作時，才發現他們的單位已經被自己的下屬接管。史達林在一九三〇年代是利用由他個人控制的祕密警察清算蘇聯共產黨人，毛澤東則利用革命委員會與由年輕人組成的紅衛兵清算、處決、流放共產黨人。在這段期間，人民解放軍有時候要重整「紀律」，有時候又代表革命委員會。正常情況下扮演政治角色的政黨，本身也被控制與清算。在此同時，所有正常的政府運作全部停擺。[5]

文革期間曾被鬥爭兩次的鄧小平，把政黨紀律的重整與政府權威的重建，視為他改革的關鍵任務。鄧小平從未討論過政黨控制政府的需要，但他相信政黨與政府都必須依法運作，這和毛澤東無政府主義的治理方法完全不一樣。前一章討論的憲法修正版本反映出鄧小平的觀點，政黨必須恢復權力，但政府的監督者必須退場，這樣各部會才能恰當因應他預見到的經濟大變局。政黨重新掌控人民解放軍也很重要，毛澤東死後的混亂期，人民解放軍似乎成為各政治派系的仲裁者。不管鄧小平有沒有意識到，他正在重建傳統中國政府的制度遺產。只是這一次，中國共產黨是扮演皇帝的角色，帶著一群核心太監監督龐大的文官體制。

這種型態的政府與之前的毛澤東政府相似之處很少，它專業化多了。一九七八年改革之後，再度引進以能力為基準的文官考試制度。楊大利指出，中國在一九九〇年代末期到二〇〇〇年代初期，進行一系列的文官改革，增加了進入公家職務的競爭程度，並淘汰很多沒有過關的公職人員。[6]二〇一二年，全中國有一百一十二萬人競逐二萬一千個公職機會。[7]中國也恢復大學制度與入學考試要求（這是很多歐陸國家做不到的事）。[8]中國改革者特意想要建立西方的韋伯式文官體制，但在無意中也找回自己的某些傳統。

當代的中國政府是中央集權、龐大而且非比尋常的複雜。共產黨仍然在控制政府，並從上到下將行政體系的結構複製到黨，以監督政府每一個層級的活動。雖然共產黨在一九九〇年代開始退出政府，但只能說，共產黨僅是改變控制政府的方式。

任何中央集權的政府體系都會面臨授權問題。王朝時代的中國名義上是由首都的中央政府統治天下，但在通信技術不良的時代，要管理幅員廣大、人口眾多的國家，就意味著權力必須授權給省級等次級單位。很多時候，位於首都長安、洛陽、開封或北京的中央政府，根本不知道國家的其他地方發生什麼事，頒布法令後可能數個月或數年後還不見執行。後毛澤東時代的領導人很早就意識到授權的重要，雖然中國是統一而不是聯邦制的政體，但各省與各地方都被授與極大的權力，以他們認為適合的方式來執行中央的命令，因此中國各地會出現相當大的政策差異。像南方的廣東省與深圳市就比北京對市場經濟更友善，例如，深圳市已經把大部分的供水作業私有化，交給大約二十六家公司經營，但北京仍控制在一家國營企業手中。[9]

中國有很多單一省分比歐洲重要國家更大，廣東省與江蘇省都有將近八千萬名永久居民，外加數千萬名移民；一九九七年從四川省分出來成為獨立行政單位的重慶市，就有幾乎三千萬人口。因此，中央政府的行政架構也在各省市複製，每一個省或市都有相同職能的部門與共產黨監督機關。

中國整個文官體系相對非常龐大，而且還在快速成長中。政治學家裴敏欣估計，二〇〇〇年的公務員人數超過四千萬人，但是他也承認很難取得精確的數據。每一個次級政府單位都會複製上一級政府單位的職能分工，結果變成一個高度複雜的系統，指揮系統常常互相牴觸。舉例來說，城市的水資源管理是市政當局的主要職責，但是管理河川流域的地方機關與國家級的水利部也有權力。[10]另外，共產黨也維持一個規模較小的類似體制，以監督政府部門的工作。

中國政府的自主性

中國黨國體制和其他開發中國家不同的一個特質就是它的自主性。中國政府並不是扮演社會利益團體強大的傳送帶，而是能夠以自己的角度設定獨立的政策議程。共產黨高階領導團隊的自主性非常明顯，他們會設定整體的政策方向，在執行單位的低階核心幹部，執行來自上頭的指示時也有相當的裁量權。我將依序來探討每一個層級的自主性。

沒有任何民主問責的形式且不受法治約束的高度自主性政府，是一件非常危險的事。這就是中國在毛澤東時期發生的事，一個領導人可以在不受限制的政策裁量權下，為了釋放個人的內心焦慮，以任性的創舉，例如大躍進與文化大革命，害死數千萬無辜的人民。但是同樣程度的自主性，如果交到一個更有智慧與較不瘋狂的領導人手中，例如鄧小平，就可以以自由民主政體無法做到的方式，讓國家變得更好。因為，自由民主政體必須受到很多利益團體的壓力、遊說運作，以及正式程序的限制，以至於常常無法做出快速的行動，最後的決策品質也因此受到影響，但中國式的自主性讓政府得以免除這些阻礙。因此，在一個想要促進公共利益的能幹領導人手上，這種自主性讓政府可以在政策議題上採取比民主國家更快速、更大規模的行動。

這並不是說中國就沒有利益團體的存在。中國雖然沒有代表強大民間利益的遊說團體，但是中國的黨國體制中仍有很多派系與複雜且根深蒂固的利害關係，很多人堅定地想要維持毛澤東主義式的現狀。鄧小平初期的改革很快引起大眾的期待，特別是都市裡的知識分子與學生。戈巴契夫在蘇聯的改革刺激了一九八九年六月的天安門示威運動，但卻遭到政府血腥鎮壓。殺害示威學生的舉動，粉粹了初期對民主轉型的希望，並遭到全世界普遍的譴責，而且給了想要回復更多共產黨正統的左派一劑強心針。但是鄧小平自己知道，如此保守的舉動會危害共產黨的生存。在一九九二年知名的「南巡」之後，他再度回到改革派的議程，讓價格自由化、把幾個國有企業私有化，並公開鼓勵向市場經濟轉型。因此即使鄧小平路線最後的勝利尚未可預料，但他能把政策大幅轉向，就是中國政府在這段時期擁有自主性的一種證明。

在低一點的層級，中國共產黨允許政府的次級單位擁有執行命令的高度自主性。各省市政府被高度授權，執行政策時可以採用適合當地條件的方式。這種權力通常會牴觸，也經常會勝過北京中央上級單位的利益。

大部分的西方觀察家在研究中國的改革時，都聚焦在家戶承包制產生的市場誘因，這個制度讓農民擺脫集體生產的控制，且可以保留比過去多很多的產出比例。他們也指出，開放外國投資的四個特別經濟區效益明顯。這些改革造成的結果很驚人：因為有了個人動機，改革後的四年，農業產出翻了一倍，而出口產業也在南方城市如深圳等地出現。同樣重要的是，政府的架構在這時期改變了，地方政府開始推行會計責任制度。政治學者戴慕珍認為，開放後的早期成就其實不是拜民間企業之賜，真正的功臣是所謂的鄉鎮企業，地方政府在本質上已經把自己轉變成營利事業單位。[11]

西方公務機關的基本宗旨之一是公部門不能營利，因此也沒有動機要控制成本或執行得更有效率，這就是為什麼只要在會計年度結束之前如果還有剩餘的預算，政府各機關就會很努力把錢花掉。[12]

中國的黨國體制卻顛覆了這個原則，它讓地方政府可以保留剩餘的稅收，並根據自己的需求應用。但即使地方政府有權徵收某些稅收，也能設置營利事業來補貼，地方政府的預算還是很有限。因為七成的獲利必須再投入新的投資項目，剩下來的三成才讓鄉鎮企業自由運用。其中有一部分用在公共行政，但相當數量的金額最後也仍入地方政府官員的口袋。很多外部觀察家把這個現象看成是澈底的腐化，但這是一種為了刺激地方政府促進經濟成長的利益分享制度。而且它達成的效果也很驚人：中國很多開放初期的工業產出不是來自民間企業，而是這些鄉鎮企業支持的公司。[13]在某個意義上，中國自己發現西方所謂新公共管理的原則，也就是在公部門注入類似市場誘因的方法。

鄉鎮企業並不是任何正統美國經濟學家會推薦的制度，因為外部觀察家所知道的制度特徵是，鄉鎮企業是在不學無術的面紗下運作，大部分的人也預期它會成為貪汙與內部交易等藏汙納垢之地，但這並不是真實的狀況。如果是奈及利亞與巴基斯坦實施這種制度，你可以想像：所有鄉鎮企業的營運方式都可能會被濫用；中央政府可能不會設定嚴格的預算限制或再投資目標，讓地方政府執行更標準的稅收要求並運用所有的剩餘；或者更可能的情形是，更高層級的政府單位會利用他們設定規則的權力圖利國有企業，並和更低層級的政府一起把剩餘的錢瓜分了。

但是中國與奈及利亞和巴基斯坦不同。中央政府能在鄉鎮企業身上強加嚴格的紀律，讓它們把注意力聚焦在推動長期發展，方法很類似其他東亞國家的產業政策。而且情況一改變，政策也會跟著調整。鄉鎮企業在一九九〇年代初期已經變得很有錢，利益分享制度也變質為高度的貪汙。很多天安門廣場的示威學生，就是抱怨政府與共產黨官員的貪腐情形。因此在一九九四年的稅務改革中把很多錢從地方政府拿走，並要地方政府開始實施不同的會計原則，鼓勵他們採取更特殊、對市場更友善的產業發展模式。過去曾經支持天安門示威人士的新興中產階級，也因此逐漸支持共產黨統治的延續性。[14]

趙頂新與楊洪興認為，一九九四年的稅務改革是中國國家自主性很好的例子。他們主張，除了相關政策內容明確，更耐人尋味的是，中國政府清楚意識到之前的創新做法產生非預期的後果時，有能力快速換檔並在大量的既得利益面前順利實施新措施。鄧小平與共產黨已經認清，他們的正當性是建立在持續的優良表現，因此在做巨幅與快速的策略修正時，不會受困於意識形態或過去的做法。[15]政治學家楊大利指出，這些改革是隨著江澤民時期很多其他事項一起進行的，包括制裁政府機關的走私行為、拿走人民解放軍很多賺錢的事業，並強制實施更透明的政府採購規則。[16]

這種激勵地方政府的制度，與過去毛澤東時代以意識形態為主的核心制度有極大的差異，違反很多馬克思與列寧主義政權的基本原則。一樣令人震驚的是，政府聚焦在促進長期的發展，而不是極大化短期的收益金。你可以說，共產黨的高層領導團隊是為了自身的利益才促進經濟成長，這樣才能有正當性並保有權力。但是，這種對自身利益的長期理解與專注在正當性上的思維，對很多國家來說並不是自動產生的。東亞地區之外的很多開發中國家都迴避這個問題（回想一下第十四章開頭的奈及利亞羅伯特的故事）。中國政府有上千年的儒家傳統，可能是其中的重要因素。

關於中國未來的重大問題之一是，政府層峰能像過去維持同等自主性的程度。裴敏欣認為，中國政府的施政品質隨著時間在下降，很大的原因是因為次級政府單位太有自主性，且是以錯誤的方式在行使其自主性。也就是說，他們可以不在乎政績，卻能保住自己的政治與經濟地位，並抗拒來自更高層級的政府與黨的處分。這些附屬單位包括強大的國有企業，例如中國電信與中國海洋石油公司，這兩家現在都進入世界級大公司之列。這些國有企業在二〇〇〇年代比民間企業與外國投資人得到更多權力，並能利用政治影響力避開其地的競爭。[17]另外，有些行政部門已經自成一格，例如鐵道部，共產黨根本很難控制。這個部門是個極為龐大的組織，管理的鐵道路線超過五萬七千公里，並在全中國雇用二百五十萬名員工。[18]中央政府已經試了好幾年想要管控這個虧錢的部門，但是都失敗了。二〇一一年七月，溫州市附近發生一起新建的高速鐵路重大追撞事件，鐵道部為了隱藏瀆職行為的證據，竟然把相關車體埋起來，直到中國的微博客開始討論才被迫把車體挖出來。中央政府利用這個機會要鐵道部部長劉志軍因貪汙解職，並宣布將把鐵道部拆成兩個獨立的組織。但是就像很多中央政府曾經宣布要重組的單位，鐵道部的分解計畫從來沒有確實執行，很可能是因為部長還有很大的政治影響力可以自保。[19]

任何高度依賴金錢誘因的行政制度都會發生貪腐行為。因此西方經濟學家預測這會引起尋租行為與貪汙並非全然錯誤，他們只是無法預估貪汙的程度以及政府能提供真正服務的程度。在中國政治制度中，也普遍存在酬庸、任用親戚、派系之爭、政治影響與公然的腐化行為。裴敏欣認為，中國逐步推動的政治轉型已經引起一種制度性的「分權化掠奪行為」，地方政府官員透過龐大的政府制度，利用政治控制的機會取得大量的租金利益與賄款。共產黨高層非常理解，一般民眾對普遍的貪汙行為非常憤怒，也知道共產黨持續統治的正當性高度仰賴控制貪汙的能力。共產黨因此做了非常多次的公開宣示，堅決要控制與嚴懲貪汙。最近一次是在二〇一二年的第十八次黨代表大會，習近平當上新任總書記，王岐山出任中央紀律檢查委員會書記之後，這個單位將負責根除腐化行為。但裴敏欣認為，共產黨的監控能力已經大不如前，因為政府變得更大更複雜，而且官員也有更多資源與管道隱藏所得。[20]

中國政府的問責

中國是一個威權國家，其憲法賦予共產黨的領導地位。另外，共產黨也沒有意願允許自由而公平的多黨選舉，且一向小心壓制任何對民主的公開討論。

所有威權國家都會遇到受統治者的反抗，不管是以那種方式，而政府回應的方式都會融合打壓與吸收。與極權主義國家，例如北韓或是阿拉伯獨裁國家，例如埃及的穆巴拉克與利比亞的格達費相比，中國比較傾向採用吸收的做法。因此，雖然中國沒有正式的問責機制，共產黨與政府都可說是會回應中國社會不同參與者的需求。

有幾個機制讓共產黨與政府能夠回應社會的需求。中國共產黨在一九八九年同意讓鄉村地區舉辦選舉，以選出擁有特定地方權力的鄉事委員會與村長。這其實是更大的選舉制度的一環，可以向上延伸到全國人民代表大會，這些代表開始擁有某種程度的獨立性。[21]另外，根據政治學家蔡曉莉的說法，除了這些正式的機制，中國的農村委員會也屬於正式的回饋機制，會把民眾的抱怨與想法通知地方官員，讓地方官員可以把公共事務做得更好。同時，政府和共產黨組織都成立正式的抱怨管道，讓公民提供意見。政府當然沒有回應的義務，但是地方官員經常受到上級督促，應提前解決問題，以免引起社會不安定。[22]

最重要的回饋機制就是大眾示威活動。由於政府對社會穩定與「和諧」高度偏執，示威不只會受到鎮壓，也會得到重大的調和。據估計，二〇一〇年官方報告的示威事件，大約有十八萬件，包括農民對土地被徵收的憤怒、家長擔心附近工廠的汙染物、外地勞工覺得被當地官員差別對待等等。[23]在胡錦濤的領導下，共產黨在績效評估方式上改變了經濟成長與社會安定的相對重要性，只要發生一次社會不安定的示威事件，代表地方官員的未來仕途就此中斷。很多地方官員發現，透過不同形式的讓步、補貼或改變規則，更容易收買示威群眾，也在很大壓力下勉力調和這些互相衝突的目標。[24]

在中國有一個很普遍而強大的信念，大眾認為政府高層比基層更願意回應民眾需求，也更清廉。[25]民眾對高層勵精圖治的信心，對整個政府的正當性是不可或缺的，這也是為什麼政府會更願意回應。但是高層是否比基層更清廉，並沒有明顯的證據。二〇一二年薄熙來案件的曝光，顯示高階領導人牽涉到的違法瀆職行為更為驚人。

至於政策與政治面，地方政府原來應該受到上級政府的強力約束，但在集權制度下，地方政府也必須擁有相當的自主性，才能妥善執行政策。在王朝時代的中國，皇帝即使想要監督文官的行為，也很難取得相關的資訊。為了解決這個問題，就在各部會設置更多集權的監督組織。舉例來說，皇宮裡的宦官比朝臣更受皇帝信任，因此皇帝就派宦官監督文武百官。後來宦官變得不可靠，明朝的皇帝就設置「司禮監」監督宦官的言行。當代中國也是這樣，上級監視下級單位、共產黨組織監視政府部門，然後共產黨內部的中央紀律檢查委員會監視黨的其他部門。在這種氛圍中，很多人會有強烈的動機掩蓋不好的行為，防止壞消息往上傳遞。因此，唯一的解決之道就是往下放的問責機制，也就是政府可以受到自由的媒體與真正被授權的公民監督。

後毛澤東時代的大部分規則、法律與程序，都是用來規範次級政府的行為，讓他們更能回應上級的指示。但是，如果政治制度中只有看上不看下的問責機制，最後的表現就會高度仰賴層峰領導人的選擇與意圖。在前一章，我談到法家與儒家的爭論，法家主張要有清楚的程序，而儒家主張更有彈性以因應情境的道德規範。在傳統中國，選擇以道德而不是正式的法律限制來要求高階領導人，制式程序只有當皇帝把命令傳送到社會各地時才使用。當代的中國政府雖然信誓旦旦是馬克思與列寧主義的信徒，但其實是延續儒家的傳統。公民靠的是領導人的良善意圖，而不是任何限制領導人權力的正式程序。

遇到好的領導人，這種制度的表現會比民主制度更好，因為民主制度受限於法治與正式的多黨選舉程序。這種制度也能做出大型而困難的決策，而不受到利益團體、遊說力量、訴訟案件的干擾，也不需要進行麻煩的政治聯盟或教育大眾了解自身的利益。亞洲地區快速成長的國家，包括新加坡、南韓、臺灣與日本，已經因為「內嵌式自主性」而大受讚揚。中國也不遑多讓，和世界其他地方的威權政府比起來，它在一九七八年之後的表現，集中在讓大眾利益均霑的目標，包括經濟成長、社會安定與大規模的公共行政。鄧小平與追隨他的高階領導人都深刻理解，共產黨的生存必須有正當性，這已經不能靠意識形態了，而是要靠他們治理國家的表現。

這種制度的問題就是中國歷史上一直出現的「壞皇帝」的問題。威權制度的確可以比民主制度行動更快速與果決，但這個制度要成功必須仰賴源源不絕的好領導，這個好不只是指有治國的專業技術，還包括對於達成共同目標的決心，而不是只想要豐厚自己的身家與個人的權勢。在王朝時代，要解決這個問題靠的是複雜的文官體系以限制統治者的實際權力，以及教育統治者的一套制度，讓皇帝圍繞在繁文縟禮等沉重儀式中。即使如此，這套制度仍然無法防止不時出現的壞皇帝，他們有的暴虐無道、有的好逸惡勞、有的軟弱無能，或者貪汙腐敗。

當代中國遇到的正是這種問題。與大部分的威權政府與很多民主政體相比，在經濟成長、消除貧窮與提供基本社會行政上，中國在過去這幾十年表現得非常好，但是目前的中國制度能保證會有源源不絕的「好皇帝」嗎？

其實，中國的威權政府遇到幾個制度永續性的威脅。首先，它可能會產生一位魅力型領導人，利用民眾的激情建立個人的追隨者，這可能將摧毀後毛澤東時代建立的共識。中國現在還有很多尚未解決的社會不滿可以利用，例如經濟上的高度不平等，以及猖獗的貪汙，有心人士不知道何時會冒出來。

第二個威脅比較不那麼戲劇性，但可能性也比較高。政府或許會在面對某些人時失去自主性，並受到因經濟成長而出現的強大利益團體把持。裴敏欣認為這件事現在已經發生了，政府面對很多挑戰其權力的強大團體，包括國有企業、個別部會，甚至某些地區。雖然試著在下級政府打貪，但政府高層本身也可能有貪汙的嚴重問題。從毛澤東與鄧小平時代以來，共產黨的權力已經大幅縮小，而且隨著它的影響力變弱，當中國從中等收入變成高等收入國家，將會變得更弱。在胡錦濤時代，政治改革大幅擱置，經濟政策也變得比較不自由。在第十八屆黨代表大會之後與習近平時代開始以來，共產黨承諾要進行新的經濟改革，但同時加強取締異議分子，並再次強調意識形態與紀律。習近平是否能夠大幅影響政治改革，還有待觀察。

最後一個威脅是這個制度缺少正當性的內在來源。中國政府經常強調，它設置的是一套特殊、非西方的政治與道德制度。這倒是真的，就像我已經說過的，王朝時代的中國與當代政府有很多延續性。但是中國共產黨仍然把它的正當性建立在外來的西方意識形態上，也就是馬列主義。因此，它必須在持續高度的經濟成長，以及成為中國民族主義提倡者上建立自己的正當性。如果經濟成長變慢或倒退，中國共產黨就沒有理由說自己應該擁有獨占的權力了。

長期來看，解決壞皇帝的問題以及連帶的貪汙與獨裁統治，唯一的方法就是對國家權力增加正式的程序限制。這表示，第一步要穩定擴大依法決策的幅度，而且政府與共產黨的高層也要適用法律。第二步，要擴大政治參與。如果無法保障資訊自由，困擾以往中國皇帝與當代政府，關於民間疾苦的資訊問題，就無法真正解決。中國的經濟成長已經產生一批量大且正在成長的中產階級，他們比較不能接受總是掩飾貪汙行為的溫和專制主義。轉型到更正式的制度性權力限制，可以循序漸進，而且一開始應該專注在法律層面，而不是問責機制。既有的中國憲法是個不錯的基礎，可以繼續建立更大的法制基礎。但是，如果中國的政治制度想要長期永續發展下去，法治與問責最終都是不可或缺的必要條件。[26]

法治或民主問責的動態發展，應該是如何？由目前的領導人從上而下命令，這種事應該不會發生，因為他們自信滿滿，也沒興趣當政治改革的先鋒。比較可能發生的改變是，出現新的社會參與者，他們施壓要求更強大的權力約束制度。在過去，中國政府很強大，大到足以壓制任何可能挑戰其權力的強大社會團體。但是當代中國發生的社會動員力道之強，在中國歷史上沒有任何先例。龐大的中產階級已經出現了，目前數量大約數億人。在很多其他社會，中產階級一直是推動政治變革與民主的動力。中國法治與民主的未來將取決於這個新興的社會團體，是否能夠改變中國長期以來國家與社會勢力的均勢關係。這是本書第三部要探討的普遍現象。

注釋

1 參見本書上卷第七章及第八章。

2 編注：中共官方於二〇二〇年公布最新黨員人數為九千一百九十一．四萬人，參見 http://www.xinhuanet.com/politics/2020-06/30/c_1126178260.htm

3 Frederick C. Teiwes, "The Chinese State During the Maoist Era," in David L. Shambaugh, ed., *The Modern Chinese State* (New York: Cambridge University Press, 2000), pp. 112–20.

4 同前注，頁一二〇至一二四。蘇聯軍隊在二戰之後與對抗納粹德國的角色，聲望更高，但仍然高度附屬於蘇聯共產黨。

5 同前注，頁一三六至一四八。

6 Dali Yang, *Remaking the Chinese Leviathan: Market Transition and the Politics of Governance in China* (Stanford, CA: Stanford University Press, 2004), pp. 175–83.

7 *Xinhua*, Nov. 26, 2012.

8 最近一個評估中國菁英統治的方法，參見 Victor Shih、Christopher Adolph 與 Mingxing Liu "Getting Ahead in the Communist Party: Explaining the Advancement of Central Committee Members in China," *American Political Science Review* 106, no.1 (2012): 166–87.

9 Selina Ho, "Decentralization and Local Variations in China's Development: Case Studies from the Urban Water Sector," (PhD diss., Johns Hopkins School of Advanced International Studies, 2013), chap. 8.

10 Minxin Pei, *China's Trapped Transition: The Limits of Developmental Autocracy* (Cambridge, MA: Harvard University Press, 2006), p. 136; Lieberthal, *Governing China*, pp. 173–79; Ho, "Decentralization and Local Variations."

11 Jean C. Oi, *Rural China Takes Off : Institutional Foundations of Economic Reform* (Berkeley: University of California Press, 1999).

12 James Q. Wilson, *Bureaucracy: What Government Agencies Do and Why They Do It* (New York: Basic Books, 1989), p. 115.

13 Oi, *Rural China Takes Off* , pp. 61–64.

14 關於這種轉變，參見 Yasheng Huang, "China: Getting Rural Issues Right," in Birdsall and Fukuyama, *New Ideas in Development*.

15 Dingxin Zhao and Hongxing Yang, "Performance Legitimacy, State Autonomy and China's Economic Miracle," working paper (Center on Democracy, Development, and the Rule of Law, Stanford University, 2013).

16 Yang, *Remaking the Chinese Leviathan*, pp. 110–49.

17 Pei, *China's Trapped Transition*, pp. 102–18.

18 Edward Wong, "China's Railway Minister Loses Post in Corruption Inquiry," *New York Times*, February 12, 2011.

19 Keith Zhai, "Railway Ministry a Bloated Outfit Few will Mourn," *South China Morning Post*, March 12, 2013.

20 Pei, *China's Trapped Transition*, pp. 132–66.

21 Melanie Manion, "Authoritarian Parochialism: Congressional Representation in China"(unpublished paper, 2012).

22 Lily L. Tsai, *Accountability Without Democracy: Solidary Groups and Public Goods Provision in Rural China* (New York: Cambridge University Press, 2007); "The Political Payoffs of Governance Reforms: How Citizens See and Judge the State in Authoritarian China"(unpublished paper, 2012).

23 Christian Gobel and Lynette Ong, *Social Unrest in China* (London: Europe China Research and Advice Network, 2012).

24 Zhao Shukai "Rural China: Poor Governance in Story Development," working paper (Center on Democracy, Development, and the Rule of Law, Stanford University, 2013).

25 案例參見 Anthony Saich, "Thequality of Governance in China: The Citizen's View," working paper (Center on Democracy, Development, and the Rule of Law, Stanford University, 2013).

26 政治改革應該從擴大憲法的基礎開始，此論點來自 Nathan, "China's Constitutionalist Option."

第二十六章　三個地區

拉丁美洲、漠南非洲與亞洲的比較；為什麼強大的政府是區別它們與解釋其經濟成就的關鍵；為什麼殖民時代的制度遺產只能解釋當代成果的一部分。

本書的第一部探討為什麼韋伯式的現代政府出現在某些已開發國家，而不是其他地方。第二部則繼續探索較晚開發並遇到西方殖民主義的地區，如拉丁美洲、漠南非洲與東亞。雖然每一個地區都有極大的不同，但其中仍有某些系統性的差異，讓我們可以討論個別地區的發展途徑。

在這三個地區中，從二十世紀下半葉以來東亞的成長速度一直都最高，如表五。拉丁美洲的國民平均收入比東亞高，可能會讓很多人感到意外。那是因為東亞地區仍有很多大型且相對貧窮的國家存在，例如印尼與菲律賓，而且中國雖然在很多角度上看都是表現亮眼的明星，卻仍然有很大一群貧窮的鄉下人口。

但在政治制度方面就不一樣了，拉丁美洲的表現比東亞好很多，比起漠南非洲更是優異。在世界銀行的六項全球治理指標中，整個拉丁美洲全部都高於百分之五十（見圖十七），其中衡量民主與政治參與的指標「話語權和問責度」，表現特別好。東亞在這個項目上的表現差很多，而漠南非洲則在六項指標上全部大幅落後。這反映出雖然三個地區在一九七〇年代初期以來的第三波民主化浪潮中民主國家的數目都增加了，但民主趨勢在拉丁美洲的表現最為強勁。亞洲最大且最具經濟動能的國家——中國，仍然是共產黨專政的獨裁政體，越南與北韓也是一樣。二〇〇〇年代，委內瑞拉、厄瓜多、尼加拉瓜與其他國家，都逐漸向民主政體轉型，因此西半球唯一的獨裁政體只剩下古巴。

雖然拉丁美洲的民主表現超越東亞，但在國家制度上比較弱。拉丁美洲與東亞在政治穩定度與法治的評分大致旗鼓相當，而漠南非洲則低很多。

地區差異也可以從測度社會不平等的角度來衡量，圖十八顯示的是一些挑選出來的國家的吉尼指數（GiniIndex，分數從「0」到「100」，「0」代表完全平等，「100」代表完全不平等）。漠南非洲國家的表現變化幅度很大，衣索比亞相對平等，但油產豐富的奈及利亞與安哥拉卻高度不平等。而在東

表五：成長率與國民平均GDP

	成長率1961-2011年（%）	國民平均GDP，2011年
東亞	7.3	$7,294
拉丁美洲	3.8	11,595
漠南非洲	3.5	2,233
OECD（已開發國家）	3.2	38,944

資料來源：世界銀行

* 人均國內生產總值是在於平價購買力

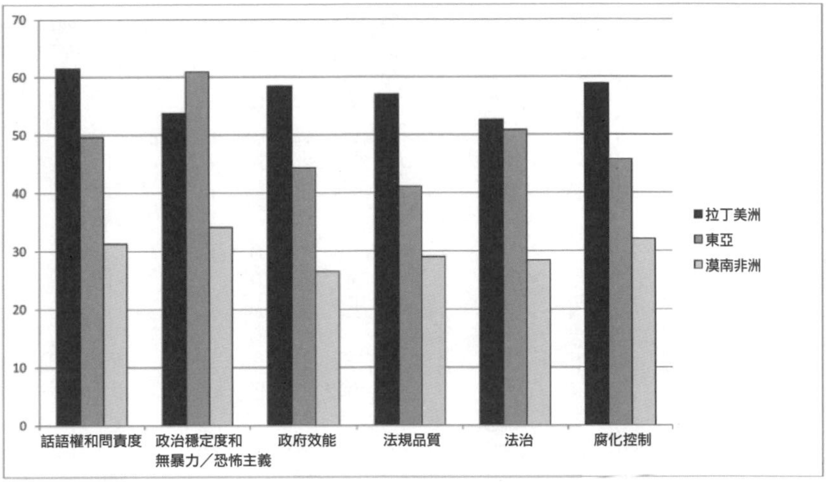

圖十七：全球治理指標，地區比較（百分比）[1]

資料來源：世界銀行，全球治理指標

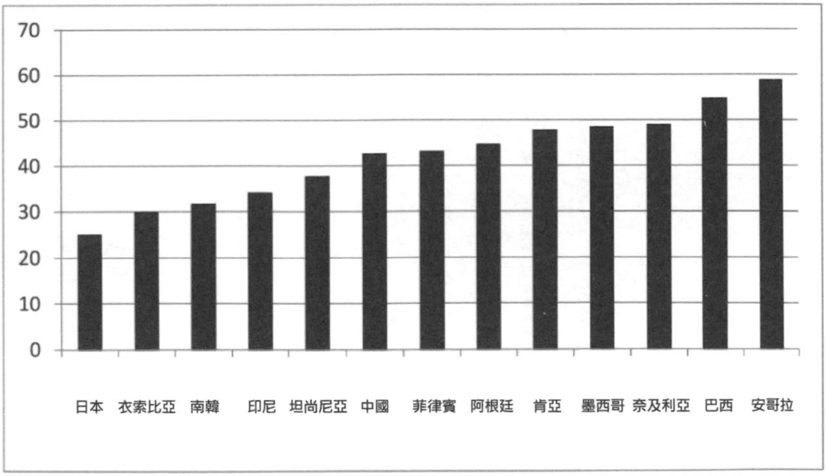

圖十八：各國吉尼指數比較

資料來源：世界銀行

亞，日本與南韓從一九五〇年代以來已是低度不平等社會，中國在毛澤東時代結束時期也是，不過隨著中國在二〇〇〇年代高速經濟成長，中國的收入分配已經偏向拉丁美洲的不平等程度。在同一段期間，拉丁美洲的不平等程度也開始略微降低，但是這個地區仍有很大的貧富差距，也對政治發展造成干擾。[1]

經濟成長與治理表現的平均數字，當然會掩蓋每一個地區內部的重大差異。例如拉丁美洲有極為貧困的海地、瓜地馬拉與巴拉圭，也有出口高科技產品例如噴射機到世界各地的巴西。然而，每一個地區都有某些特徵，讓該地區的國家彼此相似，並與其他地區的國家明顯不同。很多拉丁美洲國家都經歷過快速通膨、貨幣危機、貶值與經濟衰退的循環，最近一次是一九八〇年代初期的債務危機（阿根廷最近一次是在二〇〇〇年代初期）。但東亞國家快速成長的經濟卻安然度過這段期間，大致未受到損失。幾年後，漠南非洲經歷了一個和拉丁美洲類似的債務危機，甚至還更嚴重，許多國家不得不請求債權國解除債務，以便讓他們有機會再次經濟成長。雖然拉丁美洲今天有穩定的民主制度，但過去並不是這樣，一九六〇年代與七〇年代時期，高壓的軍政府分別在巴西、阿根廷、智利、秘魯、玻利維亞與其他地方掌權。而所謂的「發展型政府」（developmental states），也就是成功利用公權力推動快速經濟成長的國家，大部分都群聚在東亞。在拉丁美洲與漠南非洲地區，都很難找到情況相當的國家。[2]

發展的途徑

第二部提出許多不同的理論，解釋當代發展是受到地理、氣候或殖民影響的結果。這些說法都有某些優點，但是人類社會行為的本質是如此複雜，歸因於單一因素的理論，實在無法盡窺全貌。把政治發展（和之後的經濟發展）與地理和氣候連結的理論，可以解釋某些重要的結果。經濟學家探討的是當地擁有的自然資源，例如由於金銀礦產或種植農業的需求，導致原住民淪為奴隸或從非洲進口奴隸。剝削式產業為新世界建立了威權政府的基礎。

但是學者對拉丁美洲形成威權制度的理由，似乎過度武斷。秘魯與墨西哥的政治體系其實是白人殖民的產物，任何源自之前存在的前哥倫布時期政府結構的制度都被根絕殆盡。作為殖民地，他們傾向直接複製伊比利半島老家以階級為基礎的重商主義社會，只是歐洲白人農民替換成當地原住民勞工與混血兒。西班牙王室一開始本來想在美洲建立強大而獨裁的直接統治，但現實上它在殖民地能行使的權力比在本土的權力大幅縮水。西班牙的專制統治很弱勢，既無法適當收稅，或滿足自己在歐洲的稅收需求，更別說在新大陸面對的是一群不聽使喚的克里奧耳人。克里奧耳人因此自己建立了以特權而不是自由權利為基礎的寡頭統治政府，並在二十世紀初殖民地脫離西班牙統治，成功轉型到獨立國家時仍繼續存在。因此，拉丁美洲到了二十一世紀仍然保留這種制度遺產，還是全世界最不公平的地區。

就像孟德斯鳩提出的，地理條件在其他方面也很重要。特定地形比較適合集結與部署大型部隊。在歐亞大陸（主要是中國與俄羅斯），相對開放的土地對於形成大型的集權國家有利，但在漠南非洲，派兵橫越遼闊沙漠與熱帶森林的困難，大大阻礙了國家的形成。歐洲則處在這兩者之間，它的地理條件適合形成中型的政治單元，但也防止其中任何一個國家成長到能征服整個地區的規模。

拉丁美洲的地理條件比較接近漠南非洲，而不是歐洲。這整塊大陸被高山、叢林與沙漠分割，通訊方式多為南北向、到處都是很難進出的地區，皆不利於形成領土廣大的帝國。這地區的土地與人口因為地理條件而分裂，只有少數地區的人口密度大到足以成為強大的國家。另外，西班牙與葡萄牙開始殖民時，在高度缺少效率的重商主義規則下，剩餘不是用來投資當地，而是拿回祖國老家。

從政治角度來看，十八世紀下半葉的拉丁美洲整體看起來和歐洲差異不大。兩地都受到專制政權與利用政治權力保護自己特權的經濟寡頭所掌控。但在接下來的兩個世紀，歐洲經歷一連串深刻的政治變局，使它成為比拉丁美洲更民主、經濟更平等的地方。其中一個主要原因是歐洲在這段期間經歷極端的暴力事件，從法國大革命與拿破崙戰爭開始，接著是義大利與德國的統一戰爭，最後是兩次世界大戰的劇烈變動。高度的軍事衝突促成強勢現代政府的形成，就像普魯士的施泰因與哈登堡改革。在同一時間，快速的工業化把數百萬的農民從鄉下吸引到密集而多元的城市。這種轉變形成現代民族語言學概念的國家認同條件，結果又引起更進一步的軍事衝突。民族主義促成現代國家的形成。另外，內部演化與外部戰爭則成功掃蕩若干社會階級，例如法國的買官階級與德國的容克階級，這些都是舊寡頭統治的支柱。

拉丁美洲的發展途徑則大異其趣。這裡沒有和法國大革命相當的事件可以把舊寡頭轟下臺，也沒有漫長的國與國戰爭以刺激現代政府的形成。國家認同十分薄弱，因為族群多元性與工業化比較慢或根本沒有，這表示衝突通常發生在國家內部的階級之間，而不是和外部國家之間產生衝突。到了一九四五年，歐洲精疲力竭的菁英為了社會安寧，開始對自由民主與重新分配財富讓步。拉丁美洲菁英雖然也面對社會動亂的威脅，尤其是在古巴革命之後，但這些威脅都沒能達到歐洲的強度，得以藉此促成政府建造或財富重分配。這裡並沒有歐洲式的社會共識，也就是沒有適度的中間偏左或中間偏右的政黨，只有貧富之間的強烈對立。只有在二〇〇〇年代，智利與巴西出現比較接近歐洲形式的政治體系。

但是，地理、氣候與殖民影響，並無法完整解釋今天的發展結果。例如阿根廷的地理條件與殖民歷史中，並沒有拉丁美洲其他國家在十九世紀經歷的社會不公與緩慢成長，它應該要繼續繁榮下去，但事實卻不是如此，因為它的統治菁英在二十世紀初期做了很糟糕的選擇。雖然它具備更宜人的氣候與地理條件，卻繼承拉丁美洲其他古老地區的政治文化，例如專制獨裁與個人領導。相反的，哥斯大黎加應該演變成另一個中美洲香蕉共和國，發展出獨裁與內戰的特色，但是它卻成為一個穩定的民主政體，就是因為在特定的關鍵歷史轉折點時，政治菁英做出良好的選擇。

漠南非洲的情形則完全不同。歐洲殖民主義留下來的不是「剝削式」的威權政府，而是完全空白的制度。瓜分非洲大陸開始的時間很晚，是在十九世紀結束的那幾十年，當時西班牙與葡萄牙在新大陸殖民已經四個半世紀之久了。和拉丁美洲不一樣，早期的歐洲殖民者在非洲既沒有發現大量的人口，也沒有豐富的礦產資源可以利用。且除了南部較溫帶的地區之外，熱帶地區的疾病與氣候，讓這個地區不適合大量的歐洲人移民定居。在二十世紀中葉出現獨立的呼聲之前，歐洲人很明顯沒有足夠的時間與資源建立制度。由於非洲殖民地幾乎無法負擔行政管理的費用，歐洲人因此想出便宜行事的方法，也就是「間接統治」，利用在地的非洲執行者來收稅，或逼年輕人成為奴工。

強加在這塊土地上的做法，只是反映出列強策略競爭的結果，並不是族群的真實狀況，大部分非洲國家在二戰後獨立時，所面對的都是這些不良的制度。

後獨立時期的非洲也不像拉丁美洲，它沒有在幕後操控根基穩固的菁英階級。從殖民統治獨立後，開啟了新菁英出頭的機會，這些人大部分是過去和殖民政府接近、住在都市、受教育的階級。不管是地主的貴族統治或是小資本經濟，非洲都沒有穩定的社會基礎，因此很多人把政府當成個人經濟發達的主要管道。低效能的政府因此充滿酬庸的職員，而政府大規模的擴編，又進一步削弱提供真正公共行政的能力。政治變成把持政府與政府資源的新家產制競爭，不同的團體排隊等著「輪到我們吃」的機會。在這種情況下，沒有永久的文官體制可以代表更廣泛的公共利益，也無法約束菁英並強迫他們根據經濟上的理性原則做事。

一般觀察家認為，漠南非洲的困境是因為剛獨立的國家的領土邊界，與既有的族群與部族意識分布範圍並不一致。這是一種會造成誤導的傳統見解，它暗示的是邊界如果畫得更聰明一點，後獨立時代的政府就會更有凝聚力。但這種說法只在很小的範圍內才說得通，舉例來說，如果蘇丹南部與達佛地區沒有被英國人打到深入阿拉伯核心的喀土木（Khartoum），蘇丹可能會分裂成兩塊，並陷入漫長又代價高昂的內戰。但大部分的非洲其他地方，族群團體都太小了，也無法融合成韋伯式的現代民族國家。另外，非洲在歐洲人殖民之前，強大的在地國家級政治單元並未認真建立國家認同，這其實是一件困難而暴力的任務。殖民列強來了之後，則以族群取代部落，也就是說，用更大的群體取代小規模的親屬團體，以方便治理，並試圖影響當地的認同。由於非洲的殖民統治者，既沒有時間也沒有動機著手建立能夠建立國家認同的強勢政府，且獨立之後出現的大部分菁英也沒有把國家認同當成優先任務，因此漠南非洲會出現國家認同薄弱的普遍現象，比較是當權者不作為的結果，而不是積極用事的結果。其中的例外就是坦尚尼亞，尼雷爾努力建立坦尚尼亞的國家認同。這說明了只要菁英確實著手建立國家認同的工作，即使之前的族群相當多元，國家依然會成功。

至於世界其他地方，尤其是東亞社會，在面對西方殖民列強之前都有強大的政府制度，與同等強大的國家認同存在。中國在秦朝統一天下時就成立一個現代政府，比現代政府在現代歐洲初期出現時早了大約一千八百年。中國建立的政府是中央集權、階層分明、用人唯才，並且以比同時期的羅馬更統一的方式統治遼闊的領土。不過在接下來的一千年，中國政府的勢力時有興衰，有時候被外戚干政，有時候則被蠻族侵略。雖然如此，中國與鄰近國家包括日本、韓國與越南發展出的強大政府模式，其政治組織達到的程度，比任何拉丁美洲與漠南非洲原住民社會更高階。另外，族群同質性也強化政府建造的成果，而這是很多世紀的征服與同化的結果。這些社會都擁有共同文化的強烈意識，也有相同的文字與普及的菁英識字率。

應該提出的是，這些通則並不能適用於東亞的全部國家。東南亞很多國家其實有不同的發展軌道。就像第二十二章提到印尼在十九世紀還不是一個國家，而且在族群上幾乎和奈及利亞一樣多元而分裂。新加坡與馬來西亞從很多方面來說都是英國殖民主義的產物，他們的成功並不是依賴殖民之前就存在的當地政府，雖然如此，他們仍然能夠建立相對強大而團結的國家。為什麼會這樣？這是個很精采的故事，但很可惜不在本書探討的範圍之內。[3]

東亞國家早期的制度化讓它比較容易抵抗外來的威脅，在抵抗西方殖民上，日本是做得最成功的國家。而中國遭受西方列強攻擊並被占據部分國土，但西方列強從未能完全消滅中國政府的延續性。雖然在一九二〇年代、三〇年代與四〇年代，在軍閥割據、內戰與日本占領期間，中國政府確實短暫瓦解過，但在一九四九年中國共產黨的領導下，很快又重建一個強大的集權政府。越南也有類似的情形，雖然曾經被法國占領，但它最後成功攆走殖民政權，並打敗美國扶植的繼任者。東亞發生兩次全世界最有組織與最有影響力的民族主義革命，也就是中國與越南革命，並不是意外，因為其領導人在打贏內戰或國家解放戰爭之後，就立刻把個人的軍事長才順利轉變成國家權力。

中國與受到它影響的國家，都是儒家道德傳統與文官集團的繼承者，透過教育與社會化，讓統治者轉而關注更廣的共同利益概念。加上儒家強調讀寫能力與教育，無意中為現代的經濟發展建立一個不可或缺的條件。二十世紀下半葉以來，東亞快速崛起是因為技術菁英治國的成果，雖然領導人還是威權主義的，但是都有經濟與社會發展的共同目標。從社會科學的角度很難證明，伊藤博文、山縣有朋、朴正熙、李光耀與鄧小平個人的行為和其領導的政府，與古老的歷史文化傳統之間的因果關係，但其中的關聯仍然存在。雖然有些人很腐化，大部分的人也相當威權，但是亞洲的瀆職行為比漠南非洲，整體上具備比較好的查核能力。同樣重要的是，東亞領導人在管理經濟事務上更有能力，也更了解專業的政府治理的重要性。這並非指這個地區的國家貪汙行為不多，但是和其他地方比起來，從公共利益與經濟發展來看，行賄的人花了錢之後拿回來的東西更多。

中國、日本、越南與韓國，能在強大而一致的政府與完善的國家認同下，追求經濟的現代化。但在漠南非洲剛獨立的國家就沒有這個福分，他們必須同時進行好幾項重要任務，包括建立現代的政府公權力、形成國家認同、設立法治制度、舉行民主選舉，同時還要促進經濟成長。雖然歐洲與東亞在制度發展的先後順序不一，但他們有很長的時間與餘裕漸次發展。

東亞的強勢政府在法治之前就發展出文官的階層制度，但歐洲的順序則相反。數個世紀以來，東亞較早成熟的強勢政府，都能阻擋獨立的社會參與者出現，以免權力受到挑戰。歐洲的自由民主制度，一開始是來自國家與社會力量達到初步的平衡，但東亞地區的國家與社會均勢狀態，一向是傾向國家。這意味著大部分開發中國家都有政府很弱的核心問題，但東亞缺少的是法律或政治問責以限制國家的權力。

我們在第一部可以看到，在建立現代政府制度之前就民主化的國家，很容易形成大規模的侍從主義。比起其他國家，這在東亞比較不是大問題，因為東亞比拉丁美洲和非洲發展出來的民主國家較少，而第一批出現的民主國家也多半集中在工業化國家，它們之前已經有強勢的政府。雖然我沒有花任何篇幅討論菲律賓，但它可以被視為這個原則的例外，就像十九世紀的美國，菲律賓在建立現代政府以前就民主化了，因此也經歷大量的酬庸與侍從主義。

東亞地區的國家與社會均勢狀態，在兩股力量的衝擊下面臨快速的改變，這是在前現代世界不曾出現或較不具影響力的力量。第一個力量是工業化，這股力量能動員強大的新興社會參與者，例如在農業時代不存在的中產階級與勞工階級。第二個力量是與國際社會的密集互動，也就是我們今天所說的全球化。商品、服務、人才與觀念，以比過去更快的速度穿梭在各國邊界，國外因素對國內發展過程的影響，因此也比以前更重要。所以，東亞政府雖然在傳統上比較強勢，但他們今天也要面對兩股抗拒的力量，一是內部社會的新興團體，一是從世界其他地方湧進來的觀念。社會動員改變了歐洲社會並成為歐洲民主制度的基礎，這股力量也在當代的東亞地區形成中。

因此我們必須更仔細地審視民主開放的動態進程。民主已經成為全世界政治建制的主要形式，不只是因為民主觀念是好的，也是因為它滿足特定社會團體的利益，並受到他們的支持。這些團體也是更廣的經濟與社會發展的副產品。在這過程中，觀念非常重要，但是觀念與社會不同階級的實質利益相激相盪，也互相影響。

注釋

1 根據可取得的不同年份資料：日本，一九九三年；衣索比亞，二〇〇五年；南韓，一九九八年；印尼，二〇〇五年；坦尚尼亞，二〇〇七年；中國，二〇〇五年；菲律賓，二〇〇九年；阿根廷，二〇一〇年；肯亞，二〇〇五年；墨西哥，二〇〇八年；奈及利亞，二〇一〇年；巴西，二〇〇九年；安哥拉，二〇〇〇年。

2 參見 Luis F. Lopez-Calva and eds., *Declining Inequality in Latin America: A Decade of Progress?* (Washington, D.C.: Brookings Institution Press, 2010).

3 拉丁美洲唯一可以放在這個類別的國家是智利，在獨裁者皮諾切持（Augusto Pinochet）統治期間推出支持市場的政策，因此達到相對快速的經濟成長。另外，吉納威（Meles Zenawi）時期的衣索比亞，以及卡加美（Paul Kagame）時期的盧安達，都可見到初期發展的成果。

4 前現代時期的東南亞，參見 Tony Day, *Fluid Iron: State Formation in Southeast Asia* (Honolulu: University of Hawai'i Press, 2002). 後殖民時代的新加坡與馬來西亞，參見 Slater, *Ordering Power*.

PART III

民主

Democracy

第二十七章 民主為什麼會廣為流傳？

第三波民主化與理論；民主浪潮為何出現相關理論；為什麼民主根植在特定社會團體的利益；社會動員是經濟變遷與民主之間的連結；政黨是爭取民主的主角。

日本、中國與其他東亞社會都繼承悠久的政府傳統，在十九世紀與二十世紀開始工業化之前就有強勢政府的存在。在此之前，他們都是高度不平等的社會，一小撮菁英對著一大群沒有組織的農民，擁有獨占的權力。我認為，隨著經濟開始快速成長，國家與社會的均勢狀態開始改變，因此當代中國的威權制度將會面臨重大的挑戰，因為新的團體會受到動員，並開始要求該有的政治權力。但最終將在中國帶來正式的民主問責制度嗎？我們無法預測這一點。我們能做的是了解世界其他地方民主化的過程，以及這個民主化過程對未來的可能意義。

在一九七〇年與二〇一〇年之間，全世界民主國家的數量從四十五個劇增到一百二十個，大約是全世界國家中的百分之六十，杭亭頓稱為第三波民主化。根據他的說法，第一波歷時較久，從一八二〇年代一直持續到十九世紀末；第二波較短，在二次世界大戰之後馬上發生的一段時間。第三波則從西班牙與葡萄牙在一九七〇年代初期的民主轉型期開始，然後歷經希臘與土耳其軍事統治結束；接著是一連串拉丁美洲國家，包括巴西、阿根廷、秘魯、玻利維亞與智利；接著是亞洲的菲律賓、南韓、臺灣的民主化；最後在原有的共產主義崩潰，東歐與許多前蘇聯國家重回民主政體時達到高峰。民主專家戴蒙（Larry Diamond）指出，第三波浪潮在二〇〇〇年代有點衰退的跡象。雖然有些觀察家認為，二〇一一年初發生的阿拉伯之春是第四波開始的徵兆，但是埃及、利比亞與敘利亞的倒退讓這種說法比較沒有說服力。[1]

這些民主化浪潮為什麼會發生？為什麼會發生在某些地區與社會，而不是其他地方？為什麼有些民主化浪潮可以成功建立相對穩定的民主政體，而其他卻沒有？為什麼民主化只在二十世紀成為全球現象，而不是出現在之前大約四百個世紀的人類歷史中？

民主制度為什麼會流行，已經出現許多版本的答案，其中之一是，民主會風行是因為民主觀念的根本力量。托克維爾在《民主在美國》（*Democracy in America*）一書中，強力指出這個論點。他提到，構成現代民主的根基，也就是人生而平等的觀念，在之前的八百年已經打下基礎，而且成為一種擋不住的動能，幾乎可以讓他聯想到「類似宗教的敬畏之心」。他認為，民主的進展是根據神的旨意。[2]其他學者也同意，觀念有關鍵的作用，並把民主觀念回溯到特定的歷史或文化的根源，不管是古代的雅典或是基督教精神。黑格爾與尼采都認為，現代的政治民主是基督教信念的世俗版本，因為基督教的信念相信人的尊嚴有普世的平等性。尤其是黑格爾，他把物質世界的發展，例如法國大革命以及平等原則的出現，視為人類理性的內在邏輯的一種顯現。在第三波期間以及最近的阿拉伯之春，經由廣播、電視、網際網路，以及一波波帶著各地起義消息的激進分子的傳播，民主觀念明顯快速地流傳開來。而一九九〇年代初期在漠南非洲發生的民主化浪潮，也是明顯受到東歐共產國家戲劇化的發展，以及柏林圍牆倒下的啟發。

從第二章提過有關發展的六個層面的討論架構來看，聚焦在觀念或文化價值的理論，呈現出的因果關係看起來就像圖十九。

雖然觀念的威力驚人，也能針對很多政治制度提供解釋，但是這個解釋引起的問題和解決的問題一樣多。例如，為什麼人生而平等與民主的觀念會出現在某些時期，而不是另外的時間？民主觀念至少從古代的雅典就已經有了，但卻到十八世紀末才在各地形成制度。托克維爾認為民主是上帝的旨意，但並未解釋人生而平等的觀念為什麼逐漸變得更強而有力。民主並沒有在全世界各地出現，全球各地的民主也沒有得到相等的動能。因此在背景不同的人之間引起一個推論，包括杭亭頓、當代的中國政府與各式各樣的伊斯蘭主義者，也就是民主不是一種全球趨勢，而是某種文化上特別屬

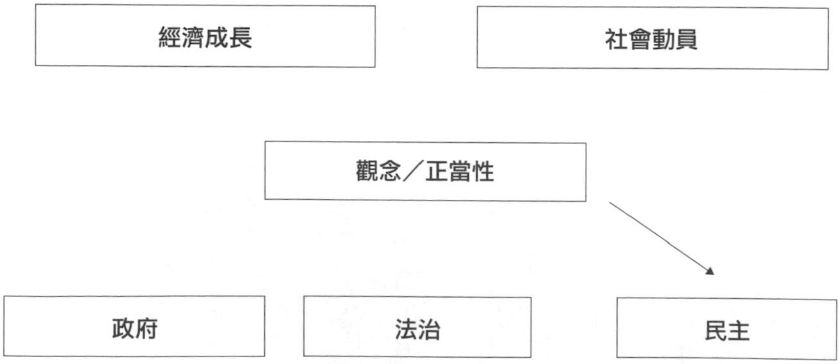

圖十九：觀念與民主

於西方文明的產物。如果這個說法是對的，那麼引起的另一個問題就是，為什麼這個特別的觀念是在西方，而不是在其他地方出現？

另一派的想法認為，民主並不是觀念或一組文化價值的表現，而是社會內部深刻的結構力量的副產品。社會學家長久以來就注意到，高度經濟發展與穩定的民主之間的關聯：今天世界上大部分富有的工業化國家都是民主政體，而大部分的威權政府也比較不發達。一個很知名的研究顯示，雖然不管處在任何發展程度的國家，都可以從威權轉型成民主政體，但如果他們達到某個國民平均收入的門檻以上，比較可能繼續維持民主體制。因此我們可以得到一個初步印象，經濟發展的過程可能產生某種因素，讓民主更可能發生。[3]

但是，經濟發展與民主之間的關係究竟是什麼？難道當人們達到某個富裕程度之後，價值觀就會忽然大翻轉，轉而支持民主制度？經濟發展與民主有關的統計數據，並未提供明確因果機制的洞見。但也有很多例外，若根據這個觀點，貧窮的印度不應該是個穩定的民主國家，富有的新加坡才應該是，但事實正好相反。

在第二章，我提出另一個因果關係的途徑，也就是經濟發展會影響政治制度，但是必須藉由社會動員的力量。其中的關鍵概念就是分工。斯密認為分工會受到市場規模的限制，或者換個說法，當市場藉由增加貿易而擴張時，會出現新的分工方式並繼續深化。新的分工就注定會產生新的社會團體。雖然斯密並未把論點闡述得很明確，但在邏輯上接著會發生的是，這些新團體在原來的農業社會中是被排除在政治制度之外的人，現在他們會要求自己也要有一份政治權力，因此增加了要求民主的社會壓力。換句話說，經濟發展會引起社會動員，接著會增加對政治參與的需求（如圖二十的箭頭方向）。

斯密對改變分工的描述，是擄獲十九世紀主要社會理論家的核心概念。首先是馬克思，他把分工納進自己的信念，並把它轉化成社會階級理論。

馬克思的洞見

馬克思的理論架構可以總結如下：在舊有的封建制度外，第一個被動員的社會階級是資產階級，這群人是被地主看不起的都市人，但他們累積不少錢並運用新技術帶動工業革命。工業革命接著動員了第二批新的階級，也就是無產階級，他們的剩餘勞力並沒有受到資產階級公平地對待或配置。這三個階級想要的政治結局都不一樣：傳統地主階級想維持舊的威權體系；資產階級想要一個自由（例如法治）政體以保護他們的財產權，有沒有正式的民主選舉都沒關係（他們一直對法治比對民主有興趣）；而無產階級一旦意識到自己是一個階級，就會想要無產階級專政，接著讓生產手段適應社會

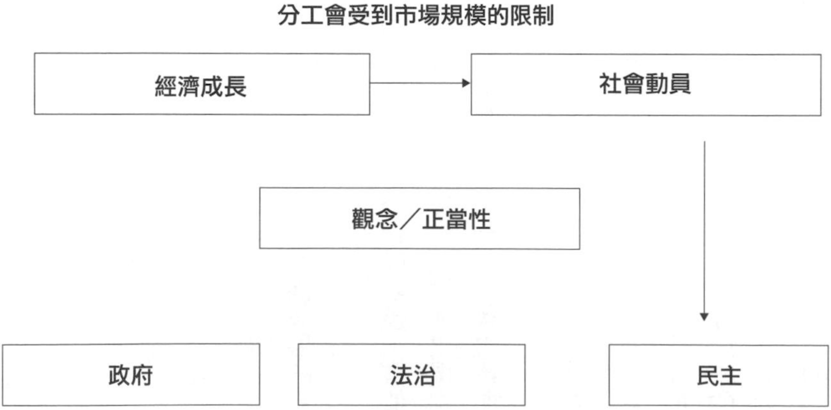

圖二十：成長與社會動員

生活的需求、廢除私有財產，並重新分配財富。勞工階級可能會支持民主選舉與全民普選，但這是終結控制生產手段的方法，而不是最終的目的。

研究後馬克思主義最重要的學者摩爾，他在一九六六年的名著《民主與獨裁的社會起源》已經在日本的相關討論中提過（見第二十三章）。這本書提供一連串歷史案例研究，包括英國、德國、日本、中國、俄羅斯與印度，試著解釋為什麼民主會在某些國家出現，而不是其他國家。他最被人記得的坦率觀察就是：「沒有資產階級，就沒有民主。」但他的意思並非只要出現資產階級，民主就一定會出現。舉例來說，德國的工業資產階級就和容克階級等貴族統治菁英結盟，組成有名的「鋼鐵與黑麥的聯盟」（iron and rye），支持當時俾斯麥的威權統治，後來也在希特勒崛起中扮演某些角色。摩爾認為，快速增加的資產階級，如果成功取代舊體系中的地主與農民地位時，民主才會出現。他指出英國發生的就是這樣的故事，住在鄉下且帶有創業精神的資產階級，成功地把農業商業化之後，刺激農民離開田地，下一步就接著資助工業革命。這個過程削弱了地主菁英的勢力，同時產生一群現代的勞動階級。

摩爾也特別注意到馬克思沒注意到的農業生產形式，馬克思幾乎完全忽視農民的存在，因為他認為農民會被資本家的工業化消滅，就像在英國一樣。但是爆發革命的俄國與中國，絕大多數的民眾都是農民。雖然馬克思認為農民是最後注定要消失的一個階級，但列寧與毛澤東卻是因為農民的支持才取得權力。摩爾把這些案例列入考慮並主張，民主化在「勞動壓抑」的農業環境中會遇到特殊的阻礙，因為在這種環境中，農民在大型且集中的莊園中被大量綁在土地上，威權的地主階級就能繼續存活；又因為威權的地主階級的存在，之後就會造成工農階級的革命運動。至於在地主與工農階級兩個極端之間，屬於中產階級的民主則前途渺茫，因為許多拉丁美洲國家已經上演過這種情況。

摩爾的書引發大量的文獻，都在討論他提出來的論點，特別是他主張資產階級或中產階級對民主的出現是不可或缺的一環。[4]我們不需要深入學術上的爭議細節，但他的假設也顯然必須修正。舉例來說，資產階級壓根算不上是一個統一的團體，它包括了如蒂森克（Thyssen）和洛克菲勒（Rockefeller）等大工業家，以及馬克思輕蔑地稱為「小資產階級」的小店業主與城市裡的專業人士。這些不同出身的人士，其共同利益也會根據環境而改變。在很多例子中，重要的中產階級也不一定總是支持民主。[5]雖然勞動階級也會被激進而反民主的共產黨與農民運動吸收，但很多勞動階級團體都是團結一致支持民主的投票權與法治。

要特別強調的一個重點是，自由民主制度中的兩個元素，也就是自由的法治與大眾政治參與，是兩個不同的政治目標，一開始也是受到不同社會團體的支持。因此，就像很多歷史學者已經提出的，推動法國大革命的中產階級並不是堅定的民主派，他們並不想把選舉權立刻開放給農民與工人。對他們來說，天賦人權的觀念被認為是一種法律保障，可以保護資產階級的財產與個人自由，並限制政府的權力，但並不一定要賦予法國社會大眾這種權利。英國也有同樣的情形，在上一個世紀光榮革命期間，強迫英國國王接受憲政決議的輝格黨人，大部分都是有錢的納稅人，包括部分貴族、仕紳階級與上層中產階級。接下來的兩個世紀，這個行列加入了數量大增的商業或工業資產階級，以及中產階級的律師、醫師、公務員、教師，與其他因為教育或財產而脫離勞動階級身分的專業人士。這個團體在十九世紀組成英國自由黨的支持基礎，但自由黨的主要興趣在法治更甚於民主。也就是說，他們嚮往對私人財產與個人權利的法律保護、自由貿易政策、以能力聘用的文官改革，以及讓向上流動成為可能的公共教育。

但是時間一久，自由與民主的進程開始匯流，民主就成為中產階級的目標。畢竟法治與民主問責是限制權力的兩種不同手段，而且在實務上通常能相輔相成。保護財產權利不被專制政府掠奪，需要政治權力，這需要由開放選舉權來達成。同樣的，要求選舉權的公民也可能受到法治的保護，因為法律會限制政府壓制他們的能力。投票權因此被視為另一個受保護的法律權利。包含法治與普選的自由民主政治制度，因此變成一籃子交易，並成為中產階級團體與大部分勞工階級的渴望。

摩爾並不是希望看見共產主義盛行於全世界的馬克思主義者，他把自由民主視為值得嚮往的制度，只是察覺到強大的社會力量通常會阻礙自由民主的發展。根據這個精神，由摩爾修正的馬克思主義者的分析架構，在了解民主如何以及為何會流行時，仍然是很有用的方法。其中一個關鍵洞見就是，民主最受到資產階級的嚮往。如果我們想要理解出現民主的可能性，就必須評估資產階級與偏好其他政府形式的社會團體的相對優勢，例如舊地主寡頭傾向支持威權制度，而激進的農民或城市窮人則專注在經濟重分配。因此，現代的民主制度有其社會基礎，如果不加以關注就無法適當評估民主轉型的未來。

我們可以總結主要社會參與者的相對優勢與互相作用，以判斷在特定社會中出現民主的可能性。這些是十九世紀與二十世紀初期工業化之後，存在於歐洲的主要社會團體，也在很多當代開發中國家可以看到。

（一）中產階級。主要是以職業與教育的角度定義，而不是收入的水準。他們傾向支持自由民主中的自由部分。也就是說，他們想要正式的法律以保護他們的權利，特別是財產不會受到政府的掠奪。他們可能是也可能不是民主的支持者，也就是普遍的政治參與；他們心中最大的矛盾就是，如果不公然反對經濟重分配，可能會影響自己的財產與收入。十九世紀發生在丹麥、希臘、法國、阿根廷、葡萄牙與西班牙的民主轉型時，中產階級就是主要的領導分子；二十世紀初期，在芬蘭、瑞典、荷蘭、德國與英國，中產階級也是強力要求全面民主化的重要聯盟成員。[6]

（二）勞動階級。也就是馬克思有名的工業無產階級。他們對自由民主中的民主部分較感興趣，也就是他們自己的政治參與權利。在丹麥、比利時、芬蘭、瑞典、荷蘭、德國與英國，他們加入中產階級團體，強力要求全面開放選舉權。[7]但是他們比中產階級更關心經濟重分配，而且通常聚焦在重分配，而不是財產權的保障。也是因為這個原因，全世界極大部分的勞動階級在十九世紀時，都願意支持不民主的工團主義者的政黨（就像南歐與大部分的拉丁美洲），或是二十世紀的共產黨或法西斯政黨，這些政黨都承諾要做到重分配，但卻是以個人的自由權利為代價。

（三）大地主，特別是利用受壓迫奴工（奴隸、農奴，或其他非市場條件下的勞工）的人，在全世界各地幾乎都是民主的威權反對者。摩爾最持久的一個洞見就是，必須以任何手段擊潰這個特殊社會團體的力量，否則不會發展出完全的民主。[8]

（四）農民的政治訴求比較複雜，有時候也不太一致。在很多社會，他們是一個極端保守的團體，接受傳統的社會價值也願意接受附屬的地位，成為地主階級分配好處的對象。一七九三年發生在法國旺代的農民暴動，目的是反對位在巴黎的革命政府，就是最早的反革命運動之一。就像我們在希臘與義大利看到的，農民也可能被保守政黨利用侍從主義的手段動員。不過，在對的條件下，他們也會加入勞動階級的激進力量，成為革命的支持者，例如成為布爾什維克、中國與越南革命的步兵團。

這是四種主要的社會參與者，這些團體彼此的互動決定了十九世紀政治發展與民主轉型的途徑。這段時期一開始，世界所有最先進國家主要的社會參與者都是地主寡頭與農民。逐漸工業化後，農民離開鄉村並加入勞動階級，接著在二十世紀初期勞動階級就成為最大的社會團體。在擴大貿易的衝擊下，中產階級人數開始增加，一開始是在英國與美國，接著是法國與比利時，到了十九世紀末期則是德國與日本，以及其他「晚近發展國家」（late developer）。在二十世紀初登場的歷史大戲，就是若干嚴重的社會與政治對抗。

政黨的核心角色

雖然馬克思的分析架構很有用，但有一個缺點就是他把「階級」當成關鍵的決定性因素。在討論的時候，好像資產階級、無產階級與封建主義者等社會階級，都是清楚定義的政治參與者，也能做出有意識的理性決策。但在現實中，社會階級是知識分子的抽象概念，在分析上很有用，但除非組成特定的組織，否則無法產生政治行動。現在的社會團體可以用很多方式參與政治，包括透過罷工與示威、運用媒體或透過臉書與推特等管道。公民可以組織民間社團對特殊目的施壓，並互相支持。如果想要持續施壓，政治參與就必須制度化，在過去兩世紀以來這就表示應該要組成政黨。

因此，前面說的這四種團體並不是很有凝聚力的政治參與者，他們必須由政黨代表並接受政黨的動員。因為這個緣故，雖然很多早期的民主理論家沒有預料到，但政黨一直被認為是所有成功民主政體的必要條件。保守的政黨例如英國托利黨或德國保守黨，一開始都是政治菁英派系，後來才被迫改成可以參選的大眾政黨。中產階級有很多不同的自由政黨代表，包括英國的自由黨或德國的進步黨、左翼自由黨或民族自由黨。勞動階級則在社會主義政黨旗幟下被動員，例如英國工黨、德國社會民主黨，在二十世紀則是各種共產主義政黨，在所有工業化的社會都開始出現共產主義政黨。農民是最後組織起來的社會團體，在英國、美國、丹麥與瑞典，他們在十九世紀末期大致上是消失不見的，因為他們都經營獨立的家庭農場，要不然就是離開土地到城市討生活。希臘與義大利的農民是被保守政黨吸收，保守政黨利用侍從主義給點好處的方式控制他們；保加利亞的農民則順利組成自己的政黨。

但任何以簡單的階級基礎分析民主的主要問題是，有很多跨階級的議題可以聯合不同階級的人，政黨的階級輪廓也因此變得模糊，其中最重要的是族群、宗教與外交政策。十九世紀末的德國議會有代表波蘭人與丹麥人等少數族群的政黨，也有代表天主教利益的中央黨，但後來也分裂成左翼與右翼。另外，帝國政策與建立海軍等議題，一向是保守派的目標，但也能得到勞動階級的支持。在英國，針對愛爾蘭自治問題與帝國統治權向來有強烈的分歧，在判斷選舉結果時，通常和階級考量一樣重要。在現在的中東地區，伊斯蘭政黨多半在下層階級與鄉下地區有社會基礎，但他們公開的訊息基礎是宗教，而不是階級。

因此，雖然政黨可以代表特殊社會團體的利益，但也經常具有自主性，藉著改變政黨的議程，例如從經濟轉變成認同政治、宗教或外交政策，就可以從不同的階級動員選票並得到權力。所以，他們不必真的代表支持他們的社會階級的實際利益，其中最極端的例子就是俄國與中國的共產黨，最後卻成為人類歷史上工人與農人的最大壓迫者。而在美國，共和黨傳統上是商業利益的捍衛者，卻從勞動階級得到大量的選票，他們是因為文化理由而不是經濟理由支持共和黨。

就像政府的文官體系，政黨並不是受到社會階級控制的機械手臂，其實他們有很大的決定權可以選擇如何代表選民。政黨是由政治權力追求者所成立的，他們根據特定的理念把支持者組織起來，接著就是組織真實世界的政治機器。成功的共產主義政黨是靠著像列寧這樣的組織天才才得以掌權。保守黨靠的是有關傳統、宗教、君主政體與安定的觀念而存活。如果政黨潛在的社會基礎流失，就必須爭取更多選民的支持，例如英國保守黨就是改變政黨議程而吸引中產與勞動階級選民。其他像義大利的天主教民主黨，則因為有能力組織大規模的侍從網絡而能繼續延續並興盛下去。另外，無法因應選舉政治新環境的保守政黨，通常會想要重新採取不民主的方式以保有權力，就像阿根廷在一九三〇年發生的政變（見第十八章）。侍從主義式的政黨組織通常帶有個人主義的政治風格，支持者會結合在一起是因為特殊的魅力型人物，例如裴隆夫婦，而不是一致而連貫的政治措施。因此並不是簡單根據社會階級的優勢或差異，就可以預測到政黨組織的能耐，而是取決於歷史性的偶然因素，例如領導風格、人格特質與觀念。

經濟成長、社會動員與民主

為什麼民主會流行，而且未來可能會更流行？民主制度有許多不同的推動因素，其中最重要的是經濟變遷。經濟成長在很多階段都和民主有關係，見圖二十一。經濟成長首先會先促成社會分工，分工之後會產生社會動員，接著又會產生法治與開放民主參與的需求。主導過去農耕秩序的傳統菁英，經常想阻止新的社會成員進入權力系統。但只有這些剛被動員的團體能夠順利被整合進入權力系統，並被允許參與政治，才可能產生穩定的民主體制。相反的，如果這些團體沒有制度化的參與管道，就會發生政治不穩定與脫序狀態。

在這種情境下，觀念仍然是非常重要的因素，但是觀念和其他發展層面的變化有關。舉例來說，人的尊嚴一律平等的觀念已經存在好幾個世紀，但在靜態的農業社會中，這個觀念無法產生太多動能，因為農業社會的社會流動性極低。當然，如果農民權利被人用暴力無情地剝奪，或出於飢荒與絕望，農民也會發動暴動並挑戰

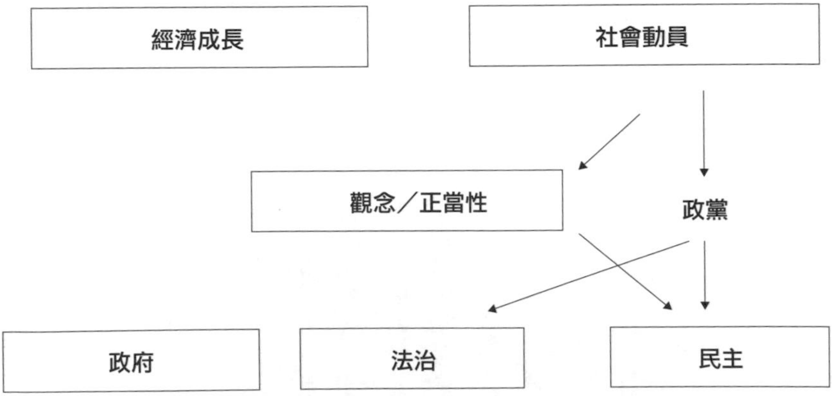

圖二十一：經濟發展與民主

政治現況，但是農民暴動的領導人通常會渴望加入寡頭統治的勢力，因為他們從沒想過要取代這種階級制度。因此，農民從來不會成為真正的革命分子。直到十七與十八世紀，在部分歐洲地區逐漸擴大的經濟制度讓社會階層重新洗牌，平等的觀念才取得明確的力量。現代資本主義需要能產生社會流動性，所以特別需要公平的機會。因此社會動員與民主和法治，有各種可能的因果關係。觀念的確很重要，也有其自主性——斯密與馬克思都不只是各自社會階級的代言人，但人們接受觀念的能力則受到社會環境與經濟變化的影響。

歐洲歷經一百五十年，民主才以漸進的方式出現，這是中產階級、勞動階級、舊寡頭與農民角力的結果，而且這些人都受到經濟與社會根本變化的影響。馬克思與摩爾的分析架構加上一些修正之後，基本上還是非常有參考性。這是我在下一章要補充的故事。

注釋

1 Diamond, *The Spirit of Democracy*.

2 Tocqueville, *Democracy in America*, introdution; Francis Fukuyama, "The March of Equality," *Journal of Democracy* 11, (no. 1) (2000): 11–17.

3 其中的關聯，參見 Seymour Martin Lipset, "Some Social Requisites of Democracy: Economic Development and Political Legitimacy," *American Political Science Review* 53 (1959): 69–105; Larry Diamond, "Economic Development and Democracy Reconsidered," *American Behavioral Scientist* 15, nos. 4–5, (1992): 450–99; Adam Przeworski et al.,

Democracy and Development: Political Institutions and Material Well-Being in the World, 1950–1990 (Cambridge: Cambridge University Press, 2000). 也可見 Acemoglu and Robinson, *Why Nations Fail*, 其中也把發展與民主連結起來，但是改變因果關係的方向。

4 想參考文獻的大概內容，參見James Mahoney, "Knowledge Accumulation in Comparative Historical Research: The Case of Democracy and Authoritarianism," in James Mahoney and Dietrich Rueschemeyer, eds., *Comparative Historical Analysis in the Social Sciences* (New York: Cambridge University Press, 2003). Dietrich Rueschemeyer 與共同執筆者 Evelyne 和 John Stephens, 檢視了摩爾的例子並增加拉丁美洲的例子，他們認為，勞動階級比資產階級更願意支持民主，而中產階級通常不願意和反動的地主結盟以支持威權政府。參見Dietrich Rueschemeyer, Evelyne Huber Stephens, and John D. Stephens, *Capitalist Development and Democracy* (Chicago: University of Chicago Press, 1992); Guillermo A. O'Donnell, *Modernization and Bureaucratic-Authoritarianism: Studies in South American Politics* (Berkeley: University of California Press, 1973). Ruth Collier之後的研究卻提出相反的見解，認為在十九世紀很多轉型成民主國家的例子中，勞動階級並不是民主的主要推動力量，雖然他們在第三波中的確扮演比一般認知更重要的角色。他對歐洲案例的研究重新證實摩爾一開始對中產階級與民主的連結關係。Ruth Berins. Collier, *Paths Toward Democracy: The Working Class and Elites in Western Europe and South America* (New York: Cambridge University Press, 1999).

5 Guillermo O'Donnell (*Modernization and Bureaucratic-Authoritarianism*), 主要探討拉丁美洲並提出進一步「官僚威權主義」理論，主張在全球體系裡的國家，資產階級傾向支持威權政府，以因應工業化深化之後引起的問題。

6 Collier, *Paths Toward Democracy*, p. 35.

7 同前注，頁八〇。

8 普魯士大地主阻礙選舉權擴大的角色，參見Daniel Ziblatt, "Does Landholding Inequality Block Democratization? A Test of the 'Bread and Democracy' Thesis and the Case of Prussia," *World Politics* 60 (2008): 610–41.

第二十八章　邁向民主的漫漫長路

歐洲的民主如何在十九世紀隨著社會變遷而進展；民主贏得大勝利之前的反對論點；為什麼通常是保守政黨決定民主進展的本質。

我在上卷談到英國與美國可問責政府（accountable government）出現的背景。在中世紀的封建制度中，政府對領主或議會負有責任，這個制度似乎因緣際會延續到現代。因為，只有領主才有徵稅的權力，這些人代表社會中擁有財產的寡頭。從十六世紀末開始，法國、西班牙、瑞典、普魯士與俄國國王，都成功削弱領主的勢力以鞏固專制統治。但在波蘭與匈牙利，領主勢力凌駕於國王之上，並形成中央相對弱勢的地方分權政治制度，結果很快被外國人以武力征服。只有在英國，國會與國王的勢力旗鼓相當，國會與國王的對抗在十七世紀告一段落，並在一六八八到一六八九年形成憲政協議，也就是所謂的光榮革命。

可問責政府的真正意義，並不只是簡單由反對勢力壓制政府，並強迫政府照其命令做事而已。

在整個人類歷史中，外部團體（out-groups）總是會對抗內部團體（in-groups），一旦外部團體取代內部團體成為掌權者，就會變成新的壓制者。但可問責政府的意義不同，這是正式承認政府對廣泛的大眾負有說明的責任與承認反對勢力存在的正當性。這就是觀念發揮重要作用的地方。洛克闡釋，所有的政府權力不是來自君權神授，而是來自保護公民個人權利的能力。由於政府常是個人權利最主要的掠奪者，因此洛克更進一步指出：「政府的權力都必須經過人民的同意」；因此我們今天所謂的正當性，就是來自人民「選擇自己的政府與統治者」的能力。「沒代表就不納稅」，以及「被統治者的同意」，就是光榮革命以及不到一百年後的美國革命中最激勵人心的基本信念。從「英國人的權利」（也就是傳統的封建特權）轉變成「天賦人權」（所有人的普遍權利），意味著新的革命不會只是一群菁英取代另一群菁英而已。

雖然光榮革命建立議會問責的原則，英國在十八世紀初距離真正的民主還很遙遠。因為國會代表是被一小撮有錢人選出來的，而這群有錢人在一八三〇年不超過全部人口的百分之三。因此民主和問責的意義不同，民主其實是在一六八九年憲政協議之後數世紀才出現的事。

由於法治與民主問責都被當作約束政府的手段，因此在歷史上，這兩種制度經常互有關聯也被同步推動，也就不令人意外。英國內戰期間，國會對國王最大的不滿是國王藐視共同法。都鐸王朝初期，國王經常在正當性有問題的國王法庭，也就是星室法庭（Star Chamber）[1]起訴反對者，因此議會要求國王在徵稅事務上有責任對議會提出說明，並要求國王必須依法行事。這就是法治的原則，確保外部團體取代內部團體之後，不會利用新的權力作為報復反對者的手段。

雖然自由民主制度中約束政府權力的兩種組成要素，也就是自由法治與民主問責兩部分，經常互相關聯，但兩者其實有各自獨立的概念。如同上一章提到的，這兩部分受到不同社會團體的支持。這意味著，自由與民主制度很少同步出現，而是前後接續出現。這也讓民主發軔的時間非常難以追溯。舉例來說，美國在什麼時候成為自由民主政體？美國的法治比民主來得更早，因為在美國革命與憲政會議之前，共同法很早就引進美洲殖民地，但是每個人享有的法律平等也要等到數百年之後才實現。雖然大部分的美國人主張美國在十八世紀末實施憲法時就算有了民主，但選舉權在一七八七年仍然非常有限，並以非常緩慢的進展才逐步開放給沒有財產的白人男性、非裔美國人與婦女，直到一九二〇年通過《憲法第十九條修正案》，選舉權才大幅開放。當時南方對黑人的投票權仍有不同的限制，因此直到一九六五年通過《投票權法案》（Voting Rights Act），全民才享有選舉權。

如果用自由民主的不同標準回頭檢視十九世紀的發展，就可以發現第一波歐洲與其他國家的民主化，其實經歷了極為漫長的過程。表六顯示的是，不同國家達到選舉權開放等不同里程碑的時間，以及達到全民普選所需要的時間。除了限制選舉權，十九世紀的歐洲威權政府還做了很多其他的事以牽制民主。以普魯士來說，雖然在一八四九年實施男性普選，但卻有三層投票制度。另外，直到一九一八年才廢除投票公開的做法。其他國家如英國、義大利與丹麥，則有非民選的上議院可以否決或變更立法的內容。很多國家強力限制人民組織政治團體，特別是打著社會主義或共產主義旗幟的新興勞動階級。另外，在這段時期的民主化也不是單向道，有些國家例如法國，在民主與威權制度之間往返持續進展，給予公民權利後又因為恢復威權政府而收回。

表六：各國選舉權開放的情形[2]

國家		年份	
	有選舉權的人口比例	男性選舉權	普選
奧地利	6.0（1873）	1907	1919
比利時	1.0（1831）	1919	1949
英國	2.3（1830）	1918	1929
丹麥	14-15（1848）	1849	1915
芬蘭	–	1906	1906
法國	0.24（1815）	1875	1945
希臘	–	1864	1952
冰島	9.8（1903）	1920	1920
愛爾蘭	0.2（1830）	1918	1923
義大利	2.3（1871）	1919	1945
日本	1.0（1899）	1899	1946
盧森堡	2.0（1848）	1892	1919
荷蘭	2.4（1851）	1917	1917
挪威	–	1898	1915
普魯士／德國	–	1849 / 1867	1919
南韓	–	1948	1948
瑞典	4.8（1865）	1920	1920
瑞士	–	1848	1959-1990
美國	9.4（1828）	1820s	1920

資料來源：Rokkan and Eisenstadt, *Building States and Nations*; Tilly, *Democracy*

選舉權

歐洲邁向民主分為幾個階段，且不時被長期的停滯或大幅倒退所打斷。發生這種迂迴現象最簡單的理由是，在十九世紀最後三分之一的時間點之前，歐洲社會其實對民主還沒做好準備。

我在緒論提過，雖然法國大革命把《拿破崙法典》帶到大部分的歐洲國家，而且在法國也保障一套現代的行政體系，但是法國尚未建立民主制度。其實，當時奧、普、俄三國組成神聖同盟，這些君主政權都想把時間倒轉到一七八九年之前的時光，拿破崙戰敗之後，法國又回到長期的威權統治。但是從歐洲的東邊到西邊，專制統治的程度有差別。許多瑞士行政區與德國城市邦組成共和政府，但是法國、荷蘭、比利時、挪威與部分德國邦（當然還有英國）則行君主立憲政體，也就是君主的正式權力要受到法律限制。在奧匈帝國、普魯士、義大利與俄國，雖然大部分都透過某種形式的民法與文官體系統治，但國王權力相對受到的牽制較少。[3]

第二次邁向民主的大動作發生在一八四八年的革命，雖然燃起希望，卻很快就幻滅。用歷史學家霍布斯邦（Eric Hobsbawn）的話說：「現代歐洲歷史中的一八四八年革命，帶來最大的保證、影響最大的範圍，一開始立刻有所斬獲，但也失敗得最澈底、最迅速。」[4]這次革命被稱為「人民之春」（Springtime of Peoples），曾被拿來和阿拉伯之春比較，影響歐洲心臟地區的每一個國家。革命風潮從法國開始，七月王朝（July Monarchy）[5]垮臺，並在二月宣布成立第二共和，這股民主風潮在接下來一個月內影響巴伐利亞、普魯士、奧國、匈牙利與義大利。未受到影響的都是在歐洲大陸外圍的國家，包括瑞典、英國、希臘、西班牙與俄國。但這場革命很快就遭鎮壓，一開始是哈布斯堡王朝在五月重新掌權，在該年年底之前，其他國家的君主政權也一一復辟。革命觀念快速擴展說明，民主意識覺醒的「感染效果」並不是網際網路與社群媒體的附產品，其實在報紙的時代也會發生。[6]

這些革命的爆發與失敗，反映出歐洲的社會轉型在本質上還不完全。十九世紀初期，歐洲大部分還是農耕社會，主要的社會參與者是地主與農民。只有英國與荷蘭的中產階級擁有夠分量的規模與政治影響力。到了十九世紀中葉，各地出現少數的商業與工業資產階級，而且隨著教育與識字能力的普及，報紙與公共討論比以前更普遍。一八四〇年代這十年，整個歐洲大陸各處都出現了我們今天所謂的「公民團體」，自願性質的民間組織藉由宴會或大眾活動而成立，在這些場合與組織中，想法相近的人會聚在一起交換看法，並發表批評政府的意見（英國更早就有這種組織）。但政黨在大部分的地方仍然不合法，在壓制更厲害的地方，激進分子必須組織祕密社團，就像青年義大利黨。就是這些合法與非法組織，成為一八四八年革命的先鋒。[7]

在當時，即使是歐洲經濟最先進的國家，中產階級仍然是人口中的少數，因此並未完成社會轉型。中產階級自己也分成兩派，一派希望有強大的法律保護自己的人身與財產權，另一派則關心更廣泛的民主參與。大多數的歐洲人還是農民、工匠與小商人，以及還沒有組織的勞工階級。歐洲的情況就像今天的泰國與中國等新興市場國家。一八四八年的保守派因此可以藉著訴求民族主義，並利用中產階級對社會失序的恐懼，分裂中產階級，成功破壞革命的動能。

一八四八年恢復保守體制之後的數十年，歐洲經歷了史上最劇烈的經濟與社會轉型，就像美國歷史上經歷的一樣。在第一次世界大戰前夕，歐洲最先進的國家，包括英國、法國、德國、比利時與荷蘭，都從農業社會轉變成工業都市型社會，因此社會階層大幅改組，並為新的大眾民主政治建立基礎。

因此，霍布斯邦評論一八四八年革命失敗是因為轉型不完全的說法太過嚴厲。就是因為革命，十九世紀後半葉的威權統治領導人，內心基本上都害怕再度爆發革命；也是因為革命的發生，才為接下來的兩個世代設下政治改革的時間表。舉例來說，普魯士在一八四七到一八六七年就舉辦全民普選，只是屬於記名的分級式投票制度。一八七一年統一的德國則正式實施憲法，為民選的國會找到憲政的角色。政黨合法化促成社民黨成立，即使極端保守的總理俾斯麥極力壓制，社民黨在第一次世界大戰前仍然成為國會中的第一大黨。一八八〇年代，俾斯麥實施歐洲第一個社會安全與健康保險制度，就是竊取新興勞動階級政黨的想法。

法國也如此。一八五一年，路易・拿破崙（譯注：拿破崙的姪子）經由政變取得政權，還宣稱自己是皇帝拿破崙三世，並推出公民投票以取得統治的正當性（他曾在一八四八年成立的共和體制中被選為總統）。儘管是在高度的管控下，但法國已經習慣投票的觀念。另外，第二帝國[8]也比較開明，允許公開討論多元的政治觀點。這段期間的經濟發展也為真正的民主奠定基礎。普法戰爭戰敗以及巴黎公社被鎮壓後，第三共和成立。從一八四八年革命中活下來的保守派領導人意識到，他們遇到的是前所未見的社會動員力量，因此很多轉向更自由、更民主的做法，都是由這些人所推動的成果。

由於許多國家的民主動力受到民族主義者操縱，十八世紀中葉立憲政府的中產階級支持者，後來也變成反覆無常的民主派人士。法蘭克福與柏林議會裡的德國自由派人士，通常更熱中於建立統一的德國，而不在乎既有的德國各邦的民主化程度。菁英自己很願意成為國家的「代表」，但實際上不想讓其他同胞擁有投票權。很多人最後支持俾斯麥與俾斯麥的德意志帝國，因為他是被視為有能力統一德國的人。中產階級的自由派人士是德國資本主義的領導人與受益者，當政府提高關稅保護其產業時，他們毫不猶豫就揚棄經濟自由原則。奧匈帝國很多自由派人士也是一樣，他們更想保護自己身為全國菁英的特權，卻不想開放選舉權。英國在十九世紀末期時反對愛爾蘭自治法案與支持帝國體制的保守派，不只從中產階級，甚至也能從勞動階級中得到支持。在歐洲，民族主義勝過階級利益，這將不是最後一次。

反對民主的論點

歐洲既有菁英在觀念與實質利益上都堅決反對民主的普及。十九世紀期間，很多認真的知識分子樂於深思反對普選或一人一票的理由。即使今天很少人願意公開仔細說明他們的主張，但其中有些論點仍然很值得探討。

其中對民主最有力的批評論點，是英國哲學家彌爾提出來的，他在一八五九年出版的《論自由》（*On Liberty*），一直是自由派人士的重要參考文獻。在《第二改革法案》（Second Reform Act）之前，於一八六一年出版的《關於議會政府的想法》（*Thoughts on Parliamentary Government*）中，彌爾提出許多反對普選與一人一票的論點。他一開始提出的是典型的輝格派論點：「不管是全國性還是地方性，只有確實繳稅的人才能選決定稅務的議會代表。」[9]只有繳稅的人才能投票這個觀念，是英國與美國革命標語「沒代表就不納稅」原則的另一種說法。彌爾因此認為，徵收直接稅比間接稅好，因為這會提醒公民自己的職責，要對政府如何花用納稅人的金錢保持警戒。但這也進一步暗示：「得到減免的人，就不應該擁有選舉權」。換句話說，靠福利金過活的人就沒權利投票，因為他們基本上只是受納稅人撫養的寄生者。

彌爾第二個反對選舉權平等的論點與選民的資格和責任感有關。由於「包括選舉權在內，擁有並行使政治權力，對大眾的道德與心智是一種重要的訓練」，他並不反對普選的原則，但是他反對一人一票。對現代人來說，他的觀點聽起來特別奇怪，他認為：「如果硬要說，每一個人都應該擁有相等的社會權利，我認為前提必須是每一個人在身為人的價值上是相等的。」[10]這種說法引出來的論點是，不同階級的人根據其教育程度應該擁有不同數量的選票，比如說，沒有技能的工人一票，領班三票，律師、醫師或神職人員五票或六票。他舉例說，路易・拿破崙就是被無數的農民選為法國總統，這些農民「既不能讀，也不會寫，而且他們對公眾人物的認識，即使是名字而已，也只能透過口語傳播。」[11]這種觀點頗有影響力，美國內戰之後的數十年間《吉姆・克勞法》（Jim Crow laws）[12]仍然流行，很多類似論點都被美國南方的白人拿來限制或剝奪非裔美國人的投票權。

其他思想家提出的論點是，只有菁英有能力客觀地保護公眾利益，因此應該受託成為沒有投票權的人的代表。舉例來說，回到十八世紀的柏克主張，從腐敗選區或不公平選區選出來的眾議院成員，比起代表名額不足的選區並沒有得到更好的道路、監獄與警力，因為這些高貴階級的人「比其他人更能不受限於地方的利益、熱情、偏好與計畫」，所以能產生「更具普遍性的看法」。[13]勞工階級本身是沒資格統治的：「身為理髮師、賣蠟燭的小商人一點也不光榮……如果允許這些人統治國家，國家的發展就會受到壓抑。」[14]

這個觀點是白芝浩（Walter Bagehot）在一八六六年《第二改革法案》提出前，於他出版的經典著作《英國憲法》（*The English Constitution*）中提出，他主張：「從國會代表性的角度來看，我不認為排除勞工階級的代表權是有瑕疵的。勞工階級對整體的公共意見幾乎沒有貢獻，他們在國會並不擁有影響力，故不會影響國會正確反映公共輿論。因此，他們不必有代表權，也不必被代表。」[15]白芝浩所謂的政府中的高貴部門，也就是國王與貴族院受到相當的大眾支持，因此雖然沒有勞工階級與窮人積極參與政府事務，但也滿足正當性的基礎。[16]

另外一些保守派的義大利思想家則提出另一種反對民主的論點。他們主張，由於不可能實現真正的民主，因此開放選舉權是沒有意義的事。這派觀點一開始是由莫斯卡（Gaetano Mosca）提出，他認為不同的統治方式，包括君主專制、貴族統治、民主，對實際的生活沒有造成太多差異，因為到最後都是受到菁英的控制。「權力階級」會讓自己在各種制度中保有權力，也一定會利用民主制度做同樣的事。即使「共產主義與集體主義社會，也毫無疑問要受政府官員管理。」經濟學家帕雷托（Vilfredo Pareto，經濟學者都很熟悉，因為他發現帕雷托定律）也提出類似的看法，他認為不管統治方式的類型，菁英都能持續主導局勢。根據收入分配的統計研究，他提出帕雷托定律，也就是百分之八十的財富會掌握在百分之二十的人口手中，而且不論時間與地區。既然這接近自然的規律，想要透過開放選舉權或收入重分配的政治措施來補救，也是白費力氣。[17]

這些義大利保守派思想家的各種看法，把馬克思的觀點往前更推進一步。也就是說，民主制度的正式出現以及開放選舉權，都不會改善大眾的生活，菁英只是在不同形式中繼續保有掌控權罷了。莫斯卡與帕雷托認為，不同制度都不會改變這種情形，因此他們支持維持現狀。當然，馬克思相信無產階級革命能提供解決之道，他的追隨者也會在二十世紀的布爾什維克與其他共產主義革命之後繼續打造真正平等的社會。在某種意義上，義大利思想家是對的，共產主義並沒有消除統治者與被統治者的隔閡，也沒有終結菁英的宰制，它只是改變統治者的身分而已。

馬克思、莫斯卡與帕雷托指出了不管民主是否出現，菁英都能繼續主導的問題，雖然共產主義的解決之道最後也是失敗收場，但不表示他們最初的批判完全錯誤。民主程序例如定期改選與新聞自由，並不保證民眾可以選出好代表（我會在第三十一章與第四部探討這個問題）。

關於沒受教育的人無法承擔行使選舉權應有的責任，到了十九世紀末，大多數歐洲社會開始普及大眾的教育，這個論點也就站不住腳了。但基於生物理由而反對民主的論點，情況就不一樣了。一八五九年達爾文出版《物種起源》之後，出現了「科學的」種族主義學派，不只合理解釋征服非歐洲人並殖民各地的行為，也合理解釋不給黑人、移民與少數族群平等選舉權，都是有正當理由的。另外，婦女也因為生理因素，在投票權中受到不合理的限制，且注定在工作場所中無法獲得和男性一樣的平等待遇。[18]

值得一提的是，十九世紀反對民主的所有論點，也採納很多現代民主的基礎概念。他們同意，政府必須對公民負責；有能力做出良好政治判斷的公民，就應該擁有政治參與的權利。他們與當代民主標準不同的地方，在於他們評斷特殊階級的人無法善盡職責、妥善行使政治權力，這些人包括窮人或沒有財產的人、未受教育的人、黑人或其他少數族群與婦女。這個想法在某些事實上也是站不住腳的，因為社會不會因為工人與婦女擁有選舉權而瓦解，窮人和黑人也會因教育而提升社會地位，所以把他們一直排除在政治參與之外，愈來愈難找到立論基礎。

當代政治學家很少人敢公然支持限制選舉權，或以教育和收入作為選民的條件，尤其在選舉權限制與種族階層相關的美國更是如此。

但是在當代的政治論述中，這些十九世紀的保守派論調也都能找到回響。舉例來說，最常見的是，菁英分子常常抱怨大眾選民會選擇「民粹式」政策。他們認為，大眾選民無法一直做出良好的決定，包括會選擇滿足短期需求且不是長期永續性的需求，通常選人不選政策，有時候會因為侍從主義式的理由投票，可能會採取扼殺誘因與成長的方法重新分配財富。但說到底，這些恐懼都無法構成系統性限制投票權的理由。因為在十九世紀，菁英一般都非常善於把自己狹隘的個人利益包裝成普遍的真理。

但選民的確不是一直都能把事情做對，尤其是短期的事，這也是千真萬確的事。另外，當代治理問題的解決之道是否就在更高度的大眾參與，關係也不明確。就像政治學家凱恩（Bruce Cain）提出的，大多數選民很明顯就是沒有時間、精力或專業知識，對複雜的公共政策議題投入仔細的研究。舉例來說，提出更多議題，並透過公民投票的機制，就會刺激更高度的民主參與，但投票結果通常不會正確代表一般大眾的意願，最後其實是最有組織和最有資源的意見會主導公共領域。[19]所以，文官體系最終必須對大眾負責，並改以能力為任用基礎，且受到多方的保護，以免遭受民主政治中異常行為的傷害，其實就是現在已經被遺忘的反對民主普及論點的一種反映。

保守派當道

典型的馬克思主義者與當代經濟學家，已經減少對民主無法解決貧富對抗問題的反對力道，因為窮人可以組織起來並威脅有錢人，以達到財富或收入重分配的目標。一旦威脅形成足夠的壓力，有錢人就會對政治權利與全面重分配做出讓步，民主也就誕生了。[20]其中，中產階級可以與任何一方結盟，但他們通常會被有錢人收買，一起支持非常有限的民主。任何有關公平正義與正當性的論點，都只是為了掩飾自身經濟利益的「超級結構」。馬克思主義者對這件事的看法是，有錢人不會為了真正的民主做出足夠的讓步，只有窮人以武力取得權力之後才會有真正的民主。普沃斯基（Adam Przeworksi）的統計研究顯示，大部分國家開放選舉權都是為了因應大眾動員，因此民主並不是靠別人給的，而是自己爭取來的。[21]

在一般大眾爭取民主的過程中，保守的社會團體可以用不同的方式描述自身利益，反而更有助於非暴力的民主轉型。和德國與阿根廷比起來（更不要說俄國與中國了），英國在一九三〇年代為什麼能和平鞏固自由民主制度，就和英國保守黨的策略大有關係。保守黨在十九世紀初期代表的是舊時代的地主菁英，等同於代表普魯士容克貴族與阿根廷大莊園主的政黨。但與其透過武力或威權統治抵抗愈來愈強大的社會與政治動員，英國保守黨重新以不同的方式理解其自身利益，願意在保全自己的政治權力的同時允許選舉權開放。

英國是較晚開放完全民主的現代國家之一，選舉權的開放歷經一八三二、一八六七、一八八四年三次主要的改革法案。就如表五顯示，一九一八年一般成年人才有投票權，婦女是直到一九二九年才有投票權。[22]一八三二年的改革法案，可以視為保守派因應威脅與對經濟變遷感到焦慮的結果。但是真正為英國帶來民主化的一八六七年與一八八四年法案，卻是保守黨首相迪斯雷利與自由黨首相格萊斯頓的功勞，他們不是因為即將爆發革命才改革，而是基於一種相當特殊的政治謀略。

所有的當代觀察家都同意，英國一八六七年「偉大的」改革法案，並不是靠草根暴動所促成，而是菁英意識到「勞工階級的心不像地殼變動，已經發生了很多無聲的改變」，而且社會也有一種普遍的期待，認為一八三二年改革之後會有進一步的政治改革提案。另外，並不是格萊斯頓領導的自由黨促成這個改變，而是他的保守黨對手迪斯雷利，主動引進立刻讓選舉權加倍的激進改革法案。[23]

迪斯雷利的動機從那時起就一直受到討論。很多保守黨同僚譴責他是階級利益的叛徒，或是在政治對抗的熱頭上打破原則的投機分子。但是歷史學家希梅爾法布（Gertrude Himmelfarb）主張，迪斯雷利的行動是出自不同的原則與信念，他認為托利黨是全國性政黨，貴族與勞工階級則是盟友關係。由於托利黨的信念是「社會階層較低的人不只個性天生保守，在政治上也會偏向保守派」，[24]因此有邁向民主的動力。換句話說，柏克上一世紀提出的觀點，認為保守的寡頭能「代表」整個國家的利益，並不只是一種掩飾階級利益的意識形態防護罩，而是和柏克社會階級相同的人真正相信的事。

不只富有的托利黨人相信這件事。保守黨在一八八四年接受第二次選舉權開放後的一整個世代，大部分時間仍然繼續主導英國的選情。迪斯雷利的判斷是對的，在接下來的選舉，很多勞工階級與貧窮的鄉下選民都是投給托利黨，並不是考慮階級利益（這個現象和二十一世紀初期的美國很像，很多勞工階級都投給共和黨候選人，並不在乎共和黨的經濟政策，好比自由貿易與反對籌組工會，其實會傷害到他們的收入），而是因為保守黨代表的一系列價值，例如恢復教會、傳統、君主制與英國的國家認同，對勞工階級選民很有吸引力，這種價值後來也在別的議題上可以看到，例如外交政策。如此就改變托利黨的社會基礎，它不再是大地主的政黨，而是崛起中的都會中產階級的政黨。在特定議題，例如保護財產權，選民支持舊寡頭的立場；但在其他議題，新興中產階級選民則接受開放選舉權。這股趨勢加上政治組織的強烈動機，讓保守黨成為獲勝的一方。[25]

英國的民主化模式是由菁英政黨主動提出，不是草根動員由下壓迫，並非唯一的案例。政治學家柯利爾（Ruth Collier）提到，這種由上而下的過程，也就是她所謂的「選舉支持性動員」，促使「內部」給予「外部」選舉權，發生在瑞士、智利、挪威、義大利、烏拉圭與英國。這些例子說明制度可以自己調整，一旦選舉權原則被設定在有限的選舉人中，在位的政黨可以藉著改變新議題、跨過階級界線，找到新的選民繼續掌權。[26]

當然有些菁英團體根本不想遵循民主規則，反而尋求軍隊或非民主的動員形式，以保護自己的利益。這就是義大利與德國在一九二〇年代與一九三〇年代、阿根廷在一九三〇年，以及很多拉丁美洲國家在一九五九年古巴革命之後發生的事。他們的選擇是根據幾個因素：保守派是否相信開放民主之後能繼續得到掌控力、保守派自身的團結程度、民主勢力有多團結並產生多大威脅、其他國家的菁英怎麼做。比起舊地主寡頭，新興工業資產階級對改變的態度較開放，不只是因為他們的資本比較容易流動，也是因為他們比較都市化、受到更好的教育，也更願意與其他文化與國際背景且有更多前衛觀念的菁英往來。觀念與行為基準也會改變實質的利益，例如，比起普魯士的容克貴族，英國上流社會的地主更願意把女兒嫁給積極上進的有錢平民；也比較願意接受輝格黨的想法，認為普及教育與識字率，會讓勞工階級同胞行使投票權時做出更安全的選擇。[27]

遺憾的是，大部分歐洲國家的民主化，並不是以和平漸進的方式開放選舉權而完成。當歐陸被兩次世界大戰吞噬時，對整個歐洲來說，民族問題絕對優先於階級問題。一九一四年八月，德國、奧國、英國、法國與俄國的勞工階級，都願意支持各自的政府，第二國際也就名存實亡了。包括英國等很多國家，直到一九一八年第一次世界大戰結束後，全部的成年男性才擁有投票權，這是因為勞工階級在壕溝中的犧牲，讓人在道德上無法反對他們的投票權。德國與奧國戰敗，也導致德國國王退位並成立威瑪共和，奧匈帝國也因此瓦解。

雖然舊的威權體系政治結構已經解體，中歐與東歐政治權力的社會基礎仍未消失。舊地主寡頭繼續透過文官體系與軍隊的影響力在幕後弄權。在戰後的通膨與經濟亂象中失去存款與保障的中產階級，被一九二〇年代興起的法西斯政黨所吸收。至於勞工階級則因為戰爭與最近的布爾什維克革命而情緒激昂，且被新興的共產黨吸收，他們更不想要自由與民主。在德國、奧國與義大利，這種政治對立挖空了國家的權力中心，也助長希特勒與墨索里尼的崛起，並為第二次世界大戰埋下伏筆。直到二十世紀下半葉，整個西歐才有穩定的自由民主制度；直到一九八九到一九九一年共產主義崩潰之後，穩定的自由民主制度才前進到東歐。歐洲邁向民主之路，真的非常漫長。

注釋

1 譯注：通常由國王指派親信負責，專門逮捕、審訊有反叛嫌疑的貴族。

2 S. N. Eisenstadt and Stein Rokkan, eds., *Building States and Nations* (Beverly Hills, CA: Sage, 1973), pp. 84–85; Charles Tilly, *Democracy* (New York: Cambridge University Press, 2007), pp. 97–98.

3 Jonathan Sperber, *The European Revolutions, 1848–1851*, 2nd ed. (New York: Cambridge University Press, 2005), pp. 56–58.

4 Hobsbawm, *The Age of Capital*, p. 15.

5 譯注：是一個君主立憲王朝，始於一八三〇年的法國七月革命，一八四八年法國革命後被第二共和取代。

6 參見Kurt Weyland, "The Diffusion of Revolution: '1848' in Europe and Latin America," *International Organization* 63, (no. 3) (2009): 391–423.

7 十九世紀初的歐洲發展程度，參見Eric Hobsbawm, *The Age of Revolution, 1789–1848* (New York: Vintage Boooks, 1996); Sperber, *European Revolutions*, pp. 5, 59–62. 編注：中文版《革命的年代》（新版）由麥田出版，二〇二〇年九月十日。

8 譯注：法國從君主專制轉型到民主政體，共歷經五次共和、三次帝國時期。一七八九年法國大革命，成立第一共和。一八〇四年拿破崙一世發動霧月政變，建立第一帝國。一八四八年法國發生第二次革命，建立第二共和；一八五二年臨時政府總統拿破崙的侄子拿破崙三世發動政變，建立第二帝國。一八七〇年普法戰爭，法國戰敗，結束第二帝國，第三共和成立。第一次世界大戰期間，德國入侵法國，結束第三共和。第二次世界大戰後法國復國，是第四共和。一八五八年法國修改憲法，成立第五共和。

9 John Stuart Mill, *Essays on Politics and Society*, vol. 19, (Buffalo, NY: University of Toronto Press, 1977), p. 471.

10 同前注，頁三三二至三三三。

11 同前注，頁三三七。

12 譯注：一八七六到一九六五年，美國南部各州對有色人種（主要針對非裔美國人）實行種族隔離制度的法律。一九四五年後民權運動興起，一九六四年美國國會通過《民權法案》，一九六五年通過《投票權法案》，禁止法律上有任何形式的種族隔離和歧視政策，《吉姆・克勞法》正式走入歷史。

13 Edmund Burke, *On Empire, Liberty, and Reform: Speeches and Letters* (New Haven, Yale University Press, 2000), p. 277.

14 From *Reflections on the Revolution in France*, 引自 Albert O. Hirschman, *The Rhetoric of Reaction: Perversity, Futility, Jeopardy* (Cambridge, MA: Belknap Press, 1991), p. 20. 編注：中文版《反動的修辭》由左岸文化出版，二〇一三年一月三十日（已絕版）。

15 Walter Bagehot, *The English Constitution* (New York: Oxford University Press, 2001), p. 186.

16 同前注，頁四至五及頁三二。

17 Gaetano Mosca, *The Ruling Class* (New York: McGraw-Hill, 1939); Vilfredo Pareto, *Sociological Writings* (New York: Praeger, 1966). 參見 Mosca 與 Pareto 在以下書目的討論：Hirschman, *Rhetoric of Reaction*, pp. 50–57.

18 關於科學種族主義，參見 Stephen Jay Gould, *The Mismeasure of Man* (New York: Norton, 1981).

19 Bruce E. Cain, *Regulating Politics? The Democratic Imperative and American Political Reform* (New York: Cambridge University Press, 2014).

20 馬克思主義者的當代理性版本，參見 Carles Boix, Democracy and Redistribution (New York: Cambridge Univesity Press, 2003), 以及 Daron Acemoglu and James A. Robinson, Economic Origins of Dictatorship and Democracy (New York: Cambridge University Press, 2005). 兩個理論都指出兩個關鍵元素不公平的程度，一方面是窮人要求民主，一方面是有錢人願意對民主讓步，不過在刺激民主轉型的明確方式上見解不同。當代文獻的相關概論，參見 Daniel Ziblatt, "How Did Europe Democratize?" *World Politics* 58 (2006): 311–38.

21 Adam Przeworski, "Conquered or Granted? A History of Suffrage Extensions," *British Journal of Political Science* 39, (no. 2) (2009): 291–321.

22 一八三二年的改革消除腐敗選區的問題，即使保守黨沒有這些選區的居民，但保守黨勢力大增。一八六七年的改革，擴大選舉權給大部分有房子的都會男性，這部分占了全部人口的百分之四十。一八八四年的改革擴大到鄉下地區的選舉權，政治參與率提升到男性人口的百分之六十。一九一八年與一九二九年最後的改革，則授予所有成年男性與婦女投票權。在這樣的環境下就能出現真正的大眾政黨，英國工黨因此出現並取代自由黨成為托利黨的替代選擇。每一次的改革都引起很大的爭議，民主的贊成與反對派辯論相當激烈。有關這些改革的一般描述，參見 Asa Briggs, *The Age of Improvement, 1783–1867* (New York: Longman, 1959), chaps. 5 and 10.

23 格萊斯頓在一八六六年提出有限改革的法案，只把選舉權增加到年收入七英鎊（平均年收入是四十二英鎊），但是他和彌爾一樣，很想「排除因為知識與誠實問題，不適合行使選舉權的人」，但在托利黨與自由黨右翼的脫黨黨員聯手下，他的法案遭駁回。William Ewart Gladstone, "Speech on the Bill of Mr. Baines," in Sarah Richardson, eds. *History of Suffrage, 1760–1867*, 6 vols (Brookfield, VT: Pickering and Chatto, 2000), 5:107; Briggs, *Age of Improvement*, p. 494.

24 Gertrude Himmelfarb, *Victorian Minds* (New York: Knopf, 1968), p. 357.

25 James Cornford, "The Transformation of Conservatism in the Late Nineteenth Century," *Victorian Studies* 7 (1963): 41–66.

26 Collier, *Paths Toward Democracy*, pp. 54–76.

27 案例參見"Speech of Edward Baines," in Richardson, *History of Suffrage*, 5:95; and Martin J. Wiener, *English Culture and the Decline of the Industrial Spirit, 1850–1980*, 2nd ed. (New York: Cambridge University Press, 2004).

第二十九章 從一八四八到阿拉伯之春

阿拉伯之春的起源；當代中東與十九世紀歐洲的異同之處；政治動員的另類途徑；宗教與民族主義。

阿拉伯之春是從二〇一一年一月，一位名叫布瓦吉吉（Mohamed Bouazizi）的突尼西亞街頭小販自我犧牲開始，這件事扳倒了班阿里（Zineal-Abidine Ben Ali）的獨裁政權，不只掀起埃及、葉門、利比亞、巴林與敘利亞一連串的暴動，並威脅到這個地區每一個政權的穩定性。根據媒體報導，布瓦齊齊的手推車被警察沒收好幾次，他前去抗議時遭到警察甩耳光與羞辱。由於他的基本尊嚴受到汙辱，他淋上汽油點火自焚，二週之後傷重不治。他的故事在阿拉伯世界廣為流傳，激起大家的同情與憤怒，並觸發一場重大的政治革命。

有些觀察家認為，由於穆斯林或阿拉伯世界大致上是未受到第三波民主化影響的地區，因此這個地區面對著其他地區所沒有的民主化特殊障礙。不管是穆斯林或阿拉伯文化，都必須對抗拒自由民主承擔部分責任。但是任何簡單的推論，認為阿拉伯是例外且願意消極接受獨裁統治的說法，也隨著二〇一一年初的一連串事件而閉嘴。[1]

但是預測阿拉伯社會可能無法維持自由民主制度，長期看來可能是對的。阿拉伯之春到現在已經四年了，在短期內受到革命影響的國家似乎不可能成立自由民主形式的政府，可能的例外就是阿拉伯之春起源的突尼西亞。至於其他國家，埃及之前被禁的穆斯林兄弟會在選舉中大勝，並掌握國會與總統職務一年，直到二〇一三年夏天，總統穆爾西（Mohamed Morsi）被軍隊推翻才下臺。但埃及政府當時不只血腥鎮壓伊斯蘭團體，也對自由派評論家下手。解放廣場上的起義行動並不是取代軍政府的革命，只是讓軍政府策略性撤退而已。另外，利比亞在軍事對抗格達費之後仍然一片混亂，因為中央政府無法解除很多民兵的武裝。敘利亞總統阿薩德（Basharal-Assad）面對和平示威者竟然過度動用武力，接著敘利亞也陷入漫長的內戰，一方是激進的伊斯蘭戰士，另一方是獨裁的復興社會黨（Ba'athist），雙方不斷對抗。巴林與其他阿拉伯灣國家，示威者都遭武力鎮壓，傳統的國王依然在位。總之，這整個地區的暴力與不穩定，助長了公然反對民主的伊斯蘭聖戰士團體。

這些不順利的結果，讓很多西方觀察家開始譴責阿拉伯之春事件。有些人單純從民族主義利益的角度指出，美國、以色列與其他國家和阿拉伯世界的舊獨裁統治者，已經建立雙邊的互利關係，現在則在這個地區面臨不穩定與不確定性。但其他人的角度比較廣，阿拉伯之春並不是代表民主的浪潮，而是政治上的伊斯蘭的一種自我主張，未來的發展最好的情況就是不自由的民主，最糟則是激進伊斯蘭擴大影響力，混亂的局面也會繼續下去。[2]

預測阿拉伯之春的長期影響，當然是不可能的事。但是這些批評暴動造成混亂結果，並認為從長期來看也無法帶來良好民主結果的西方觀察家，都忘記歐洲的民主化是一個多麼漫長、混亂且暴力的過程。一個穩定且運作良好的自由民主政體，牽涉到幾個不同制度的交互作用，它不只是選舉總統與立法代表而已，還包括組織良好的政黨、獨立的司法系統、有效能的文官體系，以及自由且充滿警戒的媒體環境。另外還有許多必要的文化條件，例如政治人物與選民面對競爭者不能有贏者全拿的態度，必須尊重規則而不是個人，同時也必須有認同與獨立國家的集體意識。

把獨裁者班阿里與穆巴拉克拉下臺，只是消滅一個威權勢力的來源，建立其他制度也不是一朝一夕的事。美國在二〇〇三年入侵伊拉克的策畫者預期，他們趕走海珊之後，民主就會自發性地出現，但卻很沮喪地發現當地缺乏大部分的制度，他們必須監管混亂又暴力的社會。

早期的民主轉型，能為阿拉伯之春的未來帶來什麼樣的教訓？中東地區與東歐和拉丁美洲有很多明顯的差異，一開始就是伊斯蘭教的文化與衝擊。比起一九七〇年代發生的第三波民主轉型，對阿拉伯世界的政治變革來說，十九世紀的歐洲可能是更好的先例。因為，在二十世紀晚期拉丁美洲與東歐的民主轉型例子中，大部分的國家過去都已經有過民主的經驗，有些國家還持續數十年，只是拉丁美洲的民主經驗被軍政府打斷，東歐的民主經驗則被外國占領而中斷。因此，對拉丁美洲與東歐來說，民主化在某個意義上是恢復某個舊的政治體系，每一個國家都有全國性的經驗作為基礎。特別是拉丁美洲國家已經有完善的民主政黨，一旦開放民主就能很快重新組織。至於東歐，鄰近的西歐國家與歐盟國家都是民主化成功的有力示範，能針對民主提供實質的協助與刺激。

但是今天的阿拉伯世界與十九世紀的歐洲，都沒有之前的民主經驗可循。雖然今天有很多國際組織願意提供政治範本與具體的民主協助，但大體上都是以美國與其他西方國家為基礎，因此受到很多阿拉伯世界國家的懷疑。這和剛從蘇維埃控制中解脫的東歐國家，願意公開擁抱歐盟、北約組織與其他西方制度，明顯截然不同。

雖然當代的中東與十九世紀的歐洲都沒有民主的直接經驗，但這兩個地區仍有很重大的差異，一開始就是政治伊斯蘭（political Islam）[3]的問題。宗教在十九世紀的歐洲也扮演重要的角色，德國中央黨與法國和義大利的天主教民主黨，都是為了保護宗教以對抗階級利益。但是比起今天的中東把宗教當成認同來源，歐洲則把階級與民族當成更重要的認同來源（但並非永遠如此，一九五〇年代到七〇年代，阿拉伯地區的政治比較是由民族主義分子主導，不是伊斯蘭主義者，另外也有零星的左派社會主義分子與共產主義政黨）。

這兩個地區的保守勢力也有不同的特徵。在今天的穆斯林國家中，只有巴基斯坦的社會結構是大地主掌控大量農民，就像十九世紀初期大部分的歐洲國家。在多數穆斯林與阿拉伯國家，保守派來自各部落菁英、傳統的王室家族與其受惠者、軍官、圍繞在舊的威權統治者身邊的資本家，以及伊斯蘭主義分子。另外，歐洲保守派並沒有外部的支持來源，只能彼此互相幫忙。但是中東的保守派這幾年來卻從美國與其他西方國家得到實質的外部援助，還擁有波斯灣地區的石油與天然氣等資源。整個中東地區的勞工階級，也比十九世紀的歐洲更缺乏力量，因為這個地區大部分都和希臘與義大利南部一樣，處於「沒有發展的現代化」狀態。埃及與其他阿拉伯世界也有工會，雖然一開始在爭取民主上扮演很重要的角色，但工會並不像十九世紀的英國或德國，代表大量且成長中的人口區隔。

但是阿拉伯世界與一世紀前的歐洲，仍然有許多相似點。首先，社會組成的改變促成社會動員，並成為民主化過程的基礎。就像歐洲在十九世紀的工業化，創造出不斷增加的中產與無產階級。大量的農民離開鄉下前往都市，接著被政黨吸收，並容易受到認同政治訴求的影響。

自從二十世紀晚期以來，中東也發生類似的事情。這個地區同樣快速都市化，從一九七〇到二〇一〇年，都市人口從百分之三十激增到超過百分之五十。[4]從一九九〇到二〇一〇年，聯合國編纂的人類發展指數（包含健康、教育與收入的綜合指標），埃及成長百分之二十八，突尼西亞則成長百分之三十。大學畢業生的人數增加的速度更快，這兩個國家的畢業生都抱怨缺乏與他們的教育程度相當的工作機會。就是這群人非常善於利用網際網路與社群媒體，大量散布鎮壓的影像，並組織反對統治者的示威行動。

杭亭頓在《變動社會的政治秩序》中指出，中產階級是政治變革不可或缺的角色。他提到，革命從來不是由最窮的人組織，因為他們既沒有資源也沒有知識進行有效的組織。但中產階級最可能快速提升社會地位，一旦後續的流動性受到阻礙，就會深感沮喪。中產階級的期望與現實的落差，就造成政治的不穩定。

在阿拉伯世界與一八四八年的歐洲革命，中產階級都是組織革命行動並強力要求政治變革的關鍵參與者。突尼西亞反對班阿里的起義，以及埃及反對穆巴拉克的解放廣場示威活動，都是由住在都市的中產階級所領導，他們認為自己在社會上與經濟上的發展受到威權統治方式的阻撓（利比亞與葉門的暴動比較複雜，這兩個地方的中產階級人數比較少，而且還有複雜的族群對抗事件。敘利亞的中產階級人數比較多，但是派系認同問題很快就凌駕階級或經濟問題）。

但是新興中產階級並不是都市化的唯一產物。從很多角度來看，在中東出現的政治伊斯蘭並不是宗教復興，而是一種認同政治的形式，並取代階級成為號召政治圈外人的動員口號。也就是說，像歐洲在十九世紀末期很多人從傳統村莊移居到現代都市，中東也經歷了從禮俗社會轉型到法理社會的相同過程，因此也面臨在這種轉型過程中一定會發生的道德迷失與認同困惑。從殖民主義獨立之後的一整個世代，世俗的民族主義成為認同的來源，但因為經濟上不能產生持續的成長，加上在政治上無法處理以巴衝突等問題，民族主義在一九七〇年代就失去民心。宗教於是填補這個權力真空，並成為新近都市化的鄉下人的認同來源，這些人都能接觸到衛星電視與網際網路，因此可以被連結起來。今天政治伊斯蘭能占盡優勢的一個理由是，它能同時觸及認同、宗教與社會階級等議題。

所以當代中東在宗教政治的外觀下，社會階級依然重要。只是支持西方式自由民主的人，主要是來自受過教育、住在都市的中產階級；而伊斯蘭主義政黨，例如埃及的伊斯蘭兄弟會與突尼西亞的伊斯蘭復興運動黨（Ennahda），則多半從鄉下或都市的貧窮或邊緣化的社區吸收成員。這些在舊威權統治期間被禁的政黨組織，後來轉而為窮人提供直接的社會服務，一旦民主的政治空間被打開，也就占有動員群眾的有利位置。伊朗的伊斯蘭保守派也是一樣，傾向從貧窮與較沒有受過教育的社會階層吸收成員。

歐洲在一八四八年的經驗顯示，威權統治倒臺以及民主選舉組織，只是更漫長的政治發展過程的開端而已。民主是在各界同意的政治進程中逐步發展出來，並建立在制度化的大眾參與，因此一開始就需要有組織良好的政黨。領導革命的中產階級必須進一步自我組織起來才能參與競選，也必須要能夠與其他團體結盟。一八四八年的自由革命分子在有限的時間內，兩件事都還沒做到就被威權統治勢力的反動軍隊全面壓制。領導阿拉伯革命的中產階級也有類似的問題，在起義之後的前幾年，還無法用長期經營的角度自我組織以參與競選，而且內部後來也分裂，並以個別領導人而不是追隨的大眾為中心。現在他們面臨的是再次掌權的軍事政府，組織活動也受到強力壓制。

在歐洲，推動民主的中產階級團體很少能靠自己達成這個目標，都需要各種形式的跨階級結盟。丹麥的中產階級在一八四八年和農民（更適當的說法是農場主，因為在這時候舊的農民大部分都消失了）結盟，要求結束專制統治；一九一五年則和勞工階級結盟，要求全面投票權。在德國，中產階級則和勞工階級政黨聯手支持威瑪共和，瑞典、比利時和荷蘭也一樣。至於瑞士、英國與義大利，中產階級則和保守政黨合作開放選舉權。

就像在第二十八章提到的，中產階級未必支持自由民主制度。他們和保守勢力合作，不是為了開放民主參與，而是為了限制會威脅到他們自身利益的大眾。拉丁美洲在一九六〇、七〇與八〇年代獨裁統治期間，以及土耳其在一九九〇年代，很多中產階級就是遵循這個策略。這個模式在二〇一三年的埃及又上演一次，之前的很多自由派人士對前一年剛當選總統的伊斯蘭主義者穆爾西深感厭惡，於是支持軍事政變推翻他。

歐洲在十九世紀時，民主式的大眾動員活動是被民族主義打斷。在法國大革命中，天賦人權的訴求很快就演變成法國民族國家的權利，這種主張通常會帶來好戰的後果。在德國也很明顯，很多一八四〇與五〇年代的自由派，在七〇年代成為俾斯麥和他強力統一德國主張的熱情支持者。這種情形也發生在一九一四年的八月，第二國際成員國的勞工階級支持各自的民族主義政府，並勇於投入戰爭。

還有一個明顯的文化因素，讓中東民主化的可能性更加複雜，就是伊斯蘭教。很多穆斯林人口占多數的社會，都必須與民兵和反民主的伊斯蘭團體對抗；但東歐與拉丁美洲在第三波民主轉型時，並未遇到相同的威脅。有幾位觀察家認為，對民主來說，伊斯蘭教本身就是無法克服的障礙，因為它從不接受政教分離的原則，而且長期有好戰的傳統。伊斯蘭組織例如突尼西亞的伊斯蘭復興運動黨與埃及的伊斯蘭兄弟會，雖然曾經遵循過民主原則，但被指責為只是把民主當成奪權的工具，他們真正的議程仍然是狹隘的宗教產物。這些團體的崛起，引起保守的威權政府的鎮壓行動，於是在政治上就形成兩大反民主團體的兩極對立。

在穆斯林人口占大多數的國家中，政治伊斯蘭是否會成為實現自由民主的永久障礙，目前並不明顯，這種說法不過就像民族主義讓歐洲不可能實現民主一樣武斷。過去數十年，政治伊斯蘭時有興衰。在二十世紀，和世俗的民族主義或自由威權主義相關運動比起來，它還算位居次要地位。所有大型且複雜的文化系統，都會隨著時間而有不同的詮釋方式。就像基督教的核心雖然有平等的信念（伊斯蘭教也有），基督教教會也曾經與威權統治者結盟，並合理化不自由的政治體系好幾百年。歐洲與拉丁美洲的第三波民主化，有部分原因與梵蒂岡第二次會議（Vatican II）在一九六〇年代重新詮釋天主教教義有關，因此讓教義與現代民主更相容。[5]

伊斯蘭激進主義也是如此。它目前的擴張比較是因為當代中東國家的社會問題，而不是宗教內在的本質。事實上，政治伊斯蘭的擴張可以被視為認同的一種形式，相當於它在歐洲的民族主義變種。首先提出這個論點的是格爾納，第十二章提過他對民族主義起源的理論。格爾納認為，當社會從小村莊的禮俗社會動員與轉型成為大城市的法理社會時，因為認同混亂才會出現民族主義。它主要發生在正在現代化的國家，根據親屬與地區這種古老且狹隘的認同形式會消失，取而代之的是更普遍的信念，可以連結個人參與更廣泛的文化運動。他認為，現代伊斯蘭主義的出現是回應中東非常類似的必要性。在此，宗教的角色就和歐洲的民族觀念一樣重要。對於住在開羅與喀拉奇大都市中困惑的老農民，以及歐洲的第二代穆斯林移民來說，像賓拉登這樣的人物就能為「我是誰？」這種問題，提供一個非常有說服力的解答。二十世紀末出現的政治伊斯蘭，並不是像伊斯蘭激進主義擁護者與批評者主張的，是回歸到永遠不會改變的伊斯蘭教，而是反映半現代化國家的狀態，也就是大部分中東國家本身的情況。

就像十九世紀歐洲邁向民主的動力被民族主義挾持，中東的大眾動員也有被宗教劫持的風險。[6]

因此東歐與拉丁美洲的第三波民主轉型，不能成為阿拉伯之春的先例。歐洲從專制、歷經民族主義再到民主的漫漫長路，才是比較好的示範模式。這一派的分析通常無法安慰希望阿拉伯世界很快能出現自由民主的人。我們只能希望這樣的民主轉型如果最後真的發生，需要的時間不會像歐洲一樣久。十九世紀的歐洲並沒有民主先例，也沒有清楚的制度模範可以仿效。當代的中東可不一樣。互相制衡的統治方式，也就是強大的政府與法治和民主對公權力的限制，已經成為全世界的基本標準。但是要走到那一步，必須建立一套複雜且互相關聯的建制，這需要經濟與社會潛在本質的改變。穩定的民主制度需要的社會基礎，在一八四八年的歐洲是不存在的，而在今天大部分的中東地區，這樣的社會基礎也可能不存在。

注釋

1 中東無法成功推動民主的文化觀點，參見Elie Kedourie, *Politics in the Middle East* (New York: Oxford University Press, 1992). 這地區的民主化障礙更深入的觀點，參見Stepan and Robertson, "An 'Arab' More Thana 'Muslim' Electoral Gap."

2 案例參見Seth Jones, "The Mirage of the Arab Spring: Deal with the Region You Have, Not the Region You Want," *Foreign Affairs* 92, (no. 1) (2013): 47–54. 有關民主化負面效應更一般的論點，參見Edward D. Mansfield and Jack Snyder, *Electing to Fight: Why Emerging Democracies Go to War* (Cambridge, MA: MIT Press, 2005).

3 譯注：學界對這個詞尚無標準定義，最簡短與最有包容力的定義是：利用伊斯蘭教達成政治目的。

4 參見Barry Mirkin, "Population Levels, Trends and Policies in the Arab Region: Challenges and Opportunities" (New York: UNDP Research Paper 2010), p. 16.

5 這個觀點來自Huntington, *The Third Wave*.

6 格爾納對歐洲民族主義與中東伊斯蘭主義的比較，見*Nations and Nationalism*, pp.75-89. 這個觀點的不同說法，見Olivier Roy, *Globalized Islam: The Search for a New Ummah* (New York: Columbia University Press, 2004). 以及Francis Fukuyama, "Identity, Immigration, and Liberal Democracy," *Journal of Democracy* 17, (no. 2) (2006): 5–20.

第三十章

中產階級與民主的未來

勞動階級在已開發國家變成中產階級，顛覆馬克思的預測；技術、全球化與中產階級社會的未來；關於現代民主演進中暴力作用的省思。

根據馬克思的看法，現代資本主義最後會走向「生產過剩」危機。資本家利用技術從無產階級勞工榨取剩餘價值，財富會更集中，工人會更窮。運用這套制度的資產階級雖然有錢，也不可能消費所有生產出來的東西，但同時勞工卻窮得買不起這些產品。持續惡化的不公平會造成需求不足，這套制度最後也會崩潰。根據馬克思的說法，這種危機的唯一解決之道就是革命，要給無產階級政治權力，以重新分配這套資本主義制度累積的果實。[1]

在十九世紀中葉所有正在工業化的國家中，馬克思模擬的情景似乎相當真實。城市新建工廠裡的工作條件極為刻苦，還莫名其妙出現大量的貧窮勞工。有關工作時間、安全、童工之類的規則，不是不存在就是執行很差。換句話說，歐洲當時的情況和二十一世紀初期在中國、越南、孟加拉與其他開發中國家的情況很類似。

但在前往無產階級革命之路上出現許多意外發展。首先是勞工收入開始增加。這是農業人口轉成勞工促成經濟成長的結果，但這個過程會達到自然的限制，接著勞工相對於資本的價格就會開始提高。現在的中國正在進行這個過程，二十一世紀一開始的十幾年，勞動成本已經快速增加。

第二，從美國開始有很多國家著手建立普及的教育制度，並增加投資高等教育。這可不是單純對大眾的慷慨行為，因為新興產業需要工程師、會計師、律師、辦公室職員，以及有基本閱讀與算術能力的計時工人。高級人力的成本若能和增加的生產力相符，也是很合理的，這也是改良的技術與增加人力資本的結果。

第三，前一章提到的開放選舉權也讓勞動階級增加政治權力。這是透過工會合法化與擴大抗爭而得來的，接著就出現與勞工有關的政黨，例如英國的工黨與德國的社民黨。保守政黨的本質也開始改變：與其代表有錢的地主階級，不如把支持基礎轉變為新興的中產階級菁英。勞動階級則運用剛得到的政治權力，實施社會立法以規範工作條件，後來又爭取更廣泛的福利政策，例如退休金制度與公共健康醫療制度。

第四，到了二十世紀中，勞動階級在絕對數字與勞動人口的比例，兩方面都明顯不再成長。工人的生活水準大幅提升，且已經進入中產階級，馬克思所謂的無產階級人數因此大幅縮水。他們現在擁有財產，也受到更好的教育，因此更可能會投票給能保護他們權利的政黨，而不是想要推翻現狀的政黨。

第五，在工業化的勞動階級之下，出現一批貧困又沒有適當權益的階級，通常是新移民、少數族群以及其他被邊緣化的人。這些人在更低薪的服務業工作，或是未受教育且依賴政府津貼過活。製造業的工人有工會代表，在勞動力中成為某種貴族，但是大部分勞工屬於非編制內人員，所以他們沒有勞工代表也無法享有正式員工的退休金福利。這些人的法定權利很少，對於他們住的土地與房子，也沒有法律的持有權。在整個拉丁美洲與很多開發中國家，這些非正式勞工約占全部勞動力的百分之六十到七十。和工廠勞動階級不同，這群「新貧」階級很難被組織以從事政治行動，因為這些人不是住在工業城市的大社區，而是分散在全國各地，他們通常是自營業者。

最後，全球的左派在經濟與階級議題上失去焦點，並因為認同政治而形成派系。我已經提過第一世界大戰期間民族主義如何破壞勞動階級的團結。但已開發國家在二十世紀中出現了新的認同形式，包括黑人民權、女性主義、環境主義、移民與原住民權利與同志權利，形成打破階級界線的全新訴求。很多這些運動的領導人都來自經濟菁英背景，但他們的文化偏好通常較接近勞動階級的選民，因此勞動階級曾經是政治進步的堡壘。

階級政治被認同政治取代，一直讓老一輩的馬克思主義者感到茫然，因為他們很多年來都堅持工廠的勞動階級是權益最未受照顧的族群。他們對這種轉變的解釋，被格爾納稱為「查無此人理論」（Wrong Address Theory）：「就像極端的什葉派穆斯林堅稱，因為加百列犯了錯，本來是要傳給阿里的訊息，卻傳給穆罕默德。所以馬克思主義者基本上喜歡認為，歷史或人類的意識犯了很大的錯，覺醒的訊息本來是要給『階級』，但因為糟糕的郵遞錯誤而給了『民族』（nation）。」格爾納進一步指出，在當代的中東，那封信現在傳給宗教而不是民族。但是基本的社會動能卻是一樣的。[2]

前四點馬克思未預期到的發展，都與一件事有關，就是勞動階級變成廣泛的中產階級。紛擾的二十世紀上半葉結束時，歐洲與北美洲的已開發民主國家才終於有比較快樂的局面。在這些地方，政治上不再是有錢寡頭與大量勞動階級或農民尖銳對立，對資源分配進行零和的對抗。很多已開發國家的舊寡頭，不是已經變成具有創業精神的資本家菁英，就是在革命與戰爭中消失。勞動階級藉由工會與政治對抗，為自己爭來更大的權利，並在政治觀點上晉身中產階級。法西斯主義讓人不再相信極端右派，冷戰的出現以及來自史達林主義的威脅讓人不再相信左派的共產主義。中間偏右與中間偏左政黨大致都同意自由民主的框架，完全的左派政治正式告終。中間選民這個政治學家最喜歡的概念，也不再是要求系統化改變社會秩序的窮人，而是在現存制度中擁有利害關係的中產階級。

其他地區就沒有這種運氣。拉丁美洲有社會高度不公的傳統，因此在很多國家，舊的地主寡頭並沒有在政治對抗中消失。經濟成長的利益被有組織的勞動階級瓜分，但不是非正式行業的大量勞工，因此再度出現十九世紀歐陸曾經有過的兩極對立局面。激進、反體系的團體持續活躍，包括古巴的共產主義政黨、烏拉圭的圖帕馬羅斯（Tupamaros）游擊隊、尼加拉瓜的桑地諾解放陣線、薩爾瓦多的ＦＭＬＮ解放陣線，只是根本的階級衝突的表徵。

從亞里斯多德以來的思想家都認為，穩定的民主必須以廣大的中產階級為基礎，極端富裕與貧窮的社會容易受到寡頭掌控或民粹主義革命的影響。馬克思以為，中產階級在現代社會中會繼續維持少量且權益有限的狀態，但在二十世紀的下半葉，大部分的先進國家的中產階級組成絕大多數的人口比例，馬克思主義也因此吸引力不再。

中產階級社會的出現，也增加自由民主成為政治制度的合理性。我在第二十八章提到，莫斯卡、帕雷托與馬克思對自由民主制度的批判，認為自由民主的出現最終只是一種假象，掩蓋了菁英持續掌權的事實。但在二十世紀，正式的民主制度以及開放選舉權的價值非常明顯，歐洲與北美享有民主制度的大多數人，都可以利用投票箱選出對自己有利的政策、對大企業進行規範，並重新分配國家的福利。

誰算中產階級？

在進一步分析中產階級崛起對政治的影響之前，有必要退一步定義中產階級。經濟學家與社會學家對中產階級的看法不一致。經濟學家傾向以收入的角度來定義，一個典型的方法就是直接選擇某個族群，例如收入分布的中間五分之三，或是在收入中位數的〇・五到一・五倍之間的人口。這種定義與社會的平均財富有關，因此各國的絕對數字會不一樣，在巴西的中產階級消費水準就會比美國低很多。為了避免這個問題，有些經濟學家選擇絕對的消費水準當標準，範圍最低從一天五美元或一年一千八百美元購買力平價，或是以二〇一〇年美元為標準，年收入約六千到三萬一千美元。這個方法解決一個問題，但又產生另一個問題。因為一個人對階級地位的認知通常是相對而非絕對，就像斯密在《國富論》提到的，在英國十八世紀的貧民過的日子可能像非洲的國王。

由馬克思創立的社會學派則不以收入為衡量標準，他們看的是賺到收入的方法，例如職業地位、教育水準，以及資產而非薪資。為了理解中產階級成長的政治意涵，社會學的定義更適合用來討論。簡單衡量收入或消費能力，不管是相對或絕對金額，也許能看出一個人的消費習慣，卻看不太出來他的政治傾向。杭亭頓關於期望與現實落差造成政治不穩定的理論，和社會與職業地位比較有關，但不是任何絕對的收入水準。一個社會地位與教育水準都很低的窮人，短暫脫貧又落入窮困之後，比較可能忙著為每日的溫飽奔波，而不是變成政治上的激進分子。但中產階級人士，比如一個受過大學教育的人找不到適合的工作，並「淪落」到一個他認為讓他沒尊嚴的社會階層，就是很大的政治問題。

因此從政治觀點來看，中產階級身分的指標應該是職業、教育水準與擁有資產（房子或公寓、耐用的消費品），這些都可能受到政府的威脅。馬克思對「資產階級」的原始定義是擁有生產商品的資本。但現代世界的一個特徵是，由於股票與退休金計畫，財產的形式其實非常多元。一個人即使未擁有大筆金錢，但以管理技能或專業謀生，和靠工資或低技能維生的人比起來，通常就有非常特殊的社會地位與身分。

一個擁有資產與教育的強大中產階級，比較可能認為有財產權與民主問責的需要。一個想要保障自己的財產，不會受到強取豪奪或無能政府侵害的人，也因為收入較高，家庭生活比較有餘裕，就比較有時間參與政治（或要求參政的權利）。許多跨國研究顯示，中產階級與窮人在政治上追求的價值不同，他們會更重視民主、想要更多個人自由，也更能接納多元的生活方式。政治學家英格爾哈特（Ronald Inglehart）曾經主持大規模的世界價值調查研究，衡量全世界的價值變化，他認為經濟現代化與中產階級身分會出現「後物質」（post-material）價值觀，比起其他經濟分配議題，他們更重視民主、平等與認同議題。伊斯特利也提出所謂的「中產階級共識」（middle class consensus），就是指更高的經濟成長、教育、健康、安定與其他正面成果。在經濟上，中產階級在理論上擁有「資產階級」的價值觀，包括自我管理、勤奮工作，以及會從事儲蓄與投資的長遠打算。[3]

但是從之前我們對十九世紀歐洲的討論，應該可以清楚看到中產階級未必支持民主，尤其是中產階級只占總人口中的少數時更是如此。在這種環境下開放普遍的政治參與權利，可能會導致大眾對重分配的要求。如果是這樣，中產階級可能會選擇和威權統治者結盟，因為他們能保證社會的安定與保護財產權。

這就是當代泰國與中國的情形。泰國的政治制度在一九九二到一九九七年，從威權的軍事統治走向相當開放的民主制度，但卻為民粹型政治人物欽那瓦（Thaksin Shinawatra）[4]的崛起開闢道路。泰國最有錢的商人之一欽那瓦，根據提供債務減免與醫療保健的政府計畫，組織一個大眾政黨。曾經在一九九〇年代初期非常支持開放民主的中產階級，竟然變臉反對欽那瓦，並在二〇〇六年支持軍事政變，把欽那瓦拉下臺。他被控貪汙並濫用權力，從那時候開始他就被迫流亡，但保有一定的影響力。泰國隨後形成極端對立的局面，一邊是欽那瓦的紅衫軍支持者，另一邊是中產階級的黃衫軍擁護者。眼見一個民選政府，在二〇一四年被軍方推翻。[5]

中國也有類似的發展情勢。中國的中產階級在定義上的規模，據估計在十三億人口中約占三到四億人口。這些中產階級通常是抵抗威權政府的來源，他們經常是新浪網上的微博客，常公布或批判政府施政不當之處。亞洲民主動態調查（Asia Barometer）的一項研究顯示，民主受到中國內部廣大的支持，但當受訪者被問到明確的民主內容時，很多人的答案不是更多個人自由，就是更能回應他們需求的政府。很多人認為，目前的中國政府已經滿足他們想要的需求，因此不會反對整個制度。雖然這個主題不可能得到正確的調查資料，但在短期內，中國的中產階級似乎還不太能支持現有制度轉型成在全面普選下從事多黨競爭的民主制度。

泰國與中國以及十九世紀的歐洲國家，都顯示中產階級相對於其他社會大眾的人數比例，在決定是否採取政治行動上是很重要的變數。如果中產階級只占總人口的百分之二十到三十，就可能支持反民主的勢力，因為他們會害怕在他們的階層之下的大量窮人形成的壓力，以及窮人會追求的民粹式政策。但當中產階級成為人口中的大多數，威脅就降低了。在這時候，中產階級能投票支持各式各樣的福利政策，並從民主制度中受惠。這或許可以解釋為什麼更高的國民平均收入會讓民主更穩定，因為中產階級的人數也會隨著社會富裕而增加。中產階級社會與擁有中產階級的社會，兩者意義截然不同，中產階級社會才是民主的基石。

二次世界大戰之後，中產階級社會出現在歐洲，並逐漸普及到世界各地。但是因為很多國家發生民主轉型時，例如漠南非洲，並沒有可觀的中產階級人數，因此第三波民主化的「原因」並不是中產階級的崛起。在這些國家，思想啟發、模仿，與現任威權政府的失敗，都是催化民主轉型的重要因素。但是擁有大量且明確中產階級人口的國家，比起相對人數較少且被有錢菁英與大量窮人包夾的中產階級，更容易形成穩定的自由民主制度。開啟第三波民主化的西班牙，在一九三〇年代內戰時還是一個落後的農業社會，但在一九七〇年代初期已經變成較現代的社會。由於周圍有很多歐洲聯盟中的成功民主國家，比起一個世代之前，西班牙更容易仔細評估民主轉型的可能。

這顯示，雖然二十一世紀初發生一些倒退事件，全球的民主展望依然看好。一份高盛報告預測，二〇五〇年中產階級（收入五等分的中間三個階層人口）的花費，將從目前總收入的百分之三十一提升到百分之五十七。[6]歐盟安全研究學院（European Union Institute for Security Studies）一份報告預測，二〇〇九年全球的十八億中產階級人口，到二〇二〇年會成長到三十二億人，到二〇三〇年會成長到四十九億人（全球人口預測約八十三億人）。[7]中產階級人口大量成長肯定會發生在亞洲，尤其是中國與印度，但全世界各地也都會發生。

經濟成長的利益如果沒有讓很多人分享，就不足以建立民主的穩定性。在今天，對中國社會穩定性最大的威脅，就是從一九九〇年代中以來快速拉大差距的收入不平等，這種不平等在二〇一二年已經達到拉丁美洲國家的水準。[8]拉丁美洲比東亞更早進入中產階級狀態，但至今仍有社會高度不公以及因此產生民粹政策的困擾。但是經濟學家羅培茲—卡瓦（Luis Felip López-Calva）與拉斯蒂格（Nora Lustig）認為，拉丁美洲在二〇〇〇年代收入不公問題已經顯著下降。[9]拉丁美洲中產階級人數也一直在增加。根據聯合國拉丁美洲經濟委員會研究，二〇〇二年這個地區仍有百分之四十的人口被歸類為貧窮，但到二〇一〇年已經下降到百分之三十二。[10]我們還無法完全理解下降的原因，但有相當比例是因為政府提出有條件的現金補貼及轉移計畫等社會政策，這是故意把利益分配給窮人的做法。

中產階級與侍從主義

大量出現的中產階級也可能影響侍從主義的做法，以及相關的政治腐化形式。我之前提過，侍從主義是民主的初期形式，一個社會如果有大量窮困又沒受教育的選民，動員選民最容易的方法就是提供個人好處，例如公部門的差事、一點施捨或政治利益。這也意味著只要選民變得富有，侍從主義也會跟著式微。不只是因為政治人物得花更多錢收買選民，選民也會了解自己的利益與更明確的公共政策有關，而不是個人的小好處。

過去發生的文官制度改革，一般都受到中產階級的支持。我們在第八章看到，英國新興中產階級發現自己被舊貴族酬庸網絡排除在外，因此羅富國與崔維廉的改革符合他們的利益。因資本家增加而形成的中產階級，在定義上幾乎就是菁英統治的支持者。美國的情形也是一樣，在進步年代推動的文官制度改革運動，也是在既有酬庸制度之外的中產階級所發動的。這群受過良好教育且通常是新教徒的商人、律師與學者，很看不起操弄選舉機器的政治人物，這些人非常善於在成長中的城市動員大量移民。另外，商人與實業家也期待政府要有能幹的文官，以提供愈來愈複雜的公共行政。目前在中國、印度與巴西進行的反腐化運動，就受到多數中產階級的支持。

但是從民主的發展來看，單是出現中產階級並不表示這群人會自動支持清廉政府並終結侍從政治。因為新興的社會參與者正好可以被既有的酬庸網絡吸收，並從中得利。美國的鐵路業曾經是十九世紀技術現代化的代表，也很快就學會如何收買政治人物，並玩弄酬庸制度圖利自己。西部各州很多立法人員都被鐵路業者整批收買，就是因為鐵路業者太會玩政治遊戲，中西部的農場主人才會急著加入進步聯盟，以支持文官制度的改革。

因此當經濟成長時，不同的利益就會為了各自的目的爭相吸收新興的中產階級。原來擅長搞酬庸這一套的政治人物，也很樂於讓中產階級支持者得到他們的贈禮。因此，在一個民主環境的雙方對抗中，中產階級支持改革的意願就取決於他們的人數、他們對自身經濟安全的認知，以及他們的社會地位。如果他們認為自己未受到上層（例如英國）或下層（例如美國）社會的接納與認同，他們的憤慨就很可能變成改革行動，或是推翻既存的侍從制度。

民主的未來

人數夠多的中產階級不只是自由民主能出現的充分條件，也是必要條件，而且自由民主要永續發展，中產階級也有極大的助力。馬克思的共產主義理想國並未出現在已開發國家中，就是因為他的全世界無產階級都變成全球的中產階級。在開發中國家，新興中產階級也強化印尼、土耳其與巴西的民主制度，並且承諾要顛覆中國的威權體系。但如果中產階級轉向並開始縮小，會發生什麼事？

有很多不幸的證據顯示，從一九八〇年代以來收入不均大幅惡化，已開發國家已經走上這條路。尤其是美國最明顯，全國最富有的百分之一家庭在一九七〇年擁有全國百分之九的產值，到了二〇〇七年激增到百分之二十三·五。在這段期間，大部分的經濟成長利益都跑到收入分配最上層的相對少數人手中，和這現象一體兩面的是中產階級的收入從一九七〇年代以來就不再增加。[11]

在美國與其他國家因為其他因素的關係，中產階級薪資凍漲的現象並未受到注意。因為這段期間有大量的婦女進入勞動市場，在家庭總收入增加的同時，很多中產階級的男性薪資從實際價值來看是縮水了。另外，世界各地的政治人物都把便宜、有補貼的信用，當成全面收入重分配的替代方案，結果造成了由政府在背後支撐的房地產榮景。二〇〇八到二〇〇九年的金融危機，就是這股趨勢造成的後果。[12]

財富不均愈來愈嚴重有很多原因，其中只有幾個與公共政策的控制有關。最常被提出來的惡瘤就是全球化，由於更低的運輸與溝通成本，把無數低技能的工作直接移向全球勞動市場，也拉低已開發國家相關技能的工資水準。

隨著中國與其他新興市場國家的勞動成本增加，相當數量的製造業已經回流美國與其他已開發國家。但這是因為工廠的自動化生產增加，勞動成本占全部生產成本的比例也大幅降低。因此，去工業化時一開始流失的大量中產階級工作已經回不來了。在國內新增加的工作機會，完全是不一樣的工作型態。

這問題顯示出更重要的長期技術發展因素，在某個意義上，這正是促進全球化的潛在驅動力。數十年來，技術不斷取代人類的勞動力，在十九世紀與二十世紀初正在工業化的國家中，不只為菁英帶來莫大好處，也嘉惠大量勞工。這段時期主要的技術創新，為低技能勞工在一連串行業中創造大量的工作機會，包括煤礦業、鋼鐵業、化學製造業、製造業與建築業。從更新、更高薪工作機會取代之前流失機會的角度來看，反對技術創新的盧德主義者（Luddities）其實錯得離譜。福特（Henry Ford）在密西根高地公園發明製造汽車的生產線，降低生產汽車所需要的技術水準，因為他把之前馬車業複雜的過程拆開，變成簡單、可以重複操作的步驟，只要有五年級的教育水準，任何人都可以做。這就是支撐大量中產階級崛起的經濟體系，民主政治也存焉其中。

但是最近在資訊與通信技術領域的發展，卻有非常不同的社會效果。自動化已經消滅很多低技能的生產線工作，而且每一年下來，智慧機器能做的工作技能愈來愈高階，也搶走很多之前由中產階級負責的工作。[13]事實上，根本無法把技術和全球化切割開來，如果沒有高速的寬頻與下跌的運輸成本，美國與歐洲就不可能把客戶服務與後臺營運工作外包到印度與菲律賓，或在深圳生產iPhone。雖然在這過程中的稍早時期，較低階的工作一樣是被更新、更高薪的工作取代。但現在這些工作需要的技能與數量，已經和福特時代不可同日而語。

因為每個人的才能與性格天生有別，所謂的不公平一直都存在。但今天的技術卻大幅放大這些差異。在十九世紀的農業社會，數學很好的人能運用這項才能賺錢的機會並不多；但在今天，他們可以變成財務高手、遺傳學者或軟體工程師，把史上最大比例的全國財富搬回家。

另外，現代技術創造出法蘭克（Robert Frank）與庫克（Philip Cook）所謂「贏者全拿」的社會，不成比例且愈來愈多的收入會被各領域的頂尖好手拿走，例如企業總裁、醫師、學者、音樂家、藝人與運動員。過去由於通信與運輸成本太高，所有的技能與服務只限於當地市場，技術較低階的人也有充分的謀生機會，因為大眾並沒有取得最佳選擇的管道。但在今天，任何人都可以在高畫質螢幕上搶先欣賞大都會歌劇院（Metropolitan Opera）或皇家芭蕾舞團（Royal Ballet）的表演，誰還會想去看第三或第四流的在地演出。[14]

馬爾薩斯又來了

馬爾薩斯在一七九八年工業革命前夕出版的《人口論》，運氣不算好，因為這股技術海嘯正大舉累積力量，讓馬爾薩斯的預言未能成真。馬爾薩斯當時預測，人口數的成長會超過生產力增加的量，在接下來的兩百年，因為工業革命的關係被證明錯得離譜，而且人類社會的人均所得也順利達到歷史空前的高點。如果不談現代技術的本質，只是回頭看這段歷史，馬爾薩斯的經濟學說從那之後就應該跟著盧德主義者一起受到世人的嘲笑。[15]

但是，馬爾薩斯並未具體指出人口成長超越生產力的歷史時期。人類以目前的形式存在以來大約有五萬年，已開發國家以高生產力的發展軌道運行也才兩百多年。如今我們假設未來會持續出現相當於蒸汽動力與內燃機等革命性技術，但物理法則並不保證會有這種結果。前一百五十年的工業革命，可能達到柯文（Tyler Cowen）所謂生產力進展中「容易達成的目標」，但是即使未來的創新會繼續，改善人類福祉的速度卻會下降。好幾個物理法則已經指出，在高生活水準下持續增加人口，地球的承載力可能會遇到殘酷的極限。

另外，即使技術繼續以高速度創新，也不保證能像二十世紀初期發明的生產線，能提供中產階級大量的工作機會。新的工作機會與報酬只會進入機器發明人，以及知道如何使用機器人的人的口袋，他們永遠都比丟掉工作的人受過更好的教育。

事實上，很多可以預見的未來創新都出現在生技醫藥領域，這會讓生產力情況惡化。很多經濟學家與政治人物，都以為任何可以延長人類壽命與治療疾病的新技術都是好事一樁。現在已開發國家的公民開始享受更長的壽命，本身就是經濟發展的成果，這也是事實。但是很多順利延長壽命的生技醫藥技術卻犧牲生命的品質，並大幅增加照顧者的負擔。在很多已開發國家，生命末期的醫療照顧成本比整體經濟成長的速度更快，並正朝向政府支出最大的單一項目邁進。死亡與世代交替是最後的結果，對個人是壞事，但對社會整體卻是好事。如果人類壽命平均再延長十年或二十年，有很多理由可以讓人預想到整個社會的發展會惡化，因為世代交替對社會變遷與演化是不可或缺的一環，當平均壽命增加，社會變遷與演化就會變慢。[16]

我們當然無法預測未來技術演變的本質，不管是它的整體速度、對中產階級就業的影響，或其他社會後果。但是如果技術進步無法讓經濟利益均霑，或技術進步的整體速度下降，現代社會就可能退回到馬爾薩斯預測的世界，這對民主的生存能力有極重大的意義。在利益均霑的成長世界，伴隨資本主義而來的財富不均是無可避免的，但在政治上是可以忍受的，因為每個人最終還是得到了好處。但在馬爾薩斯預測的世界，人與人之間是處在零和關係，一個人的收穫就是另一個人的損失。在這樣的環境下，投資經濟活動時的掠奪行為就會變成致富的可行策略，在工業革命之前，人類大部分的歷史都是處在這樣的環境。

適應

博蘭尼在《鉅變》（*The Great Transformation*）一書提出「雙重運動」（double movement）理論，資本家持續進行破壞性的改變，而社會則努力適應這個改變。由於民間市場與個人無法一直靠自己適應技術變遷的後果，政府經常必須投入適應的過程。[17]因此，公共政策必須介入影響中產階級社會的命運。

面對全球化與技術改變的挑戰，整個已開發世界一直有一系列的因應措施。光譜的一端是美國與英國，政府會提供基本的調適協助，丟掉工廠工作的人都有短期的失業保險。事實上，政府與學術界與新聞界權威人士通常都鼓勵轉型到後工業世界。因此在公共政策方面，國內多半是放鬆管制與私有化，並鼓勵自由貿易與開放國外投資。特別是在美國，政治人物插手削弱工會的力量，並提高勞動市場的彈性。當知識工作者在新經濟中從事有創意又有趣的工作時，製造業的勞工則被建議要接受破壞性的改變，並被告知他們將會找到更好的機會。

法國與義大利則站在光譜的另一端，他們努力要保住中產階級的工作，對於想要資遣員工的公司施加繁雜的規定。但由於未能認清調整工作原則與勞動條件的需要，短期內雖然保住工作，長期卻失去國家競爭力。在美國，管理勞工關係的規定正好相反，因為在盎格魯—薩克遜世界中，資本家通常占盡好處，但拉丁美洲與歐洲的勞工權益則比較受到保護。

在二〇〇八到二〇〇九年金融危機中，最毫髮無傷的國家是德國與北歐，他們採取的是中間路線，既不是美國與英國的放任措施，也不是法國與義大利的嚴格管制。他們的勞工管理制度比較有團合主義精神，能建立足夠的信任，工會願意給企業更多資遣的彈性空間，以取得更好的利益與保留工作的機會。

已開發國家未來的民主前途，與他們處理中產階級減少的問題有關。金融危機之後，出現一波新興的民粹團體，從美國的茶黨到歐洲各式各樣的反歐盟、反移民政黨。讓這些人凝聚起來的原因是，他們相信自己被菁英分子背叛了。從很多角度來看，他們是正確的。因為在已開發國家中確立知識與文化氛圍的菁英，並未受到中產階級縮水太大的傷害。因此，解決中產階級規模縮小問題的方法，目前一直還沒有找到，但這種方法絕對不是簡單回到過去福利國家的解決之道。

適當解決中產階級減少的方法，不一定是目前德國的制度或任何其他的明確措施。唯一真正的長期解決之道是教育制度，要讓絕大多數的公民能得到更高水準的教育與技能。為了幫助公民彈性適應變化中的工作環境，政府與民間的制度也必須一樣有彈性。雖然現代已開發國家的民主制度有一個明顯的特徵：隨著時間過去，已經累積很多僵固性，讓制度的改變愈來愈困難。事實上，不管是過去還是現在，所有的政治建制一定會衰退。曾經有效且穩定的自由民主制度，並不意味著它會永遠有效且穩定下去。

這就是我們將在本書第四部要探討的政治衰退的問題。

注釋

1 想看更多這部分的討論，參見 Francis Fukuyama, "The Future of History," *Foreign Affairs* 91, (no. 1) (2012).

2 Gellner, *Nations and Nationalism*, p. 124. 格爾納在此書也提出相關論點：*Culture, Identity, and Politics*. 亦可參見 Fukuyama, "Identity, Immigration, and Liberal Democracy."

3 參見 *The Global Middle Class* (Washington, D.C.: Pew Research Global Attitudes Project, 2009); Ronald Inglehart, *Modernization and Postmodernization: Cultural, Economic, and Political Change in 43 Societies* (Princeton: Princeton University Press, 1997); and Inglehart and Christian Welzel, *Modernization, Cultural Change, and Democracy: The Human Development Sequence* (New York: Cambridge University Press, 2005); William Easterly, *The Middle Class Consensus and Economic Development* (Washington, D.C.: World Bank Policy Research paper No. 2346, 2000); Luis F. Lopez-Calva et al., *Is There Such a Thing as Middle-Class Values? Class Differences, Values, and Political Orientations in Latin America* (Washington DC: Centerfor Global Development Working Paper No. 286, 2012).

4 譯注：泰愛泰黨創立人和前任泰國總理，也是前總理盈拉．欽那瓦的哥哥，屬於第四代泰國華裔。他至今仍在泰國政壇保持強大影響力。

5 參見 Thaitinan Pongsudhirak, "Thailand's Uneasy Passage," *Journal of Democracy* 23, (no. 2) (2012): 47–61.

6 Dominic Wilson and Raluca Dragusanu, *The Expanding Middle: The Exploding World Middle Class and Falling Global Inequality* (New York: Goldman Sachs Global Economics Paper No. 170, 2008), p. 4.

7 歐盟安全研究學院 *Global Trends 2030—Citizens in an Interconnected and Polycentric World* (Paris: EUISS, 2012), p. 28.

8 二〇〇五年，中國的吉尼係數為四十二．五（世界銀行）。編注：根據美國中情局資料，中國於二〇一六年時的吉尼係數為四十六．五：https://www.cia.gov/library/publications/the-world-factbook/rankorder/2172rank.html

9 Lopez-Calva and Lustig, *Declining Inequality in Latin America*.

10 此數字引自 Francesca Castellani and Gwenn Parent, *Being "Middle Class" in Latin America* (Paris: OECD Development Centre Working Paper No. 305, 2011), p. 9.

11 Thomas Piketty and Emmanuel Saez, "Income Inequality in the United States, 1913–1998," *Quarterly Journal of Economics* 118, (no. 1) (2003): 1–39; 參見 Jacob S. Hacker and Paul Pierson, "Winner-Take-All Politics: Public Policy, Political Organization, and the Precipitous Rise of Top Incomes in the United States," *Politics and Society* 38, (no. 2) (2010): 152–204; Hacker and Pierson, *Winner-Take-All Politics: How Washington Made the Rich Richer—and Turned Its Back on the Middle Class* (New York: Simon & Schuster, 2010).

12 參見 Raghuram G. Rajan, *Fault Lines: How Hidden Fractures Still Threaten the World Economy* (Prince ton: Prince ton University Press, 2010).

13 參見 Erik Brynjolfsson and Andrew McAfee, *The Second Machine Age: Work, Progress, and Prosperity in a Time of Brilliant Technologies* (New York: Norton, 2014). 編注：中文版《第二次機器時代：智慧科技如何改變人類的工作、經濟與未來？》由天下文化出版，二〇一四年七月三十日。

14 Robert H. Frank and Philip J. Cook, *The Winner-Take-All Society* (New York: Free Press, 1995).

15 參見本書上卷，頁五九二至六〇〇。

16 關於生命延長對社會與政治的影響，我寫在 *Our Posthuman Future: Consequences of the Biotechnology Revolution* (New York: Farrar, Straus and Giroux, 2002), pp. 57–71. 編注：中文版《後人類未來：基因工程的人性浩劫》由時報文化出版，二〇〇二年五月二十七日（已絕版）。

17 Karl Polanyi, *The Great Transformation* (New York: Rinehart, 1944). 編注：中文版《鉅變：當代政治、經濟的起源》由春山出版，二〇二〇年一月十四日。

PART Ⅳ

政治衰退

Political decay

第三十一章 政治衰退

為什麼美國森林管理局的任務後來變成政治野火；科學管理的失敗之處；為什麼森林管理局因為互相衝突的任務指派而失去自主性；政治衰退與衰退的兩個原因。

美國在進步年代期間由弗爾諾與平察建立的森林管理局，是美國政府建造最重要的例子。在一八八三年通過《潘德頓法案》以及以能力用人的文官體系普及之前，美國政府還是侍從主義制度，政黨會把公職當成酬庸分配的資源。但森林管理局可不一樣，這裡的公務員都是大學畢業的農學家與林務管理員，是根據能力與技術專業挑選出來的。第十一章介紹過，它最關鍵的戰役就是平察面對知名的眾議院議長加農猛烈反擊時，保住了內政部土地總局的監督。在政府建造的這個階段，核心的問題就是文官自主性。也就是說，森林管理局的專業人士才應該是決定公共土地處理方式的人，而不是國會中的政治人物。此外，他們也應該負責自己的人員招募與升遷。從那之後好幾年，森林管理局一直都是高品質美國文官的優秀範例。

森林管理局為何失去自主性

但是到了今天，非常令人意外的是在很多觀察家眼中，森林管理局是一個高度失能的機關，簡直是用錯誤的工具執行過時的任務。雖然它現在的員工仍是專業的森林管理員，很多人也高度投入這個機關的任務，但已經失去絕大部分在平察時期爭取來的自主性。國會與法院提出各種互相衝突的命令或指示，根本無法同時實現，也因此在過程中浪費納稅人很多金錢。管理局內部的決策制度經常陷入僵局，平察非常努力促成的工作士氣與凝聚力也已經渙散。因為情況實在太糟糕，很多研究此主題的專書根本就是主張森林管理局應該裁撤。[1] 沒有任何政治建制可以永久存在，但森林管理局目前的情況可以告訴我們很多有關損害優質政府的力量。

美國在十九世紀末期的文官制度改革，是由利伯（Francis Lieber）、威爾遜和古德諾等學者與關心者所推動的，他們深信當代的自然科學可以解決人類的問題。威爾遜和他同時期的韋伯一樣，把政治與行政劃分開來。政治是受到民主競爭最後結果影響的領域，但行政則屬於執行範疇，可以研究過去的經驗，並以科學分析來改善。商業界也有類似的知識革命，泰勒提出「科學管理」學說，以作業研究和其他方法讓工廠的營運效率達到最大。很多進步年代的改革者都想把科學管理引進政府，他們認為公共行政可以成為一門科學，並保護它免於受到政治的非理性干擾。他們希望社會科學有一天也能和自然科學一樣嚴謹。[2]

經過二十世紀的經驗之後，早期對科學的信念以及公共行政可以變成一門科學的想法，似乎顯得天真而不適用。因為這段期間也是自然科學發明大量毀滅性武器，行政機關負責管理死亡集中營的時候。但在這種背景下，政府被政黨或腐敗的市政府老闆掌控而刺激改革者出現，和今天很多開發中國家很相似。在今天，沒有任何一所公立大學想讓州立法局主導學校人員任用與任期的決定，也沒有任何人想讓國會選擇疾病控制中心（Centers for Disease Control）的職員，所以要求公務員根據教育和能力任用完全是合理的。

科學管理的問題是，即使最具資格的科學家偶爾也會出錯，有時候錯得很離譜。森林管理局的任務後來竟然變成救火，就是這種離譜故事中的一個。

森林管理局的任務會改變，起因於一九一〇年的愛荷華州森林大火，這場火在愛荷華州與蒙大拿州延燒大約三百萬英畝的林地，並造成八十五人死亡。政治人物極力強調這場大火造成的損害，促使森林管理局愈來愈專注在撲滅野火。森林管理局的一位主管格里利（William Greeley）主張：「滅火是很需要科學管理的」，因此這項任務就包含在它既有的任務中。[3] 到了一九八〇年代，任務的規模激增，一位觀察家稱之為「火線上的戰爭」。森林管理局的正職員工成長到三萬人，在火災頻繁的時期還雇用數萬名消防員，並擁有一大群飛機與直升機機隊，每一年花在救火任務高達十億美元。[4]

撲滅野火的問題在於，「科學的林業管理」的早期擁護者，並未妥當了解野火在林地生態中的角色。森林大火是自然發生的，在維護森林的健康上也有重大的作用。像北美黃松、海灘松與紅杉這類非耐陰植物，都需要定期的森林大火來清除土地，新的樹木才能再生；如果大火總是被撲滅，森林就會被花旗松等樹種侵占（海灘松需要大火傳播種子）。這些年來，森林的樹木密度變得太高，乾燥的下層林木也大幅集結，因此一發生火災就變得更猛烈，也更具破壞力。大火現在不是燒掉入侵的樹種，而是燒掉範圍更大、成長更久的老樹。一九八八年黃石公園發生大火，燒掉將近八十萬英畝土地的森林，並花了好幾個月才控制火勢，大眾才開始注意這個問題。經濟學家開始批判防火的目標，森林管理局也因此在一九九〇年代中期改變方向，轉而執行「放任火燒」政策。

但是幾年下來走偏的政策很難直接轉向，因為西部森林已經變成巨大的易燃物。另外，因為西部人口成長，住在靠近森林地區的人也變多了，這些人遇到森林野火時都很危險。根據一項統計資料，從一九七〇到二〇〇〇年，荒野與都市的交接地帶增加百分之五十二，未來也將繼續增加。就像有人選擇住在氾濫平原或沙洲島一樣，這些人居住的地方也暴露在風險中，只是因為政府補貼的保險幫忙分攤一些風險。這些人選出來的代表，就強力促使森林管理局與其他負責管理森林的聯邦機構都能得到救火的資源，以免威脅他們的財產安全。最後發現其中的成本效益非常不合理，為了保護十萬間屋子，政府常常動不動就花掉一百萬美元。畢竟政治考量上根本不可能不這樣做。[5]

同時，森林管理局的原始任務也早就被遺忘，平察過去就是以它為核心把森林管理局打理成優質的行政機構。森林管理局的原始任務既不是滅火也不是保育，而是森林資源的永續利用，換句話說就是採收木材。但這個原始任務在規模上已經大幅減少，二十世紀的最後十年，全美的森林木材採收數量大幅滑落，下降幅度從一百二十億減少到四十億板呎（board-feet）。[6] 部分是因為木材的市場變化，但更重要的是反映出前一世紀主導的價值觀已經有所改變。由於環境意識崛起，人們逐漸不再為了經濟目的把天然林當成可以利用的資源，而是為了它本身的價值而加以保護。在這段期間，很多社會態度都有所改變，這只是其中之一。例如水壩與其他大型水力發電計畫，在過去是人定勝天的英勇事蹟，後來被認為會造成意料之外極大的環境後果。從一九七〇年代以來，北美洲就不再興建水壩。一九六四年，美國總統詹森（Lyndon Johnson）簽署的《荒野法案》（Wilderness Act）也把森林管理局的任務做了調整，森林管理局要和國家公園管理局（National Park Service）與漁業暨野生動物管理局（Fish and Wildlife Service），一起評估與保護轄區內超過九百萬英畝的土地。[7]

即使森林管理局的原始任務是永續經營木材的採收，有些評論家也認為森林管理局做得並不好。因為木材的市場價格遠低於營運成本，也就是說，對於一個豐富的資產來說，政府並未得到應有的利益。其中有幾個原因，包括木材的定價沒有效益，而且森林管理局的很多固定費用都沒有被考慮進去。就像所有的政府機關，由於森林管理局不能營利，因此也沒有動機要把成本算進去。但另一方面，森林管理局就有動機每年增加預算和員額，一點也不在乎會增加營運成本。[8]

數十年來，森林管理局的表現水準為什麼會下降？這個故事令人聯想到政治衰敗現象中更大的潛在力量。

一開始，平察建立的森林管理局被認為是美國政府機關的黃金標準，因為他為一個受過良好訓練的專業人士之組織爭取到自主性，這些人也專心投入核心任務，也就是永續利用美國的森林。原來的林務局是農業部的一個部門，是十九世紀侍從主義政治的一環，其主要目的是為國會成員提供政治利益。因此，森林管理局後來能任用與升遷自己的職員，人員調動也不受國會干預，這種自由度對於它的任務是不可或缺的。

但是，當森林管理局明確又單一的任務被各種可能互相衝突的指令取代時，問題就來了。二十世紀中葉，從預算與人事的角度來看，滅火任務開始取代木材採收。之後，滅火又引起爭議，於是就被環境保育的功能取代。但奇怪的是，過去的舊任務沒有一個被取消，結果每一個任務的關係人都想聯繫外部的利益團體，而外部的利益團體也分別支持森林管理局的不同部門，包括木材消費者、環保人士、房屋所有人、西部開發商，以及想短暫體驗消防員工作的年輕人，但在一九〇五年被禁止介入土地買賣管理細節的國會再次插手。這次的做法不像過去的腐化作風，例如一九〇八年發生巴林杰事件，結果導致平察被塔夫特總統開除。這次的做法則是透過頒布立法命令，迫使森林管理局達成不同且通常互相矛盾的目標。舉例來說，由於愈來愈多人住在荒野與都市交界之處，為了保護這些人的身家財產，環保人士想要的「放任火燒」政策就不可能執行。因為對森林長期健康有利的，對房屋所有人卻是不利。所以在這過程中，每一個利益團體都會利用各自的管道透過國會和法院，強迫森林管理局保護各自最想要的利益。

平察打造出小且團結的機構，曾讓考夫曼（Herbert Kaufman）在《護林員》（*The Forest Ranger*）一書中大加讚揚，之後卻慢慢淪為大且分裂的機關，最後也沾染影響政府機關的腐敗習氣，文官更有興趣的是保護自己的預算與飯碗，而不是有效執行任務。即使科學與社會觀念已經改變，他們還死守原來的任務。很多人像平察一樣，對外尋求利益團體以保護其自主性，但是缺乏單一且一致的命令，最終無法避免被其他當事人左右的命運。

全面檢視

如果美國森林管理局只是政治衰敗的單一案例就沒什麼大問題，但遺憾的是，公共行政專家提出相當多的證據顯示，一個多世代以來美國政府的整體素質一直在穩定惡化中。萊特指出：「年輕人想要成就不凡，最後一個目的地才是聯邦政府。」英格拉姆（Patricia Ingraham）與羅聖朋（David Rosenbloom）則認為，聯邦公務體系從一九七〇年代以來一直處在「分解」的過程。[9]美國伏爾克委員會（Volcker Commissions）針對公共治理在一九八九年與二〇〇三年做的兩次研究，也支持這個結論。[10]

很多美國人的印象都以為過去數十年美國政府的規模不斷成長，但這只對了一部分，政府規模會增加是因為國會或法院要求政府做很多不同工作，從改善貧困兒童問題到打擊恐怖主義，這部分的人數的確是大幅增加。但是從第二次世界大戰以來，聯邦政府人力的實際規模不超過二百二十五萬人左右，而且不時縮編。二〇〇五年的人數大約是一百八十萬人。真正增加的部分是，第一，有些從事公共機能的公務單位卻在政府編制之外；第二，一大批莫名其妙的契約包商，他們做的事從提供自助餐、保護外交官，到管理國家安全局的電腦系統。[11]

韋伯對行政部門的理想是充滿活力又有效率，且根據能力與技術知識挑選職員，但是有很多原因讓美國的政府偏離這個理想，整個體系已經不再以能力為用人依據，目前有將近四萬個聯邦政府職務被指定為屬於「特殊等級」（special rate），且能繞過文官制度的規定；另外也有很多部門機關也能規避相關的規定。關於聯邦政府人事的調查結果慘不忍睹。萊特指出：「聯邦政府職員顯然更關心報酬而不是任務，但卻陷在無法與企業和非營利組織競爭的生涯陷阱裡，並為了缺乏把工作做好的資源而困擾。他們對於把工作做好沒有獎勵，工作沒做好也沒受到懲處，深感不滿，因此不信任自己的組織。」[12]

根據二〇〇三年美國全國公共行政委員會（National Commission on the Public Service）的報告指出：「進入公家機關的人經常發現自己被綁在混亂的通則與法規中，不只阻撓個人的生涯發展也壓抑他們的創造力。對政府或納稅人來說，最好的情況是薪資少付，最糟的是多付，反正公務員就是做不好事。」[13]當然，到政府工作的動力通常是基於一種服務精神，而不是單純的金錢報酬，但是同樣的調查也顯示，想從事公共行政工作的年輕人比較想去非營利組織，而不是政府單位。當受訪者被問到政府機關懲處不良表現的作為時，只有百分之九的人回答「很好」，但有百分之六十七的人回答「不太好」或「一點也不好」。這些趨勢在二〇〇〇年代初期有加速的現象。[14]

制度如何衰敗

在更廣泛的政治衰敗現象中，森林管理局的困境只是其中一個例子。政治制度會隨著時間遞變而受到政治衰敗的影響。當社會變得更有錢、更民主時，這個問題就更難解決。更精確一點的說法是，民主本身可能就是制度衰敗的原因。

很多知名作家都寫過關於衰敗的主題，包括史賓格勒（Oswald Spengler）、湯恩比（Arnold Toynbee）、肯尼迪（Paul Kennedy）與戴蒙，他們都專注在整個社會或文明的系統性衰敗。[15]文明的衰敗很可能有一個普遍的過程，但我嚴重地懷疑，從既有的例子中可以推論出社會行為的普遍法則。我在本書中想討論的衰敗類型是有關特定制度的運作情形，它和更廣泛的系統性或文化演進過程可能有關，也可能無關。某個單一制度可能衰敗，但周圍的其他制度仍然運作良好。

杭亭頓用「政治衰敗」一詞來解釋二次世界大戰後剛成立的新興國家政治不穩定的現象。全世界快速變化的傳統政治秩序都已經崩解成失序狀態。杭亭頓認為，社會經濟現代化一段時間之後，會導致新興社會團體動員起來，因為既有的政治制度中並未提供他們政治參與的機會。因此，政治衰敗的原因就是制度無法適應變化中的環境，尤其是新興社會團體的崛起，以及他們的政治需求。[16]

因此從很多角度來看，政治衰敗其實也是政治發展的一種條件，為了讓新制度運作，舊制度必須崩解。但轉型過程可能極為混亂且暴力，沒人可以保證政治制度會持續和平且妥善地適應新環境。

我們可以把這個模式當成理解政治衰敗的起點。根據杭亭頓的說法，制度是「穩定、被重視、一再發生的行為模式」，最重要的功能就是幫助人們做出集體行動。如果沒有明確且穩定的規則，人類必須在每一次和人互動時就要重新談判或協商。這些規則的實質內容會因為不同社會與時間的演變而改變。但是形成制度原則的能力則深藏在人類的大腦裡，並隨著數百年的社會生活而演化。

基於自身利益的考量，每個人可能都會接受行為受到約束的制度。由於人類天性的七情六欲，因此大家必須遵守規則或行為基準，不管這個行為基準是否合理。有時候，我們因為虔誠的信仰而遵守規則，有時候只是單純因為這是古老且傳統的規則而遵守。人類天生就是遵守規則的動物，也會環顧周遭的同伴，尋求行為上的指引。基準行為的高度穩定性形成了持久的制度，人類社會因此可以達到高度的社會合作，任何其他動物都比不上。[17]

但也正是制度的穩定性，形成政治衰敗的原因。制度是為了特定情境的需求而產生，但形成制度的原始情境會改變。杭亭頓談到的社會動員，只是制度周邊情境改變的一種形式。只要周圍的情境一改變，制度就可能失靈。生態環境的變遷是另一種形式，人類學家曾經推測，馬雅文明與美國東南方印地安文化消失的原因，可能是因為氣候變化。[18]

制度無法適應變化中的環境，有很多原因。第一個是認知問題。人類一向會遵循制度化的規則，即使並不全然基於理性。舉例來說，社會學家與人類學家推測，宗教規則是因為很多理性的特殊需求，例如規範性行為與生育情況的需求、轉讓財產的需求、福利組織的需求等等。但是狂熱的宗教信徒不會單純基於規則有錯或會導致不良後果，就拋棄自己的信念。當然，這種認知上的僵固性不只存在於宗教領域。關於世界如何運作，每一個人會形成並利用共同的心理模式，並且在面對矛盾的證據時還是堅守自己的想法。馬克思主義者與新古典經濟學派都是如此，馬克思主義還自認為是完全世俗的「科學」主張。美國森林管理局就是一個非常鮮明的例子，它自認為擁有管理森林的「科學」知識，即使很多證據顯示，滅火會傷害森林永續的目標，它還是堅持自己的滅火政策。

制度無法適應環境的第二個重要原因是，政治制度中菁英或現任政治人物的角色。新的社會團體出現並挑戰既有的均勢狀態時，政治制度就開始發展，如果發展成功，制度的角色就會改變，原來被排斥在外的局外人也會變成局內人。但接下來，如果局內人在新制度中有了利害關係，就會開始防衛新的現狀。因為他們是局內人，就可以利用優勢取得資訊與資源，並操弄規則以圖利自己。我們已經看到二十世紀第一個十年中，《潘德頓法案》通過之後，因能力被任用的公務員為了保護自己的飯碗與特殊利益，如何馬上開始組成工會。工會不只變成反抗貪腐政客安插人事的防護罩，也變成反抗上級要求更佳表現與更有擔當的擋箭牌。

現代的政府制度不一定要民主，但至少要公平，如果面對局內人有心把持，特別沒有招架之力，我把這過程稱為「二次家產化」。我們已經知道，自然的人類社交關係建立於兩種形式：親屬選擇與互利互惠行為，不是偏好親人，就是可以互相交換利益的朋友。現代制度則要求人要違反天性。如果沒有強大的制度誘因，在政治制度中有特殊管道的團體就會利用自己的職位圖利朋友與家人，政府的公平性也就蕩然無存。這些團體的勢力愈強大，就愈有機會這樣做。菁英或局內人把持的過程，是破壞所有現代制度的弊端（前現代或家產制的制度沒有這個問題，因為一開始就被當成局內人的個人財產）。

在本書上卷，我列舉很多二次家產化的例子。西元前三世紀建立第一個現代政府的中國，在東漢末年被幾個菁英家庭把持朝政，第七與第八世紀的隋唐兩朝，中國重新建立中央集權政府之後，又被繼續把持。直到十一世紀的北宋期間，漢朝制度的公平性才得以恢復。馬木魯克的奴兵也是一樣，因為防護埃及與敘利亞對抗蒙古人與十字軍，而合理化自己的地位，也變成根基穩固的菁英。在馬木魯克王朝末年，老一輩的馬木魯克人親自負責菁英的酬庸網絡，完全阻斷年輕一輩向上流動的機會。再加上他們鄙視槍炮等新技術，最後被鄂圖曼人征服，馬木魯克政府也跟著垮臺。最後的例子是法國，從十六世紀末以來，舊制逐漸把政府官職賣給有錢菁英。買官的官員有權有勢，以至於政府無法現代化，直到法國大革命以暴力方式沒收這些人的官職，才有辦法推動改革。

《美國憲法》明文寫出的民主制度，特別是麥迪遜派支持的版本，是藉著防止獨大的派系出現，利用政治權力把持國家，在理論上應該會減低菁英壟斷的問題。其具體做法是在一連串互相競爭的政府部門中分配權力，也允許不同的多元利益彼此競爭。與其規範這些派系（或者我們今天說的利益團體），麥迪遜主張，派系的數量與多元性可以保障每一個人的自由權利。在現代的政府制度中，如果任何一個團體擁有不正當的影響力並濫用其地位，其他受到威脅的團體就可以組織起來取得新的平衡。

雖然美國的民主制度制衡了菁英的力量，但通常無法做到之前宣稱的理想。因為局內人通常有更好的管道得到資訊與資源，用來保護自己。一般選民如果一開始就根本不知道（這種事情正在發生），也不會因為菁英偷取納稅人的錢而憤怒。基於自身的利益，認知僵固性也可能會讓社會團體不想動員。美國很多勞動階級選民支持的候選人都承諾要調降有錢人的稅，卻不在乎這件事會傷害他們自己的經濟狀況。勞動階級以為這種政策會刺激經濟成長，最後會慢慢讓他們也得到好處，或者自籌財源可以解決政府赤字問題。即使面對相當多的證據顯示這是行不通的，但這種想法還是非常堅定。

另外，不同團體保護自身利益的組織能力不一樣。生產糖品與種植玉米的人在地理上非常集中，也非常專注在自己產品的價格，但是對散布在各地的一般消費者或納稅人來說，這些大宗物資的價格只是預算的一小部分。另外，有些制度也通常偏袒這些行業，讓這些團體對農業政策有特別大的影響力，例如生長製糖作物與玉米的佛羅里達與愛荷華州，總是在總統選舉時搖擺不定。另外，中產階級與窮人的組織能力也不一樣，他們通常比窮人更有意志力，也更有能力保護自身的利益，比如保持房屋貸款扣除額。這會讓社會安全與醫療保險等普遍權利，在政治上比較容易得到支持，但只針對窮人的改善計畫就不容易推動。

最後，自由民主幾乎都與市場經濟綁在一起，這會產生輸家與贏家，並放大麥迪遜所謂「獲得財產的能力不同，也不公平」的現象。其實，只要能刺激創新與成長，而且每個人都能公平進入經濟制度，這種經濟不公平本身並不是壞事。但是，當經濟贏家把財富轉化為不公平的政治影響力，就是嚴重的政治問題。舉例來說，他們可以用交易做到這件事，例如賄賂立法人員或公務員，甚至更具破壞力的是，直接改變制度的規則以圖利自己，例如不讓競爭者進入自己主導的市場，就像日本、巴西與美國已經用環境或安全理由保護國內的生產商。在這種情形下，公平的競爭環境愈來愈像是一種口號。

美國政治制度的衰敗和社會與文明衰落的現象不同，它已經成為高度政治化的主題。[19] 美國最大的優勢從來就不是它的政府素質，從一開始，私部門一直都更創新也更有活力，是美國國力強大的來源。即使政府素質惡化也會出現新的機會，為未來的經濟成長奠定基礎，例如頁岩氣與生物技術。在這個例子中的政府衰敗只是表示很多特殊的美國政治制度已經失去功能，再加上隨著時間形成的認知僵固性與根深蒂固的政治勢力會阻止他們進行改革。無論如何，制度改革是極為困難的工作，不保證不會對政治體系造成重大破壞。

注釋

1 Robert H. Nelson, *A Burning Issue: A Case for Abolishing the U.S. Forest Service* (Lanham, MD: Rowman and Littlefield, 2000).

2 Eliza Wing Yee Lee, "Political Science, Public Administration, and the Rise of the American Administrative State," *Public Administration Review* 55, (no. 6) (1995): 538–46; Knott and Miller, *Reforming Bureaucracy*, pp. 38–39.

3 Dean Lueck, "Economics and the Organization of Wildfire Suppression," in Karen M. Bradshaw and Dean Lueck, eds., *Wildfire Policy: Law and Economics Perspectives* (New York: RFF Press, 2012); Nelson, A Burning Issue, p. 4; Stephen J. Pyne, "Fire Policy and Fire Research in the U.S. Forest Ser vice," *Journal of Forest History* 25, (no. 2) (1981): 64–77.

4 Nelson, *A Burning Issue*, p. 38.

5 Sarah E. Anderson and Terry L. Anderson, "The Political Economy of Wildfire Management," in *Bradshaw and Lueck*, Wildfire Policy, p. 110.

6 Nelson, *A Burning Issue*, p. xiii.

7 Dennis Roth, "The National Forests and the Campaign for Wilderness Legislation," *Journal of Forest History* 28, (no. 3) (1984): 112–25.

8 參見Randal O'Toole, *Reforming the Forest Service* (Washington, D.C.: Island Press, 1988), pp. 98–111.

9 Paul C. Light, *A Government Ill Executed: The Decline of the Federal Service and How to Reverse It* (Cambridge, MA: Harvard University Press, 2008), p. 126; Patricia W. Ingraham and David H. Rosenbloom, "Political Foundations of the American Federal Service: Rebuilding a Crumbling Base," *Public Administration Review* 50 (1990): 212.

10 *National Commission on the Public Service*, (Rebuilding the Public Service Washington, D.C., 1989); and *Revitalizing the Federal Government for the 21st Century* (Washington, D.C., 2003).

11 這些公務機關（例如紐約與紐澤西港口事務管理局）在州與市政府層級更常見，而且通常債務比州政府和市政府本身的債務更高。參見Gail Radford, *The Rise of the Public Authority: Statebuilding and Economic Development in Twentieth-Century America* (Chicago: University of Chicago Press, 2013). 另參見Light, *A Government Ill Executed.*

12 Light, *A Government Ill Executed*, p. 106; 支持數據來自pp. 108–20.

13 *Revitalizing the Federal Government for the 21st Century*, p. 1.

14 Light, *A Government Ill Executed*, p. 115; Ingraham and Rosenbloom, "Political Foundations of the American Federal Service."

15 Oswald Spengler, *The Decline of the West* (New York: Knopf, 1926); Arnold Toynbee, *A Study of History* (London: Oxford University Press, 1972); Paul Kennedy, *The Rise and Fall of the Great Powers: Economic Change and Military Conflict from 1500 to 2000* (New York: Random House, 1987); Diamond, *Collapse*. 編注：*Collapse*中文版《大崩壞：人類社會的明天？》（新版）由時報文化出版，二〇一九年十月二十九日。

16 Samuel P. Huntington, "Political Development and Political Decay," *World Politics* 17, (no. 3) (1965).

17 參見本書上卷第二章。

18 Diamond, *Collapse*, pp. 136–56.

19 案例參見Fareed Zakaria, *The Post-American World* (New York: Norton, 2003); Thomas L. Friedman and Michael Mandelbaum, *That Used to Be Us:How America Fell Behind in the World It Invented and How We Can Come Back* (New York: Farrar, Straus and Giroux, 2011); Edward Luce, *Time to Start Thinking: America in the Age of Descent* (New York: Atlantic Monthly Press, 2012); Josef Joffe, *The Myth of America's Decline: Politics, Economics, and a Half Century of False Prophecies* (New York: Liveright, 2014)

第三十二章　法院與政黨的政府

為什麼司法與立法對美國政府有過多的影響力；對政府的不信任如何演變成行政問題要由司法解決；利益團體、遊說與美國政治的二次家產化。

政治建制的三種範疇，也就是政府、法治與民主，在現代的自由民主制度中剛好具體呈現在政府的三大部門，也就是行政、司法與立法。由於美國長期存在不信任政府權力的傳統，因此總是在制度上強調司法與立法對行政有制度限制的重要性。本書第九章到第十一章已經論述，美國政治在十九世紀的特色被斯柯洛內克稱為「法院與政黨的政府」，在歐洲由行政部門執行的機能，在美國卻是由法官與民選代議士取代。直到一八八〇年代，美國才建立以能力為任用標準的現代一體化文官制度，並在全國行使管轄權，而且要到五十多年之後的新政時期，經考試任用的公職人員數量才達到百分之八十。[1]

蛻變成為更現代的國家治理機關（administrative state）時，政府規模也同步大幅成長。表七顯示幾個已開發國家的總稅收占國內產值的逐年比例，在表八可以看到政府支出甚至比稅收增加更快。

很多研究美國政府建造或「現代國家治理機關出現」的文獻，傾向理所當然地以為歷史就像棘輪（ratchet），一旦轉動就不能反向倒轉，這似乎也在政府的規模上得到證實。即使雷根與柴契爾分別在美國與英國進行改革，想讓政府部門大幅縮小，但表七與表八顯示，從一九七〇年代以來政府的稅收與支出的整體水準並沒有改變多少。這讓進步人士鬆一口氣，也讓保守派震驚「大政府」似乎很難拆解。

現在先把注意力放在美國。美國政府在二十世紀時很顯然無法逆轉大幅成長，但卻掩蓋它在素質上大幅降低的事實。政府素質惡化，也讓財政赤字更難控制。除非同時解決素質的問題，否則政府的規模問題也很難解決。用比較具體的方式說，相對於其他不同制度設計的民主國家，美國分權與制衡的制度讓決策變得十分困難。過去一段時間，這個制度讓美國的福利政策增加得非常慢，但未來一樣艱難，除非政策決定的過程更流暢、執行政策更有效率，否則很難發揮政治制度的核心功能：負責任地編製預算。

美國政府素質衰敗的根源，在於很多問題都會回歸到「法院與國會」的憲政問題，法院與立法機關奪走很多行政部門的功能，以至於政府的整體運作既不統一又沒效率。其他已開發國家由行政部門管轄的範圍，有愈來愈多成為美國法院的業務，導致的問題包括所費不貲的訴訟案件、龜速決策，以及執行法律高度不一致。法院並未成為約束政府權力的機構，反而變成政府延伸的部門。

國會也有類似的奪權現象。利益團體雖然已經不能利用賄賂或填飽侍從機制的方法，而失去直接買通立法機關的能力，但是現在也學到完美的法律手段繼續把持與控制立法人員。利益團體運用

表七：稅收占GDP比例

國家	1965	1975	1985	1990	1995	2000	2005	2011
澳洲	21.0	25.8	28.3	28.5	28.8	31.1	30.8	26.5
奧地利	33.9	36.7	40.9	39.6	41.2	42.6	42.1	42.3
比利時	33.1	39.5	44.4	42.0	43.6	44.9	44.8	44.1
加拿大	25.7	32.0	32.5	35.9	35.6	35.6	33.4	30.4
丹麥	30.0	38.4	46.1	46.5	48.8	49.4	50.7	47.7
芬蘭	30.4	36.5	39.7	43.5	45.7	47.2	43.9	43.7
法國	34.1	35.4	42.8	42.0	42.9	44.4	43.9	44.1
德國	31.6	34.3	36.1	34.8	37.2	37.2	34.8	36.9
希臘	17.8	19.4	25.5	26.2	28.9	34.1	31.3	32.2
冰島	26.2	30.0	28.2	30.9	31.2	37.2	40.7	36.0
愛爾蘭	24.9	28.7	34.6	33.1	32.5	31.7	30.6	27.9
義大利	25.5	25.4	33.6	37.8	40.1	42.3	40.9	43.0
日本	18.2	20.9	27.4	29.1	26.8	27.0	27.4	28.6
盧森堡	27.7	32.8	39.5	35.7	37.1	39.1	37.8	37.0
墨西哥	n/a	n/a	17.0	17.3	15.2	16.9	19.1	19.7
荷蘭	32.8	40.7	42.4	42.9	41.5	39.7	38.8	38.6
紐西蘭	24.0	28.5	31.1	37.4	36.6	33.6	37.5	31.5
挪威	29.6	39.2	42.6	41.0	40.9	42.6	43.5	42.5
葡萄牙	15.9	19.7	25.2	27.7	31.7	34.1	34.7	33.0
南韓	n/a	15.1	16.4	18.9	19.4	23.6	25.5	25.9
西班牙	14.7	18.4	27.6	32.5	32.1	34.2	35.8	32.2
瑞典	35.0	41.2	47.3	52.2	47.5	51.8	49.5	44.2
瑞士	17.5	23.9	25.5	25.8	27.7	30.0	29.2	28.6
土耳其	10.6	11.9	11.5	14.9	16.8	24.2	24.3	27.8
英國	30.4	35.2	37.6	36.1	34.0	36.4	35.8	35.7
美國	24.7	25.6	25.6	27.3	27.9	29.9	27.3	24.0
OECD整體	24.2	29.4	32.7	33.8	34.8	36.0	35.7	34.1

資料來源：Vito Tanzi and OECD

表八：政府稅收、支出與赤字，2011年

國家	政府稅收	支出	赤字
澳洲	22.9	26.1	3.2
奧地利	36.3	38.7	2.4
比利時	41.2	44.8	3.6
加拿大	16.8	18.0	1.2
丹麥	40.5	42.7	2.2
芬蘭	38.4	39.6	1.2
法國	42.7	47.8	5.1
德國	29.1	29.7	0.6
希臘	41.0	52.5	11.5
冰島	30.0	36.3	6.3
愛爾蘭	31.6	44.1	12.5
義大利	37.6	41.5	3.9
韓國	32.2	30.3	-2.0
盧森堡	42.7	42.7	-0.1
荷蘭	45.7	49.9	4.3
紐西蘭	34.9	41.7	6.8
挪威	57.3	43.9	-13.4
葡萄牙	45.2	49.5	4.3
西班牙	36.4	46.0	9.6
瑞典	51.5	51.5	0.0
英國	36.8	44.3	7.5
美國	17.0	26.1	9.1
OECD整體	23.7	29.7	6.0

資料來源：世界銀行；OECD（不含澳洲、紐西蘭和OECD次國家稅收）

超乎其社會地位與比例的影響力，扭曲稅收與政府開支，並操控預算以符合其利益，因此提升整體的赤字水準。由於他們引誘國會支持各種通常彼此矛盾的命令，也影響了公共行政的品質。這一切全都引發代表權的危機，因為一般大眾覺得應該屬於大眾的政府，卻不再真正反映民眾的利益，反而被各種藏在暗處的菁英團體所控制。最諷刺且奇怪的是，原來設計要讓制度變得更民主的改革措施，卻成為代議政治危機的主因。

行政治理司法化與利益團體影響力擴張，這兩個現象傷害了大眾對政府的信任。這種不信任會蔓延，也會自我增強。由於對行政部門不信任，導致對行政部門增加更多法律審核的需求，這會進一步降低政府的素質與效能。同樣的不信任讓國會對行政部門施加各種新的且通常彼此衝突的命令，即使不是完全不可行也很難達成。這兩種過程導致文官自主性降低，結果政府就變得僵化、被規則綁手綁腳、沒有創新力，也經常不一致。一般大眾因為這些問題指責文官，好像公務員也喜歡在一大堆的細節規定、法院指示、專款專用，以及來自法院與立法部門的複雜命令下工作。美國政府的問題比較是整體的制度問題，本來應該屬於行政的權力卻被分配給法院與政黨。

美國政府的問題來自一種不平衡，弱的一方面是國家機器的能力，另一方面是一開始就設計來限制國家機器的各種制度愈來愈多。簡言之，相對於美國國家機器的能力，實在太多法律、太多「民主」加以拘限了。

不尋常的發展之路

美國在二十世紀發生一個重大的轉捩點。一九五四年，美國最高法院做成《布朗控告托皮卡教育局案》（Brown v. Board of Education）的決議，在憲法基礎上推翻十九世紀支持隔離的《普萊西控告弗格森案》（Plessy v. Ferguson）。這個決議為接下來十年的民權運動揭開序幕，並順利解除各種限制種族平等的障礙，也保障非裔美國人與其他少數族裔的權利。利用法院推出新的社會立法，成為二十世紀末期社會運動的模式，從環保運動、婦女權益運動到消費者安全與同志婚姻權利。

對美國人來說，這些都是熟悉的英勇事蹟，以至於他們很少意識自己推動社會改革的方法有多麼奇怪。布朗案的主要推動者是美國全國有色人種協進會（National Association for the Advancement of Colored People, NAACP），這是一個代表一小群黑人家長與其子女的民間志工團體，就是由他們針對堪薩斯州托皮卡市教育局提出控告。由於州政府受到贊成隔離政策力量的控制，一開始的提案當然必須由民間團體發動。NAACP把這個案子一路上訴到最高法院，最後到最高法院法官馬歇爾（Thurgood Marshall）手上。因此，美國制度最特殊之處就是，公共政策最重要的變化並不是來自美國大眾選出來的國會代表，而是民間的個人透過法院訴訟而改變規則。後續的《民權法案》（Civil Rights）與《投票權利法案》（Voting Rights Acts），雖然由國會採取行動，但全國法律的實施還是靠民間團體推動，因為他們可以控告政府，並由法院接手，最後下命令給政府。

歐洲國家在二十世紀下半葉都經歷類似的變化，各種族與少數族群、婦女、同志取得法律地位，但沒有其他自由民主國家發展出美國這種獨特的方式。在英國、法國或德國，不是靠法院達成同樣的結果，而是由代表國會多數的內閣司法部完成。社會團體與媒體的大眾壓力會推動立法或改變法律，但是由政府本身提出來，而不是民間團體藉由司法制度提出來。

美國目前的方式是三組制度經過演化的歷史產物。法國、丹麥與德國都是先出現法律，接著出現現代的政府機制，之後才出現民主。但美國的發展模式不同，富長久傳統的英國共同法最先出現，接著是民主，之後才是現代政府。雖然在進步年代與新政時期，這三套建制最後皆盡具全，但美國政府仍然比歐洲和亞洲的政府更弱勢，也更沒有效能。更重要的是，美國的政治文化從開國以來就建立在對行政權的不信任，所以在其他國家通常授權給行政部門的機能，卻被分配到法院與立法機關。

在進步年代與新政期間，改革者試著要建立歐洲風格的國家治理機關，結果直接和當時保守的法院起衝突，並在羅斯福政府試著壓制最高法院時達到最高點，但因為引起激烈反彈而被迫收兵。二十世紀中，開始有更多順從的法院願意支持規模更大一點的行政部門，但美國人依然高度懷疑「大政府」與新的聯邦部門。而且不只是保守派不信任，很多左派也擔心國家機關被強大的企業利益把持，或完全不受限制，因此偏向支持草根運動，透過法院達到他們想要的政策結果。

法條對抗主義

法學者卡根（Robert A. Kagan）把美國歷史演變的結果稱為「法條對抗主義」（adverarial legalism）。美國這個國家從成立開始，律師就在美國人的生活中扮演極重要的角色，尤其在社會變化劇烈的一九六〇年代與七〇年代，律師的分量更是大幅增加。在這段期間，國會通過超過二十部權利與環保法案，涵蓋的議題包括產品安全、有毒廢棄物清理、私人年金基金、職業安全與健康。在進步年代與新政時期已經建立的監管型政府，也因此大幅擴編，這也是今天美國企業界與保守派人士最愛抱怨的改變。[2]

但是讓制度不靈活的原因不只是法規本身，而是太拘泥於法規。國會議員命令要成立新的聯邦部門，包括就業機會均等委員會、環境保護局、職業安全與健康署，但卻不願意明確授權這些部門擁有制定與執行法律的權力，然而這是歐洲與日本政府機關都有的權力，美國反而把監督與執行法律的責任交給法院。國會有意識地鼓勵更多社會團體興訟，即使很多人只是受到某個特殊法律些微影響而已。[3]

舉例來說，政治學家梅爾尼克（R. Shep Melnick）把聯邦法院修正一九六四年《民權法案》第七篇的行為，描述為：「把主要集中在蓄意歧視的弱勢法條，改成補償過去歧視待遇的強烈命令。」而且還不提供聯邦機構適當的執行權力，「參議院共和黨人的主要行動……就是把起訴功能私人化。把私人訴訟當成執行《民權法案》第七篇的主要模式，他們打造的機制導致在接下來的幾年，為了執行法律而產生之私人訴訟案件的數量，完全超出他們的想像。」整體來說，這些案件在一九六〇年代每年不到一百件，一九八〇年代激增到一萬件，一九九〇年代末期更超過二萬二千件。[4]在同一段時間，花在律師的費用增加六倍。不只直接的訴訟成本激增，由於訴訟過程變慢，且因結果有不確定性，也增加很多成本。[5]

在瑞典與日本，利益團體透過行政部門安靜協商就能解決的衝突，到了美國就必須在法院制度中進行正式的訴訟。這對公共行政造成很多不幸的結果，法漢（Sean Farhang）將其特徵稱為：「不確定性、程序繁複、冗員充斥、沒完沒了、高交易成本。」行政機關沒有執行權，這個制度就更沒有責任可言。[6]在歐洲議會制度中，行政部門提出來的規定或法律必須受到仔細審查與辯論，而且可能在下次選舉中透過政治行動改變。但在美國，政策具有高度特殊且單一性，而且法官的決議過程一點也不透明。另外，法官通常並非經過選舉產生，還享有終身職。

訴訟機會讓很多之前被排除在外的人開始獲得管道與權力，一開始當然就是非裔美國人。正是這個原因，很多進步的左派極小心地維護訴訟與打官司的權利。但從公共政策的角度來看，也付出很多成本，卡根舉了疏濬奧克蘭港的例子來說明這種情形。一九七〇年代，因為預期更新、更大等級的貨櫃船即將啟用，奧克蘭當局開始疏濬港口。這個計畫必須經過一大堆政府機關的同意，包括美國陸軍工兵隊（Army Corps of Engineers）、漁業暨野生動物管理局、全國海洋漁業局（National Marine Fisheries Service）、環境保護局，以及這些單位在加州州政府的附屬單位。從港區挖出來的有毒物質，環境保護局有很多處置的計畫，卻在法院受到質疑，因此每一個後續的計畫都注定會延誤更久的時間、花更多成本。面對這些訴訟案件，環境保護局的反應是乾脆撤回計畫，不採取任何積極的行動。最後的處置計畫直到一九九四年才拍板，成本是最初估計的好幾倍。[7]

美國政府進行的所有行動，都可以找到類似的例子。之前提過森林管理局的很多難處，也是因為法院都能事後評估政府部門的決定而產生牽制作用。一九九〇年代初期，因為名列《瀕臨絕種動物條例》中的斑點鴞（spotted owl）可能會受到威脅，森林管理局與土地管理局負責管轄的西北部太平洋一帶土地，所有計畫因此全部暫緩。[8]

由於法院被用來當成執法的部門，原來要約束政府權力的法院就形成各種機制，政府的範圍也因此大幅擴充。舉例來說，從一九七〇年代中期以來為殘疾人士設計的特殊教育計畫，在規模與成本都大幅增加，就是來自一九七四年國會立法制定擴編的命令。因為聯邦地區法院在之前發現，特殊需求的孩童也應該享有「權利」，但這些權利比較難和其他公共利益交換，也不能受到成本效益的標準影響。而且國會又把命令的解釋和執行丟回給法院，但在預算限制與進行複雜的政治取捨時，法院的運作特別糟糕，最後的結果就是在全國各學區愈來愈多的教育經費流進特殊教育領域。[9]

很多美國保守派與自由派人士建議直接廢除法規並裁撤政府機關，不一定是這個問題的解決之道。政府服務的工作目標，例如有毒廢棄物與環境保護等相關法規，都是沒有私人企業願意做的重要項目，政府不做只會讓它自生自滅。保守派沒看到的是，比起有更強行政部門的民主國家，美國正是因為對政府不信任，行政法規反而要靠更沒效率的法院途徑來完成。

但會形成這樣的制度，與美國的進步人士和自由派脫不了關係。因為政府機關之前在南方設立隔離的學校制度，同時又被大公司把持，所以這些人根本不信任政府；另外，當他們的主張得不到立法代表的支持時，這些人就很樂於把非民選的法官拉進社會政策制定的過程。

分權又拘泥於法條的行政部門，和美國政治制度的另一個明顯特色也十分契合，也就是受利益團體的影響，利益團體可以利用法院直接控告政府以達到目的。但是他們還有另一個更有力的管道，也就是國會，國會控制更多權力與資源。

注釋

1 Skowronek, *Building a New American State*.

2 Robert A. Kagan, *Adversarial Legalism: The American Way of Law* (Cambridge, MA: Harvard University Press, 2001). 參見Mary Ann Glendon, *A Nation Under Lawyers: How the Crisis in the Legal Profession Is Transforming American Society* (New York: Farrar, Straus and Giroux, 1994).

3 有關職業安全與健康的不同例子，參見*Steven Kelman, Regulating America, Regulating Sweden: A Comparative Study of Occupational Safety and Health Policy* (Cambridge, MA: MIT Press, 1981).

4 R. Shep Melnick, "Adversarial Legalism, Civil Rights, and the Exceptional American State"(unpublished paper, 2012). 引文來自Sean Farhang, *The Litigation State: Public Regulation and Private Lawsuits in the U.S.* (Princeton: Princeton University Press, 2010), cited in Melnick.

5 Kagan, *Adversarial Legalism*, p. 50.

6 引自Melnick, "Adversarial Legalism," p.18

7 Kagan, *Adversarial Legalism*, pp. 36-42

8 同前注，頁二三六。

9 參見R. Shep Melnick, "Separation of Powers and the Strategy of Rights: The Expansion of Special Education," in Marc K. Landy and Martin A. Levin, eds., *The New Politics of Public Policy* (Baltimore: Johns Hopkins University Press, 1995).

第三十三章 國會與美國政治二次家產化

為什麼十九世紀的侍從主義被利益團體的互利互惠行為取代；利益團體如何影響公共政策的品質；利益團體對民主究竟是利是弊；美國政府的二次家產化。

我們已經看見，十九世紀的大部分時期，美國政治是徹頭徹尾的侍從主義。政治人物為了動員選民去投票，會承諾提供選民個人化的利益，有時候是很小的恩惠或是直接給現金，但最常見的方式就是提供政府機關的工作，包括聯邦、州、市政府的層級都有。政治老闆與國會成員都能從他們掌控的資源中揀取自己想要的部分，但這種分配酬庸的簡便方式，造成的重大惡果就是公務機關的腐敗。

由於文官制度改革運動（第十章與第十一章提過），過去歷史上的侍從主義與腐化作風已經大致絕跡，因此可以很確定地說，這兩個問題都不是今天美國政治制度面對的威脅。雖然聯邦政府每一個新成立的行政機關，政治任用的職位超過四千個，比任何其他先進的民主國家更多，但政黨已經不再插手，不再把整個政府的職務一個個分配給忠誠的支持者。當然還是會有一些情節嚴重的個人貪汙事件，例如二〇〇六年加州眾議員康寧漢（Randy "Duke" Cunningham），以及二〇一一年伊利諾州州長布拉戈耶維奇（Rod Blagojevich），兩人都因貪汙被判刑入獄。但是防杜貪汙的規則廣泛且嚴格，加上政府大量公開利益衝突的規定，已經讓很多人嚇得不願意從事公職。

互利互惠行為

遺憾的是，政治影響力與金錢交易在美國政治中找到很大的後門，而且這一次完全合法，也更難根除。在美國法律中，論罪的賄賂行為定義很狹隘，政治人物與私人必須明確同意交易特定的交換物。生物學家所稱的互利互惠行為，或人類學家可能稱為交換禮物的行為，都不包含在法律規定的範圍。在互利互惠行為的關係中，某人給另一個人好處，並不會明確預期會馬上得到好處，不像公平的市場交易。如果某人送另一個人禮物，且馬上要求回禮，接收方心裡可能會覺得不舒服，也會拒絕收禮。在交換禮物的關係裡，收禮人會對送禮人產生道德義務，也傾向在另一個時機或場合回報這個恩惠。法律只禁止市場交易，卻不禁止交換恩惠，這就是美國遊說產業建立的基礎。[1]

我之前提過，人類社交關係的自然形式就是親屬選擇與互利互惠行為，這都不是後天學習的行為，而是編寫在人類的大腦與情緒中的遺傳基因。在任何的文化中，一個人從社群成員中得到一份禮物，就會覺得自己有互利的道德義務。早期的政府被稱為家產制，就是因為政府被認為是統治者的私人財產，因此他會用自己的家人與朋友去接行政部門的職務。其中的朋友通常是一開始幫他打天下的戰士。這種政府就是建立在人類自然的社交關係形式上。

現代政府用嚴格的規定與誘因，克服偏袒家人與朋友的自然傾向，其中包括文官考試、能力資格檢定、利益衝突規則與反賄賂與反腐化法律。但是人類自然的社交關係力量很強大，逮到機會就會一再出現，就像諺語裡的小偷，前門鎖住了，他就會跑去試試後門、窗戶或地下室狹小的空間。

持平地說，我認為美國政府在二十世紀下半葉已經發生二次家產化現象，很像東漢時期的中國、被鄂圖曼人打敗之前的馬木魯克政權，或法國舊制時期的政府。目前防杜偏袒親人的法律仍然很強大，因此不會成為美國政治普遍的政治交易行為，但想知道建立權力王朝的欲望有多強大，看看甘迺迪家族、布希家族、柯林頓家族等等之類的人就知道。

從另一個角度看，互利互惠行為在華盛頓特區非常普遍，根本就是利益團體順利收買政府的主要管道。法學家雷席格（Lawrence Lessig）指出，利益團體只要提供政治獻金，然後等著不特定的利益回報，就能用完全合法的方式影響國會議員。有時候，主動提出交換禮物的人是國會議員，他會給利益團體恩惠，期待對方能在未來的競選時大力襄助。這些交換通常不會涉及金錢。舉例來說，國會議員前往時髦的度假勝地參加有關衍生性金融商品的法規研討會，他會聽到銀行業為什麼不需要規範的簡報，而不會聽到其他可靠的論點。在這種情形下，政治人物不是被金錢收買（雖然也有很多金錢在運作），而是理智上被左右了，因為他對利益團體的意見只有正向的觀感。[2]

華盛頓的利益團體與遊說行業的興盛，實在令人震驚，一九七一年有登記的遊說公司只有一百七十五家，十年後增加到二千五百家，到了二〇一三年超過一萬二千家，支出金額超過三十二億美元。[3]這種活動對美國公共政策造成扭曲的效果，在很多領域都可以看見，首先就是稅法。經濟學家都同意，所有的稅都會減損市場有效分配資源的能力，最有效率的稅就是直接、統一且可以預期的稅種，因為企業可以加以規畫或投資。但美國的稅法剛好相反。雖然美國名義上的公司稅稅率比其他已開發國家還高，但因為美國企業已經協商出特殊的減免辦法與利益，因此很少美國企業確實以法定稅率繳稅。[4]

法國大革命發生之前的舊菁英托克維爾說，他們錯把特權當成一種自由權利，也就是來自國家權力的保護只有他們能享有，不是所有公民一律都有。當代的美國菁英也高談自由，但卻非常樂於安於特權身分。

有些政治學家認為，所有的金錢與運作並未在政策上造成遊說團體想要的重大改變，但考慮過程中投入的金錢，這似乎非常令人難以置信。[5]因為利益團體與遊說團體的目標通常不是促成新政策，而是防止對他們不利卻有裨公共利益的某些政策出現。在其他時候，他們也會讓既有的法規比應有的情況更糟。比起議會制與政黨有紀律的國家，美國立法程序一直都支離破碎。國會裡的委員會和重疊的司法管轄權形成的混亂局面，通常會產生各種互相衝突的行動命令，就像具體寫在一九九〇年《全國平價房屋法案》（National Affordable Housing Act）上的文字：「三個不同的提案，分別代表對問題本質的不同意見」，或者有關《清淨空氣法》（Clean Air Act）多樣化的執行命令。分權的立法程序產生不一致的法律，實際上也吸引利益團體的參與，如果力量夠大，他們就能改變整個法律，或至少也能保護自己的特殊利益。[6]

舉例來說，歐巴馬（Barack Obama）在二〇一〇年簽署的《平價健保法案》（Affordable Care Act），在立法過程期間因為要對利益團體，包括醫師、保險公司與製藥公司，做出很多讓步與補償性報酬，最後已經變成一部非常畸形的法律。這個法案本身就有九百頁，很少國會議員能評估任何細節。另外，利益團體也能擋下傷害他們利益的立法。二〇〇八到二〇〇九年發生金融危機，政府後來用納稅人的錢對大銀行紓困，實在是不得人心的做法，其實最簡單也最有效的方法是立一條法律，限制金融機構的規模或大幅提高資本要求，也能達到相同的效果。[7]有了這樣的限制，承擔愚蠢風險的銀行就可以宣告破產，而不會引發系統性的危機，還要靠政府用納稅人的錢紓困。就像《蕭條時期的格拉斯—斯帝格爾法案》（Depression-era Glass-Steagall Act），這樣的法案可能已經有很多文章研究，但國會在研究金融法規時，可能沒有認真考慮過。最後出爐的是《華爾街改革與消費者保護法》（Wall Street Reform and Consumer Protection），或稱為《多德—法蘭克法案》，雖然有比沒有好，但法案長達數百頁，未來還有更細節的規定要研究，這將會在銀行與消費者身上增加大量的成本。這個法案不直接限制銀行規模，卻成立金融穩定監督委員會，負責評估與管理暴露在系統性風險的制度，最後還是沒有解決銀行大到不能倒的問題。在這過程中，雖然無法發現銀行業者支持特定國會議員的競選活動，大眾也不會相信銀行業的眾多遊說人士沒有運用影響力，阻止更簡單的解決方案過關，也就是直接拆解大型銀行或嚴格限制資本要求。[8]

熱情與利益

一般美國人對利益團體以及他們對國會的影響，普遍非常鄙視。位在政治光譜兩端的人士，都認為民主程序已經腐化或被劫持。一邊是右派的共和黨內極端保守的茶黨，一邊是左派的自由派民主黨人士，他們都相信利益團體利用不正當的影響力而中飽私囊。因此，大眾對國會的信任水準已經降到歷史新低，很少超過兩位數字。[9]

經濟學家奧爾森在《國家興衰探源》（*The Rise and Decline of Nations*）一書中，探討利益團體對經濟成長與最終的民主精神所造成的不良影響，是最廣為人知的論點。奧爾森特別探討二十世紀面臨長期經濟衰退的英國，並認為在和平與穩定的民主時期，利益團體的數量會不斷增加。這些利益團體追求的不是創造財富的經濟活動，而是利用政治制度為自己榨取利益或租金（rent）。這些租金整體上是沒有生產力的，對整個社會大眾來說也是很大的成本。但是一般大眾有集體行動的問題，無法像銀行業或玉米生產商一樣，有效率地組織起來以保護自己的利益。時間一久，能量就會穩定地偏向尋租的經濟活動，只有靠大型的衝擊，例如戰爭或革命，才能停止。[10]

不過，這種對利益團體極度負面的評論，也有非常鮮明的對比意見，包括公民團體與志工團體都認為，利益團體對民主的健全有非常正面的效果。托克維爾在《民主在美國》一書中提到，美國人有一種組織民間社團的強烈傾向，他認為這是一種「民主學校」，因為這會教導民間的個人為公共目的而團結起來的技巧。個人的力量很薄弱，只有為了共同目的而加入其他人，才能抵抗暴虐無道的政府。學者普特南進一步詮釋這一派的論點，他認為組織人群的傾向，也就是社會資本，對民主很有利，但在二十世紀的下半葉力道已經變弱。[11]

開國元勛麥迪遜對利益團體也有相當正面的看法。他認為，即使某人不贊同某個特殊的利益團體追求的目標，在一個幅員廣大的國家裡，多樣化的利益團體也足以防止任何單一團體擁有主導的勢力。政治學者羅維（Theodore Lowi）在二十世紀中提出的「多元」政治理論，與麥迪遜的看法一致。他認為，各種利益團體的雜音會集體互相作用，最後產生出公共利益，就像自由市場中的競爭，透過個人狹隘的自身利益，最後也能達成公共利益。政府沒有立場控制這個過程，因為在利益團體狹隘的考量上，並沒有更高的理由可以定義所謂的「公共利益」。最高法院在《巴克利控告瓦萊奧案》（Buckley v. Valeo）與《聯合公民案》（Citizens United）的決議也同意正面的看法，就是羅維所謂的「利益團體的自由主義」。[12]

所以，利益團體會腐化民主並傷害經濟成長，但又是民主健全的必要條件。該如何調和這兩種互相對立的論述呢？

最明顯的方法就是區分「好的」公民團體，與「壞的」利益團體。赫希曼認為，公民團體的動力是熱情，利益團體的動力是利益。[13] 公民團體可能是非營利組織，例如教會想為窮人蓋房子，也可能是遊說團體，目標是推動對公眾有益的政策，例如保護海岸棲地；但利益團體可能是為菸草公司與大銀行遊說的人士，目標是讓相關企業獲得最大的獲利。普特南的區別方法是邀請成員主動參與的小團體，以及只要成員繳入會費的「會員組織」。[14]

可惜的是，這種區別方法無法通過理論的仔細檢驗。因為宣稱為了公眾利益而行動的團體，並不意味著它的確名符其實。例如，某個醫療團體希望政府撥更多錢對抗某一個特殊疾病，結果卻挪用更普遍與危害更大的疾病資金。因此，真相可能只是因為這個團體的公共關係做得更好，卻扭曲大眾利益的優先順序。另外，利益團體為自身利益發聲，並不表示它的要求是不合理的，或者他們就沒有在政治制度中的代表權利。如果某個思慮不周的法規，將嚴重傷害某個行業的利益與從業人員，他們就有權力讓國會知道。事實上，針對政府可能的施政後果，遊說團體通常是最重要的資訊來源。在環保團體與企業的長期論戰中，有關永續、獲利與工作機會的取捨，環保人士宣稱自己代表公眾利益不一定都是對的，奧克蘭港疏濬工程就是一個案例。[15]

反對利益團體多元化最鮮明的論點就是扭曲代表性。謝茲可奈德（E. E. Schattschneider）在《半主權的人民》（*The Semisovereign People*）一書中指出，美國的民主實踐與它深得人心的「民有、民治、民享」政府形象大相逕庭。他提到，政治角力的後果很少與民心向背一致，因為大眾很少參與，甚至根本不知情，因此通常是人數很少卻有組織的利益團體在影響真正的決策。[16]奧爾森的討論架構中也有類似的論點，他認為，不是所有的團體都有一樣的能力組織集體行動。他在《集體行動的邏輯》（*The Logic of Collective Action*）解釋，相對於小團體，組織大團體的難度更高，因為為所有成員提供利益的大團體會產生搭便車（free riding）[17]的問題。在民主環境中，整體公民（或至少其中的絕大多數）的長期利益，可能是在財務上很負責任的預算計畫，但某個人可能會覺得在財務緊縮的大環境下，如果某個利益團體還能為他爭取補貼與減稅，他就會認為長期利益不重要了。因此爭取國會議員注意的利益團體，絕對不是整體美國人的集體代表，他們代表的是最有組織、也最有錢（這兩件事通常是同一件事）資助他們的部分美國人。這種傾向也不是毫無規則，利益團體通常會違反沒有組織的人的利益，這些人通常是窮困、沒受太多教育，不然就是被邊緣化的人。[18]

費奧利納（Morris Fiorina）提供相當多的證據顯示，他所謂的美國「政治階級」比美國人本身更對立。他提出各種資料顯示，在很多應該非常具爭議性的議題上，例如墮胎、財政赤字、校園祈禱計畫到同志婚姻，民意調查資料顯示大多數的美國社會大眾支持折衷方案，例如：運用聯邦資金利用婦產科診所多餘的胚胎進行幹細胞研究。但是不管左派或右派，政黨激進分子總是比普通政黨成員有更大的意識形態包袱，傾向採取更極端的立場。而且支持中間路線的大多數人，對這些議題並沒有太多熱情，大多數也沒有組織起來。這意味著，不管是在政黨、國會、媒體，或遊說團體與利益團體，政治都是被組織完善的激進分子所主導。這些激進分子不接受妥協的立場，最後就造成政治對立與僵局。[19]

不只是美國企業界與右派會產生沒有代表性的利益團體，在民主國家最有影響力的團體一直是工會，其他還有環保團體、婦女組織、同志權利促進會、老人、殘障人士、原住民，幾乎每一種社會組成分子都有。在美國，似乎每一種疾病與醫療情況都有自己的倡議組織，以爭取更多的注意與資源。多元理論認為，彼此互相競爭的團體加總起來就會形成大眾的利益。但是有一派也主張，由於利益團體先天上有過度代表的問題（人數很少，但聲音很大），他們也會傷害真正代表大眾利益的代議民主制度。

利益團體與政府的品質

利益團體的第一個問題就是會傷害文官自主性，因為他們常會說動國會執行者對行政機關頒布複雜且互相矛盾的命令，行政部門在高度受限的情況下，根本無法獨立判斷或做出符合常理的決定。

這類例子不勝枚舉。例如國會要求聯邦政府應該取得廉價又有效率的商品或服務，但是又給一套麻煩的法令，也就是《聯邦採購條例》（Federal Acquisition Regulation, FAR），要所有政府的採購部門遵守。和私人公司的採購不同，政府採購的程序繁複，還要應付沒完沒了的上訴權。在很多情形下，國會議員更會直接干預，以確定政府採購進行的方式對自己的選區有利。尤其是五角大廈的高價採購項目，實際上已經變成分配給幸運的國會議員的工作專案。雖然國會與社會大眾大力抨擊政府採購「浪費民脂民膏、弊端重重，且濫用職權」，但想以更多細節、更多限制的命令來解決這個問題，只會增加採購的成本並降低品質。

利益團體與多元理論的另一個問題是，他們把公眾利益看成不過是個別私人利益的總和，因此傷害協商的可能性，也就是個人的優先選項會因溝通與對話而改變。托克維爾極為稱許古典雅典式民主，以及現代的新英格蘭市民大會，在這兩種情形下，公民都能直接針對社區的共同利益一起進行對談。小規模的民主實踐很容易被理想化，或低估大型組織的真正差異。任何焦點團體的主持人都可以告訴你，在事先提供相同資訊與有關禮貌的基本規則時，民眾對高度情緒化的主題，從移民、墮胎到毒品，和抱持不同意見的人面對面溝通只要三十分鐘就會改變看法。如果被迫直接面對其他需求，很少單一議題能夠一直超越其他利益。多元理論的一個問題就是假設利益是固定不變的，而立法代表的目標就是直接扮演傳送帶的角色，但其實他們的意見也可以經由協商而改變。

美國的國會議員已經不再協商，似乎是共同的觀察。國會的「辯論」只是為了提出一大堆論據，目的不是為了和國會同僚協商，而是滿足激進的觀眾。如果某位立法代表因為協商或了解更多而偏離既定的議程，一定會受到激進分子的懲罰。

另外，一個運作良好的政治制度，不只在立法部門會發生大量的協商，行政部門也會。這可不是公務員簡單彼此談談而已，而是公務員和企業界、外部的執行與服務提供者、公民團體、媒體，以及其他社會利益與意見的資訊來源，也會進行一系列複雜的商議程序。[20]國會在一九四六年的《行政程序法》（Administrative Procedures Act）中要求政府也要進行商議程序，各法規的主管機關要公開建議修正的法條，並聽取大眾的意見。但這種商議的程序通常變得高度程序化與形式化，實際的決策不是來自內部協商，而是組織良好的利益團體的政治角力。[21]

政治衰敗

法治是個人對抗獨裁政府的基本保護，但在二十世紀下半葉，法律失去原先約束政府權力的焦點，反而變成擴大政府施政範圍的手段。在這個過程中，本來在文官體系中可以有效又盡責地完成的功能，卻給了法院、授權執行機關與民間的個人。由於害怕授權給「大政府」，美國最後得到的卻是規模一樣大，但卻更沒責任的政府，因為責任在法院身上。

立法部門也很類似，代表人民意願的立法人員，本來應該確保反映大眾意志的政策，但政黨卻成為強大利益團體的人質，可是所有的利益團體加總起來並不代表美國的選民。例如，包括農業補助到銀行法規等議題，這些團體的主張很堅決，足以擋下任何合理的政策。由於利益團體的強力運作，已經把稅法搞成令人摸不著頭緒的混亂權利組合，也讓任何公平的公共行政變得窒礙難行。

美國在進步年代與新政時期，曾經想要建立現代的韋伯式政府，也在很多方面小有斬獲，例如食品藥物管理局、疾病管制局、軍隊、聯邦儲備局，是全世界專業技術能力最強、運作最好與自主性最強的行政部門。但美國公共行政的整體素質仍然問題叢生，正是因為美國一直是以犧牲行政機能為代價，過度仰賴法院與政黨。

政治衰敗現象的部分原因與認知僵固性有關。美國人認為，律師與訴訟是公共治理不可分割的一部分，這種觀念在其他民主國家並不普遍，但已經成為美國根深蒂固的做事方法，以至於沒有人看得到其他選擇。嚴格來說，這並不是一種意識形態，比較是一種存在於左派與右派共同的政治傳統。同樣的，雖然反對利益團體在國會上下其手的呼聲很響亮，但很多人（尤其是最高法院的成員）都沒看見一直存在的問題，也沒有人看到可以阻止利益團體私下運作的可行辦法。

簡言之，政治衰敗的根本原因就是認知僵固性與菁英團體的影響力，這也是整個民主體制的根源。其實不管民主與否，這是所有政府都會遇到的問題，其他已開發國家也有過度司法化與利益團體的問題。只不過，利益團體的衝擊大多取決於制度的具體特質。民主制度設計給政治參與者的誘因，有各式各樣的方式，這讓政府或多或少都會受到這些力量的影響。下一章我將會提到，美國雖然是世界第一也最先進的自由民主政體，面臨的政治衰退問題卻比其他民主制度更加激烈。對國家機器的長期不信任，一直是美國政治的特色，但現在卻形成一個失衡的政府形式，將傷害集體行動的未來前途。我將它稱為「否決政體」（vetocracy）。

注釋

1 有關互利互惠行為的探討，參見本書上卷，頁五七至五八；以及Francis Fukuyama, *The Great Disruption: Human*

Nature and the Reconstitution of Social Order (New York: Free Press, 1999), pp. 259-62. 編注：中文版《跨越斷層：人性與社會秩序重建》（新版）由時報文化出版，二〇二〇年十一月三日。

2 Lawrence Lessig, *Republic, Lost: How Money Corrupts Congress—and a Plan to Stop It* (New York: Twelve, 2011), pp. 24-38. 另參見 Kay Lehmen Schlozman and John T. Tierney, *Organized Interests and American Democracy* (New York: Harper, 1986).

3 Hacker and Pierson, *Winner-Take-All Politics*, p. 118.

4 通常這些好處是一些法律漏洞，讓企業可以得到海外的獲利或稅收套利的機會。奇異被披露在二〇一〇年竟然不必繳稅，因此成為二〇一二年大選的競選主題。參見 David Kocieniewski, "G.E.'s Strategies Let It Avoid Taxes Altogether," *New York Times*, March 24, 2011.

5 案例參見 Frank R. Baumgartner et al., *Lobbying and Policy Change: Who Wins, Who Loses, and Why* (Chicago: University of Chicago Press, 2009); Derek Bok, *The Trouble With Government* (Cambridge, MA: Harvard University Press, 2001), pp. 85-94.

6 Bok, *Trouble with Government*, p. 100.

7 參見 Admati and Hellwig, *The Banker's New Clothes*, pp. 169–91.

8 遊說人士對金融業改革的影響，參見 Simon Johnson, *13 Bankers: The Wall Street Takeover and the Next Financial Meltdown* (New York: Pantheon, 2010). 關於大到不能倒的解決方案的探討，見 Admati and Hellwig, *The Banker's New Clothes*. 我非常感謝 Paul Ockelmann，他在這個主題做了很有用的研究。

9 平均的國會支持率是百分之十三，參見 www.realclearpolitics.com/epolls/other/congressional_job_approval-903.html 的綜合民調資料；以及 www.gallup.com/poll/152528/congress-job–approval-new-low.aspx .

10 Mancur Olson, *The Rise and Decline of Nations* (New Haven: Yale University Press, 1982).

11 托克維爾有關志工團體的討論，參見 *Democracy in America*, vol. 2, part 2, chap. 5–7. Robert D. Putnam, *Bowling Alone: The Collapse and Revival of American Community* (New York: Simon & Schuster, 2000).

12 Theodore J. Lowi, *The End of Liberalism; Ideology, Policy, and the Crisis of Public Authority* (New York: Norton, 1969), pp. 51-61; Robert A. Dahl, *Pluralist Democracy in the United States: Conflict and Consent* (Chicago: Rand McNally, 1967); 以及Dahl, *Dilemmas of Pluralist Democracy: Autonomy vs. Control* (New Haven: Yale University Press, 1982).

13 Hirschman, *The Passions and the Interests*.

14 Robert D. Putnam, "Bowling Alone: America's Declining Social Capital," *Journal of Democracy* 6, (no. 1) (1995): 65–78.

15 另一個區分好的公民團體與壞的利益團體的方法是，好組織通常不會從政府那裡尋租，而是直接服務會員。不過這種分法也經不起批判，私人團體針對特定議題尋求政府協助，雖然不明智卻完全合法也合理。

16 Schattschneider, *The Semisovereign People*, pp. 129–41.

17 譯注：是一種發生在公共財上的問題，指一些人需要某種公共財，但事先宣稱自己並不需要，在別人付出代價爭取到後，他們就可不勞而獲享受成果。

18 Mancur Olson, *The Logic of Collective Action: Public Goods and the Theory of Groups* (Cambridge, MA: Harvard University Press, 1965). 關於民主代表權的更多討論，參見Bernard Manin, Adam Przeworski, and Susan P. Stokes, "Elections and Representation," in Adam Przeworski, Susan P. Stokes, and Bernard Manin, eds., *Democracy, Accountability, and Representation* (New York: Cambridge University Press, 1999).

19 Morris P. Fiorina, *Disconnect: The Breakdown of Representation in American Politics* (Norman: University of Oklahoma Press, 2009); 以及Morris P. Fiorina, Samuel J. Abrams, and Jeremy C. Pope, eds., *Culture War? The Myth of a Polarized America*, 3rd ed. (Boston: Longman, 2010).

20 Stein Ringen提出，即使是在朴正熙威權統治期間的南韓也有這樣的商議程序。參見*Nation of Devils: Democratic Leadership and the Problem of Obedience* (New Haven: Yale University Press, 2013), pp. 24–28. 這也是 Peter Evans「內嵌式自主性」的概念。

21 歐盟如何進行資訊性的商議，參見Charles Sabel and Jonathan Zeitlin, "Learning from Difference: The New Architecture of Experimentalist Governance in the Europe an Union," European Law Journal 14, (no. 3) (2008): 271–317.

第三十四章　美國彷彿是否決政體國家

美國的分權與制衡為什麼變成否決政體；其他民主國家為什麼有更強的集體決策機制；在某些事務上為什麼還是給行政部門強大的權力；歐盟為什麼愈來愈像美國。

《美國憲法》透過複雜的分權與制衡制度，以保護個人的自由權利，這是開國元勛有意識地設計來限制國家權力的制度。美國政府是在對抗英國君主權威的革命背景中誕生，並吸收英國內戰時期對抗國王的精神。從此以後，對政府的強烈不信任感，以及仰賴分散各地人民自發性的行動，一直是美國政治的特徵。

美國的憲政制度在很多方面都非常講究分權。議會制國家通常有一個統一的行政部門，負責執行立法多數的意願，但美國的總統制把權力分給民選的總統與國會，兩者都有旗鼓相當的民主正當性，而且各自獨立存在。《美國憲法》也成立一個司法部門，並逐漸取得讓國會的法律變無效的權力。它還進一步把權力分給各州政府，或者應該說，各州政府才是一開始擁有權力的單位，只是在憲法通過之後的兩百年來，緩慢且勉強地把權力交給聯邦政府。國會本身分成兩個院，上議院本來的設計是要成為國家權力的戰鬥堡壘。在很多民主國家，例如英國，上議院僅有儀式性的權力；但在美國，它有非常強大且明確的權力，例如任用同意權[1]，以及宣戰、媾和的同意權。因為行政部門中有很多委員會的首長，都是由國會中的政黨指派，因此行政部門不一定會聽命於總統。

杭亭頓曾經指出，美國的權力並不是以部門機能來劃分，而是在各部門中都有類似的權力，因此不時會發生部門之間互相爭權，以及哪個部門應該主導的問題，最近發生的例子就有國會管到國家安全政策，而法院則管到如墮胎等社會政策。美國的聯邦主義經常不是俐落地把權力交給適當的政府層級，而是把權力複製到不同層級，也就是說同時授與聯邦、州、地方政府當局同樣的管轄權，例如有毒廢棄物處理，三個層級的政府都有管轄權。在這樣多餘又非科層式的權力架構中，政府的不同部門很容易成為彼此的障礙。

對立

已開發民主國家面臨最重大的挑戰，就是他們的福利政策承諾已經無法永續經營下去。既有的社會福利契約是好幾代以前的協商結果，當時的出生率比較高，人們的壽命也沒有現在這麼久，而且經濟成長也更強勁。資金無虞讓很多現代民主國家都把這個問題留到未來再說，但是到了某一個時間點，潛在的人口統計學的現實問題一定會出現。

這些問題並非無法克服。英國與美國債務對GDP比，在二戰之後的數字比今天還高。[2]瑞典、芬蘭與其他北歐福利國家在一九九〇年代也有危機，但在稅收與開支上已經做了調整。澳大利亞甚至在二〇〇〇年代自然資源熱之前，就成功消除所有外債。美國政治制度在二十一世紀初並未處理這些問題，根本的原因在於兩個主要的政黨從十九世紀末以來，他們的意識形態變得比以前更對立。一九六〇年代以後，政黨一直有很大的地區性，南方州從民主黨轉成共和黨，而在東北部的共和黨人士幾乎絕跡。由於新政聯盟解體，加上民主黨人士在一九八〇年代失去國會支配權，兩黨變成更勢均力敵，並在總統職位與國會兩院的控制權一再輪替。由於黨派競爭更加白熱化，讓兩黨為資金搶得更凶，更談不上彼此間的基本禮儀了。[3]

前一章提過，這種對立在美國社會有多麼根深蒂固，社會學家有不同的見解。但毫無疑問的是，政黨與驅動他們的激進團體已經變得更僵化且更以意識形態為凝聚共識。透過在大部分的州重劃選區以提高連任機會，政黨因此提高同質性。而且最重要的政黨候選人變成在選舉現身的相對少數激進分子決定。[4]

但是對立還不是故事的完結篇，民主的政治制度本來就不應該終結衝突，他們應該要做的是透過彼此同意的規則，進一步化解與緩和衝突。從蓄奴、墮胎到槍械管制，美國人一直在議題上分裂。好的政治制度會緩和潛在的對立，並促使盡可能代表最多數人利益的政治結果。但是當對立遇到分權與制衡的政治制度，結果卻非常具毀滅性。[5]

否決工具

理想上，民主會提供相等的參與機會給政治社群中的每一個人。民主決定應該尋求共識，也就是社群中的每一個人都同意某個特別的決定。這是在家庭、游團級與部落級社會中典型會發生的事。

可是當團體變得更多元、規模變得更大，共識決的效率就會快速惡化。這表示對大部分的團體來說，決策不是基於共識而是整個團體中部分比例的贊同。做決定的必要人員比例愈低，決定就會更容易也更有效率。必須投票人數的比例與決策成本，兩者之間的關係從時間與努力的角度來看，可以參見圖二十二。任何主持過社團或委員會會議的人都知道，如果需要在大團體中取得共識決，決策成本就會急速增加。

民主國家通常採取的多數決原則（ma-

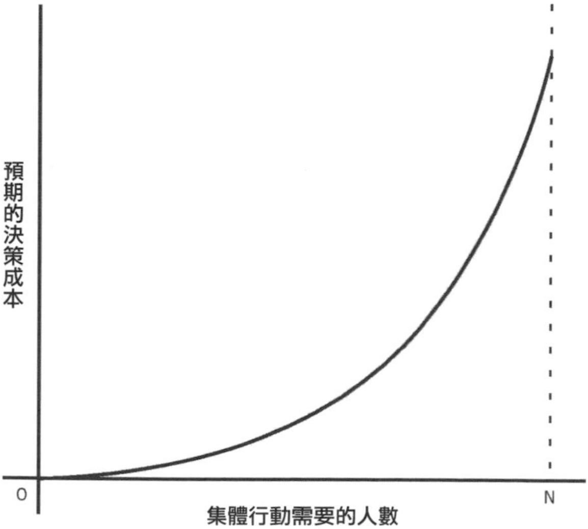

圖二十二：政治參與VS.決策成本

資料來源：James M. Buchanan and Gordon Tullock, *The Calculus of Consent*

jority voting rule）（百分之五十一），其實偏離理想的民主程序很遠，因為這樣做就剝奪將近一半人口的公民權。在相對多數決（plurality voting，有時候被稱為領先者當選〔first-past-the-post〕）原則中，少數選民就能代表整個社群做決策（美國和英國都是這種投票制度，一九九二年當選的柯林頓〔Bill Clinton〕只得到百分之四十三選票，二〇〇一年的布萊爾〔Tony Blair〕只得到百分之四十二）。[6]

很明顯的，多數決並不是基於任何公平原則，只是降低決策成本並讓大型社群能做出決定的權宜之計。民主制度還增加其他機制，以強力推動決策並降低潛在的否決者，包括終結討論規則、限制立法人員提修正案的規則，以及所謂的「歸復」原則（reversionary rule），用在立法部門無法同意重要大事（例如預算）時。在日本的《明治憲法》下，如果議會不同意新的預算，前一年的預算就會自動獲採用。但在採取歸復原則的智利與其他拉丁美洲國家，國會不通過預算就代表預算權回到總統與行政部門手上。[7]

其他還有促進穩定性的規則，是以犧牲少數為代價。戰後的德國聯邦共和政府從孱弱的威瑪民主體制中得到教訓，提出「積極性」不信任投票條款，除非政黨能另組政府，否則就不能推翻（也就是行使否決權）政府聯盟。事實上，議會制已經發展出有史以來達成立法決策最好的機制，如果出現僵局或在某個特殊議題上出現高度爭議，政府可以解散國會並重新大選，讓民眾直接針對這個議題表達意見。

政治學家澤貝里斯（George Tsebelis）創造「否決工具」（veto player）一詞，來比較不同的政治制度。所有授權給不同政治參與者權力的政治制度規則，都有潛在的否決點（veto points），讓個別否決工具能阻擋整體的行動。所有的憲政特點，包括總統制、兩院制、聯邦主義、司法審查，雖然在功能上彼此都不相同，但在達成集體行動時都能被視為潛在的否決點。另外，有很多非憲政的規則也會影響少數阻擋多數意志的能力，例如可以提出修正案的議會規定。否決工具只是政治學的行話，美國人傳統上說的是分權與制衡。[8]

運用否決工具的概念，就可以把不同的政治制度安排在一條線性的比較尺度上，例如專制獨裁體制只有一個否決（獨裁者本人），但在共識制度中，每一個公民都能對整體的行動行使否決權力。民主制度比威權國家提供更多否決權，這就是為什麼它叫民主的理由。不過在所有民主國家裡，否決工具的數量有顯著的差異。圖二十三複製了布坎南—杜洛克曲線（Buchanan-Tullockcurve），水平線代表的是否決工具的

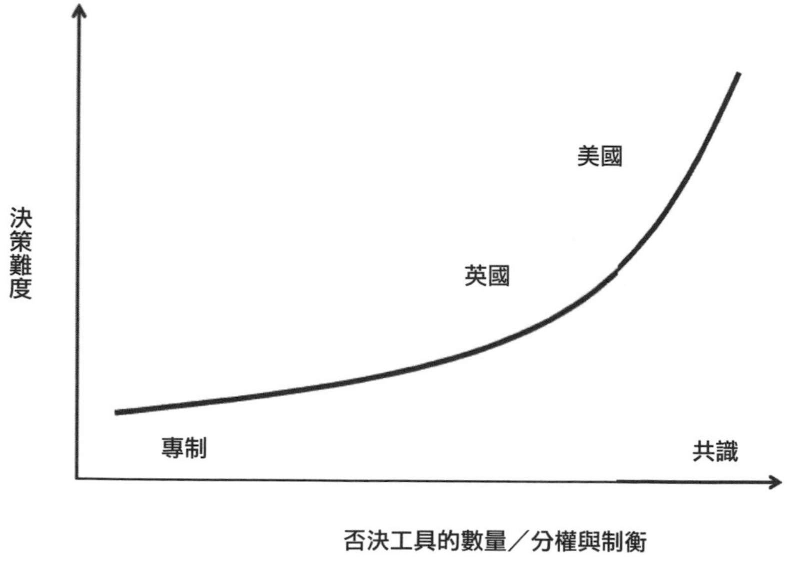

圖二十三：否決工具與決策難度

數量，而不是做出否決工具需要的選民比例。

從否決工具數量的角度來看，美國的政治制度是當代民主國家的異數，甚至已經失衡。而且在某些領域的分權制衡設計太多，大幅增加集體行動的成本，有時候根本不可能形成集體行動。這樣的制度也許可以稱為否決政體。早期美國歷史中不管是哪一個政黨主導，這個制度會調和多數的意願，並強迫多數更注意少數的需求。但從一九八〇年代以來，兩黨更加旗鼓相當，競爭也高度激化，政治僵局幾乎變成慣例。

和另一個存在很久的民主國家英國比起來，美國制度中大量的否決點就變得很明顯。從光榮革命之後發展而來的西敏制，是民主世界中最果決的制度之一，因為在它清楚的形式中否決工具的數量少很多。在英國，公民對政府有一個大型且正式的檢驗方式，就是定期改選國會（還有另一個重要的檢驗方式：媒體自由，但這不屬於正式的政治制度）。但是從所有其他角度來看，這個制度是集中權力而不是分散權力。清楚的西敏制中，只有一個單一且強大的立法單位，沒有和它分權的總統、沒有書面的憲法，也因此沒有司法審查、沒有聯邦制或憲法要求把權力轉移給各地方政府。它的投票制度採取相對多數決，或領先者當選制度，這有助於產生兩黨制度與強大的國會多數，即使多數黨贏的只是相對多數選票。[9]這個制度運作起來的問題在於政黨紀律，保守黨或工黨領袖可以強迫國會成員根據他們的期望投票，因為他們可以拒絕不聽話的國會議員下次參選的機會。英國只要過半數的議員現身投票，即可達到美國以冗長演說阻撓議事規則（cloture rule）的效果。因此，國會的多數黨會選擇一個有強大執行能力的政府，當國會做成立法決議，通常不會受到法院、州政府、自治市或其他政治單位的防礙。也因為這個原因，英國的制度通常被稱為「民主專制」。[10]

西敏制形成的政府比美國擁有更多正式的權力，從預算過程就可以看到英國政府更高度的果斷力。英國的國家預算不是在國會編制，而是在行政部門的白廳（White hall），這是一群在財政部的專業文官，在內閣與首相的指示下行動。之後，預算會由財政大臣（相當於美國的財政部長）提交給下議院（House of Commons），國會只做一次同意或不同意的直接表決。從政府公布預算之後，通常只花一或二個星期。

預算編製與審查過程在美國完全不一樣。憲法讓國會擁有預算的主要權力。實際的運作方式是，總統經由行政部門中的行政管理與預算局先形成預算，只是這個部門通常更像支持總統的遊說組織。總統的預算在二月會送到國會，接著在一連串的委員會裡放好幾個月，最後送到兩院批准時（希望是），夏季也已經要結束了。在這過程中，是靠很多人堅定支持並做成無數交易的結果。一九七四年成立無黨派色彩的國會預算局（Congressional Budget Office），是讓國會在編製預算時有更多的專業技術支持，但和英國比起來，最後卻讓美國的預算陷入高度分權且毫無章法的過程。

美國預算審查過程的開放與沒完沒了的特色，給遊說人士與利益團體各種運作的機會。在大多數歐洲議會制中，利益團體遊說某一位國會議員是一件沒意義的事，因為黨紀的關係，議員根本沒有左右政黨領導人的影響力。但美國不一樣，委員會主席與政黨領袖都有絕大的力量可以修正立法，因此也能成為被遊說的對象。

西敏制雖然非常集中權力，但根本上仍然是民主的政體，如果選民不喜歡政府提出來的政策或施政表現，他們就有投票換掉政府的自由。由於有不信任投票，他們不必等到總統任期結束或國會定期改選，甚至可以立刻罷免首相。大眾判斷政府好壞主要是整體施政表現，而不是是否能提供特殊好處給特別的利益團體或遊說團體。

但是包括英國本身，這世界上已經沒有古典的西敏制了，因為英國現在也逐漸採取更多分權與制衡的機制。從圖二十三的水平線相對位置來看，根據否決點的數量，英國仍然處在美國左邊更遠的位置。雖然西敏制代表當代民主政體中的極端特色，但是歐洲與亞洲的大部分議會制國家，政府也比美國有更強的決策機制。因此在圖二十三的右邊端點，只有美國和部分在十九世紀複製美國總統制的拉丁美洲國家，都面對相同僵局與行政部門政治化的問題。

從否決工具大增的角度來看，美國政府和其他國家系統化的差異，預算審查並不是唯一的例子。在議會制中，大量的法案都是在行政部門形成，很多長期聘用的文官在其中貢獻其專業見解。各部會透過各部會首長要對國會負責，因此最終也是對選民負責。最重要的是，這種科層制度能產生長期的政策觀點與更一致的法案。舉例來說，瑞典在實際從事執行工作的行政部門之外，成立一個小型的文官組織，主要任務就是協助國會準備法案。[11]

在美國的政治文化中，這樣的制度設計是全然陌生的，因為國會一向很小心翼翼地守住自己的立法權力。柯林頓的健保計畫是在第一夫人希拉蕊（Hillary Clinton）的領導下，未受到大眾直接監督，由一群專家在行政部門中制定出來，這也是在一九九三年無法在國會通過的重要原因。歐巴馬的《平價健保法案》在二〇一〇年能獲得通過，只是因為他放棄任何影響法案的角色，把最後的法案留給各種國會委員會決定。

由於國會的各種委員會經常推出重複或重疊的計畫，或因為類似的命令成立各種機關，加上各種法案彼此目標不一致，到頭來形成一個龐大、組織蔓生且通常無法負責的政府。另外，在中央政府就已經很支離破碎的制度，各州政府與地方政府就更嚴重了。美國的法學者卡斯帕爾（Gerhard Casper）指出：

> 美國的公共行政與公共法律爭議判決制度，擁有同樣管轄權的各政府層級實在太多了……光是單一層級的政府，就要忙著應付管理上的混亂、複雜與內部的不一致，也需要聘請眾多律師幫忙，我們可能需要二、三個或四個律師提供意見。而且不只各政府機關有發言權，還有扮演民間檢察官的無數公民，透過民間訴訟案件也有話要說。由於很多有關公共利益的事務已經授權給民間團體負責，政府決策能力也因為執行權力外包而進一步扭曲。[12]

在這樣的制度下，五角大廈每年要向國會提交將近五百份報告，一年平均每天要報告超過一份。這些訓令通常都重複而且沒有終止期限，確實耗費文官大量的時間與精力。[13]舉例來說，國會針對勞工再訓練推出五十一個各自獨立的計畫；另外，為了提升教師素質，也有八十二個專案。[14]至於金融業的相關管理，則由聯邦儲備委員會（Federal Reserve Board）、財政部、證券交易委員會、聯邦存款保險公司（Federal Deposit Insurance Corporation）、美國信貸聯合管理局（National Credit Union Administration）、商品期貨交易委員會（Commodity Futures Trading Commission）、儲蓄監管局（Office of Thrift Supervision）、聯邦住房金融局（Federal Housing Finance Agency）、紐約聯邦儲備銀行（New York Federal Reserve Bank）等共同參與，甚至一大群州檢察長，因為他們已經擴大受命管轄範圍到金融業。總之，聯邦政府的各部會機關完全受到國會不同委員會的監督，而且國會根本不願意放棄地盤，讓給一個更一致且統一的管理單位主導。這樣的制度讓銀行業很容易上下其手，例如在一九九〇年代末政府就放鬆銀行業的管制，但在金融危機之後要再重新管制就更加困難。[15]

總統制的危險

否決政體只說到美國政治制度的一半而已。在其他方面，國會也授與行政部門很大的權力，讓他們可以迅速運作，而且有時候不太需要負責任。因此對這套制度的整體評價必須和值得嘉許的領域中和一下，有些地方的確做得很好也很果決。

有幾個領域，國會授與行政機關高度的自主性，包括聯邦儲備委員會、情報局、軍隊，以及特別的機關，例如航太總署與疾病管制局。[16]在州政府與地方政府層級，檢察官與原告有很大的自由裁量權，決定是否要對某個犯罪的人提起訴訟，比起德國更可以自由地進入認罪協商程序。軍隊一般對營運業務有很大的自主性。另外，由於史諾登（Edward Snowden）洩密案，全世界都已經知道美國國家安全局被大幅授權，不只針對國外的活動收集資料，從二〇〇一年九月十一日（編注：九一一事件）以來還收集美國公民的所有資料。[17]

雖然有很多美國的自由派與保守派人士很想一舉廢掉這些部門，但是在現在的環境下，如果沒有這些部門也很難妥善治理。美國今天的全國經濟體系龐大、多元又複雜，而且與變化超級快速的全球化世界經濟相連，需要極大的專業知識才能掌握。同時，美國目前也面臨嚴重的外在安全威脅。二〇〇八年九月，因雷曼兄弟破產而引起的金融危機最緊急的時候，不誇張地說，聯邦儲備局與財政部簡直是一夜之間就必須做出大量的決定，包括在市場中挹注數兆美元的流動資金、援助個別的問題銀行，還要趕快實施新法規。由於危機的嚴重性，根據財政部與布希政府說了算的立即要求，國會緊急提撥七千億美元進行問題資產紓困計畫。針對這段時間的特殊決定，一直以來有很多事後的研究與評論。但是認為這樣的危機可以由政府的另一個部門，特別是國會來進行細節的監督，這種想法也很荒唐可笑。國家安全問題也是一樣，總統已經被授與因應核武與恐怖威脅的決定權力，這些都可能影響到數百萬美國人的生命安危。正是這個原因，漢彌爾頓在《聯邦黨人文集》第七十篇強調「執政能力」的必要性。

由於對菁英組織的高度不信任，大眾不是要求廢除（例如聯邦儲備局），就是要求各部會的內部協商，應該在電視上公開讓大眾仔細審查。但諷刺的是，美國人的民調態度顯示，最沒受到大眾直接監督的單位，例如軍隊、航太總署、疾病管制局，正是得到最高度認同的機關。他們得到讚許的部分原因是他們的確能把事情辦好。相反的，直接對大眾負責的民主機關，也就是美國國會，最不受到大眾的認可（見圖二十四）。國會大致被認為是一個空談俱樂部，而且遊說人士在其中大力運作，並影響立法結果，而黨派之見則嚴重妨礙符合常識的解決之道。

因此，美國的政治制度呈現極為複雜的風貌，首先是分權與制衡制度，過度限制多數人的決策程序，卻又過度授權或可能是危險授權給不太需要負責的機關。就像起訴的自由裁量權很容易被濫用，特別是備受矚目的檢察當局面對政治壓力時，對犯罪行為必須特別強硬。

美國制度的問題，在於這些授權很少做得乾淨俐落。國會經常無法盡責地提供清楚的行政指示，讓特定機關知道該如何執行任務，這個機關只好自己撰寫相關命令。國會一邊這樣做，一邊又希望如果事情沒辦成，法院就會介入糾正行政部門的濫權問題。我們從美國第一個全國性主管機關州際商業委員會，就可以看到這樣的過程，這個單位被授與管理鐵路業的權力，但是權限又非常不清楚，結果一大堆民間團體質疑它的決策權力，所以成立的前二十年都官司纏身。二十一世紀初期，管理金融業的《多德—法蘭克法案》也遇到相同的過程，國會授權各主管機關研擬各種細部條文的責任，未來不可避免地一定會在法院受到挑戰。過度授權與否決政體糾纏不清，實在太諷刺了。

很多問題都來自美國總統制的設計。在議會制中，多數黨或聯合內閣直接控制行政部門，國會議員變成閣員，他們就有

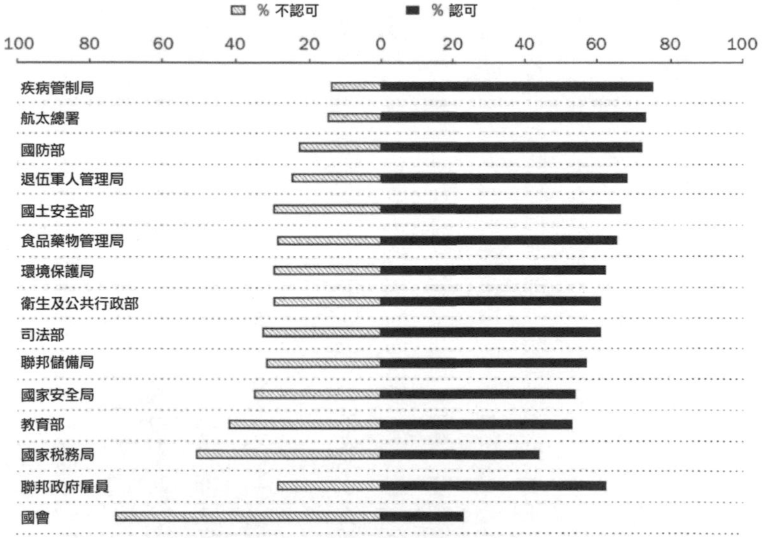

圖二十四：美國人對政府機關的評價（百分比）

資料來源：Pew民調研究中心

行政權力更改自己主管機關的行政規則。如果政黨過度破碎或聯合內閣不穩定，議會制度也會遇到僵局，義大利就經常發生這種局面。一旦形成國會多數，就會相當清楚地授權給行政機關。這樣清楚俐落的授權，在總統制中很難達到，因為立法與行政部門經常彼此競爭。直接強化某個部門，犧牲另一個部門，無法解決一開始權力分立引起的問題。

在很多歷史的重要關頭，美國的確需要總統的權威，但大眾卻一直猜疑行政權會遭濫用，尤其是在政府分裂的時候，例如某個政黨控制國會一個或兩個院，另一個政黨卻拿到總統職位。國會必須授權，但又不想放棄控制權。因此，雖然憲法清楚把國家安全與外交關係授權給行政部門，還是阻止不了國會，時常要把國防部長與國務卿拉到國會議員面前，命令他們執行很多詳細的規則，例如大使館的安全，並要求他們提出數百種年度報告，主題從環境破壞到人權。對總統權的不信任產生出獨立委員會的特殊結構，這也是州際商業委員會與其他政府機關的特色。他們不是直接了當授權給某一個單一機關，讓該主管直接對總統負責，早期的政府機關是要向一群委員會成員報告，這些人還要平衡兩黨的勢力。國會是在授權給行政機關的同時，又嚴格控制這些權力。然而，歐洲議會制可以靠選舉快速改變政策，美國就沒有這種速度，因為必須等到委員固定任期結束才會有新局面。獨立委員會的結構的確維持政黨的主導地位，但諷刺的是，最後卻讓政府機關更不必對大眾負責。

美國到底有多特殊？

就平衡強勢政府與法治和問責的能力而言，和議會制度比起來，美國的分權與制衡在很多方面較為不利。議會制度中，絕對不會把行政司法化到與美國相同的程度，政府部門較少、制定的法律較為一致，也比較不會受到利益團體的影響。德國、北歐、荷蘭與瑞士對政府一直維持高度的信任，因此在公共治理方面較少彼此對抗，也較能產生共識，並在二十一世紀初期能夠因應變化中的全球化環境。舉例來說，在團合主義架構下，得到高度信任的組織得以在各行業設定工資與福利，這種力量同時促使這些國家能夠把很多福利服務私有化，而且工會也願意在工作保障上讓步。但是這些描述只在個別國家是正確的，當我們把歐盟當成一個整體時，相關的比較就沒有那麼有利。

以利益團體對政策的影響為例，從學術文獻上可以清楚看到，歐洲和美國一樣，遊說團體的數量與複雜度一直在增加。由於歐洲不像美國對遊說團體有嚴格的登記要求，所以在數量上很難比較，但是各大企業、行業公會、環保、消費者與勞工權利團體，如同美國的利益團體一樣，在歐洲各國與歐盟層級大力運作。[18] 隨著歐盟擴大，制定政策的權力從各國的首都轉移到布魯塞爾，歐洲整體的制度也愈來愈像美國。歐洲個別的議會制國家，比起美國分權與制衡制度少了很多否決工具，但隨著歐盟層級的增加，否決點也大幅增加。這表示歐洲的利益團體可以在更大的程度上進行管轄權採購（jurisdiction-shop），如果在某個國家層級無法取得想要的待遇，就可以去布魯塞爾，反過來也一樣。雖然政治學家馬宏尼（Christine Mahoney）指出，代表社會運動的「外部」團體比起美國的利益團體，進入歐洲機構的管道較少。但是比起過去只能被局限在自己的國家制度裡，利益團體現在有更多機會比決策者與立法人員更早提出意見。[19]

歐盟本身有徵求共識的特質，這意味著，歐盟層級的組織比有些美國聯邦組織更弱勢，這在二〇一〇到二〇一三年的歐洲債務危機中非常明顯。美國聯邦儲備局、財政部與國會面對金融危機時，可以非常有魄力地大幅擴大聯邦儲備局的資產負債表，先是提撥七千億美元給問題資產紓困計畫，接著又在二〇〇九年提撥第二筆七千億美元給經濟刺激方案，更在後續的量化寬鬆政策中持續購買資產。在緊急環境下，美國的行政部門得以逼迫國會支持它的提案。但歐盟處理希臘債務危機時，行動相較之下就顯得非常遲疑且零碎。由於缺少和聯邦儲備局同等權力的主管機關，加上各國政府仍然保有自己的財政政策，歐盟的政策制定者在處理經濟震盪時的工具比美國更少。

從司法角度來看，歐盟擴大也讓歐洲有美國化的現象。二次世界大戰之後，很多歐洲政府在各自的憲政制度中增加基本權利法案，並賦予憲政法庭權力，以作為這些權利抵抗國家權力的守衛者。隨著負責解釋歐洲法律的歐洲法院成立，更高層級的司法審查也出現了，又成立歐洲人權法院，它乃由《歐洲人權公約》（European Convention on Human Rights）而來。另外，個別歐洲國家的法院也主張最新的普遍管轄權[20]，西班牙法院就曾經起訴智利的前獨裁者皮諾切特（Augusto Pinochet）在智利國土犯下的罪行。雖然整體說來歐洲的法官在介入政治事務上比美國更沉默，但是正式的法律體系架構已經注定，未來的司法否決權將會增加而不是減少。

麥迪遜式共和主義

由於傳統的分權與制衡制度愈來愈深根蒂固與僵化，美國政治制度也隨著時間逐漸衰敗。隨著激烈的政治對立，分權制度愈來愈不能代表多數人的利益，反而給利益團體與積極參與者組織過度的代表權，但這些組織加總起來也不等於擁有最高統治權的美國大眾。

美國政治制度充滿對立且猶豫不決，已經不是第一次了。出現在十九世紀初期的麥迪遜式分權與制衡制度，以及由政黨主導的侍從主義政治制度，還足以治理大型的農業社會，因為大多數的公民還是住在獨立的家庭農場。但是，它無法解決因奴隸制度與領土擴張而引起的重大政治危機。內戰之後，這個分權制度也不足以應付因為新的運輸與通信技術，緊密結合在一起的全國經濟體系之行政需要。相關的政治聯盟也想要建立一個以能力為任用條件的現代文官體系，但每一步都遭到根深蒂固的政治勢力抵抗。由於面臨這些障礙，所以進步年代與新政時期政府建造的成就值得大書特書，因為美國也可能變成希臘或義大利，根深蒂固的侍從主義與腐化作風也可能延續到現在。但在接下來的時期，美國政府逐漸演變成今天極度膨脹又效能低落的怪胎。這個結果很大部分是因為法治與民主在美國政治文化中扎根極深，並持續凌駕政府之上，即使政府擴編之後也一樣。

美國現在困在一個險惡的均勢狀態中。因為美國人長久以來不信任政府，一般都不願意授權政府以其他民主國家的方式做決策。事實上，國會指示的複雜規則不只降低政府的自主，也讓決策變慢又變貴。結果政府當然做得不好，又因此強化民眾一開始的不信任。在這種情況下，民眾不情願付更高的稅，因為他們覺得政府會浪費公帑。雖然政府效能低落，資源缺乏不是唯一，甚至不是主要的原因，但沒有資源，政府就無法正常運作。因此對政府不信任，變成一語成讖的預言。

有沒有可能反轉這個步向衰敗的傾向，並改革這個制度？眼前有兩個障礙，都和衰敗現象本身有關。美國很多政治參與者都承認這套制度運作不良，但卻很樂意維持現狀。一來，政黨沒有動機切斷自己得到利益團體金援的管道；二來，利益團體也不想要無法用金錢買到影響力的制度。一八八〇年代曾經出現一個改革聯盟，聯合各種在既有制度中沒有利害關係的團體，但這些外部團體很難形成集體行動，他們需要強大的領導力與明確的議程，但這些都不會自動出現。這些運動要形成具體的行動，也需要外在衝擊的刺激，像過去發生的加菲爾德暗殺事件、美國成為全球強權參與世界大戰，以及大蕭條危機。

第二是認知問題，這和觀念有關。對於公認的政府失靈問題，典型的美國解決之道就是開放民主參與以及增加透明度。在越戰與水門事件那幾年之後就出現這樣的發展，當時改革者迫切要求初選要更開放，並開放更多公民參與法院事務的管道，媒體也整天不間斷地報導國會事務。為了對付不回應民眾需求的政府，加州與其他州還擴大使用公民表決提案。但是在建立更負責的政府的目標上，這些改革行動幾乎都失敗了。其中的原因就如凱恩提出的，一般大眾的背景與性格都沒有能力針對大量且複雜的公共政策做選擇，填補其中空白的就是積極參與者組織良好的團體，但他們並沒有整體大眾的代表性。這個問題最明顯的解決方法就是退回部分想要的民主化改革，但根本沒有人敢建議，這個國家需要的是少一點政治參與、少一點透明度。

我在第一章表示過，針對這些問題，本書不會提出具體的政策建議或短期的解決之道。符合現實的可行之道，必須要平衡長期的目標與眼前的政治現實。這套分權與制衡的制度給利益團體過大的影響力，卻不能代表多數利益，但這無法在幾次簡單的改革行動中修正。舉例來說，總統制為了預防立法僵局，想給行政權更大的力量，但產生的問題可能會和它解決的問題一樣多。消除特殊條款與強化黨紀，可能更難達成明顯的立法折衷方案。由法院執行行政決策也許高度無效率，但在缺乏一個更強、更統一的文官體系時，似乎沒有其他選擇。除非行政部門之效能已經升級，文官制度也已經改革，賦予行政部門更大的自主性才算合理。

如果美國走向更統一的議會制政府，很多問題都可以解決，但在憲政架構上做出這麼激烈的變革，實在是無法想像的事。美國人把憲法看成準宗教的文件，要他們重新思考最基本的憲政原則，恐怕會是一件吃力不討好的事。我認為，任何符合現實的改革方案都必須試著減少否決點，或在既有的分權制度中加入某些機制，促進更大的文官自主性。

麥迪遜式分權與制衡制度讓政府決策極為困難，延誤了美國福利政策的進展，也確定美國的福利政策不會擴大到像歐洲一樣的程度。[21]很多美國人可能會把這當成是一種庇佑，因為這讓美國經濟不會受到像歐洲社會政策造成的傷害或壓抑。但這也意味著，制度的改革，例如規模縮編以提高效率，也變得更難了。過多的否決點就像把沙丟進齒輪，除了讓它無法向前轉之外，也意味著無法向後退了。

注釋

1 譯注：除常任文官必須經由考試任用並受保障之外，其餘數萬名高級文官均可由總統直接任用。但是內閣閣員、駐外使節、聯邦最高法院大法官，均須徵得參院多數同意。

2 一九四五年，美國的債務對GDP比是百分之一百一十二・七（www.cbo.gov/publication/21728），英國是百分之二百二十五（www.res.org.uk/view/article5jan12Correspondence.html）。

3 William A. Galston, *Can a Polarized American Party System Be Healthy?* (Washington, D.C.: Brookings Institution, 2010).

4 Morris Fiorina於論文中指出，在二〇一二年初選中，強烈保守派候選人Rick Santorum只靠三個州百分之一・二、百分之一・八與百分之七・四的選民投票就贏得初選。Fiorina, "America's Missing Moderates: Hiding in Plain Site," *American Interest* 8(4): 58–67.

5 Thomas E. Mann and Norman J. Ornstein, *It's Even Worse Than It Looks: How the American Constitutional System Collided with the New Politics* (New York: Basic Books, 2012), p. 154.

6 這是果斷與堅定取捨的特徵 (Gary Cox and Mathew McCubbins, "The Institutional Determinants of Economic Policy Outcomes," in Stephan Haggard and Mathew D. McCubbins, eds., *Presidents, Parliaments, and Policy* [New York: Cambridge University Press 2001], pp. 21-64, 另參見Andrew MacIntyre, *The Power of Institutions: Political Architecture and Governance* [Ithaca, NY: Cornell University Press, 2003], pp. 17–36).

7 Gary Cox, "The Power of the Purse and the Reversionary Budget" unpublished paper, Stanford University, Department of Political Science, (2013).

8 George Tsebelis, *Veto Players: How Political Institutions Work* (Princeton: Princeton University Press, 2002). 編注：中文版《否決者論》由韋伯出版，二〇〇九年七月一日。

9 二〇一〇年英國組成包含保守黨與自由民主黨的聯合內閣，是非常罕見的現象，比較常見的是由相對多數選民選出來的強大議會。

10 Herbert Doring, *Parliaments and Majority Rule in Western Europe* (New York:St. Martin's Press, 1995), pp. 223–46.

11 參見 Jacqueline Yates, "Sweden," in J. A. Chandler, ed., *Comparative Public Administration* (New York: Routledge, 2000).

12 Gerhard Casper, "The United States at the End of the 'American Century': The Rule of Law or Enlightened Absolutism?" *Washington University Journal of Law and Policy* 4 (2000): 149–73.

13 "Statement by George Little on Length of Congressional Reports," U.S. Department of Defense, press release, July 11, 2007, www .defense.gov/releases/release.aspx?releaseid=15437.

14 Luce, *Time to Start Thinking*, chap. 4.

15 立法缺乏一致性的相關討論，參見 Bok, *Trouble With Government*, pp. 98–103.

16 Eric A. Posner and Adrian Vermeule, *The Executive Unbound: Aft er the Madisonian Republic* (New York: Oxford University Press, 2010).

17 見 Joachim Herrmann, "The German Prosecutor," in Kenneth Culp Davis et al. eds., *Discretionary Justice in Europe and America* (Urbana: University of Illinois Press, 1976).

18 Christine Mahoney, "The Power of Institutions: State and Interest-Group Activity and the Europe an Union," *European Union Politics* 5, (no. 4) (2004): 441–66; *Mahoney, Brussels versus the Beltway: Advocacy in the United States and the Europe an Union* (Washington, D.C.: Georgetown University Press, 2008); Darren Halpin and Grant Jordan, eds., *The Scale of Interest Organization in Democratic Politics: Data and Research Methods* (New York: Palgrave Macmillan, 2012); Robin Pedler, ed., *European Union Lobbying: Changes in the Arena* (New York: Palgrave, 2002); Jan Beyers, Rainer Eising, and William Maloney, eds., *Interest Group Politics in Europe: Lessons from EU Studies and Comparative Politics* (New York: Routledge, 2010); Sonia Mazey and Jeremy Richardson, eds., *Lobbying in the Europe an Community* (New York: Oxford University Press, 1993).

19 見 Mahoney, *Brussels versus the Beltway*, pp. 147–65. 這個差異不單純是因為歐盟制度本身的特質，也因為歐洲的公民社團比美國更難超越國家媒體與語言的藩籬而組織起來。

20 譯注：基本精神是任何人在世界任何地方觸犯違反人道罪，都可以被跨國起訴。西班牙的西藏人權團體在二〇〇六年控告中國前國家主席江澤民、前總理李鵬、前副總理喬石等五名官員，在西藏犯下種族屠殺、刑求、違反人道罪行，西班牙高等法院在二〇一四年核發國際逮捕令。一旦這些中國前領導人和高官出境，就可能遭到逮捕。

21 Theda Skocpol, *Protecting Soldiers and Mothers: The Political Origins of Social Policy in the United States* (Cambridge, MA: Harvard University Press, 1992); Desmond King et al., eds., *Democratization in America: A Comparative-Historical Analysis* (Baltimore: Johns Hopkins University Press, 2009). 歐洲與美國的福利政策比較，參見 Arnold J. Heidenheimer and Peter Flora, eds., *The Development of the Welfare States in Europe and America* (New Brunswick, NJ: Transaction, 1987).

第三十五章 自主性與附屬性

私部門與公部門的治理有何不同；政府效能與文官自主性是政府素質的衡量指標；好政府必須在專業與大眾控制之間找到適當的平衡。

一個有效能的現代政府，會在國家機器與法治和問責制度之間找到適當的平衡，國家機器可以強大又有能力，但也會受到法律與民主制度的約束，而且必須符合廣泛的公民利益。但這就是之前提過的「向丹麥看齊」的問題，從第三波民主化以來，民主制度比強勢且有效能的現代國家機器，普及更快也更廣。很多民主國家因此遇到雙重任務，一方面要進行政府建造，一方面要強化民主制度。長期來看，這兩個過程具有互補性，而且也應該會互相強化。但短期來看，就如我們已經看到的，它們也可能彼此糾纏不清，無法前進。

那麼，要如何建立一個有行政效能的國家機器？很多國際發展機構看出擁有強大國家機器的重要性，已經投入更多努力，協助已經衰敗的政府進行改革。大家都預期，強化政府最好的辦法就是提高透明度與民主問責。其中的假設是，如果選民得知哪些公務員貪汙又不適任，就可以用選票把他們趕出政府。另外，很多改革要求縮小政府施政範圍，以便減少腐化的機會。他們同時增加公務員必須遵守的法規數量，例如利益衝突原則等等。大家認為，藉著減少公務員的自由裁量權，貪腐事件應該會一起減少。[1]

這些改善公部門表現的具體措施，主要是依賴經濟學家提出的理論，他們用授權與執行理論（principal-agent theory）來理解文官體制的效能（我已經在前面幾個案例稍微提到這個理論）。授權者是主要的決策者，他會下指示給執行者或某個執行機關，他們的功能就是實現授權者的期望。這個理論架構可以應用在公家與民間組織，在私人企業裡，授權者是公司的所有人（或是公開發行公司裡的股東），由他授權給董事會再授權給執行長，然後是公司各層級的執行單位。在民主制度中，授權者是全體人民，他們透過選舉授權給立法代表、總統或其他官員，他們接著形成文官體制，以實現全民的期望。

一般認為，組織會失靈是因為執行者以自己的利益行事，比如說，把公款挪到自己的銀行戶頭，或犧牲組織以求自己仕途順遂。這在民間與公家機關都是腐化的原因。一般也認為，補救的方法就是要把誘因與行動連結起來，以刺激執行者妥善執行授權者的命令。因此，授權與執行理論變成為透明度與責任背書，這似乎是打造好政府最好的辦法。授權者必須提高執行者的行為透明度，才更能監督他們，然後再創造誘因，讓他們要確實負責實現授權者的期望。[2]

在政治領域，這個理論暗示愈民主貪汙會更少，政府也會更好。貪汙或不適任公務員的行為應該被糾舉，但如果沒有責任機制，他們改善行為的誘因就很有限。這樣的想法似乎合乎邏輯，但也有很多理由認為這個理論尚不完備。

首先，這理論假設一般選民談到腐化或侍從分配公共資源，就一定會要求福利方案性的公共政策，因為照民主理論的說法，這樣比較能公平分配利益。這個假設忽視的現實是，在很多社會中的選民，尤其是窮人，想要的是侍從分配公共資源，因為他們想從中得到個人利益。事實上，公民私下要求回報，可能是一開始侍從主義發生的原因。

另外，認為更透明、更多問責是建立更好文官體制的必要方法，也違背很多歷史經驗，在歷史上，相對清廉、現代的文官體制，反而是在非民主環境中建立起來的。我們在本書第一部中有關文官體制的發展例子中看得很清楚。最成功的現代政府很多都是建立在威權環境下，而且通常是國家面臨嚴重的安全威脅時，中國、普魯士／德國，現代的日本，還有幾個其他國家都是如此。相反的，當民主在現代政府鞏固之前引進，通常有削弱政府素質的效果，其中最重要的例子就是美國，一八二〇年代開放選舉權之後就發明政黨主導的侍從主義式政府，接下來的一百年，大部分的時間都充斥著各種酬庸行為。希臘與義大利也是一樣，這兩個國家發展出複雜的侍從主義制度，阻礙了現代政府行政能力的發展。侍從主義仍在開發中世界的民主國家盛行，從印度、墨西哥到肯亞、菲律賓，都斲傷政府的素質。

最後，認為公務員行為應該被嚴格的規則限制，且應該剝奪其行政裁量權，也與一般人對政府最常見的抱怨有所矛盾。因為一般人就是抱怨政府做事太綁手綁腳、僵化，而且缺少基本常識。現代政府的噩夢就是文官即使是在做非常小的決定，也要先處理堆積如山的紙上作業。美國公部門改革現在想要的方向是，在政府做決策時盡量解除規定，並授與更大的裁量權。所以，這和嚴格規定才會有好政府的觀念，該如何結合？這一切都指出，政府建造與民主建設是兩碼事，短期內彼此的存在互相拉扯得很嚴重。

建立好政府也許還有其他方法，而且在某些環境下民主可能是障礙，而不是優勢。我們需要更精巧的公共行政理論，這個理論要特別注意政府治理、法律與民主問責的互動關係。

政府的能力

授權與執行架構的一大問題，是把政府能力的存在視為理所當然。也就是說，它把管理組織的問題想成是誘因與意志的問題：授權者命令執行者做某些事，但因為執行者是投機分子或只顧自己利益，所以沒有把事做好。但是執行者也可能完全忠心且想做正確的事，只是因為沒有知識、權限或技術能力達成授權者的期望，所以才失敗。

現代政府除了非常龐大之外，也提供非常廣泛且複雜的公共行政，包括預測天氣、管理航空母艦、管理金融衍生性商品、監督藥物的安全、提供農業推廣服務、應付突發的公共衛生事件、判決複雜的刑事與民事案件、控制貨幣政策，其中很多工作需要高度的專業與教育，例如美國聯邦儲備局的成員大部分是經濟學博士，疾病管制局則由醫師與生物醫藥研究員管理營運。

技術能力的需求是好政府和民主產生衝突的第一件事。我們之前看過，傑克遜總統的一個主張就是，美國政府裡的每一個工作都可以讓普通美國人來做，於是他任用大量的普通美國人到行政部門工作，這些人剛好都是他的支持者。走民粹主義路線的傑克遜會當選，是民眾不信任哈佛教育出來的菁英，也就是他的死對頭亞當斯所代表的階級，這種不信任一直延續到現在。《潘德頓法案》所建立的文官制度以能力為任用標準，就是努力讓文官任用不再成為民主政黨的戰場，並在政府中為擁有技術能力的文官打造一塊能發揮自主性的淨土。

打造政府的技術能力，不是簡單的把公務員送去參加幾星期的行政訓練課程就可以，而是要在高等教育制度做很大的投資。施泰因與哈登堡在普魯士的改革，如果同時沒有新式大學的成立，例如改革家洪堡德建立新的柏林大學，也不會有正面的成果；英國也一樣，羅富國與崔維廉的改革方案，同時有喬維特對牛津與劍橋的大改革。日本在十九世紀末的寡頭統治時期，顯著的成就之一就是在日本建立一系列現代大學，這些大學的畢業生便成為東京行政機關的公務員。

雖然行政機關的能力是建立在個別文官的人力資本上，但實際上政府部門的表現主要是建立在組織文化，或者說他們擁有的社會資本上。擁有一樣人才與資源的兩個組織，因為內部凝聚力的程度，表現可能會有天壤之別。德意志國防軍在二次大戰變成令人畏懼的戰鬥機器，部分原因是，在沒有軍銜的士官領導下擁有強大的部隊凝聚力。軍事歷史學家克雷威爾德（Martinvan Creveld）指出，德國軍團成員都在同一個地區招募，他們受訓、打仗，甚至一起陣亡，體力不繼時就會一起撤退。美國的制度則不斷組織與重組部隊，也會替換個別的受傷人員，和美國制度比起來，德國能形成強大的部隊認同感與更強的實質戰鬥力。[3]

平民組織不像軍隊可以塑造自己的職員，但他們可以從共同基準的強大凝聚力中受惠。例如森林管理局對科學與科學的森林管理有共同承諾。現在的日本與南韓文官體系，就像之前的英國，成員也是來自同樣菁英學校的畢業生，他們在學生時代就彼此認識。各自按類別進入公職，之後升官就變成一個團體，但由於部門不允許橫向的政治安插，他們也因此發展出強大的團隊精神。即使在美國的傳統上文官一向不團結，還是有些卓越案例對公共行政有高度的決心，例如政治學家迪胡力歐（John DiIulio）提到的聯邦監獄組織。[4]因此，文官體系的能力比個別公務員加總起來還要大，這也是社會資本的作用。[5]

最後，政府能力與資源的作用有關。最訓練有素、最有熱忱的公務員，如果不能領到適當的薪資，或發現沒有工具可以完成工作，就無法永遠投入。貧窮國家的政府通常運作不良，這是原因之一。湯瑪斯（Melissa Thomas）提到，像美國這樣的富有國家，政府每年給每位國民的公共措施平均花費大約一萬七千美元；而阿富汗政府只花十七美元，其中不計國外援助的資金，因為收到的錢大部分都浪費在貪汙與舞弊。阿富汗中央政府在大部分的領土中沒有統治權，也就不令人意外。[6]

文官自主性

因此，政府能力本身並不是衡量政府素質的適當指標，最適當的指標應該是文官自主性。貫穿本書一直在探討的一個主題，就是文官自主性對政府妥善運作的重要性。在研擬與執行政策時，執行者如果沒有足夠的決策空間，就無法把工作做好，無論這個人或組織的能力有多好。

在中國古代，法家與儒家長期爭辯的問題，今天的行政法學者會把它稱為「規定與裁量權」的爭議。[7]法家認為，社會需要清楚的法律規定以管理大眾的行為，政府的意圖也不能留下不確定的空間，才能穩定大家的期待。儒家則批評，沒有任何成文法律可以在任何情境下都正確無誤。最恰當的判決需要知道這個特定案子的背景，究竟是誰犯罪、動機為何、既有的判決會如何影響更大社群的利益。儒家認為，只有學識淵博的聖人，完全考慮過情境背景之後才能做出正確的判決。這個看法與亞里斯多德在《尼各馬科倫理學》（*Nicomachean Ethics*）書中「擁有偉大靈魂的人」概念很像，只有他能做出正確的道德選擇。

就像我們在第二十四章看到的，中國法律的演變是法家與儒家的綜合體。中國在實務上傾向支持裁量權，而不是嚴格的法規，這也反映出中國傳統上法治一直處於弱勢。但儒家談到一個重點：嚴格的法規太多，通常會阻礙良好的決策。

授權者要執行者接受命令與規則的方式，正是文官自主性的所在。組織的自主性程度就取決於來自授權者的命令數量與種類，或者換個稍微不同的方式來講，就是授權者同意給執行者的自主性程度。完全附屬的組織沒有任何獨立的權力，也被要求要像機器人一樣完成授權者充滿細節的指令。自主的組織不一樣，它可以自己做決策，不需要受到授權者仔細審查。

授權者可以授權的權限有很多種，最重要的就是人事權。如同在上卷中提到的，歐洲在建立法治過程中重要的發展之一就是神職人員敘任權衝突，一直到十一世紀，教會必須臣屬於神聖羅馬皇帝的政治權威下，因為他可以影響人事決定，甚至包括教宗人選。敘任權衝突的最後結果，是天主教教會可以指派自己的教士與主教。教會擁有制定法律的獨立組織地位，與它對自己核心幹部的人事掌控權有很緊密的關係。美國十九世紀的文官制度改革，也是在爭取政府機關用人能依自己的任用與升遷標準，而不是成為政治人物酬庸支持者的附屬品。

除了人事權，還有很多職權，授權者可以選擇授權或透過細節規定來控管。以政府採購為例，國會可以授權五角大廈研發新的戰鬥機，讓它在飛機的設計上有高度的自主性。但戰鬥機的實際生產卻被一大堆規則綁住，而且這些規則都是來自國會，不是五角大廈。實際的運作狀況大概是這樣：一開始，所有的聯邦採購案都要遵守《聯邦採購條例》，裡面有數千頁具體說明有關簽約的詳細規定。這些規定指示，「定數量的工作必須交由小公司，或由婦女與少數族裔經營的公司來做，這等於同意那些沒拿到合約的人，可以毫無限制地上訴。除了《聯邦採購條例》之外，國會也會插手確認生產過程符合自己的利益，大部分的形式就是保證國會議員的選區包商能順利接到工作。採購過程政治化的結果是，比起放手讓軍事機關自主進行採購，變得更花錢、更慢，也更沒效率。但國會下達的命令，國防部與軍事服務單位根本無法砍掉不想要的武器採購計畫。

政治授權者經常發布彼此重疊甚至矛盾的命令。行政機關通常有很多授權者，這些政治機關都有相同的合法地位，並發布可能互相矛盾的命令。以國營的公用事業為例，從政府不同單位接收到的命令是，同時要做到回收成本、對窮人也要提供服務、對企業用戶要特別定價。這些命令很顯然無法同時達成，因此自然產生機關失靈的問題。準公共事業美鐵如果不是國會下令要求它服務低運量的鄉下社區，就能成為既賺錢又有效率的鐵路公司。中國也有很多重複的行政機關，一個可能是向中央部會主管機關報告，一個可能是向省或市政府報告，這樣的結果就是形成不一致也沒有效果的政策。

但是，高度自主性可以為行政機關帶來創新、實驗與冒險的機會。在運作良好的組織裡，老闆只給一般的指示要做哪些事，接下來就讓部屬想辦法怎麼做最好。優質的軍事組織都理解，必須要給低階軍官「失敗的自由」，如果犯一點小錯就會影響前途，便沒有人敢冒險。《美國陸軍野戰條例》（U. S. Army's Field Manuals）在改版過程中就隱含這個洞見。因為越戰的經驗，美軍重新思考整合部隊的規定，起草人把集中的命令與指揮改成更彈性的任務指示，指揮官只下達明確的目標，執行則交給較低階的人負責。換句話說，執行者得到高度的自主性，如果想創新或實驗新做法，失敗也能被容許。[8]

缺乏自主性是差勁政府的主要原因，全世界的人都討厭綁手綁腳、僵化、一堆行政公文的政府。在這樣的環境下，文官的能力變成巧妙運作規則，因此也很樂於擴大規則的範圍。但這個問題的幫兇就是文官政治上的主人，因為他們就是發布那麼多數量與種類的命令。這個問題的解決之道是改變命令，允許公務員有更大的文官自主性。

另一方面，政府機關也可能有太多的自主性。我提過現代歷史中也許是最惡名昭彰的兩個例子，就是一次與二次大戰之前的德國與日本軍隊。在這兩個例子中，軍隊擁有強大的自主性，因此形成優質的軍事組織，但也導致他們最後竊占政治領袖的目標設定權，後者才應該是軍隊名義上的授權者。二十世紀初，德國海軍與參謀本部說動皇帝，並設定外交政策的方向，結果把整個國家帶進直接面對英國與法國的衝突。日本在滿洲的關東軍更直接侵略中國，後來甚至實質接管日本整個政治權威。即使沒有這兩個極端的例子，緊密結合又高度自主的行政組織可能會非常抗拒政治指揮，不只不想改變也不想回應社會的需求。

諷刺的是，有時候規則的數量過多，反而是增加卻不是降低機關的自主性。因為公家機關的繁文縟節通常複雜得讓人心煩意亂，沒有人有辦法確實監督這些規定是否被確實遵守。也因為只有公務員可以操控這套制度，他們可以決定要執行哪些規則，或不執行哪些規則。印度的文官就被發現有這個問題，被法規綁住卻又能專制行事而聞名。

優質政府需要適當程度的自主性，可以參考圖二十五的曲線。一端是完全附屬性，行政機關沒有裁量與獨立判斷的空間，完全被政治授權者設定的詳細規則綁住。水平軸的另一端是擁有完全自主性，治理結果也可能非常糟糕，因為它擺脫所有的政治管控，可能不只設計內部的程序，也設定自己的目標。但是一般認為，過度細節管理的危險，還是比過度自主性的問題更大，所以曲線的轉折點比較偏向右側。

因此，政府的能力與自主性兩者會相互作用。不管是透過明確的正式規定與誘因，或非正式的行為基準與慣例，都能控制執行者的行為。只是非正式的基準與慣例，牽涉的轉換成本會大幅降低。其實很多從事需要高度技能工作的專業人士，基本上都是靠自

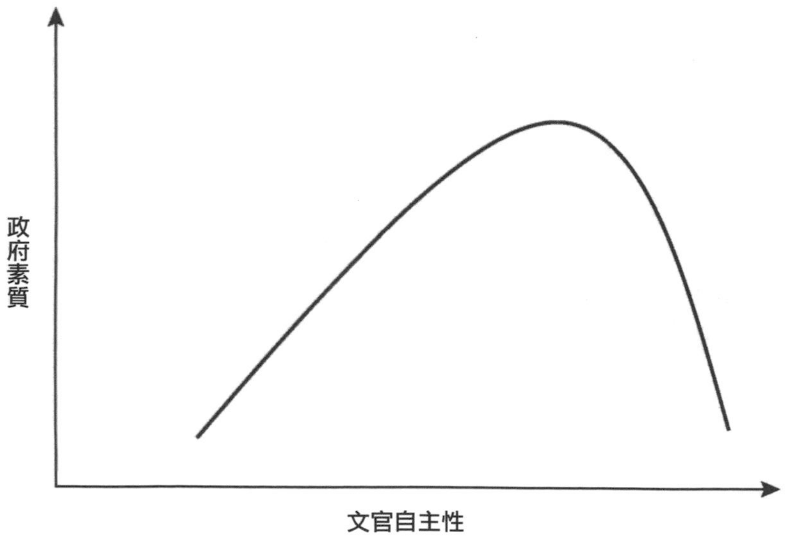

圖二十五：文官自主性與政府素質

我管理，因為外行人很難判斷他們的工作品質。因此，政府機關牽涉的能力愈高，就應該擁有更高的自主性，所以評估政府素質時必須同時知道文官的能力與自主性。

在很多私人企業的工作環境中，已經出現能力愈高自主性愈高的情形。二十世紀初的經典汽車廠，就像福特在高地公園的工廠，充斥的是非常低技術水準的藍領工人。一九一五年，底特律市的大部分汽車工人都是新移民、半數人不會說英語，平均教育程度不超過小學。在這種環境下「泰勒主義」（Taylorism）應運而生，所謂的科學管理把組織的知識限制在組織的頂端，然後白領經理人負責指揮藍領勞工，他們會發布非常細節的規定，包括站在哪裡、如何操作機器、一個人可以去幾次廁所。這種低信任的工作環境，不允許組織基層做任何自主性的判斷。

但是這種類型的工作環境已經被扁平組織取代。以豐田（Toyota）為先驅的工廠精實管理，賦予生產線工人更高度的裁量權，鼓勵他們可以和其他工人討論，怎樣組織他們的協同作業會更好。在仰賴更高教育程度的專業人士的公司，自主性更高。律師事務所、建築師事務所、研究實驗室、軟體開發公司、大學與其他類似的組織，都不可能以泰勒的方法組織。在這些組織中，主管名義上有權管理更高教育程度的「工人」，但實際上並不比基層的工人更了解組織從事的工作。在這樣的扁平組織裡，權力不只是從授權者流向執行者，執行者通常也會參與目標設定，並利用他們的專業控制授權者。不必多說就能理解，比起應用泰勒管理理論的組織，這些組織需要更高度的信任。

因此最理想的自主性程度，取決於組織的能力。圖二十六顯示的是四個不同能力等級的假想組織，各自理想的自主性曲線。因為每個組織都可能具備太多或太少自主性，所以每一個曲線都會傾斜到某個極端。但是在能力等級比較低的組織，轉折點會落在左邊，而能力等級比較高的組織，轉折點則落在右邊。二十世紀初期的福特工廠會是第一級，像谷歌（Google）這樣的高技術公司則是第四級。

私部門組織適用的，組成政府的公部門組織也一樣適用。當社會變得更富有，發展出來的政府也更有能力時，就能授與政府更高的自主性。圖二十五隱含的主張是，理想的自主性程度落在右側，只在能力等級比較高的國家才會發生。在能力等級非常低的國家，情況正好相反，因為無法信任公務員可以做出良好判斷，或克制自己的腐化行為，就會想要在公務員的行為上增加而非減少規定。

另一方面，如果開發中國家的政府機構人員，都是從國際認可的大學畢業的專業人士，但不是政治人物的好朋友，大家不只會安心地賦予它更多自主性，也會想要減少規定，以鼓勵他們做判斷與創新。

如果我們在代表政府能力與文官自主性

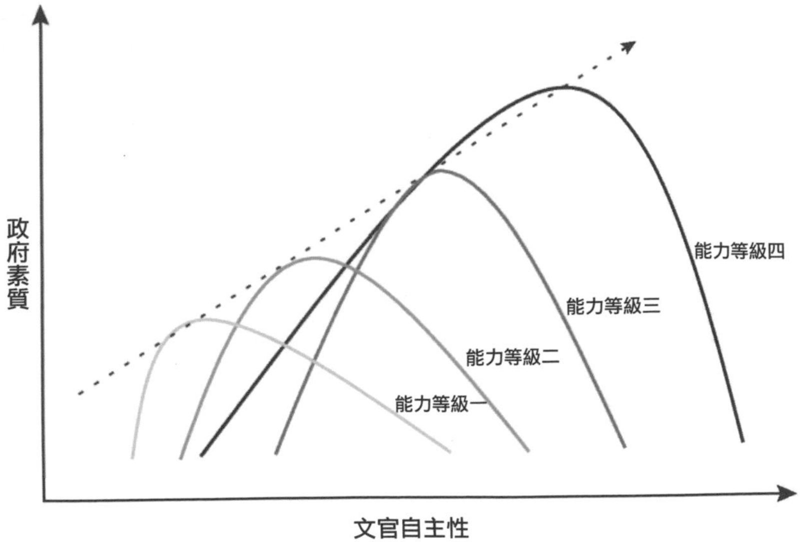

圖二十六：不同能力等級的組織自主性的理想程度

的矩陣上找出國家的位置（見圖二十七），我們就可以比較整體的政府制度。每一個國家是不同能力與自主性政府組織的集合體，因此每個國家是畫成橢圓形狀而不是點狀。斜線來自圖二十六，轉折點代表擁有特定能力的組織享有自主性的理想程度。所有組織都應該會想要提升能力（從水平線上提升），但這牽涉高成本且長期的投資。在短期內，最好的策略應該是盡量移向直線（見圖二十八）。

從圖二十八可以看得很清楚，要讓所有政府運作更好並沒有單一配方。提升績效的方法，要看政府在這個矩陣中的位置。事實上，在同一個國家可能也需要不同的方法，因為組成政府的各個組織在能力與自主性程度上可能都不一樣。

這個架構解釋了為什麼有些國家必須減少裁量權並增加規定，而其他國家必須採取相反動作。克里特加爾德（Robert Klitgaard）在《控制腐敗》（*Controlling Corruption*）一書中，設計出這樣的公式：

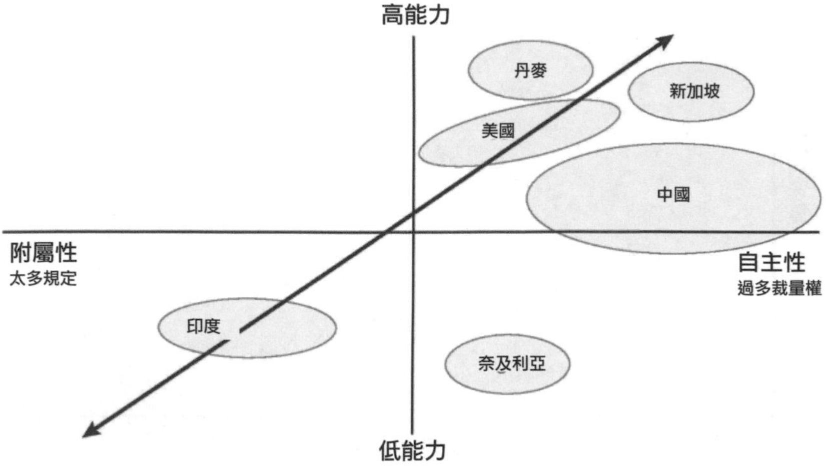

圖二十七：自主性與能力

像世界銀行的國際發展機構，已經強力促使低能力的貧窮國家降低裁量權（也就是對公務員增加更多規定），且提高政府組織的營運透明度，並設計促進民主問責的機制。這些建議對貧窮、低能力的國家，大致來說是正確的。更多的媒體審查與民主選舉，也許不是腐化的補救之道，至少可以提供政治人物與公務員改善行為的誘因。但這不是普遍有效的原則，不一定適用較富有也較有能力的國家。在很多例子中，增加裁量權、放鬆規定，反而對政府的效能最有利。

因此，改善政府表現的路線非常多樣化，取決於國家的特定位置。甚至在同一個政府內，不同部門也需要不同的改革方法，例如軍事採購可能必須減少繁複規定，但銀行業與特別檢察官可能缺少管制，必須增加法律規範。分析這些問題需要深入背

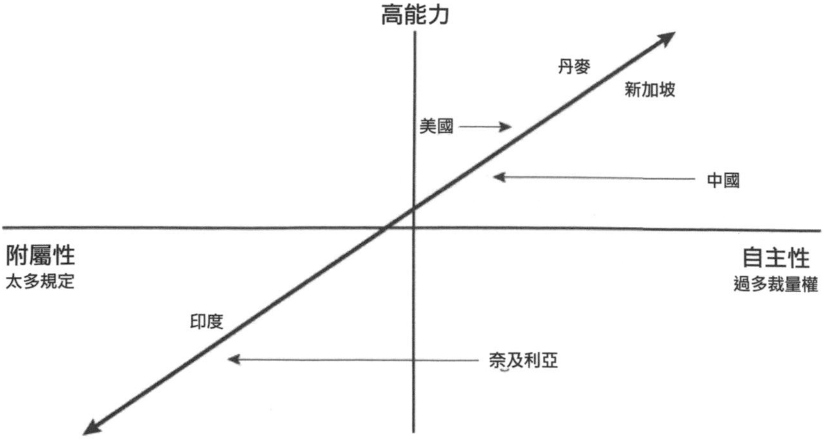

圖二十八：改革的路線

景的知識，要進一步解決還需要更多知識。

民主問責

選民如何允許政府擁有適度裁量權，但仍然能夠掌控行政機關達成原有的政策與目標？畢竟文官自主性並不代表就是將決策程序轉交給「專家」，也不是認為專家比大眾更知道什麼事情對他們最好。再回到軍隊的例子，排長雖然擁有自主性，但他並不負責重要的策略，這是將軍的職權。在民主制度下，民眾就是最後的將軍。

民主問責是政治制度妥善運作不可或缺的一環，因為它是權威的最終基礎，也就是合法行使權力的根據。政府可以強制人民遵守政府的期望，歷史上當然也有很多這樣的例子。但是把權力轉成正當權威，公民因為相信這個制度的正當性而自願遵守法律與政策，政府會運作得比較好。

上卷在比較一六八八到一六八九年光榮革命之後的英國與法國時，說明了正當性的重要。英國在光榮革命之後建立「沒代表就不納稅」原則，政府只能動用國會通過的稅收，當時國會的代表都是全國最有錢的納稅人。一六八九年之後的十年，政府取得的稅收百分比，以及人民對英國政府出售的公債都明顯上揚。但是法國的稅收制度比較有強制性，而且有錢人就是有辦法免除繳稅責任，軍隊則經常被派到各地向不情願的農民收稅。結果導致法國的稅收占GDP比只是英國的一小部分，最後法國的財政也在十八世紀完全崩毀，英國只靠著動用一小部分的資源就能在一連串的戰爭中打敗法國，直到法國大革命前夕。

正當性認知（perceived legitimacy）對政府的效能很重要，因為政府一向依賴非政府人士達成政策目標。很多人相信，委外、公私合夥制（Public Private Partnerships, PPP）[9]，以及依賴信仰團體來從事社會服務，是二十世紀末期的創新發明。但其實政府與民間的合作已經有很長歷史。歐洲很多社會服務工作，從人口登記到濟貧，傳統上都是教會在從事，這些工作直到二十世紀才由政府接手。英國與荷蘭的殖民政策，是靠像東印度公司這種半民間機構和政府一起聯手執行。林根（Stein Ringen）指出，一九六一年之後統治南韓的軍政府，也是仰賴各式各樣的民間組織執行政策，不只包括三星與現代等大型企業，還包括其他民間志工協會。[10]

當民眾變得更富有、教育程度愈高，加上技術讓他們更能取得資訊，政府行使權威的難度就會增加。當民眾會自己思考或知道政府不知道的事，就不會單純只是因為公務機關發布的規定就樂意遵守。過去四十年，反映中產階級崛起的社會動員，讓正式的民主制度普及到全世界，就是這個道理。任何民主制度必須面對的一個挑戰就是政府不受控制，且不回應民眾的需求。

定期舉辦自由而公平的選舉等正式程序，是為了達成民主問責的目的而設計。但選舉本身並不保證政府的實質表現會確實回應大眾的期望。因為選舉與選民可能會受到操弄，根基穩固的政黨可能會提供選民不恰當的選擇，民眾參與率可能很低。另外也有一個很大的資訊問題，某個人每幾年投票一次，可能表示他對某個政黨或政府政策的支持或反對態度，但他真正關心的其實是某個會影響他事業的規定，或他在乎的是孩子在公立學校的老師素質。理論上，責任有一定的途徑，先是選民交給政府，然後政府透過行政機關再回到公民身上。但這個途徑太長，在溝通過程中，重要訊息通常會在大量的噪音中消失。

有很多正式的程序性方法想解決這個問題，並讓政府更能做出回應。最明顯的方法就是縮短問責的途徑，也就是把權力移交給基層，層級愈低愈好，讓他們更能直接回應民眾的意願。從美國開國元勛的時代以來，聯邦主義（歐洲稱為輔助原則〔subsidiarity〕[11]）就是在做這件事。另一個方法是，由司法部門強迫行政部門回應公眾的需求，以平衡政府不同部門互相對抗的情形。在歐洲的民法制度中，長期以來都有各層級的行政法庭，讓民眾可以控告政府。我之前也提過，美國制度提供大眾法律地位，讓他們可以控告行政機關，要求政府要執行或不執行某些法律。最後還有一些機制，例如一九四六年通過極具指標意義的《行政程序法》，強迫各聯邦機關要公告修法建議，以向大眾徵求意見。類似增加中央政府與地方政府的民主參與過程，在世界各地已經很普遍，例如巴西，在編制預算過程中也納入民眾意見，算是預算做法的先驅。

這些方法很多都能迫使政府更積極回應大眾，也確實達到宣稱效果。但所有的正式程序都有不斷增加的傾向，而且時間一久，會被制度裡的有力人士操弄。聯邦主義通常會增加政府的層級，而不是真正轉移權力；地方分權制度，特別是貧窮國家，是直接把權力交到地方菁英的手上。我提過法條對抗主義對美國公共行政素質的影響，《行政程序法》中的告知與評論條文，在這些年來已經變成沒有實質意義的例行公事，因為強大的利益團體高薪聘請的遊說人士，也會提供可以預期的評論意見。

所有正式程序都是為了提升政府的問責性，以及制定決策的民主正當性，但也因此增加更多法規，並大幅提高轉換成本，最後也延緩政府的行動。這些程序的最大問題是剝奪行政機關有效辦事的自主性。另外，太多的透明度也會傷害協商的可能性，而且已經造成傷害，就像美國國會已經沒有協商功能了。如果問責性只是變成黨派競爭的另一個武器，就無法達成原有的目的。因為隨時評估表現並懲罰不良表現的正式制度，通常會產生政治學家曼斯布里奇（Jane Mansbridge）所謂的「制裁導向的問責性」現象，這是泰勒管理理論的現代版本，制度的設計是基於恐懼而不是忠誠。這種制度的前提，是認為如果沒有在外部仔細監督，就不能信任工人可以把事情做好。這樣一定會扼殺受評估者的冒險與創新精神。這些制度原本是設計來提升問責性與正當性，最後卻影響政府的作業而變得更沒效能，也傷害了正當性，實在充滿矛盾。

平衡

提升民主問責的方法不在於增加正式的問責機制，或絕對的政府透明度。儒家認為沒有任何法律可以在任何情境下妥善地形成好的結果，這個論點是對的。要讓政治制度良好運作，必須提出一個非實體的因素，也就是信任。民眾必須信任政府在大多數時候都能做出對他們有利的良好決策，而政府必須回應民情並兌現承諾以贏得民眾的信任。擁有恰當自主性的文官體制不能用高牆隔離民眾，而是要像埃文斯說的，要「內嵌」在社會並回應社會的需求。其中存在一種高度的均勢狀態，民眾信任政府帶來高效能的政府，然後回過頭來提高雙方的信任。

低度均勢則相反，因為民眾不信任低素質的政府，因此不給政府資源，也不順從政府的政策，但這都是政府有效運作的必要條件。缺乏適當權威的政府，就會以強制力讓民眾順從。政治制度從高度均勢中衰敗，比從低度均勢中出現要容易多了，這也是低度均勢在全世界這麼普遍的原因。另一個可能是，因為公民對政府的期望與要求激增，現在所有政府都邁向低度均勢的困境。

如果有擺脫這個困境的方法，一定和之前提過效能政府的兩個特色有關，就是能力與自主性。政府需要人力與財力資源以及組織文化資本，才能把工作做好。大眾授權者把權力移交給政府機關執行者時，必須給政府機關符合既有能力程度的自主性。目前的政府沒有任何一個是在一夜之間完成這種轉型，通常是在政治角力中片段拼湊出來。因此，向丹麥看齊是非常長期的目標。

注釋

1 World Bank, *World Development Report 2004: Making Services Work for Poor People* (Washington, D.C.: World Bank, 2003).

2 授權與執行理論的討論與限制，參見 Francis Fukuyama, *State-Building: Governance and World Order in the 21st Century* (Ithaca, NY: Cornell University Press, 2004), chap. 2. 編注：中文版《強國論》由時報文化出版，二〇〇五年十一月十七日（已絕版）。

3 Martin van Creveld, *Fighting Power: German and U.S. Army Performance, 1939–1945* (Westport, CT: Greenwood Press, 1982). 二次大戰前夕，德國與法國軍隊的比較，參見 Wilson, *Bureaucracy*, pp. 3–6.

4 迪胡力歐提到一九八七年的一個例子，當時路易斯安納州與喬治亞洲同時爆發監獄暴動，一群已經退休的監獄官員穿上舊制服，花自己的錢抵達暴動現場協助處理危機。他們都是聯邦監獄退休人員協會的成員。就像作者指出的，授權與執行架構把人看成是受到物質獎勵才有動力，無法說明這類有公共精神的行為。John J. DiIulio

Jr., "Principled Agents: The Cultural Bases of Behavior in a Federal Government Bureaucracy," *Journal of Public Administration Research and Theory* 4, (no. 3) (1994): 277–318.

5 胡格諾派在建立瑞士製錶業中的角色，參見 David S. Landes, *Revolution in Time: Clocks and the Making of the Modern World*, rev. ed. (Cambridge, MA: Harvard University Press, 2000), pp. 248-57: 正統猶太教徒在鑽石公會的角色，參見 James S. Coleman, "Social Capital in the Creation of Human Capital," *American Journal of Sociology* 94 (1988): S95–S120.

6 Melissa Thomas, "Great Expectations: Rich Donors and Poor Country Governments," http:// papers.ssrn.com/sol3/papers.cfm?abstract_id=1333618 .

7 參見 Davis, *Discretionary Justice in Europe and America.*

8《野戰條例》是根據德國軍隊在一次世界大戰到二次大戰開始時期的管理規則，任務指示則是德國任務指揮（Aufstragstaktik）的美國版本。參見 Francis Fukuyama and Abram N. Shulsky, *The "Virtual Corporation" and Army Organization* (Santa Monica, CA: RAND Corp. 1997).

9 譯注：泛指公部門與民間機構合作提供公共服務或公用設施的各種模式。主要精神是借助民間機構的資本、管理技巧與市場經驗，並分擔風險以提高公共服務的效率與品質。

10 Ringen, *Nation of Devils*, pp. 24–29.

11 譯注：其意是，直接影響人民的決定，應由最接近個人的小單位來做；他們做得不夠好時，才由大單位接手協助。

第三十六章 政治秩序與政治衰敗

政治發展與生物演化；政治發展與其他發展層面的關係；國際影響力的重要性；邁向現代政府；暴力在政治發展過程中的角色；自由民主能普遍發展嗎？

本書上下卷描述的是隨著時間的推移，政治制度的起源、演變與衰敗。

政治發展在很多方面和生物演化很類似，生物演化是基於變異與選擇兩個原則，政治也一樣。政治制度的本質會產生變異，由於彼此競爭，並和實際環境互相作用，有些制度經過時間的淬鍊而存續下來，但其他制度則因為不適合而被淘汰。就像有些物種在環境改變之後無法適應，當制度無法適應時，也會發生政治衰敗。

但生物演化是隨機發生變異，而在政治制度的設計上，人類的作為有某種程度的作用。海耶克認為，人類不可能會知道或聰明到能預測他們努力設計的制度之後的發展結果，或在規畫政策時就能事先得知後果。[1]但是發揮人類自主性的打造制度作為不是單次的，人類在反覆的過程中會從錯誤中學習並採取修正的行動。一九四九年德意志聯邦共和國實施的憲法，與威瑪共和時期的憲法截然不同，正是因為德國人在一九三〇年代期間民主的失敗中學到寶貴教訓。

生物演化有特殊演化與普遍演化兩種過程，在特殊演化過程中，生物會適應特別的環境，並產生不同的特徵，物種就是這樣形成的。達爾文提出的例子是，雀科的鳥類就是鳥兒適應各種不同小環境的結果。而在普遍演化的過程中，不同物種因為要解決類似的問題而演化出類似的特徵，例如在不同物種中獨立演化出眼睛這種感覺器官。

人類也一樣。大約五萬年前，一小群現代人從非洲走向中東後就分道揚鑣，有某種程度是因為基因，但最大的差異是文化。《聖經》裡的巴別塔故事有一個真實的先例，當人類走向歐洲、亞洲、南亞，最後到達美洲時，由於他們在各式各樣的生態棲位（ecological niche）[2]定居，語言與文化開始差異化，但同一時間也在進行普遍性政治發展的過程。文化不同的人必須解決類似的問題，因此產生類似的解決之道，即使他們彼此之間的互動非常有限或根本沒有。

世界各地不同社會有關政治制度的重要轉型，我已經提到不少：

- 從游團級到部落級社群
- 從部落級社群到國家
- 從家產制到現代政府
- 發展出獨立的法律體系
- 出現問責的正式制度

這些政治轉型獨立發生在文化基準差異非常大的各種社會。環節性家系的部落文化，出現在世界各地人類發展過程中的某個時期。部落的起源來自共同祖先的後代，並靠宗教信念來維繫。這種信念相信過世的祖先與未出世的後代，有影響在世的人運勢的力量。雖然這種親屬團體的微小變異是人類學者的謀生之道，但部落社會的基本結構，在地理上彼此獨立的各地有驚人的相似之處。

國家機器也一樣，在美索不達米亞、中國、埃及與墨西哥歷史上大約相同的時間點，都出現政治結構類似的國家機器。他們組成規模較大也較富有的社會，因此擁有夠強的軍事力量，在對抗較缺乏組織的競爭者時，得以捍衛他們的自主性。但是要能走到這一步，他們都面臨一個問題：以親屬關係組織政治機構的原則，必須以更公平的原則取代之。不同的社會用不同的方式解決這個問題，例如中國發明科層式政府，阿拉伯—鄂圖曼引進奴兵制度，而西方基督教世界則以封建制度取代親屬原則。最後，獨立的法律體系在古老的以色列、西方基督教世界、印尼與穆斯林世界出現，由教士組成的科層組織頒布的宗教法律，至少在名義上有凌駕世俗的權威。這些宗教法律的內容因文化差異而大相逕庭，其制度化的本質與程度也大異其趣。但法律的基本架構，也就是作為一套社群使用的法律，限制擁有強制性武力的統治者行為，在所有社會都一樣。這些法律規範家庭生活、遺產繼承、財產，並提供爭議時的解決之道，而且在某個程度上受到國家的承認。唯一沒有在這個意義上發展出法治的文明就是中國，主要是因為它從未發展出超越世俗經驗的宗教，法治也就沒有發展的基礎。

但是所有的這些轉型，沒有一個能普遍發生在全部的人類社會中。在偏遠的生態棲位，例如南非喀拉哈里沙漠與極地沙漠，仍有少數的游團級社群存在；在山區、沙漠與叢林地區，也有人數較多的部落社會。某一個層級的政治制度不會完全壓制另一個，因此在中國、印度與中東，在政府出現很久之後，環節性家系仍然繼續存在。只有西歐在現代政府出現之前，大部分的環節性家系社群都消失了。在其他社會，國家的政治權力只是搭在既有的世系結構上，只要國家想要，世系的力量就會恢復元氣。在中東地區，部落文化仍然強而有力，而且會與政府競爭權威。

在物競天擇（natural selection）下，每個人和其他人彼此競爭，最能適應環境的人就會存活下來。但達爾文也提到第二種演化的過程，也就是性擇（sexual selection），有時候會和天擇產生衝突。雄性彼此爭奪和雌性交配的機會，通常會發展出某些身體特徵（例如羚羊的角），這是該物種整體繁殖成功的里程碑。但這個同樣的特徵和其他物種比較起來，不一定比較能適應環境，如果環境中出現一種新的肉食動物，可能會成為一種負擔。在一個受到保護的生態棲位中，特殊演化通常是以性擇而不是天擇為動力，同物種的雄性之間得靠「軍備競賽」勝出。

經濟學家法蘭克指出，性擇也有政治版本。並不是每一個政治或社會制度，都是從不休止的生存競爭的產物。既有的制度可以引導競爭行為到不同的場域對抗。因此，有錢的對沖基金經理人不必秀出強壯的體魄，或是和人比刀比劍，他們比的是基金規模與藝術收藏。法蘭克認為，很多競爭是在比相對的地位身分，本質上是一種零和競賽。因此，消費行為要做得很明顯才有價值，所以炫耀鋪張的行為也很常見。義大利文藝復興時期的王子爭相成為藝術品的贊助人，雖然這些投資對後來的子孫有很大的價值，但在面對更強大、更有組織的外部敵人，例如西班牙與法國國王，這些藝術收藏品對軍事對抗並沒有太大幫助。[3]

發展的層面

本書下卷探討的時期是從發生在歐洲與美洲的工業革命開始，以及它持久的經濟成長過程。而上卷的內容則是探討歐洲、中國、印度與中東地區的農業社會，它們都是馬爾薩斯論中的經濟世界，因此掠奪是一種很理性的經濟活動形式。當時的技術當然也會進步，但速度很慢，人均收入與產出的增加，很快就因為人口增加而消失。由於投資機會有限，大部分的政治活動基調是一個團體榨取另一個團體的農業生產剩餘。這個制度為菁英創造出很多宏偉的文化藝術作品，以及鋪張浪費的生活方式，但大多數人都是辛勤勞作只夠勉強餬口的農夫，只能過著非常艱苦的生活。非菁英從這種制度得到的主要利益是某種程度的安全與和平。

這可不是一個微不足道的優點。在一個人口會因為饑荒、疾病，以及戰爭或侵略帶來直接屠殺而少掉一半或四分之三的年代，統治者對和平的保障是不可或缺的公共利益。因為菁英比其他人有更強的組織能力，而且會不斷自我強化，這種制度可以保持數百年的穩定。雖然農民暴動不時會在農業社會中爆發，從中國、土耳其、法國到德國都不例外，但一定會被地主菁英控制，且鎮壓的方式通常極為殘暴。強化這些統治制度的意識形態，都認為把人類階層化成不同的地位或種性有其正當性，因此不積極鼓勵社會流動。

低成長、零和競賽的經濟世界，就是今天很多極為貧困的開發中國家的實際情況。雖然獅子山或阿富汗在理論上可能透過適當的投資轉變成像南韓一樣的工業發達地區，但這些國家都缺乏強有力的制度，也無從選擇這些務實的目的。一個有創業精神的年輕人在這些地方不是成立公司，而是進入政治領域，組織一支民兵團體，要不然就是計畫從國家資源中搶一份。

如我們所見，農業均勢在十九世紀因為工業化的出現而顛覆。在技術支撐下生產力增加，原本在政治上毫無活力的農民，搬到城市或其他有大量製造業就業機會的地方，並轉型成為工業社會的勞動階級。都市居民取得更高的教育水準，而形成新興的中產階級。如同斯密所言，改良的運輸與通信技術以河流為中心，在十七與十八世紀大幅擴大市場規模。這在社會分工上造成巨大的變化，這也是英國、比利時、德國與法國陸續發生社會變遷的主要動力。二十世紀末期，東亞開始進入這個過程，二十一世紀初中國也在進行這個過程。

第二章討論的發展模型顯示，三大主要政治建制，也就是政府、法治與問責，都是在壓力下出現的，因為快速的社會動員而助長政治參與的需求。這是一個非常關鍵的轉折點，農業體系的政治制度，不是適應並調和參與的需求，就是逐漸衰退（見圖二十九）。舊的社會團體（例如大地主），以及政府中和他們結盟的人（例如軍隊），會試著阻擋政治參與的需求，因此新興社會團體要進入政治體系，得依賴他們組織的程度。在歐洲與美洲有兩個階段，先是發展工會，接著是組織代表他們利益的新政黨。如果這些政黨被擴大包容力的政治體系接受，制度就會維持穩定；如果這些需求被壓制，這個階段就會進入不穩定的政治局勢。

這些角力的結果高度依賴實際的情境，也從來不會只靠結構因素決定。在英國，舊的農業菁英不是和新興資產階級因通婚而慢慢融合在一起，就是在經濟地位不保時，找到維持政治地位的新方法。在普魯士、阿根廷與其他拉丁美洲國家，他們與政府結盟並利用權力打壓這些新的參與者。在當代的中國，政府搶先行動以破壞這個過程，他們阻止可能會促成工人集體行動的工會，並維持高度的就業成長，好讓工人滿意。

在義大利、希臘與十九世紀的美洲，以及現在的開發中國家，例如印度、巴西與墨西哥，階級問題因為傳統政黨而擴散開來，因為這些政黨吸收新的社會參與者，並把他們拉進侍從主義式的政治機制。這些機制在調和新的政治參與需求上極有成效，因此也對制度整體的穩定性大有貢獻。另一方面，侍從主義促使政治階級公然貪汙，阻礙了福利方案政策需求的出現，但福利方案政策對被拉進政治領域的新興社會團體來說，長期下來更能滿足他們的利益。

圖二十九呈現的順序代表很多國家從西歐、北美、東亞，走向民主的典型路徑。但這不是現代化的唯一可能途徑。很多時候，沒有持久的經濟成長也會發生社會動員，這種現象就是之前提過的「沒有發展的現代化」（見圖三十）。在這種情況下，社會變遷的發生不是因為新興的工廠勞工的拉力，而是因為鄉下貧窮的推力。農民成群湧向都市，是因為都市似乎提供更多的選擇與機會，但他們不算是經典工業化情境精確分工的勞工。而且，禮俗社會並沒有轉型成法理社會，禮俗社會只是直接移植到都市，親屬

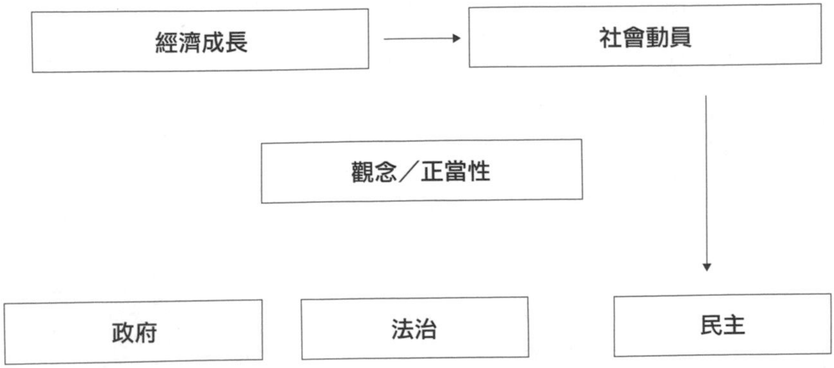

圖二十九：發展的面向

團體與鄉下村莊完好無缺地搬到都市貧民窟，而且在極端邊緣化的經濟條件下，仍然保存大部分在鄉下的社會組織與價值觀念。這就是發生在希臘與義大利南部的現代化經驗，同樣也發生在無數的開發中國家，包括印度次大陸、拉丁美洲、中東地區以及漠南非洲。在這些地方，人口眾多的城市就出現在缺乏活躍的資本家經濟環境中。

沒有發展的現代化，除了東亞之外發生在很多開發中國家。以現代化與工業化的典型途徑相比較時可以發現，沒有發展的現代化對政治的後續發展有很大影響。既有的傳統政治制度如果無法提供政治參與的管道，就會變得不穩定，這就是杭亭頓提到的典型的政治衰敗。但也可能靠著分配租金而形成穩定的侍從主義制度與菁英聯盟。因為缺乏強有力的資本主義工業部門的發展，分工較不普遍，出現的社會團體也和十九世紀的歐洲不同。在這些國家，既沒有人數眾多的中產階級分子、受更高教育的專業人士，也沒有強大的勞動無產階級。這些社

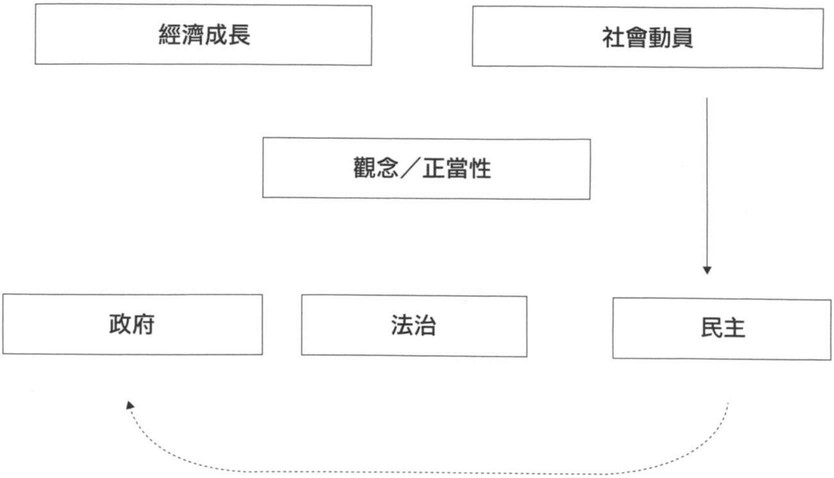

圖三十：沒有發展的現代化

會有大量沒有組織的族群，他們都是勉強在非正式部門中維持生計的都市窮人。其中很多人如果有取得資本與市場的管道，可能會很有創業精神。當代的微型貸款行業與財產權運動，就是想提供窮人這些工具。[4]但這些人要從非正式就業的處境，到達真正具有成長性並能創造工作的工業化社會，並沒有清楚的途徑。在這樣的環境下侍從主義因此得以盛行，因為政治人物提供的個人化利益，以及在政治領域能創造經濟租的能力，在經濟保障上通常比私人企業更有效。主要的政治活動也因此是分配租金的零和對抗，而不是福利方案政策。對於公部門的改革與政府能力的提升，侍從主義都是很大的障礙（見圖三十虛線）。

有關正當性的觀念是一個獨立的發展層面，對於政治制度發展的方式也有很大的作用，其中最重要的影響在於社會動員的性質。基於民族主義、族群或宗教的認同政治，經常能夠超越階級或取代階級，成為社會動員的號召力。十九世紀的歐洲就是如此，比起所屬的階級，工人更容易因為民族主義的訴求而動員起來。當代的中東地區也是如此，宗教是這個地區最強大的動員工具。這讓政治議程從經濟政策問題轉向到建立伊斯蘭教法與爭辯婦女地位等問題。而肯亞與奈及利亞的政策，則墮落到不同種族對租金的爭奪。像印尼與坦尚尼亞的例子，政治領袖為國家認同制定不同的概念，有意識地降低種族的特徵，並不是自然或一定會發生的結果。

不是所有的好事一定會一起出現

形成現代自由民主政治體制的三大組成元素，也就是政府、法治與問責，在很多方面都相輔相成。為了效能與公平，政府必須透過法律運作。最成功的專制政體是擁有法律而不受法律約束，例如帝制時期的中國，可以透過文官體系管理幅員遼闊的領土與龐大的人口；而普魯士的法治國則建立明確的財產權，並為德國的經濟發展打下基礎。至於問責，不論是通過正式的民主選舉，或是政府大量回應民眾需求的非正式管道，對政府的良好運作更是不可或缺的條件。政府當然可以累積與應用權力，但如果行使有正當性的權威，並讓民眾自願順從就更有效能也更穩定。如果政府不再負起回應民意的責任，就會引來消極的不順從、示威、暴動，以及最極端的例子：革命。當自由民主制度運作良好，政府、法治與問責，會彼此強化（見圖三十一）。

然而，這三大要素也有永久的緊張關係。我們已經看過很多例子，看到政府建造與民主的衝突。有效能的現代政府是基於技術專業、適任與自主性，這也是為什麼它們可以在威權環境中建立，包

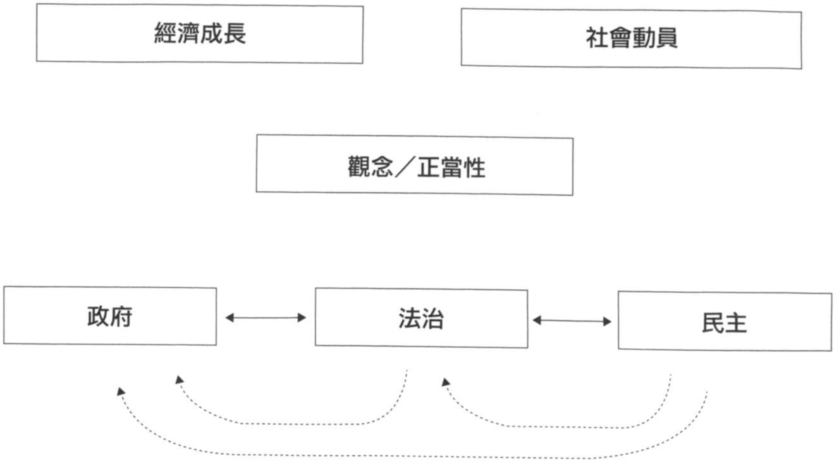

圖三十一：政治發展層面的互補性與緊張關係

括普魯士、日本明治時期、新加坡與當代的中國。另一方面，民主要求的是對政府要有政治性的控制，而政府必須反映大眾的期望，同時，民主也是有史以來最高度的政治參與程度。對於政府追求的政治目的，這種政治控制必要而正當。但政治控制可能採取矛盾的形式，可能會出現太過細節的命令，或把政府本身當成分配租金與就業的資源。侍從主義會在年輕的民主國家出現，正是因為對於想要動員支持者的政治人物來說，政府與其資源就是取之不盡的利用工具。初期的美國政府也被民選的政治人物把持與控制，加上利益團體在國會施加影響力，有二次家產化的現象。無數開發中國家已經開始進入這個過程。

優質政府與法治也有緊張關係。高效能的政府透過法律運作，但正式的法律本身可能會形成障礙，妨礙公務員行使適度的行政裁量。這種緊張關係在古代的中國已經獲得深刻理解，亦反映在法家與儒家的論戰。現代的行政法也有法律與裁量權的爭論。法律必須明確而公平，但每一套法律制度必須調整適用情形以符合特殊的情境。檢方可以自行裁量何時與如何控告被告，法官也在判刑時行使裁量權。最優秀的行政機關應該要有運用判斷力做決策、承擔風險與創新的自主性；最拙劣的機關就只能呆板地根據其他人寫的法律細節做事。有些公務員不用常識，又堅持遵守沒腦袋的法律，一般民眾早就被這些人搞得抓狂。政策制定者偶爾要冒點風險，嘗試過去沒人做過的事，但過度遵守法律就不可能這樣做，也會讓政府有保持現狀的傾向。

法治與民主問責也有長期存在的緊張關係。法治和所有民眾都有關係，包括多數黨。在很多民主國家，多數黨很樂於違反個人與少數黨的權利，認為法律對他們的目標是障礙。另一方面，法律本身的正當性，最終來自它反映整個社群的公平基準的程度。另外，法律是由司法部門的人來操作執行。這些人有自己的信念與意見，可能會與大眾想的不一致。司法積極主義（judicial activism）[5]可能和弱勢或是聽命於政治的司法權一樣危險。

最後，民主本身有一種內部矛盾或緊張，因為努力增加大眾參與與透明度，會降低這個制度整體的民主代表性。民主環境中的大眾，很多人在背景與性格上都無法進行複雜的政策決定，如果一再要求他們在選舉與公民投票上這樣做，這個過程就會被組織完善且資金充裕的利益團體掌控，他們可以操縱這個過程，以達到他們狹隘的目的。

政治體系不同元素之間的緊張關係，就意味著所有的好事不必然會一起出現。一個好的自由民主制度，會在這三者之間取得某種平衡。但政府、法治、問責也會阻礙彼此的發展，這也是為何這三種建制出現的次序有其重要性。

國際的層面

以上描述的六個發展層面，是在封閉的單一社會情境下的互相作用，但每一個面向都深受國際正在發生的事件所影響，最明顯的一個就是正當性的觀念。早在工業革命以前，觀念就能從一個社會傳播到另一個社會，是從一個文明傳播到另一個文明，而且通常是社會變遷的主因。伊斯蘭主義這種意識形態，雖然最遠只傳到東南亞，但它確實把一支住在阿拉伯半島不重要又落伍的部落民族，轉變成一股影響全世界的重要力量。中國的儒家學說傳進鄰近的日本、韓國與越南，甚至在沒有侵略與占領的情形下，這些國家就引進中國式的制度形式。佛教從印度傳到東南亞與東亞，而且不像在發源地的處境，佛教在這些國家幾乎成為國家宗教。在現代通信技術的發展下，意識形態的散布當然會變得更快速，影響也會更劇烈。民族主義成為組織團體的原則，並成功擴散出去，少不了書籍與報紙的推波助瀾。自由主義、馬克思主義、法西斯主義、伊斯蘭主義與民主，都在二十世紀跨越邊界，就是因為電子技術的進展，包括廣播、電視以及網際網路與社群媒體。如果沒有引起全世界震撼的柏林圍牆倒塌畫面，很難想像在一九九〇年代初，漠南非洲會發生民主轉型。一樣的情形，阿拉伯之春期間，反對專制政權的示威活動，也是因為包括半島電視臺在內的電視臺與推特、臉書，像報導國內事務一樣不斷發布消息，增加了革命的助力。可以說，二十一世紀的民主已經真正全球化了。

遺憾的是，跨越邊境的制度轉型機制一點都不溫和，因為通常透過征服、占領的手段，而且會奴役或消滅原住民。但即使是最強制性武力的殖民列強也理解，他們無法在異地隨意重建自己的制度，因為地理、氣候、當地居民與原有制度，都會互相作用並形成新的形式，因此和祖國的制度已經大不相同。

制度轉移最成功的例子是，殖民列強讓自己的國民在較少人住的土地上定居，例如在北美、澳洲、阿根廷、智利與南非部分地方，殖民列強遇到的是以狩獵、採集維生的人與牧羊人，他們都是還沒組織成國家層級的社群。另外，征服行動通常是漫長、痛苦且血腥，而且原有的政治制度很少會在最後保留下來。例如在秘魯與墨西哥，西班牙人遇到的是人口密集的國家級社會，但是既不古老也不高度複雜的印加與阿茲特克政府制度，在征服與疾病的壓力下，甚至比北美與南美的部落社會解體得更快。征服之後，西班牙就開始殖民統治，雖然統治的克里奧耳人比原住民人口相對少很多，但後來與他們通婚。因此在殖民時期，不管是秘魯與墨西哥的重商主義式政府，還是阿根廷的自由民主政府，移植到拉丁美洲的制度和西班牙與葡萄牙的制度很像。

但是移民政權從來不會直接複製祖國的制度，因為移民遇到的當地環境和本國大不相同。特殊演化會形成重大的變異。因此在影響拉丁美洲、加勒比海與南美洲的奴隸社會、氣候與地理扮演很重要的作用。這些地方都強化了進口的歐洲傳統，例如階層體系與威權政府，尤其是美國南方，甚至違反了這個國家其他地方逐漸公平的趨勢。

沒有被歐洲人大幅殖民的世界，之前存在的制度特質對於最後形成的政治制度是不可或缺的元素。從這個角度看，漠南非洲和東亞就站在光譜相反的兩端。殖民期間，漠南非洲很多地區都沒有強大的國家級制度，而確實存在的國家級社會，其政府的規模與實力也尚未高度發展。由於疾病與缺乏吸引人的經濟機會，歐洲人不想在非洲大量移民（只有南非例外），而且殖民列強最後發現，就連短期在當地重建自己的制度也不值得大量投資。因此，歐洲人在非洲的短暫殖民雖然破壞了當地的傳統制度，卻沒有移植更現代的制度。

中國、日本與韓國則相反，它們都有政府的傳統，有些還比歐洲人的制度歷史更悠久也更深化，讓它們可以在一開始就能抵抗歐洲人的征服與殖民。歐洲人在十九世紀想要移民或併吞這些國家領土的企圖，直到一九九七年香港回歸中國，算是全部失敗或澈底翻轉。雖然傳統的東亞政權在遇到西方的船堅炮利時全部崩潰，但它們最後都能根據原有的政治傳統，重新建立新的政府制度。但此時出現的政府，也受到西方觀念的影響，例如統治中國的政權宣稱根據的是馬列主義，且大聲宣告有自己的治理模式，但它的法律制度與微觀層面的制度，都深受西方與國際實務的影響。而日本與南韓則直接擁抱西方式的自由民主制度。只是，主要的東亞國家在建立政府時，其文官體系核心價值，比較多是來自本身的歷史經驗，而不是從西方進口的。

暴力與政治發展

人類建立制度的歷史中有一個悲慘的事實：在政治發展的過程中與暴力無法切割，特別是建立現代國家時。人類會為了合作而競爭，也會為了競爭而合作，合作與競爭並不是二選一的選項，而是一體的兩面。只是競爭通常採取暴力形式。

關於游團到部落，或從部落到原始國家的早期轉型，很可惜我們沒有歷史紀錄，所以只能猜測推動轉型的因素。轉型到更大規模的社會，當然要依賴技術改良與經濟剩餘，而且也受到實際環境的推動。但是，單純的經濟誘因似乎不足以形成這些制度。就像今天在開發中國家的農民，經常拒絕採用提高產量的技術，這些早期的社會也經常受限於制度性的生產方法的僵化與阻礙改變的社會組織。

考古學的紀錄顯示，促成游團到部落到國家到現代國家這些重大轉型的動力，就是軍事競爭。只有面臨暴力的威脅，為了確保社群能存活下來，才會對新型態的政治組織形成強烈的需求。堤利的名言：「戰爭造就國家，國家造就戰爭」，原本是描述現代歐洲初期國家建構的情形，但是軍事競爭也在古老的中國促成現代政府的形成。當中國周朝的史料開始出現，就可以發現暴力的次數成為政府建造與現代化的最重要原因。我們已經看見，迫使法國、普魯士與日本在專制環境下建立現代文官體系，軍事競爭是不可或缺的因素。英國會通過羅富國與崔維廉的改革方案，克里米亞戰爭失敗也是刺激之一。美國政府重要的擴張理由，就是兩次世界大戰期間的國家安全、冷戰以及所謂的反恐戰爭。相反的，拉丁美洲很少發生國與國之間的戰爭，部分解釋了這個地區的政府較為弱勢。

暴力在形成政府體系中的作用似乎充滿矛盾，畢竟政治體系一開始就是為了克服暴力問題而存在。但沒有任何政治體系能永遠消滅暴力，政府只是把暴力組織推上更高的層次。在當代世界，國家可以為超過一億人口的社會提供基本的和平與安全，但這些政府間也有能力從事具有高度毀滅性的暴力行動，更無法真正完全維持國內的政治秩序。

暴力或暴力的威脅能推動政治制度的形成，外部競爭並不是唯一的方式。暴力經常是克服制度僵化與政治衰敗的必要條件。當現任政治人物深入控制政治制度，並阻礙制度改革的可能性，就會發生政治衰敗。因為這些人通常有權有勢，只能藉由暴力手段才能將之剷除。法國舊制時代的買官階級就是如此，在大革命期間，這些人都被逐出政府組織。其他強大的農業時期寡頭，包括普魯士的容克階級與俄國、中國的地主階級，只有戰爭與革命才能讓他們失去土地持有權。至於日本、南韓與臺灣的地主階級，在美國軍事力量介入時也被迫放棄土地持有權。但其他例子，非菁英也可能成為現代化改革的阻礙。摩爾指出，英國在進行農業商業化時，國會發動將分散的土地合併的圈地運動（enclosure movement），這是建立現代資本式土地持有制度的必要條件，但農民不願意，最後被迫離開家族世代居住的土地。

暴力或暴力的威脅對政治發展很重要的最後一個面向，就是形成國家認同，這通常是成功打造政府或政治體系一個很關鍵的附屬品。在民族國家觀念中，領土疆界應該與文化單元一致，因此需要重劃邊界或移動人口，這兩件事都必須透過暴力手段才能完成。即使有些政治領袖已經有意識地把國家認同設計得具有包容力，也與族群無關，就像印尼與坦尚尼亞，但仍必須透過權威的政治手段強行推動通用語言，以及有關國家地位的清楚論述。在歐洲，二十世紀下半葉成功轉型為自由民主政體的國家，都是之前數百年來以暴力為手段建造的國家。

幸運的是，軍事對抗不是走向現代國家的唯一途徑。雖然英國與美國一開始都是基於國家安全的重要性而建立政府的文官體系，但這兩個國家也在和平時期透過建立改革聯盟，順利改革政府的行政機關。這些聯盟包括新興的社會團體，他們在原來的政治酬庸制度中並沒有利害關係。在英國，這些人就是中產階級，他們想要進入由原來的貴族所把持的特權圈子。一旦相對少數的菁英認為舊制度沒有效率，也無法滿足帝國的需要，改變就會非常快。英國的西敏制權力非常集中，所以這樣的改革不到二十年就完成了。但在美國，改革聯盟較為複雜，由於有些商業利益人士找到可以和舊制度合作的方法，因此新的中產與專業人士階級對酬庸問題看法分歧。相反的，有些在工業化過程中被拋在後頭的農業利益人士，則因為對其他農業者的敵意而加入改革聯盟。另外，文化也扮演重要的作用，只是很難量化。都市的政黨機器加入新移民之後更腐化，新教徒菁英的道德規範對此非常憤慨，也成為改革的動力。

這些例子顯示，從家產制或侍從主義式政府轉變成現代政府，經濟發展可能是個起點。但單是經濟成長並不保證會出現現代政府，希臘與義大利的例子，就說明了即使每人平均收入頗高、經濟富裕，侍從主義還是能延續到今日。而且中產階級的專業人士不一定會支持政府的改革，他們可能很容易就被吸收，而進入侍從主義式的政治網絡。尤其是在某些國家，經濟成長不是靠市場導向的創業精神，反而是由不願改革的政府擔任推動經濟發展的領導角色。這些國家的中產階級最容易被吸收。

因此，要走向現代政府有很多方式。暴力在歷史上對刺激政治創新很重要，但在隨後的政治改革就不再是必要條件。因為這些社會有從早期經驗學習的選擇，也可修改採用其他的模式。

政治上的普遍價值

在本書上下卷，我提到人類社會在適應不同生態棲位時，會在政治制度的形式上分道揚鑣。但在不同的環境，對於制度的問題也會產生非常類似的解決方法。

我已經提過，一個運作良好的政治體系必須把政府、法治與問責等三套政治建制，維持在某種平衡狀態。這個論點內含的意義是規範性偏好（normative preference）。依我的看法，高效能且強大的政府結合基於法律與民主問責的約束制度，這樣的自由民主政體，會比政府獨大的政體更公平也更能服務公民。因為民主政治意義中的政治行動力（political agency）本身，就能滿足人類生活的重要目的，與制度能產生的政府素質無關。我同意亞里斯多德在《政治學》的主張，人類天生就是權力的動物，但只有在共同參與的生活中，才能活得最精采。市場導向的經濟制度也有類似的內在價值論點。森恩（Amartya Sen）指出，市場經濟不只是更有效率，即使規畫型經濟能達到相同的成長速度，民眾「仍然有很好的理由，比較偏好自由選擇，而不是屈服於命令。」[6] 政治也是如此，不去談行使政治行動力的效果，行使政治行動力本身就是人類生活的重要目的。

允許民眾擁有權利的法治制度，不管這些權利是否對促進經濟成長有幫助，法治本身也有內在價值。言論自由、集會自由、批判與參與政治等個人權利，表示政府承認公民的尊嚴。在最好的情況下，威權政府是把民眾當成無知而不成熟的孩童來對待，需要大人監督才能做對自己有利的事。在最壞的情況下，威權政府把民眾當成資源剝削，或是可以丟掉的沒用垃圾。保護個人權利的法治承認公民都是成年人，有能力做獨立的道德選擇。這也是為什麼有這麼多的暴君，從統一中國的秦始皇到阿拉伯之春的穆巴拉克與格達費，最後都遇到民眾群情激憤的起義事件。[7]

這個研究引起一個更大的問題：一個在政府、法治與問責三部分取得平衡的自由民主政體，本身是否構成某種政治上的普遍價值，或者只是反映西方自由民主世界人民的文化偏好。

這種政體很明顯並不具有人類的普遍性，因為它僅出現數百年，只是人類政治體系歷史中的一小段時間。自由民主制度若要構成更普遍適用的政府形式，我們就必須證明它的確是普遍性的政治演化，就像在不同的歷史時期、跨越不同文化與地區，從游團、部落到國家級制度，成為主導政治組織的形式。也就是說，在其他發展層面，例如經濟發展、社會動員與觀念的變化，要能一起同步發生，這種統治方式正是其中的必要條件。雖然可以說，游團與部落級社會有強大的問責形式，但是並沒有政府或由第三方執行的法律。管理農業經濟的國家級社會能延續數百年，有時候有法律，但從未有過民主問責機制。只有發生高度的經濟成長以及國家隨著經濟與社會面向現代化時，才需要融合三大元素並保持平衡的統治方式。

在沒有法律規則與政治的問責機制下，要經營一個擁有高流動性的大規模社會，是非常困難的事。而且，能夠加強經濟成長與提升效率的大型市場，也需要一致、可以預測，並執行良好的規則。另外，高流動性且一直在改變的人口，也不斷對統治者有所要求。因此，我們可以把媒體自由與定期選舉，當成政府與這個千變萬化的過程保持同步的資訊管道。就像托克維爾觀察的：在實務上，人生而平等的觀念仍未受到很多政權的重視，但在過去幾個世紀，這個觀念一直持續增加影響力，這個力量也不是任何人所能阻擋。現在民眾都認為自己擁有這些權利，也會利用任何機會維護這些權利。在這樣的環境下，政府權力與法治和民主問責之間取得平衡，就不只是規範性偏好，而是社會想要在其他面向現代化時，維持政治制度穩定的必要條件。杭亭頓認為，威權政黨可以滿足大眾的參與需求，但當我們回顧歷史，這並不全然正確。

雖然政府、法律與問責之間取得平衡的統治方式，是成功的現代國家的一般條件，但我們必須知道，法律與問責採用的特定制度形式仍有相當大的差異，特定國家例如美國採取的制度形式並不構成普遍的模式。不同的社會可能以不同的方式實施這些制度。

最重要的是，我們必須注意，法律與問責原來要達成的實質目的不是嚴格的程序形式。法治的目的是將社會對公平正義的原則編成法典，讓它透明化並且公平地執行。在當代社會中，擁有法律專業的龐大程序機關只是公平執行的手段，本身並不是目的。但是程序問題經常被優先考慮，並阻礙司法的實質目的。無數法治社會的法律制度執行起來太慢也太昂貴，結果卻犧牲了公平，造福那些能利用程序知識上下其手的人。

類似的道理，有關自由與公平的民主選舉程序，並不必然保證能達到問責的實質目的。選舉程序本身是可以被操弄的，從公然舞弊與作票，到更不著痕跡的做法，例如為某一黨重劃選區，或是讓某一黨的票無效。即使在最好的選舉程序下，政治人物也可以透過侍從主義的方法招攬支持者，以及為了自己的目的利用族群或宗教符號。另外，強大的利益團體可以利用既有的程序，保護自己狹隘的利益，而阻礙更大的公共目標。在這些情況下，公眾利益通常會有集體行動的問題，無法得到適當的代表性。

在當代的自由民主國家中，過度重視程序而不重視實質意義，是政治衰敗的主要原因。由於制度本身的特質，任何的統治方式都會發生政治衰敗現象。創造制度的人死後，制度還會繼續存在，一方面是因為這些規則真的有用，另一方面是因為這些規則有其內在價值。人類對規則賦予情感上的意義，讓制度可以歷久彌新，但是當環境改變時，制度的僵化也會成為問題。尤其在一段長期的承平與安定之後，若發生環境的變化，問題會更加劇烈。另外，人類行為有一種自然傾向，就是會落入社交關係的預設狀況：偏袒親人和朋友互相交換利益，尤其是在政治制度中享有特權的菁英之間。結果，法治與程序問責反而被用來傷害原來應該要達成的實質目的。

未來的模式

二十一世紀初期有很多政府認為，自己的制度是自由民主政體的另類選擇，這些國家包括伊朗、波斯灣的君主國、俄羅斯以及中國。但是伊朗的內部極為分歧，人數眾多的中產階級也質疑這個政權的正當性。波斯灣君主國一直都是例外，能採取現在的統治形式只是因為擁有大量的石油資源。至於普丁（Putin）主政的俄羅斯，就像是靠利息過活的國家，能成為區域強權的原因是有天然氣與石油儲量，但除了在說俄語的地區，沒有任何人在乎這種政治制度。

在非民主的選項中，中國是自由民主制度作為普世演化模型的最大的挑戰。本書上下卷提到中國很多次，中國的中央集權政府有兩千年傳統，也是少數從未發展出法治傳統的國家級社會。在中國豐富而複雜的傳統中，是以儒家思想取代約束統治者的正式程序與規則。這個傳統流傳到其他東亞國家，也是二次大戰之後日本、南韓和臺灣能夠成功站起來的重要原因。

威權政府有時候比民主政府更能果決地打破過去的傳統。後毛澤東時代，中國的一大優勢就是受到高度自主的共產黨統治，在鄧小平的領導之下，即使面對根深蒂固的共產黨保守派，以及擁有既得利益的國有企業與軍隊的強力反對，還是扭轉毛澤東的災難性政策，並為市場經濟打下基礎。共產黨的手法非常靈活，先是嘗試鄉鎮企業的創新制度，鼓勵創新與地方分權，但在鄉鎮企業變得太有錢、太有權勢時，就重新集中稅收。人民解放軍在一九九〇年代有很多營利事業，並偷取很多智慧財產權，現在受到更大的控制，很多資產也繳回國庫。從鄧小平開始改革以來只有短短三十五年，今天的中國面臨的主要問題是，中國政權本身是否面臨政治衰敗的困擾，並失去打造之前成就的自主性。中國在未來十年的政策議程，和過去一整個世代的內容將會非常不一樣，它現在要從中等收入國家努力成為高收入國家。過去出口導向的模式已經完成階段性任務，現在必須大幅仰賴內部需求。中國沒有辦法再用一般的經濟成長，以及大量動員民眾進入工業經濟的老套。為了高成長，中國產生極嚴重的環境問題，包括：汙濁的空氣、到處都有「癌症村」、出漏洞的食安制度，以及其他令人卻步的問題。中國的教育制度是否能提供必須的技能以維持真正的創新並改善生產力，還難以窺其究竟。由於中國經濟的複雜性，管理它的資訊需求也大幅增加。就像王朝時代的中國，靠由上而下的命令與指揮制度，以隨時知道社會上發生的事，是很有問題的。[8]

更重要的是，中國經歷龐大的人口動員，比發生在十九世紀與二十世紀初期的歐洲規模更大、速度更快。中國受教育的人口快速增加，有錢人也愈來愈多，他們的需求與渴望和過去組成中國社會的農民大不相同。

面對這些挑戰，主要的問題就在於中國政權是否有自主性，可以轉向更自由的制度，能鼓勵更多的經濟競爭，並允許整個社會有更自由的資訊管道。中國的快速成長形成很多既得利益團體，雖然沒有立法部門與遊說團體，但這些利益團體強大到可以影響共產黨的決策。國營企業比過去更大、更有錢，共產黨的領導階層也掉入腐化的模式，一旦改革他們就面臨危險。共產黨仍死抱著馬列主義意識形態，即使大部分的中國人在很多年以前就不再相信了。

中國的中產階級在未來幾年會如何行動，對自由民主作為普遍價值是最重要的考驗。如果中產階級繼續成長到絕對與相對大規模，但仍然滿足於活在單一政黨獨裁統治的仁慈照顧下，我們也許可以說，中國人支持威權政府是因為中國和世界其他國家有文化差異。但如果中產階級開始提出政治參與的要求，卻無法被既有的政治制度包容，那麼就會和其他國家的中產階級有類似的行為模式。考驗中國制度正當性的時機，不在於經濟成長且工作充足的時候，而在於經濟成長趨緩時，制度就會遇到危機。這是勢必會發生的事。

也許更大的發展挑戰不在於打造一個不同且更吸引人的政治組織形式，而在於很多國家都渴望成為富有、自由的民主政體，但卻永遠無法實現。有些觀察家就認為，由於政治與經濟發展層面互相緊密交織，窮困國家可能會被貧窮「套牢」而無法脫身。[9] 因為經濟發展需要某些最低程度的政治建制才會出現；但另一方面，在極端貧窮與政治分裂的環境下卻很難形成建制。如何掙脫這種貧窮的桎梏？在這兩卷書中，我們已經看見意外與偶然的作用，包括：幸運出現某些領導人物、引進制度後產生規畫外的後果，或為了其他目的採取的行動卻帶來非預期的結果，例如戰爭導致某些國家以非預期的方式發展。所以，歷史上能跳脫這種發展困境的社會，是不是就是單純比別人幸運？而其他較不受命運庇佑的國家可能永遠不會發展成功？

如果抱持這樣的看法就太悲觀了。的確，在歷史上運氣與意外事件在啟動政治與經濟變遷上有其作用力，但運氣與意外事件對首先嘗試建立新制度者比較重要，對之後的仿效者就沒有那麼重要了。今天，人們已經累積龐大的制度發展經驗，也有更多可以分享資訊、知識與資源的國際社群。而且，有關發展也有各式各樣的途徑與進入點。某一個面向的進展雖然沒有達成實質的成果，但一段時間過後可能因另一個發展層面做出成績，交織的因果關係鏈就會開始作用。這是本書提到的了解發展問題的一般性架構，其中包括發展的經濟、政治、社會與意識形態等面向。

現代民主國家也面臨政治衰敗，是否意味著即使在政府、法治與問責都取得平衡的民主政體，仍命中注定一定會出現問題？很明顯的，這並不是我要提出的結論。不管是威權或民主，所有的社會在一段時間過後都會衰敗，真正的問題在於他們適應與最後修正自己制度的能力。我並不認為在已建立的民主制度中有系統性的「治理危機」。民主政治制度在過去曾遭遇這樣的危機，例如在一九三〇年代由於經濟蕭條，法西斯分子與共產黨帶來很大的挑戰；或者在一九六〇年代與七〇年代，由於民眾示威、經濟成長停滯與高度通膨，民主制度面臨很不穩定的局面。但我們很難根據過去任何一段期間的施政表現，就判斷某個政治制度未來的長期發展，因為在某個時期似乎無法克服的問題，在另一個時期這個問題可能就自己消失了。在回應堆積如山的問題時，民主政治制度通常比威權體制更慢，但當民主制度確實回應時，也通常更果決，因為有更多人參與決策的過程。

不論是渴望建立民主制度，或是已經建立良好民主制度的國家，當代民主社會共同面臨的一個特別問題，是能否提供民眾期待於政府的實質服務：人身安全、全民分享經濟成長的利益，以及教育、醫療與基礎建設等優質的基本公共行政，這些都是實現個人機會的必要條件。基於可以理解的因素，支持民主的人都專注在限制專制與掠奪式政府的權力，但卻沒花太多時間思考如何有效治理。用威爾斯的話來說，就是他們比較有興趣「控制，而不是活化政府」。

這就是二〇〇四年烏克蘭橙色革命失敗的地方，在第一次推翻亞努克維奇（Viktor Yanukovich）時，如果能有一個有效能的民主治理機關掌權，並掃除貪腐以提升人民對政府機關的信任，就能早在普丁的勢力壯大之前，在西烏克蘭與說俄羅斯語的東烏克蘭地區鞏固它的正當性，橙色革命的成果也就不會被普丁扼殺了。相反的，橙色聯盟把能量浪費在內部的爭執與見不得人的暗盤交易。因此，致使亞努克維奇在二〇一〇年成功反撲，而他在二〇一四年卸任後發生的危機也就無法避免了。

印度在和威權的中國比較時，在施政表現上也有類似的落差。印度和中國只有一個主要的例外，就是它從一九四七年獨立時就開始舉行民主選舉到現在，因此印度能凝聚在一起，是一項了不起的成就。但是有關印度的民主，就像香腸的製作過程，一旦仔細檢視就會發現不怎麼吸引人。印度的政治制度充斥著貪腐與酬庸，甚至在二〇一四年的選舉中，百分之三十四的當選人身上都有尚未判決的刑事案件，其中包括謀殺、綁架與性侵等重大案件。印度的確有法治，但司法審判實在太緩慢且沒有效能，很多被告的案件等不到開庭審理就過世了。和中國比起來，印度完全是個跛腳政府，毫無能力提供人民現代的基礎建設，或乾淨的水、電力與基本教育等服務。二〇一四年，過去紀錄令人不安的印度民族主義者莫迪（Narendra Modi）之所以能以驚人的多數被選為總理，也是基於這個理由，大家都期望他能克服印度政治慣例中的廢話連篇，真的能做點事。

遺憾的是，美國也有缺乏施政效能的問題。美國的麥迪遜式憲法是故意設計來防堵獨裁的制度，因此在所有層級的政府都設計分權與制衡的機制，但如此一來，卻形成一種否決政體。再加上政治對立，導致施政措施根本進退不得。美國也面臨嚴重且長期的財政問題，只能透過適當的政治妥協解決。很多年以來，國會堅持己見一直不通過預算案，甚至在二〇一三年秋天，因為它不同意支付過去的債務，導致政府停擺。雖然美國經濟仍是神奇創新的源頭，但美國政府目前實在很難成為全世界的標竿。

因此，生活在已經建立自由民主制度中的人，都不應該自滿地以為自由民主的延續是必然的。因為沒有任何歷史機制可以保證世界一定會進步，或是可以防止衰敗或倒退。民主會存在與延續下去，只是因為大家想要，而且願意為民主而戰；民主要流行開來，就必須要有領導人物、組織能耐，且通常也要有全然的好運氣。就像我們已經看到的，民主參與以及政府效能之間有一種取捨關係，如何達成其中的平衡，不是輕輕鬆鬆用理論談談就可以決定的事。所以，雖然在一段時間之後，各地可能會普遍演化出某些制度形式，但從個別演化的觀點看，特定的政治制度也無法永遠和所處的環境保持調適。

但只要持續缺乏優質的民主政府，人們對它的需求也會一天大過一天。在全世界都可以看到，新的社會團體一直在被動員，我們持續看到世界各地，從突尼斯到基輔、從伊斯坦堡到聖保羅，都不預期地出現各種大眾示威活動，民眾想要政府承認他們生而為人的平等尊嚴，並希望政府說到做到。另外，每年都有數百萬的窮人絕望地從瓜地馬拉市或喀拉蚩（Karachi）湧入洛杉磯或倫敦，也是另一個明顯的例子。光是這件事就足以證明，政治發展的進程有清楚的方向性，承認公民擁有平等尊嚴的受問責政府，才具有普遍的吸引力。

注釋

1 有關海耶克反對理性規畫，支持自發體系，參見Law, *Legislation and Liberty* (Chicago: University of Chicago Press, 1976), 以及 *The Constitution of Liberty* (Chicago: University of Chicago Press, 2011).

2 譯注：又稱生態區位、生態龕位，是一個物種所處的環境以及其生活習性的總稱。

3 參見Robert H. Frank, *The Darwin Economy: Liberty, Competition, and the Common Good* (Princeton: Princeton University Press, 2011).

4 有關當代微型貸款企業風潮的限制，參見David Roodman, *Due Diligence: An Impertinent Inquiry into Microfinance* (Washington, D.C.: Center for Global Development, 2012). 有關讓窮人擁有財產權，參見Hernando de Soto, *The Mystery of Capital: Why Capitalism Triumphs in the West and Fails Everywhere Else* (London: Bantam Press, 2000). 編注：*The Mystery of Capital* 中文版《資本的祕密》由經濟新潮社出版，二〇〇五年四月二十五日（已絕版）。

5 譯注：一種司法理論，鼓勵法官擺脫對於司法判例的嚴格遵從，允許法官在製作判決時考慮自己對公共政策的觀點與其他因素，通過判決來保護或擴展與先例或與立法意圖不符的個人權利。在實務上，可能會造成某些判決侵犯立法權和行政權。

6 Amartya Sen, *Development as Freedom* (New York: Knopf, 1999), p. 27.

7 更多承認與尊嚴在政治的作用，參見Fukuyama, *The End of History and the Last Man*, pp. 162–208. 編注：中文版《歷史之終結與最後一人》（新版）由時報文化出版，二〇二〇年十二月十一日。

8 有關中國從中等收入邁向高收入的問題，見世界銀行*China 2030: Building a Modern, Harmonious, and Creative Society* (Washington, D.C.: World Bank, 2013).

9 參見Gary Cox, Douglass North, and Barry Weingast, "The Violence Trap: A Political-Economic Approach to the Problems of Development"(unpublished paper, September 2013).

謝辭

在準備此卷及之前論著的資料上，對於許多人士及機構提供的支援，我要深致謝忱。我發現在賴瑞・戴蒙主任領導下的史丹福大學弗里曼・斯伯格里國際民主、發展、法治問題研究中心（CDDRL），是一個卓越的學術研究圈子。其中許多人閱讀了部份或全部手稿，並對我涉及的議題提出評論及寶貴的洞見。吾妻蘿拉・賀姆葛倫早前就看了此稿，在書寫此書的這些年期間全力支持，於此前的所有著作也同樣對待。

我特別要感謝David Abernethy，已故的Joel Barkan, Mar-garet Boittin, Bruce Cain, Gerhard Casper, Roberto D'Alimonte, Tino Cuéllar, Larry Diamond, Giovanna Dore, Peter Duns, Karl Eikenberry, Don Emmerson, Morris Fiorina, Adam Garfinkle, Elira Karaja, Eric Kramon, Steven Krasner, Melissa Lee, Peter Lewis, Reo Matsuzaki, Ian Morris, Paul Ockelmann, Dan Okimoto, Elena Pan-aritis, Minxin Pei, Marc Plattner, Alastair Roberts, Richard Roberts, Eric E. Schmidt, Jim Sheehan, Landry Signé, Peter Skerry, Melissa Thomas, Lucan Way, Daniel Ziblatt，以及研究助理Jason Wu, Purun Cheong, Priscilla Choi, Kamil Dada, Nicholas Dugdale, Alana Kirkland與Devanshi Patel而Samantha Maskey與

Lauren Weitzman二人對整部書的研究與產出都有所貢獻。本書部分內容曾提出於柏克萊全球史研討會、普吉特海灣大學、哈佛甘乃迪學院的貝爾弗中心、全球發展中心與歐洲中心，與史丹佛的CDDRL。對於所得的評論，我敬謹受納。

對於我在Farrar的主編Straus和Giroux, Eric Chinski，我尤其感恩（如同上卷一樣）他們對如何琢磨與呈現我的主張，提出可貴的指引與判斷。我尤其要特別向Profile Books的Andrew Franklin，Editora Rocco的Paulo Rocco，以及Contact的Mizzi van der Pluijm致謝，他們多年來出版了我的每一部著作。此外，Cynthia Merman對我的手稿做了一流的編審與事實查核。若非我那些傑出的著作經紀人Esther Newberg, Sophie Baker和Betsy Robbins，此書是不可能出現的。

NEXT 叢書 0278

政治秩序的起源（下卷）：從工業革命到民主全球化的政治秩序與政治衰敗（全新修訂校對版）

Political Order and Political Decay: From the Industrial Revolution to the Globalization of Democracy

作　者—法蘭西斯・福山（Francis Fukuyama）
譯　者—林麗雪
特約編輯—沈如瑩
資深編輯—張擎
責任企畫—林進韋
封面設計—許晉維
內文排版—極翔企業有限公司

總 編 輯—胡金倫
董 事 長—趙政岷
出 版 者—時報文化出版企業股份有限公司
一〇八〇一九台北市萬華區和平西路三段二四〇號七樓
發行專線—（〇二）二三〇六六八四二
讀者服務專線—〇八〇〇二三一七〇五・（〇二）二三〇四七一〇三
讀者服務傳真—（〇二）二三〇二七八四四
郵撥—一九三四四七二四時報文化出版公司
信箱—一〇八九九臺北華江橋郵政第九十九信箱

時報悅讀網—www.readingtimes.com.tw
電子郵件信箱—ctliving@readingtimes.com.tw
人文科學線臉書—http://www.facebook.com/jinbunkagaku
法律顧問—理律法律事務所　陳長文律師、李念祖律師
印　刷—紘億印刷有限公司
二版一刷—二〇二〇年十二月十一日
定　價—新台幣七八〇元

時報文化出版公司成立於一九七五年，並於一九九九年股票上櫃公開發行，於二〇〇八年脫離中時集團非屬旺中，以「尊重智慧與創意的文化事業」為信念。

政治秩序的起源・下卷, 從工業革命到民主全球化的政治秩序與政治衰敗 / 法蘭西斯・福山（Francis Fukuyama）作；林麗雪譯. -- 二版. -- 臺北市：時報文化出版企業股份有限公司, 2020.12
面；　公分. --（Next叢書；278）
譯自：Political order and political decay : from the industrial revolution to the globalization of democracy.
ISBN 978-957-13-8451-1（平裝）
1.政治學 2.比較政治 3.歷史 4.全球化
570.9　　109017611

ISBN 978-957-13-8451-1
Printed in Taiwan